인생의 대지혜

般若心經

수행법 강의

마하연

般若正觀略講

南懷瑾 著

ⓒ南懷瑾文化事業有限公司 2014

ⓒ 2024 송찬문

Korean translation copyright ⓒ Mahayon Publishing Co., 2024
Korean edition is published by arrangement with
Nan Huai Jin Culture Foundatian.

반야심경 수행법 강의

초판 1쇄 인쇄 2024년 12월 5일   초판 1쇄 발행 2024년 12월 10일

지은이 남회근 황념조 | 옮긴이 송찬문 | 펴낸이 송찬문 | 펴낸곳 마하연 |
등록일 2010년 2월 3일 | 등록번호 제 311-2010-000006 호 | 주소 10266 경기도
고양시 덕양구 통일로 966번길 84-4 | 전화번호 010-3360-0751
이메일 youmasong@naver.com
다음카페 홍남서원 http: //cafe.daum.net/youmawon

ISBN 979-11-85844-19-0   03220

편역자의 말

268 자가 대장경의 핵심이요 인생의 대지혜

"6백 권 『대반야경』을 5천 자(漢字)로 농축한 것이 『금강경』이요, 5천 자의 『금강경』을 2백여 자로 농축한 것이 『반야심경』입니다. 이제 다시 반야심경을 한 구절로 농축하면 바로 "조견오온개공(照見五蘊皆空)"입니다. "조견오온개공"을 다시 한 글자로 농축하면 무슨 글자일까요? "조(照)!" 자입니다.

『반야심경』은 (한자) 글자 수가 모두 268자인데, 본문이 260자이며 제목이 8자(般若波羅蜜多心經)입니다. 이 268자는 우주와 인생의 진리를 지극히 투철하게 말하고 있습니다. 『반야심경』은 불법의 대문을 여는 열쇠이며, 우리가 불법을 학습하는 강령이자, 우주와 인생을 관조하는 대지혜이기도 합니다. 『반야심경』의 268자는 불교의 핵심 내용을 포괄하고 있습니다. 그것은 주로 우리가 자신이 처한 현재 정신생활 상황과 물질생활 상황을 어떻게 관조(觀照)할지를 가르쳐 이끌어 주고 있으며, 우리가 범부의 미혹과 성인의 깨달음 사이에서 수행자가 마주 대하고 있는 진리의 세계와 세속세계를 어떻게 처리할지를 가르쳐 이끌어 줍니다. 『반야심경』은 '공(空)'이라는 글자를 돌출적으로 말하고 있고, 이 '공' 자는 범부가 가지고 있는 생각 관념 집착[凡情], 그리고 성인에 대한 견해[聖解]를 쓸어 없애버립니다. 또한 '무(無)'라는 글자를 돌출적으로 말하고 있는데, 이 '무' 자는 불교의 불이법문(不二法門)을 뚜렷하게 보여주고 있습니다. 『반야심경』에는 그 밖에도 두 마디 말이 있습니다. 한 마디는 '진실불허(眞實不虛)'이며, 또 한 마디는 '구경열반(究竟涅槃)'입니다. 이 여덟 글자는 인생의 궁극적인 목표를 세워놓았습니다.

　반야심경 반야법문은 6바라밀 대승도에서 최후에 성취하는 대법(大法)입니다. 이른바 '3세의 모든 부처님은 반야바라밀다를 의지하는 까닭에 아뇩다라삼먁삼보리를 얻는다 [三世諸佛, 依般若波羅蜜多故, 得阿耨多羅三藐三菩提].'는 것입니다. 반야를 닦지 않으면 성취할 길이 없습니다. 부처님을 배운다는 것은 미신 신앙이 아닙니다. 그런 것은 보통의 종교입니다. 부처님을 배움에는 의심을 품고 문제를 가져야 합니다. 예컨대 생사 문제나 자아 문제 등등을 투철하게 관찰함으로써 지혜를 성취하는 것이지, 미신을 성취하는 것이 아닙니다. 이렇게 하려면 반야에 의지해야 합니다. 그러므로 반야법문은 불법의 중심점이 됩니다. 그리고 이것이 점차 변천하여 법상유식학으로 발전된 것은 반야를 발휘한 결과입니다. 반야법문은 용수보살이 크게 발전시켜 눈부시게 빛나게 되었습니다. 예컨대 중국의 선종은 때로는 '반야종'이라고도 불리고, 또 다른 이름으로는 '심종(心宗)'이라고도 하는데, 모든 부처님의 심중심법(心中心法), 다시 말해 마음 가운데 마음 법이라는 뜻입니다."
　이상은 두 저자분인 남회근 선생과 황념조 거사의 강설입니다.

기본 교리부터 알아야 반야심경을 이해한다

　남회근 선생은 말합니다, "불학은 너무나 어렵습니다. 종교가 아닙니다. 옛날부터 지금까지 불학이라는 학문은 중국에서 네 글자로 형용했습니다. 이른바 '호여연해(浩如煙海)'인데, 사대해(四大海)의 바닷물보다 많고 위대합니다. 얼마나 많은 내용이 있는지 모릅니다. 불학에 포함된 것은 종교·철학·과학 그리고 제자백가를 포함하여 일체의 학문이 다 들어있습니다. 저는 늘 말합니다. 불학은 백화점과 같아서 무엇이든지 다 있으니 당신이 어느 면으로부터 들어가느냐에 달려 있다고요. 불학을 완전히 통달한 사람은 아주 드뭅니다. 현대인의 연령·정신과 큰 환경하에서는 더욱 어렵습니다."

반야심경은 저 방대하고 심오한 불법을 268개의 한자로 농축하여 놓았기 때문에 교리를 모르면 이해할 수 없습니다. 그러기에 흔히 사람들이 반야심경을 외울 줄 알면서도 그 의미를 잘 모르고 이해하지 못하며 더 나아가 수행에 응용하지 못하는 것은 어쩌면 당연할 것입니다. 우리는 적어도 기본 교리부터 알아야 합니다.

부처님의 가르침으로서의 법은 교학과 수행으로 정리됩니다. 교학으로서의 법은 5온·12처·18계·22근·4성제·12연기의 여섯 가지 주제로 집약됩니다.

수행으로서의 법은 4념처(四念處)·4정근(四正勤)·4여의족(四如意足)·5근(五根)·5력(五力)·7각지(七覺支)·8정도(八正道)의 일곱 가지 주제로 구성된 37가지 깨달음의 편에 있는 법들 [37보리분법菩提分法]으로 정리되고, 이것은 다시 계정혜 3학(三學)과 사마타[지止]와 위빠사나[관觀] 등으로 체계화됩니다.

이 때문에 제1편 「불법을 어떻게 배우고 익힐 것인가」에는 이상의 교학과 수행의 기본 교리를 이해할 수 있는 강의와 관련 경전 등을 실었습니다.

대승광오온론 강의

앞서 말했듯이 반야심경은 한마디로 농축하면 "조견오온개공"인데, 이에서 볼 수 있듯이 5온을 자세히 모르면 반야심경을 아예 이해할 수도 없으며 그에 따라 수행할 수도 없습니다.

그래서 제2편에는 남회근 선생의 「대승광오온론(大乘廣五蘊論) 강의」를 번역하여 실었습니다. 비록 전부를 강의한 것은 아니지만 아마 대승광오온론 강의로는 국내 최초일지도 모릅니다. 인터넷에서 검색해 보았지만 자료를 보지 못했습니다. 선생은 말합니다,

"불법에서 가장 중요한 것이 바로 「오온론」입니다. 우리가 수행하고 불법을 배우고 익히거나, 불법 이외의 어떠한 방문좌도(旁門左道) 내지는 마도(魔道) 등 일체의 수지(修持)는 모두 5온을 떠나지 않습니다. 불법의 귀납에 의하면 생명은 바로 하나의 5온입니다. 당신이 대승의 6바라밀인 보시 · 지계 · 인욕 · 정진 · 선정 · 반야를 수지하든, 아니면 소승의 계 · 정 · 혜 · 해탈 · 해탈지견을 수지하든 모두 5온을 기초로 합니다.

여기에서 저는 특별히 한 가지 점을 강조하겠습니다. 일반인들은 오직 마음만 불생불멸(不生不滅) 하는 것으로 생각하는데, 사실은 물질도 생겨나지도 않고 소멸하지도 않는 것입니다. 마음과 물질은 동등한 기능입니다! 일반인들은 모두 이 점을 소홀히 하거나 아예 모릅니다. 제불보살도 이 점을 직접 말씀하지 않았는데, 지금 제가 직접 명백하게 여러분에게 일러드립니다. 물질의 기능도 대단히 위대합니다.

우리는 이제 이 '공부함[做功夫]'에 관한 과제를 연구하면서 허다한 비밀을 폭로할 것입니다! 왜냐하면 불교의 형식을 중시하지 않고 마치 마음대로 인듯 비밀을 여러분에게 말할 것인데, 여러분은 이 때문에 소중한 줄 몰라서는 안 됩니다!"

교리만 연구하고 수행하지 않으면 소용이 없다

우리가 알듯이 불법을 배우는 과정 단계는 신(信) · 해(解) · 행(行) · 증(證)의 4단계를 거쳐야 합니다. 즉, 신앙 · 이해 · 수행 · 증

득입니다. 깊은 신앙과 지혜로운 이해가 있은 다음 더욱 힘써 실천 수행해야 합니다. 믿고 이해하고 많이 들은 사람이지만 불법을 실천 수행하지 않는 사람은 마치 죽은 사람이 화려한 의복을 입고 있는 것과 같아 아무 소용이 없다고 불경은 말합니다. 그러므로 부처님을 배움에는 이해와 수행을 함께 중시해야 합니다[解行並重].

불 속에서 연꽃을 피우는[火中生蓮華] 대승보살도의 길을 걸어갔던 두 저자분은 이해와 수행을 함께 중시하여, 경장(經藏)에 깊이 들어가 원만한 이해가 크게 열렸을[大開圓解] 뿐만 아니라 수행 또한 크게 성취했다고 일컬어지는 대사급의 선지식입니다(부록의 저자 소개와 책 뒷 날개상의 사리 사진을 보기바랍니다).

제3편 「반야심경 수행법 강의 1」은 남회근(南懷瑾) 선생님이 강의한 것이며, 그 수행법은 자력법문에 더 비중을 두고 있습니다.

제4편 「반야심경 수행법 강의 2」는 황념조(黃念祖) 거사님이 강의한 것이며, 타력법문에 더 비중을 두고 있습니다.

자신의 취향과 근기, 원력에 따라 어느 수행 노선을 걸어갈지 선택하는 데 참고할 수 있을 것입니다.

남회근 선생은 말합니다. "수행은 자기의 심리 상태로부터 닦기 시작해야 하고, 자기의 생각을 바르게 고쳐야 하며, 수시로 자기의 마음이 일어나고 생각이 움직임에 주의를 기울이고 수정(修正)해야 합니다. 정좌는 수행의 일종에 불과하며, 단지 당신이 한 가지 습관을 양성하고 도와주는 것일 뿐입니다. 만약 자기의 행위를 고치지 않는다면, 그런 수행은 소용이 없습니다."

"다들 정좌하고 공부하면서 그런 '정(定)'의 경계들은 생리적 변화, 각종의, 심지어 정좌하여 신통도 일어나고 천안통(天眼通)도 있고 천이통(天眼通) 등등이 있는데, 이 모두는 생리적 물리적 작용이요 모두 감수의 작용입니다. 그런데 감수는 당연히 생각과 배합하니 그런 것들은 거들떠보지 않고 돌아와 생각을 추심합니다.

즉, '이 인지기능[能知之性]의 근본이 도대체 유물인가 아니면 유심인가? 아니면 생리상에 있는가 아니면 생리상에 없는가?' 이것이야말로 도를 배움이요 부처를 배움입니다."

깨달음, 그리고 영혼과 윤회 등에 관하여

우리는 불교를 언급하면 깨달음이란 말이 떠오르고, 불교계에서는 흔히들 말하고 듣고 봅니다. 그러나 정작 진정한 깨달음이 무엇인지, 그 판단기준이 무엇인지에 대해서는 대부분 개념조차도 알지 못하거나 애매모호하다고 말할 수 있습니다.

또 인터넷상에서 보면, 불교계 일각에는 '영혼은 있다. 영혼은 없다. 사후에 윤회는 없다. 윤회는 믿음의 문제다.' 등등, 영혼이나 윤회에 관하여 이런저런 자기식 견해나 설법들이 있습니다.

이런 문제에 대해서 이 책은 해답할 것입니다. 참고로 이와 관련하여 남회근 선생의 강설을 일부 전재합니다.

"사람마다 걸핏하면 깨달음에 대해 말하는데, 소위 깨달음이란 궁극적으로 어떤 것일까요? 그 기준은 무엇일까요? 가장 평이(平易)하고 실제적인 설명으로는 바로 영명연수(永明延壽) 선사가 『종경록』에서 언급한 내용으로, ……중략…… 진정한 깨달음이란 어떤 것인지를 말해줍니다. 책에서는 열 가지 물음을 제기하는데, ……중략……어떤 사람이 진정으로 깨달음에 이르렀는의 여부는, 위의 열 가지 물음을 그 판단기준으로 삼을 수 있습니다. ……중략……

세 번째 질문 : 『법화경』이든 『능엄경』이든 불교의 경전을 보기만 하면 모두 알 수 있고, 가장 고명한 설법을 들어도 두려워하지 않으면서, 철저하게 훤히 꿰뚫어 이해할 수 있고 의심이 없어야 하는데, 당신은 그렇게 할 수 있습니까?

네 번째 질문 : 모든 학자들이 갖가지 학문을 들고 나와서 당신에

게 질문하더라도, 당신은 막힘없는 변재로 해답해줄 수 있습니까?
……중략……마지막 단락은 이렇습니다.

　만약 이 열 가지 물음에 대해서 조금이라도 그 수준에 이르지 못했다면, 자기를 속이지 말고 남을 속이지 말아야 합니다. 스스로 옳다고도 생각해서는 안 됩니다. ……”

　“영혼은 환생할 수 있다는 것을 원래 서양 문화에서는 인정하지 않았는데 지금은 바뀌었습니다. 비교적 보편적으로 인정할 뿐만 아니라 추적해보고 있습니다. 미국인들의 경우, 현재 생명과학·인지(認知)과학을 연구하고 있습니다. 사람의 영혼이 전생과 후생, 삼세(三世)의 인과(因果)가 있는지를 연구하고 있습니다. 바꾸어 말하면 서양의 문화, 기독교 문화는 3세인과를 믿지 않았는데 지금은 온통 바뀌고 있는 중입니다.

　부처님을 배우는 여러분은 자신에게 물어 보십시오. 정말로 3세인과를 믿습니까? 자기를 속이지 마십시오. 때로는 그리 믿지 않겠지요! 당신은 정말로 지옥을 믿습니까? 불법은 대소승을 막론하고 모두 3세인과와 6도윤회의 이론 기초 위에 세워집니다. 일반인들은 마지못해 믿지만 실제로 증득을 추구하기란 어렵습니다. 실제로 3선(三禪) 이상에 도달해야만 선정 중에서 비로소 또렷이 볼 수 있습니다. 그래야 비로소 거의 진짜 믿을 수 있을 것입니다.

　윤회는 생명이 항상 존재한다는 것을 결코 설명하지 않습니다. 윤회는 단지 생명의 변화가 최후에 이르러서는 어떤 것 하나가 존재하지 않음을 설명하는 것입니다. 공(空)에 떨어져도 옳지 않고 유(有)에 떨어져도 옳지 않습니다. 무엇이든 옳지 않습니다. 무엇이든 옳지 않다는, 이런 설법조차도 옳지 않습니다.

　소승 불교에서 말하는 것인, ‘단혹증진(斷惑證眞)’은 일체의 미혹, 일체의 망념을 끊어버려서 무엇이든 모두 없어졌다면 바로 도라고 보는데, 이것은 틀린 것으로서 단견입니다. 실제로는 우리의 탐진치만의(貪嗔癡慢疑) 이런 미혹들은 단(斷)도 아니요 상(常)도 아니며, 잘라서 끊어버릴 수 있는 것이 아닙니다. 예컨대 당신이 금년에 50세라면, 당신은 50년 전의 일이 이미 없어졌다고 여기겠지만 모두 끊어졌습니까? 사실은 50년 전의 일은 모두 있으며 모두 여전히 존재하기에, 당신이 회상하자마자 그것이 모두 오지 않았습니까? 당신은 이게 '유'라고 할 수 있을까 없을까 라고 하겠지만, 오늘은 어제가 아닙니다. 내일도 오늘이 아닙니다. 그러므로 그것은 '상'이 아니라고 말합니다. 하지만 그것이 없다고 말할까요? 오늘이 바로 어제이기도 하며, 내일이 오늘이기도 합니다. 그래서 말하기를 그것은 '단'도 아니라고 합니다. 이것은 본체론이며, 이거야말로 보리도이며, 이거야말로 불법입니다. 그런 공부들은 모두 무늬 겉모습에 지나지 않을 뿐입니다."

편역을 마치며

저는 여러 해 전부터 반야심경 수행법에 관한 책을 한 권 편역하고 싶었습니다. 마침내 금년 3월에 착수했습니다. 그런데 시작하자마자 유행성 독감에 걸려 2개월을 시달리고, 게다가 다른 질환이 악화되어서 또 한 번의 위험한 상황을 겪기도 했습니다. 설상가상으로 올 여름 찜통 더위의 7월 초순에는 컴퓨터 문제 발생으로, 80%까지 진행되었던 대승광오온론 강의의 번역문이 날아가버려 힘겹게 다시 번역하지 않으면 안 되었습니다. 그렇게 우여곡절 속에서 지난 9개월 동안 작업한 결과 미흡하나마 이제 마쳤습니다.

이 책은 남회근 선생의 강의와 글을 위주로 하고 다른 선지식들의 강의 등과 불경 경문들을 뽑아 더해서 모두 4편으로 정리하여 엮은 것입니다. 그러다 보니 부득이, 교리와 용어들이 중복되거나 그 풀이와 해석이 다른 부분들도 있습니다. 특히 같은 반야심경에 대한 해석도 해석자에 따라 다르기도 합니다. 그러나 깊이 들여다보면 그 나름의 경론적 근거와 도리가 있고 서로 통합니다. 원래 불법은 적은 문자를 사용하여 많은 해석을 얻을 수 있어서 무량한 함의(含義)가 있다고 했습니다. 그런 점들은 오히려 비교하고 반복 학습할 수 있는 장점이 될 것입니다.

저는 평소에 유불도 삼가 등 중국 철학 사상이나 수행에 대해 배우고 싶어 하는 사람을 만나게 되면, 에돌아가지 말고 어서 빨리 남회근 선생의 저작들을 두루 읽어보시라고 권합니다. 왜냐하면 선생은 깊고 넓은 학문과 실제 수증(修證)을 겸비한 불세출의 대선지식이며, 그 많은 저작들은 인생 수업의 최고급 교재이자 인생 지혜의 보배 창고로서 정지정견(正知正見)으로 이끌어주기 때문입니다. 뿐만 아니라 선생의 저작들은 전체적으로 유기적이면서 상호보완적이며, 일생동안 서가에 꽂아두고 반복해서 읽을 가치가 있기 때문입니다.

끝으로, 이번에도 번역 원고 일부 정리 작업을 도와주신 정윤식 님과 정창숙 님에게 진심으로 감사드립니다.

저는 이 책이 많은 사람들과 인연이 맺어져, 그분들이 반야심경에 따라 수행하여 반야지혜를 성취하기를 기원하면서, 또 하나의 법공양으로 올립니다. 이만 머리말을 맺습니다.

2024년 11월 하순
장령산 심적재에서
송찬문 씁니다

목 차

에 뜻을 둠이 천만 번 온당하다

고 | 12인연이 없고 4성제가 없고 | 3전12행법륜 | 시
상전(示相轉) | 권수전(勸修轉) | 법문은 모두 8만4천 가
지 질병을 대치하는 방편이다 | 무엇을 불법이라 하고, 무
엇을 도라고 하며, 왜 정(定)을 닦아야 하는가 | 생명의 궁
극은 무엇일까 | 수도와 5온 | 공부의 경계는 모두 도의
작용이다 | 불법수행은 유심유사(有尋有伺)부터 시작하라
| 진정한 수도는 생명의 근본을 파고 들어가 찾는 데 있다
| 공(空) 고(苦) 무상과 무아 | 제행무상 시생멸법 생멸
별이 적멸위락 | 37조도품 | 4념처 | 4정근 | 4무량
— 4여의족 | 5근과 5력 | 7각지 8정도 | 출세간법의
기본은 4념처에 있다 | 행위 면에서 인과응보에 주의해야
한다 | 부처란 깨달음이요 완전히 깨어있음이다 | 열반
청정의 경계는 소승과 대승의 기초 | 득증전(得證轉) |
보살도의 지혜가 없고 얻음이 없다 | 반야바라밀다에 의
지하여 마침내 열반을 증득 | 모든 부처님도 의지하는 반
야바라밀다 | 반야바라밀다가 진정으로 불가사의한 주문

제3장 반야심경 수증 원통 법문 ... *507*

보현행으로부터 삼마지에 들다 | 진무진법문(盡無盡法門)을
배워야 한다 | 반야심경은 반야법문의 정수 | 어떻게 괴로
움을 마칠 것인가 먼저 관상(觀想)을 중시하라 | 조견오온
개공(照見五蘊皆空) | 소승불법을 어떻게 선정 수행할 것인
가 | 반야가 곧 무상의 주문이다 | 색과 공의 문제 | 색
불이공(色不異空) 공불이색(空不異色) | 수상행식(受想行識)
역부여시(亦復如是) | 한 가지 주문을 가르쳐 드리지요 |
공속에서 공을 얘기하는 것 모두 다 빈 말이다 | 5온이 공
하고 나서는 본성에 의지하여 닦기 시작하다 | 법문무량서

원학(法門無量誓願學) | 관(觀)과 조(照)는 같은가 다른가 | 반야를 바르게 수행하면 사실과 이치가 반드시 원융하다 | 불법수행은 유심유사(有尋有伺)부터 시작하라 | 6경 바람이 6식 물결에 불어도 따라 구르지 않는다 | 가만 가만 심두로부터 관을 일으키라 | 선종에 나오는 한 이야기 | 고통은 나로부터 오고 나가 있으면 고통이 있다 | 4대가 당신에게 장애가 되지 않는다 | 고통을 받은 만큼 업장이 녹는다 | 착한 생각 악한 생각 모두 달라붙지 못한다 | 생사가 본래 공하니 두려워할 게 없다 | 견성 해탈하여 주관과 객관이 둘 다 사라지다 | 자기를 제도하라 빨리 빨리 자기를 제도하라

제 4 편
반야심경 수행법 강의 2

일러두기

1. 이 책은 남회근 선생의 강의와 글을 위주로 하고 다른 선지식들의 강의 등과 경문 등을 더하여 엮었으며, 그 출처를 글 말미에 ( ) 안에 표시하거나 따로 표시하였다.

2. 인명 · 지명 · 책명 등 고유명사는 중국식 발음으로 표기하지 않고 우리식 한자음대로 표기함을 원칙으로 하였다.

3. 불교 용어 중 육경(六境) · 육근(六根) · 육식(六識) · 사대(四大) · 사성제(四聖諦) · 오온(五蘊) · 십이처(十二處) · 십팔계(十八界) · 사선(四禪) · 팔정(八定) · 구차제정(九次第定) · 육도(六道) · 육바라밀 · 삼세(三世) 등 숫자 개념의 용어 등은 아라비아 숫자로 표시하여 6경 · 6근 · 6식 · 4대 · 4성제 · 5온 · 12처 · 18계 · 4선 · 8정 · 9차제정 · 6도 · 6바라밀 · 3세 등등으로 각각 표기함을 원칙으로 하였다.

4. 독자의 이해를 돕기 위해 주석을 달거나 보충하였을 경우에는 '역주' 또는 '역자보충'이라 표시하였다. 모르는 용어나 내용은 불교사전이나 관련 서적 등을 참고하고, 특히 남회근 선생의 다른 저작들도 읽어보기 바란다. 선생의 저작들은 전체적으로 서로 보완관계에 있기 때문이다.

제 1 편

불법을 어떻게 배우고 익힐 것인가

제1장 인생, 무엇을 위해 어떻게 살 것인가

안수정등(岸樹井藤)의 비유

옛날 어떤 사람이 광야에 놀다가 사나운 코끼리에게 쫓겨 황급히 달아나면서 의지할 데가 없었다. 그러다가 그는 언덕에 빈 우물이 하나 있고, 우물 속으로 드리워진 나무뿌리 하나가 있는 것을 보았다. 그는 곧 그 나무뿌리를 잡고 내려가 우물 속에 몸을 숨기고 있었다.

그 때 우물 속에서 매달려 있던 그가 마음을 차분히 하고 살펴보니, 자기가 더욱 위급한 상황에 처해 있었다. 마침 검은 쥐와 흰 쥐 두 마리가 그 나무뿌리를 번갈아 갉고 있어서 나무뿌리는 아무 때나 끊어질 수 있었고, 그 우물 안 사방에는 네 마리 독사가 그를 물려고 기회를 엿보고 있었다. 그럴 뿐만 아니라 우물 바닥에는 한 마리의 독룡(毒龍)이 똬리를 틀고 그가 떨어지기를 기다리고 있었다. 그는 그 독사가 몹시 두려웠고 나무뿌리가 끊어질까 걱정이었다. 그런데 뜻밖에도 그 나무뿌리에 매달려 있는 벌집이 흔들거리면서 다섯 방울의 벌꿀이 입에 떨어졌다. 벌꿀 맛에 탐을 내어 자기 처지는 잊어버리고 나무뿌리를 힘껏 흔들자 놀란 벌들이 날아 내려와 그를 쏘아댔다. 게다가 광야에서는 갑자기 불이 일어나 걷잡을 수 없는 기세로 그 나무를 향하여 타오고 있었다.

저 사람의 고뇌는 헤아릴 수 없을 정도라는 것을 반드시 알아야 한다.

광야는 생사를 비유한 것이고, 사람은 범부를 비유한 것이며, 코끼리는 무상함을 비유한 것이다. 언덕의 우물은 사람의 몸을 비유한 것이고, 나무뿌리는 사람의 목숨을 비유한 것이다. 흰 쥐와 검은 쥐는 밤과 낮을 비유한 것이며, 나무뿌리를 갉는다는 것은 사람의 목숨이 찰나 찰나마다 줄어들고 있다는 것을 비유한 것이다. 네 마리의 독사는 지수화풍(地水火風) 4대(四大)를 비유한 것이며, 꿀은 5욕(五欲: 재물욕·색욕·명예욕·음식욕·수면욕. 넓은 의미에서 말하면 색·성·향·미·촉의 5가지 욕구의 즐거움.—역주)을 비유한 것이다. 벌 들은 바르지 못한 견해와 심리 현황[覺觀]을 비유한 것이며, 들불이 탄다는 것은 늙음을 비유한 것이고, 독룡은 죽음을 비유한 것이다.

그러므로 5욕의 맛은 지극히 적고 고통은 지극히 크다는 것을 반드시 알아야 한다. 생로병사는 모든 사람에게 거리낄 것이 없으니 세간 사람들의 몸과 마음이 매우 고통스럽게 되며, 귀의할 곳이 없고 온갖 고통이 핍박함이 마치 번개처럼 아주 재빠르게 다가오니, 이것은 근심 걱정할 일이다. 그러므로 응당 5욕에 애착하지 말아야 한다.

내가 지금 하는 말은 그 말이 비록 거칠고 험악하더라도 진실로 이익이 될 것이다. (『불설비유경』(佛說譬喩經 권1)과 『빈두로돌라사위우다연왕설법경』(賓頭盧突羅闍爲優陀延王說法經)에서 뽑아 정리)

인생 결론은 세 마디

여러분들이 인생 문제를 제게 물으면 저는 늘 말하기를, 사람이 사는 일생이란 바로 다음 세 마디라고 답합니다. "영문을 모른 채 태어나, 어쩔 수 없이 살아가고, 까닭을 모른 채 죽어간다." 사람마다 다 그렇습니다. 자기 스스로 영문을 모른 채 태어납니다. 어떻게 태어났는지 왜 태어났는지를 모릅니다. 살아가는 것은 어떨까요? 어쩔 수 없이 살아갑니다. 사람들은 이것 추구하고 저것 추구하고… 한없이 추구합니다. 사람들은 늘 말합니다. 모두 쾌락, 행복을 추구하기 위해서 라고요. 이렇게 보면 사람들은 사는 게 즐겁지도 않고 행복하지도 않다는 사실을 알 수 있습니다. 죽기는 싫고 살아가자니 아주 고통스럽습니다. 그렇게 살아갑니다. 최후에 죽을 때는 까닭을 모른 채 떠나갈 뿐입니다.

생각해 보십시오. 우리들의 일생 동안의 시간 중에 95%는 이 몸뚱이를 위해서 바쁩니다. 이 몸은 잠이 필요하므로 침대에 누워서 인생의 절반이 지나갑니다. 배가 고프므로 세끼 밥을 먹어야 하니 정말 바쁩니다. 먹을거리를 사와서 씻고 삶고 볶아야 합니다. 다 먹고 나서는 또 씻어야 합니다. 또 먹어놓아도 배설해야 하니 번거롭습니다. 아침에 일어나면 세수를 해야 하고, 추우면 옷을 더 끼워 입어야 하고, 더우면 옷을 또 벗어야 합니다. 생활하기 위해서 일을 해야 하고, 화를 참아야 합니다. 일생토록 바쁩니다. 그러했음에도 내 몸은 끝내 내 것이 아닙니다. 최후에는 화장터의 화로로 돌아갑니다. 보세요, 우리들이 이 몸에 속아서 얼마나 힘 들었습니까! 중생은 전도(顚倒)되었습니다. 이 밖에도 이익을 구하고 명예를 구하게 되면 더 바쁩니다. 일생동안 바쁘지만 결과는 어떠합니까? 사람이란 정말 가련합니다.

목숨은 호흡 사이에 있고

석가모니불께서 어느 날 제자들에게 이렇게 물었습니다. "사람의 목숨은 어느 정도로 짧으냐?" 어떤 제자가 이렇게 대답했습니다. "오늘 저녁 잠자기 전에 옷 벗고 신발을 벗어 침대 앞에 놓고, 내일 아침 일어나 다시 입고 신을 수 있을지 알 수 없습니다." 물론 다른 여러 대답이 있었지만 모두 물음에 맞는 대답이 아니었습니다. 오직 한 제자가 이렇게 대답했습니다. "목숨은 호흡 사이에 있습니다." 이 호흡이 나간 다음 다시 들어오지 않으면 곧 죽습니다. 생명의 짧고 무상하기는 바로 이렇게 한 번 들이쉬고 내쉬는 호흡 사이에 있습니다. 우리가 살아오고 있는 것은 이 호흡에 의지하여 이루어지고 있는 것입니다.

호흡을 한 번 들이쉬지 못하면 곧 죽습니다.

죽은 뒤 중음신으로 있기가 쉽지는 않으며

생명이 죽고 나서 아직 또 다른 생명으로 태어나기 전까지 존재하는 중간 단계를 중음(中陰)이라 부릅니다. 우리는 보통 그것을 영혼이라 부릅니다. 중음신은 신통(神通)이 있습니다. 사람이 죽은 뒤 중음신(中陰神)으로 변하면 공간적인 장애가 없습니다. 자기의 친척이나 애인이 미국에 있더라도 생각만 하면 즉시 그들 곁으로 갈 수 있습니다. 그리고 미국 친구에게 자신이 이미 죽었으니 괴로워하지 말라고 말하지만 상대방은 듣지 못합니다. 중음신은 우리 살아있는 사람이 하는 말은 다 알아 들을 수 있습니다. 중음신은 당신이 무슨 일을 하든지 수시로 와서 봅니다. 사람이 죽은 후 중음신이 생겨날 때까지는 마치 잠에서 깨어나는 것과 같습니다. 이 단계를 중음신이라 부르는데, 마치 살아있는 것 같아 자신이 몸도 볼 수 있고 볼 수도 들을 수도 있다고 느낍니다. 외국에서 친구가 그를 위하여 울면 다 듣습니다. 중음신은 다섯 가지 신통이 있습니다. 즉, 신족통(神足通) · 천안통(天眼通) · 천이통(天耳通) · 타심통(他心通) · 숙명통(宿命通)이 나타납니다. 어느 곳이든 갈 수 있습니다. 산하(山河)와 장벽, 시간과 공간이 장애가 되지 않습니다. 이런 물리 세계는 중음신에게 조금도 장애가 되지 않습니다. 그 빠르기는 빛의 속도보다도 더 빠릅니다. 우리는 그것을 염속(念速)이라 부르는데, 정말 빠릅니다. 중음신은 진정한 눈 · 귀 · 코 · 혀 · 신체 · 대뇌가 없지만 일체를 볼 수 있습니다. 색(色: 형태와 색깔) · 성(聲: 소리) · 향(香: 냄새) · 미(味: 맛) · 촉(觸: 신체에 접촉하여 지각함) · 법(法: 생각과 의식의 대상), 이 모두에 감응할 줄 압니다.

우리가 한 행위는 그것이 물리 세계 영역이든 정신세계 영역이든,

했던 일체의 일은 모두 기록됩니다. 중음(中陰)이 생겨나면 눈앞에서 영화를 상영하듯이 일생의 모든 행위가 좋은 것이든 나쁜 것이든 선한 것이든 악한 것이든 모두 기억나는데, 대단히 빠릅니다. 텔레비전 장면 바뀌는 것보다 훨씬 더 빠릅니다. 당신이 평생 동안 무의식속에 억눌러 놓았던 일, 남을 속인 일, 미안한 일, 떳떳한 일, 남을 억울하게 했던 일 등이 모두 나타나면서 선악의 과보가 모두 나타납니다. 뿐만 아니라 전생 내지 수많은 전생의 일들도 모두 나타납니다.

　사실은 사람이 죽은 뒤 중음신으로 있기가 쉽지는 않습니다. 일생 동안 좋은 일을 많이 한 착한 사람이나 수행을 한 사람은 사후에 중음신이 없습니다. 이런 사람은 기(氣)가 끊어지자마자 승천(昇天)하거나, 수행에 성공한 출가자나 재가자(在家者)는 극락세계에 왕생하거나 기타의 불국토에 왕생합니다. 기(氣)가 끊어질 듯 말듯 할 때 이미 그런 불국토에 왕생하기 때문에 중음신을 거치지 않습니다. 나쁜 사람은 곧바로 아귀나 축생으로 변하거나 지옥으로 떨어지는데, 이 경우도 중음신이 없고 바로 갑니다. 어떤 사람들은 아직 죽지 않았지만, 이미 그의 몸은 절반이나 축생으로 변해있는데도 그 자신은 아직 모르고 있습니다. 어떤 사람은 지옥에 이미 절반은 떨어져 있으면서도 이 세상에 아직 살고 있습니다. 많은 사람들이 아직 중음신의 시기에 이르지 않았어도 이미 변해 있습니다. 이것이 바로 인과(因果)입니다. (남회근 선생 저작)

눈먼 거북이 나무 구멍 만나 듯

세간에 사람으로 태어나기 어렵고	生世爲人難
부처님 세상 만나기도 어려움은	値佛世亦難
마치 망망한 거대한 바다에서	猶如大海中
눈먼 거북이 나무 구멍 만나기라네	盲龜遇浮木

어느 때 불타께서 비구들에게 말씀하셨다. "비유하건대 이 지구의 모든 땅[大地]을 바다라고 하자. 그런데 그 바다 속에 눈먼 거북이 한 마리 있으니 그 수명은 무량겁이다. 그것은 백 년에 한 번씩 그 머리를 물 밖으로 내민다. 그리고 그 바다 속에는 떠다니는 나무가 하나 있는데 그 나무에는 구멍이 하나 뚫려 있고 물결에 떠서 바람에 따라 동쪽이나 서쪽으로 다닌다. 그런데 그 눈먼 거북이 백 년에 한 번씩 그 머리를 내밀 때 꼭 그 나무 구멍을 만날 수 있겠는가 없겠는가?"

아난은 대답했다. "만날 수 없을 것입니다. 세존이시여! 왜냐하면 이 눈먼 거북이 만일 동쪽으로 갈 때 떠다니는 나무는 바람에 따라 혹은 서쪽으로 가기도 할 것입니다. 그래서 그 거북은 남쪽이나 북쪽, 사유(四維: 동남·서남·서북·북동쪽)를 돌아다닐지라도 그러할 것입니다. 그러므로 그것들은 서로 만날 수 없을 것입니다."

불타께서 다시 아난에게 말씀하셨다. "눈먼 거북과 떠다니는 나무는 비록 서로 어긋난다 할지라도 혹시 서로 만날 수 있겠지만 어리석은 범부는 5취(五趣: 6도)에 표류하므로 다시 사람의 몸을 받기는 그보다도 어려우리라. 그 까닭은 저 중생들이 옳은 일은 행하지 않고 법을 배우지 않으며 선(善)을 닦지 않고 진실을 구하지 않으며 서로가 서로를 해쳐서 강한 자는 약한 자를 업신여겨 한량없는 악(惡)을 짓기 때문이니라. 그러므로 비구들아! 4성제(四聖諦)에 대하여 아직 그 도리를 알지 못하는 자는 마땅히 부지런히 증상욕(增上欲)을 일으켜서 그 도리를 배울지니라." (『대열반경』권2 수명품 제1의2와 『잡아함경』권15,460경)

백천만겁에도 만나기 어렵고

부처님이 말씀하셨습니다. "사람 몸 얻기 어렵고, 부처님의 나라에 태어나기 어렵다. 밝은 스승 만나기 어렵고, 불법을 만나기 어렵다

[人身難得, 中土難生, 明師難遇, 佛法難聞].” 부처님은 말씀하시기를, “사람 몸을 얻기 어려움은 마치 거대한 바다에 사는 거북이가 해면에 떠올라와 때마침 수면에 떠 있는 수레바퀴 구멍에 그 머리를 집어넣을 수 있는 것과 같다.”라고 했습니다. 이런 기회가 이렇게 어렵습니다. 우리가 젊었을 때 부처님이 너무나 과장해서 말씀하셨다고 생각했습니다. 그런데 훗날 태아가 성립하는 이치를 이해하고 나서야 부처님의 고명함에 크게 탄복했습니다. 우리가 알 듯이 남성이 한 번 배설하는 정충(精蟲)의 숫자는 마치 수 억 마리의 눈 먼 거북이들이 바다 가운데서 있듯이 여자 몸에 들어가서 배란과 딱 만나게 됩니다. 건강한 난자는 오직 하나 뿐인데, 그 많은 정충 중에서도 오직 하나만이 그 난자와 결합하고 그 나머지는 모두 희생됩니다. 난자가 수정(受精)하여 태(胎)를 이루고 난 후에도 십 개월 동안 임신기간을 편안히 넘길 수 있어야 합니다. 그럴 뿐만 아니라 순산(順産)해야 합니다. 그래야 비로소 사람이 세상에 태어납니다. 정말 얻기 어렵지요. 우리는 다행히도 사람 몸을 얻었고 또 상법(像法)시기에 불법을 들을 수 있으니, 자신이 잘 수행하지 않는다면 다음 기회는 아마 백 천만 겁이 지나도 만나기 어렵게 될 겁니다 [百千萬劫難遭遇]. (남회근 선생 저작)

근심 걱정으로 편할 날이 없건만

세상 사람들은 박복하고 마음이 속되어, 지혜와 보리는 급히 구하지 않고 5욕에 미혹 집착하여 추구하느라, 급하지 않은 일에 서로 다툰다. 그들은 5탁악세에서 극악(極惡)을 짓고 그 과보로 극심한 고통을 받으면서 자신의 생존을 위해서 심신을 수고롭게 한다. 그래서 빈부귀천 남녀노소를 가릴 것 없이 모두 재물을 위해 근심하고 고뇌하나니, 있는 이나 없는 이나 근심하기는 마찬가지다. 그리하여 두려움 속에 근심 걱정으로 고통스럽고, 이런저런 수많은 생각을 하면서, 망상심에 쫓기고 지배되어 편할 때가 없다.

그래서 논밭이 있으면 논밭 때문에 걱정하고, 집이 있으면 집 때문에 걱정하며, 소나 말 등의 가축이나 노비나 금전, 의복, 음식 등 세간 살림에 이르기까지 여러 가지 재산을 가지면 또한 그 때문에 걱정하고 근심과 걱정을 거듭하여 시름과 두려움이 끊이지 않는다.

그런데 뜻밖에 수재나 화재를 만나서 불에 타고 물에 떠다니기도 하며, 도적이나 원한이 있는 이나 빚쟁이들한테 빼앗기기도 하여 재물이 흩어져 없어지면 마음은 답답하고 분한 괴로움에서 풀릴 날이 없으며, 옹졸하고 굳어진 마음에서 헤어날 수 없다.

그래서 마음이 멍들고 몸이 허물어져 목숨이 다하게 되면 모든 것을 버리고 떠나지 않을 수 없건만, 그 아무것도 따르는 것이 없나니, 이러한 서글픔은 존귀한 이나 부자나 매 한 가지다. 이와 같이 갖가지 근심과 두려움과 애타는 괴로움은 끝이 없으니, 마치 어둠 속이나 불속의 괴로움과 같다.

그런데 가난하고 천한 사람은 매양 군색하고 불안한 마음이 그치지 않으며 논밭이 없으면 논밭을 가지려고 애쓰고, 집이 없으면 또한 그것을 가지려고 애쓰며, 말이나 소 등의 가축이나 종들이나 금전, 의복, 음식 등의 재산이 없으면 이를 가지려고 사뭇 안달하며 괴로워한다.

그래서 한 가지가 있으면 다른 것이 부족하고, 이것이 있으면 저것이 부족하여, 애써 이것저것을 다 함께 가지려 하며, 어쩌다가 모두 갖추어 가졌다 할지라도 오래가지 못하고 어느덧 없어지고 만다.

그래서 근심하고 괴로워하여 다시금 구하려 찾아 헤매나 얻을 수 없으면 부질없이 마음만 태우고 몸도 마음도 지치고 피곤하여 안절부절못하게 된다.

그리하여 항상 근심과 괴로움이 끊이지 않고 마치 얼음을 안고 불을 품고 있는 것과 같다. 그리고 그러한 괴로움과 근심 때문에 몸을 상하고 목숨을 잃기도 하나니, 평소에 착한 일을 하지 않고 진리를 닦거나 공덕을 쌓지도 못한 채 몸을 버리고 허무하게 홀로 돌아가게 된다. 그래서 악업에 이끌려 악도(惡道)에 태어날 수밖에 없지만 그 선악의 길마저도 모르고 간다.

그러니, 세상 사람들이여, 그대들은 부자나 형제나 부부, 가족, 일가친척 간에는 마땅히 서로 공경하고 사랑해야 하며 결코 미워하고 시새우지 말지니, 있는 것 없는 것을 서로 융통하고 탐내거나 인색하지 말며, 항상 상냥한 말과 부드럽고 화평한 얼굴로 상대하여 아예 다투지 말아야 한다.

혹시 다투게 되어 분한 마음이 남게 되면 비록 이 세상의 원한은 적다고 할지라도 그 쌓이고 쌓인 미워하는 마음으로 다음 세상에서는 큰 원수가 되고 만다. 어찌하여 그런가 하면 이 세상일이란 서로서로 미워하고 괴롭히고 하여도 그것이 바로 드러나서 크게 벌어지지는 않지만, 서로 마음속으로 독을 품고 노여움을 쌓고 분함을 맺어서 풀지 않으면 자연히 마음속에 깊이 새겨지고 자라서 사라지지 않는 것이니, 그래서 필경에는 다 같이 한 세상에 태어나서 서로 앙갚음을 하게 된다.

진리를 구하려 하지 않고

인간은 이 세상 애욕의 바다에서 홀로 태어나서 홀로 죽는 것이며, 어떠한 고락(苦樂)의 처소에도 자기가 지은 선악의 행위에 대한 과보는 스스로 받고 스스로 감당해야 하며, 어느 누구라도 대신할 수는 없다. 그래서 착한 일을 행한 사람은 몸을 바꿀 때 행복한 처소에 태어나고, 악한 일을 한 사람은 재앙이 많은 처소로, 각기 태어날 곳을 달리하여 이미 업에 따라 엄연히 정해진 처소로 어김없이 나아가야 한다.

그래서 멀리 떨어진 다른 처소에 태어나게 되면 이승에서 아무리 친밀한 사이라도 서로 만나볼 수 없나니, 이와 같이 금생에 지은 선악의 행위와 내세에서 받는 고락의 과보는, 변함없는 자연의 도리로서, 각기 지은 소행에 따라서 태어날 뿐이다. 그리하여 가는 길은 멀고도 어두워 서로 오랜 이별을 하지 않을 수 없으며, 또한 가는 길이 다르기 때문에 다시 만나볼 기약이 없으니, 서글프고 아득하여 다시금 만나기는 참으로 어려운 일이 아닐 수 없다.

그러한데도 세상 사람들은 어찌하여 덧없고 너절한 세상일을 뒤로 미루지 않고, 몸이 젊고 건강할 때 힘을 다하여 선(善)을 닦고 더욱 정진하여 고해를 벗어나려 하지를 않는가? 어찌하여 영원한 생명을 얻을 수 있는 진리의 대도를 구하려 하지 않는 것인가? 도대체 이 세상에서 그 무엇을 기대하고 그 어떠한 즐거움을 바라고 있는 것일까?

인과응보 윤회의 도리도 믿지 않고

이와 같이 세상 사람들은 선을 행하여 안락을 얻고 진리를 닦으면 불도를 성취하는 도리를 믿지 않고, 또한 사람은 죽으면 다시 태어난다는 것과, 은혜를 베풀면 반드시 복을 받는다는 선악 인과의 엄연한 사실을 믿지도 않으며, 세상일이란 그렇지가 않다고 그릇 생각하고 끝내 바른 가르침을 믿으려 하지 않는다.

그리고 이러한 그릇된 생각에 의지하여 더욱 이것을 옳다고 고집하여 우기는데, 늙은이나 젊은이나 다 그러하다. 그래서 인과의 도리를 부정하는 그릇된 생각을 대대로 이어받고 부모는 자식에게 그것을 도리어 교훈으로 끼치게 된다.

따라서 선배나 조상들도 아예 선을 닦지 않고 도덕을 모르기 때문에 깨달을 기회가 없으며, 그래서 그 행동은 어리석고 정신은 더욱 어두워서 마음은 막히고 옹졸하게 된다. 그러기에 죽고 사는 생사의 이치와 선악 인과의 도리를 알 수도 없고 또한 그에게 말하여 들려줄 사람도 없다. 그러나 정녕, 인간의 길흉화복은 인과의 도리에 의하여 어김없이 스스로 이를 받는 것이니, 추호도 다를 리가 없다.

끝없는 고통에서 벗어날 기약이 없네

인간이 죽고 사는 생사의 법칙은 언제나 변함없는 떳떳한 도리로서 영원히 이어나가고 있다. 혹은 부모는 자식을 잃고 슬퍼하고, 자식은 부모가 돌아가서 통곡하며 형제간 부부간에도 서로 죽음에 이르러 애통하지 않을 수 없다. 그런데 죽음에는 늙고 젊음의 차례를 예측할 수 없는 것이니, 그것은 무상(無常)한 인생의 실상이다.

모든 것은 다 지나가고 마는 것, 항상 변하지 않고 그대로 있는 것은 아무것도 없다. 그런데 이러한 무상의 도리를 말하여 깨우치려 하나, 이를 믿는 사람은 너무나 적고 그러기에 생사는 유전(流轉)하여 잠시도 그칠 사이가 없다.

또한 이러한 사람은 마음이 어리석고 어두워 반항적이기 때문에 성인의 말씀을 믿지 않고 멀리 앞을 내다보는 슬기가 없이, 다만 각자의 쾌락만을 탐한다. 그래서 애욕에 미혹되어 도덕을 깨닫지 못하고, 항상 애착과 미움과 분노에 잠겨, 마치 이리와도 같이 다만 처자 권속과 재물만을 아끼고 탐낼 뿐이다. 그러기에 생사를 여의는 대도(大道)를 얻지 못하고 마침내 지옥이나 아귀나 축생 등 3악도에 떨어져서 생사윤회가 끝이 없나니, 참으로 가련하고 불쌍하기 그지없다.

세상살이란, 어떤 때는 한 가족의 부모 자식이나 형제나 부부 간에 누군가가 먼저 죽게 되면, 남은 사람은 못내 슬퍼하고 못 잊어 한다. 그래서 그 은혜와 사랑으로 마음이 얽매여 쓰라리고 그리운 심정은 가슴에 사무치고, 날이 가고 달이 바뀌어도 맺힌 마음은 풀릴 길이 없다. 그러기에 참된 도리를 말하여 일러주어도 그들의 마음은 열리지 않고, 먼저 가버린 사람과의 정리를 생각하면서 마음은 혼미하고 답답하여 더욱 어리석은 미망(迷妄)에 덮이게 된다.

그래서 깊이 생각하여 헤아릴 아량이 없고, 마음을 돌이켜 오로지 불도에 정진할 만한 결단이 없으며, 끝내 덧없고 너절한 세상일을 단념할 수 없다. 그리하여 한세상 허둥지둥 헤매다가 죽음에 이르게 되나니, 이미 목숨이 다하면 진리의 길은 닦을 수도 얻을 수도 없고 참으로 어찌할 도리가 없다.

세상은 온통 혼탁하여 인심은 어리석고 어지러워 거의 다 애욕만을 탐하고 있으니, 인생의 길을 헤매는 사람은 수없이 많고 진리를 깨달은 이는 지극히 드물다. 그러니 세상일이란 부질없이 바쁘고 어지럽기만 하여 믿고 의지할 아무것도 없다. 그리고 빈부귀천이나 남녀노소 할 것 없이 모두 애쓰고 싸대며 그러다가 서로 이해가 충돌하면 원수같이 미워하나니, 그 사납고 표독한 마음은 마침내 불행한 재앙을 일으키게 된다.

이렇듯 천지의 바른 도리를 거스르고 인간의 참다운 본심을 따르지 않기 때문에 저절로 그릇된 악업은 앞뒤를 다투어 거듭되고 그것이 쌓이고 쌓이면 다만 그 죄업의 결과만을 기다릴 뿐 달리 어찌할 수 없다. 그래서 미처 그 수명이 다하기도 전에 죄업의 힘은 별안간에 그의 목숨을 빼앗아 악도(惡道)에 떨어뜨리고 마는 것이니, 몇 생을 거듭하며 지독한 괴로움을 받지 않을 수 없다. 그리고 그 사나운 악도 가운데서 돌고 돌며 몇 천 만 겁의 오랜 세월이 지나도 나올 기약이 없고 그 고통은 이루 헤아릴 수 없나니, 참으로 가련하고 불쌍한 일이다. (청화 스님 번역 정토삼부경 중 『무량수경』)

인생의 문제

석가는 왜 불법을 배우고 익히고자 했을까요? 이게 하나의 입문(入門)의 문제입니다. 우리는 객관적으로부터 주관적으로 연구해 봅시다. 먼저 우리는 저마다 가정(假定)하기를, 자기가 석가(釋迦)

라고 하고, 불학의 이론에 따라 중생은 저마다 부처라고 합시다. 이런 가정은 절대적으로 가능한 것이며, 우리의 가정은 과거의 법을 뒤엎습니다. 과거의 법에서는 부처님의 교리[敎義]를 연구해도 좋지만, 그러나 부처님 자체를 연구해서는 안 되는 것이었습니다. 다시 말해 석가는 지고무상(至高無上)하기에 석가 자체에 대해서는 절대적으로 믿을 수 있을 뿐, 고려하고 의심하거나 연구해서는 안 된다는 것이었습니다.

중생이 평등한 바에야 자연히 다들 인생에 대해서도 석가와 똑같은 의문이 있습니다. 좁은 의미로 말하면 이러한 의문들은 사람이 공통적으로 가지고 있는 문제이며, 넓은 의미로 말하면 중생이 공통적으로 가지고 있는 문제입니다. 이런 인생의 문제들은 고금 동서에 사람마다 그 답안을 추구하고 있는 것입니다. 이 인류가 공통적으로 추구하는 목표는 바로 생활의, 정신의, 신체의, '이고 득락(離苦得樂)'입니다. 즉, 인류의 문화와 과학이 추구하는 것입니다.

이른바 인류를 위하여 행복을 도모한다는 것입니다. 이게 바로 불학의 총 목표인 지고지락(至高至樂)입니다. 그러나 이 목표에 도달한 사람은 없습니다. 석가는 지고지락을 추구하기 위하여 불법을 배우고 익혀서 성공했으며 그의 생로병사(生老病死)를 해결했습니다. 우리 이런 중생들도 석가가 불법을 배우고 익혔을 때와 똑같은 인생의 문제가 있습니다. 그래서 우리는 자기가 바로 석가라고 가정하는 것입니다. 교주가 되고 싶은 것이 결코 아니라, 인생의 답안을 추구하고, 석가의 성취와 그의 인생의 가치와 의의에 대한 평가결정을 추구하는 것입니다.

어떤 것들이 인생의 문제인가

생명은 어디로부터 올까요? 닭이 먼저 있을까요? 아니면 달걀이 먼저 있을까요? 왜 태어남이 있고 죽음이 있을까요? 일체의 최초는 어디로부터 올까요? 우주는 어떻게 형성될까요? 왜 이와 같이 전도(顚倒)되고 모순일까요? 예컨대 꽃이 피고 꽃이 지고, 태어나서는 또 죽는 것일까요? 왜 돼지·개·말·소가 있을까요? 왜 어떤 사람은 가난하고, 어떤 사람은 부유할까요? 도대체 누가 결정하는 것일까요? 누가 사장님일까요?『능가경』에 다음 108가지 문제가 인류의 갖가지 의문을 대표하고 있습니다.[1]

어떻게 해야 마음속 망념(妄念)을 깨끗이 할 수 있는가요? 왜 마음속 망념이 멈추지 않고 늘어가기만 하는가요? (1)

왜 지견(知見)이 무명혹(無明惑) 속으로 떨어지는가요? 왜 무명혹을 보면 멈추지 않고 더 증가하기만 하는가요? (2)

왜 세간에는 있는 이 많은 국토가 끊임없이 생겨나고 변화하는가요? 이들은 어떻게 해서 생겨난 것인가요? 그리고 이들 국토에는 서로 다른 각종의 외도(外道)가 있는데, 이들의 상황은 어떠한가요? (3) 어떻게 해야 깨달음도 없고 멸수상(滅受想)도 없으며 9차제정이 없는 부처님의 적멸의 경계에 도달할 수 있는가요? (4) 어떻게 되어야 깨달음도 없고 멸수상도 없다고 말할 수 있는가요? (5)

어떻게 해야 불자라고 칭할 수 있는가요? (6)

해탈을 하고난 뒤에는 다시 어디로 가는가요? 미혹 속에 있을 때 얽매이는 자는 누구인가요? 깨달은 후 해탈한 자는 누구인가요? (7)

어떤 것이 선정의 경계인가요? (8)

불법 속에서 왜 서로 다른 성문·연각·보살의 3승(三乘)이 있는

---

1) 108 가지 문제에 대한 해설과 주석 등은 남회근 지음 신원봉 옮김『능가경 강의』를 읽어보기 바란다.

가요? (9)

만법을 생겨나게 하는 인(因)과 연(緣)은 도대체 어디로부터 온 것인가요? (10)

무엇이 작용을 일으키는 인(因)이며, 작용을 통해 생겨나는 과(果)는 무엇인가요? (11)

왜 세간에는 서로 다른 많은 이론이 있는가요? 이들은 어떻게 해서 생겨나서 형성되며 변화되나요? (12)

어떤 것이 무색정(無色定)의 경계인가요? (13) 어떤 것이 멸진정(滅盡定)의 경계인가요? (14) 어떤 것이 무상정(無想定)의 경계인가요? 그 정(定)속에서 자각하여 정(定)의 바깥으로 나가는 경계는 어떤 것이며 무슨 원인 때문인가요? (15)

어떻게 해서 일체의 작위(作爲)가 인과의 작용을 일으킬 수 있나요? 어떻게 어머니 뱃속으로 들어가 이 몸의 존재를 형성할 수 있나요? (16)

어떻게 식(識)이 드러나 분별 망상을 일으키고 만물과 더불어 형형색색의 작용을 하나요? (17)

왜 불법에서 대승과 소승 등 각종 지위의 차별을 세웠나요? (18)

3계의 생사를 타파할 수 있는, 즉 욕계·색계·무색계를 벗어날 수 있는 자는 누구인가요? 어떻게 해서 6도 중 각종 생명이 끊임없이 순환할 수 있나요? 왕생해서 궁극적으로 어디로 가나요? (19)

어떤 것이야말로 불법 중에서도 가장 뛰어난 법이라 할 수 있는가요? (20)

어떻게 해야 신통을 얻을 수 있나요? 어떻게 해야 자재의 삼매를 얻을 수 있나요? 어떤 것이 삼매정수(三昧正受)의 심경(心境)인가요? (21)

무엇을 제8식(장식藏識, 아뢰야식阿賴耶識)이라고 하나요? (22) 제7식[意]과 제6식(識)의 차이는 무엇인가요? (23)

생멸 현상은 어떠한가요? 어떻게 되어야 불환과(不還果)의 경계가

이미 드러난 것인가요? (24)

어찌해서 중생의 허다한 종성(種性)이 있게 되었나요? 왜 부처가 아닌 종성이 있으며 그들의 심량(心量)은 또 어떠한가요? (25)

왜 일체의 법상(法相)을 세워야 하나요? 왜 또 일체의 법상에서 무아(無我)를 높이 내세워야 하나요? (26)

왜 본래 제도할 중생이 없다고 말씀하시는 건가요? 어떤 불법들이 세속을 따르는 설법인가요? (27)

어떻게 해서야 단멸의 견해가 생겨나지 않을 수 있는가요? 어떻게 해서야 상주의 견해가 생겨나지 않을 수 있는가요? (28)

부처와 외도의 다른 점은 무엇인가요? 또 무엇이 그들이 서로 소통할 수 있는 점인가요? (29)

왜 불법은 후세로 전해지면서 여러 가지 다른 부파로 나누어지는 가요? (30)

어떤 상태를 공(空)이라 할 수 있나요? 공의 경계란 또 어떤 것인가요? (31)

왜 한 생각 한 생각 사이, 매 찰나에도 허물어지고 있나요? (32)

중생계의 생명 중 왜 어떤 것은 태 속에 있다가 태어나나요? (33)

왜 과거 · 현재 · 미래 3세가 본래 바뀐 적이 없다고 말씀하시나요? (34)

왜 세계 일체의 만법이 모두 꿈이나 환상과 같고 신기루와 같으며 혹은 불꽃이나 그 그림자와 같고 혹은 물 속의 달과 같은가요? (35)

왜 7각지(七覺支)가 있는가요? 왜 37보리도품(三十七菩提道品)이 있는가요? (36)

왜 국가 간에 전쟁이 일어나며 또 내란이 발생하는가요? (37)

왜 사람들은 만상이 실제로 존재한다고 생각하는가요? (38)

왜 자성(自性)은 생겨나지도 않고 소멸하지도 않는가요? 왜 세간의 일체가 허공중의 허깨비 꽃[幻華]과 같은가요? (39)

어떻게 해야 세간을 벗어나지 않고 안으로 증험하며 스스로 깨달

을 수 있나요? 왜 제일의제(第一義諦)는 문자나 언어로 표현할 수 없는가요? (40)

망상을 멀리 벗어날 수 있는 자는 누구인가요? 왜 부처님은 설법에서 늘 허공의 비유를 사용하시나요? (41)

진여(眞如)에는 궁극적으로 몇 종류가 있는가요? (42) 바라밀(波羅密, 피안에 도달)의 심법에는 궁극적으로 몇 종류가 있는가요? (43)

어떻게 하면 보살의 각지(各地)의 경계를 넘어설 수 있는가요? (44) 깨달음도 없고 얻음도 없는[無所受]경계에 도달할 수 있는 자는 누구인가요? (45)

왜 인무아(人無我)와 법무아(法無我)의 2무아(二無我)가 있는가요? 어떻게 해야 아집과 법집의 불꽃 그림자를 소멸시킬 수 있는가요? (46)

지혜의 경계에는 궁극적으로 몇 종류가 있는가요? (47) 중생의 성계(性戒)에는 몇 종류가 있는가요? (48)

세간 일체의 진주와 보물 등의 보배롭고 귀한 까닭은 궁극적으로 누가 내려준 것인가요? (49) 세간의 모든 언어와 다양한 중생들은 도대체 누구의 걸작인가요? (51)

세간의 오명인 내명(內明)·인명(因明)·성명(聲明)·의방명(醫方明)·공교명(工巧明) 및 모든 공예 기술은 궁극적으로 누가 발명하고 창립한 것인가요? (52)

게어(偈語)와 풍송(諷頌)에는 모두 몇 종의 형식이 있는가요? 어떤 것이 장송(長頌) 또는 단구(短句)인가요? (53)

세간에 계통을 갖춘 학문은 몇 종류나 되는가요? 어떤 것을 논장(論藏)이라고 하는가요? (54)

왜 세상에는 각종의 음식이 있는가요? (55) 왜 세간에는 허다한 애욕이 있는가요? (56)

어떤 사람을 국왕이라고 하는가요? 전륜성왕과 소왕(小王)은 어떻

게 구별하나요? (57)

어떻게 국토 사이에 있는 수많은 사람과 신(神)을 수호하는 일이 있나요? (58) 3계의 천인은 모두 몇 종류나 되나요? (59)

어떻게 해서 대지가 이루어지나요? 해와 달과 별들 등은 또 어떻게 존재하나요? (60)

해탈의 도를 닦는 사람은 모두 몇 종류가 있나요? (61) 불제자는 모두 몇 종류인가요? (62) 어떻게 해야 불법에서 말하는 교수사(教授師)라 불릴 수 있나요? (63)

부처에는 궁극적으로 몇 종류가 있나요? (64) 중생은 또 몇 종류가 있나요? (65)

마구니와 일체의 외도에는 몇 종류가 있나요? (66)

자성과 심(心)에는 궁극적으로 몇 종류가 있나요? (67)

어떻게 가설의 설법이 있을 수 있는가요? (68)

어떻게 해서 허공에서 바람과 구름이 생기나요? (69)

어떻게 해서 세상 사람들이 천부적인 총명을 지닐 수 있는가요? (70)

어떻게 세간의 삼림에는 나무가 빽빽이 들어설 수 있는가요?

어떻게 세간에는 덩굴풀이 번식할 수 있는가요? (71)

어떻게 세간에는 코끼리 말 사슴 등 동물이 있을 수 있는가요? (72) 왜 어떤 사람은 그들을 붙잡으려 하는가요? (73)

어떤 것이 비천하고 누추한가요? 왜 비천함과 누추함이 있을 수 있는가요? (74)

왜 1 년을 여섯 절기로 나누는가요?— 과거 인도의 풍속에는 두 달을 한 절기로 하여 1 년을 여섯 절기로 나누었음 (75)

어떻게 세상에 선근(善根)이 완전히 끊어진 중생이 있는가요? (76)

남자와 여자, 그리고 남자도 여자도 아닌 음양인(陰陽人)은 어떻게 해서 생겨난 것인가요? (77)

왜 수행인에게 중도에 물러나는 마음이 생기나요? 수행인이 진보

한다는 것은 어떤 것인가요? (78)

선관(禪觀)을 가르치는 대사 분들은 어떤 방법으로 가르치나요? 그리고 어떤 사람에게 마땅히 선관을 닦도록 가르쳐야 하나요? (79)

일체중생은 각기 다른 곳에 왕생하는데 그 형상은 어떠한가요? 궁극적으로 몇 종류가 있는가요? (80)

어떤 것이 진정한 재부인가요? 어떤 방법으로 재부를 얻을 수 있는가요? (81)

어떤 것이 석가의 종족인가요? 어떻게 해서 석가의 종족이 형성될 수 있었던가요? 또 어떤 것이 석가감자(釋迦甘蔗) 종족의 계통인가요? (82)

어떻게 오랫동안 고행을 닦는 선인(仙人)들이 있을 수 있나요? 그들이 가르치고 닦는 것은 어떤 방법인가요? (83)

여러 부처와 보살들이 항시 일체의 시간 속에 있고 항시 일체의 국토에 있으며, 각기 다른 종류의 이름과 모습과 몸으로 나타나 사람을 제도한다는 것은 무슨 말인가요? 왜 수없이 많은 사람과 천상의 뛰어난 불자들이 항시 부처님 주위를 에워싸고 있는가요? (84)

부처님은 왜 육식을 하지 말라고 하는가요? 부처님은 어떤 제도를 활용해 육식을 금시키는가요? 저들 육식을 하는 중생들은 왜 육식을 하려 하나요? (85)

왜 부처님은 법계 중 무수한 국토가 있고, 무수한 수미산 또는 묘고산(妙高山)이 있다고 말씀하시나요? 또 어떤 세계는 형체가 연꽃과 같다고 하시나요? 왜 가장 좋은 세계의 명칭을 사자상찰(師子相刹)이라 하시나요? 그리고 각종 세계가, 마치 그물처럼 바로 서기도 하고 뒤집어지기도 하며, 횡으로 드러눕기도 한다고 하시나요? 왜 무한한 허공 속 다함이 없는 세계가, 마치 제석천의 보물 그물처럼 겹겹이 이어져 끝이 없으며, 어떤 것은 형체가 진귀한 보물과 같고, 어떤 것은 공후(箜篌)나 허리가 잘록한 북과 같아 그 광채가 사람의 혼을 빼앗는다고 하시나요? 여기다 다시 왜 또 다른 세계가 있어, 우리와 달리

해와 달의 빛이 없다고 하시나요? 이들은 궁극적으로 무엇 때문인가요? (86)

무엇이 부처님의 화신인가요? (87) 무엇이 보신인가요? (88) 무엇이 법신인가요? (89) 무엇이 지혜신(智慧身)인가요? (90)

왜 부처님은 노사나보신불(盧舍那報身佛)이 욕계에서는 무상정각을 이룰 수 없다고 하셨나요? (91) 그리고 색구경계(色究竟界) 속에서야 비로소 보리정각을 증득한다고 하셨나요? (92)

부처님이 열반에 드신 이후는 누가 이 세간의 정법을 주지하시나요? (93) 요컨대 부처님은 세상에 얼마나 계시나요? (94) 부처님의 정법은 또 언제까지 세상에 남아 있을까요? (95)

실단(悉檀)과 해탈의 지견은 모두 몇 종류나 있는가요? (96)

부처님은 무슨 인연으로 출가한 비구들의 비니(毗尼)인 계율을 제정하려 하시나요? (97)

이 불법 중에 가장 뛰어난 불자들, 예를 들면 성문과 연각 중 왜 어떤 자는 인연의 지배를 받거나 혹은 변역생사(變易生死)속에 있어야 하나요? (98) 요컨대 어떻게 해야 아무 데도 얽매이지 않는 최고의 적멸 경계에 이를 수 있나요? (99)

세속적 신통이란 어떤 것인가요? (100) 출세간적 신통이란 어떤 것인가요? (101)

대승 보살 7지(七地)의 심량(心量)이란 어떤 것인가요? (102)

승가에는 몇 종류가 있나요? (103) 어떤 것이 승려 단체의 화합을 파괴하는 것인가요? (104)

부처님의 의방론(醫方論)이란 어떤 것인가요? 무슨 까닭으로 부처님은 이런 의방을 찾아내어야 했나요? (105)

왜 우리 위대한 부처님께서는 과거 무수한 겁 속의 가섭불과 구류손불 그리고 구나함불 등이 모두 내 화신이라고 말씀하셨나요? (106)

왜 부처님께서는 세간의 단견과 상견 및 아(我)와 무아(無我)의 함

의를 설명하시려 하나요? (107)

왜 부처님께서는 어떤 시기 어떤 장소에서나 한 가지 불법의 진의(真義)만 말씀하시나요? 그러면서도 일체중생을 위해 갖가지 서로 다른 심량의 법문을 분별해서 알려 주시나요? (108)

왜 세간에는 남녀 등의 중생이 있나요? (109) 또 왜 가리(訶梨)나 아마륵(阿摩勒) 등의 과일나무가 있나요? (110)

왜 이 세간의 가장자리에 계라(雞羅) · 철위(鐵圍) · 금강(金剛) 등의 산이 둘러싸고 있나요? 그리고 왜 이들 산속에는 셀 수 없이 많은 보석으로 가득 차 있으며 수많은 신선이 머물고 있나요? (111)

당신은 정확한 인생관이 있습니까

중국의 명말청초(明末淸初) 시기의 문학가인 이립옹(李笠翁)은 말했습니다. "인생은 바로 연극 무대이며, 역사도 연극 무대에 불과하다. 이 무대에서 연극 하는 사람은 오직 두 사람일 뿐 제3자는 없다. 그 두 사람이 누구일까? 하나는 남자요, 하나는 여자다."

세간의 사물은 모두 마음 위에 떠도는 티끌 먼지입니다. 허둥지둥 노고가 많은 인생은 마침내 한 무더기 번뇌입니다. 천지는 만물이 머물다 떠나가는 여관이요, 세월은 영원한 나그네라, 덧없는 인생이 꿈과 같건만 [天地者, 萬物之逆旅. 光陰者, 百代之過客. 浮生若夢], 살아 있을 때나 죽은 뒤에나 의론(議論)이 분분합니다. 도대체 그 원인과 결과를 알지 못합니다. 무엇을 위해서 왔을까요? 비록 존귀한 제왕이나 미천한 사람이라도 명운이 늙음에 도달하면, 치아가 빠지고 얼굴이 쭈글쭈글 해지며 머리털은 희끗희끗해지고 시력은 흐릿합니다. 이때에 이르러서 슬픔이 일어나지 않음이 없고 어찌할 수 없습니다! 죽은 뒤에는 어디로 갈지를 모릅니다.

철학에는 '인생관'(人生觀)이라는 단어가 하나 있습니다. 저는 늘 말하기를, 오늘날의 교육은 틀렸으며, 진정으로 철학도 말하지 않는다고 합니다. 왜냐하면 진정한 철학을 말하려면 인생관이 대단히 중요하기 때문입니다. 제가 발견한 바로는 오늘날 수많은 사람들, 심지어 6,7칠십 세가 된 사람도 정확한 인생관이 없습니다. 저는 늘 일부 친구들에게 묻습니다. 어느 분은 돈을 많이 벌었고 어느 분은 높은 관직에 있는데, 저는 그분들에게 묻습니다, "여러분은 도대체 어떤 사람이 되고자 합니까? 정확한 인생관이 하나 있습니까?" 그들은 대답합니다, "선생님은 왜 이런 말을 물으십니까?" 제가 말합니다, "그래요! 저는 당신이 어떤 사람이 되려고 하는지를 모릅니다! 관직에 있는 당신의 경우, 당신은 아름다운 명예를 천고에 남기고 싶습니까 아니면 악명을 천추에 남기고 싶습니까?" 이것이 인생의 두 가지 전형입니다. 돈을 번 사람들은 어떨까요? 역시 제가 늘 물어봅니다, "당신은 지금 돈을 많이 벌었는데, 당신은 도대체 이 일생에서 무엇을 하고 싶습니까?" 그러나 제가 접촉한 돈 번 친구들은 열 명 중 거의 열 명은 이렇게 말합니다, "선생님, 정말 모르겠습니다! 돈은 많지만 막연합니다." 저는 말합니다, "맞습니다. 이것은 바로 교육 문제로서 인생관이 없는 것입니다."

사람이 살아가는 생명의 가치는 무엇일까요? 이것도 하나의 문제입니다. 조금 전에 말했듯이 어떤 사람이 관료가 되어서는 아름다운 이름을 천고에 남기고 싶을까요? 아니면 악명을 천추에 남기고 싶을까요? 이 두 마디 말은 제가 한 것이 아니라, 진(晉)나라 대 영웅인 환온(桓溫)이 말한 것입니다. 인생의 가치를 얘기하고 있는데 저는 지금 나이가 많습니다. 농담 반 진담 반으로 저는 말합니다, "인생은 영문을 모른 채 태어나고", 우리는 모두 영문을 모른 채 태어났고 부모님도 영문을 모른 채 우리를 낳았습니다. "그런 다음 어쩔 수 없이 살아가고, 까닭을 모른 채 죽어갑니다." 이렇게 일생을 사는 사람은 우습지 않습니까?

사람은 인생관을 정할 수 있어야 비로소 홀로 우뚝 설 수 있습니다. 자신의 인생관을 먼저 확정하고 어떤 사람이 되고자 하는지를 알아야 합니다. 반드시 자신의 포부, 목적, 인생관을 지녀야 할 뿐만 아니라 확고부동하여 시종 변하지 않아야 합니다. 인생관을 세운 사람은 행함에 있어서 지키는 바가 있으므로, 하는 바가 있고 하지 않는 바가 있습니다. 마땅히 해야 할 것은 하고, 해서는 안 되는 것은 하지 않습니다.

맹자는 말하기를 "사람 중에 덕과 지혜와 기술과 지식을 가지고 있는 자는 항상 우환과 질병 속에 있다."라고 했습니다. 큰 사업을 하는 성인(聖人)이나 영웅은 인생의 길에서 중대한 좌절을 많이 겪었지만 그로 인해 큰 성취를 거두었습니다. 한 사람이 도덕적 수양을 완성하거나 지식을 깊고 넓게 하거나 혹은 기능(技能), 예술, 학술, 문장 방면에서 성취하거나 혹은 심성의 최고의 지혜를 깨닫는 데에는 항상 심리적으로 남에게 말할 수 없는 숨겨진 고통과 부담, 번뇌 등의 핍박이 있거나 혹은 신체적으로 질병의 고통이 있습니다. 만약 이러한 장애들을 돌파하고 일어설 수 있다면 성취하는 바가 있습니다.

불교의 인생관

무릇 불법을 배우고 익히며 참선을 배우는 사람이라면 무엇보다 먼저 하나의 정확한 인생관을 세워야 합니다. 즉, 나의 이 일생이 이 세상에 온 근본은, 바로 빚을 갚으로 온 것으로서, 나와 관계가 있는 모든 사람에게 빚지고 신세 진 인연[冤緣]에 보답해야 한다고 여겨야 합니다. 왜냐하면 우리는 빈손으로 벌거벗은 채 이 세상에 왔기에 본래 아무것도 가진 것이 없었고, 어른으로 성장하면서 먹고 입은 모든 것은 모두 중생·국가·부모·스승과 벗들이 준 은혜이기 때문입니다. 나는 오직 남들에게 빚만 졌을 뿐, 남은 나에게 빚을 진 것이 없습니다. 이 때문에 나의 모든 것을 다하고 나의 능력을 다하여 세상 사람들에게 공헌함으로써, 그들의 은혜에 보답하고 감사하며, 내가 다생루겁에 생명이 있은 이래의 묵은 빚을 갚아야 합니다. 심지어는 자기희생조차도 아까워하지 않고 세상을 위하고 사람들을 위하며 세상을 널리 구제하고 만물을 이롭게 해야 합니다. 대승 불학에서 보시를 가장 중요하게 말하는 요점도 바로 이 점에서 출발한 것입니다. 이런 정신은 공자의 "매사에 마음을 다하고 힘을 다하며 사람에 대해서는 될 수 있는 한 너그럽게 용서하고 포용하는 도리인 충서지도(忠恕之道)", 그리고 "자기 자신의 잘못에 대해서는 스스로 엄중하게 책망하고 남의 잘못에 대해서는 가벼이 책망한다 [躬自厚, 而薄責於人]"는 입세간의 가르침과 서로 부합할 뿐만 아니라, 노자의 "만물을 자라나게 하지만 소유하지 않고, 행하고도 그 공을 자랑하지 않는다 [生而不有, 為而不恃]"는 천도 자연을 본받는 관념, 그리고 "덕으로써 원한을 갚는다 [以德報怨]"는 정신과도 완전히 서로 같습니다. (남회근 선생 저작)

인생관이란 나 자신의 인생의 의의와 가치, 그리고 한 개인으로서의 입신 처세의 태도에 대한 일종의 견해나 관점입니다. 속담에 말하기를 "사람의 마음은 각자 그 얼굴처럼 서로 다르다."라고 했습니다. 저마다의 환경에 대한 느낌이 다르기에 인생에 대한 견해도 다른 것입니다. 예컨대 어떤 사람은 인생이란 마땅히 쾌락을 추구하여야 한다고 생각합니다. 어떤 사람은 인생은 온통 고통으로 충만하여 있다고 생각합니다. 어떤 이는 적극적이고 진취적이며, 어떤 이는 소극적이고 타락적입니다. 이 가운데 도대체 어느 것이 옳고, 어느 것이 틀린 것일까요? 우리는 분발 노력하면서 진취적이며 창조적으로 살아갈 것인가, 아니면 그럭저럭 현실에 안주하고 그날그날 살아갈 것인가? 우리는 그때그때 때를 놓치지 않고 즐기고 마음껏 누려야 할 것인가? 아니면 목표를 정하고 이상을 추구해야 할 것인가?

한 걸음 더 나아가 말하면, 생명은 어디에서 왔다가 어디로 가는 것일까? 생명의 가치는 어디에 있으며, 그 의의는 또 어디에 있을까? 설마 사람이란 아무런 까닭 없이 이 세상에 태어나 어리석고 사리에 어두운 채 한세상 살다가 숨 한 번 끊어지고 나면, 일체가 끊어져 없어지는 것일까? 생명이 정말 그렇다면 인생에 또 무슨 의의가 있을까? 인생이 단지 누리기 위해서만 이거나 고통을 짊어지기만을 위한 것이라면, 생명은 또 무슨 가치가 있을까? 이런 문제들에 대해 동서고금의 많은 사상가·철학자·종교가들이 그에 대한 답을 하나 찾고자 했지만, 여러 가지 견해 주장만 분분할 뿐 일치된 결론을 내리지 못하고 그 궁극을 말하지 못했습니다.

진화론자는 말하기를 인류는 원숭이가 진화된 것이라고 하는데, 고급 동물이 저급 동물로부터 진화되어 온 것이라면 유물론자들이 '우승열패(優勝劣敗), 적자생존(適者生存)'의 구호를 외치고 그로 인해 인류가 끊임없이 투쟁 살벌한 비극을 초래하는 것도 이상할 것이 없습니다.

일부 종교가들은 말하기를 사람은 하나님이 창조한 것이라고 합니다. 사람의 생명을 하나님이 창조하고 사람의 빈부·귀천·장수와 요절도 하나님이나 신이 관장한다면, 개인의 의지 행위는 무슨 가치가 있겠습니까?

일찍이 석가모니불이 세상에 계실 때에 인도 사상계의 6사외도(六師外道)들도 이 한 가지 문제에 대하여 갖가지 견해가 있었습니다. 그 가운데는 유심론(唯心論)·유물론(唯物論)·심물이원론(心物二元論)·회의론(懷疑論)·무인론(無因論) 등등이 있었는데, 이런 견해들에는 저마다 치우친 바가 있고 어느 것이나 정확하지도 않으며 궁극적인 해답도 아니었습니다.

천고 이래로 우리 인간 생사의 유래, 생명의 가치와 의의를 말할 수 있는 자는 오직 석가모니 세존뿐이었습니다. 그는 6년간의 고행 끝에 정각을 이루고 그 무루(無漏)의 지혜로써 3계 유정(有情)중생의 3세인과와 6도윤회의 진상을 훤히 꿰뚫어 보고 우주 인생의 수수께끼에 대해 하나의 원만한 해답을 하였습니다.

석가세존은 12인연관(十二因緣觀)으로써 생명의 유래와 윤회를 설명했고, 업력불멸(業力不滅)로써 4생6도(四生六道)2)의 윤회를 설명했으며, 연기법으로써 우주만유의 생성과 존재를 설명했으며, 인과법칙으로써 만물의 생멸변이(生滅變異), 인생의 빈부·귀천·장수와 요절의 오묘한 비밀을 설명했습니다. 그런 다음 고(苦)·집(集)·멸(滅)·도(道) 4성제 속에서 인생의 진상(眞相)과 해탈법문을 설명했습니다. 다시 6바라밀 만행의 보살도로써 우리에게 보리심을 일으키고 출세간의 정신으로써 입세간(入世間)의 사업을 하여 사회에 봉사하고 중생을 제도 교화 하라고 했습니다. 만약 우리가 연기론·12연생관·4성제와 8정도에 관한 글들을 읽어보면 인생의 가치와 의의에 대해 보다 깊은 이해를 하게 될 것입니다.

4성제와 12연생관은 불법 수행에 있어 출세간법에 해당합니다. 만약 수행하여 과위를 증득하면 곧 출세간의 성자가 됩니다. 우리 초학 불자들은 역시 세간법, 즉 어떻게 사람이 될 것인가부터 배우기 시작해야 합니다. 인광(印光) 대사는 속가의 어느 거사에게 보낸 편지에서 이렇게 말하고 있습니다, "부처님을 배우는 일은 원래 사람의 도리를 다해야 비로소 들어갈 수 있다. 불교는 세간법·출세간법을 모두 포괄하기 때문에, 부모에 대해서는 자애를 말하고 자식에 대해서는 효도를 말하여, 저마다 사람의 도리의 분수를 다하게 한 다음 출세간법을 배우게 하는 것이다."3)

---

2) 4생은 태생·난생·습생·화생, 6도는 천도·인도·아수라도·축생도·아귀도·지옥도이다.

또 말했다, "염불하는 사람은 반드시 먼저 부모에게 효도 봉양하고, 스승과 어른을 받들어 섬기며, 자비심에서 살생하지 말고, 10선업(十善業)을 닦아야 한다. 그리고 부모는 자애롭고 자식은 효성스러워야 하며, 형은 우애하고 동생은 공경하며, 부부는 화순(和順)해야 하며, 주인은 어질고 노복은 충성스러움으로써 저마다 자기의 직분을 다해야 한다."

인광(印光) 대사는 일생 동안 제자들에게 순순히 훈계하기를, 부처님을 배움은 먼저 사람됨을 배우는 데서부터 시작해야 한다고 했습니다. 대사는 이렇게 말했습니다. "부처님과 조사들을 배우려면 먼저 성현(聖賢)으로부터 법을 취해야 한다. 만약 자신의 행위에 허물이 있고 윤리도덕에 어긋나면 유교의 죄인이라고 하는데, 어떻게 부처님의 제자가 될 수 있겠는가?"[4]

---

3) 인광대사(印光大師 1862-1940)는 법명은 성량(聖量), 자호는 인광이다. 자칭 삼참괴승(常慚愧僧)이며 홍일대사(弘一大師)는 그를 스승으로 모셨다. 21세에 출가하였다. 법우사(法雨寺)에서 6년간 두문불출하고 불철주야 염불을 하여 마침내 염불삼매(念佛三昧)를 증득하였다. 불교 대장경에 30년간 열람하며 깊이 들어가서 그 지혜가 바다와 같았다. 그는 당대의 정토종 신도중에서의 지위는 미칠 자가 없다. 후인들이 그를 정토종 제13조로 받들었다. 대사가 후세에게 남긴 무상(無上) 법보는 『인광법사문초(印光法師文鈔)』이다. 전후 삼편(三篇)이 모두 1백여만 글자로서 정토수행자를 안내하는 밝은 등으로서 소장경(小藏經)이라고 한다. 대사는 불교 경전 인쇄 기구인 홍화사(弘化社)를 창립하여 경서 법보와 널리 인연을 맺어주었다.
　　인광대사는 일생토록 명리를 버리고 자신이 모범을 보이며 정토종 홍양에 지극히 힘썼다. 그의 영향력은 정토종에만 그치는 것이 아니라 중국 근대의 불교를 보호 유지했다. 불교를 전승했을 뿐만 아니라 전통 문화도 전승했다. 인광대사는 근대 고승인 허운(虛雲)·태허(太虛)·제한(諦閑) 등의 대사와는 모두 좋은 친구였다. 후인들은 그를 허운·태허·홍일과 함께 민국 4대고승이라고 부른다. 사후에는 사리 28개의 치사리를 포함하여 천여 과를 남겼다.
　　한국에서는 대사 저작의 번역서로 『화두 놓고 염불하세』·『인광대사문초청화록』 등이 있다. 좀더 자세한 소개는 역자 편역의 『나무아미타불이 팔만대장경이다』 제3편 중 「제12장 염불왕생 실제 사례」를 읽어보기 바란다.
4) 먼저 사람됨을 배우기 위해서 남회근 선생이 해석한 유가의 사서(四書)

이로써 알 수 있듯이 불문이 윤리도덕을 중시하는 것은 유가와 다름이 없습니다. 인광 대사가 출가 비구로서 일부러 유가의 말을 지은 게 아니라 분명하게 불경에 기록되어 있는 것입니다. 이는 석가세존이 2천 수백 년 전에 제자들에게 사람됨으로서 응당 갖추어야 할 준칙을 가리킨 것입니다. 『무량수경』에는 이렇게 기록되어 있습니다. "부자나 형제나 부부, 가족, 일가친척 간에는 마땅히 서로 공경하고 사랑해야 하며 결코 미워하고 시새우지 말지니, 있는 것 없는 것을 서로 융통하고 탐내거나 인색하지 말며, 항상 상냥한 말과 부드럽고 화평한 얼굴로 상대하여 아예 다투지 말아야 한다 [父子兄弟, 夫婦家室, 中外親屬, 當相敬愛, 無相憎嫉.有無相通, 無得貪惜, 言色常和, 莫相違戾]."

불문에서는 효도를 가장 중시합니다. 석가세존은 『선생경』에서 자식들이 어떻게 부모를 받들어모셔야 하는 지를 이렇게 말씀하십니다. "첫째, 봉양하여 부족함이 없게 할 수 있어야 한다. 둘째, 무릇 할 일은 먼저 부모에게 아뢰어라. 셋째, 부모가 하시는 일에 공경히 순종하여 거스르지 말라. 넷째, 부모의 바른 명령은 감히 위배하지 말라. 다섯째, 부모가 하시는 바른 직업을 끊지 말라 [一者, 能奉養使無乏. 二者, 凡有所爲, 先白父母. 三者, 父母所爲, 恭順不逆. 四者, 父母正命, 不敢違背. 五者, 不斷父母正業]."

석가세존은 『대보적경』에서 말씀하십니다, "부모란 모두 낳은 자식을 이롭게 하고 즐겁게 해주고자 하기 때문에, 하기 어려운 일도 능히 하며 참기 어려운 일체의 일들을 참을 수 있다. 가령 갖가지 부정한 더럽고 나쁜 것도 다 참을 수 있으며, 젖을 먹여 양육시키면서 피곤하거나 싫어하는 마음이 없다 [夫父母者, 皆願利樂所生子故, 難作能作, 能忍一切難忍之事, 假令種種不淨穢惡, 皆能忍之, 乳哺養育, 無疲厭心]."

를 읽기를 권한다. 특히 그중에서 『논어별재』와 『대학강의』는 남회근 선생 자신이 대표적으로 추천하는 저작이다.

『사십이장경』에서도 말씀하십니다, "사람이 천지 귀신을 섬김이 자기의 부모에게 효도함만 못하다. 두 어버이가 가장 신성하기 때문이다 [凡人事天地鬼神, 不如孝其二親, 二親最神也]."

효도는 모든 윤리의 근본입니다. 사람이 만약 부모를 섬기는 데 불효하면, 자기 나라에 대해서도 불충(不忠)하게 되며 친구에게도 불의(不義)하게 됩니다. 옛말에 충신을 구하려면 효자의 가문에서 구하라고 했는데, 정말 지극한 도리가 있습니다.

우리가 입신 처세에 있어 선악시비(善惡是非)를 가리는 일이 첫째로 중요합니다. 어떤 사람은 말하기를 선악이란 시대 배경과 사회의 습속에 따라 정해지는 것으로 고정된 기준이 없다고 합니다. 그렇지 않습니다. 불교의 입장에서는 선악에는 그 기본 원칙이 있어서, 이 원칙에 따라 행하는 것은 선이 되고 이 원칙에 거슬려 행하는 것은 악이 됩니다. 이 하나의 원칙은 생명계의 공통적인 욕망의 기초위에 세워져 있습니다.

일체의 유정(有情), 즉 모든 생명의 개체는 강렬한 생존 추구의 욕망을 가지고있어서 생명이 연속되어갈 수 있기를 바랍니다. 사람 뿐만이 아니라 소·말·돼지·양·닭·개·벌레·개미 등도 이런 기본 욕망을 갖지 않는 것은 없습니다.

만물의 영장인 사람의 입장에서 보면 생존을 추구할 뿐 아니라, 더 나아가 생활의 쾌락과 행복을 추구합니다. 이 한 가지 공통적인 욕망은, 사람은 모두 이 마음을 가지고 있으며 마음은 모두 이 이치를 가지고 있는 것이다 라고 말할 수 있습니다. 사람마다 이 공통적인 욕망을 가지고 있는 바에야 누구나 자기를 미루어 남에게 미치는 [推己及人] 관념을 응당 지녀야 합니다. 내 자신이 생존과 행복을 바라고 남이 나를 상해하거나 침범하기를 내가 바라지 않는다면, 내가 먼저 남을 상해하거나 침범하지 않음으로써 남도 생존과 행복을 얻게 해야합니다.

다시 한 걸음 더 나아가, 내가 이미 생존과 행복을 얻고 아울러

남도 생존과 행복을 얻도록 도와줄 수 있는 것, 이게 바로 선행입니다. 더욱 한 걸음 더 나아가 말한다면, 나의 생존 행복과 남의 생존 행복이 서로 충돌할 경우 심지어는 자신의 이익까지도 희생하여 남의 생존과 행복을 이루어 줄 수 있으며, 이런 자비심을 일체의 생명체들에게 넓혀가는 것은 선행일 뿐만 아니라 보살도를 행하는 것입니다.

이와는 반대로 나 자신의 생존과 행복을 위해 남의 생존과 행복을 박탈하거나 위해를 가한다면, 이게 바로 악행입니다. "생명의 의의는 인류가 계속 이어가는 생명을 창조하는 데에 있고, 생활의 목적은 인류 공동의 생활을 증진하는 데에 있다."라는 이 두 마디 말도 석가부처님이 말씀한 연기법칙을 주석하는 데 이용할 수 있습니다. 인류는 서로 도와야 서로에게 이로울 수 있습니다. 일체의 유정중생들에게 확장해도 그렇지 않은 게 없습니다. 우주만유도 서로 의지하면서 생겨나고 존재합니다. "이것이 있으므로 저것이 있고, 이것이 생겨나므로 저것이 생겨난다."는 말은 우주만유가 존재하는 기본 원리를 설명합니다.

불교는 보은을 중시합니다. 부처님은 갚아야 할 네 가지 은혜가 있다고 말씀하셨습니다. 즉, 부모의 은혜·국가의 은혜·중생의 은혜·부처님의 은혜가 그것입니다. 부모가 나를 낳아 길러주신 은혜는 바다처럼 깊으니 우리는 부모에게 효도 공경하고 봉양함으로써 갚아야 합니다.

국가는 우리의 조상들의 묘가 있는 땅이요 부모와 친족이 태어나서 자란 나라입니다. 우리 자신도 여기서 나고 자랐으며 우리의 생명과 재산도 국가의 보호에 의지해야 합니다. 그러므로 우리는 나라를 사랑하고 국가의 은혜에 보답해야 합니다. 우리가 일상적으로 먹는 쌀은 농부가 경작하여 생산된 것이요, 입는 옷은 노동자가 만들어낸 것이요, 살고있는 집은 노동자가 건축한 것입니다. 버스 기사는 우리를 위해 차를 운전하고 교통경찰은 우리를 위해

교통을 지휘합니다. 또 서비스업 종사자들이 각종의 봉사를 합니다. 이렇게 연기적으로 상호 협조하는 사회 속에서는 다른 사람마다 내 자신을 위하고 있고 나는 다른 사람마다를 위하고 있으므로 중생은 모두 나에게 은혜가 있습니다. 그러므로 우리는 중생의 은혜에 보답해야 합니다.

가정에서부터 국가 사회에 이르기까지 우리들의 육체 생명을 낳아 길러주고 보호하고 도와주었습니다. 그리고 부처님은 중생을 인도해주는 스승으로 우리에게 입신 처세의 원칙과 우주와 인생의 진리, 그리고 고통을 벗어나 즐거움을 얻고 해탈 열반하는 방법을 가르쳐 주셨습니다. 불법은 나의 정신생명에 자양분으로 촉촉이 적셔줍니다. 그러므로 우리는 부처님의 은혜도 갚아야 합니다. 부처님의 은혜를 갚는 것은 곧 부처님이 열어 보여준 진리를 신앙하고 부처님의 언행을 학습하는 것입니다.

이상의 여러 가지에 근거하여 우리는 인생의 가치와 의의에 대해 다음과 같은 인식을 가지게 됩니다.

1) 12연생관의 입장에서 인생을 보면, 무명(無明)을 조건으로 행(行)이 일어나고, 행을 조건으로 식(識)이 일어나고, 식을 조건으로 명색(名色)이 일어나고…생명의 시작은 일종의 미혹과 망동으로… 촉(觸)을 조건으로 수(受)가 일어나고, 수를 조건으로 애(愛)가 일어나고, 애를 조건으로 취(取)가 일어나고, 취를 조건으로 유(有)가 일어나고…미혹한 망동 속에서 탐애 집착하여 붙들어 쥐고 점유합니다. 우리가 이런 도리를 알지 못할 때는 이러한 일체의 행위가 당연한 것으로 생각합니다. 이제 우리는 탐애(貪愛) 집착하여 붙들어 쥐어 점유하는 게 모두 생사유전(生死流轉)의 근본이며 우리는 어떻게 마음[心識]을 정화하고 탐애를 줄여야 하는 지를 알았으니, 12연생의 유전문(流轉門)으로부터 환멸문(還滅門)으로 전향하여 생명을 단계적으로 승화시킴으로써 진리와 해탈을 추구해야 합니다.

2) 업력불멸의 입장에서 인생을 보면, 사회의 흥성과 타락·인생의 고락(苦樂)은 모두 중생의 업력이 부른 결과입니다. 전자는 중생의 공업(共業)이고 후자는 개인의 별업(別業)입니다. 만약 사회적으로 많은 사람이 선(善)을 향하여 노력하고 타인을 사랑하고 서로 도와준다면, 우리의 사회는 안락과 화해의 탄탄대로로 걸어 나아갈 것입니다. 만약 많은 사람들이 타락 부패하고 서로 투쟁한다면 우리의 사회는 암흑 공포의 절망적인 상태로 향하여 걸어갈 것입니다. 개인도 이와 같습니다. 만약 사람이 마음에 만족을 모르고 오직 많이 얻고 구하려고 한다면, 그는 영원히 만족하지 못하고 즐겁지 않을 것입니다. 사람이 소욕지족(少欲知足)하고 직업에 힘쓰며 널리 사람들을 사랑한다면, 그의 생활은 평안 행복하며 마음도 평안하고 조용할 것입니다.

3) 연기의 입장에서 인생을 보면, 연기법은 우리에게 우주만유의 생멸변이(生滅變異)의 인과를 말해줍니다. 또한 우리에게 "이것이 있기 때문에 저것이 있다. 이것이 생겨나므로 저것이 생겨난다."라며 만유는 상호의존하는 관계임을 말해줍니다. 세간의 중생이 만약 서로 협력하고 서로가 관심과 애정을 갖는다면, 양쪽다 그 이익을 얻고 함께 생존과 행복을 얻기 마련입니다. 만약 이런 도리에 역행하여 사람과 사람 사이에 서로 원수가 되어 투쟁한다면, 반드시 양쪽 다 그 해를 입고 악(惡)의 열매를 함께 먹게 되기 마련입니다.

4) 인과의 입장에서 인생을 보면, 속담에 "오이씨를 심으면 오이를 얻고, 콩 씨를 심으면 콩을 얻는다."라고 합니다. 착한 원인을 심으면 착한 열매를 맺고, 악한 원인을 심으면 악한 열매를 얻는 것은 인과율(因果律)에서 필연의 법칙입니다. 당신이 만약 기꺼이 남을 돕고 널리 선한 인연을 맺으면, 당신에게 어려움이 있을 경우에도 다른 사람의 도움을 받기 마련입니다. 만약 당신이 극악무도(極惡無道)하며 널리 악한 인연을 맺는다면, 남들은 당신을 피

하지 못할 까 걱정하게 되는데, 당신에게 어려움이 있을 경우 그 누가 도움의 손길을 주겠습니까?

그리고 당신이 당신의 직업에 적극적이며 분발할 때 당신의 생활은 개선될 수 있습니다. 만약 게으르고 타락하면서 하늘이나 원망하고 남이나 탓한다면, 당신의 생활은 곤경에 빠져들게 마련입니다. 불가의 속담에 "전생의 일(원인)을 알고 싶다면 금생에 받는 것이 그것이오, 내생의 일(과보)을 알고 싶다면 금생에 지은 것이 그것이다 [欲知前生事, 今生受者是. 欲知來生事, 今生作者是]."라고 합니다. 우리는 입신 처세에 있어 항상 '인과'라는 두 글자를 생각해야 큰 과오가 없을 수 있습니다.

결론적으로 말하여, 불교의 인생관은 일종의 적극적·낙관적·상부상조적·창조적 인생관입니다. 그것은 우리에게 원인을 비추어보아 결과를 알고, 악을 끊고 선을 행하며, 마음[心識]을 정화(淨化)하며 서로 협력하고, 정신적인 차원의 승화를 추구하여 인성의 빛을 발전시키라고 요구합니다. 사람마다 이처럼 할 수 있다면 우리의 이 사바국토(娑婆國土) 5탁악세(五濁惡世)도 서방극락세계로 전환될 것입니다. (우릉파于凌波 거사 저작)

인생에는 놓아버리지 못할 것이 없다

인생이 어찌 대부분 뜻대로일 수 있겠는가? 모든 일이 절반만 마음에 들기를 바라라! (人生哪能多如意, 萬事只求半稱心)

세상일은 열에 아홉은 뜻대로 되지 않고, 마음에 드는 사람은 백 명 중 하나도 없다.

인생에서 가장 어려운 것은 소유하는 것이 아니라 놓아버리는 것이다. 인생에서 가장 괴로운 일은 풍진 세상을 간파하고 놓아버리지 못한 것보다 더한 것은 없다.

인생은 길을 지나가는 것에 불과하니 놓아버리지 못할 것이 없다.

인생에서 갖가지마다 생각의 집착(執著)이다. 생각에 집착하기[執念] 때문에 갇혀서 사는 것이다. 모든 집착을 오직 놓아버려야[放下] 얻을 수 있으며, 또한 오직 놓아버려야 더욱 오래 갈 수 있다.

한 생각에 집착하면 온갖 것이 괴로움이요, 한 생각을 놓아버리면 다시 태어난다. 어떤 사람이나 어떤 일을 놓아버리기로 결정했을 때, 사실은 당신 마음속의 집착하는 생각을 놓아버려서 마침내 자기를 놓아준 것이다. 과거를 가슴에 두지 않으면, 자기에게 기회를 주고 미래를 주며 다른 사람에게도 자유의 공간을 준다.

사람이란 한 걸음 한 걸음마다 모두 정확할 수는 없다. 항상 이렇게 믿어야 한다. 즉, "가는 길, 만나는 사람, 남긴 아쉬움은 모두 마땅히 겪어야 할 일이다."라고 말이다. 당신이 누구를 만나든, 그는 당신의 생명 중에 나타나야 할 사람이지 절대 우연이 아니며, 그는 당신에게 무언가를 가르쳐 줄 것이다.

만남은 갚아야 할 빚이 있기 때문이요, 떠남은 빚을 다 갚았기 때문이다. 전생에 빚지지 않았다면 금생에 만나지 않으며, 금생에 서로 만남에는 반드시 부채가 있다. 인연이 일어나면 사람 무리 중에서 당신을 내가 보고, 인연이 흩어지면 당신이 사람 무리 중에 있는 것을 내가 본다.

당신은 기회 등을 놓쳐버리면 곧 유감이라 생각하지만, 사실은 큰 재난을 하나 피한 것인지도 모른다. 욕심부리지 말라, 당신이 뭐든지 다 가진다는 것은 불가능하다. 낙담도 하지 말라, 당신이 아무것도 없을 수는 없다. 바랐던 것이든 바라지 않았던 것이든 마음으로 달갑게 여기는 것만 못하고, 얻었든 얻지 못했든 도리에 어긋나지 않아 마음이 편안한 것만 못하다.

당신을 속인 사람은 당신을 대신해서 아프고, 당신을 괴롭힌 사람은 당신을 대신해서 고통을 받고, 당신을 때린 사람은 당신을 대신해서 변을 당할 것이다, 당신의 돈을 갚지 않은 사람은 당신의 재앙을 막아줄 것이다. 인과에는 윤회가 있기에 하늘은 누구를 용서한 적이 없다, 당신은 선량하기만 하면 된다. 남을 원망하지 말라, 원망은 자신에게 상처를 줄 것이다, 모든 것을 시간에 맡기고 남에게 선행을 하면, 복은 오지 않았지만 재앙은 이미 멀어졌다. 남에게 악행을 하면 재앙은 아직 오지 않았지만 복은 이미 멀어졌다.
남이 욕하고 모욕을 주고 못살게 구는 것은, 당신의 죄업을 일찌감치 소멸시키고, 일찌감치 청정하게 하고, 일찌감치 도(道)를 이루도록 도와주는 것이니, 마땅히 그에게 감사해야 한다.

당신의 수양 경지가 갈수록 높아질 때, 주위 사람들 하나하나가 좋고 나쁨이 없으며, 옳고 그름이 없으며, 단지 각자가 다른 에너지의 주파수 속에 처해서 서로 다른 상태를 나타내고 서로 다른 선택을 했으며, 서로 다른 언어와 행위가 있다는 것을 진정으로 이해할 것이다. 이점을 깨달으면 진정한 사랑과 자비가 솟아날 것이며, 또한 허락하고, 받아들이고, 포용하고, 친절하고, 진실하게 대할 것이다.

사람이 노후에 이르면 의지할 수 있는 것은 자녀가 아니라 두 가지 것을 지키는 것이다. 이것이 진정한 지혜이다. 첫째는 건강이요, 둘째는 강대한[强大] 속마음이다.

　사람은 오직 죽는 날에 이르러서야 알게 될 것이다, 원래 세간
의 일체는 모두 공(空)한 것이라는 것을. 인생은 3만 일 동안 가죽
부대를 하나 빌린 것에 불과할 뿐이다. 한 물건도 가져갈 수 없는
데도 집착할 필요가 어디에 있겠는가? 인연이 있으면 마땅히 소중
히 여기고 인연이 없으면 놓아버리라. 자기를 놓아버림은 지혜이
며, 남을 놓아버림은 인자함이다. 한 생각에 꽃이 피고, 한 생각에
꽃이 진다. 한 생각을 놓아버리면 모든 것에서 자재하다. (홍일대사
등)

제2장   인성의 진상을 말한다

남회근 선생 강연
2008년 11월 1일
태호대학당(太湖大學堂)
청중은 중구상학원소주교우회(中歐商學院蘇州校友會)

강연 첫째 시간

반욱병(潘昱兵)의 치사 : 내빈 여러분 안녕하십니까? 다들 알듯이 남선생님께 강의 좀 해주시라고 청하기는 대단히 쉽지 않은 일입니다. 이제 남선생님이 강의해 주시기를 우리 열렬한 박수로 환영하겠습니다.

남회근 선생 : 여러분 안녕하십니까? 방금 반 선생님께서 너무 겸손하게 말씀하셨습니다. 저는 쓸모없는 일개 늙은이입니다. 저는 습관적으로 먼저 여러분에게 드리는 말이 한마디가 있습니다. 저는 저 자신의 일생에 대하여 옳은 점이 하나도 없고 잘하는 것이 하나도 없다고 생각한다는 것입니다. 단지 밖에서 약간의 헛된 명성이 있을 뿐입니다. 반 선생님이 방금 말씀하시는 것처럼 여러분들과 만날 수 있는 기회가 아주 드뭅니다. 왜냐하면 제가 늙어서 밖에 나가는 일이 적기 때문입니다.

인류 문화의 심성 문제

우리는 긴 말을 짧게 줄여서 하겠습니다. 저는 매번 강연을 하거나 수업을 할 때마다 저 자신이 남에게 시험을 치르고 있다고 생각합니다. 시험관인 여러분도 저를 시험하기 위해 왔습니다. 특히 여러분들이 이번에 출제한 문제의 제목은 대단히 큰 주제입니다! 요컨대, '인성(人性)의 문제'라는 이 제목을 제가 보니 아주 특별했습니다. 여러분은 어떻게 이렇게 큰 제목을 냈습니까? 간단히 말해 인성은 무엇일까요? 생명의 의의는 무엇일까요? 사람은 무엇을 위해서 살고 있을까요? 태어나 오고 죽어 가는데 도대체 어떻게 태어나 오고 어떻게 죽어 갈까요? 최근에 저는 청년 친구들이 묻는 인성 문제에 늘 답하면서, 먼저 한 가지 우스갯소리를 합니다. 우스갯소리도 진리이며 완전히 우스갯소리만은 아닙니다. 남이 제게 물으면 저는 이렇게 말합니다. "인생은 영문을 모른 채 태어나고, 어쩔 수 없이 살아가며, 까닭을 모른 채 죽어간다." 이 세 단계입니다. 그러므로 사람은 대단히 가련합니다. 이 세 마디 말이 비록 한낱 우스갯소리이지만, 역시 여러분들이 저에게 출제한 인성의 문제라는 제목이기도 합니다. 그러므로 저는 이 제목을 보고서 갑자기 대답하기를 "좋습니다! 제가 강의하겠습니다."고 했습니다. 왜냐하면 저의 감상을 불러일으켰기 때문입니다. 이곳 이 시대에도 이 문제를 제시할 수 있는 사람이 있다는 것을 생각지도 못했습니다. 오늘날 인성의 문제에 관심을 가지는 사람은 아주 드뭅니다.

인류의 문화는 동양이든 서양이든 주요 중심은 바로 '심성의 문제'입니다. 이 제목을 주제로 얘기하자면 짧은 두 시간 동안에는 다 말할 수 없습니다. 만약 학술적 연구를 한다면 여러 해가 필요합니다. 왜냐하면 그것은 세상의 모든 종교·철학·정치·경제·문화·교육 등을 포괄해서 너무나 많고 많은데, 모두 '인성'이라는 문제이기 때문입니다. 인성의 문제에 파고 들어가는 것은 과거에 철학적인 연구에서 본체론에 속했습니다. 서양 철학의 영향으로 말미암아 중국 철학은 자신의 문화도 본체론으로 이름을 정했습니다. 철학의 본체론은 바로 과학의 본체론이자 종교의 본체론입니다. 이 생명은 도대체 어떻게 온 것일까요? 이 세계는 어떻게 사람이란 것이 있을까요? 사람은 어떻게 태어나 올까요? 중국인에게는 한 마디 속담이 있습니다. "사람들의 마음은 각각 그 얼굴처럼 다르다 [人心不同, 各如其面]." 저마다의 생각·심리정서는 다릅니다. 마치 저마다 얼굴이 서로 다른 부분이 있듯이 그렇습니다. 중국인의 이 두 마디 말은 바로 인성 문제인데 대단히 기묘합니다.

인성은 맨 처음 어떻게 온 것일까요? 다시 인성과 일체의 생물, 더 나아가 만물의 성(性)까지 추론해 나가면 동일한 개체일까요 아닐까요? 철학에서는 이 한 가지 문제를 따져 묻습니다. 우주만유 생명은 닭이 먼저 일까요 아니면 달걀이 먼저 일까요? 인류는 남자가 먼저일까요 아니면 여자가 먼저일까요? 사람은 어떻게 오는 것일까요? 유물적인 것일까요? 아니면 유심적인 것일까요? 이것이 인성의 문제요 철학 문제의 본체론입니다.

인성의 본체론을 연구하고 알고 난 뒤라야 인생을 얘기합니다. 사람은 살아 있으면서 생명의 의의는 무엇일까요? 생명의 가치는 무엇일까요? 생명의 작용은 무엇일까요? 이 모두 이 인성의 문제와 관계가 있습니다. 저는 여러 해 동안 이 문제를 정말로 제기하는 사람을 보지 못했습니다. 오늘날의 학교나 사회에서, 글을 쓰는 사람도 이 방면에 대하여 쓰는 사람은 아주 적습니다. 없는 것이 아니라 오직 소수의 사람들만이 묵묵히 연구하고 있습니다. 오늘날 이 시대에 이르러, 특히 중국에서는 다들 기를 쓰고 악착같이 돈을 향하여 바라보고 돈을 벌고 부자가 되고 싶어 하지, 인성의 문제에 대하여는 대부분의 사람들이 소홀히 합니다. 이제 여러분들이 공개적으로 이 문제를 제시하였기에 우리는 긴 말을 줄여서 먼저 한 번 이해해 보겠습니다.

인성은 선인가 악인가

우리는 본체를 얘기하지 않고 먼저 현상을 얘기하겠습니다. 이 인성은 태어날 때 도대체 선(善)일까요 악(惡)일까요? 이 세계의 모든 종교 입장에서 말하면, 우리가 종교를 얘기할 때는 이 문제에 주의해야 합니다! 오늘날 세계에 존재하는 종교는 수백 개입니다. 그렇지만 일반적으로 유행하는 것은 몇 개일 뿐입니다. 중국에는 유불도(儒佛道) 이 3대교가 있습니다. 중국은 중국 자신의 본토 문화는 유가인데 뒷날 유교라고 불렀습니다. 도가와 불가는 종교에서는 도교와 불교입니다. 우리가 거꾸로 백 년 전으로 거슬러 올라가면 이 유불도 3교는 중국 문화의 중심이었습니다. 거기다 뒷날 전해 들어온 기독교도 더해지고, 물론 그 안에는 천주교도 포함됩니다. 오늘날 세계에서 기독교의 파들은 아주 많고 복잡합니다. 유불도 3교에 기독교와 회교를 더하면 거의 오늘날 중국과 세계에서 공인된 5대교입니다.

여기서 얘기가 나온 김에 한 마디 하겠습니다. 사람들이 기독교와 천주교는 서양 문화라고 하는데, 저는 틀렸다고 말합니다. 그것은 서양 문화 속의 일면을 대표하는 것입니다. 그렇지만 여러분 주의하십시오. 이 5대교의 성인은 모두 동양인입니다. 공자·노자·석가모니불은 모두 동양인입니다. 예수도 동양인이요 아랍의 마호메트도 동양인입니다. 서양인은 한 사람도 없습니다. 그렇지만 종교는 오히려 서양에서 유행했습니다. 모든 종교는 인성이 본래 선량한 것이라고 봅니다. 기독교나 천주교를 연구한 사람은 잊지 말기 바랍니다. 구약성경을 많이 보시기 바랍니다. 여러분들 중에 천주교와 기독교를 믿는 일부 사람들은 성경을 들면 대부분 중간을 뽑아서 말하고, 창세기부터 시작하지 않습니다. 우주는 어떻게 창시되었을까요? 천주교·기독교 내지는 기타 종교가 모두 하나의 주재자가 인류와 세계를 창조했다고 봅니다. 이것은 크나큰 문제입니다. 깊이 말하게 되면 종교철학의 비교종교학과 관련될 것이기에 지금 저는 여기까지만 말하겠습니다.

우리 다시 돌아가, 중국의 종교와 문화교육을 살펴보겠습니다. 중국 문화는 인성을 말하는데, 『삼자경(三字經)』에는 다음의 네 마디 말이 있습니다. "인지초, 성본선, 성상근, 습상원 (人之初, 性本善, 性相近, 習相遠)." 제가 여섯 살 때에 외기 시작했습니다. '인지초, 성본선(人之初, 性本善)', 사람의 인성은 본래 선량합니다. '성상근'(性相近), 자성(自性)은 본래 모두들 서로 가깝습니다. 저마다 선량한 마음이 있습니다만, 사회에서 보면 인성이 선량한 사람은 많지 않습니다. 왜냐하면 '습상원'(習相遠), 습관 습속의 영향으로 사람들의 거리가 갈수록 멀어지게 되었기 때문입니다.

제가 여기서 얘기를 하나 하겠습니다. 저에게는 국가를 위하여 일하는 친구가 있습니다. 그는 무공이 높아서 우리는 그를 무림고수라고 말합니다. 그가 며칠 전에 제게 말했습니다. 한 번은 그가 많은 돈을 지니고서 길에서 여섯 명의 토비에게 약탈을 당했답니다. 그가 말하기를, 돈은 여러분들이 가져가되 사람을 상하게 하지 말라고 했답니다. 그렇지만 상대방은 그를 죽이지 않으면 안 되었습니다. 그래서 그는 사람을 때려 저항할 수밖에 없었습니다. 그는 이 토비들과 싸워 다쳐 창자가 밖으로 나왔습니다. 최후에는 물속으로 뛰어들어 목숨을 보존했습니다. 그는 도망하여 물가에 누웠는데, 정말 움직일 수 없었습니다. 자기가 옷으로 창자를 싸고 있으면서 길가는 사람이 지나가는 것을 보면 자기대신 전화 좀 해달라고 부탁했답니다. 그런데 다들 멀리서 한 번 바라볼 뿐 감히 다가오질 않았습니다. 그는 당시의 상황을 제게 얘기하면서 아주 몹시 탄식하며 말했습니다. "선생님, 저는 인성의 문제를 깊이 체험했습니다." 제가 말했습니다. "당신도 그렇게 비관하지 말아요. 그런 행인들이 다가오려 하지 않은 것은 현대인들의 습기(習氣)입니다. 다들 담력이 적고 당신이 좋은 사람인지 나쁜 사람인지 모르기 때문입니다. 또, 만일 당신이 죽는다면 골치 아픈 일이 일어날 것을 두려워하는 겁니다. 이것은 보편적인 현상입니다. 우리가 늘 보듯이, 거리에서 무슨 일이 일어나 두 사람이 싸울 경우 일어나서 충고하는 사람이 없습니다. 지금은 더욱 심각합니다. 다들 두려워하고 꺼리는 일이 많습니다." '성상근, 습상원'을 얘기하다 보니 이런 이야기를 하게 되었습니다. 이게 바로 인성입니다.

중국과 외국 학자들의 관점

중국 전통문화 속에서 공자와 맹자로 대표되는 유가는 인성을 선한 것이라고 대부분 봅니다. 그럼 왜 인성에는 또 나쁜 일면이 있을까요? 후천적인 습관이 조성했기 때문입니다. 부모·가정·사회의 교육 등등이 선량한 인성을 오염시켜버린 겁니다.

그런데 맹자와 동시대의 순자(荀子)는 인성이란 천성적으로 나쁜 것이라고 보았습니다. 예컨대 쌍둥이 갓난아이는 배가 고프면 먼저 앞다투어 먹고자 하고 자기의 형제를 상관하지 않습니다. 이 것은 탐욕인데, 자기를 중심으로 한 것입니다. 그러므로 그는 인성은 본래 악한 것이라고 말했습니다.

또 고자(告子)라는 사람도 맹자와 동시대였는데, 『맹자』라는 책에서 그를 말하고 있습니다. 저는 오늘날의 교육에서는 이러한 고서들을 접해보지 못할 것이라고 믿습니다. 사실 이러한 고서들은 수천 년 동안 유행했으며 보통의 교과서였습니다. 우리는 어려서부터 읽고 외워야 했을 뿐만 아니라 외워서 쓸 줄도 알아야 했습니다. 고자는 인성은 선하지도 않고 악하지도 않다고 보았습니다. 인성은 맨 처음에는 선악의 문제가 없다가 뒷날 자기의 관념으로써 하나의 논리를 세우고 선악을 분별한다는 것인데, 이것도 한 파입니다. 이러한 문제들은 연구해 보면 모두 아주 큽니다.

또 다른 일가는 누구일까요? 바로 묵가(墨家)입니다. 제가 방금 언급했듯이 당나라 송나라 이후에 중국 문화를 대표하는 삼가는 유불도였지만 춘추전국 시대에 중국 문화를 대표하는 삼가는 유도묵(儒道墨)이었습니다. 유가는 공맹을 대표로 하고 도가는 노장(老莊)을 대표로 합니다. 또 묵가는 묵자(墨子: 묵적墨翟)를 대표로 합니다. 제자백가 속에서 묵가는 아주 중요합니다. 묵자는 인성이란 한 장의 흰 종이와 같은데, 사람이 태어난 뒤에 부모나 가정 그리고 모든 후천적인 교육으로 거기에 색깔이 더해졌다고 보았습니다. 선과 악은 흰색과 검은색과 다름없어서 두 가지 서로 다른 색으로 염색되었다는 것입니다.

인성의 문제에 관하여 중국에는 이 4,5가(家)의 설이 있는데, 이 4,5가는 몇 천 년의 중국문화를 대표했습니다. 우리들의 문화교육은 옛날부터 줄곧 이에 대한 답안을 찾아 왔습니다. 그러므로 우리의 과거 정치·법률·교육·사회에는 모조리 인성의 문제를 둘러싸고 맴돌았으며, 그것도 아주 시끄럽게 맴돌았습니다. 중국 문화는 수천 년이며 그 내용도 풍부하고 대단히 많습니다. 지금 여러분들은 정말 대단합니다. 이러한 제목을 제시하다니 저는 보고서 눈이 번쩍거리며 몹시 기뻤습니다. 그런데 대답하고 나서는 후회하기 시작했습니다. 이렇게 짧은 시간에 이렇게 큰 문제를 토론해야 한다니, 너무나 어렵기 때문입니다.

천주교와 기독교도 이 문제를 얘기하면서 인성은 본래 선한 것이라고 봅니다. 이 자리에 계신 분들 중에 이슬람교도가 있는지 없는지 모르겠습니다만 이슬람교도 이 문제를 얘기하고 있습니다. 하느님이 만유를 창조했고 인성은 본래 모두 선량했는데, 사람 자신들이 그것을 나쁘게 만들었다고 봅니다. 이 인성은 어떤 것일까요? 중국 문화에서는 몇 천 년 동안 토론했으며 서양 문화도 마찬가지로 이 문제에 주의를 기울였습니다.

현대의 이 1백 년 동안에 이르러 우리들의 근대 인류의 문화,

특히 중국 문화는 네 가지 것의 영향을 받았다고 저는 늘 말합니다. 다윈의 진화론, 마르크스의 자본론, 프로이트의 성심리학, 그리고 케인스의 '소비가 생산을 자극한다'는 경제이론이 그것입니다. 이 네 가지 이론은 인류 세계의 기풍을 전환 변화시켰으며 사회를 어지럽게 했습니다. 그리고 서양의 교육이든 동양의 교육이든 모두 진정으로 이 인성의 문제를 파고 들어가 탐구해보지 않았습니다. 다들 서양 문화를 보고 미국과 유럽의 물질문명의 변화와 상공업의 발달을 보고서는, 그 때문에 눈이 어지러워져 근본을 잊어버렸습니다. 지금 어떤 사람이 인성의 문제를 제시했는데, 이것은 큰 문제입니다. 첫 단락으로 저는 먼저 대략 이상의 원칙들을 말씀드렸습니다. 이 문제에 관한 내용은 정말 너무나 많습니다. 반드시 종교·철학·과학·정치·법률을 이해해야 합니다. 일체가 모두 그 안에 포함되어 있습니다.

우리 되돌아가, 방금 제시한 사람의 타고난 인성은 본래 선량하다는 '인지초, 성본선 (人之初, 性本善)'을 다시 연구해 보겠습니다. 인성은 정말로 본래 선인지 아닌지 모릅니다. 여기에 또 한 가지 논리적인 문제가 있습니다. 이 '성'(性)은 무슨 성을 얘기하는 걸까요? 오늘날 다들 구어에서 쓰는 단어로도 많습니다. 무슨 과학성·발전성·자율성·민주성 등 갖가지가 있는데, 이것들은 성질이란 의미의 성입니다. 예컨대 이 펜의 성질을 말하면, 그것을 이용하여 글자를 쓰는 것이지 본체의 성을 가리키는 것이 아닙니다. 중국 문화 속에서 '성'은 본성이며 인성의 진상(眞相)입니다.

우리는 어떻게 자기를 인식해야 할까요? 정말 대단히 어렵습니다. 여러분들이 제게 제시한 제목을 보았는데, 사람은 어떻게 자기를 인식할까요? 본 주제 제목 외에도 그렇게 많은 부제가 있습니다. 이 시험 문제는 대답하기 아주 어렵습니다. 그럴 뿐만 아니라 이런 문제들을 문학적으로 제시하였는데, 사람은 도대체 어느 곳으로 갈까요? 사람은 집으로 향하여 갑니다. 무슨 대단할 게 없습니다.(대중이 웃다) 그러나 엄격히 말하면 사람의 생명에는 전생과 내세가 있을까요? 인생의 목표는 어떤 사람이 되어야 할까요? 돈을 버는 게 좋을까요? 아니면 공무원이 되는 게 좋을까요? 혹은 이름이 세상에 알려지지 않는 보통사람이 되는 게 좋을까요? 대체로 이런 문제들을 묻습니다.

그리고 여러분들이 말한 인성의 방향을 장악하는 것이, 바로 제가 방금 말했던 인생의 의의·인생의 목적입니다. 이제 저도 90여 세가 되었습니다. 중일전쟁 때 저는 20여 세였는데, 어떤 사람이 저더러 사천(四川)대학에 가서 강연을 해달라 청했습니다. 당시 대학의 수준은 오늘날과는 달랐습니다. 그때는 아주 높았습니다. 저는 젊어서부터 아주 주제넘었습니다. 누군가 저더러 강연을 해 달라하면 저는 응낙했습니다. 무슨 제목인지를 묻지 않고 현장에 가서야 홀연히 생각이 나서, 여러분들이 저에게 무엇을 강연해 달라 했느냐고 물었습니다. 한 학생이 저에게 '인생의 목적은 무엇인가?'를 제시하며 얘기해 달라고 했습니다. 저는 듣고 나서 연단에 올라가 말했습니다. "좋습니다. 이 제목을 잘 내셨습니다. 무엇을 목적이라 할까요? 예컨대 오늘 여러분들이 저더러 허풍 쳐 달라고 요구했고 제가 와서 강연하는 것, 이것이 한 가지 목적입니다. 여러분들이 강연을 듣기 위해서 오는 것도 한 가지 목적입니다. 세상에는 인생의 목적만을 말하는 학문이 많습니다. 어떤 사람은 인생은 즐김을 목적으로 한다고 하고, 어떤 사람은 인생은 부귀공명을 추구하는 것이 목적이라고 말하는 사람도 있습니다. 예를 들어 예전에 손중산(孫中山: 손문孫文) 선생은 인생은 봉사를 목적으로 한다고 말했는데, 대단히 위대합니다. 그의 이 사상은 줄곧 지금까지 영향을 미치고 있으며 국민당 공산당 두 당들 모두 아직도 사용하고 있습니다. 그러나 이것은 목적이 아니겠지요! 물어보겠습니다. 저와 이 자리에 계신 여러분들은 엄마 뱃속에서 벌거숭이로 태어났는데 '나는 무엇 하러 태어났다'고 말할 수 있을까요? 그런 일은 없겠지요? 여러분이 이 제목을 낸 것은 아주 재미있지만 강연하거나 토론할 수 없습니다. 저더러 말하라 한다면, 이 제목 자체가 바로 답안입니다. 인생은 무엇을 목적으로 할까요? 인생은 인생을 목적으로 합니다. 인생은 이유가 없습니다. 어디서 무슨 목적을 찾을 수 있겠습니까?" 제가 이 이야기를 한 것은 바로 여러분들의 이 제목과 관련되기 때문입니다.

지행(知行)의 문제

다시 돌아와 긴 얘기를 짧게 말하겠습니다. 방금 중국 문화 유불도 삼가를 말했는데, 저는 오늘 우리들의 본 제목과 관계가 있는 명나라 대유학자를 한 분 분명하게 제시하겠습니다. 그 분은 왕양명(王陽明)인데, 본명은 왕수인(王守仁)이며 양명(陽明)은 그의 호(號)입니다. 이 분은 많은 학문이 있었던 대유(大儒)로서 절강(浙江)의 여요(餘姚) 사람이었습니다. 그의 사상은 바로 유명한 양명학설(陽明學說)인데, 그 영향이 대단히 심원했습니다. 그는 명나라 왕조 역사상 공훈업적이 컸으며 또한 아주 대단했습니다. 그의 학설은 뒷날 일본의 문화혁명인 명치유신(明治維新)에까지 영향을 미쳤습니다. 명치유신은 요 일백여 년 동안의 새로운 일본을 건립했는데, 그 시작에서부터 채용한 학설은 완전히 양명철학이었습니다. 이것은 일본 역사와 국제 역사상 아주 유명합니다.

명치유신은 양명철학의 무슨 관점을 채용했을까요? 지행합일(知行合一)입니다. 아는 대로 행하고 행하는 대로 아는 것입니다. 사람의 지식과 행위는 서로 늘 결합이 되지를 않습니다. 예컨대 조금 전 제가 했던 이야기를 예로 들면, 저의 그 친구는 길에서 토비들에게 맞아 상처를 입었는데 도와주는 사람이 한 사람도 없었습니다. 그래서 그는 인성이 그렇게 선량하지 않다고 깊이 탄식했습니다. 그런데 그럴까요? 이 문제는 아주 엄중합니다. 제 생각에는 당시에 행인들이 보고서 틀림없이 그를 동정했을 것이며 그를 도와주고도 싶었을 것입니다. 그렇지만 자기가 또 이런 생각이 들었을 겁니다. "무슨 일이 나지 않을까? 그가 나쁜 사람은 아닌지 모르겠네. 만일 내가 그 사람을 대신해서 전화를 걸어주면 잠시 후에 경찰이 와서 나를 붙잡아 가면 어떻게 하지." 이렇게 많은 고려를 하고서 감히 하지 못했을 겁니다. 이 선악시비는 그렇습니다. 지(知)는 아는 것인데 행위는 도리어 실천하지 못합니다. 아는 대로 행하기는 어렵습니다.

지행(知行)의 문제를 얘기하면, 일백 년 전에 혁명을 추진했던 손중산 선생도 꽤 철학 이론이 있었습니다. 여러분들은 본 적이 없었을 텐데 '손문학설(孫文學說)'이라고 합니다. 그 안에는 '지난행이'(知難行易)와 '지이행난'(知易行難) 두 가지 방면을 제시합니다. 예컨대 현대는 과학이 매우 발달해서 지금은 우리 모두 전등은 스위치만 한 번 누르면 된다는 것을 다 알고 있습니다. 아주 쉽습니다. 이게 행위입니다. 그러나 전기의 내력(來歷)·전기의 원리는 모릅니다. '지난행이', 알기는 어렵지만 행하기는 쉽습니다. 이것이 한 방면입니다. 또 하나의 방면으로 그는 '지이행난'을 제시했습니다. 이론은 알기 쉽습니다. 여러분들이 여기에 앉아서 인성의 문제를 토론하는 것처럼, 사람은 어떻게 왔을까? 사람은 어떻게 태에 들어가 사람으로 변할까? 사람은 죽은 후에 영혼이 있을까 없을까? 천당이나 지옥이 있을까 없을까? 서방 극락세계가 있을까 없을까? 미래에 생명이 하나 있을까 없을까? 이렇게 사람은 저마다 마음속으로는 모두 느낌이 있습니다. 그러나 행난(行難)입니다. 영원히 알지 못합니다. 이상이 '지난행이, 지이행난'입니다.

되돌아가 양명철학을 얘기하겠습니다. 그는 인성의 교육 작용면에서 아는 대로 행한다는 '지행합일'을 제창하여 중국 명나라 후기와 뒷날 일본의 명치유신에 크게 영향을 미쳤습니다. 저는 왜 그를 말할까요? 왜냐하면 여러분들이 물은 문제는 바로 그가 말한 교육문제이기 때문입니다. 왕양명의 저작은 꽤 풍부합니다. 가장 유명한 한 책이 『전습록(傳習錄)』입니다. 사람됨과 일처리의 학문을 말하고 있는데, 과거 6,7십년 전에 중국에서 아주 유행했습니다. 장개석 선생도 황포(黃埔)군관학교에서 양명학설을 강의했습니다. 황포군관학교 학우들은 저마다 몸에 『전습록』을 한 권씩 지니고 있었습니다. 저는 늘 웃으며 말했습니다. "여러분은 저마다 다 한 권씩 가지고 있지만 아마 잘 읽어본 사람은 없을 것입니다."

왕양명의 사구교(四句敎)

왕양명이 당시에 학문을 강의한 것도 지금 사람들과 마찬가지로 인성의 문제를 제시했습니다. 그의 가장 유명한 것이 사구교(四句敎)인데, 매우 중요합니다.

첫째 구절이 "선도 없고 악도 없는 것이 성(性)의 본체이다 [無善無惡性之體]."입니다. 그는 인성이라는 이 성의 체(體)는 본래 선도 없고 악도 없다고 보았습니다. 중국 유가의 문화에 근거하면 그는 '인지초, 성본선'(人之初, 性本善)의 사상과는 다릅니다.

두 번째 구절은 "선도 있고 악도 있는 것이 의지(意志)의 움직임이다 [有善有惡意之動]."입니다. '의'(意)는 생각 작용입니다. 우리들의 생각 정서에는 선한 것도 있고 악한 것도 있다는 것입니다. 예컨대 우리들이 어떤 것을 먹고자 하면, 마땅히 먹어야 할지 먹지 말아야 할지, 먹고 난 뒤에 좋은 점이 있는지 없는지, 혹은 독이 있는 줄 알고 나면 먹지 않기로 하는데, 이게 바로 선악의 문제가 됩니다.

세 번째 구절은 "선도 알고 악도 아는 것이 양지이다 [知善知惡是良知]."입니다. 우리들 사람은 태어날 때부터 지성(知性: 인지기능. 영지성—역주)의 작용이 하나 있습니다. 이 지성은 본성의 제2중 제3중의 작용입니다. '양지'(良知) '양능'(良能)이란 명사는 누가 제시하였을까요? 맹자가 제시하였습니다. 맹자는 두 가지를 제시했는데, 하나는 '양지'라고 하고 하나는 '양능'이라고 합니다. 본성과 관계가 없습니다. 맹자는 말했습니다. "예컨대 우리가 어떤 사람이 강물 속에 빠진 것을 보면, 그때는 좋은 사람이든 나쁜 사람이든 악인이든 어떤 사람이든 모두 애를 태우며 가서 그를 구해주고자 한다. 이것은 양지양능의 작용이다."라고 말했습니다. 제가 지금 중간에 맹자를 인용하여 왕양명의 말을 해석하고 있는데, '지선지악(知善知惡)'에서의 이 '지(知)'는 '양지'에 해당합니다. 즉, 오늘날 보통 사람들이 말하는 '천지양심'(天地良心)입니다. 자연히 남을 도와야 할 줄 알고 구해주어야 할 줄 알며 고려할 필요가 없는 것입니다.

네 번째 구절은 "선을 행하고 악을 제거하는 것이 격물이다 [爲善去惡是格物]."입니다. 우리는 행위 면에서 반드시 좋은 방면으로 사람이 되고 일을 처리해야 합니다. '위선(爲善)'에서의 '위'는 '행위한다'는 위입니다. '거악(去惡)'은 나쁜 일은 절대로 하지 않는 것입니다. '격물(格物)'은 공자의 학생인 증자(曾子)가 지은 『대학(大學)』에서 나온 말을 인용한 것입니다. 이 문제는 큽니다. 『대학』에서는 '치지재격물(致知在格物)'이라고 말하고 있습니다. 사람이 물질세계의 영향을 받지 않을 수 있고 자기 마음이 외물에 따라 굴러가지 않으며, 심지어 외물의 기능을 전환 변화시킬 수 있는 것을 '격물'이라고 부릅니다. 저는 70여 세인 사람에게 "당신은 아주 젊다."라고 말합니다. 그러면 다들 웃습니다. 사실 제가 말한 것은 진담입니다. 여러분들은 7칠십여 세 일 뿐이니 너무나 귀합니다. 제가 70세로 돌아가려고 해도 그럴 수가 없습니다. 그러므로 제가 보면 여러분들은 모두 젊은이들입니다. 우리가 만주 청나라 정부를 뒤엎을 때로부터 지금까지 97년 밖에 되지 않았습니다.

아직 100년에서 3년이 모자랍니다. 97년 이전에 교육을 받을 때에는 『대학』같은 책들은 모두 외울 줄 알아야 했습니다. 그 때에는 자연과학을 '격치의 학(格致之學)'이라고 번역했는데, 바로 『대학』에 나오는 이 '격물'에 근거해서 그렇게 한 것입니다. '격치의 학'은 바로 자연과학이었습니다. 바꾸어 말하면 우리들이 과학을 이용하려면 과학에 마취되어서는 안 됩니다. 우리들이 물질문명을 이용하려면 물질문명에 가려져서는 안 됩니다. 왕양명의 사구교 중에서 말한 격물을 단어 면에서 먼저 한 번 해설했습니다.

사구교의 모순

우리 되돌아가 왕양명의 사구교를 살펴보겠습니다.

첫째 "선도 없고 악도 없는 것이 성의 본체이다." 여러분이 낸 이 제목은 인성을 말해달라고 요구했는데, 인성은 본래 선도 없고 악도 없을까요? 이 영향은 컸습니다. 특히 당시 혁명을 할 때 황포군관학교나 각 대학들은 온통 이 문제를 말하고 있었습니다. 저 자신의 이야기를 좀 해보겠는데, 자기를 선전하는 것이나 다름없기도 합니다. 당시 국가정부 지도자인 장개석 선생도 황포군관학교 교장이었습니다. 그는 왕학(王學)에 대한 연구가 깊었습니다. 저는 그때 마침 정치교관을 맡고 있어서 정치과를 강의하면서 이 문제를 만나게 되었습니다. 그 때에 저는 나이가 젊어서 20여 세였습니다. 담력이 커서 강단에 오르자마자 왕양명의 이 사구교가 틀렸다고 말했습니다. 먼저 이 '선도 없고 악도 없는 것이 성의 본체이다'를 해석하겠습니다. 예컨대 이 한 장의 백지는 그 위에 붉은색도 없고 검은색도 없다는 것입니다. 본체이니까요. 그저 한 장의 종이 일뿐입니다.

두 번째 구절은 "선도 있고 악도 있는 것이 의지의 움직임이다."

입니다. 사람의 이 생각 의식은 어디에서 오는 것일까요? 물론 본체·본성의 기능으로부터 일어나는 것입니다. 그것이 바로 생각 작용의 움직임입니다. 일단 일어난 뒤에는 선도 있고 악도 있습니다. 선악이 나누어집니다. 이 본체 기능은 선도 없고 악도 없지만, 일단 일어나자마자 선악으로 나누어집니다. 본체가 작용을 일으키는 것이 곧 의지인데, 의지에는 선과 악이 있습니다. 이를 통해서 본체의 기능상에 본래에 선악의 종자가 갖추어져 있음을 알 수 있습니다. 왕양명은 '선도 없고 악도 없는 것이 성의 본체이다, 선도 있고 악도 있는 것이 의지의 움직임이다.'라고 말했지만, 저는 이미 옳지 않다고 말했습니다.

　세 번째 말은 더욱 맞지 않습니다. "선도 알고 악도 아는 것이 양지이다." 인성 속에는 어떤 것을 해야 할지 어떤 것은 해서는 안 될지를 알 수 있는데, 그것을 '지'(知)라고 부릅니다. 우리 사람들은 모두 이성이 있습니다. 예컨대 제가 화를 내 남을 꾸짖고자 하면, 한편으로는 꾸짖고 싶고 한편으로는 '그만 두자, 꾸짖지 말자.'라고도 생각합니다. 참지 못하면 일이 발생하니 참아버리자고 합니다. 그 한 '지'는 아주 어렵습니다. '선도 알고 악도 아는 것이 양지이다'라고 했는데 묻겠습니다. 이 한 '지'는 그 본체와 관계가 있을까요 없을까요? 당연히 있습니다. 이 '지성(知性)'은 본체의 기능으로부터 오는 것입니다. 본래에 하나의 '지(知)'가 있고, 하나의 감각(感覺)이 있고, 하나의 지각(知覺)이 있으니까요! 지성이 곧 지각(知覺)입니다. 이 지각과 의(意)는 무슨 관계가 있을까요? 본체로부터 나온 것일까요? 역시 본체로부터 옵니다. 자, 그럼 철학적으로 왕양명의 학설은 삼원론(三元論)으로 변했습니다. '선도 없고 악도 없는 본체'가 하나 있습니다. 그런 다음에 '선도 있고 악도 있는 의지'가 하나 있어서 두 개가 되었습니다. 거기에 다시 '선도 알고 악도 아는 양지'가 하나 있어서 세 개가 됩니다. 이를 철학에서는 '삼원론'이라고 부릅니다. 일원론의 본체가 아니게 됩니다.

그럼 문제가 됩니다.

네 번째 구절은 비판하지 않겠는데, "선을 행하고 악을 제거하는 것이 격물이다."라는 말은 맞습니다. 서양 문화든 중국 전통문화든 모든 종교와 철학은 사람들에게 선을 행하고 악을 없애라고 요구합니다. 이것은 잘못이 없습니다. 이 사구교에 관하여 저는 이렇게 공개적으로 몇 십 년을 얘기했습니다.

명나라 중기에 왕양명이 월국(越國)으로 돌아갔다고 역사에 기록이 있습니다. 강소(江蘇) 이곳은 오(吳)나라였습니다. 길 하나 건너가면 저쪽이 바로 절강(浙江)인 월(越)나라였습니다. 왕양명은 절강으로 되돌아갔는데, 전국에 많은 학자들이 그를 따라갔습니다. 그는 만년에 사구교를 토론했습니다. 어떤 학생은 선생님을 비판했고, 또 어떤 학생은 찬성했습니다. 두 사람은 두 파로 나뉘어 변론했습니다. 왕양명은 듣고서 말했습니다. "그대들 둘은 모두 옳다. 내가 말한 것도 옳다. 나의 이 사구교는 매우 지혜가 있는 사람이라면 깨닫자마자 알게 된다. 만약 지혜 수준이 비교적 낮은 사람을 교육하려 한다면, 선을 행하고 악을 없앤다는 이 한 가닥 노선으로 반드시 걸어가야만 한다." 이 변론은 우리 잠시 얘기하지 않겠습니다.

왕양명의 사구교는 무엇에 근거하여 나왔을까요? 제가 여러분에게 다시 소개합니다. 방금 중국 고대의 4, 5가의 이론을 말했는데, 수천 년 동안 우리는 인성이 선인지 악인지를 줄곧 토론해 왔습니다. 그런데 지금 자리에 계신 여러분들이 또 이 문제를 제시했습니다. 그러므로 저는 늘 말합니다. 동서양의 문화는 모두 '사람이 만물의 영장이다 [人爲萬物之靈].'라고 말하지만, 그것은 인류 자신이 허풍을 치는 것이라고요. 인류는 조금도 영명(靈明)하지 않습니다. 이러한 인성의 문제들, 생명의 의의 문제들에 대하여 동서양의 모든 종교 철학이 지금에 이르도록 해답을 하지 못했고 하나의 결론을 내지 못했습니다. 사람은 어떻게 태어나 올까요? 한 남자와 한 여성이 함께 하여 정자와 난자가 서로 결합하여 사람으로 변화여 나옵니다. 뿐만 아니라 변화해 나온 사람은 저마다 마음이 각자의 얼굴처럼 다릅니다. 인성에 대해서는 지금도 결론이 없습니다! 인류는 지금 하늘로 올라갈 수 있게 되었습니다. 그렇지만 가장 기본적인, 생명과 인성의 도리에 대하여는 아직도 결론을 얻지 못했고 아직도 실제에 발을 붙이지 못하고 있습니다! 왕양명의 철학은 먼저 여기까지 소개합니다. 이 문제는 다 말할 수 없습니다. 우리 10분 쉬었다 다시 하겠습니다.

강연 둘째 시간

방금 인성 문제를 말하면서 저는 아주 빠르게 그것을 농축시켜 명나라 왕조 왕양명의 단계까지 말했습니다. 여러분은 동서양의 문화 연구에 주의하시기 바랍니다. 왕양명이 중국에 영향을 미치기 시작한 시대는 바로 16세기로서 서양의 문예 부흥 단계에 해당합니다. 이 속에는 문제가 많습니다. 서양 문화에 왜 문예 부흥이 있었을까요? 왜 중국에는 없었을까요? 있었습니다. 바로 왕양명의 이 단계였습니다. 중국도 혁명을 하고 있었습니다. 뒷날 왕조가 바뀌어 명나라가 망하고 만주족 청나라가 산해관(山海關)으로 들어와 또 새로운 문화의 기원이 되었습니다. 이 노선은 매우 재미있습니다.

이제 우리는 돌아가 인성의 문제를 말하겠습니다. 여러분들이 연구하고자 하는 인성 문제에 대하여 강희(康熙) 시대에 한 부의 대단히 중요한 저작이 있습니다. 그것은 『성리대전(性理大典)』인데, 다들 주의를 기울이는 일이 드뭅니다. 중국의 몇 천 년의 유불도 삼가의 학문 중에서 강희는 특별히 유가가 토론하는 인성 문제를 추앙했습니다. 만주족 청나라가 산해관으로 들어온 뒤에 강희

·옹정(擁正)·건륭(乾隆) 3대는 중국 문화에 대하여 대단히 큰 공헌을 했습니다. 『성리대전』·『강희자전(康熙字典)』·『고금도서집성(古今圖書集成)』·『사고전서(四庫全書)』는 모두 그때 완성된 것입니다. 이것도 중국의 문예 부흥입니다. 그렇지만 오늘날 다들 상공업 발전과 과학문명에 미혹되어 되돌아보지 못하고 있습니다.

지금 미국에서는 신흥과학이 막 일어나기 시작했습니다. 하나는 생명과학이요 하나는 인지과학입니다. 많은 외국 학자들이 우리한테 찾아와서 이 문제를 토론합니다. 저는 외국 학자들에게 우스갯소리를 하는데 진담이기도 합니다. 저는 말합니다. "여러분들이 인지와 생명과학 문제를 연구하고자 하는데, 이것은 모두 중국에 있습니다. 여러분은 먼저 중국어를 배워서 천천히 연구해 보시기 바랍니다!" 그렇지만 우리들 자신도 가련합니다. 고서에 그렇게 많은 보배가 있는데도 알지 못하고 우리 자신들의 문화가 소용없게 변해버렸으니까 말입니다. 이것도 얘기 나온 김에 언급해본 것입니다.

불가의 학설

우리는 방금 말했던 왕양명의 이 문제를 계속하겠습니다. 당송(唐宋)을 한 한계선으로 삼았는데, 사실은 당송 이전에 줄곧 이 문제의 답안을 추구해 왔습니다. 방금 우리가 말했듯이 춘추전국 시대에 중국 문화의 중심은 유묵도 삼가였습니다. 당송 이후에 변천하여 유불도 삼가가 되었습니다. 이 삼가의 문화는 모두 이것을 추구해 왔습니다. 여러분들은 오늘날 불교에는 사원이 있는 것을 보는데, 이것은 중국인들이 한 것입니다. 제가 늘 말하기를, 석가모니불은 인도의 공자라고 합니다. 그는 우상을 숭배하지 말라고 제창하고 종교를 반대했습니다. 그렇지만 그의 교화가 중국에 이르러서 도리어 종교로 변했습니다. 이것은 또 하나의 문제이며 대단히 의미가 있습니다.

무엇이 이 삼가 문화의 주요한 중심일까요? 불가에서는 명심견성(明心見性)을 종지(宗旨)로 제시합니다. 부처님을 배우는 사람은 왜 머리를 깎고 출가하고자 할까요? 놀러 가는 게 아닙니다. 이 생명과 사람의 본성 문제에 대하여 마음을 집중하여 추구하는 것입니다. 이 학문이 걸어가는 노선은 바로 '어떻게 명심견성 할 것인가?'입니다. 무엇을 '명심'(明心)이라고 할까요? 바로 우리들 사람의 감각·지각·정서·생각이 어떻게 오는 것인지를 찾아내는 것입니다. 이에 대하여 오늘날 서양 문화는 생리의학의 입장에서 바라보고 뇌의 문제라고 생각합니다. 그렇지만 이 과학이론도 곧 막다른 골목에 도달해 걸어가지 못할 것입니다. 오늘날 뇌 과학을 연구하면서 인지과학과 생명과학과의 접목을 시험하고 있습니다. 그렇지만 아직 접목이 되지 않았습니다. 그러므로 이 문제는 큽니다. 우리의 본 주제로 돌아가겠습니다. 불교에서는 명심견성을 제시합니다. 도가에서 제시한 것은 무엇일까요? 수심련성(修心練性)[5]입니다. 유가가 제시한 것은 무엇일까요? 존심양성(存心養性)[6]입니다. 이들은 모두 마음(心)과 성(性)의 문제입니다.

여러분들은 본성의 문제를 제시했는데, 어떻게 생명의 본성을 알까요? 이 지식은 철학에서 찾아야 합니다. 서양인들에게서는 오늘날 인지(認知)과학이 일어났는데 무엇이 '인지'일까요? 과거에 철학을 연구하면서 이미 이 개념이 있었지만 '인지'라고는 부르지 않았습니다. 그렇지만 오늘날 미국인들이 제시하여 우리는 새로운

---

5) 수심(修心)이란 마음을 순결하게 하고, 양성(養性)이란 본성이 손상되지 않도록 하는 것. 자아반성 체험관찰을 통해서 심신이 완벽한 경지에 도달하게 하는 것. 심성을 수련하는 것

6) 갓난아이의 마음을 보존하고 선량한 본성을 수양하는 것. 본래의 착한 마음을 간직하여 본성을 기르는 것.

번역으로 인지과학이라고 부릅니다. 사실은 중국 문화에 근거해서 나온 것인데 다들 모르고 있습니다. 우리가 알듯이 철학에는 유심(唯心)과 유물(唯物)이 있습니다. 예를 들어 마르크스 사상은 유물철학입니다. 유심과 유물 이외에도 아주 큰 학문이 하나 있는데, 중국 불가에서는 유식(唯識)이라고 부릅니다. 불가에서는 심(心)·의(意)·식(識) 세 가지 것을 말하는데, 이 '심'이 바로 명심견성에서의 심입니다. '심'은 어떤 것일까요? 우리 사람은 어떻게 생각이 있고 정서가 있을까요? 이 생명은 과거가 있을까요 없을까요? 현재가 있을까요 없을까요? 미래가 있을까요 없을까요? 미국에서 오늘날 대단히 유행하는 영화가 많은데, 생명 윤회의 현상을 연구하고 있습니다. 예컨대 동남아의 태국·버마·말레이시아 이 일대에서 그 많은 사례가 발생했습니다. 어린애가 태어나 약간 말을 할 줄 알게 되면 자기가 말하기를, "나는 당신집 사람이 아닙니다. 나는 과거에 어느 집안의 노인이었는데 지금 환생하여 온 것입니다."라고 합니다. 아주 이상하게도 아열대 지역에 특별히 많습니다. 미국의 어떤 사람이 추적하도록 과학자를 파견했습니다. 어린애를 데리고 그가 전생에 살았던 집으로 갔습니다. 할머니가 아직 살아 있었습니다. 이 아이는 말했습니다. "나는 당신 영감이었는데 죽어서 환생하여 지금은 어떤 집 아이로 변했습니다." 할머니는 처음에는 믿지 않았습니다. 뒤에 그가 할머니 귓가에 비밀 얘기를 하자 할머니는 울고 진짜임을 알게 되었습니다. 그더러 물건을 가지러 가라고 하자 그는 전생의 물건도 찾아올 수 있었습니다. 이런 것들은 지금 이미 시작하여 연구하고 있습니다.

선종의 육조

중국 문화에서 명심견성을 얘기하는데, 심(心)과 성(性)을 어떻게 알까요? 조금 전에 왕양명의 사구교에 나오는 '지(知)'를 말했는데, '선을 알고 악을 아는 것은 양지다'에서, 인성에는 이렇게 하나의 지각이 있습니다. 그런데 이 지각은 또 어디로부터 오는 것일까요? 오늘날 서양의 과학·의학은 그것은 뇌의 문제라고 합니다. 그렇지만 최근 새로운 자료가 나왔는데, 결코 뇌가 아닙니다. 그럼 이 인성은 도대체 어떤 것일까요? 사람은 영혼이 있을까요 없을까요? 전생과 내생이 있을까요 없을까요? 왕양명의 이 사구교로 돌아가겠습니다. 이것은 중국철학에서 명심견성의 문제에 속합니다. 그러므로 여러분들은 사원만 보면 절하고 향 피우지 말기 바랍니다. 그것은 종교 형식입니다. 종교의 배후에 석가모니불·공자·노자의 학문이 추구한 것은 모두 인성의 문제였습니다.

'심'을 어떻게 밝히고 '성'은 어떻게 볼까요? 중국 선종 문화 속에는 아주 유명한 이야기가 하나 있습니다. '석가가 꽃을 집어 들어 보이자 가섭이 빙그레 웃었다 [釋迦拈花, 迦葉微笑].'가 그것입니다. 여러분은 아마 들어본 적이 있을 겁니다. 당나라 시대 때 선종은 막 흥성 발전하기 시작했습니다. 사원의 스님들은 경전을 읽거나 채식을 하는 이런 형식을 논하지 않았습니다. 우리들은 그 내용의 중심을 얘기해보겠습니다. 선종 문화를 '교외별전(敎外別傳)' 네 글자라고 부릅니다. 불교의 종교·형식·학술·이론 이외에 또 하나의 길을 열었는데, 직접 명심견성 하는 것으로서 '직지인심(直指人心), 견성성불(見性成佛)'이라고 부릅니다. 바꾸어 말해서 인도 문화와 중국 문화가 접목되어 새로운 동양 문명을 낳고, 이런 위대한 목표가 있었습니다.

선종은 중국의 초당 시기에 당 태종 단계에서부터 일어나 중국의 가장 위대한 여 황제인 무측천(武則天) 시대까지 흥성하기 시작했습니다. 소설 역사에서는 무측천이 어떻게 어떻게 나쁘다고 쓰고 있는데, 저는 늘 말하기를 당신은 그녀를 그렇게 나쁘게 보지 말라고 합니다. 황제가 되었던 이 여인은 대단히 훌륭한 사람이었습니다. 여러분 무측천의 무덤을 보세요, 그의 무덤 앞에는 비문이 없는 비석 하나만이 세워져 있습니다. 그녀의 의도는, "나의 일생의 좋고 나쁨과 옳고 그름은 후세 사람들이 연구해보시오!"입니다. 이 사람은 대단한 여성이었습니다. 여러분 여성 학우들은 잘 연구해 보아야 합니다.

선종은 전승을 중시했고 제5대 홍인(弘忍) 선사까지 전해졌습니다. 홍인 선사는 호북(湖北)의 황매(黃梅)에 있었습니다. 뒷날 선종은 또 남종(南宗)과 북종(北宗) 양파로 나누어졌습니다. 북종은 점오(漸悟)를 중시합니다. 서서히 공부하고 학문을 하여 한 걸음 한 걸음씩 명심견성에 도달하고 인성의 본래를 보는 것입니다. 남종은 돈오(頓悟)를 중시합니다. 즉시 명심견성하고 서 있는 자리에서 성불하는 것입니다. 남녀노소를 가리지 않고 사람은 누구나 성인이 될 수 있고 도를 얻을 수 있습니다. 중생은 평등합니다.

당시 광동(廣東)에 한 사람이 출현했는데, 유명한 선종의 육조 혜능(惠能) 선사입니다. 그는 처음에는 출가자가 아니었습니다. 부친은 광동에서 관료였는데, 청렴한 관료였기 때문에 고향으로 돌아갈 여비가 없었습니다. 그래서 후대는 바로 광동의 신회(新會)에서 거주했습니다. 오늘날의 강문(江門)이라는 곳입니다. 그의 부친은 일찍 죽었고 집은 가난했습니다. 오직 어머니와 함께 서로 의지하여 살아오고 있었습니다. 그 시절에는 선종이 유행했습니다. 어느 날 그가 땔감을 베어 거리에 팔러 나갔는데, 어떤 선생이 여관에서 『금강경』을 읽는 소리를 들었습니다. 이 경은 명심견성의 길을 직접 가리켜 이끌어 주는 것이라고 말할 수 있습니다. 그는 '응무소주이생기심(應無所住而生其心)'이라는 구절을 듣고 깨달은 바가 있었습니다. 이 말은 『금강경』의 중심인데, 사람의 행위 생각과 심성의 수양을 말하는 것입니다. 혜능은 몹시 호기심에 차서 이 사람에게 물었습니다. "당신이 읽는 것은 무슨 책입니까?" 그 사람은 불경이라고 말했습니다. 혜능은 말했습니다. "저도 이해합니다." 그 사람은 말했습니다. "당신은 땔나무꾼으로 글자도 모르는데 이 의미를 알아요?" 이리하여 그는 혜능에게 호북의 황매로 가서 오조에게 학습하라고 권했습니다. 오늘날 자동차로 가면 빠르지만 당시에 길을 걸어가는 것은 몹시 수고로운 일이었습니다. 혜능은 말했습니다. "호북이 그렇게 멀고 또 저는 가난하여 여비가 없는데 어떻게 갈까요? 게다가 모친이 계셔서 봉양해야 할 생계를 도모해야 하기 때문에 떠날 수 없습니다." 이 선생은 아주 재미있게도 이름자도 남기지 않으며 말했습니다. "내가 당신에게 모친을 부양할 돈을 줄테니 당신은 오조를 참례(參禮)하러 가시오."

두 수의 게송

혜능이 황매에 도착하자 오조가 그에게 말했습니다. "그대는 영남(嶺南) 사람이고 또 갈료(獦獠)인데 무엇을 근거로 부처가 되겠는가?" 혜능이 말했습니다. "사람은 비록 남북이 있지만, 불성에는 본래에 남북이 없습니다. 야만인의 몸과 화상의 몸은 다르지만, 불성에는 무슨 차별이 있겠습니까?" 그는 대답하기를, 사람은 비록 남쪽 지방과 북쪽 지방의 언어 발음이 다르고 문화가 다르지만 불성은 마찬가지라고 했습니다. 여러분, 『육조단경(六祖壇經)』을 읽어보시기 바랍니다. '갈료'라는 두 글자는 매우 재미있습니다. 영국인들이 홍콩을 백 년 동안 통치했는데, 홍콩인들은 외국인을 '귀료'(鬼佬)라고 부르는데, 사실 '갈료'라는 두 글자에 해당합니다. 문화가 낙후된 야만인을 가리킵니다. 그의 대답을 들은 오조는 그로 하여금 머물도록 허락했습니다. 그러나 그더러 머리를 깎으라고 허락하지는 않았습니다. 오조는 그더러 쌀 방아를 찧고 노동일을 하라고 함으로써 그의 업장(業障)을 녹게 했습니다. 이것이 오조의 교육 방법이었습니다. 이렇게 1,2년 동안 지냈는데 학우들은 모두 명심견성이라는 문제를 깊이 파고들어 가고 있었습니다. 그는 곁에서 물론 다 들었습니다.

오조는 나이가 많아지자 이 심요(心要)를 전해주고자 했습니다. 그래서 제자들에게 분부하기를, 저마다 게송(偈頌)을 한 수씩 지어서 보고하라고 했습니다. 불교의 게송은 중국 문화에서의 시사(詩詞)와 유사합니다. 시사는 압운(押韻)을 해야 되고 평측(平仄)을 중시합니다. 불교의 게송은 압운을 하지 않고 평측을 상관하지 않습니다. 그러나 마찬가지로 맛이 있습니다. 오조에게는 대 제자 신수(神秀)가 있었는데 학문이 훌륭하고 수행 공부도 높았습니다. 그는 게송을 한 수 써서 복도의 벽에 붙여 놓았습니다.

몸은 보리수요	身是菩提樹
마음은 명경대이니	心如明鏡臺
때때로 부지런히 털고 닦아	時時勤拂拭
먼지가 일어나지 않게 하라	勿使惹塵埃

제가 왜 이 게송을 인용할까요? 여러분들은 어떻게 인생의 방향·정서·생각을 장악할지를 물었습니다. 특히 사장되는 사람은 툭 하면 성깔을 부리고 부하를 꾸짖고, 툭 하면 자기 같은 자본가는 높고 높은 곳에 있고 월급을 받는 사람들은 자기보다 한 단계 낮다고 생각하는데, 이런 심리는 빨리 고쳐야 합니다. 이런 심리를 빨리 고치려면 신수 사부(師父)의 이 게송을 살펴보아야 합니다. '몸은 보리수요, 마음은 명경대이니', 이것은 지혜입니다. 이 마음은 평정(平靜)해야 되고 잡념 망상이 없고 정서가 없어야 합니다. 그러나 사람의 생각·정서·감각은 수시로 발생합니다. 답답함·고통·번뇌·자비·열등감·오만 등 갖가지 정서가 대단히 많습니다. 그러므로 언제나 자기 마음속의 정서·생각·감각을 지워버려야만 합니다. 이것은 최고이자 가장 기본적인 수양입니다. 보통

사람이든 혹은 지도자가 되든 모두 이 수양이 필요합니다. '때때로 부지런히 털고 닦아', 심경(心境)은 유리거울과 같습니다. 거울 위의 때를 때때로 깨끗하게 닦아서 '먼지가 일어나지 않게 하라', 영원히 맑고 밝음[淸明]을 유지해야 합니다. 마치 날마다 아침에 잠에서 깨어나는 것처럼 맑고 밝음을 보호 유지해야 합니다. 매일 아침 깨어날 듯 말 듯 할 때 지성(知性)은 있고 정서(情緒)는 없는, 그 찰나 그 심경을 보호 유지하는 것이 바로 최고의 수양입니다. 거울처럼 깨끗하게 하여서, 정서나 심리 감각이 그 위에 떨어지지 않게 해야 합니다. 여러분들이 수양 문제를 물었는데 이 게송이 좋은 답안입니다.

이 대 사형께서 이 게송을 쓴 뒤 온 절의 스님들이 이 게송이 정말 좋다며 다들 외우고 있었습니다. 그리하여 곁에서 한참 노동하며 쌀을 찧고 있던 육조에게 전해졌습니다. 당시 그는 아직 출가하지 않았습니다. 그가 한 동자에게 물었습니다. "여러분들은 무얼 그렇게 떠들썩하게 외우는 겁니까?" 동자가 말했습니다. "당신은 모릅니다. 지금 사부는 나이가 많아져서 법을 전하고자 모든 사람에게 보고서를 쓰라고 했습니다. 이것은 대 사형이 쓴 것인데 사부가 모든 사람에게 이대로 수행하라고 했습니다." 육조는 자신에게도 게송이 하나 있지만 자기는 글자를 모른다고 말했습니다. 곁에 강주별가가 있었는데 그를 위해서 벽 위에다 이 게송을 써 주었습니다.

보리는 본래 나무가 없고	菩提本無樹
밝은 거울도 경대가 아니다	明鏡亦非臺
본래에 한 물건도 없으니	本來無一物
어느 곳에서 먼지가 일어나겠는가	何處惹塵埃

사람과 만물의 자성(自性)은 본래 청정합니다. '보리는 본래 나

무가 없고, 밝은 거울도 경대가 아니다. 본래에 한 물건도 없으니', 아무것도 없습니다. 아주 공령(空靈)하고 자재합니다. '어느 곳에서 먼지가 일어나겠는가!' 이렇게 되자 온 절에 파문이 일어났습니다. 당시 거기에도 수백 명이 있었습니다. 한 대학이나 마찬가지였습니다. 이 게송이 사부에게 전해지자 오조는 걸어와서 보았습니다. 한 번 웃더니 아무 말 없이 신발 바닥으로 벽 위의 그 게송을 문질러 지워버렸습니다.

우리가 육조의 게송을 말했는데, 앞서의 왕양명의 '선도 없고 악도 없는 것은 마음의 본체이다'로 되돌아가 보면, 그것은 바로 육조의 이 게송에서 온 것이었습니다. 육조의 이야기는 아주 재미있습니다. 뒷날 그는 선문의 남종 육조로 불리었습니다. 오늘날 광동의 남화사(南華寺)에 가면 그 당시의 육신이 지금까지 아직 보존되어 있습니다.

심성의 문제를 얘기하면서, 왕양명을 얘기했고 또 중국 문화 선종이 표방하는 명심견성을 얘기했습니다. 방금 말했듯이 유가의 존심양성(存心養性), 도가의 수심련성(修心練性)은 모두 인성의 문제입니다. 이로써 보면 인성의 문제는 중국 문화의 중심으로서 아주 중요한 하나의 문제였음을 알 수 있습니다. 그렇지만 오늘날 중국 문화는 도리어 이것을 내던져버렸습니다. 이러고도 오늘날의 과학과 접목시킬 수 있을까요? 중국은 이 문화를 회복해야 서양의 새로운 과학 문화와 접목할 수 있습니다. 서양의 신흥 학문인 인지과학과 생명과학은 바로 생명 자성(自性)을 연구하고 있는 것입니다. 도대체 전생과 내세가 있을까요 없을까요? 생명은 무엇을 근본으로 삼을까요? 또 어느 곳으로부터 올까요? 자성의 문제를 연구하면서 일체의 종교를 부정했습니다. 일체의 과학도 부정했습니다. 자기에게 하나의 본체가 있는데, 이게 바로 우리가 토론하고자 하는 심성 문제입니다. 심성에서 일어나는 행위의 선악은 다 말하지 못하겠습니다. 중국은 수천 년 동안 지금에 이르기까지, 사람이 자기의 선악의 생각 · 감각 · 번뇌의 행위 · 심리상태를 어떻게 모두 연구하여 알 것인지를 말해왔습니다. 이것 역시 중국 문화 교육의 최고 목적이었는데, 몹시 안타깝게도 오늘날은 홀시되었습니다. 오늘 시간이 짧기 때문에 저는 이 문제를 여러분들에게 언급할 뿐이니, 여러분들은 돌아가 책들을 찾아 읽어보고 이 방면에 연구를 하시기 바랍니다. 중국 문화가 부흥할 희망이 아주 있습니다. 감사합니다.

제3장 불법을 어떻게 배우고 익힐 것인가

남회근 선생 강연
2011년 7월 9일
태호대학당
청중: 금융계중청년간부(金融界中靑年幹部) 등

강연 첫째 시간

자리에 앉으십시오! 저는 오늘 여러분이 불학 문제를 알고 싶어한다고 들었습니다. 부처님을 배우는 것은 엄중한 문제입니다. 여러분들은 모두 국내의 특출한 인재들로서 보니 아주 젊습니다. 저는 늘 사람들에게 말합니다. 세상에는 건드리지 말아야 할 학문이 두 가지가 있다고요. 첫째는 불학(佛學)입니다. 두 번째는 『역경(易經)』인데 중국 문화의 뿌리입니다. 만약 이 두 가지 학문을 건드려 파고들어가려면 일생 동안 기어 나오기 쉽지 않습니다. 그러므로 여러분들은 경솔하게 연구하지 않으시는 게 제일 좋습니다. 그렇지만 이 두 가지 학문은 두 종류의 사람이 연구해도 좋습니다. 그 하나는 제1류의 지혜·초인의 능력을 가진 사람입니다. 그 다음은 책을 전혀 읽어보지 않은 사람입니다. 한 장의 백지와 같은 사람이라면 연구해도 좋습니다. 그런데 그 중간의 일반인들은 만져보지 않는 게 제일 좋습니다. 연구하고 싶다면 그 절반만 배우는 것이 제일 좋습니다. 끝까지 파고 들어가지 마십시오. 만약 이 두 가지 학문 중 어느 한 분야라도 끝까지 파고 들어가려면 당신은 폐인으로 변하게 될 겁니다. 저는 어떨까요? 절반의 폐인이라고 할수 있습니다. 이상은 시작 부분에 여러분들에게 하는 서언이었습니다.

불교 · 불학 · 불법

　불교 · 불학 · 불법 이 세 가지 방면을 이해하고 싶다면 너무나 어렵습니다. 첫 번째는 불교입니다. 천주교 · 기독교 · 회교 그리고 중국의 도교와 유가도 마찬가지로 하나의 종교입니다. 무엇이 종교일까요? 인간의 생각 의식과 정서가 하나의 가설적인 의탁처를 갖는 것이 바로 종교입니다. 이러면 충분하고, 더이상 이유를 묻지 말라고 합니다. 하느님이 있을까요 없을까요? 불보살이 있을까요 없을까요? 귀신이 있을까요 없을까요? 모두 묻지 말고 어쨌든 믿으면 됩니다. 이것이 종교입니다. 종교는 질문을 허락하지 않습니다.

　불교가 종교로 변한 까닭은 뒷날 부처님을 배우는 사람들이 조성한 것입니다. 사실 석가모니 부처님은 종교를 세우지 않았습니다. 모든 종교는 바로 믿을 '신(信)' 한 글자입니다. 신앙은 이유를 묻지 않는 것입니다. 그것이 바로 종교입니다. 불교는 오늘날 전 세계에 유행하고 있습니다. 특히 중국 대륙은 표면상으로는 하나의 종교일 뿐이지만 진정한 불법의 내용은 거의 사라져 버렸습니다.

　두 번째는 불학입니다. 이것은 너무나 어렵습니다. 종교가 아닙니다. 옛날부터 지금까지 불학이라는 학문은 중국에서 네 글자로 형용했습니다. 이른바 '호여연해(浩如煙海)'인데, 4대해의 바닷물보다 많고 위대합니다. 얼마나 많은 내용이 있는지 모릅니다. 불학에 포함된 것은 종교 · 철학 · 과학 그리고 제자백가를 포함하여 일체의 학문이 다 들어있습니다. 저는 늘 말합니다. 불학은 백화점과 같아서 무엇이든지 다 있으니 당신이 어느 면으로부터 들어가느냐에 달려 있다고요. 불학을 완전히 통달한 사람은 아주 드뭅니다. 현대인의 연령 · 정신과 큰 환경하에서는 더욱 어렵습니다. 그러므로 저는 불학을 연구하지 말라고 하는 이유가 바로 이 때문입니다.

세 번째는 불법입니다. 이것은 더욱 다릅니다. 불법은 우주와 인생의 생명 도리에 대하여 이론을 알아야 할 뿐만 아니라, 자기의 심신 성명(性命)으로써 어떻게 일개 범부가 초인으로 변할 것인지 그 증득을 추구해야 합니다. 중국 고문에서의 '범부'(凡夫)라는 두 글자는 곧 평범한 사람·보통사람을 가리킵니다. 범부가 범부를 뛰어넘어 성인의 영역에 들어가려면 과학과 마찬가지로 기본적인 이론을 이해하고, 또 몸과 마음으로써 증득을 추구하여 범부를 뛰어넘어 성인의 영역에 도달해야 합니다. 이것이 불법입니다. 오늘날 불법이 있을까요? 없을까요? 있는 것도 같고 없는 것도 같습니다. 그럼 오늘은 시간 관계상 저는 두 마디 말만 하고 지나가고 깊은 연구는 하지 않겠습니다.

불학은 어떨까요? 있는 것 같기도 하고 없는 것 같기도 합니다. 각 대학의 철학과에도 불학 수업이 있습니다. 그러나 저의 관점으로 보면 불학에 정통한 사람은 너무나 적습니다. 이상은 제가 여러분들에게 하는 한 번의 설명이었습니다. 왜냐하면, 여러분들의 시간도 부족한 데다 바다처럼 넓은 불학을 한 두 시간 내에 다 말하려고 한다는 것은 우스운 얘기이기 때문입니다. 그렇지만 우리는 방법을 생각해 내어 적어도 불학이 어떤 것인지 약간 이해해야겠습니다.

부처님의 출신, 부처님이 품은 의혹

이 자리에 계신 여러분들은 불학이나 불교를 연구하고 싶어 하는데, 불교의 교주 석가모니불을 연구해 본 적이 있는 사람이 있는지 모르겠습니다. 이것은 아주 중요합니다. 우리들은 오늘날 지식이 폭발하고 정보가 발달한 복잡한 이 환경 가운데에서 불학을 이해하고 싶다면, 먼저 이 교주 석가모니 부처님을 이해해야 합니다. 그는 인도 사람이었습니다. 그가 출생한 연대는 중국의 노자와 공자 그리고 서양의 소크라테스와 거의 같아서, 앞뒤로 1백여 년 차이가 났습니다. 그 시대에 세계에는 많은 성인이 출현하였습니다. 그렇지만 어떤 사람이 석가모니불을 연구해 보고서 부처님은 공자보다 백여 년 쯤 더 빠른 시기였다고 말합니다.

석가모니는 인도의 가비라국(오늘날 네팔 국경 내)의 한 왕자였습니다. 일반인들은 그가 태자라고 말하는데, 중국 문화 입장에서 보면 그는 세자(世子)였습니다. 왜냐하면 인도의 그 당시는 중국과 마찬가지로 봉건국가였습니다. 전체 인도는 수백 개의 제후의 작은 국가들이 즐비하고 통일이 되지 않았습니다. 그 시대의 인도문화는 60여 종의 다른 문자 언어가 있었습니다. 그의 출생지인 네팔은 중국의 티베트 쪽에 가까이 인접해 있으며 히말라야 산 남면에 위치하고 있습니다. 이러한 한 국가의 왕자는 태어날 때부터 국왕이 될 운명이었습니다. 이제 약간 신기하고 괴이한 일을 얘기해 보겠습니다. 이것은 연구해본 것인데 본래는 얘기하고 싶지 않았습니다.

불교를 연구하는 우리가 다 알듯이 석가모니는 출생하자마자 곧바로 일곱 걸음을 걸었습니다. 그리고 한 손으로는 하늘을 가리키고 한 손으로는 땅을 가리키면서 다음과 같은 한 마디를 말했습니다. "천상천하유아독존(天上天下唯我獨尊)." 말을 마치자 더이상 말하지 않고 보통의 갓난애로 변했습니다. 그래서 석가모니불의 동자상을 빚는 것은 바로 그러한 형상입니다. 오늘날 현대인들이 연구한 뒤에 이게 어떻게 가능하겠느냐고 회의를 제시했습니다. 그렇지만 동서 문화 역사를 연구해보면 옛사람들은 태어나면서부터 말을 할 줄 알고 동작을 할 줄 아는 사람이 많았습니다. 석가모니 한 사람만이 아니었습니다.

그는 태어날 때부터 왕자였습니다. 성장한 뒤에 개성이 아주 특별했습니다. 늘 혼자서 고독하게 깊은 생각에 빠졌습니다. 마치 무슨 문제를 사고하고 있는 것 같았습니다. 당시 예언가의 말에 따르면 성장한 뒤에 일대의 전륜성왕(轉輪聖王)이 되지 않으면 출가하여 성불할 것이라고 했습니다. 그의 부친인 국왕은 몹시 걱정했습니다. 왜냐하면 그는 독자로서 미래의 왕위 계승자였기 때문입니다. 그러므로 그를 몹시 중시했습니다. 열아홉 살 때가 되었을 때 밤중 삼경(三更)에 말을 타고 황궁을 도망 나와 입산수도하러 떠났습니다. 이상 간단명료하게 말씀 드렸습니다.

그는 젊었을 때 궁정교육을 받았기에 세상의 학문에 정통했습니다. 종교 · 철학 · 과학 · 수학 심지어는 무공까지 갖가지가 다 제1류의 수준을 뛰어넘었습니다. 특히 전기에서 그의 힘은 대단해서 코끼리의 다리를 잡아 들어 성 밖으로 내던질 수 있었다고 말합니다. 그는 각 방면에서 다른 사람을 뛰어넘었습니다. 그렇지만 그는 황궁에서 내내 즐겁지 않았습니다. 왜 즐겁지 않았을까요? 인생의 문제를 사유하였기 때문입니다. 이 자리에 계신 여러분처럼 그랬습니다. 그는 어려서부터 생각했습니다. 태어남은 어디로부터 오며, 죽음은 어느 곳으로 향하여 가는가? 우주만유의 기원은 어떻게 오는가? 우리가 친히 경험해 본 것처럼, 저도 물론 어렸을 때 엄마에게 제가 어떻게 태어났느냐고 물어 보았습니다. 엄마는 먼저 저에게 주워왔다고 말했습니다. 정말 짜증났습니다. 저는 엄마하고 싸웠습니다. "어디에서 주워왔느냐고요? 당신은 꼭 나를 데리고 가 봐야 합니다." 엄마는 쓰레기통에서 주워왔다고 했습니다. 저는 그럼 그 쓰레기통을 꼭 찾아와야 한다고 말했습니다. 그러자 엄마는 비로소 말했습니다. "내가 너를 속였다. 너는 내가 낳은 것이다." "그럼 어떻게 나를 낳은 것이에요?" "여기서부터 낳은 것이야"(선생님께서는 겨드랑이를 가리키다). 저는 날마다 엄마를 끌어당기면서 물었습니다. "여기서 어떻게 나를 낳을 수 있어요?"

생명은 도대체 어떻게 오는 것일까요? 사람은 어떻게 태어나는 것일까요? 특히 밤에 잠든 이후에 온통 깜깜하여 아무것도 모르며 잠들면 어디로 가는 것일까요? 사람이 태어나고 또 죽어가는 걸 알고, 또 노인들로부터 사람은 전생이 있다는 얘기를 들었습니다. 그렇다면 무엇이 전생일까요? 전생은 또 누구였을까요? 청나라가 산해관으로 들어온 뒤 제일 첫 번째의 황제였던 순치(順治)는 뒷날 오대산으로 출가하였다고 합니다. 그의 아들이 바로 강희(康熙)입니다. 그에게는 한 수의 출가시(出家詩)가 있는데 아주 묘하고 깁니다. 아주 재미있습니다. 그 속에 '태어나기 전에는 누가 나인가? 태어난 뒤에는 나는 누구인가? [未生之前誰是我, 旣生之後我是誰]'라는 구절이 있습니다. 부모가 낳기 이전에 나는 어디에 있었을까요? 지금 내가 태어나서는 나는 도대체 또 누구일까요? 다음 구절에서는 이렇게 말합니다. '나는 본래 서방의 한 스님이었는데 [我本西方一衲子]', 그 자신이 느껴 깨달은 바가 있어 자기의 전생은 스님이라고 말했습니다. '단지 당시 한 생각 차이 때문에 [只爲當年一念差]', 당시에는 알지 못하고 어리벙벙했다는 것입니다. '황포로 갈아입고 자주색 가사를 물리쳤을까? [黃袍換却紫袈裟]', 왜 갑자기 황포를 입은 황제로 변하고 화상이 입은 자주색의 가사를 벗어버리게 되었을까? 그래서 그는 몹시 달가워하지 않았습니다. 전하는 바로는 그는 20여 세에 오대산으로 가서 출가하였다고 합니다. 이것은 석가모니불을 얘기한 김에 순치황제를 말해 본 겁니다.

석가모니불은 생명이 어디에서 오는지, 사람은 어떻게 잠이 드는지, 이런 문제들을 항상 사유했습니다. 저는 늘 학우들에게 우스갯소리로 말하기를 여러분은 자기가 어떻게 잠이 드는지 살펴보라고 합니다. 이것은 보통사람에게 하는 말입니다. 그렇지만 여러분은 함부로 연구하지 말기 바랍니다. 자기가 어떻게 잠이 드는지를 베게머리에서 알고 싶어 하면 잠들지 못하게 됩니다. 얼른 놓아버려야 합니다. 그렇지 않으면 당신은 정신이 붕괴할 수 있습니다. 사람은 어떻게 잠이 들까요? 또 어떻게 깨어날까요? 사람은 왜 쇠로할까요? 태어나서는 왜 죽는 걸까요? 죽은 뒤에는 또 생명이 있을까요? 내가 태어나기 전에 생명이 있었을까요? 석가모니불은 출가하기 전에도 항상 이런 문제들을 골똘히 생각했습니다. 그는 어떤 생명도 생로병사(生老病死)의 과정이 있다는 것을 관찰했습니다. 생명이 있으면 반드시 쇠로하기 마련이며 병이 나기 마련이며 죽기 마련입니다. 이것은 영원히 해결하지 못하는 문제입니다. 왜 그럴까요?

그는 자기가 장래에 국왕이 되리라는 것을 알았습니다. 그러나 어떠한 사회 국가든, 설사 천하를 통일했다 할지라도 기껏해야 2,3십 년 동안의 태평만이 있으며, 태평한 뒤에는 또 어지러워지고, 어지러운 뒤에는 또 법석을 피우고, 또 법석을 피우고 난 뒤에는 또 태평을 추구한다는 것도 분명히 보았습니다.

그는 또 우주 전체도 지구 전체도 사람의 생명과 마찬가지로 믿을 수 없다는 것을 알았습니다. 우리 사람들은 '생로병사'가 있고 이 세계 우주도 '성(成)·주(住)·괴(壞)·공(空)' 네 단계가 있습니다. 한 세계가 형성되고 나서 쇠로하여 변할까요? 쇠로하기 마련이며 언제나 변해 갑니다. 이것은 물리의 변화입니다. 이루어지고 난 다음에는 머무는데, 머문다는 것은 존재하는 것입니다. 이 세계가 얼마나 많은 햇수를 존재할 수 있는지에 대해, 과학자와 철학자들은 가설적인 통계를 가지고 있지만 일반인들은 그리 유의하지 않아 알지 못합니다. 최후에는 지구도 천지도 파괴될 것입니다. 파괴되고 난 뒤에는 공(空)이며, 다시 새롭게 한 세계가 형성됩니다.

부처님의 고행과 오도

2천 년 전에 젊은 석가모니불은 그런 문제들을 사유하고 있었습니다. 그래서 그는 이렇게 생각했습니다. "설사 내가 인도를 통일

하는 전륜성왕이 된다 할지라도 2,3십 년 뒤에는 사회가 또 어지
럽게 변하고 또 태평해질 수 없으니, 이것이 궁극적이 아니다. 그
럼 무엇이 궁극적일까? 사람의 사회는 왜 그렇게 궁극적이 되지
않을까요? 이것은 인성의 문제이다." 그는 대단히 총명한 사람이
었습니다. 열아홉 살에 도망가 그런 문제들을 파고 들어갔는데, 이
역시 우리가 탐구하고 싶은 한 문제입니다.

　그는 밤에 말을 타고 도망가 수염과 머리털을 잘라버리고 출가
자로 변했습니다. 6년 동안 학문을 추구하여 많은 종교와 많은 수
행 방법을 두루 배웠습니다. 그러나 그는 세상의 그런 종교들과
수행 방법들에 대하여 모두 부정했습니다. 왜냐하면 그는 그것이
궁극이 아니며 생명의 진리가 아니라는 것을 알았기 때문입니다.
최후에 그 자신 홀로 네팔 북쪽의 히말라야산 설산의 산기슭으로
갔습니다. 그곳에서 정좌하고 고행을 닦았습니다. 날마다 한 끼니
만 먹었습니다. 이런 고행을 6년을 닦았습니다. 수염과 머리를 물
론 자르지 않았습니다. 그는 막 30세가 지났지만 보기에는 이미
6,7십 세의 노인이 되어 있었습니다. 뼈는 장작처럼 말라서 수척
해 있었습니다.

　부처님의 이러한 경력은 무엇을 말할까요? 여러분, 세계를 보십
시오, 오늘날 인도와 중국에는 모두 마찬가지로 많은 사람이 생명
의 궁극을 추구하여 도를 닦고 있습니다. 혹은 채식을 하고 혹은
고행을 닦고 혹은 기공수련을 하면서 식사를 하지 않는 등 갖가지
가 많습니다. 이러한 것들을 그는 다 해보았습니다. 그는 6년의 경
험을 통해서 한 가지 결론을 얻었습니다. '고행은 도가 아니다'는
결론을 얻었습니다. 그는 열아홉 살 때 출가하여 십일이 년 동안
그렇게 고생스럽게 수행했습니다. 갖가지의 종교를 다 탐구해 보
았지만 마지막에는 더이상 갈 길이 없다고 느꼈습니다. 그래서 곧
설산을 떠났습니다. 이때에 그는 몹시 쇠로해졌습니다. 길을 비틀
비틀 걸어가다 한 농장의 아가씨를 만났습니다. 그는 이 늙은이가

몹시 가련하게도 먹을 것이 없는 것 같아서 유미(乳糜)를 가져다 그에게 공양했습니다. 유미는 소젖이나 치즈로 만든 죽입니다. 그는 유미를 먹고 체력이 서서히 회복되었습니다. 역사 기록에는 그가 남쪽을 향하여 가서 갠지스 강변에 이르러 한 나무 그늘에서 풀을 깔아놓고 정좌를 했다고 합니다. 이러한 풀을 길상초(吉祥草)라고 하는데 향모초(香毛草)입니다. 향모초는 모기나 벌레 등을 쫓아버릴 수 있으며 향료를 만드는 중요한 원료입니다.

앞에서 부처님이 설산에서 6년 고행하고 또 정좌했다고 말하지 않았습니까? 갖가지 기공(氣功) 방법을 모두 경험했습니다. 설산에서 수행하기 전에 그도 갖가지 법문을 수증(修證)했었습니다. 그렇지만 이때 그는 모든 것을 버리고 자기 홀로 풀을 깔고 정좌한 채 사유하기 시작했습니다. 농장 아가씨의 공양은 그의 신체가 회복되도록 도왔습니다. 그는 풀을 깔아놓고 정좌하여 맹세하였습니다, "보리를 증득하지 않으면 이 자리에서 일어나지 않으리라." 무엇이 보리일까요? 범어 발음을 번역한 것인데, 중국어로는 '깨닫다'는 뜻입니다. 개오(開悟)·각오(覺悟)의 의미입니다. 대철대오(大徹大悟)하여 우주 최초의 근원 그리고 개인 생명의 근원을 찾아낸 것을 '보리 증득'이라고 부릅니다. 그는 말했습니다. "이번에 내가 이 자리에 앉아서 만약 대철대오하여 도를 얻어 성불하지 못하면 여기에서 죽겠다." 불(佛)이란 범어인 불타의 약칭입니다. '깨달았다'는 의미입니다. 그러므로 이 한 그루 나무를 뒷날 '보리수'라고 불렀습니다. 역사상 기록에는 그가 여기서 7일 동안 앉아 있었다고 합니다. 그 자신의 깨달음은 스승 없이 스스로 깨달은 것이었습니다. 왜냐하면 그는 앞서 많은 선생님들의 갖가지 종교를 다 경험해보고 연구해 보았지만 모두 다 그르다는 것을 알고 곧바로 버렸기 때문입니다.

이 7일 동안의 경과를 자세히 연구해 보면 부처님은 많은 경지의 변화를 경험했습니다. 그리고 마왕이 마군을 데리고 와서 방해했습니다. 그렇지만 모두 부처님에게 항복되었습니다. 부처님은 물론 갖가지 신통도 증득했습니다. 천안통(天眼通)은 우주의 일체를 또렷이 볼 수 있는 것입니다. 천이통(天耳通)은 우주의 크고 작은 소리 일체를 다 또렷이 들을 수 있습니다. 타심통(他心通)은 모든 사람들의 생각·정서·감각 등을 다 아는 것입니다. 숙명통(宿命通)은 생명의 과거·현재·미래 3세의 인연을 아는 것입니다. 자기가 이미 몇 번이나 사람이 되었고 무슨 일을 했으며, 지금에 이르러서 석가모니로 변했다는 것을 모두 알았습니다. 신족통(神足通)은 자리를 떠나 공중에서 걸어갈 수 있습니다. 그러나 그는 이러한 신통들을 사용하지 않았습니다. 왜냐하면 그것들은 도가 아니기 때문입니다. 어떤 사람의 정신이 합리적인 수양을 거치면 모두 이러한 기능을 일으킬 수 있습니다. 오늘날 일부 사람들은 약간의 껍데기를 접촉하고서는 자기가 특수한(초) 능력을 행할 수 있다고 과장하고 있습니다. 사실 신통도 생명이 본래 갖추고 있는 일종의 기능으로 아주 평범한 일입니다. 그러나 신통을 얻었다 할지라도 도를 아직 깨닫지 못했다면 제대로 된 것이라고 할 수 없습니다. 그러므로 부처님은 이러한 신통들을 버렸습니다.

7일째 이르러 날이 밝아올 무렵 부처님은 몹시 피곤해 긴장을 풀면서 홀연히 눈을 들어 밝은 별을 보고 도를 깨달았습니다. 그래서 말하기를 '부처님은 밝은 별을 보고 도를 깨달아 보리를 증득했다.'고 말합니다.

이상이 간단하게 여러분들에게 부처님의 일생 경력을 보고한 것입니다. 대체적인 요점은 이와 같습니다. 우리는 불학을 연구해야 하기 때문에 제가 먼저 간단명료하게 뽑아서 말씀드렸습니다. 자세하게 말한다면 아주 많습니다.

불학 속에서의 우주관

부처님이 도를 깨달은 뒤에 4,5십 년 동안 설법을 하셨는데 무엇을 전파했을까요? 그는 세계의 모든 종교 미신을 뒤엎어버린 것이나 다름없었습니다. 그는 "일체의 생명은 인연으로 생겨나는 것[因緣所生]으로 그 자성이 본래 공하며[自性本空] 타력의 주재자가 없다."고 주장했습니다. 이 한 마디 말은 이해하기 어렵습니다. 이로써 보면 불학 연구의 어려움을 알 수 있습니다. 우리들은 다들 먼저 기억하고 있어야 합니다. 그의 중점은 '연기성공(緣起性空), 성공연기(性空緣起)'를 말합니다. 모든 물리세계 만유의 생명은 많은 요소로 구성되어 있습니다. 한 사람·한 포기의 풀·한 그루의 나무도 모두 마찬가지입니다. 오늘날 최신 과학기술 연구는 이것에 매우 근접해 있습니다. 만법은 모두 '연기(緣起)'합니다. 인연소생입니다. '성공(性空)', 자성이 공하기 때문에 이 우주가 있습니다. 이 공(空)은 부호입니다. 물리세계의 허공을 말하는 것이 아닙니다. 그 속의 학문은 대단히 큽니다. 그러므로 '연기성공(緣起性空), 성공연기(性空緣起), 무주재(無主宰), 비자연(非自然)'입니다. 이 세계는, 하나님이 하나 있다거나 부처님이 있거나 귀신이 있거나 염라대왕이 있거나 혹은 명운이 있어, 당신의 주재자가 될까요? 없습니다. 자성은 '연기성공'이요 '성공연기'입니다. 자기가 명심견성(明心見性)해야 모조리 알 수 있습니다. 모두 자성이 만들어낸 것입니다. 그럼 주재자가 없는 바에야 물질세계는 유물적인 것일까요? '비자연(非自然)', 유물적인 것이 아니며 자연히 있는 것도 아닙니다.

'연기성공, 성공연기, 무주재, 비자연'이라는 이 네 마디 말을 다 말했는데, 당신이 이 몇 마디 말을 연구하고자 한다면 천 편의 박사 논문을 쓰더라도 다 말할 수 없습니다. 내용이 너무나 많습니다. 오늘 저녁에 불법 부분에 대해서는 조금 많이 얘기했습니다.

불학의 내용으로 첫째 우주관이 있습니다. 우주에는 시간과 공간이 포함됩니다. 이 우주는 어떻게 존재하는 것일까요? 이 우주관 이외에 우리 사람들의 생명 가치는 무엇일까요? 생명은 가치가 있을까요 없을까요? 생명에는 목적이 있을까요 없을까요? 부모들은 우리를 낳아 주셨는데, 이 생명은 모태로부터 나올 때에 어떤 목적을 가지고 나왔을까요? 아닙니다. 이 생명은 태어날 때 무엇하러 왔을까요? 생명에는 하나의 귀속이 있을까요 없을까요? 예컨대 태양이 있고 달이 있고 지구가 있는데, 지구상의 최초의 인류는 어떻게 왔을까요? 이것은 철학이 항상 묻는 것인데, 닭이 먼저일까요? 아니면 달걀이 먼저일까요? 이 세계에는 남자가 먼저 있었을까요? 아니면 여자가 먼저 있었을까요? 인종의 근원은 정말 다윈이 말한 대로 원숭이가 변해서 온 것일까요? 저는 아니라고 말합니다. 그것은 다윈의 조상이지 저의 조상은 원숭이가 아닙니다. (대중들이 웃다)

　불학의 세계관과 우주관, 생명의 의의, 생명의 기능, 생명이 살아 있다는 것은 무엇을 위하는 것일까요? 죽은 뒤에는 어디로 갈까요? 이 모두가 문제입니다. 이러한 문제는 불학의 문제에 속합니다. 예컨대 우리는 모두 무엇을 세계(世界)라고 부르는지 다 압니다. 무엇이 '세(世)'일까요? 시간을 '세'라고 부릅니다. 과거·현재·미래·어제·오늘·내일을 말합니다. 무엇이 '계'(界)일까요? 동·서·남·북·상·하·동북·동남·서북·서남 이 십방(十方) 공간을 '계'라고 합니다. 우리 사람들은 지구에 살고 있는데 지구는 '한 세계'일까요? 아닙니다. 지구는 하나의 별일 뿐입니다. 무엇을 '한 세계'라고 할까요? 불학에서의 '세계' 개념은 우리들의 태양계, 예를 들면 태양 곁의 별들로는 지구·화성·수성·금성·목성·토성·천왕성·해왕성·명왕성 등 몇 개의 별들이 있는데, 이러한 계통과 유사한 것을 '한 세계'라고 부릅니다.

　부처님은 우리의 태양계인 이 세계는, 모든 허공 속에서 별이 작고 수명도 짧으며 범위도 작은 하나라고 말했습니다. 그는 우리들의 태양계와 같은 일천 개를 하나의 '소천세계(小千世界)'라고 부릅니다. 일천 개의 소천세계를 '중천세계(中千世界)'라고 부릅니다. 일천 개의 중천세계를 하나의 '대천세계(大千世界)'라고 부릅니다. 그러므로 그는 우리에게 이 허공 중에는 '삼천대천세계(三千大千世界)'가 있다고 말씀하여, 알 수 없고 헤아릴 수 없고 정확히 셀 수 없음을 표시했습니다. 바꾸어 말하면 오늘날 과학으로 말한다면 허공은 무한히 확장되고 무궁무진합니다.

석가모니불은 3천여 년 전에 이 학문을 얘기했습니다. 당시에 다들 그가 황당한 말을 하고 빈말을 한다고 했는데, 오늘날은 놀라울 뿐입니다. 전 세계가 그의 길을 향하여 걸어가고 있습니다. 뿐만 아니라 그는 벌써 우리들에게 말씀하기를, 시간은 차등이 있는 것이라고 했습니다. 예컨대 다들 아는 것을 예를 들면, 달의 하루는 우리 지구의 한 달에 해당합니다. 오늘날 만약 불법을 연구하고 불학 속의 우주관을 연구하면서 자연과학·천문·물리와 결합시킨다면 대단히 연구할 가치가 있습니다. 이상은 우주관을 말했습니다.

불학에서는 어떻게 생명을 보는가

생명은 어떻게 태어나온 것일까요? 이것이 두 번째 문제인데, 대략 한 번 소개하겠습니다. 사람의 생명에 관하여 부처님은 2천여 년 전에 말씀하시기를, 남성의 정자와 여성의 난자가 성행위를 통하여 한데 결합한다고 했습니다. 고대에는 남정여혈(男精女血)이라고 번역했습니다. 두 개가 한데에 모였지만 아직은 생명으로 변할 수 없습니다. 그밖에 반드시 신식(神識: 이해하기 쉽게 영혼이라고 한다. 실제는 아뢰야식이다—역주)이 더해 들어가야 합니다. 이것을

'3연화합'(三緣和合)이라고 하는데, 그래야 하나의 생명으로 변할 수 있습니다.

불학은 사람의 생명에 관하여 아주 자세히 얘기했습니다. 한 마디로 다 말할 수 있는 것이 아닙니다. 설사 현대 의학의 진보 정도로도 여전히 부처님이 말씀하신 원칙 범위를 벗어나지 못합니다! 그러므로 유전자를 연구하거나 시험관 아기를 하는 의사들이 늘 저한테 와서 토론합니다. 저는 유전자도 궁극이 아니라고 말합니다. 그 뒤에는 또 어떤 것이 있습니다. 이런 전문가들은 확실히 또 어떤 것이 있지만 무엇인지 아직은 분명히 모른다고 말합니다.

정자와 난자의 결합은 한 태(胎)일 뿐입니다. 만약 신식(영혼)이 결합하여 세 가지 인연이 갖추어지지 않는다면 사람으로 변할 수 없습니다. 사람의 생명은 반드시 세 가지 인연이 화합해야 오는 것입니다. 첫째 날 입태할 때부터 모친의 뱃속에서 7일 마다 한 번씩 분명한 변화가 있습니다. 7일 마다의 이 에너지의 전동(轉動)을 '기'(氣)라고 부릅니다. 불경에서는 '풍'(風)이라고 부릅니다. 이렇게 엄마 뱃속에서 모두 38주, 아홉 달 남짓을 경과합니다. 생명 기능의 힘인 그 풍은 최후에 신체를 거꾸로 구르게 하여 머리가 아래로 향하여 출생합니다. 이 세계 사람들은 이렇게 출생합니다. 부처님 말씀에 근거하면 다른 세계는 그렇지 않습니다. 남성이 사람을 낳는데 어깨나 머리꼭대기로부터 낳습니다. 그런 것이 있는지 없는지 모르며 다들 아직은 그 증명을 구하고 있습니다. 이 생명이 출생할 때에 그렇게 순조로울까요? 아닙니다. 일부 생명의 업보는 그로 하여금 출생하지 못하게 하거나 혹은 일부 출생하고 있는 아이가 도중에 사망하거나 막 태어났다가 죽습니다. 그러므로 '황천로상무노소(黃泉路上無老少)', 황천길에는 늙은이 젊은이가 없다고 합니다. 긴 목숨 짧은 목숨이 없습니다. 생명은 찰나 사이에 있습니다.[7]

불학에 나오는 생명의 기원에 관하여 간단하게만 설명했습니다.

2천 년 전 부처님은 이미 그렇게 분명히 말씀했습니다. 오늘날 많은 사람이 서양 의학 중국 의학을 얘기하면서 생명과학을 연구하고 있는데, 부처님이 말씀하신 것이 여전히 가장 앞선 것이며 가장 과학적인 것입니다. 우리는 한 번 생각해 봅시다. 석가모니불도 보통사람이었습니다. 그는 그 당시 사용할 수 있는 기기도 없었는데 어떻게 생명의 근원을 그렇게 또렷하게 형용했을까요? 이 생명의 근원에 대하여 만약 논문을 써서 연구한다면 많은 것들을 읽고 수십 년의 세월을 들여야 할 것입니다.

3세인과　6도윤회

그럼 생명의 가치는 어디에 있을까요? 저는 늘 말하기를, 불학의 기초는 3세인과(三世因果)와 6도윤회(六道輪廻) 위에 세워진다고 합니다. 무엇을 '3세'라고 할까요? 3세는 바로 현재 · 과거 · 미래입니다. 부처님은 우리에게 말씀하기를, 우리들의 현재 살아있는 생명은 단지 생명의 한 토막일 뿐이며, 백 년을 살든 십 년을 살든 일 년을 살든 모두 한 번의 일시적인 현상이라고 합니다. 이것을 '분단생사'(分段生死)라고 부릅니다. 사실 우리들의 생명은 과거에 무수한 생애 동안 무엇을 했는가에 따라서 모두 점점 변화해 온 것입니다. 미래에는 또 미래의 생명이 있습니다. 이번에는 남자로 변하거나 여자로 변하고 혹은 장사를 하거나 관료가 되거나 혹은 거지 등이 되는데, 이러한 현상들은 인과가 있습니다. 과거 · 현재 · 미래 3세의 인과입니다. 전생에서 지니고 온 종성(種性)이 자기의 현재 일생의 운명으로 변한 것입니다. 현재 지은 업은 또 내생의 과보로 변합니다.

---

7) 이에 관하여 보다 자세한 내용은 『입태경 현대적 해석』을 읽어보기 바란다.

6도윤회를 얘기해보면, 어떤 세계의 생명도 가장 기본적인 분류로 다음의 네 종류가 있습니다. 태생(胎生)·난생(卵生)·습생(濕生)·화생(化生)입니다. 우리 인간들이나 말은 포태(胞胎)로부터 태어난 것으로 태생입니다. 닭이나 오리 거위 날아다니는 새 등은 알로부터 부화해 나온 것으로 난생입니다. 모기처럼 물이나 습기에 의지하여 생겨나는 것은 습생입니다. 천인이나 지옥의 경우는 화생입니다. 생명의 변화작용으로부터 변화해 나온 것입니다. 이상은 간단한 분류입니다. 우리 사람들은 태로써 변한 일종인데, 태로써 태어나는 데는 영혼이 결합돼야 됩니다. 그럼 기타의 닭·오리·물고기도 마찬가지일까요? 우리들과 마찬가지입니다. 그럼 우리들도 닭이나 오리나 물고기로 변할까요? 그 사이에 왜 그렇게 될 수 있을까요? 이것은 당신의 전생 금생의 생각·정서·행위와 관계가 있으며 얼기설기 복잡한 갖가지 인과의 관계가 인연이 성숙하면 6도윤회 현상으로 변합니다.

어느 6도일까요? 하나는 천도(天道)입니다. 태양계 밖의 천인(天人) 경계인 경우가 많습니다. 예컨대 우리가 말하는 상천(上天)의 신선(神仙)입니다. 두 번째는 아수라도(阿修羅道)입니다. 기타 종교에서 말하는 하느님과 동등한 힘을 갖춘 존재로서 대립하는 것이 마귀입니다. 마귀란 인도의 범문으로는 아수라라고 부릅니다. 역시 천인의 복보를 누립니다. 그렇지만 성내는 마음이 크고 성깔이 아주 좋지 않습니다. 우리가 사회적으로 권력이 있고 세력이 있는 사람들 가운데 어떤 사람은 대단히 자비롭고 선량하며 사람을 사랑하는데, 이것은 천인의 경계에 접근한 것입니다. 어떤 사람들은 대단히 나쁘고 대단히 사나운데, 이것은 아수라와 마도(魔道)의 행위에 가까운 것입니다. 천인과 대립하는 것입니다. 다시 내려오면 인도(人道)입니다. 천도·아수라도·인도는 육도 속에서 3삼도(上三道)입니다.

네 번째는 축생도(畜生道)입니다. 사람보다 조금 낮은 생명입니다. 방생(傍生)이라고도 합니다. 우리들이 서서 두 다리로 걷는 것과는 달리 그들은 네 다리로 길을 걸어갑니다. 돼지·소·말 등의 경우가 그러합니다. 그래서 방생이라고 부릅니다. 한 등급 낮습니다. 그 아래로 다섯 번째는 아귀도(餓鬼道)입니다. 때로는 형상이 있고 때로는 보이지 않아 가리기가 쉽지 않습니다. 많은 생물, 예컨대 바다 속의 고래는 체적이 크면 클수록 생명을 유지하는 양식을 취할 수 있기가 어렵습니다. 이것은 아귀도의 경계입니다. 어떤 귀들은 복보가 있고 재간도 대단합니다. 축생도보다도 편합니다. 여섯 번째는 지옥도(地獄道)입니다. 어둠 속에서 살고 있습니다. 예컨대 깊은 해저나 진흙 아래서 살고 있는 생명들인데, 이것은 지옥 경계입니다. 이상의 6도 생명은 간단한 분류입니다. 생명은 6도윤회 속에 있는데 상세하게 분석하면 6도에만 그치지 않습니다. 예컨대 불경은 생명에는 또 12류가 있다고 말합니다. 태생·난생·습생·화생 이 4생(四生)을 포함하고, 또 유색(有色)이 있습니다. 볼 수 있는 것입니다. 사람들이나 축생 등의 경우 색깔이 있고 형상이 있고 물리가 있으며 물질적인 작용이 있습니다. 무색(無色)은 형상이 없고 보이지 않는 생명입니다. 아귀 등등은 육안으로 보이지 않습니다. 유상(有想)·무상(無想)·비유색(非有色)·비무색(非無色)·비유상(非有想)·비무상(非無想) 등 12종의 생명 분류입니다. 당시에는 과학기구도 없었는데 어떻게 그렇게 분명하게 분석할 수 있었을까요? 사실 우리들 현재의 과학기술도 이러한 생명의 존재를 증명했으며 분석해보면 아주 많고 많습니다. 먼저 잠시 쉬겠습니다.8)

---

8) 이상에 관하여 보다 자세한 내용은 『능엄경 대의 풀이』 제4권 「물리세간 물질의 형성」 「중생세계 생명의 형성 원인」, 제8권 「지옥과 천당의 유무와 사람의 정신심리와의 인과관계」 등을 읽어보기 바란다.

강연 둘째 시간

시간이 많지 않아서 우리는 문제를 끌어와 생명의 현상은 어떻게 오는 것인지 말했는데, 얘기하자면 너무나 많습니다. 방금 입태 이전의 3연화합을 말하면서 '무주재(無主宰)·비자연(非自然)·연기성공(緣起性空)·성공연기(性空緣起)' 이런 몇 가지 개념들을 말했는데 듣고 나서 아직 기억하고 있습니까?

여러분 맹목적으로 미신하여 부처님이나 보살 혹은 신이나 하느님에게 구하면 보우(保佑)해준다고 생각하지 말기 바랍니다. 자기가 잘못해놓고는 절에 가서 향을 피우거나 교회에 가서 예배하면 참회 속죄할 수 있다고 생각한다면, 그건 웃기는 얘기입니다. 불가능합니다. 생각해보세요, 향 한 갑을 사는 데 돈 몇 푼 들고, 거기다 바나나 몇 개 사 보았자 모두 한 2만원에 불과하겠지요? 불보살님이나 하느님 앞에 꿇어앉아 한참 기도하고는 주식으로 큰 돈 벌고 싶어 하고, 집안사람들도 평안하기를 바랍니다. 내 남편 자식들도 잘되도록 보우해달라고 합니다. 뭐든지 다 잘 되게 보우해달라고 합니다. 절 다하고 나서는 또 그 바나나를 애들에게 줄려고 집으로 가지고 갑니다. 설마 불보살이나 하느님이 탐오귀(貪汚鬼)일까요? 뿐만 아니라 탐오도 그렇게 옹졸하게 해서, 절하면 도와주고 참회를 받아주고, 절하지 않으면 거들떠보지도 않을까요? 이런 자를 무슨 보살이나 하느님이라고 부르겠습니까? 보통사람만도 못합니다. 그러므로 그런 도리가 아니라고 말하는 겁니다! 방금 말했듯이 부처님은 당신에게 3세인과와 6도윤회를 말씀하셨습니다. 모든 것은 자기가 많은 복을 구하는 겁니다. '주재자가 없고 자연이 아니기(無主宰, 非自然)' 때문입니다.

탐욕 · 성냄 · 어리석음 · 교만 · 의심 · 악견

우리들 생명의 내원은 얘기하자면 아주 심오합니다. 간단히 현실적으로 말하면 사람 저마다의 개성과 행위가 지니고 온 것입니다. 부처님은 말씀하시기를, 어떤 사람이든 지니고 온 개성은 모두 여섯 가지 요점이 있다고 했습니다. 탐욕(貪) · 성냄(瞋) · 어리석음(癡) · 교만(慢) · 의심(疑) · 악견(惡見)이 그것입니다. 어떠한 생명도 아무리 위대하든 학문이 있는 사람이든 모두 이 여섯 가지 특점이 있습니다.

첫째는 탐욕입니다. 사람에게는 탐심이 있습니다. 엄마가 임신하였을 때에 당신의 영혼이 일단 태에 들어가는 것도 이미 탐심이 있는 것입니다. 모태 속에서 어머니의 영양을 흡수하여 자기로 변한 것입니다. 모친에게 모든 것을 제공하기를 바라며 자신이 성장하게 합니다. 이것이 기본적인 탐심입니다. 한 갓난애가 태어났을 때 젖을 주지 않는다면 그 아이는 울 것입니다. 탐심 때문입니다. 점유심이 있기에 쥐어서 자신에게 주고자 합니다. 왜냐하면 태어날 때부터 하나의 '나'(我)가 있기 때문입니다. 이 '나'의 병폐 속에는 탐욕 · 성냄 · 어리석음 · 교만 · 의심 · 악견의 성분이 그 안에 포함되어 있습니다. 부처님은 이 대원칙을 말했는데, 이게 바로 사람 자신 마음속의 나쁜 일면입니다.

둘째는 성냄은 어떨까요? 우리들의 심리는 무릇 좋아하지 않는 것이나 싫어한 것들은 버리고 싶어 합니다. 갓난애도 마찬가지입니다. 보기를 싫어하는 사람은 보자마자 웁니다. 원한의 생각 · 원망을 품음 · 싫어함은 모두 성냄의 심리에 속합니다.

셋째는 어리석음입니다. 지혜가 없는 겁니다. 예컨대 어려서부터 글공부할 때 선생님이 가르치는 수업을 보고 이해하지 못하고 배워도 할 줄 모릅니다. 더 나아가 수업을 들어도 기억하지 못합니다. 시험성적도 나쁘고 기억력이 없습니다. 왜냐하면 머리가 잘 돌아가지 않고 혼란스러운 데다가 쉽게 얼빠져서 정신을 못차리기 때문입니다. 이 어리석을 '癡'(치) 자는 어떻게 쓸까요? 병들 疒(녁) 변인데, 일종의 병태로서 사람의 머리가 건전하지 않는 병이라는 의미의 疒(녁) 속에 의심이 많다는 의심 疑(의) 자가 더해져 어리석을 癡(치) 자가 됩니다. 이것이 정자(正字)인데 옛날에는 그렇게 썼습니다. 뒷날 속체자가 있게 되었습니다. 병들 疒 변에 알 知(지) 자를 더해서 痴(치) 자라고 했는데, 바로 무지를 의미합니다. 자기의 지혜에 병태가 있어서 알지 못하는 것입니다. 마음이 전일하지 못하고 냉정하지 못함이 바로 얼빠져서 정신을 못차리는 것입니다.

넷째는 교만인데, 무엇을 교만이라고 할까요? 가장 어리석고 가장 학문이 없으며 가장 싹수가 없는 사람이 역시 자신이 제일이라고 스스로 느낍니다. 때로는 공부가 남에게 뒤지면 지난 뒤에 생각하기를, 자신은 운동 면에서 그래도 그 사람보다 낫다고 생각합니다. 혹은 세상에서 가장 잘생긴 사람이 누구일까요? 저마다 아무리 추해도 거울 속에서 자신을 들여다보면 볼수록 예쁘고 여전히 아주 사랑스럽다고 느낍니다. 이것이 아만(我慢)입니다. 사람마다 태어날 때부터 하나의 나라는 '아(我)'가 있어서 만약 학문이 있다면 더욱 오만해지는데, 이것을 증상만(增上慢)이라고 합니다. 예컨대 나이가 많은 사람들은 말합니다. "너희들 젊은이들이 뭘 알아? 내가 수십 년을 살았는데 그래도 너희들만 못하겠느냐?" 이게 바로 노년인들의 증상만입니다. 명성이 있고 지위가 있고 돈이 있으면 아만은 그만큼 심해집니다. 교만(慢)은 교오(驕傲)보다도 밉습니다. 교오의 심리는 어리석음과 교만의 결합으로서 사람 생명의 병태입니다.

다섯째는 의심인데 신임하지 않는 것입니다. 자기를 신임하지 않고 남을 누구도 신임하지 않는 것이며, 더더욱 어떤 일도 신임하지 않아 영원히 의심을 품고 있습니다. 생명은 바로 의심 가운데 있습니다. 내가 마침내 몇 살 때까지 살고 죽을까? 내일은 어떨까? 모레는 또 어떨까? 언제나 매 분 매 초마다 의심 속에 있습니다.

여섯째는 악견입니다. 정확하지 못한 견해와 인지(認知)입니다. 정확한 인지를 갖는다는 것은 아주 어렵고 어려운 일입니다. 우리들 대부분의 인지는 모두 착오전도(錯誤顚倒)요 사실에 부합하지 않습니다.

탐욕·성냄·어리석음·교만·의심·악견은 심성이 지니고 온 결함으로서 사람마다 갖추고 있습니다. 이 몇 가지를 바르게 고치는 것이 바로 교육문화의 중점입니다. 그렇지만 오늘날의 교육문화는 어떨까요? 갈수록 어지러워지고 있습니다. 저는 늘 담소하면서 "오늘날 황제가 있을까요 없을까요?" 하고 묻습니다. 있습니다. 바로 돈입니다. 다들 돈을 향하여 바라봅니다. 자기가 아이를 낳으면 아이들이 장래에 악착같이 돈을 벌어야 한다고 가르칩니다. 이처럼 그 어떤 것을 추구하는 것도 악견입니다. 일체의 악법(惡法: 나쁜 가르침, 바르지 못한 생활, 유익하지 못한 것―역주)은 모두 이렇게 오는 것입니다.

10선업도(十善業道)

이러한 결점 병폐들이 인성 자신이 지니고 온 바에야 수행을 통해서 바르게 고쳐야만 합니다. 무엇을 수행(修行)이라 할까요? 자기가 지혜·학문·수양으로서 탐욕·성냄·어리석음·교만·의심 그리고 정확하지 못한 관념을 바르게 고치는 것입니다. 이것이 수행의 길입니다. 불보살님이나 하느님이나 귀신에게 도와달라고 비는 것이 아닙니다. 그럼 어떻게 바르게 고칠까요? 수행은 또 무슨 행을 닦는 걸까요? 십선업도(十善業道)라는 것이 있습니다. 일체의 선행을 닦는 것을 수행이라고 합니다. 물론 정좌·염불·공부하는 것도 이 길로 걸어가는 겁니다. 그렇지만 자기의 평소의 언행을 바르게 고치는 것만 못합니다. 사람됨과 일처리 면에서부터 자기를 고치는 겁니다. 이것이 십선업도의 길입니다. 무엇을 '십선업도'라 할까요? 신업(身業)에는 세 가지가 있습니다. 살생하지 않고[不殺], 도둑질하지 않고[不盜], 음행하지 않는 것입니다[不淫]. 구업(口業)에는 네 가지가 있습니다. 거짓말하지 않고[不妄語], 꾸미는 말 하지 않으며[不綺語], 이간질 하는 말 하지 않고[不兩舌], 악담하지 않는 것입니다[不惡口]. 의업(意業)에는 세 가지가 있습니다. 탐욕하지 않고[不貪], 성내지 않고[不瞋], 어리석지 않는[不癡] 것입니다. 이게 바로 선도(善道)를 닦는 것입니다.

우리들 생명이 살아있으면서는 세 가지 조건이 있는데 신(身)·구(口)·의(意)가 그것입니다.

이 신체는 나쁜 일하기를 좋아하는데, 신체가 지은 죄과는 살생·도둑질·음행입니다. 살생은 남의 생명을 침해하는 것입니다. 거북이가 영양에 좋다는 소리를 들으면 큰 돈을 아끼지 않고 한 마리 사와 죽여 먹습니다. 무엇이 좋다고 하면 꼭 그것을 먹는 것은 모두 자신을 위하는 겁니다. 이것이 살생입니다. 도둑질은 아주 엄중합니다. 남의 것을 침해하고 남을 속이는 겁니다. 예컨대 장사를 할 경우 온갖 방법을 써서 선전하고 갖가지 부정한 수단으로써 남을 속게 하여 다른 사람 주머니 속의 돈을 자기 호주머니로 속여 넣는 것입니다. 이것도 역시 도둑질 행위입니다. 좁은 의미의 음행은 남녀 성관계입니다. 넓은 의미의 음행은 지나치게 누리는 것입니다. 향락을 탐하고 쾌감을 자극하는 것을 음행이라고 부릅니다.

자비를 위하여 가능한 한 살생을 하지 않아야 합니다. 그러므로 뒷날 중국 불교는 채식을 제창했습니다. 그제 80이 돼가는 노인 학생이자 대학교 총장인데 살생 문제를 얘기했습니다. 그에게 어떤 사람이 반드시 채식해야 한다고 말했는데, 그러기는 아주 어렵다는 겁니다. 제가 말했습니다. "당신은 대학교 총장이었는데 묻겠습니다. 사람들이 채식하는 것은 다른 생명을 살해하지 않기 위해서입니다. 그렇다면 세상에는 진정으로 살생하지 않는 사람이 있을까요?" 그는 저의 질문에 어리둥절해져서 대답하지 않았습니다. 대답하지 못한 것이 아니라 이 문제에 답하기가 아주 어렵기 때문입니다.

제가 말했습니다. "살생하지 않는 것은 마땅한 일입니다. 예컨대 맹자도 말하기를 동물에 대하여는 '그 살아있는 것을 보고는 그 죽는 것을 차마 보지 못하고, 그 우는 소리를 듣고는 차마 그 고기를 먹지 못한다 [見其生, 不忍見其死; 聞其聲, 不忍食其肉].'라고 했습니다. 주방에서 닭이나 오리가 죽는 것을 보고 그 고통의 소리를 들으면 차마 먹지 못하는데, 이것이 자비심입니다. 맞습니다. 마땅히 그래야 합니다. 그렇다면 당신이 채식하면 채소나 초목들은 고통이 없을까요?" '생'(生)과 '명'(命)은 서로 별개의 것입니다. 살아있는 것은 모두 '생'이 있습니다. '명'은 생각·감정입니다. 그런 채소나 꽃나무들은 식물 전문가의 연구에 의하면 역시 음악을 이해한다고 합니다. 그렇지만 '명'인 생각·감정 방면이 좀 적을 뿐입니다. 비록 살생하지 않는 것이 제일 좋다고 하지만 오직 정좌수행해서 높은 경지에 이르렀기에 먹지 않아도 살 수 있고, 더 나아가 선정에 들어가 호흡하지 않을 정도가 되어야 살생하지 않을 가능성이 있습니다. 그렇지 않으면 우리들이 코로 호흡하면서 한 번 들이쉴 때마다 공기 속에는 얼마나 많은 세균들이 비강 속에 달라붙어 죽어 가는지 모릅니다. 이것도 살생입니다. 모든 것은 비교 상대적으로 말하는 것입니다. 그러므로 부처님을 배움에 있어서는 먼저 자비희사(慈悲喜捨: 4무량심—역주)를 배워서 중생의 생명을 사랑해야 합니다. 나의 생명을 사랑해야 할 뿐 아니라 남의 생명도 사랑하고 기꺼이 남을 도와줘야 합니다.

그럼 입은 어떨까요? 입은 아주 심해서 네 가지 업이 있습니다.

거짓말·악담·꾸미는 말·이간질 하는 말이 그것입니다. 무엇이 '거짓말'일까요? 거짓말하여 남을 속이는 것입니다. 특히 오늘날 장사를 하거나 정치를 하는 사람들은 선전하고 광고하기를 좋아합니다. 돈은 많이 받고 물건은 적게 주는데, 시장에서 사람을 속이고 있습니다. 이것이 망어입니다.

'악담'은 아주 큽니다. 악담은 남을 욕하는 것입니다. 예컨대 '제미릴!' 한다거나 갖가지 욕을 악담이라고 합니다. 남에게 자비가 없고 다정스런 사랑의 마음이 없는 말투입니다. 그 다음은 '이간질 하는 말'입니다. 이간질 하는 말은 우리가 늘 범하는 것입니다. 장씨에게는 왕씨 욕을 하고 왕씨에게는 장씨가 옳지 않다고 말합니다. 옛사람에게 두 마디 말이 있습니다. "그 누가 내 등 뒤에서 내 말을 하지 않으며, 나는 어느 사람 앞에서 남 말을 하지 않을까[誰人背後無人說, 哪個人前不說人]?" 사람은 저마다 등 뒤에서 말하는 사람이 있습니다. 면전에서는 좋게 말을 하지만 돌아서서는 입을 삐죽거리며 남에게 이 녀석은 얼마나 나쁘고 얼마나 좋지 않다고 말합니다. 사람은 이간질 말을 하는 구과(口過)를 범하기 아주 쉽습니다. '꾸미는 말'은 음담패설이나 우스개 이야기만을 가리키는 것은 아닙니다. 무료한 말이나 지나친 말이 많은 것도 꾸미는 말을 범한 것입니다. 우리가 자신을 검토해보면 하루에 바른 말을 몇 마디나 할까요? 나머지는 모두 무료한 말입니다. 뿐만 아니라 일부 사람들은 무료한 말을 하지 않으면 세월을 보낼 수 없습니다.

이상 네 가지는 입의 죄과입니다. 이 네 가지 잘못을 바르게 고치면 바로 구업의 선덕(善德)입니다. 여기서 불경에 나오는 한 가지 이야기를 들어서 입으로 짓는 선업의 과보를 설명하겠습니다. 석가모니 부처님은 보통사람과는 달리 32상(相)을 가지고 있다고 합니다. 그 중에 한 상이 그의 혀를 내밀면 이마의 머리털 경계부분까지 닿을 수 있는 것이라 합니다. 왜 그럴까요? 그가 다생루세

(多生累世)에 거짓말을 하지 않았기 때문입니다. 그래서 이러한 좋은 과보를 얻은 겁니다. 그러므로 저마다 외모가 좋고 나쁘거나 신체의 건강 상황이나 수명의 길이는 모두 6도윤회 3세인과의 응보입니다.

그다음은 의식생각입니다. 내면에서의 마음을 일으키고 생각을 움직이는 것은 엄중합니다. 탐욕·성냄·어리석음 이 세 가지 악업을 수시로 범할 수 있습니다. 조금 전 제가 탐욕·성냄·어리석음·교만·의심·악견에 대해서 말했는데, 이 모두는 의식생각이 정서와 결합한 것입니다.

우리가 간단히 이 신구의(身口意) 열 가지 악업을 소개했습니다. 우리가 자기를 연구해보면 신체·입·생각정서 면에서의 이 열 가지 좋지 않은 행위를 날마다 범하고 있습니다. 만약 이러한 잘못을 고치면 십선업(十善業)이라고 부릅니다. 불학의 도리인데, 설사 당신이 부처를 믿지 않거나 어떠한 종교를 믿지 않더라도 만약 몸과 마음의 행위가 십선업도에 부합한다면, 역시 수행하고 있는 것이나 다름없으며 좋은 과보가 있을 겁니다. 그러므로 저는 기독교 천주교가 말하는 우상을 숭배하지 말라는 얘기를 들으면 웃습니다. 저의 학생들 중에는 목사도 신부도 수녀도 있습니다. 저는 말합니다, "여러분들이 연구해보지 않았는데 여러분의 종교는 '우상을 숭배하지 말라' '미신하지 말라'고 강조하지만, 이것은 불교에서 온 것입니다. 만법은 연기성공(緣起性空) 성공연기(性空緣起)로서 우상숭배를 반대합니다." 불교의 진정한 의의는 일체유심(一切唯心)으로서 스스로 복을 구한다는 이 '자구다복'(自求多福) 네 글자입니다. 스스로 자기를 바르게 고치기만 하면 운명이 바꾸어집니다. 이상은 행위 면에서의 불학 방면과의 결합을 말한 것입니다.

짧은 시간 안에 여러분들에게 이상의 약간의 불학에 대한 인식을 초보적으로 말씀드렸습니다. 생명에 대한 인식을 상세히 연구한다면 너무나 많습니다.

제4장 불학 내용의 간략한 소개

1. 인도 문화의 배경

불학(佛學)은 부처님 석가모니께서 교화를 건립한 내용입니다. 불학의 관점에서 보자면 불교(佛教), 불법(佛法), 학불(學佛)의 세 개 관념은 각각 다른 의미가 있습니다. 불교는 부처님이 남긴 가르침으로서 종교적인 성질을 가지고 있습니다. 불법은 불학의 학술 사상과 모든 증득과 추구 방법(수행)을 개괄합니다. 학불(學佛)은 부처님이 남겨주신 가르침을 실천하는 것으로 부처님이 가르친 방법에 따라서 배움을 추구하는 것입니다.

중국 학술 중에는 불학에 대한 한 마디의 습관적인 명언이 있는데 모두가 말합니다. "불학은 넓기가 아득한 바다와 같다(佛學浩如烟海)." 이로써 불학내용의 풍부함을 짐작할 수 있습니다. 만약 학술적인 각도에서 아주 짧은 시간에 불학의 중점을 간단히 소개한다면 무엇보다 먼저 상고 시기의 인도의 문화적 배경을 이해해야 합니다. 인도 문화를 얘기할 경우 우리에게 하나의 인식이 있어야 합니다. 즉, 인도의 상하 수천 년의 문화와 사상은 시종일관 종교, 철학, 각 종교, 각 철학에서 수행 증득의 추구 방법 속을 배회하면서 변천해왔습니다. 심지어 현재 힌두교도 예외가 아닙니다. 그러므로 인도 전체의 역사와 문화도 줄곧 종교투쟁, 사상적 마찰, 계급 불평등의 사상 속에서 끊이지 않고 이어 왔습니다. 비록 17세기 이래 외세의 침입이 있었지만, 그들은 언제 어디서나 여전히 인도인 종교의 사상적 모순을 이용하여 통제하는 법보로 삼았습니다.

인도 상고 종교의 교의(教義)와 석가모니와 동시대 내지는 전후

(前後)의 종교 각 파의 철학사상은, 그야말로 하늘꽃이 어지럽게 떨어지고 [天花錯落] 별들이 바둑판처럼 펼쳐있는 것 [星羅棋布]과 같아서, 사실 세계적인 비교종교와 비교철학의 원본으로 삼을 수 있습니다. 보통 인도철학을 말할 때, 대략 여섯 명의 스승[六師]을 함께 거론하면서 그 6대 철학 학파의 상황을 설명합니다. 실재로 이미 번역된 중국 불학 속에서 자주 말하는 이파(異派) 철학 사상가들이 대략 96종이나 됩니다. 비록 전체적인 자료가 충분하지 못하지만, 단편적이면서 내용이 모두 갖춰지지 못한 옛날 책이라 할지라도 많은 귀중한 자료가 있습니다. 그러나 현재 국제간 인도철학을 얘기하거나 불학을 얘기하는 것이 모두 17세기 후 유럽 학파의 영향을 받은 것이고, 지금까지는 중국의 불학 자료를 중시하지 않고 있습니다. 그래서 중국이나 외국 학자들이 중국 불학의 가치를 한꺼번에 말살하게 되었는데, 대단히 안타깝고 탄식할 일입니다. 요컨대 상고 시기의 인도철학과 종교는, 주재자가 있느냐 주재자가 없느냐, 일원(一元)이냐 다원(多元)이냐, 마음이냐 물질이냐 문제에 대하여 이미 갖추지 않은 바가 없습니다. 그런데 불교는 대략 송나라 시대 중엽에 이르러 이교도 침입의 영향으로 완전하게 중국으로 들어와서 중국적인 불교가 되었습니다. 훗날 인도 문화 역사의 변천은 불교와는 결코 상관이 없습니다. 오해하지 않도록 이점을 특별히 설명해야 합니다.

2. 인도 상고 시대의 형세와 국가 사정

석가모니 시대는 대략 중국의 춘추 시대 전기에 해당합니다. 그가 세상에 머물렀던 정확한 시기에 관하여 줄곧 동서고금의 학자들의 논쟁 초점이 되었습니다. 세계 문화 역사의 각도에서 말하면 이 단계 앞뒤로 한 세기를 벗어나지 않으면서 동양과 서양의 역사

변천은 온통 문란했지만, 그러나 철인들이 배출되어 다채롭고 보기 드문 모습이었습니다. 중국에는 노자와 공자 등이 있었고, 인도에는 석가모니와 철인 승가집단이, 희랍에는 소크라테스와 플라톤 등이 있었습니다. 모두가 훗날 인류 문화에 수천 년 동안 영향을 미쳤던 사람들입니다.

그 시기의 우리 역사는, 물론 제후를 분봉하기 위하여 지방왕국 제도를 건립했지만, 중앙에는 한 사람의 존귀한 주(周)나라 천자가 높다랗게 위에 있으면서 천하에 군림하였습니다. 그런데 인도는 그때, 수백 개의 국가가 권력을 쟁탈하면서 분립되어 있었고, 한 개인이 모두를 통치하는 천자의 제왕 국면이 결코 없었습니다. 석가모니는 왕자 출신으로서 절세의 예지(叡智)를 타고났고 궁정에서 교육과 예절을 받았습니다. 소년 시절은 박학다능(博學多能)했으며, 그 자신이 몸소 당시 인도 전쟁의 잔혹한 살육을 목도하고는 생물 세계 약육강식의 고통을 관찰하였기 때문에, 천하 창생(蒼生)을 위한 하나의 진정한 평화의 길을 찾고 싶어서 결연히 출가했습니다. 먼 옛날 철인들이 남긴 가르침을 두루 찾아서 우주인생의 진리를 얻기를 추구했습니다. 그는 출가한 이후 전통 바라문교의 수행증득 방법과 기타 각 종교 각 학파의 출세간 고행의 수도 생활을 참방한 적이 있었습니다. 결과적으로 모두 궁극적인 학문이 아니라고 생각하고는, 홀로 한 번의 고행을 거쳐서 수행을 증득하였습니다. 19세에 출가하여 32세가 되어서야 그의 교화를 널리 보급하기 시작했습니다. 현대 학자들은 석가모니를 대하기를 마치 공자를 대하듯 합니다. 그를 종교 교주로 생각하는 사람도 있고, 그를 철학자나 또는 교육자라고 생각하는 사람도 있습니다. 사실은 이렇게 높고 영광스러운 감투와 지위는 석가모니에 대해서 아무 상관이 없습니다. 한 진정한 성철(聖哲)은 절대로 세간의 허망한 영예를 홀시할 것입니다. 그는 제왕의 높은 자리와 영광을 헌신짝처럼 버리고 돌아보지 않았고, 아울러 수시로 옛 부처님과 다음 부처님들을 일컬었습니다. 이로써 알 수 있듯이 그가 자신을 교주로서 자부하고 싶어 하지 않았습니다. 그의 교화에서 하나의 종교로 변하게 되고 교주의 보좌에 오르게 된 것은 후세 재전(再傳) 제자들의 일입니다. 저는 모든 종교의 교주들 대다수가 이와 같은 흉금(胸襟)을 지녔다고 생각합니다. 예컨대 노자는 사람들로부터 도교 교주인 태상노군(太上老君)의 보좌(寶座)까지 끌어올려졌는데, 어째서 이게 그가 "마치는 바를 알지 못한다(不知所終)"고 하거나 혹은 푸른 소를 타고 함곡관 밖으로 나갔던, 그런 최초의 본심이었겠습니까! 석가모니가 불교를 창립하여 교주가 되었다고 말하기보다는, 차라리 그가 인도 상고 전통문화 사상을 재단(裁斷)하고 모아서 독자적인 문교(文敎: 문치교화—역주) 정신을 선양한 것이 더욱 위대하면서 의미심장하다고 말하는 편이 낫습니다.

3. 석가의 출가 성도의 인류 세계에 대한 공헌

이제 우리는 석가가 출가하여 성도하고 교화를 홍양(弘揚)한 요점을 귀납시켜본다면, 대략 다섯 가지 핵심이 있는데 다음과 같이 나누어 말씀드릴 수 있습니다.

1) 스승 도리의 장엄을 세웠다

자비를 바탕으로 지도함이 나라를 다스리는 도리입니다. 석가는 스스로가 하나의 불세출의 영웅이 되어 인도 천하를 통치할 수 있음을 고려했습니다. 그러나 영웅은 천하를 정복할 수 있지만 자기를 정복할 수 없습니다. 하물며 인류의 역사는 한결같이 변도(變道)의 길로 변천하니, 결국 천추만대토록 하나의 영원불변하는 왕권을 보존할 수는 없습니다. 그는 일종의 문화사상을 세우려고 했고 만세의 기준이 될 수 있었습니다. 그는 자기를 정복하고 내성(內聖: 안으로 성인의 지극한 덕을 갖춤—역주)을 성취하는 요구에 도달하고자, '감정을 멀리하고 욕심을 버림으로써 거추장스러운 것을 끊고 [離情棄欲, 所以絶累]' 도(道)를 구하려고 출가했습니다. 결과적으로 그가 원하는 것이 이루어져 사도교화(師道敎化)의 장엄을 세웠고, 고금동서 천추만세의 존경과 우러름을 얻었습니다. 현대인들이 습관적으로 쓰는 경제관념에 비추어 말하자면 그가 만대 교화에 종사한 가치는, 그가 종신토록 수십 년간 왕이 되어 임금으로 일컬어지는 가치로도 도저히 비교할 수 없습니다. 그가 세운 사도(師道)의 효과에 따르면, 훗날 수백 년간 인도의 명왕인 아쇼카왕의 공적이 출현하여 인도 역사상 문치(文治)가 가장 영광스러웠던 한 페이지가 되었습니다. 공자의 학설이 서한(西漢) 시대 초기의 문치를 형성한 것에 상당합니다. 그러나 저는 같다고는 말하지 않습니다. 사도장엄의 교화정신과 대소승의 모든 계율 의례와 규범 면에서는, 중국 전통 문화 속『예기(禮記)』와 서로 호응하며, 인류의 예의와 법률 철학의 기본 정신이기도 합니다. 당송(唐宋)이래로 비교적 객관적인 학자들은 석가와 공자를 비교 논하면서, 공자가 만약 그 당시 인도에서 태어났다면 반드시 석가의 행위와 같았을 것이고, 석가모니가 당시 중국에서 태어났다면 반드시 공자가 가는 길과 같았을 것이라 보았습니다. 이른바 '동방의 성인이나 서방의 성인이나, 이 마음은 같고 이 이치는 같아서, 그 도리는 하나다 [東方聖人, 西方聖人, 此心同, 此理同, 其揆一也].'라는 것입니다.

2) 인도 전통의 계급관념을 타파했다

평등을 제창하여 중생에까지 미쳤습니다. 인도 역사는 예로부터 지금까지 줄곧 지극히 엄격한 계급관념이 있습니다. 일반적으로 말하기를 제1계급이 바라문(婆羅門)이며, 전통적 바라문교의 승려입니다. 제2계급은 찰제리(刹帝利)인데, 전통적으로 군사권을 장악했던 무사들입니다. 제3계급은 바이샤(吠舍)입니다. 농업이나 목축업 상업에 종사하는 사람들입니다. 제4계급은 수다라(修多羅)인데, 천한 일에 종사하는 사람들입니다. 석가는 성도한 뒤 '일체중생은 본성과 현상이 평등하다[性相平等]'는 관념을 아주 강력하게 선양했습니다. 인간은 평등한 인간이라고 생각했을 뿐만 아니라, 피가 있고 살이 있고 또한 영지(靈知)의 본성을 갖춘 생물에서부터 천인과 인간에 이르기까지 한결같이 '중생'이라고 불렀습니다. 모두가 본성의 도체 입장에서 본래 마땅히 평등하므로, 사람은 당연히 예의가 아닌 나쁜 의도로 다른 사람을 침해해서는 안 되는 동시에, 자기의 사사로움을 위하여 일체중생에게 해를 끼쳐서는 안 됩니다. 사람과 중생의 여여(如如)한 본성은 본래 자체가 평등합니다. 그러므로 사람마다 선(善)을 행하고 악(惡)을 제거하여 성불할 수 있습니다. 일체중생과 천인들도 선을 행하고 악을 제거하면 역시 성불할 수 있습니다. 다음은 유가(儒家)의 사상인데 '천하의 백성은 나의 동포요, 세상만물은 모두 나와 동류이다 [民吾胞也, 物吾與也].' 이학자들이 제창한 '사람마다 모두 요순이 될수 있다[人人可爲堯舜].'라는 관념은 사실상 근원은 같으면서 이름만 다를 뿐입니다. 그의 교리에서 '만물과 나는 그 뿌리가 하나이며[物我一如], 중생은 평등하다.'는 설법은 고금을 통해서 가장 빛나고 철저한 평등사상이라고 말할 수 있습니다. 아울러 그는 자신이 솔선수범하면서 그가 몸소 이끌었던 승려 집단 중에서 출신과 귀천을 상관하지 않고 일률적으로 평등해서, 오로지 덕행만을 중시했습니다. 평등이라고 말한 바에야 시비(是非)를 가리지 않고 선악(善惡)을 나누지 않는 쪽으로 흐를 수 있을 거라고 생각하는 사람이 있을지 모르겠는데, 이점을 오해해서는 안 됩니다. 즉, 석가가 말한 것은 성(性: 체體) · 상(相: 용用)에서, 본체의 평등입니다. 평등의 경계에 도달하려면 여전히 선악을 구분하고, 선을 행하고 악을 제거하는 수양이 필요합니다. 그러므로 악을 제거하고 선으로 향하며, 악인을 제거하기 위하여 뭇 선행을 행하는 행위는 바로 막대한 공덕이 되며, 결코 그 자체가 서로 모순되는 것이 아닙니다. 이것도 유가가 말하는 '탕왕과 무왕이 한번 노하여 천하를 평안하게 했다 [湯武一怒而安天下].'는 의미로서, 방법은 크게 달라도 결과는 같은 취지입니다.

3) 인도 상고 전통 종교의 윤회설을 귀납시켰다

3세인과와 6도윤회의 생명현상론을 세웠습니다. '물아일여 성상평등(物我一如, 性相平等)', 즉 만물과 나는 그 뿌리가 하나이며 본체와 현상은 평등하다는 근본관념과, 선을 행하고 악을 제거하는 방법을 통해서 일여(一如)와 평등(平等)의 경계에 도달함에는, 당연히 중생 생명의 근원[來源] 문제가 관련됩니다. 그는 귀납적 방법을 통하여 생명의 종류를 열거하면서 대략 6도로 나누었습니다. 이른바 천도 · 아수라도(천인과 마군 사이에 있습니다) · 인도 · 축생도 · 아귀도 · 지옥도의 6가지입니다. 일체중생은 생각과 행위의 선악 정도가 많고 적음이 다르기 때문에 서로와 스스로가 6도 가운데의 생명 현상에 빠져들어갑니다. 사람이 선을 행할 수 있으면 천당에서 태어나고, 또한 악을 행하여 축생, 아귀로 변할 수 있으며, 나아가서는 지옥에 떨어질 수 있습니다. 그러나 천상 세계 사람들이 만약 선을 잊어버리고 생각을 움직여 악을 행한다면, 역시 아수라로 변하고 심지어는 다른 도에 들어가게 됩니다. 그래서 이 우주 세간의 모든 중생 생명의 차별 현상은, 모두 심리의식의 한 생각 사이 선악으로 말미암아 변한 것이라고 여깁니다. 도가의 물화(物化) 우주이론과 흡사합니다 (비슷하다는 말은 같다는 의미가 아닙니다). 그러므로 한 생각의 선악과, 마음을 일으키고 생각을 움직이는 행위는 아주 적은 것이 쌓여서 뚜렷한 것이 됩니다. 변해서 3세인과의 이론을 구성하는데, 3세란 시간의 과거, 현제, 미래를 가리킵니다. 과거의 원인이 있어 누적되어 현재의 결과를 이루고, 현재의 원인이 누적됨으로써 미래의 결과가 이룩되는데, 미래와 과거는 끊임없이 순환하는 것과 같습니다. 윤회란 이렇게 빙빙 돈다는 것을 가리키는 의미입니다. 그래서 3세인과의 6도윤회라는 학설체계를 하나 세웠습니다. 이것은 『역경(易經)』에서 말한 '선행을 쌓은 집안은 반드시 그 남은 경사(慶事)가 있고, 악행을 쌓은 집안은 반드시 그 남은 재앙이 있다 [積善之家, 必有餘慶. 積不善之家, 必有餘殃].'는 것과 같습니다. 그리고 '선행을 쌓지 않으면 명성을 이룰 수 없고, 악행이 쌓이지 않으면 몸을 훼멸시키지 않는다 [善不積不足以成名, 惡不積不足以滅身].'는 도덕적 인과(因果)의 관념과 같습니다.

4) 우주관과 세계관을 개척하다

인도 상고 시기의 종교와 철학은 대체로 형이상의 문제를 다루어서, 천도(天道)와 인도(人道)와의 관계에 대하여 탐구하게 되었습니다. 비록 그들의 사상 학설의 최종 목표[終極]가 최후에는 자연스럽게 천도로 돌아갔지만, 각 종파가 받드는 천도가 많아서 통일되지는 못했습니다. 그래서 일존(一尊)과 범신(泛神)의 충돌이 있었습니다. 석가모니 학설은 천상세계, 인간세계의 영역을 귀납시킨 3계(三界)의 구분이 있습니다. 이른바 욕계(欲界)·색계(色界)·무색계(無色界)인데, 이를 통틀어서 3계라고 합니다. 욕계천은 위로는 해와 달 이외에, 아래로는 사람과 축생·아귀·지옥까지 포괄합니다. 해와 달이 운행하는 영역의 하늘은 여전히 욕계에 속합니다. 욕계란 이 한 세계 안의 중생 생명들 모두가 욕애(欲愛, 남녀의 성욕과 식욕)로써 오는 것입니다. 넓은 의미에서 말하면 색

·성·향·미·촉의 5가지 욕구의 즐거움[五欲樂]이 있습니다. 좁은 의미에서 말하면 웃고[笑]·바라보고[視]·교접하고[交]·안고[抱]·접촉하는[觸] 행위입니다. 욕계에는 모두 6층의 천계가 있습니다. 그중 도리천(忉利天)에 33천의 분포가 포함되며 수시로 그 주인이 서로 바뀝니다. 욕계 중의 인도 세계는 대략 동서남북 4주(부분)로 나뉩니다. 우리 인류 세계는 남섬부주(南贍部洲)의 한 부분에 속합니다. 이 세계의 명칭은 사바(娑婆)세계라 부르는데, '사바'는 감인(堪忍)과 결함(缺憾)이라는 이중의 의미가 있습니다. '감인'은 이 세계가 결함이 충만하고 고난이 매우 많지만 사람과 일체중생은 그 결함과 허다한 고난을 참아낼 수 있을 뿐만 아니라 아주 많은 사람들이 부지런히 선을 향한다는 것입니다. 그래서 찬탄할 만 하다는 의미를 가리킵니다. 만약 세상에 결함과 고난이 없다면 자연히 선악으로 나뉘어 지지 않을 것입니다. 아예 처음부터 선악이라고 말할 것이 없을 것입니다. 그렇다면 아마 자연히 완전하게 선을 행하게 되어 크게 비난할 것이 없을 것이고, 또 크게 칭찬할 것도 없을 것입니다. 욕계천 사람들 중에는 각각 주재자가 있습니다. 욕계 밖으로 초월한 것이 색계입니다. 색계 중생은 애정은 있지만 욕망이 없어서, 서로 바라보고 회심(會心)의 미소를 한번 지으면 생명을 낳는 성과가 있습니다. 색계에는 18층의 천이 있습니다. 정려(靜慮)와 선정(禪定) 경계를 닦은 중생이 태어나는 과위에 속합니다. 색계의 최고천은 색구경천(色究竟天)인데, 대자재천(大自在天)이 그 주재자입니다. 이곳을 초월하면 무색계입니다. 모두 4층의 천이 있습니다. 정려를 닦아 익혀서 과위를 얻은 사람이 태어나는 곳입니다. 단지 의식만 있고 정욕(情欲)의 존재는 없습니다. 이 3계를 통틀어서 그 주재자가 된 사람을 또한 대범천(大梵天)이라고 부릅니다. 이로써 간략히 말하면 석가가 구분한 천인의 한계는 대략 60층의 천이 있습니다. 이를 통틀어서 3계라고 부르고 6도윤회의 범위에 해당합니다.9)

이 3계의 우주 세계는 한 개의 해와 달이 비추는 태양계를 한 단위로 합니다. 인간세계로부터 해와 달에 이르기까지 3계가 소속된 하늘 가운데 시간의 실재와 관념은 각각 다릅니다. 예컨대 달의 하루 밤낮은 인간세계의 반달(15일)에 해당합니다. 태양에서의 하루 밤낮은 우리 인간 세계의 1년에 해당합니다. 그래서 우주세계의 시간을 구별하는 것은 번거롭고 아주 미세하여서 계산하기 어려울 정도입니다. 요컨대 그의 우주관은 무한하고 확대된 우주관입니다. 그의 세계관은 한 개의 해와 달 체계를 한 세계의 단위로 삼는 것으로, 1천 개의 해와 달이 펼쳐진 세계가 1개의 소천(小千)세계라고 부릅니다. 1소천세계가 천 개로 누적되면 한 개의 중천(中千)세계가 됩니다. 중천세계 천 개를 누적하면 한 개의 대천(大千)세계가 됩니다. 그는 이와 같이 3천대천세계가 이렇게 무한한 우주 가운데 많기가 갠지스강의 모래알 수만큼이나 많아서 계산할 수 없다고 합니다. 이런 관점에서 되돌아보면, 인간세계는 욕망이 많은 중생들이 바글바글 모여 있으니 정말 가련할 정도로 미미한 존재입니다. 석가는 3천대천세계의 3계우주관을 설함으로써 인도 상고 시기의 각 종교, 각파 철학의 천인사상을 통섭 포괄함으로써, 인간 지혜와 흉금(胸襟)의 영역이 천문학적 숫자로도 미칠 수 없는 경계까지 도달하도록 개척하였습니다. 이와는 반대로 물질의 미진(微塵)을 정밀하고 자세히 분석해서, 최후에는 무형무상(無形無相)의 미묘함에까지 파고들어갔습니다. 그러므로 고금의 각파 철학사상적 내용은, 불교의 세계관이 풍부하고 충실한 것에 서로 견주기 어렵습니다.

---

9) 불교의 세계관에 대하여 보다 자세한 내용은 『능엄경 대의 풀이』 제8권 「지옥과 천당의 유무와 사람의 정신심리와의 인과관계」에서부터 제9권 중의 관련 내용까지를 읽어보거나, 『생과 사 그 비밀을 말한다』 부록 「능엄경이 말해주는 중생의 생사윤회 인과 대원칙」을 읽어보기 바란다.

5) 형이상의 본체론을 조화시키고 재정하다

　인도 상고 시대의 종교철학과 각파의 철학사상의 우주생명 근원에 대한 논쟁은, 많은 설이 분분해서 일치된 결론을 내릴 수 없을 뿐만 아니라 저마다 인명(因明)적인 근거로써 학설 체계를 세웠습니다. 그렇지만 한결같이 주재자가 있다거나 없다거나, 일원론이거나 다원론이거나, 유물론이거나 유심론의 범위를 벗어나지 않았습니다. 사실 동서고금의 세계인류 문화의 가장 기본적인 탐구토론은 여전히 이런 문제들을 벗어나지 못하고 있습니다. 수천 년 동안 전 세계인류는 종교에서 철학으로, 철학에서 과학으로 인류 자신에게 절실한 생명의 근원 문제에 대해 탐구하고 헤매고 논쟁해 왔는데, 정말 인류문명에서 하나의 커다란 아이러니로 보입니다.

　인도 상고 시대의 종교철학은, 우주와 인생의 생명의 진리에 대한 추구에 대하여, 저마다 견지가 있으며 저마다 안심입명(安心立命)의 방법이 있었습니다. 그러면서 모두 다 청정해탈의 궁극적인 법문을 얻었다고 여겼습니다. 어떤 종교나 철학은 최후의 영성(靈性)이 브라만과 합일하는 것이 곧 지극한 도(道)라고 여겼습니다. 어떤 종교철학은 정욕(情欲)과 사려(思慮)를 끊어 없애는 것이 바로 궁극이라고 여겼습니다. 어떤 것은 감각을 이용하지 않고 영성의 어둡지 않음을 보호 유지하며, 생각을 이용하지 않고 영지(靈知)를 잃지 않는 것이 바로 대도(大道)라고 여겼습니다. 인간의 죽음은 등불이 꺼짐과 같으니 오직 목전의 향락만을 추구하는 것이 바로 진실이라고 여기는 것도 있었습니다. 심지어 어떤 사람은 자신이 이미 청정한 해탈 경계인 열반을 얻었다고 여겼습니다. 이러한 갖가지는 일일이 나열할 수 없을 정도입니다.

　석가모니불의 설교 교화는 바로 이런 문제들에 대하여 조화시키고 재정(裁定)하는 결론을 지었습니다. 즉, 우주만유 생명 현상은 모두 인연이 모여 생성되며 그 속에는 하나의 능히 주재하는 작용이 없고,

인연으로 생성하고 인연이 다하면 소멸하며, 우주생명의 최고의(혹은 최종의 · 최초의) 기능은 심물동체(心物同體)적인 것이라고 보았습니다. 만약 종교의 관념으로써 신성의 각도에서 보면, 그것을 '부처'나 '하늘', 또는 '주(主)'나 '신(神)' 혹은 어떠한 갖가지 초인격화된 신성의 칭호로도 부를 수 있습니다. 만약 이성적인 각도에서 보면, 그것을 '성(性)'이나 '심(心)' 혹은 '이(理)'나 '도(道)' 혹은 '법계(法界)' 등등의 명칭으로도 부를 수 있습니다. 만약 인간의 습관적인 관념의 각도에서 보면 그것을 '법신(法身)'으로, 생명 본원의 '무진(無盡)법신' 등으로도 부를 수 있습니다.

요컨대 체(體)의 입장에서 말하면, 그것은 공(空)을 체로 삼습니다. 상(相)의 입장에서 말하면, 그것은 우주만유의 모습을 상으로 삼습니다. 용(用)의 입장에서 말하면, 우주만유의 온갖 작용은 모두 그것이 일으키는 작용입니다. 그것을 하나의 큰 바다에 비유하면, 바닷물이 일으키는 파도물결은 바로 인연소생의 우주세계이고, 파도물결 상의 물거품은 곧 인연소생의 중생들이 저마다 형성한 개별적인 자신들입니다. 비록 파도물결과 거품현상은 각각 다르지만 처음부터 끝까지 하나의 물의 자성을 떠나지 않습니다. 하지만 비유는 어디까지나 비유에 그칠 뿐입니다. 비유는 결코 본체의 자성이 아닙니다.

중생의 세계는 자성 본체의 궁극[究竟]을 증득하지 못해서 근본을 버리고 지말(枝末)을 좇기 때문에, 저마다 자기의 소견과 아는 바를 집착한 나머지 그것이 곧 궁극이라고 여깁니다. 그리하여 저마다 주관에 따라 세간의 차별 지견(知見)을 형성합니다. 사실 주관과 객관은 모두 사유의식의 분별작용에 속하며, 사유의식이 알고 보는 바는 그 자체가 본래에 몸과 물질세계의 인연에 의하여 작용을 일으키는 것으로, 그 자체가 곧 허망부실(虛妄不實)하여 진리의 유무와 존재여부를 확정하기에 충분하지 않습니다. 사람이 자기 마음의 적정(寂靜) 사유 의식면에서 공부하기만 하면, 점점 심신의 작용도 현상세계와 마찬가지로 변천 무상(無常)하여 허망부실하다는 것을 이해하게 됩니다. 이로부터 한 단계 한 단계 진보를 추구하면서 한 층 한 층 분석해 가보면 사람의 본성과 사물의 본성을 철저히 알아 심신과 우주가 적연부동(寂然不動)한 여여일체(如如一體)에 도달하여, 유(有)에도 머무르지 않고 공(空)에도 떨어지지 않아, 우주와 인생의 최초이자 궁극을 증득할 수 있습니다. 석가모니는 또 그것을 '진여' 혹은 '열반자성' 혹은 '여래장성'이라고 이름 지었는데, '여래'란 넓은 의미로 말하면 우주생명의 본체를 말하는 것입니다. 그러므로 그는 유(有)라고 말하거나 공(空)이라고 말하는 것은 모두 궁극이 아니라고 보았습니다. 유일한 방법은 심신의 적정(寂靜)에 도달하고, 다시 이 적정 속에서 증득을 추구해야 한다고 보았습니다. 그러나 그것은 불가사의(不可思議)한 것입니다. 불가사의하다는 말은 수증 방법상의 술어로서 습관적인 의식사유로써 생각하고 예견함으로써 도달할 수 있는 것이 아니라는 의미입니다. 그러므로 '불가사의'란 말을 '불능사의(不能思議)'라고 오해해서는 안 됩니다.

4. 대승 불교와 소승 불교

석가모니 학술사상의 내용, 다시 말해 통상적으로 말하는 불학의 개요는 일반적인 습관상 대승(大乘)과 소승(小乘)으로 구분합니다. 중국의 불학과 불교는 대승과 소승을 나란히 열거하지만, 비교적 대승에 편향되어 있습니다. 오늘날 서양에서 유행하고 있는 불학의 대다수가 소승만을 중시하여, 그것이 원시불교라고 생각하고 있습니다. 특히 동남아 각국의 남방불교는 대체로 소승 위주입니다. 다음은 비교적 간단하고 핵심적인 방법으로 사상, 실천, 증득 방법의 세 개의 항목으로써 소승 불학을 설명하겠습니다.

1) 소승의 사상

심신(心身) 분석과 관련하여 얻은 귀납적인 명사에는 모두, 5음(五陰)·3독(三毒)·12근진(根塵)·18계(界) 등의 용어가 있습니다. 5음은 5온(五蘊)이라고도 번역합니다. 음(陰)과 온(蘊)은 모두 어두움과 쌓여있다는 의미를 나타냅니다.

5음은 색수상행식(色受想行識)의 다섯 가지 항목입니다. 색음(色陰)은 표시할 수 있는 색깔과 장단(長短), 허공 내지는 표시할 수 없는 추상적 환각(幻覺) 등을 포괄합니다. 중국 글자에서 색(色)은 때로는 남녀의 색을 나타냅니다. 그러나 불학에서는 아주 드물게 색자를 채용해서 남녀의 색욕(色欲)을 나타냅니다. 요컨대 색음은 물리와 생리 신체의 4대 종성을 포괄합니다. 4대란 바로 지대(견고성의 실질)·수대(유동성의 액체)·화대(열에너지)·풍대(기화)입니다. 수음(受陰)은 생리적인 감각과 심리적인 반응을 가리킵니다. 상음(想陰)은 사유의식의 생각 작용을 가리킵니다. 행음(行陰)은 심신 본능이 운행 활동하는 동력기능[動能]를 가리킵니다. 식음(識陰)은 심령 작용의 정신 본질을 가리킵니다.

우리 사람들의 심신과 물리, 인사, 세간이 심리상에서 일으키는 기본적인 죄악에는 탐·진·치(貪瞋痴) 3독(三毒)이라는 것이 있습니다. 수나라 당나라[隋唐] 이전의 구역(舊譯) 불학에서는 음(婬)·노(怒)·치(癡)라고도 불렀습니다. 3독에 의해서 일어나는 죄악의 차별에는 바로 탐·진·치 세 가지 심리적인 죄과가 있습니다. 네 가지 구설(口舌)의 죄과에는 망어(妄語)·악구(惡口)·양설(兩舌)·기어(綺語)가 있습니다. 세 가지 신체의 죄과로는 바로 살(殺)·도(盜)·음(婬)입니다.

불학은 우리 사람들의 심신의 작용을 개괄하여 5음이라고 부르고, 아울러 심신과 물리세계의 관계를 구분해서 12근진과 18계로 구성합니다.

6근 (안근·이근·비근·설근·신근·의근) +
6진 (색진·성진·향진·미진·촉진·법진) +
6식 (안식·이식·비식·설식·신식·의식) = 18계

이 가운데 오직 의식의 사유법칙은 심리에 속합니다. 그 나머지 신체에서 일어나는 감각 등은 모두 생리와 물리작용에 속합니다.

인생관과 세계관에 관계되는 것은 4제(諦)와 12인연(因緣)이 있습니다.

4제는 고집멸도(苦集滅道) 네 가지입니다. 인생 세계는 '일체가 모두 괴로움이다[一切皆苦].'라고 말합니다. 온통 괴로움뿐이고 즐거움이 없는데도 중생은 어리석게도 오히려 괴로움을 즐거움으로 여깁니다. 이를 종류별로 귀납하면 8가지 고통으로 나누어지는데, 생(生)·노(老)·병(病)·사(死)·구부득(求不得)·애별리(哀別離)·원증회(怨憎會)·오음치성(五陰熾盛) 등입니다. 그래서 이를 '고제(苦諦)'라고 부릅니다. 중생은 스스로 번뇌를 찾아다니면서 괴로운 원인을 모아서 괴로운 결과를 이루어 그것을 즐거움으로 잘못 여기고 있기 때문입니다. 그래서 이를 '집제(集諦)'라고 부릅니다. 만약 괴로움의 원인과 괴로움의 결과를 소멸하기를 위하여 이고득락(離苦得樂)에 도달한다면, 이것을 멸제(滅諦)라고 부릅니다. 그러므로 도과(道果)를 반드시 구해 인생을 승화시켜 구경(究竟)에 도달하는 법문을 얻어야 합니다. 그래서 이를 '도제(道諦)'라고 부릅니다.

그리고 인간 세상의 사물 일체가 변천하면서 고정되어 있지 않기에 근본적으로 영원한 것이 없습니다. 그러므로 이를 '무상(無常)'이라고 합니다. 인생의 모든 것은 순전히 고통이고 즐거움이 없습니다. 그래서 이를 '괴로움(苦)'이라고 부릅니다. 일체가 모두 공하므로[一切皆空] '공(空)'이라고 부릅니다. 뿐만 아니라 심신과, 더 나아가 세계를 분석해보면 그 속에는 필경 '나'라고 하는 존재가 없습니다. 세계와 심신은 내가 의지하는 것일 뿐 나의 진실한 것이 아닙니다. 그래서 이것을 '무아(無我)'라고 부릅니다. 그러므로 인생세계를 종합해서 '무상·고·공·무아'라고 부릅니다.

12인연은 제일 첫 번째가 '무명(無命)'으로 시작하는데, 무명은 밝지 못한 근본이 있는 것입니다. 그 의미를 모르는 것인데, 보통 사람들은 생명 혹은 심령의식 활동의 근원에 대해서 온통 흐리멍덩하여 궁극을 모릅니다. 이와 반대는 명백하게 알고서 깨달아 그 궁극을 얻은 것입니다. 하지만 일체중생은 모두 무명으로부터 옵니다. 그러므로 임시로 무명을 시작의 원인으로 삼았습니다. 첫 번째 무명을 조건으로 인해서 두 번째 상호관계인 '행(行)'이 발생합니다. 행이란 동력 기능이라는 의미입니다. 세 번째로 행으로 인하여 '식(識)'의 작용이 있습니다. 식이란 기본적으로 사유할 수 있는 잠재력입니다. 네 번째는 식으로 인하여 '명색'(名色, 명은 추상적인 관념이고 색은 실질적인 생리와 물리입니다)을 구성합니다. 다섯 번째는 명색으로 말미암아 눈 등의 6근과 색 등의 6진이 생겨 들어오는 현상인 '6입(六入)'이 발생합니다. 여섯 번째는 6입으로 말미암아 '접촉(觸)'하는 감각이 발생합니다. 일곱 번째는 촉으로 말미암아 마음에 받아들이는 작용의 '수(受)'가 일어납니다. 여덟 번째는 그런 감수 작용으로 말미암아 '애욕(愛)'의 추구가 발생합니다. 아홉 번째는 애로 말미암아 취하기를 구하는 '바램(取)'이 있습니다. 열 번째는 취함으로 말미암아 '현유의 존재(有)'가 있습니다. 열한 번째는 유로 말미암아 '생명의 역정(生)'이 이루어집니다. 열두 번째로 태어남으로 말미암아 '늙고 병듦(老死)'의 후과가 있습니다. 다시 늙고 죽음으로 말미암아 다시 무명으로 돌아 들어가서 또 하나의 인연 생명을 형성합니다.

무명은 앞에서 열거한 순환 인연의 순서에 따라서 서로 인과가 되어서 생멸을 계속합니다. 마치 고리가 시작도 끝도 없듯이 허망하게 상속하면서 하나의 환상(幻化)과 같은 인생 세계라는 역정 현상을 건립합니다. 그리고 이러한 법칙으로써, 물리적인 과거세, 현재세, 미래세의 이 세 단계의 시간 속에서 생명이 연속되는 법칙을 설명하고, 이를 확대하면 다시 시간과 공간에 대하여 해석하는 데에 쓰일 수도 있습니다.

요컨대 소승 불학의 인생 세계에 대한 관점은 꼭 일반 종교가 그러하듯이, 순전히 출세간의 사상 입장에서 세계를 바라봅니다. 세계는 하나의 고통스럽고 번뇌가 가득한 세계이며, 인생은 비관적이고 죄악의 인생으로 봅니다. 세간에서 벗어나고 싶고 인생에서 해탈하고 싶어서 청정하고 적멸한 열반의 도과를 얻기를 구합니다. 그 행위와 사상은, 중국 도가의 은사(隱士) 사상처럼 그 편향적인 것이 조금은 양주(楊朱)와 유사합니다. 그러므로 중국 문화 속에서 또 한 종류의 정신과 서로 가까웠기에 자연스럽게 받아 들여져 중국 불학의 일부가 되었습니다.

2) 소승의 실천

계율(戒)을 지키고 선정(定)을 닦고 지혜(慧)를 닦음으로써 3학 순서의 기초로 삼고, 마침내 해탈(解脫)과 해탈지견(解脫知見)이라는 궁극에 도달합니다. 계율에는 출가한 남녀 대중이 있고, 출가하지 않은 세속의 남녀 대중에게, 갖가지 항목의 차별이 있습니다. 기본적인 계율 조목은, 즉 인류가 공인하는, '살생하지 말고, 도둑질하지 말고, 음행하지 말며, 거짓말하지 말라'는 등등의 미덕입니다. 이런 계율의 작용은, 중국 문화의 『예기(禮記)』 정신인, '예의가 아니면 보지 말고, 예의가 아니면 듣지 말고, 예의가 아니면 말하지 말고, 예의가 아니면 움직이지 말라는 것 [非禮勿視, 非禮勿聽, 非禮勿言, 非禮勿動].'과 지극히 비슷합니다. 기타 작은 조문들인 의례에 관계되고 사소한 나쁜 일이 쌓여서 더 커지지 않도록 하는 몸가짐은, 또 묵자(墨子)의 '흰 실에 색깔이 물든다는 탄식[素

絲染色之歎]'과, '절약 검소를 실천하고 그 의지를 고상하게 한다'는 것과 서로 유사합니다. 그 중 일부분이 시대와 공간에 따른 같고 다름을 논의해볼 만한 것을 제외하면, 정말로 청결한 정신으로 마음을 잡고 연마하는 도덕규범입니다.

3) 소승의 증득 추구 방법

선나(禪那)가 위주인데, 범어로 선나는 어떤 번역에서는 중국어로 정려(靜慮)입니다. 정려는 『대학(大學)』의 지(知)·지(止)·정(定)·정(靜)·안(安)·려(慮)·득(得)에서 뜻을 취하여 온 것입니다.[10] 또한 약간의 차이가 있는데, 선나는 요가와 관혜(觀慧)가 포괄하는 일종의 기질을 변화시키고 심신을 단련하는 방법입니다. 대승의 선정은 훗날 중국 불교의 선종의 선(禪)과는 또 같은 점과 다른 점이 있습니다. 선나의 방법들에는, 어떤 것은 한마음 한뜻의 [一心一德]의 굳건한 신앙심으로부터 들어가는 것이 있습니다. 어떤 것은 생리적인 안나반나(호흡출입을 조화시켜 다스립니다)으로부터 시작하는 것이 있습니다. 어떤 것은 세심휴식(洗心休息)으로부

---

10) 『중용 강의』(역자보충 2) "『대학』 원문 경 1장 간략한 풀이"에서 전재하니 보다 자세한 내용은 이를 읽어보기 바란다.

大學之道, 在明明德, 在親民, 在止於至善。知止而後有定, 定而後能靜,
靜而後能安, 安而後能慮, 慮而後能得。物有本末, 事有終始, 知所先後,
則近道矣。
대학(大學)의 도(道)는 명덕(明德)을 밝힘에 있으며, 백성을 친애함에 있으며, 지극한 선[至善]의 경지에 머묾에 있다. (자기의 심리상태, 좀 더 명백하게 말하면 자기의 심사와 정서를) 지성(知生 : 소지지성所知之性, 아는 작용)이 알고서 멈추어[止 : 制止] 지성의 평온하고 청명한 경계에 전일하도록 한 뒤에야 안정[定: 安定]이 있고, 안정이 있은 뒤에야 평정[靜: 平靜]할 수 있고, 평정이 있은 뒤에야 경안[安: 輕安]할 수 있고, 경안이 있은 뒤에야 혜지[慮: 慧智]가 열릴 수 있고, 혜지가 있은 뒤에야 명덕을 얻을 수 있다.

터 들어가는 것이 있습니다. 어떤 것은 심리적 관념의 지혜와 사유로부터 들어가는 것이 있습니다. 어떤 것은 비밀스런 주문을 암송함으로써 들어가는 것이 있습니다. 이른바 방편법문은 하나만이 아닙니다. 그 수증의 공부 단계를 분류하여 종합하면 4선8정(四禪八定)을 벗어나지 않으며, 9차제정(九次第定)이라고도 합니다. 4선(禪)에는 4정(定)이 포함되어 통틀어서 4선8정이라고 부르며, 그 위에 아라한의 극과인 멸진정(滅盡定)을 얻은 것을 더해서 9차제정(九次第定)이 됩니다.

초선(初禪)은 심일경성(心一境性), 정생희락(定生喜樂)입니다. '심일경성'이란 어떤 방법으로 시작하여 초보적으로 심경의 고요함에 도달하는 것으로, 정신과 사려를 통일하여 한 가지에 집중함으로써 다른 어지럽고 잡된 사념의 끼어듦이 없이 점점 생리적인 생명 고유 기능의 쾌락(보통 욕락의 감각과 다르며 심리적으로 비할 바 없는 희열입니다)과 보통 정서와 다른 희열(환희)을 불러일으킵니다. 초보에서 시작하여 이러한 과정에 도달하는 중에 일반적으로 말하는 기맥(氣脈, '기'는 생리본능의 활동이고 '맥'은 신경계통입니다)을 통하는 단계를 거쳐야 비로소 마음의 경계가 편안하고 전일한 경계에 도달할 수 있습니다. 2선(二禪)은 이생희락(離生喜樂)입니다. 초선에서 다시 계속 닦아 나아가면 심경(心境)의 고요함이 더욱 응고 되고, 희락의 경계가 더욱 굳건해지면서 심신의 압박 고뇌를 벗어나는 감각이 있습니다. 3선(三禪)은 이고득락(離喜得樂)입니다. 앞에서 일어났던 심리적인 희열 경험은 이미 익숙해져서 편안하여 평소와는 다른 습관을 이루는데, 오직 즐거움의 경계만 있습니다. 4선(四禪)은 사념청정(捨念淸定)입니다. 이상 세 가지 선정의 과정은 여전히 감각 의식 작용이 존재했지만, 4선 정도에 이르러서 감각을 버리고 비할 바 없는 적정(寂靜)의 경계에 도달해야 비로소 궁극이 됩니다. 이 네 가지 선의 경계 이외에 4가지 선정의 경지가 있습니다. 색무변처정(色無邊處定)은 물질 광경이 끝없는 상황에서 심신의 평정을 얻는 것입니다. 공무변처정(空無邊處定)은 끝없이 공령(空靈)함 가운데서 평정을 얻는 것입니다. 식무변처정(識無邊處定)은 아직 경험하지 못한 정신 경계 중에서 평정을 얻은 것입니다. 비상비비상처정(非想非非想處定)은 보통의 감각과 지각을 초월한 경계 속에서 평정을 얻은 것입니다. '비상(非想)'이란 의식 생각의 상황이 아니라는 것입니다. '비비상(非非想)'은 결코 영감적인 지각이 절대 없는 것이 아님을 말하는 것입니다. 그리고 최후의 마지막 한 가지 아라한 경계의 멸진정(滅盡定)은 일상적인 언어문자의 경계를 초월한 것으로서, 마지못해 비유해서 말하자면 우주자연과 사람이 혼연 일체가 된 경지[天人渾合]와 다름없습니다. 끝이 없고 형상이 없는 허공과 합일한 경계입니다. 그러므로 소승의 최고를 성취한 아라한들은 세간에 살다가 수명이 다할 때에 이르면, 때가 이르렀음을 미리알고 신통변화를 나타내어 마침내 '회신멸지(灰身滅智)', 몸을 불태워 재로 만들고 지혜를 소멸시키며 스스로 말합니다, "나의 생은 이미 다했다. 범행은 이미 세워졌다. 할 바를 이미 다했으며 다시 태어나지 않는다 [我生已盡, 梵行已立, 所作已瓣, 不受後有]." 그러면서 적멸에 들어 가버립니다.

이상의 간략한 소개에서 대략 소승 불학의 상황을 엿볼 수 있을 것입니다. 소승은 먼저 학술이론 사상으로부터 이론적으로 이해한 것을, 반드시 도덕적 계행을 실천하는 것으로부터 시작하여 선정을 증득하여 해탈을 얻음에 도달합니다. 그 최종 목적은 이 세계의 생사윤회의 테두리를 벗어나서 절대적으로 적정(寂靜)하고 청허(淸虛)한 도과(道果)를 얻어 영원히 머무를 수 있다고 생각합니다. 사실은 이 청허하고 적정한 도과가 우주생명의 궁극일까요? 정말로 생사윤회를 해탈할 수 있는 것일까요? 대승 불학의 관점에서 보면 크나큰 문제입니다. 그리고 선나의 경계는, 석가도 일찍이 말한 적이 있듯이 일종의 공법(共法)입니다. 공법이란 불법에만 독특하게 전문적으로 있는 것이 아닙니다. 보통 세속인들과 기타 종교의 다른 계통 학술인들도 단지 학술 이론을 깊이 알고 노력해서 수증한다면, 거의 유사한 선정 경계에 도달할 수 있으며, 결코 구경의 요의(了義) 법문이 아닙니다. 그들은 단지 세간의 지식을 떠나 스스로 쾌적함을 추구하고 생명의 흐름인 분단작용을 해결한 것일 뿐이며, 자신이 이미 생사를 마치고 벗어나서 적멸청정(寂滅淸定)의 경계에 머물러 있다고 여기지만 편협하고 공허한 과위에 떨어져 있는 것입니다. 이는 마치 세간을 도피한 자기중심적인 은사(隱士)로서 일종의 철저한 개인적인 자유의 실행자와 다름없습니다. 훗날 중국의 선종에서는 이런 사람을 담판한(擔板漢) 혹은 자료한(自了漢)이라고 불렀습니다. 담판(擔板)은 한쪽 어깨 위에 나무판자 하나를 짊어지고 길을 걸어가면서 단지 한쪽만 볼 수 있을 뿐이라는 뜻입니다.

4) 대승의 사상

중국의 불학은 예로부터 줄곧 대승과 소승을 함께 닦고 나란히 갖추었으며, 현교와 밀교가 서로 충돌하지 않고 널리 유통되었습니다. 비록 대승 불학의 입장에서 소승을 보면 결코 궁극적인 불법은 아닐지라도, 대승을 배우고 익히는 데는 여전히 소승의 계정혜(戒定慧) 3학을 기초로 삼아야 합니다. 뿐만 아니라 승도(乘道)의 입장에서 말하면, 중국 불학은 5승의 단계가 있습니다.

첫 단계는 인승(人乘)입니다. 불법을 배우고 익히려면 먼저 사람됨으로부터 시작해야 합니다. 무릇 인륜도덕이 마땅히 중시해야 할 일은 모두 하나하나 함으로써, 선(善)을 행하고 악(惡)을 없애서 지극한 선[至善]에 도달함을 목적으로 해야 합니다.

인승으로부터 승화하여 둘째 단계인 천승(天乘)으로 진보하는 수습[進修]에 도달할 수 있습니다. 천인은 사람됨이 지극히 선함으로부터 태어납니다.

셋째 단계는 소승의 성문승(聲聞乘)인데, 세간을 싫어하여 떠나서[厭離] 고집멸도 4성제를 수습하는 소승행자를 포함합니다.

이를 뛰어넘는 것은 바로 넷째 단계인 연각승(緣覺乘)입니다. 12인연의 원리로부터, 세간의 인연이 모이고 인연이 흩어짐[緣聚緣散]인 연생연멸(緣生緣滅)을 관찰하고는, 세속을 버리고 독립하여 살면서 세속에 구속되지 않고 초연한 소승 행자입니다.

다섯째 단계가 비로소 대승의 보살도입니다. 이른바 보살은 범어 '보리살타(菩提薩埵)(각오유정覺悟有情)'의 음역인데, 자리(自利)・이타(利他)와, 불과(佛果)인 자각(自覺)・각타(覺他)・각행원만(覺行圓滿)의 의미를 포괄합니다. 중문으로 직역하면 보살은 각유정(覺有情)이며 대사(大士) 혹은 개사(開士)라고도 부릅니다. 현대어로는 다정한 자비구세(慈悲救世)의 득도자(得度者)입니다. 훗날 중국 문학에 있는 '속되지 않음이 곧 신선의 풍골이요, 정이 많음이 부처의 마음이다 [不俗即仙骨, 多情乃佛心].'라는 구절은 정말로 문채가 아름다운 적절한 묘사입니다. 대승 보살도에는 다시 세 종류의 길이 있습니다.

1) 먼저 자리(自利)를 구하여 소승의 출세간 수행으로부터 착수하고, '자리'가 성취되어야 비로소 이타(利他)를 행하는 것입니다.

2) 먼저 '이타'를 하고 난 뒤에 '자리'를 구하는 것입니다.

3) '자리' '이타'를 동시에 병진하는 것입니다. 요컨대 대승의 행위는, 몸은 세간에 들어가지만 마음은 세간을 벗어나서 세상과 중생을 구제함을 기초로 하고, 자기를 희생해서 세상과 사람들을 구하는 것입니다. 대승은, 일체중생이 모두 나와 같은 몸이라고 보고 일으키는 자비의 원력입니다. 대승의 자비가 남을 이롭게 하는 것은, 조건이 없고 요구함이 없는 절대적인 자발적 자각적 구세의 마음씨입니다. 이상 두 개의 관념을 종합하여 '동체지자(同體之

慈), 무연지비(無緣之悲)'라고 합니다.

대승 사상의 체계는 소승의 계·정·혜·해탈·해탈지견의 법문을 확충하여 6도(六度: 6바라밀六波羅蜜) 혹은 10바라밀의 층차를 구성한 것입니다. 이른바 6도는,

1) 보시(布施) : 대승 사상은 보시로써 착수합니다. 왜냐하면 일체중생은 모두 자기중심적인 탐욕 추구로부터 괴로운 과보를 조성하기 때문에, 대승은 자신에게 있는 것과 소속된 것을 다하여 철저하게 보시로 삼음으로써 중생의 욕망을 만족시키기고 중생의 간탐(慳貪)을 감화시킵니다. 보시는 또 세 종류가 있습니다.

첫째는 외보시(外布施)인데, 재물과 신체 생명 등으로 보시하는 것으로, 재보시(財布施)라고도 합니다. 지식 학문 지혜 등을 보시하는 것은 법보시(法布施)입니다.

둘째는 내보시(內布施)입니다. 자기의 내심으로 하여금 일체의 탐욕심을 내려놓게 하는 것입니다.

셋째는 무외보시(無畏布施)입니다. 일체중생에게 평안·안전·공포 없음·정신적인 지지와 보장을 주는 것입니다.

2) 지계(持戒) : 살생하지 않고[不殺]·도둑질하지 않으며[不盜]·사음하지 않고[不邪淫]·거짓말하지 않음[不妄語]으로부터 시작하여, 마음이 일으키는 동기에 이르기까지 계율 아닌 것이 하나도 없습니다. 대승의 계율은 행계(行戒: 행위 규칙)·형계(形戒: 형상 규칙)일 뿐만 아니라, 실제로 완전히 '주심지론(誅心之論)', 즉 실제 죄상은 어떻든 그 악한 속마음을 책하는 의론의 심계(心戒: 마음으로 생각하는 그릇된 것을 제지하는 계—역주)입니다. 예를 들어 선을 행하는 동기가 명예를 구하기 위해서라면 곧 대보살의 계를 범한 것입니다. 그중의 운용의 묘는 정말로 한두 마디 말로 다할 수 없

습니다.

　3) 인욕(忍辱) : 간단히 말하면 대승의 인욕에는 두 마디 말이 있어 이미 그 대략의 줄거리를 개괄합니다. '남이 참지 못하는 것을 참고, 남이 행할 수 없는 것을 행한다 [忍人所不能忍, 行人所不能行].'인데, 모조리 자비 구세를 위해서 출발할 뿐만 아니라, 내심에서 인욕한다는 관념조차도 없는 정도로 실천해야 비로소 인욕으로 인정할 수 있습니다.

　4) 정진(精進) : 언제 어디서나 부지런히 노력해서 증득을 추구하는 꾸준한 마음입니다. 그래서 앞의 보시 · 지계 · 인욕과 뒤의 선정 · 반야와 짝이 되어 어느 바라밀 문을 진보하도록 닦든 모두 해태하지 않고 정진해야 옳습니다. 이는 적극적인 선행 실천이지, 소극적으로 기다려서 선을 행하는 것이 아닙니다.

　5) 선정(禪定) : 소승 4선8정과 9차제정의 내용을 포괄하여 이를 확충해서, 동중(動中)이나 정중(靜中), 안에서나 밖에서나, 어느 때 어느 곳에서나 선정 중의 경계에 있지 않음이 없고, 위로는 천당에 올라 즐거움을 누리고 아래로는 지옥에 들어가 중생을 구출하여 해탈시키기까지 모두 찰나간이라도 선정을 떠나지 않음으로써 스스로 처신해야 합니다.

　6) 반야(般若) : 반야는 범어인데, 중문으로 의역하면 지혜와 같습니다. 그러나 중문의 지혜는 왕왕 총명과 서로 통합니다. 총명은 불학에서는 세지변총(世智辨聰)이라고 하는데, 감각기관의 영민함과 귀와 눈이 밝음[耳聰目明]으로부터 오는 것이기에, 반야가 내포하는 지혜를 충분히 대표할 수 없습니다. 반야의 지혜는 다섯 가지 내적인 의미가 있습니다.

첫째는 실상반야(實相般若)입니다. 우주만유 생명의 본체와 심성 근원을 증오(證悟)한 지덕(智德)입니다.

둘째는 경계반야(境界般若)입니다. 심성 고유 기능이 일으킨 각종의 차별 경계인데, 정신세계의 갖가지 현상을 포괄합니다.

셋째는 문자반야(文字般若)입니다. 지혜가 발생시키는 철학적 문학, 그리고 언어적인 천부적 재능입니다.

넷째는 방편반야(方便般若)입니다. 지혜를 운용하는 방법인데, 모든 학술 지식의 범위를 포괄합니다.

다섯째는 권속반야(眷屬般若)입니다. 앞의 다섯 바라밀을 개괄하여 온 도덕적 행위의 덕성입니다.

이상의 보시에서부터 선정까지 다섯 개의 순서는 모두 대승이 지극한 선[至善]의 덕을 힘써 실천하는 기본이며, 선덕(善德)을 힘써 행하여 스스로 자신의 길을 열어서 반야지혜 성취의 극과에 도달하는 것입니다. 그러므로 대소승 불학의 최고 성취는 모두 지혜의 혜탈, 지혜의 성취를 중시하는 것이지, 결코 맹목적인 신앙이 아닙니다. 다시 6바라밀 성취를 확대 전개하여, 세상을 이롭게 하고 사람들을 이롭게 하는 보조 날개로 삼는 또 다른 네 개의 바라밀이 성립하였습니다.

7) 방편선교(方便善巧) : 자리이타(自利利他)에 정진하는 방법입니다.

8) 원(願) : 중생에 대하여 영원히 다함없는 자비원력입니다. 그러므로 대승 보살은 세간을 구하겠다고 발원하여, '허공은 다함이 있지만 나의 원은 다함이 없다 [虛空有盡, 我願無窮].' '지옥이 비워지지 않으면 맹세코 성불하지 않겠다 [地獄未空, 誓不成佛].'라는 굳센 서원의 명언이 있습니다.

9) 력(力) : 굳세고 강한 서원은 자리이타의 위대한 원력을 생겨나게 합니다.

10) 지(智) : 마침내 '자각·각타·각행원만'에 도달하여 불과를 성취하는 대지도문(大智度門)입니다.

5) 대승의 실천

대승 보살도의 사상 학술은 소승의 세간 염리(厭離) 사상을 개척하여 적극적인 입세간(入世間)의 정신으로 변화시킵니다. 출세간의 심정으로 인간세상의 불구덩이 지옥으로 뛰어 들어가 세상을 구하고 사람을 구할 뿐만 아니라 일체중생을 구해야 합니다. 착한 사람을 교화할 뿐만 아니라 악마도 제도 교화해야 합니다. 불도의 진리를 독실하게 신앙하는 선남선녀를 찬탄할 뿐만 아니라, 동시에 동일한 진리와 동일한 원칙을 가지고 있는 다른 종교의 외도들도 찬탄해야 합니다. 비록 최고의 견지에 대해서는 차별이 있기 때문에 설교 방식의 형식에는 각각 다름이 있지만, 단지 자비로 세상을 깨우치는 마음을 함께 갖추고 있다면 대승 보살도와 같은 함께 가는 선우(善友)라고 여깁니다. 이러한 세상과 다툼이 없는 출세간의 심정으로써 조금도 조건 없이 세상에 들어가 중생을 구제하는 자발적인 바램(원)은, 바로 후세 불교 표지로 사용하는 연꽃과 마찬가지입니다. 연꽃은 완전히 깨끗하고 오염이 없는 성스럽고 깨끗한 꽃이지만, 그것은 높은 언덕 산꼭대기에서 자라지 않습니다. 그것은 더럽고 지저분한 진흙 속에서 열매를 맺으려합니다. 그러므로 대승에서 실천하는 계율로 말하면, 한결같이 8만 4천 가지 조목으로써 그것의 많고 자세함을 형용하지만, 이것이 정해진 숫자는 아닙니다. 중생계 선악 심리의 차별 현상일 뿐이며, 한 생각 사이에 8만4천 가지의 차이가 있음을 나타낼 뿐입니다.

이로써 알 수 있듯이 이른바 대승 계율의 근본정신은 마음의 계율[心戒]로서, 무릇 동심인성(動心忍性: 심신을 연마 단련하면서 외부의 고난이나 장애를 돌아보지 않고 버텨 나가다는 뜻—역주)입니다. 마음을 일으키고 생각을 움직이는 사이의 내재적인 동기에서 털끝만큼이라도 악한 생각이나 혹은 자기중심적이고 이기적인 곳에서 출발한다면, 보살의 계율을 위반하고 범한 것입니다. 당송이후 중국 내지(內地)에서 쓰던 보살계는 『범망경(梵網經)』을 기본으로 하였습니다. 변경인 티베트 지역에서는 『유가사지론(瑜伽師地論)』의 보살계를 기본으로 사용하였습니다. 그러나 이 두 종류의 계본이 모두 원리원칙으로서 건립한 운용의 묘는 여전히 한 마음[一心]에 있습니다. 그 속의 대부분의 원칙은 유가에서의 성현 군자의 도와, 도가의 선비의 올바른 행위와 같습니다. 예컨대 중국 전통문화에서 오경(五經) 중 『예기』의 「유행(儒行)」·「방기(坊記)」·「표기(表記)」·「학기(學記)」 등과 참조해서 읽어보면, 석가모니 부처님이 인류의 도덕적인 행위에서 건립한 풍속의 교화가 위대함은, 정말로 사람으로 하여금 숙연히 공경심이 일어나게 하고 저절로 믿음을 갖게 합니다. 그것을 종교 계율이라고 말하기보다는 차라리 인류 교육철학의 최고 수칙이라고 말하는 편이 낫습니다. 이로써 알 수 있듯이 대승 실천의 정신은 또한 소승 계율의 범주와는 현저히 다릅니다. 그러므로 당송이후 중국 불교는 대소승 계율을 아울러서 중시하는 방향을 채택하였는데, 특히 대승 계율에 편향되어서 남방 불교와는 크게 다른 곳이 있습니다. 우리들의 과거 문화 전통은 무턱대고 불학을 받아들이지 않고, 먼저 유가와 도가 등의 학술사상의 척도로써 저울질 하고난 다음에야 그 가치를 확정하고 귀의하고 예배하였다고 설명하기에 충분합니다. 비록 이렇더라도 우리가 만약 대승보살의 자기희생으로써 오로지 세상을 구제하기 위하여 그 뜻을 고상하게 하는 정신의 입장에서 말하면, 당연히 천인들이 우러르는 것을 나무랄 데가 없습니다. 그러나 그 도를 실천하는 것을 말하는 것이 어찌 쉽겠습니까? 묵자(墨子)의 '이마와 발뒤꿈치가 닳도록 천하를 이롭게 한다 [摩頂放踵以利天下].'는 것도 '뜻을 펼침이 너무나 지나치다 [陣義太過]'고 일찍이 그렇게 말한 사람이 있었는데, 하물며 머리, 눈, 뇌수를 기꺼이 버리는 게 묵자보다도 더하다고 말하지 않겠습니까? 그러므로 후세 유가를 독실하게 믿는 유학자는 '어버이를 가까이 모시고, 백성에게 인자함을 베풀며, 모든 것을 사랑한다 [親親, 仁民, 愛物].'라는 인애(仁愛) 순서를 제시하고, 그래야 비로소 비교적 인정에 가까운 구세사상이라고 생각했습니다. 이 때문에 유가와 불가는 올바른 행위에 대한 학문적인 논쟁이 있었습니다. 요컨대 '높은 산을 우러러보고, 광명정대한 행위를 준칙으로 삼아야 한다 [高山仰止, 景行行止].'는 것은 비록 높아서 기어 올라갈 수 없고 멀어서 미칠 수 없지만, 기준점을 높게 두는 것도 교화에서 반드시 갖추어야할 필요가 있습니다. 평소 저에게 불교도인지 아닌지를 묻는 사람이 있는데, 저의 대답은 이렇습니다. "저는 불교도가 될 자격이 없습니다." 저에게 어떤 것이야말로 대승보살이라고 부르냐고 묻는 사람이 있습니다. 제가 드는 예는 이렇습니다. 어떤 사람이 망망한 큰 바다에서 태풍과 큰 파도를 만나 죽음이 눈앞에 다가왔을 때, 당신에게 오직 구명 튜브가 하나만 있는데도 정성과 공경한 마음으로 옆 사람에게 보내주는 것입니다. 당신이 환난 속에 있어 배가고파서 구사일생의 지경에 이르렀을 때, 당신에게 한 그릇의 밥이 있어도 함께 굶주리는 옆 사람에게 먼저 주는 이러한 마음씨가 있다면, 당신에게 신앙이 있든 없든 상관없고 혹은 신앙이 같든 다르든 똑같이 보살의 길을 걸어가는 것입니다. 대승불교에 한 가지 이야기가 있습니다. 한 효자가 어떤 수도하는 보살에게 구원을 청했습니다. 그에게 눈을 희사해 달라고 청했습니다. 그의 어머니를 치료하는 약물이기 때문입니다. 그런데 이 보살은 조금도 아낌없이 왼쪽 눈을 빼어서 그에게 주었습니다. 그러나 이 효자는 이렇게 말했습니다.

"당신 너무 성급했어요. 잘못하셨어요. 제가 필요한 것은 당신의 오른쪽 눈입니다. 그래야 저의 어머니가 치료될 수 있습니다." 이 보살은 듣고서 잠시 머뭇거렸습니다. 다시 오른쪽 눈을 파서 그에게 주었습니다. 이 효자는 말했습니다. "필요 없어요. 당신이 주저하고 내주려 하면서 망설이는 마음이 있었기 때문에 이 눈의 약효가 이미 영험하지 않게 되었군요." 우리는 이 이야기를 듣고서 자기를 희생하여 세상을 구하고 사람을 구제한다는 행위가 얼마나 어려운 행위라는 것을 이해할 수 있습니다. 그러나 이렇게 많은 중생들이 살아가는 이 세간에서는 적지 않은 사람들이 기꺼이 자기 생명을 던지고 침착하게 의로운 일로 나아가며 [慷慨捐生, 從容就義] 많은 사람들이 남을 위하여 자기를 버리는 일이 많습니다. 각양각색 혹은 크거나 작거나 가는 곳마다 자연히 대승보살의 정신으로 충만해서, 그가 종교 신앙이 없다고 해서 혹은 신앙이 다르다고 해서 보살이 아니라고 여길 수 없습니다. 보살 계율의 이론 기초는 선악의 시비를 분명하게 가리는 동향(動向)과 방법에서 특히 아주 자세합니다. 만약 이러한 정신을 남용하면, 세상에 보탬이 되지 않을 뿐만 아니라 남이나 자기에게 있어서 이익이 없습니다. 심지어는 그 반대의 결과를 얻게 됩니다. 그것은 따로 논해야 할 일입니다.

6) 대승에서 증득 추구 방법

대승 보살도의 실천수행 차제에 관하여는 10위(位)의 단계로 나눕니다. 불학에서의 전문 용어로 10지(地)라고 부릅니다. 아직 초지(初地)에 도달하기 이전에 4개의 순서(序位)가 있는데, 40위의 등급 차이를 포괄합니다.[11] 10지의 수준 차이를 확정하는 데는,

---

11) 이에 대한 보다 자세한 내용은 『능엄경 대의 풀이』 제7권 「불법을 닦고 배우는 진도 단계를 가리켜 보임」, 「55위 수행의 성위(聖位)와 경계

주로 자비심의 크기를 확충하여 인간의 본성을 투철하게 이해하고 사물의 도리를 철저히 추구하는[窮理盡性] 극점에 도달하는 것을, 앞서 말한 10바라밀의 순서와 결합하여 보살의 단계를 확정함에 있습니다. 그러나 이것은 여전히 견지(見地)라는 일면에 속하는 동시에, 견지와 실제 증득이 원만한 위대한 깨달음[圓滿大智大覺]을 성취한 불과(佛果) 달성의 목표를 위해서, 실제 공용(공부와 덕행) 방면의 선정 경계를 갖추어 서로 보조 작용으로 삼아야 합니다. 사실 소승에서 이용하는 증득추구 방법인 4선8정과 9차제정도, 대승의 공법(共法)입니다. 자비심의 크기를 확충하는 것으로부터, 사람의 본성을 투철하게 이해하고 사물의 도리를 철저히 추구하는 극점에 도달하는 것이 대승보살 보리심(菩提心)의 혜학(慧學)으로서, 견지(見地)의 공덕에 속합니다. 아울러 선정 수증의 경계와 결합해야 하는데, 이것은 대승보살의 실제 수증으로서 공부의 공훈(功勳)에 속합니다. 그러나 선정의 즐거움에 탐착하여 대자대비의 보리심을 버리거나, 견지의 정진을 추구하지 않고 불과에 도달하지 않는다면, 이것은 보살의 타락입니다. 요컨대 대승의 불법 교의의 실천[行持]은, 세상을 구하고 중생을 구한다는 위대한 서원을 그 중심 수칙으로 삼고, 출세간에서 떠나지 않으면서 세간에 들어가 마음 스스로 해탈한 대지혜의 성취를 궁극으로 삼습니다. 이른바 '생사와 열반은 어제 밤 꿈과 같고, 보리와 번뇌는 허공의 꽃과 같다 [生死涅槃, 猶與昨夢. 菩提煩惱, 等似空花].'라고 한 말이야말로, 대장부의 소원이 성공적으로 이루어져 모자람도 남음도 없는, 천인과 인간의 스승[天人師]입니다.

이밖에 대소승 불학 각부의 주요 경전은 모두 문답 체제이거나 혹은 부처님 말씀을 기록하는 방식으로 인생과 우주의 진리를 반복해서 상세하게 설명합니다. 혹은 먼저 심신으로부터 탐구하여

의 함의」를 읽어보라.

위로는 법계(法界, 우주를 포함한 불학 명사)의 궁극을 파고 들어가거나, 혹은 법계(우주)의 본체 자성으로부터 심신에까지 분석해 들어가지만 시종일관 해탈 증득을 추구하는 목적에서 벗어나지 않습니다. 수당이후 티베트 지역 등의 밀승(密乘) 불학을 포함한 중국 불학은 모두 저마다 일종의 정리와 비판 체계를 세웠습니다. 그러므로 천태종(天台宗), 화엄종(華嚴宗), 밀종(密宗)의 분과판교(分科判敎)가 있게 되어 중국 불학의 체계를 산생했습니다. 각자 서로 다른 관점에서 불학과 불법을 연구했지만, 기본적인 원칙과 근본의미[宗旨]는 여전히 그 다른 차이가 너무 심한 정도까지 이르지는 않았습니다. 예컨대 『화엄경』이나 『원각경』 등은 법계 자성의 본체로부터 심신을 설합니다. 『능엄경』이나 『금강경』 등은 심신을 돌이켜 궁구하는 것으로부터 법계자성으로까지 거슬러 올라갑니다. 『법화경』이나 『열반경』 등은 마음과 부처와 중생을 설하는데, 본성 자체가 다르지 않고 단지 미혹과 깨달음 사이의 한 생각의 전환[轉]에 있습니다. 『대일경(大日經)』이나 『밀승경(密乘經)』 등은 진실과 허망(眞妄)이 다르지 않으니 [眞妄不二] 거짓을 떠나지 않으면서 진리를 증득하는데 [卽假證眞], 지성(至誠)으로 의지하고 믿음으로 이루어지는 것 [誠依信立]임을 설합니다. 훗날 일반적인 습관은 석가모니 부처님이 떠나가신 후 후기 불학의 성종(性宗)에서는 공(空)을 설하고 상종(相宗)에서 유(有)를 설한 것으로 전체적으로 구별되는데, 반야(般若)와 중관(中觀) 등의 학문이 성종의 필경공(畢竟空)을 강요로 삼았고, 유식법상(唯識法相) 등의 학문은 상종의 승의유(勝義有)를 핵심으로 삼았습니다. 그래서 간단하고 직설적이고 명료한 것을 좋아하고 분석적인 것을 싫어하는 사람은 반야의 공(空)을 으뜸으로 받들고 선종의 설법과 결합하여 융회(融會)하였습니다. 탐구하고 논리적 사유를 중시하는 사람은 유식의 유(有)를 으뜸으로 받들고 불학 구상의 장엄함을 구성했습니다. 근세에 전해들어온 서양의 철학, 심리학, 논리학 등의 학과와 서로 융회 관통하여 주석하는 길을 걸어가도 좋을 뿐만 아니라, 유식으로써 서양철학을 포함하여 융회하고 정리하여 비판해야 할 추세가 크게 요구됩니다. 하지만 이러한 길과 목표는 이제 막 걷기 시작한 단계 중에 있습니다. 어떻게 동서문화를 한 용광로 속에 융합함으로써 그것을 하나의 새롭고 밝은 청사진으로 주조하느냐는 아직 현대 청년 학쟈와 장래의 인재가 노력하여 완성하기를 기다리고 있습니다. (남회근 선생 『선종과 도가의 개론』)

5. 불교의 최고 진리를 표시하는 용어들

석가모니불은 수증오도(修證悟道)하여, 일체중생과 모든 생명, 온 우주에는 하나의 전체적인 공동의 생명이 있는데, 그 전체적인 공동의 생명은 생겨나지도 않고 소멸하지도 않으며 영원히 불변한다는 것을 알았습니다. 이것을 철학에서는 '본체(本體)'라고 합니다. 모든 생명의 6도윤회, 분단(分段)의 생(生)과 사(死)는 이 본체의 변화 현상일 뿐입니다. 사람뿐만 아니라 우주의 물리 물질세계와 정신세계를 포함한 모두는 이 본체의 현상 변화이며 분단생사이며 변역(變易)생사라고 말합니다. 변화는 궁극이 아니며 근본이 아니라 현상입니다. 그러나 이 생명의 총체적인 기능은 생겨나지도 소멸하지도 않습니다.

불교의 입장에서 보면 시방3세의 모든 부처님들, 모든 보살님들은 화신입니다. 우리 모든 중생도 화신입니다. 오직 불변하는 하나의 중심이 있는데 중앙비로자나불이라고 부릅니다. 모든 부처님은 모두 비로자나 부처님의 화신입니다. 일체중생도 그의 화신입니다. 바꾸어 말하면 모두 본체의 분화작용입니다. 그런데 그 불생불멸의 생명의 본체는 움직인 적이 없습니다.

부처님은 보리수 아래서 대철대오(大徹大悟)하고 아뇩다라삼먁삼보리를 얻으셨습니다. 바꾸어 말하면 부처님의 대철대오란 우주만유 생명의 궁극을 철저하게 아신 것입니다. 그런데 선종은 그런 명사들을 모두 밀쳐버리고 '깨달았다'는 말을 사용했습니다. 무엇을 깨달았을까요? 당나라 시대의 대선사는 '이것[這個]'을 깨달았다고 말했습니다. '이것'이란 무엇일까요? 마른 똥 막대기[乾屎橛]입니다! 개똥[狗屎]입니다! '개똥'이라고 해도 좋고 '이것'이라고 해도 좋습니다. '아뇩다라삼먁삼보리'라고 해도 좋고 '상제(上帝)'라고 해도 좋습니다. '주재자'라고 해도 '신'이라고 해도 좋습니다. 이 모두다 별명일 뿐입니다. 생명의 궁극은 말로써 표현할 수가 없습니다. 별명을 써서 '보리'라고 부를 수밖에 없습니다. 생명을 생겨나게 하고 소멸하게 하는 그 근본을 찾으면 '성불'이라고 하고 '보리를 증득했다'고 합니다.

이상은 불교의 최고 진리를 표시하는 용어들을 이해하는 데에 도움을 주기 위하여 남회근 선생의 저작 중에서 뽑아 온 글입니다.

참고로, 불교의 경론이나 선어록 등에 나오는, 불생불멸의 생명의 본체를 가리키는 단어들을 대략 모아보았습니다.

일심(一心)·유심(唯心)·유식(唯識)·불성(佛性)·법성(法性)·법신(法身)·진제(眞諦)·본성(本性)·본제(本際)·실성(實性)·진여(眞如)·진심(眞心)·진성(眞性)·진실(眞實)·진제(眞際)·실상(實相)·성공(性空)·여여(如如)·여실(如實)·실제(實際)·법계(法界)·법계성·불허망성(不虛妄性)·불변이성(不變異性)·불이법(不二法)·평등성(平等性)·이생성(離生性)·법정(法定)·법주(法住)·허공계(虛空界)·부사의계(不思議界)·열반(涅槃)·보리(菩提)·아마라식(阿摩羅識)·반야(般若)·승의(勝義)·제일의제(第一義諦)·제일의공(第一義空)·필경공(畢竟空)·원성실성(圓成實性)·성유식(性唯識)·성유실성(成唯實性)·승의유(勝義有)·여래장(如來藏)·대원경지(大圓鏡智)·무분별지(無分別智)·무분별심(無分別心)·자성청

정심(自性淸淨心)·자성청정(自性淸淨)·보리심(菩提心)·무구식(無垢識)·청정식(淸淨識)·진식(眞識)·제9식(第九識)·아뇩다라삼먁삼보리·무상정등정각(無上正等正覺)·무상정각(無上正覺)·무상등정각(無上等正覺)·무상정진도(無上正眞道)·무상정변지(無上正遍知)·멸(滅)·멸도(滅度)·무멸(無滅)·적멸(寂滅)·원리(遠離)·청정(淸淨)·불생(不生)·원적(圓寂)·원각(圓覺)·본체(本體)·진상(眞相)·일여(一如)·제법실상(諸法實相)·실상의(實相義)·실상인(實相印)·일제(一諦)·중도제일의제(中道第一義諦)·여실지(如實智)·상주진심(常住眞心)·묘명진심(妙明眞心)·묘심(妙心)·진아(眞我)·진성해탈(眞性解脫)·이체(理體)·경체(經體)·허공불성(虛空佛性)·중도실상(中道實相)·중도(中道)·일원상(一圓相)·일정명(一精明)·진상심(眞常心)·일령물(一靈物)·심우(心牛)·상원지월(常圓之月)·무위진인(無位眞人)·성전일구(聲前一句)·부모미생전면목(父母未生前面目)·본래면목(本來面目)… 등.12)

불교학자들의 연구에 의하면, 일반적으로 이러한 단어들은 모두 불교의 절대적 최고 진리를 표시하는 개념들인데, 중국 언어의 복잡성 그리고 불교사상의 복잡성으로 말미암아 불교 발전의 역사 과정에서 같은 부류의 개념들이 이처럼 많았습니다. 이른 시기의 중국 불교의 번역과정에서는 중국 전통철학의 개념들인 본무(本無)·무위(無爲) 등을 보통 차용하기도 했습니다.

이러한 개념들은 실제 사용 과정에서 완전히 일치하는 것은 아닙니다. 설사 같은 경전이나 같은 학파 내에서도 용어의 사용이 일치하지 않으므로 그 사용 맥락 속에서 다른 분석을 함으로써 이런 개념들 사이의 구별과 연계를 분명히 할 필요가 있습니다. (남회근 선생 자작 등)

---

12) 이상의 각 용어에 대한 풀이는 『원각경 강의』(증보판) 부록을 참고하기 바란다.

6. 불법 학습 네 가지 원칙

불법에는 네 가지 원칙이 있습니다.

첫째, '의법불의인(依法不依人)'입니다. 법에 의거하고 사람에 의거하지 않는 것입니다. 어떤 선생님이나 법사나 상사(上師) 혹은 선지식을, 내가 그를 특히 좋아하기 때문이거나 그분이 나에 대해 특별히 사랑하기 때문에 그분이 말한 불법을 믿고, 다른 사람들이 말한 것은 일체 상대하지 않고 그렇지 않다고 생각하는 것은 불제자가 해야 할 행위가 아닙니다. 불교를 배우는 사람은 상대가 말한 것이 정법(正法)인가 아닌가만 따지고 개인적인 좋아함이나 싫어함에 미혹되어서는 안 됩니다.

둘째, '의경불의론(依經不依論)'입니다. 경(經)에 의거하지 논(論)에 의거하지 않는 것입니다. 보살들이 지은 모든 논술이나 후세의 주해는 물론 고명하지만, 진정한 불제자는 궁극적으로는 불경을 근거로 삼아야지 논장을 근거로 삼아서는 안 됩니다. 그래서 저는 불교를 배우는 학우들에게 항상 권하기를, 최근 1백 년 동안에 나왔던 불학 저작과 주해에 빠져서 방향 갈피를 잡지 못하지 말고 직접 불경을 연구하라고 합니다. 모르는 명사 용어는 불학사전을 찾아보면 됩니다. 제가 쓰거나 말한 것은 단지 여러분들이 불경을 이해하고 연구하는 데 도움을 줄 따름입니다. 제 말을 기준으로 삼아서는 안 됩니다. 직접 불경을 근거로 삼아야 합니다.

며칠 전 제가 어느 대학교에서 주임교수로 있을 때 학생이었던 사람이 찾아와서 말하기를, 최근에 무슨 개론서를 한 권 쓸 준비를 하고 있다면서 어떻게 쓰면 비교적 타당하겠느냐고 했습니다. 저는 학생들이 무슨 개론서를 보는 데 대해서는 항상 유보적인 태도를 지녀왔습니다. 무슨 철학개론이다, 문학개론이다, 정치학개론이니, 경제학개론이니, 아휴~, 이미 수십 년 동안 대략 해놓고는 아직도 여전히 쓸데없이 대략 하고 있습니다. 가위 한 자루, 풀

한 병 가지고는 여기서 한 도막 베껴내고 저기서 한 도막 잘라내고, 그것이 바로 한 권의 개론입니다. 여러분에게 권합니다. 학문을 참으로 하려면 원전(原典)으로부터 직접 착수해야 합니다.

최근에 외국에 있는 어떤 분이 제게 편지로, 불학을 연구하고 싶은데 맨 첫걸음으로 어떤 책부터 공부를 시작해야 하느냐고 물었습니다. 저는 한 번 생각해보았지만 정말 대답을 할 수가 없었습니다. 없다고 대답을 할 수밖에 없었습니다. 하지만 불학개론을 보고 싶다고 한다면 인도 불교본의 불학개론이 두 가지가 있는데, 하나는 『대지도론(大智度論)』이요 또 하나는 『유가사지론(瑜伽師地論)』입니다. 중국의 불학개론으로는 지자(智者) 대사의 『마하지관(摩訶止觀)』과 영명연수(永明延壽) 선사의 『종경록(鏡宗錄)』이 있습니다. 그는 말하기를, "선생님, 이런 개론서들은 저는 볼 수 없습니다." 하기에 제가 그랬습니다. "볼 수 없다면 나도 어쩔 수 없습니다."

주의해야 합니다! 불법을 배우는 데는 경(經)에 의거해야지 논(論)에 의거해서는 안 됩니다. 불경을 볼 수 없다면 한 자 한 자 천천히 공부해가야 합니다. 한 자 한 자 천천히 찾아보고 힘들게 공부하면서 일상생활과 결합시켜서 반성 검토해 보면 체험하는 바가 있을 것입니다.

셋째, '의료의불의불료의(依了義不依不了義)'입니다. 요의(了義)에 의거하고 불료의(不了義)에 의거하지 않는 겁니다. 불경에 어떤 것들은 요의경이고 어떤 것들은 불요의경입니다. '요의'란 철두철미하게 통달 원만한 것입니다. 예를 들면 『능엄경』이나 『원각경』·『화엄경』·『법화경』 같은 경들이 요의경입니다. 어떤 경전들은 불요의경인데, 불요의경은 부처님이 상대의 근기나 일 또는 시간적 공간적인 조건에 따라 우주생명의 문제에 대해서 방편으로 설법한 것입니다. 비록 불법의 궁극[究竟]을 단도직입적으로 보여주지는 않았지만, 이러한 이치를 가지고 참조하여 서로 대비 융회 관통할 수 있다면 역시 요의 이취(理趣)로 들어가는 맥락을 찾을 수 있습니다.

넷째, '의지불의식(依智不依識)'입니다. 지혜에 의거하고 의식에 의거하지 않는 겁니다. 불법은 지혜의 학문이지 맹목적인 미신이 아닙니다. 또한 틀에 박힌 공부도 아닙니다. 진정한 지혜는 우리들의 의식망상에 근거하여 추측하는 것이 아닙니다. (남회근 선생『유마경 강의』)

7. 불법 학습에 읽어야 할 경론

불법을 배우는 데는 경전[經]을 위주로 의지해야 합니다. 계율[律] 부분은 부차적입니다. 논(論) 부분은 후대 조사들과 아라한들의 경험으로서 더더욱 부차적입니다.

부처님을 배우고 불법을 공부하고자 한다면, 다음에 열거한 경부, 율부, 논부 저술들에 대해 적어도 4,5년 정도는 투자하여 비교적 깊이 이해할 수 있어야 합니다. 이 정도라면 충분합니다. 어떤 사람은, 그저 수행에만 전념하면 되지 경론을 꼭 읽어야 할 필요가 어디 있느냐고 말합니다. 그러나 이것은 중요한 착오입니다. 이치에 밝지 못하면 관점이 바로 서지 않아 바른 길로 들어설 수 없습니다. 달리 말하면, 공부가 시원찮은 것은 이치에 통달하지 못했기 때문입니다.

1) 경부(經部)—『대반야경(大般若經)』, 『대열반경(大涅槃經)』, 『화엄경(華嚴經)』, 『금강경(金剛經)』, 『반야심경(般若心經)』, 『유마힐경(維摩詰經)』, 『능가경(楞伽經)』, 『해심밀경(解深密經)』, 『승만부인경(勝鬘夫人經)』, 『대보적경(大寶積經)』, 『법화경(法華經)』, 『능엄경(楞嚴經)』, 『원각경(圓覺經)』

2) 율부(律部)—『사분율(四分律: 소승)』, 『보살계(菩薩戒: 대승)』
3) 논부(論部)—『현관장엄론(現觀莊嚴論)』, 『대마하지관(大摩訶止觀)』, 『종경록(宗鏡錄)』, 『정 · 속지월록(正·續指月錄)』, 『대지도론(大智度論)』, 『밀종도차제론(密宗道次第論)』, 『유가사지론(瑜伽師地論)』, 『보리도차제광론(菩提道次第廣論)』

수도(修道)는 곧 과학입니다. 수시로 문제가 생길 때마다 해답을 제시할 수 있으면 수행공부도 한층 진보하며, 그렇지 못하면 진보할 수 없습니다. 그러므로 불경을 대충 훑어보아서는 안 됩니다. 불법은 우리에게 모든 것을 말하고 있지만 우리가 그에 통하지 못하고 있을 뿐입니다.

8. 진정한 깨달음을 판단 검증하는 열 가지 기준

사람마다 걸핏하면 깨달음에 대해 말하는데, 소위 깨달음이란 궁극적으로 어떤 것일까요? 그 기준은 무엇일까요? 가장 평이(平易)하고 실제적인 설명으로는 바로 영명연수(永明延壽) 선사가 『종경록』에서 언급한 내용으로, 선종의 견지, 수증, 행원이 포함되어 있습니다.

송나라 때 대 저작이 두 개가 있었는데, 하나는 사마광의 『자치통감(自治通鑑)』이오 하나는 영명영수 선사의 『종경록』입니다. 두 대작은 거의 동시대에 나왔습니다. 애석하게도 세속 학문을 말하는 『자치통감』은 후세에 전해지면서 연구자들이 많았습니다만, 『종경록』은 거의 휴지통에 내던져진 신세였다가, 청나라에 와서야 옹정 황제가 제기하여 이 책을 연구하라고 특별히 강조하는 명령을 여러 번이나 내렸습니다.

『종경록』은 진정한 깨달음이란 어떤 것인지를 말해줍니다. 책에서는 열 가지 물음을 제기하는데, 도를 깨달은 사람은 경전에 통달하지 않는 자가 없어서, 모든 불경의 교리를 바라보자마자 알 수 있다고 합니다. 마치 소설을 보듯이 보자마자 이해하니 깊게 연구할 필요가 없다는 겁니다.

영명연수 선사의 『종경록』 제1권에는 이렇게 말합니다. 13)

"자기 식 견해에 굳게 집착하고, 부처님의 말씀을 믿지 않고, 자기를 가로막는 마음을 일으키고, 다른 배움의 길을 끊어버리는 사람들이 있으므로, 그들을 위하여 이제 열 가지 물음으로 기준원칙[紀綱]을 정한다.

첫째, 자기의 본성을 또렷이 볼 수 있음이 마치 대낮에 색깔을 보듯 명백하고 그 경지가 문수보살 등과 같은가?

둘째, 연(緣)을 만나고 경계를 대함이나, 색상을 보고 소리를 들음

---

13) 設有堅執己解。不信。佛言起自障心。絶他學路。今有十問以定紀綱。還得了了見性。如晝觀色。似文殊等不。還逢緣對境。見色聞聲。舉足下足。開眼合眼。悉得明宗。與道相應不。還覽一代時教。及從上祖師言句。聞深不怖。皆得諦了無疑不。還因差別問難。種種徵詰。能具四辯。盡決他疑不。還於一切時一切處。智照無滯。念念圓通。不見一法能為障礙。未曾一剎那中暫令間斷不。還於一切逆順好惡境界現前之時。不為間隔。盡識得破不。還於百法明門心境之內。一一得見微細體性根原起處。不為生死根塵之所惑亂不。還向四威儀中行住坐臥。欽承祗對。著衣喫飯。執作施為之時。一一辯得真實不。還聞說有佛無佛。有眾生無眾生。或讚或毀。或是或非。得一心不動不還聞差別之智。皆能明達。性相俱通。理事無滯。無有一法不鑒其原。乃至千聖出世。得不疑不。
若實未得如是功。不可起過頭欺誑之心。生自許知足之意。直須廣披至教。博問先知。徹祖佛自性之原。到絕學無疑之地。此時方可歌學灰息遊心。或自辯則禪觀相應。或為他則方便開示。設不能遍參法界。廣究群經。但細看宗鏡之中。自然得入。此是諸法之要。趣道之門。如守母以識子。得本而知末。提綱而孔孔皆正。牽衣而縷縷俱來。又如以師子筋為琴絃。音聲一奏。一切餘絃悉皆斷壞。此宗鏡力。亦復如是。舉之而萬類沈光。顯之而諸門泯跡。以此一則。則破千途。何須苦涉關津。別生岐路。所以志公歌云。六賊和光同塵。無力大難推托。內發解空無相。大乘力能翻却。唯在玄覽得旨之時。可驗斯文究竟真實。

이나, 발을 들어 올리고 발을 내림이나, 눈을 뜨고 눈을 감음이나 모두 밝은 종지를 얻어서 도와 상응하는가?

셋째, 세존이 한 생에 걸쳐 설한 모든 가르침[一代時敎]과, 위로부터 내려오는 조사의 언구(言句)를 열람하고, 그 심오함을 듣고서도 두려워하지 않으며, 모두 철저히 이해하여 의심이 없을 수 있는가?

넷째, 온갖 질문과 갖가지 힐난에도 네 가지 변재(辯才)를 갖추어 그들의 의심을 모두 해결할 수 있는가?

다섯째, 언제 어느 곳에서도 지혜의 비춤이 걸림 없어서, 생각 생각마다 원만히 통하고, 한 법도 능히 그 장애가 되는 것을 보지 않으며, 한 찰나 동안이라도 끊어지지 않을 수 있는가?

여섯째, 일체의 역(逆) 경계와 순(順) 경계, 좋은 경계와 나쁜 경계가 현전할 때, 방해받아 틈이 생기지 않고 다 꿰뚫어 볼 수 있는가?

일곱째, 『백법명문론(百法明門論)』14)에서 말하는 심리 경계들에 대해서, 하나하나 그 미세한 체성(體性)과 그 근원이 일어나는 곳을 살펴보고, 생사와 6근 6진[根塵]에 미혹되지 않을 수 있는가?

여덟째, 걷고 머물고 앉고 눕는 네 가지 위의(威儀) 중에 가르침을 받들거나 응답하거나, 옷을 입거나 밥을 먹거나 동작을 취하는 등 모든 활동 가운데에서 하나하나 진실을 변별할 수 있는가?

아홉째, 부처가 있다고 하든 없다고 하든, 중생이 있다고 하든 없다고 하든, 칭찬을 하든 비방을 하든, 옳다고 하든 그르다고 하든, 이런 말을 듣고서도 한결같은 마음이면서 흔들리지 않을 수 있는가?

열째, 온갖 차별의 지혜를 들어도 다 밝게 통달할 수 있고, 본성과 현상을 모두 통달하며 이론[理]과 사실[事]에도 걸림이 없어서 한 법이라도 그 근원을 변별하지 못함이 없고, 나아가 천 명의 성인이 세간에 나오더라도 의심이 없을 수 있는가?"

---

14) 『선과 생명의 인지 강의』 제2일 둘째 시간 (역자보충) 「오위백법 : 우주만유 일체법의 분류」를 읽어보기 바란다,

사이비 깨달음에 속지 말라

어떤 사람이 진정으로 깨달음에 이르렀는지의 여부는, 위의 열 가지 물음을 그 판단기준으로 삼을 수 있습니다.

첫 번째 질문 : 명심견성의 경계입니다. 언제 어느 곳에서라도 일체의 사물에 대해 또렷이 아는 것이, 마치 대낮에 그림의 색깔을 보는 것과 같아서 문수보살 등의 경계와 같아야 하는데, 당신은 그렇게 할 수 있습니까?

두 번째 질문 : '연을 만나고 경계를 대한다.'는 말은 그 포괄 범위가 아주 넓습니다. 당신이 사람을 만나거나 어떤 일에 직면했거나, 혹은 다른 사람이 면전에서 당신을 방해하거나, 색상을 보거나 소리를 듣더라도 마음이 움직이지 않을 수 있고, 일상생활에서 뿐만 아니라 심지어 밤에 잠을 자면서도 도와 합치할 수 있어야 하는데, 당신은 그렇게 할 수 있습니까?

세 번째 질문 : 『법화경』이든 『능엄경』이든 불교의 경전을 보기만 하면 모두 알 수 있고, 가장 고명한 설법을 들어도 두려워하지 않으면서, 철저하게 훤히 꿰뚫어 이해할 수 있고 의심이 없어야 하는데, 당신은 그렇게 할 수 있습니까?

네 번째 질문 : 모든 학자들이 갖가지 학문을 들고 나와서 당신에게 질문을 하더라도, 당신은 막힘없는 변재로 해답해줄 수 있습니까?

나머지 여섯 가지 질문은 여러분 자신이 한번 연구해 보기 바랍니다. 마지막 단락은 이렇습니다.

"만약 정말로 이렇게 할 수 없다면, 절대 분수에 지나고 속이는 마음을 일으키지 말아야 하며, 자부하고 만족하는 뜻을 내지 말아야 한다. 반드시 지극한 가르침을 두루 연구하고, 선지식들에게 널리 묻고, 부처와 조사의 자성(自性)의 근원을 궁구하여, '배움이 끊어지고 의심이 없는 [絕學無疑]' 경지에 도달해야 한다. 그때 비로소 배움을 쉬고 방황하는 마음을 쉴 수 있다. 그 때는 자신을 다룸에는 선관(禪

觀)으로 상응하고, 남을 위함에는 방편을 열어 보일 수 있다. 법계에 두루 나아가지 못하고 뭇 경전을 폭넓게 연구할 수 없다면, 오직 『종경록』의 내용만 자세히 살펴보아도 자연히 들어갈 수 있다. 종경록은 바로 모든 법의 요체이자 도에 들어가는 문이다. 마치 어머니를 지켜서 자식을 알아보고 근본을 얻어서 지말(枝末)을 아는 것과 같으며, 그물의 벼릿줄을 끌어당김에 그물코마다 다 바르고 옷을 끌어당김에 올올이 모두 따라오는 것과 같다."

만약 이 열 가지 물음에 대해서 조금이라도 그 수준에 이르지 못했다면, 자기를 속이지 말고 남을 속이지 말아야 합니다. 스스로 옳다고도 생각해서는 안 됩니다. 어떤 의문이 있다면 도처의 선지식에게 가서 가르침을 청하여, 반드시 모든 부처와 조사들의 경계에 도달해야 합니다. 조사들이 깨달은 바를 당신도 다 성취했다면, 비로소 배움이 끊어지고 의문이 없는 경지에 도달할 수 있어서 더이상 배우지 않아도 좋습니다. "회식유심(灰息游心)"은 망상심이 모두 쉬어버린 겁니다. "자신을 다룸에는 선관으로 상응하고, 남을 위함에는 방편을 열어 보일 수 있다"는 말은, 대철대오한 후에 소승의 길을 걸어가면 다시 4선8정을 닦아 과위를 증득하고, 6신통을 구족하고, 3신(三身)을 갖추고, 신통의 묘용을 일체 구족한다는 겁니다. 또 대승의 길을 걸어가면 남을 위해 자신을 희생하는 수지(修持)로써 세속으로 나와 불법을 널리 전파하기 위하여 세상으로 나설 수 있다는 것입니다.

"법계에 두루 나아가지 못하고 뭇 경전을 폭넓게 연구할 수 없다면'', 만약 3장12부의 대장경이 너무 많아서 볼 수 없다면, "오직 이 『종경록』의 내용만 자세히 살펴보아도 자연히 들어갈 수 있다. 이 『종경록』은 바로 모든 법의 요체이자 도에 들어가는 문이다.", 영명연수 선사는 자신이 편집한 『종경록』을 참고하기를 권하는데, 그 이유는 모든 경전의 정수를 집약하여 이 책에 담았기 때문이란 겁니다. "마치 어머니를 지켜서 자식을 알아보고 근본을 얻어서 지말을 아는 것과 같으며, 그물의 벼리를 끌어당김에 그물코마다 다 바르고 옷을 끌어

당김에 올올이 모두 따라오는 것과 같다.", 이 구절이 얼마나 아름답습니까? 이 구절은 영명연수 선사가 이 책의 중요성을 말한 것입니다. (남회근 선생 『불교수행법강의』와 『선종과 도가의 개론』 등)

자신이 깨달았는지 않았는지 알고 싶습니까?

당신은 자신이 깨달았는지 않았는지를 알고 싶지 않습니까? 아주 간단하게 한번 시험해 볼 수 있습니다. 당신의 색신은 전환 변화했습니까? 형상과 습기는 고쳤습니까? 계·정·혜·해탈·해탈지견은 성취했습니까? 부처님의 10력·4무소외를 모두 갖추었습니까? 18불공법을 압니까 모릅니까? 자비심을 어느 정도까지 일으켰습니까? 위의는 무슨 경계에 도달했습니까? 자신의 수명을 틀어줄 수 있습니까 없습니까? 설법은 변재(辯才)가 무애하여 법에 자재할 수 있습니까? 중생의 청정한 불국토를 성취할 수 있습니까? 이 모두가 자기에 대한 테스트입니다. 당신이 아직 성불하지 못했다고 한다면 부처님이 성취한 억만 분의 일을 가지고서 자기의 수행을 시험해 보는 것도 하나의 좋은 척도입니다. 이렇게 보면 자기는 교만하고 미치지 않을 것이며 자기는 아직 멀었다는 것도 알게 될 것입니다.

예컨대 선종은 대철대오(大徹大悟) 성불을 말하는데, 성불했을까요? 이루었습니다. 단지 대부분 이룬 것은 법신의 부처로서 마음을 밝혀 자성을 본 것일 뿐입니다. 법신이 작용을 일으키는 것을 성취했을까요? 아직 못했습니다. 왜냐하면 색신이 전환 변화되지 않았기 때문입니다. 도를 깨달으면 이 부모가 낳아준 육신을 전환 변화시켜서 비로자나 부처님이 대표하는 색신으로 이루어야 합니다. 그것은 광명입니다. 전해오는 바에 의하면 1천여 년 동안 내내 색신을 성취한 사람은 없습니다. 육신이 죽은 뒤에 썩지 않더라도 색신 성취로 여길 수 없습니다. 여전히 법신 성취의 하나의 부대적인 작용입니다. 색신 성취의 수행자는 살았을 때 자연히 6신통이 있으며 떠나가려 할 때에 그를 태울 필요가 없습니다. 그가 한 줄기 빛으로 변화하여 떠나버립니다. 도가의 두 마디 말을 빌려서 말하자면 최후에 이르면 '흩어져서는 기(氣)가 되고 모아져서는 형체를 이룬다 [散而爲氣, 聚而成形]'입니다. 색신성취도 자연히 환골탈태(換骨脫胎)할 수 있습니다.

진정으로 도를 깨달은 성취는 3신(三身)의 성취입니다. 그래야 대철대오입니다. 법신은 자성의 체(體)요, 보신은 자성의 상(相)이요, 화신은 자성의 용(用)입니다. 천고이래로 보신 성취까지 닦을 수 있었던 사람은 적고 또 적었습니다. (남회근 선생 『유마경강의』)

마귀의 무리들이 세간에 성행하리라

내가 세상을 떠난 뒤에 말법시대에 많은 요사스런 마귀의 무리들이 세간에 성행하면서 속마음이 간사하고 음험하면서 선지식이라고 스스로 일컬을 것이다. 모두들 이미 무상대도(無上大道)를 얻었다고 선전하면서 무지하고 무식한 사람들을 속이고 그들을 겁주어서 진심(眞心) 자성(自性)을 상실하게 할 것이다. 그들이 지나간 곳의 사람들로 하여금 재물을 다 써서 없애게 할 것이다. (『능엄경』)

선사들 중에 크게 성취한 사람은 몇 명밖에 없었습니다

우리가 옛사람들을 보면, 오늘날 선사가 없는 것은 말할 필요도 없고, 고대의 많은 선사들이 기껏해야 제6의식을 타파한 깨달음이어서 궁극이 아니었습니다. 거의 역대의 선사들 중에서 크게 성취한 사람은 몇 명밖에 없었습니다. 왜냐하면 교리에 통하지 못했기 때문입니다. 유식(唯識)을 이해하지 않으면 안 됩니다. 이렇게 엄중합니다. (남회근 선생 『유식과 중관』)

당신이 설사 견성(見性)하였더라도 많은 생에 걸쳐 익힌 습기(習

氣)는 단번에 소멸시키지 못합니다. 만약 습기를 완전히 소멸시켰다면 그 사람은 바로 과지불(果地佛)입니다. 고래의 선종 대덕들도 감히 자신이 과지불이라고 하지 않고 다들 인지불(因地佛)이라고 말했습니다. 우리는 아직 인지불이요 어린이입니다. 아직 성불하지 않았습니다!『지월록(指月錄)』의 1천7백 개 공안에 나오는 그렇게 많은 조사들 중에도 오직 소수의 몇 사람만이 8지보살의 경지까지 증득했고 그 나머지 대부분은 모두 2지나 3지보살들로서 4지의 경지를 넘어가지 않습니다.

견성해서 깨달았어도 아직은 생사윤회를 마친 것이 아닙니다. 깨달은 뒤에도 무명(無明)이 여전히 남아 있어서 갈 곳이 있어야 하기 때문에, 선종의 대덕들은 깨닫고 난 후 방향을 바꾸어 다시 정토(淨土)법문을 닦았습니다. 서방극락세계는 일생보처(一生補處)로서 공부가 향상할 수 있고 여기처럼 빙빙 돌고 윤회하면서 한 번은 공부가 진보했다가 한 번은 미끄러져 내려오는, 그런 일이 없기 때문입니다. 이런 도리는 멋대로 얘기하는 게 아닙니다. 선종도 정토법문을 닦아야 한다는 얘기를 하면 어떤 사람은 잘못 이해하고 있습니다. 자신이 선종을 닦는 게 제일이라고 생각하는데 다시 방향을 바꿔 정토법문을 닦는다면 한 등급 내려온 게 아니냐는 겁니다. 그건 당신이 이 도리를 이해하지 못한 겁니다. 선(禪)이 바로 정토고 정토가 선이란 것을 알아야 합니다. 근본적으로 별개의 것이 아닌데 어디에 등급을 내려가는 일이 있을 수 있겠습니까? 정토종은 상중하(上中下) 세 근기를 모두 두루 섭수(攝受)하지만 선종은 오직 한 가지 근기인 상(上)의 상 근기만 섭수할 수 있고 중하(中下)의 근기는 섭수할 길이 없습니다. 그러므로 정토법문이 대단히 좋다고 말하는 겁니다.[15] (원음노인의 『능엄경요해』)

---

15) 원음노인(元音老人) (1905-2000), 상해호강대학(上海滬江大學) 졸업. 천태종 대덕인 흥자노법사(興慈老法師)에게서 배웠다. 뒷날 무상밀심중심법(無相密心中心法) 제2조 왕양륙(王驤陸) 아사리에 의지하여 심중심법

염불법문에 뜻을 둠이 천만 번 온당하다

　여래가 일생에 설하신 법은 무량무변합니다. 그중에서 가장 단도 직입적인 것을 구한다면 참선보다 나은 것은 없습니다. 혹시 상근기로서 하나를 듣고 천 가지를 깨달아[一聞千悟] 대총지(大總持)를 얻었을지라도, 아직은 깨달음[悟]이지 증득[證]이 아닙니다. 진정으로 대철대오하여 명심견성할 수 있는 자는 말세에 실제로는 많이 보이지 않습니다. 그 나머지는 대부분 소식을 잘못 안 것입니다. 그 이른바 깨달음이란 대부분이 착오(錯誤)이며 진정한 깨달음[眞悟]인 경우는 드뭅니다. 설사 진정한 깨달음이더라도 생사를 마치기까지는 아직은 크게 멀리 떨어져 있습니다. 비록 깨달았다 하더라도 수많은 겁을 지나오는 동안의 번뇌습기를 반드시 갖가지 방편으로 대치(對治)함으로써 깨끗이 다하여 나머지가 없다면, 생사를 마치고 해탈하여 범부를 뛰어넘어 성인(聖人)의 경지로 들어갈 수 있습니다.

　오늘날 세상에 불법을 배우는 사람들 중에 많은 사람들이 스스로 말하기를 "나는 이미 깨달았다. 나는 보살이다. 나는 이미 신통을 얻었다."라고 함으로써 결과적으로 많은 사람들을 잘못 되게 하고 있습

(心中心法)을 닦았으며 심요(心要)를 철저히 깨닫고 대성취를 얻었다. 1958년 심중심법 제3조로 이어 맡았다. 중국 불교계에 중요한 지위와 영향이 있다. 그는 문화혁명 기간에 집이 몰수 당하고 수사받았다. 모친이 이에 놀라 병으로 죽은 뒤 그는 일생을 독신으로 지냈다. 그는 여러 지방의 요청에 응해 각지 사원이나 정사(精舍)나 협회에 가서 여러 부의 불경을 강의했다. 아울러 아사리인 그에게서 법을 받은 자들이 수만 명에 달하여 전국 각지와 여러 국가에 두루 있다. 저작으로는 《략론명심견성(略論明心見性)》,《오심명천석(悟心銘淺釋)》,《벽암록강좌(碧岩錄講座)》,《선해미란(禪海微瀾)》,《심경결은(心經抉隱)》,《담담왕생서방적관건문제(談談往生西方的關鍵問題)》 등이 《불법수증심요(佛法修證心要)》 중에 수록되어 있다. 그밖에 《중유문교득도석의(中有聞教得度釋義)》가 있으며, 《능엄경직해(楞嚴經直解)》는 일부만 남아 있고 산실되었다. 《항하대수인천석(恒河大手印淺釋)》과 《불법수증심요문답집(佛法修證心要問答集)》 등이 있다. 다비후 투명한 사리 등을 남겼다.

니다. 그러나 그런 사람은 일단 염라대왕이 목숨을 요구하여 임종할 때는 살기를 바라지만 어쩔 수 없이 고통스럽게 죽어서 반드시 무간 지옥에 떨어집니다. 여러분은 주제넘게 높은 데만 바라보고, 자기를 속이고 남을 속이는 이런 나쁜 습기에 절대로 물들어 집착해서는 안 됩니다. 그런 습기가 있다면 고치고, 없다면 더욱 노력하며, 경계하고 경계해야 합니다.

요즈음 사람들은 늘 주제넘게 높은 데만 바라보아서, 조금 총명하면 곧 선종이나 상종(相宗)이나 밀종(密宗)을 배우고 대부분은 염불을 쓸모없는 것으로 봅니다. 그런 사람들은 선가의 기봉전어(機鋒轉語)의 현묘함[玄妙], 상종의 법상(法相)의 정미함[精微], 밀종의 위신(威神)의 광대함[廣大]만을 알 뿐 다음의 사실은 모르고 있습니다,

선(禪)을 닦아 비록 확철대오한 지위에 도달하였더라도, 만약 번뇌 미혹을 아직 깨끗이 끊어 없애지 못했다면 여전히 생사를 마칠 수 없습니다. 법상종은 아집(我執)과 법집(法執) 두 집착을 깨뜨리지 못했다면, 비록 갖가지 명상(名相)을 이해하더라도 마치 음식을 말만하고 먹을 수 없고 보배를 헤아리기만 하고 얻을 수 없는 것과 같은데, 마침내 무슨 이익이 있겠습니까? 밀종은 비록 현생의 몸으로 성불할 수 있다고 하지만, 성취할 수 있는 자는 절대로 박지(博地) 범부의 일이 아니며, 범부가 이런 생각을 일으킨다면 마구니에 달라붙어 발광(發狂)하는 자가 열 명 중 여덟아홉입니다.

이 때문에 반드시 염불법문에 오로지 뜻을 두는 것이 천만 번 온당한 최상의 제1법칙입니다.

불법을 배우면서 대통가(大通家)가 되려고 하지 않고 정토법문에 온 마음을 다 기울인다면, 그는 숙세(宿世)에 혜근(慧根)이 있어 택법안(擇法眼)을 갖추었다고 할 수 있습니다. (『인광대사문초(印光大師文抄)』)

제5장 법이란 무엇인가

중생은 모두 여래의 지혜와 공덕을 갖추고 있다
일체 법문의 출발점이자 일체 법문의 귀결점

『화엄경』은 석가모니가 보리수 아래서 정각을 이룬 후 첫마디를
이렇게 말씀했다고 기록하고 있습니다.

"기이하고 기이하구나, 대지의 중생이 모두 여래의 지혜와 공덕[德相]
을 갖추고 있건만 망상과 집착 때문에 증득할 수 없구나. 만약 망상을 떠
날 수 있다면 일체지(一切智) · 자연지(自然智)가 곧 현현할 수 있다."

奇哉, 奇哉, 大地衆生, 皆具如來智慧德相, 但因妄想執著, 不能
證得, 若離妄想, 一切智 自然智, 卽得顯現.

일체중생은 미혹 속에 빠져있어 아직은 깨닫지 못했지만 이미 여
래의 지혜와 공덕을 지니고 있다고 했습니다. 석가모니불 이전에는
아무도 그렇게 말한 사람이 없었습니다.
그런데 우리는 왜 그런 지혜와 공덕이 드러나지 않을까요? 바로 망
상(妄想) 집착의 장애 때문에 자신이 본래 지니고 있는 지혜 광명의
갖가지 공덕의 상을 증득(證得)하지 못하는 것입니다. 아주 간단합니
다. 바로 네 글자 '망상집착'입니다. 망상의 망은 허망으로 바로 착각
(錯覺)입니다. 근대의 대 과학자였던 아인슈타인은 말하기를, 물질,
시간, 공간은 모두 사람들의 착각에서 비롯된다 했습니다. 이 착각이
란 바로 망상에 해당합니다. 아인슈타인은 착각에서 비롯된다고 말
했고, 불교는 망상에서 비롯된다고 말합니다.

우리는 마음이 허망한 움직임[妄動] 속에 있기 때문에 온갖 만물을 보는 것입니다. 우리는 '망상'이 있을 뿐만 아니라 또한 '집착'이 있어서 소견을 단단히 지니고 있습니다. 무엇을 하면 곧 그에 집착하고 무엇을 쥐고 있으면 그에 달라붙어 벗어나지 못합니다. '집'은 견지(堅持)요 '착'은 달라붙은 것입니다. 망상은 착오(錯誤)요 집착은 착오를 단단히 붙들어 쥐고 있는 것입니다. 망상과 집착 때문에 중생은 증득할 수 없어서 본래 지니고 있는 불성(佛性)과 본래 가지고 있는 지혜와 공덕[德相]이 온전히 드러나지 못하는 것입니다.

석가모니불이 이와 같이 가리켜 보여주심은, 바로 우주의 심오한 비밀을 폭로한 것이며 우주의 심오한 비밀을 다 말해 준 것입니다. 또한 이것은 시방세계의 모든 부처님들의 속마음이요 팔만대장경의 원천입니다. 모든 경론과 모든 수행법문은 이로부터 연역되어 이루어진 것입니다.

그러므로 이 말씀은 부처님 가르침의 뿌리요 일체 법문의 출발점이자 일체 법문의 귀결점입니다. 일체가 이 말씀으로부터 흘러나오지 않은 게 없고 일체가 역시 이 말씀으로 귀결되지 않는 게 없습니다. 일체중생은 평등하고 평등하여서 모두 여래의 지혜와 공덕을 갖추고 있습니다. 다시 말해 불성을 지니고 있습니다. 불성은 곧 영묘하고 밝은 진심[妙明眞心]이며 법신·여래·진여·실상·본성·진성 등등입니다. 그래서 경에서 말하기를 마음, 부처, 중생 이 셋은 차별이 없다고 합니다. 차별 없음이 곧 본체입니다. 모든 일[事]은 본체[體], 현상[相], 작용[用]이 있습니다. 본체 면에서는 차별이 없지만 현상과 작용면에서는 차별이 있습니다.

여래는 허망을 떠났기에 성인(聖人)을 이루었으며 중생은 허망에 집착하기 때문에 6도(六道)에 윤회합니다. 비록 본래 불성을 지니고 있지만 여전히 혼미하여 깨닫지 못하고 있습니다. 만약 범부를 성인으로 전환시키고자 한다면 단지 망상집착을 멀리 떠나는 데 있을 뿐입니다. 중생은 허망 속에 떨어져 있으면서 단단히 붙들고 놓지 않습니다. 아교처럼 달라붙어 자신을 속박시키고 있으므로 법신이 본래 있지만 법신의 신묘한 현상과 작용이 드러날 길이 없습니다.

더욱 엄중한 것은 자신에게 불성이 있건만 인식하지 못하고 감히 믿지 않는다는 것입니다.『능엄경』에서 말하듯이, 자기에게 본래 머리가 있건만 한사코 자신에게 머리가 없다고 생각하고는 미쳐서 사방을 쏘다니면서 따로 자기의 머리를 찾고 있는 격입니다. 그러므로 불법을 배우는 데는 자기의 머리를 지금까지 잃어버린 적이 없다는 사실을 가장 먼저 인식해야 합니다. (황념조 거사 저『심성록』)

세상의 모든 종교 미신을 뒤엎은 진리 — 연기법

모든 종교나 철학은 최초의 조물주가 무엇인지, 그 누가 주재(主宰)하고 있는지, 최초의 현상은 어느 때 시작되었는지를 추적하여 찾아보고 있습니다. 불교에서의 결론은 '시작 없는 시작'이라는 겁니다. 마치 하나의 둥근 원(圓)과 같아서 점마다 시작점이자 종점이 될 수 있습니다. 소위 시작점과 종점은 하나의 가정(假定)에 불과합니다. 우주의 법칙은 원주적(圓周的)이며 원만한[圓滿] 것입니다. 생겨나지도 않고 소멸하지도 않음이요, 오지도 않고 가지도 않습니다. 능히 생겨나게 하고 소멸하게 하며 가게 하고 오게 하는 그것은 생멸거래(生滅去來)가 없습니다.

확철대오란 우주만유 생명의 궁극을 철저하게 아는 것입니다. 석가모니 부처님은 도(道)를 깨닫고 성불하셨는데, 무슨 도(道)를 깨달았을까요? 온갖 생명의 본체(本體)는 태어나지도 않고 죽지도 않는다는 것을 아셨습니다. 이것을 깨달아 성불하신 겁니다.

공자, 노자, 석가모니불, 예수, 마호메트. 이 다섯 분의 교주(教主)는 온갖 생명의 본체는 불생불멸(不生不滅)한다는 이치를 알았지만, 도(道)를 전하고 전파하는 방법이 달라 지역 상황에 맞추었을 뿐입니다. 그 중에서도 가장 철저하게 말씀하신 분은 석가모니 부처님입니다.

우리가 알듯이 석가모니불 당시의 인도에는 62견(見)[16]으로 일컬어지는 다양한 사상들이 난립했습니다. 『중아함 3권 13경 도경(度經)』에 의하면, 석가모니불은 이를 모두 크게 세 가지 부류로 나누어 비판했습니다. 이른바 숙명론(宿命論)·신의론(神意論: 존우론尊祐論)·우연론(偶然論)의 3종외도설(三種外道說)인데, 오늘날도 여전히 적용할 수 있습니다.

"세상에는 지혜가 있다고 자처하는 세 가지 부류의 사람들이 있다. 일체는 숙명으로 이루어졌다고 하는 주장과, 일체는 존우(尊祐: 세계의 주재신)의 뜻에 의한 것이라는 주장과, 일체는 인(因)도 없고 연(緣)도 없이 이루어졌다는 주장이 그것이다. 그러나 이는 진리가 아니며 옳지 않다. 어째서 그런가. 만약 사람이 행하는 모든 행위가 숙명으로 이루어졌다든가, 존우의 뜻에 의한 것이라든가, 인도 없고 연도 없이 이루어지는 것이라면 사람들은 살생과 도둑질과 사음과 같은 열 가지 악행[十惡]에서 벗어날 수 없다. 왜냐하면 그것은 숙명적인 것이거나, 존우의 뜻에 의한 것이거나, 인(因)도 없고 연(緣)도 없는 것이기 때문이다. 그러므로 이 세 가지 주장은 진리가 아니며 옳지 않다. 만약 그런 주장들이 진리라면 사람들은 해야 할 일과 하지 않아야 할 일을 모를 것이며 거기서 벗어나는 방법도 모를 것이다." 이어서 부처님은 이렇게 말했다. "내가 스스로 알고 스스로 깨달은 바에 의하면 모든 것은 인과 연이 합하여 일어난다."

이렇듯 석가모니불은 진리를 철저하게 깨닫고 연기설(緣起說)을 설하였습니다. "온갖 생명과 물리세계는 인연으로 생겨나기[生起] 때문에 그 자성이 본래 공(空)하다. 그 자성이 공하기 때문에 인연으로 생겨난다 [緣起性空, 性空緣起]. 타력(他力)의 주재자도 없으며 자연

---

16) 『능엄경대의풀이』 부록에 실린 『범망경(梵網經)』을 참고하기 바란다.

히 이루어져 있는 것도 아니다 [無主宰, 非自然]." 그는 세상의 모든 종교 미신을 뒤엎어 버린 것이나 다름없었습니다. 대소승 불법의 이론 기초는 3세인과와 6도윤회 위에 세워져 있습니다.

천주교, 기독교, 이슬람교도 인과응보를 말합니다. 좋은 일을 한 사람은 천당에 올라가고, 나쁜 일을 한 사람은 지옥에 떨어집니다. 그렇다면 인과(因果)는 누가 주관하는 걸까요? 누가 사건을 판단하고 당신에게 응보(應報)를 받게 할까요? 불교에서는 당신의 죄를 심판하는 어떤 존재가 있다고 인정하지 않습니다. 당신을 지옥에 떨어지게 하고, 천당에 오르게 하는 존재가 있다는 것을 인정하지 않습니다. 왜 인정하지 않을까요? 왜냐하면 그것은 당연한 인과(因果)의 도리로서 대과학(大科學)이기 때문입니다. 천당에 오르고 지옥에 떨어지는 등 6도를 윤회하는 것과, 3세(三世)의 6도윤회와 3세의 과보(果報)는 모두 누가 그렇게 시켜서 그런 것이 아니라 자기 스스로가 만든 것입니다.

부처님을 배우는 여러분은 자신에게 물어 보십시오. 정말로 3세인과를 믿습니까? 자기를 속이지 마십시오. 때로는 그리 믿지 않겠지요! 당신은 정말로 지옥을 믿습니까? 불법은 대소승을 막론하고 모두 3세인과와 6도윤회의 이론 기초 위에 세워집니다. 일반인들은 마지못해 믿지만 실제로 증득을 추구하기란 어렵습니다. 실제로 3선(三禪) 이상에 도달해야만 선정 중에서 비로소 또렷이 볼 수 있습니다. 그래야 비로소 거의 진짜 믿을 수 있을 것입니다. (남회근 선생 저작 등)

3세인과 6도윤회

석가모니의 깨달음에 대하여 불경은 다음과 같이 말하고 있다.

보살은, 이미 악(惡)의 뿌리를 버려서 음욕과 성냄과 어리석음[婬怒癡]이 없고, 태어남과 죽음이 이미 없어져서 그 뿌리와 종자도 다 끊어졌고 그루터기에서 나는 싹조차 없어졌으며, 해야 할 바가 성취되었고 지혜가 명료해졌음을 스스로 알았다. 그리하여 태백성[明星]이 떠오를 때 홀연히 크게 깨달아 위없고 바르고 진실한 도[無上正眞道]를 얻어 최정각(最正覺)이 되시고는, 부처의 18불공법(十八不共法)을 얻고 10력(十力)과 4무소외(四無所畏)가 있게 되었다."17)

---

17) 10력

10력(十力)이란 부처님이 법신실상(法身實相)을 증득한 후에 열 가지 지혜의 힘을 갖추고 설법하여 중생을 제도하고 사견(邪見)을 꺾는 등 여러 일들을 이룸에 있어 자재 무애할 수 있음을 가리킨다.

1) 일체의 인연 과보를 살펴 사실대로 아는 지혜능력인 처비처지력(處非處智力)

2) 일체중생의 삼세 인연 과보를 두루 아는 지혜능력인 업이숙지력(業異熟智力)

3) 일체의 선정의 깊이와 차제를 아는 지혜능력인 선정해탈삼매정구분별지력(禪定解脫三昧淨垢分別智力)

4) 일체중생의 근성의 우열과 얻는 과위의 크기를 아는 지혜능력인 근상하지력(根上下智力)

5) 일체중생의 욕락과 선악의 차이를 두루 아는 지혜능력인 종종승해지력(種種勝解智力)

6) 갖가지 세간의 본성과 현상[性相]을 두루 아는 지혜능력인 종종계지력(種種界智力)

7) 일체의 선도(善道), 악도(惡道), 성도(聖道)가 이르는 곳을 두루 하는 지혜능력인 편취행지력(遍趣行智力)

8) 중생의 과거세의 갖가지 일을 두루 아는 지혜능력인 숙명지력(宿命智力)

9) 천안으로 중생이 죽어서 태어날 때와 미래에 생(生)을 받는 곳을 아는 지혜능력인 생사지력(生死智力)

10) 일체중생의 누진(漏盡) 여부를 두루 아는 지혜능력인 누진지력(漏盡智力)

4무소외

4무외(四無畏)라고도 하는데 불타가 대중들 앞에 나서도 두려움이 없는 네 가지 신심을 갖추고 있어서 설법, 문답, 비난, 시비 등 어떤 경우에도 침착하면서도 조용하고 용맹스러우면서도 안온한 것을 가리킨다.

1) 일체법을 깨달아 알아 정견(正見)에 머물고 두려워하는 바가 없는 일체지
무외(一切智無畏)

2) 일체의 번뇌를 끊었음을 자신하고 외난(外難)을 두려워하지 않는 누진무외
(漏盡無畏)

3) 수행에 장애가 되는 법을 자세히 설명하고 보여주어 어떤 비난에 대해서도
모두 두려워하는 바가 없는 설장법무외(說障法無畏)

4) 생사고해를 벗어나는 도리를 널리 설하는 데 두려움이 없는 설진고도무외
(說盡苦道無畏)

3념주

3념주(三念住)는 3념처(三念處), 3의지(三意止)라고도 한다. 부처님이 대비(大
悲)로써 중생을 섭수교화[攝化]하되 항상 정념(正念)과 정지(正知)의 심경(心境)
을 보호 유지하여 설사 다음의 세 가지 상황 아래 있더라도 기뻐하거나 근심하는
감정이 없음을 말한다.

1) 중생이 열심히 법을 듣고 가르침을 행할 때 불타는 기쁜 마음도 일으키지
않고 항상 정념, 정지에 안주하는 제일념주(第一念住).

2) 중생이 불법을 공경하지 않고 믿지 않을 때도 불타는 근심하는 마음을 일으
키지 않고 항상 정념, 정지에 안주하는 제이념주(第二念住).

3) 중생 중에 불법을 믿는 자와 믿지 않는 자가 있어도 불타는 기쁜 마음을 일
으키지도 않고 근심하는 마음도 일으키지 않으면서 항상 정념, 정지에 안주하는
제삼념주(第三念住).

대비

대비(大悲)란 부처님이 항상 중생을 가엽고 불쌍히 여겨 구제해 주려고 생각
하는 마음이다. 그러므로 가르침을 보여 이롭고 기쁘게 함으로써 중생을 부처의
지견(知見)에 들도록 인도한다.

18불공법

18불공법(不共法)에 대해서는 대승불교와 소승불교가 서로 다르다. 소승불교
에서의 18불공법은 위에서 말한 십력, 사무소외, 삼념주, 대비를 가리킨다. 대승
불교에서의 18불공법은 『대품반야경』에서 열여덟 가지 점의 불공법을 다음과
같이 제시한다.

1) 부처님은 신업에 과실이 없다[身無失].

2) 부처님은 구업에 과실이 없다[口無失].

3) 부처님은 항상 선정을 닦아 마음이 산란하지 않고 또 법에 집착 하지 않고
항상 편안한 마음이다[念無失].

4) 일체중생을 평등하게 생각하여 다른 생각이 없다[無異想].

5) 일상생활에서 항상 선정을 떠나지 않는다[無不定心].

6) 부처님은 일체법을 비추어 알지만 버리거나 집착하지 않는다[無不知己捨心].

7) 일체중생을 제도하되 만족하거나 부족해 하는 마음이 없다[欲無減].

8) 불과(佛果)를 이룬 후에도 정진력에 감소함이 없다[精進無減].

9) 삼세제불의 법과 일체의 지혜에 상응 만족하여 퇴전이 없다[念無減].

10) 일체중생을 제도함에 있어서 지혜가 부족함이 없다[慧無減].

11) 부처님은 모든 집착을 벗어나 유위(有爲), 무위(無爲)의 해탈을 구현하고 일체 번뇌를 소멸 해탈했다[解脫無減].

12) 일체의 해탈에 관하여 명백한 지견을 가지고 조금도 결함이 없다[解脫知見無減].

13) 부처님은 훌륭한 모습으로 항상 지혜를 따라 행하여 일체중생을 유익하게 한다[一切身業隨智慧行].

14) 부처님의 미묘한 진리의 말씀은 지혜에 따라 중생을 구제한다[一切口業隨智慧行].

15) 부처님의 청정한 마음의 활동은 지혜를 따라 중생을 교화하여 유익하게 한다[一切意業隨智慧行].

16) 지혜로 과거의 모든 일을 걸림 없이 알고 본다[智慧知見過去世無礙無障].

17) 지혜로 미래의 모든 일을 걸림 없이 알고 본다[智慧知見未來世無礙無障].

18) 지혜로 현재의 모든 일을 걸림 없이 알고 본다[智慧知見現在世無礙無障].

3덕 4무애해

이상의 수승한 공덕 이외에도 3덕(三德) 4무애해(四無礙解)가 있다.

일반적으로 말하는 3덕은 지덕(智德), 단덕(斷德), 은덕(恩德) 그리고 대반열반경에서 말하는 법신덕(法身德), 반야덕(般若德), 해탈덕(解脫德)이다.

4무애해는 다음 네 가지가 포함된다. 이를 4무애변(四無礙辯) 또는 4변(四辯)이라고도 한다

1) 바른 이치에 잘 계합할 수 있는 법무애해(法無礙解),

2) 법의 의미를 잘 설명 풀이할 수 있는 의무애해(義無礙解),

3) 각종의 지방언어에 정통하여 무애 자재한 사무애해(詞無礙解),

4) 바른 이치에 따라 교묘하게 설법이 무애한 변무애해(辯無礙解) 등이다.

4무애해는 불타가 항상 이 네 가지 자재 무애의 지해변재(智解辯才)를 운용하여 중생을 제도 교화함을 나타낸다.

부처님과 중생과의 관계는 마치 자애로운 어머니가 자식을 돌보고 사랑하듯 피곤해하거나 싫어함이 없다. 중생도 마치 자식이 어머니를 기억하는 것처럼 항

그 때 보살은 한밤중에 이르러 곧 천안(天眼)을 얻어 세간(世間)을 관찰했는데, 마치 밝은 거울 속에서 자신의 얼굴을 보듯 모든 것을 철저하게 보았다. 중생들을 보니 그 종류가 헤아릴 수 없으며 여기서 죽어 저기에 태어나 자신이 행한 선악에 따라 고통과 안락의 과보[苦樂報]를 받고 있었다.

지옥세계에서 고문으로 다스려지는 중생을 관찰하니, 혹은 녹인 구리물이 입에 부어지고 있고, 혹은 구리 기둥을 안고 있으며, 혹은 쇠 평상에 눕고 있고, 혹은 쇠솥에서 삶아지고 있으며, 혹은 불 위에서 꼬챙이에 꿰어져 구워지고 있고, 혹은 범·이리·매·개에게 먹히고 있으며, 혹은 불을 피하여 나무 아래 의지하니 나뭇잎들이 떨어지면서 모두 칼이 되어서 그의 몸을 자르고 끊고 하였으며, 혹은 도끼나 톱으로 팔다리가 썰리기도 하였고, 혹은 펄펄 끓는 재로 된 강물 속에 던져지기도 하였으며, 혹은 뜨거운 똥·오줌 구덩이 속으로 던져지기도 하였다. 그들은 이와 같은 갖가지 고통들을 받으면서 업보(業報) 때문에 목숨이 끝났으나 죽지 못하였다.

보살은 이러한 일을 보고 나서 마음으로 사유하였다. '이들 중생은 본래 나쁜 업(業)을 지어 세간의 쾌락을 위했던 까닭에 이제 그 과보를 받아 극심한 고통을 당하고 있다. 만일 사람이 이와 같은 악한 과보를 보게 된다면 착하지 않은 생각을 다시는 하지 않을 것이다.'

그때 보살이 다음으로 축생세계를 관찰하니, 축생들은 갖가지 행위에 따라 여러 가지 추한 형상을 받으면서, 혹은 뼈·살·힘줄·뿔·가죽·어금니·털과 깃 때문에 죽임을 당하기도 하고, 혹은 사람을 위하여 무거운 짐을 짊어지고 굶주림에 시달리는데도 사람이

상 불타의 공덕을 느끼고 생각하며 부처님의 은혜를 갚을 생각을 한다. 그러므로 '위로는 네 가지 무거운 은혜를 갚고 아래로는 3도의 고통을 제도하는 것[上報四重恩, 下濟三途苦]'을 부처님의 은혜에 보답하는 것이라고 한다.

그것을 몰라주기도 하며, 혹은 그것의 코를 뚫고, 혹은 그의 머리가 갈고리에 매여 언제나 몸의 살이 사람에게 바치거나 그 무리들끼리 서로 잡아먹기도 하는 등 이러한 갖가지 고통을 받고 있었다.

보살은 보고 나서 대비심(大悲心)을 일으키며 스스로 사유하였다. '이러한 중생들이 언제나 자신의 몸과 힘을 사람에게 바치고 또 매 맞고 굶주림의 고통을 당하는 것은 모두 본래 악행을 했던 과보이다.'

그때 보살이 다음으로 아귀(餓鬼)세계를 관찰하니, 그들은 언제나 캄캄한 어둠 속에 있으면서 잠시라도 햇빛이나 달빛을 본 적이 없고 그 무리들끼리도 서로 보지 못한 것을 보았다. 받은 형상은 길고 크되 그 배는 마치 큰 산과 같았다. 목구멍은 바늘만하고 입 안은 언제나 큰 불이 활활 타고 있었다. 항상 배고픔과 목마름에 시달리면서도 천억만 년 동안 음식 소리조차도 듣지 못하였다. 설령 하늘에서 비가 내려 그의 위에 뿌려져도 불구슬로 변했다. 강이나 바다나 하천을 지나가려고 그 앞에 이르렀을 때는 물이 곧 이글거리는 구리나 불붙은 숯으로 변하고 말았다. 몸을 움직여 걸음 걷는 소리는 마치 사람들이 5백 채의 수레를 끌어당기는 것과 같으면서 팔다리의 마디마다 모두 불타고 있었다.

보살은 이러한 갖가지의 고통을 받는 것을 보고 대비심을 일으키며 스스로 사유하였다. '이들은 모두 본래 간탐(慳貪)을 부려 재물을 쌓기만 하고 보시하지 않았기 때문에 이제 이러한 죄보를 받고 있다. 만일 사람이 이들이 받는 이런 고통을 본다면 마땅히 은혜롭게 보시하고 인색하지 않아야 한다. 만약 재물이 없다면 살이라도 베어서 보시해야 한다.'

그때 보살이 다음으로 인간세계를 관찰하니, 중음신(中陰身)이 태(胎)로 들어가려고 시작하는 것이 보였다. 부모가 성관계[和合]할 때에 뒤바뀐 생각[顚倒想]으로 애욕의 마음을 일으켜 부정한 것(난자와 정자가 결합한 수정란)을 자기의 몸으로 여기고, 태 안에 자리 잡은 뒤에는 생장(生藏: 위장 부위)과 숙장(熟藏: 방광 부위) 사이에서 몸이 찜질당하며 구워지는 것이 마치 지옥 고통과 같았다. 만 10개월이 다 된 뒤에 비로소 태어나고, 막 태어났을 때 바깥의 사람이 안고 잡을 때의 거칠고 껄끄러운 고통은 마치 칼에 찔리는 것 같았다. 그리고는 오래지 않아 다시 늙음과 죽음으로 돌아가고 다시 갓난아이가 되고… 이와 같이 5도(五道)[18]에 윤회하면서도 자신이 그런 줄 깨닫지 못하고 있었다.

보살은 보고나서 대비심을 일으키며 스스로 사유하였다. '중생에게는 모두 이러한 근심재앙이 있거늘, 어찌 그 가운데서 5욕(五欲)[19]에 탐착하여 멋대로 안락이라고 헤아리면서 뒤바뀐 근본을 끊지 못할까?'

그때 보살이 다음으로 천상세계를 관찰했다. 천인[天子]들을 보니 그 몸이 청정하여 먼지나 때가 묻지 않은 것이 마치 유리와 같았고, 큰 빛이 있으면서 눈은 깜짝거리지 않았다. 혹은 수미산 꼭대기에 살고 있는 이도 있었고, 혹은 수미산의 네 개의 고개에 살고 있는 이도 있었으며, 혹은 허공 가운데에 살고 있는 이도 있었다. 마음은 언제나 기쁘고 쾌적하지 않은 일이 없었고 하늘의 아름다운 음악을 연주하여 스스로 재미있게 즐기면서 밤낮을 알지 못했다. 사방의 모든 풍경은 절묘하지 않음이 없어서, 동쪽을 바라보며 탐착하다가 한 해가 흘러가도록 고개를 돌리는 것도 잊었고 서쪽을 바라보며 빠져들어 여러 해가 지나가도 고개를 돌리지 않았으며 남쪽과 북쪽도 그와 같이 하였다. 음식과 의복은 생각하는 대로 곧 이르렀다. 비록 이렇게 뜻에 맞는 일만 있었으나 오히려 욕망의 불길로 초조하고 애태웠다.

---

18) 오취(五趣)라고도 한다. 지옥 · 아귀 · 축생 · 인간 · 천상의 5도를 말하는데 아수라도는 지옥에 포함한 것이다.

19) 눈 · 귀 · 코 · 혀 · 몸의 오관에 의한 색상 · 소리 · 향기 · 맛 · 감촉이라는 5종의 감각대상에 대한 감관적 욕망.

또한 그 하늘이 복이 다할 때에는 다섯 가지 죽음의 조짐[五死相]이 나타나는 것을 보았다. 첫째는 머리 위의 꽃이 시들고, 둘째는 눈이 깜박거려지며, 셋째는 몸 위의 광명이 소멸하고, 넷째는 겨드랑이 밑에서 땀이 나며, 다섯째는 저절로 본래 있던 자리를 떠났다. 그 모든 권속들이 천자의 몸에 다섯 가지 죽음의 조짐이 나타나는 것을 보면 마음으로 연모하였다. 천인 자신도 자기 몸에 다섯 가지 죽음의 조짐이 있는 것을 보고 또한 권속이 자기를 연모하는 것을 보고는 크게 고뇌하였다.

보살은 그 모든 천인들에게 이러한 일이 있는 것을 보고 대비심을 일으키며 스스로 사유하였다. '이 모든 천인들은 본래 적은 선(善)을 닦아서 천상세계의 안락을 받았지만 과보가 다하게 되니 크게 고뇌한다. 그리고 목숨을 마치게 되면 그 천인의 몸을 버리고 혹은 3악도(三惡道: 지옥·아귀·축생)에 떨어지는 이도 있다. 처음에는 선을 행하면서 안락의 과보를 구했기 때문에 이제 얻게 되는 안락은 적고 고통은 많은 것이, 마치 배고픈 사람이 독이 섞인 밥을 먹으면 처음에는 비록 맛이 있지만 마지막에는 큰 근심재앙을 당하는 것과 같다. 지혜로운 이라면 어떻게 이러한 것을 탐하고 좋아하겠는가?'

색계와 무색계의 천인들은 수명이 긴 것을 보고 곧 언제까지나 안락할 것이라고 말했지만, 변화하고 무너져버리는 것을 보면 크게 고뇌하면서 곧 삿된 생각을 일으켜 인과(因果)가 없다고 말한다. 이렇기 때문에 3악도[三塗]에 바퀴 돌 듯하면서 모든 고통을 받을 대로 받는다.'

그다음으로, 아난아! 이 3계 가운데는 또 네 종류의 아수라(阿修羅)의 부류가 있다. 첫째 종류는, 아귀세계 중에서 착한 서원과 착한 마음으로 불법을 옹호하고 그 선업(善業)의 힘으로 아귀세계를 버리고 신통을 타고서 허공계(虛空界)에 들어간다. 이러한 아수라는 알[卵]에서 태어나며 난생은 허공을 날아다닌다. 그 원인 과보가 귀(鬼)의

모습 부류가 되는데 비록 허공계에서 거주하여도 여전히 아귀세계의
부류에 속한다.

둘째 종류는, 만약 천인세계에서 범행(梵行)이 좀 줄어들고 정욕이
좀 무거워 덕을 잃게 되어 강등 추락하여 아수라가 된 경우이니, 복보
가 천인과 비슷하고 거주하는 곳도 서로 대등하며 거주하는 곳이 일
월궁(日月宮)을 이웃으로 한다. 이러한 아수라는 태(胎)에서 태어나
는데 태는 정(情)으로 말미암아 있으며 정욕이 사람과 같으므로 비록
천상에 거주하지만 인간세계의 부류에 속한다.

셋째 종류는, 어떤 아수라왕은 복보가 천인과 서로 같아서 귀신을
부릴 수 있고, 인간의 화복(禍福)을 좌우할 수 있으며, 신통력이 천상
계를 훤히 알아 두려워 할 바가 없으며, 대범천왕이나 도리천주와 권
력을 다툴 수 있다. 이러한 아수라는 변화[化]로 인하여 있으므로 천
인세계의 부류에 속한다.

아난아! 이 밖에 따로 한 등급 낮은 아수라가 있으니, 큰 바다의 중
심에 태어나 깊은 수혈구(水穴口)에 잠겨있으면서 낮에는 허공을 돌
아다니고 밤에는 물로 돌아와서 잠을 잔다. 이러한 아수라는 습기
[濕]로 태어나므로 축생세계의 부류에 속한다.[20]

보살은 천안(天眼)의 힘으로 5도(五道)를 관찰하고 대비심을 일으
키며 스스로 사유하였다. '3계(三界) 안에는 안락이 한 가지도 없구
나.' 이와 같이 사유하면서 한밤중이 다 지나갔다.

그때 보살은 제3야에 이르러 중생의 성품은 무슨 인연 때문에 노사
(老死)가 있는지를 관찰하였다. 노사는 바로 생(生)을 그 뿌리로 삼았
기 때문에 만일 생을 떠나면 곧 노사가 없으며, 또한 생은 하늘로부터

---

20) 6도 중 아수라도에 대해서는 인용 경전에 그 내용이 없어서 『능엄경』의 것
   을 넣었음. 3세인과 6도윤회에 대해서는 『생과 사 그 비밀을 말한다』 부록
   2. 「능엄경이 말해주는 중생의 생사윤회 인과 대원칙」을 읽어보기 바란다.

생긴 것도 아니고 자신으로부터도 생긴 것도 아니며 연(緣)이 없이 생긴 것도 아니고, 인연으로부터 생긴 것으로, 욕계[欲有]·색계[色有]·무색계[無色有]의 업(業)으로 인하여 생기는 것임을 알았다.

또 3계[三有]의 업은 무엇으로부터 생기는지를 관찰하니 곧 3계의 업은 4취(四取)로부터 생기는 것임을 알았다. 또 다시 4취는 무엇으로부터 생기는지를 관찰하니 4취는 애(愛)로부터 생기는 것임을 알았다. 또한 애는 무엇으로부터 생기는지를 관찰하니 애는 수(受)로부터 생기는 것임을 알았다.

또다시 수는 무엇으로부터 생기는지를 관찰하니 곧 촉(觸)으로부터 생기는 것임을 알았고, 또다시 촉은 무엇으로부터 생기는지를 관찰하니 곧 6입(六入)으로부터 생기는 것임을 알았으며, 또한 6입은 무엇으로부터 생기는지를 관찰하니 곧 6입은 명색(名色)으로부터 생기는 것임을 알았다.

또한 명색은 무엇으로부터 생기는지를 관찰하니 곧 명색은 식(識)으로부터 생기는 것임을 알았고, 또다시 식은 무엇으로부터 생기는지를 관찰하니 곧 식은 행(行)으로부터 생기는 것임을 알았으며, 또다시 행은 무엇으로부터 생기는지를 관찰하니 곧 행은 무명(無明)으로부터 생기는 것임을 알았다.

만일 무명이 소멸하면 곧 행이 소멸하고, 행이 소멸하면 곧 식이 소멸하며, 식이 소멸하면 곧 명색이 소멸하고, 명색이 소멸하면 곧 6입이 소멸하며, 6입이 소멸하면 곧 촉이 소멸하고, 촉이 소멸하면 곧 수가 소멸하며, 수가 소멸하면 곧 애가 소멸하고, 애가 소멸하면 곧 취가 소멸하며, 취가 소멸하면 곧 유가 소멸하고, 유가 소멸하면 곧 생이 소멸하며, 생이 소멸하면 곧 노(老)·사(死)·우(憂)·비(悲)·고(苦)·뇌(惱)가 소멸함도 알았다.

이와 같이 역(逆)과 순(順)으로 12인연을 관찰하여 제3야에 이르러서야 무명을 깨뜨렸다. 그리고는 동이 틀 무렵 지혜의 광명을 얻어 습기의 장애[習障]를 끊고 일체종지(一切種智)를 이루었다.

그 때 여래께서는 마음으로 스스로 사유하였다.

'8정도는 곧 3세(三世)의 모든 부처님들이 실천하여 반열반으로 나아가시는 길이다. 나도 이미 실천하여 지혜를 통달하여 장애가 없게 되었다.' (『한글대장경에서 발췌)

법의 분류와 정의

법(Dhamma 法)이란 무엇인가? 법은 어떻게 정의하는가? 초기불전에서 담마(dhamma)를 다양한 의미로 쓰고 있는데 크게 둘로 나누어 볼 수 있습니다. 첫째, 부처님의 가르침으로서의 법을 뜻하며 대문자로 Dhamma로 표기하고 불법 Buddha-Dhamma (佛法)으로 쓰고 있습니다.

둘째, 존재하는 모든 것[諸法]을 뜻하며 소문자로 dhamma로 표기하고 일체법 sabbe-dhammā (一切法)으로 씁니다. 그렇지만 부처님의 가르침과 일체법은 같은 내용을 담을 수 없습니다.

첫째, 부처님의 가르침으로서의 법은 교학과 수행으로 정리됩니다. 교학으로서의 법은 5온·12처·18계·22근·4성제·12연기의 여섯 가지 주제로 집약됩니다.

온(蘊, 무더기, khandha) : 5온 = 물질[色, rūpa], 느낌[受, vedanā], 인식[想, saññā], 심리현상들[行, saṅkhārā], 알음알이[識, viññāṇa]의 다섯 가지 무더기입니다.

처(處, 감각장소, āyatana) : 12처 = 눈·귀·코·혀·몸·마음(眼耳鼻舌身意)의 여섯 가지 감각장소[六內處]와, 형색·소리·냄새·맛·감촉·마음(色聲香味觸法)의 여섯 가지 대상[六外處]인 12가지 감각장소입니다.

계(界, 요소, dhātu) : 12처의 마음(마노)에서 여섯 가지 알음알이를 독립시켜서 모두 18가지가 된다. 즉, 눈·귀·코·혀·몸·마음(眼耳鼻舌身意)의 여섯 가지와, 형색·소리·냄새·맛·감촉·마음(色聲香味觸法)의 여섯 가지와 눈의 알음알이[眼識]·귀의 알음알이·코의 알음알이·혀의 알음알이·몸의 알음알이·마노의 알음알이[意識]의 여섯을 합하여 18가지가 됩니다.

근(根, 기능, indriya) : 22근 = (1) 눈의 기능[眼根] (2) 귀의 기능[耳根] (3) 코의 기능[鼻根] (4) 혀의 기능[舌根] (5) 몸의 기능[身根] (6) 여자의 기능[女根] (7) 남자의 기능[男根] (8) 생명기능[命根] (9) 마노의 기능[意根] (10) 즐거움의 기능[樂根] (11) 괴로움의 기능[苦根] (12) 기쁨의 기능[喜根] (13) 불만족의 기능[憂根] (14) 평온의 기능[捨根] (15) 믿음의 기능[信根] (16) 정진의 기능[精進根] (17) 마음챙김의 기능[念根] (18) 삼매의 기능[定根] (19) 통찰지의 기능[慧根] (20) 구경의 지혜를 가지려는 기능[未知當知根] (21) 구경의 지혜의 기능[已知根] (22) 구경의 지혜를 구족한 기능[具知根]

제(諦, 진리, sacca) : 4성제(四聖諦)= 괴로움의 성스러운 진리(고성제)·괴로움의 일어남의 성스러운 진리(집성제)·괴로움의 소멸의 성스러운 진리(멸성제)·괴로움의 소멸로 인도하는 도닦음의 성스러운 진리(도성제)의 네 가지 진리입니다.

연(緣, 조건발생, paccaya, paticcasamuppāda) : 12연기를 말합니다.

수행으로서의 법은 4념처(四念處)·4정근(四正勤)·4여의족(四如意足)·5근(五根)·5력(五力)·7각지(七覺支)·8정도(八正道)의 일곱 가지 주제로 구성된 37가지 깨달음의 편에 있는 법들[37보리분법菩提分法]으로 정리되고, 이것은 다시 계정혜 3학(三學)과 사마타[지止]와 위빠사나[관觀] 등으로 체계화됩니다.

4념처(念處, 마음챙김의 확립) : 몸[身]·느낌[受]·마음[心]·법[法]에 대한 마음챙김[念, sati]

4정근(正勤, 精進) : 여기 비구는 아직 일어나지 않은 사악하고 해로운 법[不善法]들을 일어나지 못하게 하기 위해서 … 이미 일어난 사악하고 해로운 법들을 제거하기 위해서 … 아직 일어나지 않은 유익한 법[善法]들을 일어나도록 하기 위해서 … 이미 일어난 유익한 법들을 지속시키고 사라지지 않게 하고 증장시키고 충만하게 하고 닦아서 성취하기 위해서 열의를 생기게 하고 정진하고 힘을 내고 마음을 다잡고 애를 쓴다.

4여의족(如意足, 성취수단) : 열의(chanda), 정진(viriya), 마음(citta), 검증(vīmaṁsa)의 성취수단

5근(根, 기능) : 믿음의 기능[信根], 정진의 기능[精進根], 마음챙김의 기능[念根], 삼매의 기능[定根], 통찰지의 기능[慧根]

5력(力, 힘) : 5근과 같다.

7각지(覺支, 깨달음의 구성오소) : 마음챙김, 법의 간택, 정진, 희열, 고요함, 삼매, 평온의 깨달음의 구성요소[각지].

8정도(八正道) : 여덟 가지 구성요소를 가진 성스러운 도[八支聖道] = 바른 견해[正見], 바른 사유[正思惟], 바른 말[正語], 바른 행위[正業], 바른 생계[正命], 바른 정진[正精進], 바른 마음챙김[正念], 바른 삼매[正定].

둘째, 부처님께서 반열반하신 뒤부터 부처님의 직계제자들이 법을 진지하게 사유하고 분류하고 분석하고 체계화하여 불교의 밑줄기를 튼튼하게 한 불교가 바로 아비담마abhidhamma입니다. 문자적으로 아비담마는'법에 대해서[對法]', 혹은'수승한 법[勝法]'이라는 뜻입니다. 이처럼 아비담마는 부처님의 가르침의 핵심인 법을 연구하는 체계입니다.

일체법으로서의 법은 일체 존재를 구성하는 기본 단위로, 아비담마에서는'더이상 분해할 수 없는 자기 고유의 성질을 가진 것'이라고 정의합니다. 최소 단위로서의 법은 궁극적 실재, 혹은 구경법

paramattha dhamma라고 부릅니다.「상좌부 아비담마」에서는 존재하는 모든 것을 고유 성질의 차이에 따라 마음[心], 마음부수[心所], 물질[色], 열반(涅槃)의 4위 82법으로 정리하였고,「설일체유부」에서는 마음, 마음부수, 물질, 심불상응행(心不相應行), 열반의 5위 75법으로 정착시켰고,「유식」에서는 이를 발전시켜 5위 100법으로 설명하고 있습니다. 이런 최소 단위들이 모여서 이루어진 것들을 개념, 즉 빤냣띠paññatti 시설(施設), 가명(假名)이라고 합니다.

예를 들어 사람, 동물, 산, 강, 컴퓨터 등 우리가 개념 지어 알고 있는 모든 것은 개념이지 법의 영역에 속하지 않습니다. 이것들은 여러 가지 최소 단위로 분해할 수 있기 때문입니다. 강(江)이라 할 때 거기에는 최소 단위인 물의 요소들이 모여서 흘러감이 있을 뿐 강이라는 불변하는 고유의 물질은 없습니다. 그들은 마음이 만들어 낸 개념이지 그들의 본성에 의해서 존재하는 실재가 아닙니다.「와지라 경」(S5: 10)에는 "마치 부품들을 조립한 것이 있을 때 '마차'라는 명칭이 있는 것처럼 무더기들[蘊]이 있을 때 '중생'이라는 인습적 표현이 있을 뿐이라는 금언이 있습니다. 여기서 '마차'는 개념적 존재의 본보기이고 '부품들'은 법들의 본보기입니다.

초기불교에서 '나'라는 개념적 존재를 '5온'이라는 법으로 해체해서 보는 것은 이처럼 5온개고(五蘊皆苦)와 5온무아(五蘊無我)를 극명하게 드러내기 위한 방편입니다. 모든 개념적 존재를 법으로 해체해서 보면 무상(無常)·고(苦)·무아(無我)가 극명하게 드러나게 되고, 그들의 무상·고·무아를 통찰하면 염오하고, 탐욕이 빛바래고, 그래서 해탈·열반을 실현한다는 것이 초기불교의 일관된 흐름입니다.

한편 상좌부 불교뿐만 아니라 설일체유부를 위시한 북방의 모든 아비달마 불교와 반야 중관을 위시한 대승불교에서도 법을 고찰하는 방법으로 개별적 특징[自相]과 보편적 특징[共相]을 채택하였습니다. 초기불교의 교학과 수행체계는 '자상을 통한 공상의 확인'으로 정리됩니다. 고유 성질의 특징에 따라 법들을 분류하고 이들 가운데 특정법의 무상이나 고나 무아를 통찰할 것을 강조합니다. (각묵스님 「초기 불교 강의」)

4성제 8정도

《진리의 분석 경》

5. "비구들이여, 사리뿟따와 목갈라나를 따라 배우라. 비구들이여, 사리뿟따와 목갈라나를 섬겨라. 이 두 비구는 현자요 청정범행을 닦는 동료 수행자들을 도와주는 자이다. 비구들이여, 사리뿟따는 낳아준 친어머니와 같고 목갈라나는 태어난 자를 길러주는 유모와 같다. 비구들이여, 사리뿟따는 예류과로 인도하고 목갈라나는 더 높은 경지로 인도한다. 비구들이여, 사리뿟따는 네 가지 성스러운 진리들을 설명하고, 가르치고, 선언하고, 확립하고, 드러내고, 분석하고, 해설할 수 있다."

6. 세존께서는 이렇게 말씀하셨다. 이렇게 말씀하시고 선서께서는 자리에 일어나셔서 거처로 들어가셨다.

7. 거기서 사리뿟다 존자는 세존께서 나가신 지 얼마 지나지 않아서 "도반 비구들이여."라고 비구들을 불렀다. 그 비구들은 "도반이시여."라고 사리뿟따 존자에게 응답했다. 사리뿟따 존자는 이렇게 설하였다.

8. "도반들이여, 여래 · 아라한 · 정등각자께서는 바라나시의 이시빠따나에 있는 녹야원에서 위없는 법의 바퀴[法輪]를 굴리셨나니 그것은 ... 무엇이 네 가지인가요?"

9. "그것은 괴로움의 성스러운 진리[苦聖諦]를 설명하고, 가르치고, 선언하고, 확립하고, 드러내고, 분석하고, 해설하신 것입니다. 괴로움의 일어남의 성스러운 진리[苦集聖諦]를 ...괴로움의 소멸의 성

스러운 진리[苦滅聖諦]를 ...괴로움의 소멸로 인도하는 도닦음의 성스러운 진리[苦滅道聖諦]를 설명하고, 가르치고, 선언하고, 확립하고, 드러내고, 분석하고, 해설하신 것입니다."

10. "무엇이 괴로움입니까? 태어남도 괴로움입니다. 늙음도 괴로움입니다. 죽음도 괴로움이고, 근심 · 탄식 · 육체적 고통 · 정신적 · 고통절망도 괴로움이고, 원하는 것을 얻지 못하는 것도 괴로움입니다. 요컨대 취착의 [대상인] 다섯 가지 무더기[五取蘊] 자체가 괴로움입니다."

11. "도반들이여, 그러면 어떤 것이 태어남입니까? 이런저런 중생들의 무리로부터 이런저런 중생들의 태어남, 출생, 도래함, 생김, 탄생, 오온의 나타남, 여섯 감각장소[六處]의 획득, 도반들이여, 이를 일러 태어남이라 합니다."

12. "도반들이여, 그러면 어떤 것이 늙음입니까? 이런저런 중생들의 무리 가운데서 이런저런 중생들의 늙음, 노쇠함, 부서진 이, 희어진 머리털, 주름진 피부, 수명의 감소, 감각기능[근根]의 쇠퇴, 이를 일러 늙음이라 합니다."

13. "도반들이여, 그러면 어떤 것이 죽음입니까? 이런저런 중생들의 무리로부터 이런저런 중생들의 종말, 제거됨, 부서짐, 사라짐, 사망, 죽음, 서거, 오온의 부서짐, 시체를 안치함, 생명기능의 끊어짐, 이를 일러 죽음이라 합니다."

14. "도반들이여, 그러면 어떤 것이 근심입니까? 도반들이여, 이런저런 불행을 만나고 이런저런 괴로운 현상에 맞닿은 사람의 근심, 근심함, 근심스러움, 내면의 근심, 내면의 슬픔, 이를 일러 근심이라 합니다."

15. "도반들이여, 그러면 어떤 것이 탄식입니까? 도반들이여, 이런저런 불행을 만나고 이런저런 괴로운 상태와 마주친 사람의 한탄, 비탄, 한탄함, 비탄함, 한탄스러움, 비탄스러움, 이를 일러 탄식이라 합니다."

16. "도반들이여, 그러면 어떤 것이 육체적 고통입니까? 도반들이여, 몸의 고통, 몸의 불편함, 몸에 맞닿아 생긴 고통스럽고 불편한 느낌, 이를 일러 육체적 고통이라 합니다."

17. "도반들이여, 그러면 어떤 것이 정신적 고통입니까? 도반들이여, 정신적인 불편함, 마음에 맞닿아 생긴 고통스럽고 불편한 느낌, 이를 일러 정신적 고통이라 합니다.

18. "도반들이여, 그러면 어떤 것이 절망입니까? 도반들이여, 이런저런 불행을 만나고 이런저런 괴로운 상태와 마주친 사람의 실망, 절망, 실망함, 절망함, 이를 일러 절망이라 합니다."

19. "도반들이여, 그러면 어떤 것이 원하는 것을 얻지 못하는 괴로움입니까? 도반들이여, 태어나기 마련인 중생들에게 이런 바람이 일어납니다. '오, 참으로 우리에게 태어나는 법이 있지 않기를! 참으로 그 태어남이 우리에게 오지 않기를!' 이라고. 그러나 이것은 원한다고 해서 얻어지지 않습니다. 원하는 것을 얻지 못하는 이것도 괴로움입니다.

도반들이여, 늙기 마련인 중생들에게 ... 병들기 마련인 중생들에게 ... 죽기 마련인 중생들에게 ... 근심 . 탄식 . 육체적 고통 . 정신적 고통 . 절망을 하기 마련인 중생들에게 이런 바람이 일어납니다. '오, 참으로 우리에게 근심 . 탄식 . 육체적 고통 . 정신적 고통 . 절망하는 법이 있지 않기를! 참으로 그 근심 . 탄식 . 육체적 고통 . 정신적 고통 . 절망이 우리에게 오지 않기를!'이라고. 그러나 이것은 원한다고 해서 얻어지지 않습니다. 원하는 것을 얻지 못하는 이것도 괴로움입니다."

20. "도반들이여, 그러면 요컨대 취착의 [대상인] 다섯 가지 무더기[五取蘊] 자체가 괴로움이라는 것은 어떤 것입니까? 그것은 취착의 [대상인] 물질의 무더기, 취착의 [대상인] 느낌의 무더기, 취착의 [대상인] 인식의 무더기, 취착의 [대상인] 심리현상들의 무더기, 취착의 [대상인] 알음알이의 무더기입니다. 도반들이여, 이를 두고 요컨

대 취착의 [대상인] 다섯 가지 무더기[五取蘊] 자체가 괴로움이라고 합니다. 도반들이여, 이를 일러 괴로움의 성스러운 진리라 합니다."

21. "도반들이여, 그러면 무엇이 괴로움의 일어남의 성스러운 진리[苦集聖諦]입니까? 그것은 다시 태어남을 가져오고 향락과 탐욕이 함께하며 여기저기서 즐기는 갈애이니, 즉 감각적 욕망에 대한 갈애[欲愛], 존재에 대한 갈애[有愛], 존재하지 않음에 대한 갈애[無有愛]입니다. 도반들이여, 이를 일러 괴로움의 일어남의 성스러운 진리라 합니다."

22. "도반들이여, 그러면 무엇이 괴로움의 소멸의 성스러운 진리[苦滅聖諦]입니까? 그 갈애가 남김없이 빛바래어 소멸함, 버림, 놓아버림, 벗어남, 집착 없음입니다. 도반들이여, 이를 일러 괴로움의 소멸의 성스러운 진리라 합니다."

23. "도반들이여, 그러면 무엇이 괴로움의 소멸로 인도하는 도닦음의 성스러운 진리[苦滅道聖諦]입니까? 그것은 성스러운 팔정도[八支聖道]이니, 즉 바른 견해[正見], 바른 사유[正思惟], 바른 말[正語], 바른 행위[正業], 바른 생계[正命], 바른 정진[正精進], 바른 마음챙김[正念], 바른 삼매[正定]입니다."

24. "도반들이여, 그러면 무엇이 바른 견해입니까? 도반들이여, 괴로움에 대한 지혜, 괴로움의 일어남에 대한 지혜, 괴로움의 소멸에 대한 지혜, 괴로움의 소멸로 인도하는 도 닦음에 대한 지혜, 이를 일러 바른 견해라 합니다."

25. "도반들이여, 그러면 무엇이 바른 사유입니까? 도반들이여, 출리에 대한 사유, 악의 없음에 대한 사유, 해코지 않음[不害]에 대한 사유, 이를 일러 바른 사유라 합니다."

26. "도반들이여, 그러면 무엇이 바른 말입니까? 도반들이여, 거짓말을 삼가고, 중상모략을 삼가고, 욕설을 삼가고, 잡담을 삼가는 것, 이를 일러 바른 말이라 합니다."

27. "도반들이여, 그러면 무엇이 바른 행위입니까? 도반들이여,

살생을 삼가고, 주지 않은 것을 가지는 것을 삼가고, 삿된 음행을 삼가는 것, 이를 일러 바른 행위라 합니다."

28. "도반들이여, 그러면 무엇이 바른 생계입니까? 도반들이여, 성스러운 제자는 그릇된 생계를 버리고 바른 생계로 생명을 영위합니다. 도반들이여, 이를 일러 바른 생계라 합니다."

29. "도반들이여, 그러면 무엇이 바른 정진입니까? 도반들이여, 여기 비구는 아직 일어나지 않은 나쁘고 해로운 법들은 일어나지 않도록 하기 위해 열의를 일으키고 정진하고 힘을 내고 마음을 다잡고 애를 씁니다. 이미 일어난 나쁘고 해로운 법들은 제거하기 위해 열의를 일으키고 정진하고 힘을 내고 마음을 다잡고 애를 씁니다. 아직 일어나지 않은 유익한 법들은 일어나도록 하기 위해 열의를 일으키고 정진하고 힘을 내고 마음을 다잡고 애를 씁니다. 이미 일어난 유익한 법들은 지속하게 하고 사라지지 않게 하고 증장하게 하고 충만하게 하고 닦기 위해 열의를 일으키고 정진하고 힘을 내고 마음을 다잡고 애를 씁니다. 도반들이여, 이를 일러 바른 정진이라 합니다."

30. "도반들이여, 그러면 무엇이 바른 마음챙김입니까? 도반들이여, 여기 비구는 몸에서 몸을 관찰하며[身隨觀] 머뭅니다. 세상에 대한 욕심과 싫어하는 마음을 버리고 근면하고 분명히 알아차리고 마음챙기면서 머뭅니다. 느낌에서 느낌을 관찰하며[受隨觀] 머뭅니다. 세상에 대한 욕심과 싫어하는 마음을 버리고 근면하고 분명히 알아차리고 마음챙기면서 머뭅니다. 마음에서 마음을 관찰하며[心隨觀] 머뭅니다. 세상에 대한 욕심과 싫어하는 마음을 버리고 근면하고 분명히 알아차리고 마음챙기면서 머뭅니다. 법에서 법을 관찰하며[法隨觀] 머뭅니다. 세상에 대한 욕심과 싫어하는 마음을 버리고 근면하고 분명히 알아차리고 마음챙기면서 머뭅니다. 도반들이여, 이를 일러 바른 마음챙김이라 합니다."

31. "도반들이여, 그러면 무엇이 바른 삼매입니까? 도반들이여, 여기 비구는 감각적 욕망들을 완전히 떨쳐버리고 해로운 법[不善法]

들을 떨쳐버린 뒤, 일으킨 생각과 지속적 고찰이 있고, 떨쳐버렸음에서 생긴 희열과 행복이 있는 초선(初禪)을 구족하여 머뭅니다. 일으킨 생각과 지속적 고찰을 가라앉혔기 때문에 자기 내면의 것이고, 확신이 있으며, 마음의 단일한 상태이고, 일으킨 생각과 지속적 고찰은 없고, 삼매에서 생긴 희열과 행복이 있는 제2선(二禪)을 구족하여 머뭅니다. 희열이 빛바랬기 때문에 평온하게 머물고, 마음챙기고 알아차리며 [正念, 正知] 몸으로 행복을 경험한다. [이 禪 때문에] 성자들이 그를 두고 '평온하고 마음챙기며 행복하게 머문다.'고 묘사하는 제3선(三禪)을 구족하여 머뭅니다. 행복도 버리고 괴로움도 버리고, 아울러 그 이전에 이미 기쁨과 슬픔을 소멸하였으므로 괴롭지도 즐겁지도 않으며, 평온으로 인해 마음챙김이 청정한 [捨念淸淨] 제4선(四禪)을 구족하여 머뭅니다. 도반들이여, 이를 일러 바른 삼매라 합니다."

32. "도반들이여, 여래·아라한·정등각자께서는 바라나시의 이시빠따나에 있는 녹야원에서 위없는 법의 바퀴를 굴리셨나니 그것은 사문이나 바라문이나 신이나 마라나 범천이나 이 세상 그 누구도 멈추게 할 수 없습니다. 그것은 네 가지 성스러운 진리를 설명하고, 가르치고, 선언하고, 확립하고, 드러내고, 분석하고, 해설한 것입니다."

사리뿟따 존자는 이와 같이 설했다.

그 비구들은 흡족한 마음으로 사리뿟따 존자의 설법을 크게 기뻐하였다. (M141. 『진리의 분석 경』 Saccavibhaṅga Sutta, 각묵스님 번역)

12연기

《분 석 경》

1. 이와 같이 나는 들었다. 한때 세존께서는 사왓티에서 제따 숲의 아나타삔디까 원림(급고독원)에 머무셨다.

2. 거기서 세존께서는 "비구들이여."라고 비구들을 부르셨다. "세존이시여."라고 비구들은 세존께 응답했다. 세존께서는 이렇게 말씀하셨다.

3. "비구들이여, 그대들에게 연기(緣起)를 분석하리라. 이제 그것을 들어라. 듣고 마음에 잘 새겨라. 나는 설할 것이다."

"그렇게 하겠습니다. 세존이시여."라고 비구들은 세존께 응답했다. 세존께서는 이렇게 말씀하셨다.

"비구들이여, 그러면 어떤 것이 연기인가?

비구들이여, 무명을 조건으로 의도적 행위들[行]이, 의도적 행위들을 조건으로 알음알이[識]가, 알음알이를 조건으로 정신·물질[名色]이, 정신·물질을 조건으로 여섯 감각장소[六入]가, 여섯 감각장소를 조건으로 감각접촉[觸]이, 감각접촉을 조건으로 느낌[受]이, 느낌을 조건으로 갈애[愛]가, 갈애를 조건으로 취착[取]이, 취착을 조건으로 존재[有]가, 존재를 조건으로 태어남[生]이, 태어남을 조건으로 늙음·죽음[老死]과 근심·탄식·육체적 고통·정신적 고통·절망[憂悲苦惱]이 발생한다.

이와 같이 전체 괴로움의 무더기[苦蘊]가 발생한다.

4. "비구들이여, 그러면 어떤 것이 늙음[老]인가?

이런저런 중생들의 무리 가운데서 이런저런 중생들의 늙음, 노쇠함, 부서진 [치아], 희어진 [머리털], 주름진 피부, 수명의 감소, 감각기능[根]의 쇠퇴―이를 일러 늙음이라 한다.

[비구들이여, 그러면 어떤 것이 죽음[死]인가?]

이런저런 중생들의 무리로부터 이런저런 중생들의 종말, 제거됨, 부서짐, 사라짐, 사망, 죽음, 서거, 오온의 부서짐, 시체를 안치함, 생명기능[命根]의 끊어짐―이를 일러 죽음이라 한다.

이것이 늙음이고 이것이 죽음이다. 비구들이여, 이를 일러 늙음·

죽음이라 한다.”

5. “비구들이여, 그러면 어떤 것이 태어남[生]인가?

이런저런 중생들의 무리로부터 이런저런 중생들의 태어남, 출생, 도래함, 생김, 탄생, 오온의 나타남, 감각장소[處]를 획득함—비구들이여, 이를 일러 태어남이라 한다.”

6. “비구들이여, 그러면 어떤 것이 존재[有]인가?

비구들이여, 세 가지 존재가 있나니 욕계의 존재, 색계의 존재, 무색계의 존재이다. 비구들이여, 이를 일러 존재라 한다.”

7. “비구들이여, 그러면 어떤 것이 취착[取]인가?

비구들이여, 네 가지 취착[四取]이 있나니 감각적 욕망에 대한 취착, 견해에 대한 취착, 계율과 의례의식에 대한 취착, 자아의 교리에 대한 취착이다.—비구들이여, 이를 일러 취착이라 한다.”

8. “비구들이여, 그러면 어떤 것이 갈애[愛]인가?

비구들이여, 여섯 가지 갈애의 무리[六愛身]가 있나니 형색[色]에 대한 갈애, 소리[聲]에 대한 갈애, 냄새[香]에 대한 갈애, 맛[味]에 대한 갈애, 감촉[觸]에 대한 갈애, 법[法]에 대한 갈애이다.—비구들이여, 이를 일러 갈애라 한다.”

9. “비구들이여, 그러면 어떤 것이 느낌[受]인가?

비구들이여, 여섯 가지 느낌의 무리가 있나니 눈[眼]의 감각접촉에서 생긴 느낌, 귀[耳]의 감각접촉에서 생긴 느낌, 코[鼻]의 감각접촉에서 생긴 느낌, 혀[舌]의 감각접촉에서 생긴 느낌, 몸[身]의 감각접촉에서 생긴 느낌, 마노[意]의 감각접촉에서 생긴 느낌이다.—비구들이여, 이를 일러 느낌이라 한다.”

10. “비구들이여, 그러면 어떤 것이 감각접촉[觸]인가?

비구들이여, 여섯 가지 감각접촉의 무리가 있나니 형색에 대한 감각접촉, 소리에 대한 감각접촉, 냄새에 대한 감각접촉, 맛에 대한 감각접촉, 감촉에 대한 감각접촉, 법에 대한 감각접촉이다.—비구들이여, 이를 일러 감각접촉이라 한다.”

11. "비구들이여, 그러면 어떤 것이 여섯 감각장소[六入]인가?

눈의 감각장소, 귀의 감각장소, 코의 감각장소, 혀의 감각장소, 몸의 감각장소, 마노의 감각장소이다.―비구들이여, 이를 일러 여섯 감각장소라 한다."

12. "비구들이여, 그러면 어떤 것이 정신·물질[名色]인가?

느낌, 인식, 의도(cetanā), 감각접촉, 마음에 잡도리함(주의)―이를 일러 정신[名]이라 한다. 그리고 네 가지 근본물질[四大: 지수화풍 **地水火風**]과 네 가지 근본물질에서 파생된 물질―이를 일러 물질[色]이라 한다. 이것이 정신이고 이것이 물질이다. 비구들이여, 이를 일러 정신·물질이라 한다."

13. "비구들이여, 그러면 어떤 것이 알음알이[識]인가?

비구들이여, 여섯 가지 알음알이의 무리가 있나니 눈의 알음알이[眼識], 귀의 알음알이[耳識], 코의 알음알이[鼻識], 혀의 알음알이[舌識], 몸의 알음알이[身識], 마노의 알음알이[意識]이다.―비구들이여, 이를 일러 알음알이라 한다."

14. "비구들이여, 그러면 어떤 것이 의도적 행위들[行]인가?

비구들이여, 세 가지 의도적 행위들이 있나니 몸[身]의 의도적 행위, 말[口]의 의도적 행위, 마음[意]의 의도적 행위이다.―비구들이여, 이를 일러 의도적 행위들이라 한다."

15. "비구들이여, 그러면 어떤 것이 무명(無明)인가?

비구들이여, 괴로움[苦]에 대한 무지, 괴로움의 일어남[集]에 대한 무지, 괴로움의 소멸[滅]에 대한 무지, 괴로움의 소멸로 인도는 도닦음[道]에 대한 무지이다.―비구들이여, 이를 일러 무명이라 한다."21)

---

21) 참고로 『잡아함경』 제12권 298 《법설의설경(法說義說經)》에서의 무명에 대한 설명은 다음과 같다.

'무명을 조건으로 행이 발생한다'고 하는데, 어떤 것을 무명(無明)이라고 하는가? 만약 과거를 알지 못하고·미래를 알지 못하고·과거와 미래를 알지 못하며, 안을 알지 못하고·밖을 알지 못하고·안과 밖을 알지 못하며, 업(業)을 알지 못하고·과보(果報)를 알지 못하고·업보(業報)를 알지 못하며, 부처님을 알

16. "비구들이여, 이와 같이 무명을 조건으로 의도적 행위들이, 의도적 행위들을 조건으로 알음알이가, 알음알이를 조건으로 정신·물질이, 정신·물질을 조건으로 여섯 감각장소가, 여섯 감각장소를 조건으로 감각접촉이, 감각접촉을 조건으로 느낌이, 느낌을 조건으로 갈애가, 갈애를 조건으로 취착이, 취착을 조건으로 존재가, 존재를 조건으로 태어남이, 태어남을 조건으로 늙음·죽음과 근심·탄식·육체적 고통·정신적 고통·절망이 발생한다. 이와 같이 전체 괴로움의 무더기[苦蘊]가 발생한다.[22]

그러나 무명이 남김없이 빛바래어 소멸하기 때문에 의도적 행위들이 소멸하고, 의도적 행위들이 소멸하기 때문에 알음알이가 소멸하고, 알음알이가 소멸하기 때문에 정신·물질이 소멸하고, 정신·물질이 소멸하기 때문에 여섯 감각장소가 소멸하고, 여섯 감각장소가 소멸하기 때문에 감각접촉이 소멸하고, 감각접촉이 소멸하기 때문에 느낌이 소멸하고, 느낌이 소멸하기 때문에 갈애가 소멸하고, 갈애가

지 못하고·법을 알지 못하고·승가를 알지 못하며, 괴로움[苦]을 알지 못하고·괴로움의 원인[集]을 알지 못하고·괴로움의 소멸[滅]을 알지 못하고·괴로움의 소멸하는 길[道]을 알지 못하며, 원인[因]을 알지 못하며·원인이 일으키는 법을 알지 못하며, 착함과 착하지 않음을 알지 못하고, 죄가 있음과 죄가 없음·익힘과 익히지 않음·열등함과 우수함·더러움과 깨끗함·연기(緣起)에 대한 분별 등을 모두 알지 못하며, 6촉입처(六觸入處)에 대하여 실제 그대로 주의 기울여 알아차리지[覺知] 못해서, 이러저러한 것을 알지 못하고·보지 못하고·(알아차림)이 시시각각 이어지지 않고 끊어지고[無無間等]·어리석어 어둡고·밝음이 없고·크게 어두우면, 이런 것을 무명이라고 한다.

云何義說? 謂緣無明行者。彼云何無明? 若不知前際, 不知後際、不知前後際、不知於內、不知於外、不知內外, 不知業, 不知報, 不知業報, 不知佛、不知法、不知僧, 不知苦、不知集、不知滅、不知道, 不知因、不知因所起法, 不知善不善、有罪無罪、習不習、若劣若勝、染污清淨、分別緣起, 皆悉不知 ; 於六觸入處, 不如實覺知, 於彼彼不知、不見、無無間等、癡闇、無明、大冥, 是名無明。

22) 이것이 유전(流轉)연기이며 순관(順觀)이라고 한다. 그다음 것은 환멸(還滅)연기라 하며 역관(逆觀)이라 한다.

소멸하기 때문에 취착이 소멸하고, 취착이 소멸하기 때문에 존재가 소멸하고, 존재가 소멸하기 때문에 태어남이 소멸하고, 태어남이 소멸하기 때문에 늙음·죽음과 근심·탄식·육체적 고통·정신적 고통·절망이 소멸한다. 이와 같이 전체 괴로움의 무더기[苦蘊]가 소멸한다."(『분석 경』. 상윳따니까야 2권,각묵스님, 2009년)

《 여섯씩 여섯 경[六·六 경] 》(M148)
Chachakka - sutta
대림스님옮김 『맛지마니까야』 제4권 p.578~592

1. 이와 같이 나는 들었다. 한때 세존께서는 사왓티에서 제따 숲의 아나타삔디까 원림에서 머무셨다. 그곳에서 세존께서는 '비구들이여.'라고 비구들을 부르셨다. "세존이시여.'라고 비구들은 세존께 응답했다. 세존께서는 이렇게 말씀하셨다.

2. "비구들이여, 나는 그대들에게 법을 설하리라. 나는 시작도 훌륭하고 중간도 훌륭하고 끝도 훌륭하며 의미와 표현을 구족했고 더할 나위 없이 완벽하고 지극히 청정한 법을 설하고 범행(梵行)을 드러낼 것이니 그것은 여섯씩 여섯이다. 그것을 듣고 마음에 잘 새겨라. 이제 설하리라."

〈개요〉

3. 여섯 가지 안의 감각장소[六內處]를 알아야 한다. 여섯 가지 밖의 감각장소[六外處]를 알아야 한다. 여섯 가지 알음알이 의 무리[六識身]를 알아야 한다. 여섯 가지 감각접촉의 무리[六觸身]를 알아야

한다. 여섯 가지 느낌의 무리[六受身]를 알아야 한다. 여섯 가지 갈애의 무리[六愛身]를 알아야 한다.

〈해체해서 보기〉

4. '여섯 가지 안의 감각장소[六內處]를 알아야 한다.'라고 한 것은 무엇을 반연하여 한 말인가?

눈의 감각장소[眼處], 귀의 감각장소[耳處], 코의 감각장소[鼻處], 혀의 감각장소[舌處], 몸의 감각장소[身處], 마노[意]의 감각장소[意處]가 있다.

'여섯 가지 안의 감각장소를 알아야 한다.'라고 한 것은 이것을 반연하여 한 말이다. 이것이 첫 번째 여섯이다.

5. '여섯 가지 밖의 감각장소[六外處]를 알아야 한다.'라고 한 것은 무엇을 반연하여 한 말인가?

형색의 감각장소[色處], 소리의 감각장소[聲處], 냄새의 감각장소[香處], 맛의 감각장소[味處], 감촉의 감각장소[觸處], 법의 감각장소가 있다[法處]. '여섯 가지 밖의 감각장소를 알아야 한다.'라고 한 것은 이것을 반연하여 한 말이다. 이것이 두 번째 여섯이다.

6. '여섯 가지 알음알이의 무리[六識身]를 알아야 한다.'라고 한 것은 무엇을 반연하여 한 말인가?

눈과 형색들을 조건으로 눈의 알음알이[眼識]가 일어난다.
귀와 소리들을 조건으로 귀의 알음알이[耳識]가 일어난다.
코와 냄새들을 조건으로 코의 알음알이[鼻識]가 일어난다.
혀와 맛들을 조건으로 혀의 알음알이[舌識]가 일어난다.
몸과 감촉들을 조건으로 몸의 알음알이[身識]가 일어난다.
마노[意]와 법들을 조건으로 마노의 알음알이[意識]가 일어난다.

'여섯 가지 알음알이의 무리를 알아야 한다.'라고 한 것은 이것을 반연하여 한 말이다. 이것이 세 번째 여섯이다.

7. '여섯 가지 감각접촉의 무리[六觸身]를 알아야 한다.'라고 한 것은 무엇을 반연하여 한 말인가?

눈과 형색들을 조건으로 눈의 알음알이가 일어난다. 이 셋의 화합이 감각접촉[眼觸]이다.

귀와 소리들을 조건으로 귀의 알음알이가 일어난다. 이 셋의 화합이 감각접촉[耳觸]이다.

코와 냄새들을 조건으로 코의 알음알이가 일어난다. 이 셋의 화합이 감각접촉[鼻觸]이다.

혀와 맛들을 조건으로 혀의 알음알이가 일어난다. 이 셋의 화합이 감각접촉[舌觸]이다.

몸과 감촉들을 조건으로 몸의 알음알이가 일어난다. 이 셋의 화합이 감각접촉[身觸]이다.

마노[意]와 법들을 조건으로 마노의 알음알이가 일어난다. 이 셋의 화합이 감각접촉[意觸]이다.

'여섯 가지 감각접촉의 무리를 알아야 한다.'라고 한 것은 이것을 반연하여 한 말이다. 이것이 네 번째 여섯이다.

8. '여섯 가지 느낌의 무리[六受身]를 알아야 한다.'라고 한 것은 무엇을 반연하여 한 말인가?

눈과 형색들을 조건으로 눈의 알음알이가 일어난다. 이 셋의 화합이 감각접촉이다. 감각접촉을 조건으로 느낌[眼觸生受]이 있다.

귀와 소리들을 조건으로 귀의 알음알이가 일어난다. 이 셋의 화합이 감각접촉이다. 감각접촉을 조건으로 느낌[耳觸生受]이 있다.

코와 냄새들을 조건으로 코의 알음알이가 일어난다. 이 셋의 화합이 감각접촉이다. 감각접촉을 조건으로 느낌[鼻觸生受]이 있다.

혀와 맛들을 조건으로 혀의 알음알이가 일어난다. 이 셋의 화합이 감각접촉이다. 감각접촉을 조건으로 느낌[舌觸生受]이 있다.

몸과 감촉들을 조건으로 몸의 알음알이가 일어난다. 이 셋의 화합이 감각접촉이다. 감각접촉을 조건으로 느낌[身觸生受]이 있다.

마노[意]와 법들을 조건으로 마노의 알음알이가 일어난다. 이 셋의 화합이 감각접촉이다. 감각접촉을 조건으로 느낌[意觸生受]이 있다.

'여섯 가지 느낌의 무리를 알아야 한다.'라고 한 것은 이것을 반연하여 한 말이다. 이것이 다섯 번째 여섯이다.

9. '여섯 가지 갈애의 무리[六愛身]를 알아야 한다.'라고 한 것은 무엇을 반연하여 한 말인가?

눈과 형색들을 조건으로 눈의 알음알이가 일어난다. 이 셋의 화합이 감각접촉이다. 감각접촉을 조건으로 느낌이 있다. 느낌을 조건으로 갈애[眼觸生愛]가 있다.

귀와 소리들을 조건으로 귀의 알음알이가 일어난다. 이 셋의 화합이 감각접촉이다. 감각접촉을 조건으로 느낌이 있다. 느낌을 조건으로 갈애[耳觸生愛]가 있다.

코와 냄새들을 조건으로 코의 알음알이가 일어난다. 이 셋의 화합이 감각접촉이다. 감각접촉을 조건으로 느낌이 있다. 느낌을 조건으로 갈애[鼻觸生愛]가 있다.

혀와 맛들을 조건으로 혀의 알음알이가 일어난다. 이 셋의 화합이 감각접촉이다. 감각접촉을 조건으로 느낌이 있다. 느낌을 조건으로 갈애[舌觸生愛]가 있다.

몸과 감촉들을 조건으로 몸의 알음알이가 일어난다. 이 셋의 화합이 감각접촉이다. 감각접촉을 조건으로 느낌이 있다. 느낌을 조건으로 갈애[身觸生愛]가 있다.

마노[意]와 법들을 조건으로 마노의 알음알이가 일어난다. 이 셋의 화합이 감각접촉이다. 감각접촉을 조건으로 느낌이 있다. 느낌을 조건으로 갈애[意觸生愛]가 있다.

'여섯 가지 느낌의 무리를 알아야 한다.'라고 한 것은 이것을 반연하여 한 말이다. 이것이 여섯 번째 여섯이다.

10. "만일 '눈이 자아[我]다.'라고 말한다면 그것은 타당하지 않다. 눈의 일어남과 사라짐[生滅]은 알 수 있다. 일어남과 사라짐을 알 수 있기 때문에 ['눈이 자아다.'라고 말하면] '나의 자아가 일어나고 사라진다.'는 말이 되어버린다. 그러므로 '눈이 자아다.'라고 말한다면 그것은 타당하지 않다. 그러므로 눈은 자아가 아니다[非我].

만일 '형색들이 자아다.'라고 말한다면 그것은 타당하지 않다. 형색들의 일어남과 사라짐은 알 수 있다. 일어남과 사라짐을 알 수 있기 때문에 ['형색들이 자아다.'라고 말하면] '나의 자아가 일어나고 사라진다.'는 말이 되어버린다. 그러므로 '형색들이 자아다.'라고 말한다면 그것은 타당하지 않다. 그러므로 눈은 자아가 아니다. 형색들은 자아가 아니다.

만일 '눈의 알음알이가 자아다.'라고 말한다면 그것은 타당하지 않다. 눈의 알음알이의 일어남과 사라짐은 알 수 있다. 일어남과 사라짐을 알 수 있기 때문에 ['눈의 알음알이가 자아다.'라고 말하면] '나의 자아가 일어나고 사라진다.'는 말이 되어버린다. 그러므로 '눈의 알음알이가 자아다.'라고 말한다면 그것은 타당하지 않다. 그러므로 눈은 자아가 아니다. 형색들은 자아가 아니다. 눈의 알음알이는 자아가 아니다.

만일 '눈의 감각접촉이 자아다.'라고 말한다면 그것은 타당하지 않다. 눈의 감각접촉의 일어남과 사라짐은 알 수 있다. 일어남과 사라짐을 알 수 있기 때문에 ['눈의 감각접촉이 자아다.'라고 말하면] '나의 자아가 일어나고 사라진다.'는 말이 되어버린다. 그러므로 '눈의 감각접촉이 자아다.'라고 말한다면 그것은 타당하지 않다. 그러므로 눈은 자아가 아니다. 형색들은 자아가 아니다. 눈의 알음알이는 자아가 아니다. 눈의 감각접촉은 자아가 아니다.

만일 '느낌이 자아다.'라고 말한다면 그것은 타당하지 않다. 느낌의 일어남과 사라짐은 알 수 있다. 일어남과 사라짐을 알 수 있기 때문에 ['느낌이 자아다.'라고 말하면] '나의 자아가 일어나고 사라진다.'는 말이 되어버린다. 그러므로 '느낌이 자아다.'라고 말한다면 그것은 타당하지 않다. 그러므로 눈은 자아가 아니다. 형색들은 자아가 아니다. 눈의 알음알이는 자아가 아니다. 눈의 감각접촉은 자아가 아니다. 느낌은 자아가 아니다.

만일 '갈애가 자아다.'라고 말한다면 그것은 타당하지 않다. 갈애의 일어남과 사라짐은 알 수 있다. 일어남과 사라짐을 알 수 있기 때문에 ['갈애가 자아다.'라고 말하면] '나의 자아가 일어나고 사라진다.'는 말이 되어버린다. 그러므로 '갈애가 자아다.'라고 말한다면 그것은 타당하지 않다. 눈은 자아가 아니다. 형색들은 자아가 아니다. 눈의 알음알이는 자아가 아니다. 눈의 감각접촉은 자아가 아니다. 느낌은 자아가 아니다. 갈애는 자아가 아니다.

11. "만일 '귀가 자아다.' … '소리들이 자아다.' … '귀의 알음알이가 자아다.' … '귀의 감각접촉이 자아다.' … '느낌이 자아다.' …'갈애가 자아다.'라고 말한다면 그것은 타당하지 않다. 갈애의 일어남과 사라짐은 알 수 있다. 일어남과 사라짐을 알 수 있기 때문에 ['갈애가 자아다.'라고 말하면] '나의 자아가 일어나고 사라진다.'는 말이 되어버린다. 그러므로 '갈애가 자아다.'라고 말한다면 그것은 타당하지 않다. 그러므로 귀는 자아가 아니다. 소리들은 자아가 아니다. 귀의 알음알이는 자아가 아니다. 귀의 감각접촉은 자아가 아니다. 느낌은 자아가 아니다. 갈애는 자아가 아니다.

12. "만일 '코가 자아다.' … '냄새들이 자아다.' … '코의 알음알이가 자아다.' … '코의 감각접촉이 자아다.' … '느낌이 자아다.' … '갈

애가 자아다.'라고 말한다면 그것은 타당하지 않다. 갈애의 일어남과 사라짐은 알 수 있다. 일어남과 사라짐을 알 수 있기 때문에 ['갈애가 자아다.'라고 말하면] '나의 자아가 일어나고 사라진다.'는 말이 되어 버린다. 그러므로 '갈애가 자아다.'라고 말한다면 그것은 타당하지 않다. 그러므로 코는 자아가 아니다. 냄새들은 자아가 아니다. 코의 알음알이는 자아가 아니다. 코의 감각접촉은 자아가 아니다. 느낌은 자아가 아니다. 갈애는 자아가 아니다.

13. "만일 '혀가 자아다.' … '맛들이 자아다.' … '혀의 알음알이기 자아다.' … '혀의 감각접촉이 자아다.' … '느낌이 자아다.' … '갈애가 자아다.'라고 말한다면 그것은 타당하지 않다. 갈애의 일어남과 사라짐은 알 수 있다. 일어남과 사라짐을 알 수 있기 때문에 ['갈애가 자아다.'라고 말하면] '나의 자아가 일어나고 사라진다.'는 말이 되어 버린다. 그러므로 '갈애가 자아다.'라고 말한다면 그것은 타당하지 않다. 그러므로 혀는 자아가 아니다. 맛들은 자아가 아니다. 혀의 알음알이는 자아가 아니다. 혀의 감각접촉은 자아가 아니다. 느낌은 자아가 아니다. 갈애는 자아가 아니다.

14. "만일 '몸이 자아다.' … '감촉들이 자아다.' … '몸의 알음알이가 자아다.' … '몸의 감각접촉이 자아다.' … '느낌이 자아다.' … '갈애가 자아다.'라고 말한다면 그것은 타당하지 않다. 갈애의 일어남과 사라짐은 알 수 있다. 일어남과 사라짐을 알 수 있기 때문에 ['갈애가 자아다.'라고 말하면] '나의 자아가 일어나고 사라진다.'는 말이 되어 버린다. 그러므로 '갈애가 자아다.'라고 말한다면 그것은 타당하지 않다. 그러므로 몸은 자아가 아니다. 감촉들은 자아가 아니다. 몸의 알음알이는 자아가 아니다. 몸의 감각접촉은 자아가 아니다. 느낌은 자아가 아니다. 갈애는 자아가 아니다.

15. "만일 '마노[意]가 자아다.' … '법들이 자아다.' … '마노의 알음알이가 자아다.' … '마노의 감각접촉이 자아다.' … '느낌이 자아다.' … '갈애가 자아다.'라고 말한다면 그것은 타당하지 않다. 갈애의 일어남과 사라짐은 알 수 있다. 일어남과 사라짐을 알 수 있기 때문에 ['갈애가 자아다.'라고 말하면] '나의 자아가 일어나고 사라진다.'는 말이 되어버린다. 그러므로 '갈애가 자아다.'라고 말한다면 그것은 타당하지 않다. 그러므로 마노는 자아가 아니다. 법들은 자아가 아니다. 마노의 알음알이는 자아가 아니다. 마노의 감각접촉은 자아가 아니다. 느낌은 자아가 아니다. 갈애는 자아가 아니다.

〈존재더미[有身]의 일어남(sakkāya-samudaya)〉

16. "비구들이여, 이것이 존재더미[有身]의 일어남으로 인도하는 도닦음[身見之集道]이다. 눈을 두고 '이것은 내 것이다. 이것은 나다. 이것은 나의 자아다.'라고 여긴다. 형색들을 두고 … 눈의 알음알이를 두고 … 눈의 감각접촉을 두고 … 느낌을 두고 … 갈애를 두고 '이것은 내 것이다. 이것은 나다. 이것은 나의 자아다.'라고 여긴다.

17~21 "귀를 두고 '이것은 내 것이다. 이것은 나다. 이것은 나의 자아다.'라고 여긴다. 코를 두고 … 혀를 두고 … 몸을 두고 … 마노를 두고 '이것은 내 것이다. 이것은 나다. 이것은 나의 자아다.'라고 여긴다. 법들을 두고 … 마노의 알음알이를 두고 … 마노의 감각접촉을 두고 … 느낌을 두고 … 갈애를 두고 '이것은 내 것이다. 이것은 나다. 이것은 나의 자아다.'라고 여긴다.

〈존재더미[有身]의 소멸(sakkāya-nirodha)〉

22. "비구들이여, 이것이 존재더미[有身]의 소멸로 인도하는 도닦

음[導身見之滅道]이다. 눈을 두고 '이것은 내 것이 아니다. 이것은 내가 아니다. 이것은 나의 자아가 아니다.'라고 여긴다. 형색들을 두고 … 눈의 알음알이를 두고 … 눈의 감각접촉을 두고 … 느낌을 두고 … 갈애를 두고 '이것은 내 것이 아니다. 이것은 내가 아니다. 이것은 나의 자아가 아니다.'라고 여긴다."

23~27. "귀를 두고 '이것은 내 것이 아니다. 이것은 내가 아니다. 이것은 나의 자아가 아니다.'라고 여긴다. 코를 두고 … 혀를 두고 … 몸을 두고 … 마노를 두고 '이것은 내 것이 아니다. 이것은 내가 아니다. 이것은 나의 자아가 아니다.'라고 여긴다. 법들을 두고 … 마노의 알음알이를 두고 … 마노의 감각접촉을 두고 … 느낌을 두고 … 갈애를 두고 '이것은 내 것이 아니다. 이것은 내가 아니다. 이것은 나의 자아가 아니다.'라고 여긴다."

〈잠재성향〉

28. "비구들이여, 눈과 형색들을 조건으로 눈의 알음알이가 일어난다. 이 셋의 화합이 감각접촉이다. 감각접촉을 조건으로 즐겁거나[樂] 괴롭거나[苦] 괴롭지도 즐겁지도 않은[不苦不樂]느낌[受]이 일어난다.

즐거운 느낌에 닿을 때 만일 그것을 즐기고 환영하고 움켜쥐면 그에게 탐욕(貪欲)의 잠재성향이 잠재하게 된다. 괴로운 느낌에 닿을 때 만일 근심하고 상심하고 슬퍼하고 가슴을 치고 울부짖고 광란하면 그에게 적의(敵意: 진에瞋恚)의 잠재성향이 잠재하게 된다. 괴롭지도 즐겁지도 않은 느낌에 닿을 때 만일 그 느낌의 일어남과 사라짐과 달콤함과 재난과 벗어남을 있는 그대로 알지 못하면 그에게 무명(無明)의 잠재성향이 잠재하게 된다.

비구들이여, 그가 참으로 즐거운 느낌에 대한 탐욕의 성향을 버리지 않고, 괴로운 느낌에 대해 적의의 잠재성향을 파괴하지 않고, 괴롭지도 즐겁지도 않은 느낌에 대해 무명의 잠재성향을 뿌리 뽑지 않고, 무명을 버리지 않고, 명지(明智)를 일으키지 않고, 지금·여기에서 괴로움을 끝낼 것이라는 것은 불가능하다."

29~33. "비구들이여, 귀와 소리들을 조건으로 귀의 알음알이가 일어난다. … 코와 냄새들을 조건으로 코의 알음알이가 일어난다. … 혀와 맛들을 조건으로 혀의 알음알이가 일어난다. … 몸과 감촉들을 조건으로 몸의 알음알이가 일어난다. … 마노와 법들을 조건으로 마노의 알음알이가 일어난다. 이 셋의 화합이 감각접촉이다. 감각접촉을 조건으로 즐겁거나 괴롭거나 괴롭지도 즐겁지도 않은 느낌이 일어난다.

즐거운 느낌에 닿을 때 만일 그것을 즐기고 환영하고 움켜쥐면 그에게 탐욕의 잠재성향이 잠재하게 된다. 괴로운 느낌에 닿을 때 만일 근심하고 상심하고 슬퍼하고 가슴을 치고 울부짖고 광란하면 그에게 적의의 잠재성향이 잠재하게 된다. 괴롭지도 즐겁지도 않은 느낌에 닿을 때 만일 그 느낌의 일어남과 사라짐과 달콤함과 재난과 벗어남을 있는 그대로 알지 못하면 그에게 무명의 잠재성향이 잠재하게 된다.

비구들이여, 그가 참으로 즐거운 느낌에 대한 탐욕의 성향을 버리지 않고, 괴로운 느낌에 대해 적의의 잠재성향을 파괴하지 않고, 괴롭지도 즐겁지도 않은 느낌에 대해 무명의 잠재성향을 뿌리 뽑지 않고, 무명을 버리지 않고, 명지를 일으키지 않고, 지금·여기에서 괴로움을 끝낼 것이라는 것은 불가능하다."

〈잠재성향을 버림〉

34. "비구들이여, 눈과 형색들을 조건으로 눈의 알음알이가 일어

난다. 이 셋의 화합이 감각접촉이다. 감각접촉을 조건으로 즐겁거나 괴롭거나 괴롭지도 즐겁지도 않은 느낌이 일어난다.

즐거운 느낌에 닿을 때 만일 그것을 즐기지 않고 환영하지 않고 움켜쥐지 않으면 그에게 탐욕의 잠재성향이 잠재하지 않는다.

괴로운 느낌에 닿을 때 만일 근심하지 않고 상심하지 않고 슬퍼하지 않고, 가슴을 치고 울부짖고 광란하지 않으면 그에게 적의의 잠재성향이 잠재하지 않는다.

괴롭지도 즐겁지도 않은 느낌에 닿을 때 만일 그 느낌의 일어남과 사라짐과 달콤함과 재난과 벗어남을 있는 그대로 알면 그에게 무명의 잠재성향이 잠재하지 않는다.

비구들이여, 그가 참으로 즐거운 느낌에 대한 탐욕의 성향을 버리고, 괴로운 느낌에 대해 적의의 잠재성향을 파괴하고, 괴롭지도 즐겁지도 않은 느낌에 대해 무명의 잠재성향을 뿌리 뽑고, 무명을 버리고, 명지를 일으킴으로써, 지금·여기에서 괴로움을 끝낼 것이라는 것은 가능하다."

35~39 "비구들이여, 귀와 소리들을 조건으로 귀의 알음알이가 일어난다. … 코와 냄새들을 조건으로 코의 알음알이가 일어난다. … 혀와 맛들을 조건으로 혀의 알음알이가 일어난다. … 몸과 감촉들을 조건으로 몸의 알음알이가 일어난다. … 마노와 법들을 조건으로 마노의 알음알이가 일어난다. 이 셋의 화합이 감각접촉이다. 감각접촉을 조건으로 즐겁거나 괴롭거나 괴롭지도 즐겁지도 않은 느낌이 일어난다.

즐거운 느낌에 닿을 때 만일 그것을 즐기지 않고 환영하지 않고 움켜쥐지 않으면 그에게 탐욕의 잠재성향이 잠재하지 않게 된다. 괴로운 느낌에 닿을 때 만일 근심하지 않고 상심하지 않고 슬퍼하지 않고, 가슴을 치고 울부짖고 광란하지 않으면 그에게 적의의 잠재성향이 잠재하지 않는다. 괴롭지도 즐겁지도 않은 느낌에 닿을 때 만일 그 느낌의 일어남과 사라짐과 달콤함과 재난과 벗어남을 있는 그대로 알면 그에게 무명의 잠재성향이 잠재하지 않는다.

비구들이여, 그가 참으로 즐거운 느낌에 대한 탐욕의 성향을 버리고, 괴로운 느낌에 대해 적의의 잠재성향을 파괴하고, 괴롭지도 즐겁지도 않은 느낌에 대해 무명의 잠재성향을 뿌리 뽑고, 무명을 버리고, 명지를 일으킴으로써, 지금·여기에서 괴로움을 끝낼 것이라는 것은 가능하다.”

〈염오-이욕-해탈-구경해탈지〉

40. “비구들이여, 이와 같이 보면서 잘 배운 성스러운 제자는 눈에 대해 염오하고 형색들에 대해 염오하고 눈의 알음알이에 대해 염오하고 눈의 감각접촉에 대해 염오하고 느낌에 대해 염오하고 갈애에 대해 염오한다.

그는 귀에 대해서도 염오하고 … 코에 대해서도 염오하고 … 혀에 대해서도 염오하고 … 몸에 대해서도 염오하고 … 마노에 대해서도 염오하고 법들에 대해서도 염오하고 마노의 감각접촉에 대해서도 염오하고 느낌에 대해서도 염오하고 갈애에 대해서도 염오한다.”

41. “염오하면서 탐욕이 빛바랜다. 탐욕이 빛바래므로 해탈한다. 해탈할 때 해탈했다는 지혜가 생긴다. ‘태어남을 다 했다. 청정범행은 성취되었다. 할 일을 다 해 마쳤다. 다시는 어떤 존재로도 돌아오지 않을 것이다.’라고 꿰뚫어 안다.”

세존께서는 이와 같이 설하셨다. 그 비구들은 흡족한 마음으로 세존의 말씀을 크게 기뻐하였다. 이 가르침이 설해졌을 때 60명의 비구들은 취착 없이 번뇌에서 마음이 해탈했다.

무명은 어떻게 일어난 것인가

우리 모두 알듯이 불법에서는 연기(緣起)를 말합니다. 온갖 것이

12연기법(緣起法)

무명인 상태로 죽으면
다시 무명인채로 태어남

미래 (苦)

4

1 과거 (集)

3 번뇌의 굴레

8 과보의 굴레

5 과거의 원인

7 미래의 결과

2 업의 굴레

노사(老死)

무명. 행.
갈애. 취(집착). 유(업)

생(生)

무명
과
거
애

태에들어가 생을 받는 식

과거의 결과

미래의 결과

과거의 원인

괴로움에 관한
진리

무명
갈애

괴로움의
원인

괴로움에
관한
진리

현재의 현구

미래의 원인

현재

행. 무명. 유(업). 집착. 갈애

취(집착)

갈애

느낌으로 인해 갈애가 생기는 연기

5 미래의 원인

현재의 결과(결과로서의 현재)

5 현재의 출구(느낌, 갈애의

연기의

3

현재+미래의 원인 (集)
(다음 생의 원인이 됨)

2

현재 (苦)
(우리가 사는 지금)

윤회에서 벗어나는 길
(사성제)

모두 연기법에 따라 생멸합니다. 소승법문은 12인연의 연기를 중시해서, 12인연으로 3세인과를 개괄했습니다. 3세(三世: 과거·현재·미래)는 모두 무명(無明)으로부터 일어납니다. 경계상으로 말하면, 무명이란 바로 마음이 일어나고 생각이 움직임[起心動念]입니다.[23] 즉, 태어났으되 온 곳을 모르고, 죽되 가는 곳을 모르는 것입니다. 수면(睡眠)도 무명입니다. 이치상으로 말하면, 우주가 어떻게 시작되었는지, 제일 첫 번째 인간은 어떻게 태어났는지 등등의 문제에 대한 답을 모르는 것도 무명입니다. 요컨대 경계상으로든 이치상으로든 이 두 가지 무명은 모두 수행하지 않았기 때문에, 도를 깨닫지 못했기 때문에 있는 것입니다. 경계상의 무명은 반드시 선정의 힘으로써 타파해야 합니다. 진정으로 여래대정(如來大定)을 얻은 사람은 밤이나 낮이나 영원히 밝습니다[晝夜長明]. 언제 어디서나 자성광명정(自性光明定) 속에 있습니다. 그러나 비록 이러한 경계에 이르렀다 하더라도 여전히 해탈하지 못했습니다. 해탈은 지혜에 의지해야 합니다.

그러나 진정한 지혜는 역시 선정으로부터 생겨나야 합니다. 선정이 없는 지혜는 미친 지혜[狂慧]인데, 마른 지혜[乾慧]라고도 부릅니다.

소승에서는 인연법이 모두 12인연의 무명(無明) 한 생각으로부터 일어난다고 말합니다. 하지만 그 무명은 또 어떻게 일어난 것일까요? 『능엄경』에서 부루나(富樓那) 존자가 이 문제를 가지고 우리들을 대신해서 부처님께 물었습니다. 왜냐하면 부처님이 온갖 것은 다 공(空)하다고 말씀하셨기 때문입니다, 그는 물었습니다. "만약 온갖 것이 자성이 본래 공이라면 어찌하여 홀연히 산하대지가 생겨나게 된 것입니까?" 다시 말해, 이 세계는 어떻게 시작된 것입니까? 무명은 어떻게 시작된 것입니까? 하고 물은 것인데, 이러한 문제는 바로 대승 불법과 소승 불법의 가장 기본적인 문제입니다. 모든 종교는 이 문

---

23) 남회근 선생의, 12연기에 대한 좀 더 깊은 설명은 『생과 사 그 비밀을 말한다』와, 『입태경 현대적 해석』을 읽어보기 바란다.

제에 대한 처리방법으로 '참관사절(參觀謝絶)'이라는 문패를 걸어 놓습니다. 왜냐하면 여기에 이르러서는 더이상 질문이 불가능하기 때문에, 단지 믿기만 하면 좋다고 할 뿐입니다. 하지만 부루나는 최초의 한 생각 무명이 어떻게 온 것이냐고 기어코 묻고 싶었습니다. 부처님은 그에게 무명은 '자성 본각의 영명(靈明)이 발생시키는 변태이다 [覺明爲咎]'라고 하셨습니다. 이 대답은 대답 같지 않은 듯한데, 많은 후인들이 『능엄경』을 외도라거나 가짜 경전이라고 여기는 것도 무리가 아닙니다. 사실 부처님의 말씀은 틀림이 없습니다. 무명은 '자성 본각의 영명이 발생시키는 변태' 때문에 생겨난 것입니다. 한 생각 영지(靈知)인 본각의 자성은 항상 영명한데 [覺性常明], 오래 지나면 다시 무명이 생겨납니다. 부처님은 더이상 설명하지 않으셨고 부루나도 더이상 묻지 않았습니다. (남회근 선생 저작)

마음과 물질의 동일한 근원인 자성 본체를 설명하다

부처님이 말씀하셨다. "내가 항상 말하기를, 너의 몸 너의 마음이 모두 묘하고 밝은 진실한 정령인 묘심 [妙明眞精妙心] 가운데 나타나는 것이라 했다. 물리세간의 각종 현상과 정신세계의 각종 작용이 발생시키는 심리적 생리적 사실들은 모두 진심(眞心) 자성 본체가 현현한 것들이다. 너의 물질적인 신체생리와 정신적인 심리현상도 모두 심성 자체 기능이 현현시키는 것들이다. 자성 본체의 진심 실상은 영묘하게 빛나면서 청허하여 만유의 근원(根元)이 된다. 그런데 어찌하여 여러분들은 영묘하고 원만한 진심을 잃어버리고 귀중하고 밝게 빛나는 자성을 내버린 채 영명(靈明)한 미묘한 깨달음[妙悟] 속에서 스스로 미혹의 어둠을 취하는가?

미혹의 어둠 속에서 유일하게 감각하는 경계모습은 텅 빈 것이다. 텅 빈 어둠은 물리현상계의 최초 본위이다. 이 텅 빈 어둠으로부터 물질과 생리의 본능을 형성하고, 생리적 본능 활동과 정서적 망상이 상호 뒤섞여서 심리상태를 형성하여 정신적 작용을 나타나게 한다.

정신작용과 의식망상은 나아가 생리활동의 상황을 산생(産生)한다. 정신작용과 생리본능이 한 몸에 모여 활동하면서 생명을 존재하게 한다. 이 때문에 상호 작용을 발생하여 밖을 향해 흘러 달려서 세간의 각종의 업력을 이루게 된다. 휴식하여 정지하였을 때에 남아 있는 것은 오직 혼란스럽고[昏擾] 텅 빈 감각뿐이다. 일반인들은 이런 텅 비고 혼란스런 상황을 바로 자기의 심성 근본현상으로 생각한다.

이런 현상에 미혹하여 자기의 심성이라 여기고 나면 심성 자체가 생리적인 몸[色身] 안에 존재하는 것으로 굳게 오인하고는, 심신의 내외와 산하대지 나아가 끝없는 허공까지도 모두 이 만유의 본원의 영묘하고 밝게 빛나는 진심 자성 본체의 기능이 산생한 것임을 전혀 모른다. 단지 일반인들은 이 사리(事理)의 실제를 보지 못하고 자기의 한 육신이 '나'라고 여기고는 이 작은 천지 가운데 갇혀있다. 비유하면 거대한 바다의 전체 모습을 보려하면서도 해양을 버리고 믿지 않으려하고 단지 큰 바다에서 일어나는 한 점의 뜬 거품을 보고서는 가없는 큰 바다를 이미 보았다고 여김과 마찬가지이다.

그러므로 내가 말하기를 여러분들은 모두 우매함속에 있는 미혹한 사람들이라고 하는 것이다. 경계선을 그어 그 울안에 있으면서 큰 것을 버리고 작은 것을 취함을 만족하게 여기고 마음을 미혹하여 사물로 인식함으로써 마음을 세속밖에 노닐게 하지 못한다."

심리와 생리 현상은 자성 기능이 발생시키는 상호변화이다

부처님은 또 말씀하셨다. "요컨대 너는 온갖 현상이 모두 자성 본체 상의 떠돌아다니는 먼지와 빛 그림자 [浮塵光影]임을 아직 분명히 이해하지 못하고 있다. 자연계의 온갖 현상의 변환형상(變幻形相)[24]은 언제 어디서나 출현하고 언제 어디서나 소멸하고 있다(에너지가 상호 변동해야 물리현상이 형성된다. 심리정신과 에너지가 상호 변화하기 때문에 온갖 것이 일정하지 않다). 모든 현상의 형성과 소멸은 환변(幻變)[25]과 같다. 이러한 덧없고 허망한[幻妄] 변화의 현상이 자연계의 가지각색을 형성한다. 하지만 진심 자성 본체는 여전히 영묘하고 밝으며 변환(變幻)을 따라서 변화하지 않는다. 사람들의 심리적 생리적 각종 작용인 5음(五陰: 색色·수受·상想·행行·식識), 6입(六入: 안眼·이耳·비鼻·설舌·신身·의意), 12처(十二處: 위에서 말한 6입과 대상 경계인 색色·성聲·향香·미味·촉觸·법法), 18계(十八界: 위에서 말한 12처와 안식眼識·이식耳識·비식鼻識·설식舌識·신식身識·의식意識 등의 6식六識)에서 일어나는 심리적 생리적 허망한 현상은 인연이 분리되면 허망한 현상도 따라서 소멸한다. 하지만 생겨나고 소멸하며 오고가는 작용은 모두 자성 본체 기능의 현상이 나타나고 변화하는 것임을 전혀 모르고 있다. 여래장(如來藏) 혹은 진여(眞如)라고 불리는 이 자성은 영묘하고 밝으며 여여부동(如如不動)한 본래의 자리에 영원히 머무르고 있다. 시방세계에 두루 원만한 자성 본체의 진실하고 영원히 존재함[眞常][26] 가운데에서, 오고감이나 태어남과 죽음이나 미혹이나 깨달음을 추구함도 모두 시간과 공간속의 변환 현상으로서, 사실은 자성 본체 상에서는 근본적으로 얻을 바가 전혀 없다.

자성은 커서 밖이 없고 작아서 안이 없다

아난이 말했다. "만약 이 능히 보는 정령(精靈)이 틀림없이 바로 저의 영묘한 자성이라면, 지금 저의 눈앞에는 이미 보는 작용을 드러냈

---

24) 예측할 수 없는 잦은 변화 형태.
25) 덧없는 변화.
26) 진실상주(眞實常住). 무상(無常)의 반대.

으니 이 능히 보는 것이 바로 저의 자성이라 한다면, 저의 몸과 마음은 또 무엇입니까? 이제 저의 몸과 마음을 따로따로 연구해보니 확실히 각각 그 실체가 있습니다. 그러나 이 능히 보는 자성은 하나의 자체가 없어 몸과 마음을 떠나 단독으로 존재합니다. 만약 저 자신의 마음이 저로 하여금 지금 볼 수 있게 한다고 하면, 이 능히 보는 기능이 바로 저의 자성이고 이 몸은 저가 아닙니다. 그렇다면 당신께서 위에서 말한 문제와 다름없으니 어찌 외부의 물상도 저를 볼 수 있는 것이 아니겠습니까?"

부처님이 말씀하셨다. "너는 지금 말하기를 능히 보는 기능 자성이 바로 너의 앞에 있다고 했는데, 이는 맞지 않다. 만약 바로 너의 앞에 있을 뿐만 아니라 너는 또 그것을 정말로 볼 수 있기도 한다면, 이 능히 보는 정령은 자연히 어느 곳에 있는지를 가리킬 수 있을 것이다. 나는 지금 너와 함께 정원 안에 앉아 있으면서 외부의 나무·강의 흐름·전당(殿堂)을 바라보고, 위로는 해와 달에 이르고 앞쪽으로는 갠지스 강을 대하고 있다. 너는 내 자리 앞에서 손을 들어 갖가지 현상을 하나하나 가리킬 수 있다. 어두운 것은 나무숲이요 밝은 것은 태양이요 가로막는 것은 담 벽이요 막힘없이 통하는 것은 허공이요, 더 나아가 풀 한 포기 나무 한 그루, 그리고 미세한 먼지와 솜털의 끝을, 크기는 비록 다르더라도 형상이 있기만 하면 모두 가리켜 보일 수 있다. 만약 너의 능히 보는 자성이 지금 너의 앞에 있다면, 어떤 것이 그 능히 보는 자성인지를 너도 응당 손으로 확실히 가리킬 수 있어야 한다. 너는 알아야한다, 만약 허공이 바로 너의 능히 보는 자성이라면, 허공이 이미 보는 자성[見]으로 변해버렸으니 무엇이 또 허공의 자성이겠느냐? 만약 물상이 이 바로 너의 능히 보는 자성이라면, 물상이 이미 보는 자성으로 변해버렸으니 무엇이 또 물상의 자성이겠느냐? 네가 목전의 만상을 정밀하고 자세하게 해부할 수 있는 바에야 너도 정령의 밝고 청정하며 허묘한, 능히 보는 본원 [精明浄妙見元]도 보통의 물상과 마찬가지로 명명백백하게 내게 가리켜 보여 줄 수 있을 것이다."

아난이 말했다. "제가 지금 강당 안에 앉아 있으면서 멀리는 갠즈스 강에 미치고 위로는 해와 달을 바라보면서 손으로 가리킬 수 있고 눈으로 볼 수 있는데, 가리킬 수 있는 것은 모두 만물의 현상일 뿐 능히 보는 자성 존재는 없습니다. 만약 부처님이 말씀하신대로라면 저 같은 처음 배우는 사람뿐만 아니라 설사 지혜가 보살 같다하더라도 만물 현상의 앞에서 정령의 능히 보는 자성을 해부해 낼 수 없습니다. 그렇다면 모든 만물과 현상을 떠나서 자성은 또 어디에 있는지요?"

부처님이 말씀하셨다. "그렇다, 그렇다. 네가 말한 대로 이 능히 보는 기능은 모든 물상을 떠나서 따로 하나의 자성 존재가 있을 수 없다. 네가 가리킨 각종 물상 가운데에도 능히 보는 기능의 자성은 없다. 게다가 너와 나는 정원 안에 앉아 있으면서 외부의 정원을 바라보고 위로는 해와 달에 미치고 있는데, 갖가지 현상은 비록 다르지만 하나의 능히 보는 정명(精明)을 절대로 특별히 가리켜 낼 수 없다. 그러나 너는 모든 물상 가운데에서 어떤 것이 능히 보는 자성이 나타난 바가 아니라고 어떻게 증명할 수 있겠느냐?"

아난이 말했다. "저는 이 정원과 모든 물상을 두루 보건대 사실은 능히 보는 기능이 나타난[顯現] 바가 아닌 것이 하나도 없습니다. 만약 나무가 보여 지는 것이 아니라면 어떻게 나무를 볼 수 있겠습니까? 만약 나무가 바로 능히 보는 자성이라면, 또 어떻게 나무이겠습니까? 이로써 알 수 있듯이 만약 허공이 보여 지는 것이 아니라면, 어떻게 허공을 볼 수 있겠습니까? 만약 허공이 바로 능히 보는 자성이라면, 또 어떻게 허공이겠습니까? 그래서 제가 또 사유해보니 이러한 만유 현상 가운데에서 자세히 연구해보고 명백히 발휘해보면, 능히 보는 기능 자성이 나타난 바가 아닌 것이 하나도 없습니다."

부처님은 또 말씀하셨다. "그렇다, 그렇다."

이때에 법회의 대중과 처음 배우는 일반 사람들은 부처님이 반복해서 그렇다고 대답하시는 것을 듣고서 이 도리의 요점이 도대체 어디에 있는지 알지 못해 막연하여 몹시 두려움을 느꼈다.

이때에 부처님은 그들이 모두 의심을 품고 두려워하고 있음을 알고서 또 말씀하셨다. "내가 한 말은 모두 진실한 말이다. 일부러 터무니없고 허황된 말을 하는 것이 아니다. 우주만유에는 따로 하나의 주재자가 있다거나 자아는 죽지 않는 존재라고 생각하는 일반 외도(外道) 학자들의 이론과는 더더욱 다르니 여러분들은 자세히 연구하고 사유해보기 바란다."

　이에 문수(文殊)대사가 곧 일어나 부처님께 말했다. "모두들 이 도리의 원인을 이해하지 못하는 까닭은 이 능히 보는 기능이 물리 세계의 만상과 동일한 체성인지 아닌지를 이해하지 못하기 때문입니다. 만약 현실 세계에서 보는 모든 현상들이 그것이 물질이든 허공이든 간에 모두 능히 보는 자성이라면, 이 능히 보는 기능은 응당 가리켜낼 수 있어야 합니다. 만약 이러한 현상들이 능히 보는 기능의 나타난 바가 아니라면, 근본적으로 이러한 현상들을 볼 수 없어야 마땅합니다. 그들이 지금 이 도리의 관건이 어디에 있는지를 알지 못하기 때문에 의심을 품고 놀라며 이상하게 여기는 것입니다. 부처님께서는 물리 세계의 만유 현상과 이 능히 보는 정명(精明)은 원래 어떤 것인지, 물리 현상과 심성 사이에는 어떻게 서로 통일될 수 있는지를 더 설명하여 가리켜 보여주시기 바랍니다."

　부처님이 말씀하셨다. "무릇 부처와 도가 있는 일반 대사들은 자성의 적정(寂靜)하고 미묘 정밀한 관조(觀照)의 삼매 경지 속에서는 이 능히 보는 자성과, 객관 물리 세계에서 보이는 각종 현상 그리고 심리 생각인 주관 작용, 이 모두가 환각(幻覺) 중에 보이는 허공 꽃과 같아서 본래에 실질적인 존재가 없다. 이 능히 보는 것과 보이는 현상은 사실은 모두가 영명한 묘각(妙覺)이며 밝고 청정한 심성 본체가 산생하는 기능 작용이다 (심물이원心物二元은 원래 일체一體의 작용임을 설명함). 자성 본체의 입장에서 보면 어느 것이 옳고 어느 것이 옳지 않다고 할 것이 없다 (객관과 주관은 모두 자기가 세운 편견 집착 작용임). 내가 이제 네게 묻겠다. 너의 이름을 '문수'라고 부르는데, '문수'라는 이 이름이 너 문수 본인 이외에 다른 문수를 나타내는 것이냐?"

문수대사가 대답했다. "문수는 바로 나이지 결코 다른 사람을 나타내는 것이 아닙니다. 만약 이 이름이 또 다른 사람을 나타낸다면 곧 두 개의 문수가 있게 됩니다. 그러나 문수는 지금 나 이 사람만을 나타냅니다. 이 진실한 나와, 이름이 나타내는 나는, 바로 하나입니다. 그 사이에는 어떤 것이 진짜이고 어떤 것이 가짜인지를 나눌 수 없습니다."

부처님이 말씀하셨다. "이 심성의 능히 보는 영묘하고 밝은 기능과 물리 자연계의 허공 및 물질 현상도 네가 방금 말한 것과 마찬가지이다. 객관 물리세계와 심성 자체가 산생하는 기능은 본래 일체(一體)로서, 모두 영묘하고 밝고 원만한 진심 정각(正覺)의 자성인 동시에, 환유(幻有)와 망상의 작용도 갖추고 있어서 물질 색상과 허공의 현상을 낳아 사람들의 능히 보는 작용 속에 표현될 수 있다. 비유하면 두 번째 달이 있으면 곧 어느 것이 진짜 달이고 어느 것이 가짜 달이냐는 문제가 있다. 그러나 만약 달은 하나일 뿐이라면 그 사이에는 진짜 달이니 가짜 달이니 하는 문제가 없게 된다 ('일천 개의 강에 물이 있으니 일천 개의 달이요, 만 리에 구름이 없으니 만 리의 하늘이다 [千江有水千江月, 萬里無雲萬里天]'라는 경지로 체험해보면 이 도리를 분명히 이해할 수 있다). 네가 지금 보는, 능히 보는 기능이 자연계의 허다한 물리 현상과 접촉하여 그것의 갖가지 작용을 감각할 수 있는데, 이를 망상이라 부른다. 외부경계 현상과 감각 망상의 사이에서 확실히 어느 것이야말로 본체의 기능 작용이고 어느 것이야말로 또 아닌지를 가리켜낼 수 없다. 그러므로 네가 만약 객관 물리 세계의 자연 현상과, 망상분별을 아는 작용이, 모두 진심의 지정한[至精], 영묘하고 밝은 정각 자성의 기능임을 이해할 수 있고 난 뒤에라야 비로소 이것은 무엇이며 저것은 무엇인지 가리켜 보일 수 있다."

자성 본체는 인연소생이 아니다

아난이 물었다. "부처님은 이 영묘한 정각(正覺) 자성은 인(因)도 아니요 연(緣)도 아니라고 말씀하시는데, 왜 과거에는 말씀하시기를, '능히 보는 견성(見性) 작용은 반드시 네 가지 연(緣)을 갖추어야 한다, 이른바 허공을 인(因)하고 밝은 빛을 인하고 마음을 인하고 눈을 인해야 한다' 하셨는지요? 이것은 또 무슨 도리입니까?"

부처님이 말씀하셨다. "내가 온갖 것은 인연소생이라 말한 도리는, 결코 자성 본체의 형이상의 제일의(第一義)를 가리키는 것이 아니다(후천인 우주간의 만유 현상은 모두 인연화합 소생임을 말한다). 사람들은 모두 말하기를 '나는 능히 본다'고 말하는데 어떠해야 '본다'라고 하고 어떠해야 '볼 수 없다'고 하느냐?"

아난이 대답했다. "사람들은 해·달·등불 빛 등이 있기 때문에 비로소 갖가지 현상과 색상을 볼 수 있습니다. 그러므로 '본다'고 합니다. 만약 이 세 가지 밝은 빛이 없으면 볼 수 없습니다."

부처님이 말씀하셨다. "만약 밝은 빛이 없다면 곧 볼 수 없다고 한다면, 밝은 빛이 가버리면 응당 어둠이 오는 것을 볼 수 없어야 하는데 사실은 어둠도 볼 수 있다. 이는 단지 밝은 빛을 보지 못했다고 말할 수 있을 뿐인데 어찌하여 '볼 수 없다'라고 말하는 것이냐? 만약 어둠 속에 있어서 밝은 빛을 볼 수 없는 것을 보지 않는다고 말한다면, 밝은 빛 속에서 어둠을 볼 수 없음도 볼 수 없다고 말해도 된다. 만약 이 이론이 옳다면 사람들이 밝은 빛을 마주 대하였을 때이든 어둠을 마주 대하였을 때이든 어느 경우나 '볼 수 없다'라고 말할 수 있다. 사실은 단지 밝은 빛과 어둠 이 두 가지 현상이 서로 변경 교체한 것일 뿐 결코 너의 능히 보는 자성이 그 가운데에서 사라져 없어지는 것은 아니다. 이로써 알 수 있듯이 자성의 능히 보는 기능은 밝은 빛과 어둠을 마주 대하였을 때에도 보는데 어찌하여 '보지 않는다'고 말할 수 있겠느냐? 그러므로 너는 마땅히 알아야한다, 밝은 빛을 볼 때에도 능히 보는 자성은 바로 그 밝은 빛이 아니요, 어둠을 볼 때에도 능히 보는 자성은 역시 바로 그 어둠이 아니다. 허공을 볼 때에도 능히 보는 자성은 결코 바로 그 허공이 아니요, 막힘을 볼 때에도 능히 보는 자성은 바로 그 막힘이 아니다. 이 네 가지 현상의 상대적인 사이를 통해서 능히 보는 도리를 설명할 수 있다. 너는 더더욱 알아야한다, 만약 눈이 보는 작용 사이에서 능히 보는[能見] 자성을 보려한다면, 이 자성은 결코 눈앞의 보는 작용이 볼 수 있는 것이 아니다. 만약 능히 보는 자성을 보려면, 반드시 능히 봄[能見]과 보여 짐[所見]을 절대적으로 떠나야한다. 왜냐하면 능히 보는 자성의 본체는 보여 지는 [所見] 작용과 능히 보는[能見] 기능이 볼 수 있는 바가 아니기 때문이다 [見見之時, 見非是見, 見猶離見, 見不能及]. 그런데 어떻게 인연이나 자연 혹은 양자의 화합 작용을 가지고 자성 본체의 도리를 설명할 수 있겠느냐? 여러분들이 지혜가 얕고 열등하여 자성의 청정한 실상을 분명히 알지 못하기 때문이다. 나는 여러분들이 스스로 잘 사유하고 게으르지 말기를 바란다. 그래야 영묘한 정각 자성의 대도(大道)를 증득할 수 있다."

갠지스강 물을 보는 시각기능 작용은 변천하지 않았습니다

이때 파사닉 왕이 일어서서 부처님께 물었다. "제가 이전에 들으니 가전연(迦旃延), 비라지자(毘羅胝子)들이 말하기를 이 물질적인 신체가 죽은 후 소멸하여 끊어지는 것을 불생불멸의 열반이라 한다고 했습니다. 그런데 제가 이제 부처님의 말씀을 듣고 나니 몹시 곤혹스럽습니다. 부처님께서 그 속의 도리를 다시 설명하여 주시기 바랍니다. 이 진심자성(眞心自性)은 확실히 불생불멸하는 것임을 어떻게 증명할 수 있는지요? 이 법회에 있는 초학자들도 꼭 그 도리를 알고 싶어

하리라 생각합니다."

부처님이 말씀했다. "지금 그대의 몸은 점점 변해가면서 파괴되고 있지 않습니까?"

왕이 대답했다. "저의 이 몸은 지금은 비록 파괴되지는 않았지만 장래에는 반드시 나빠져 파괴될 것입니다."

부처님이 물으셨다. "그대는 아직 쇠잔해져 소멸되지는 않았는데 장래에는 반드시 쇠잔해져 소멸되리라는 것을 어떻게 아십니까?"

왕이 대답했다. "저의 이 몸이 지금은 비록 쇠잔해지지는 않았습니다만, 현재의 상황을 관찰해보니 시시각각으로 변해가면서 신진대사가 영원히 멈추지 않습니다. 그러므로 마치 불이 재가 되듯 점점 소멸해가 장래에는 당연히 쇠잔해져 소멸될 것입니다."

부처님이 물으셨다. "그대는 지금 이미 노쇠의 나이인데 얼굴모습을 어린 시절과 비교해보면 또 어떠합니까?"

왕이 대답했다. "제가 어린 시절에는 피부 조직이 부드럽고 윤기가 났습니다. 뒤에 나이 들어서는 혈기가 충만했습니다. 지금은 연로해서 쇠퇴해져 용모는 초췌하고 정신은 흐릿합니다. 머리털은 하얗게 새었고 얼굴은 쭈글쭈글해졌습니다. 죽을 날이 멀지 않은 것 같은데 어찌 장년시기와 비교할 수 있겠습니까!"

부처님이 물으셨다. "그대의 형체와 용모는 당연히 단기간 내에 쇠잔해진 것은 아니겠지요!"

왕이 대답했다. "변화는 사실 점점 은밀히 이루어져 왔습니다. 저도 모르는 사이에 추위와 더위의 교류, 그리고 시간의 변천에 따라 서서히 지금의 상태를 형성하였습니다. 제가 스무 살 때는 비록 나이 어린 셈이지만 실제로는 얼굴모습이 열 살 때 보다는 이미 노쇠해진 것이고, 서른 살 때는 스무 살 때보다도 많이 노쇠해진 것입니다. 지금 예순 두 살인데 회고해보니 쉰 살 때는 지금 보다도 훨씬 강건했다고 느껴집니다. 제가 살펴보니 이런 변화는 은밀히 이루어지고 있어서 10년 사이가 아니라 한 해, 한 달, 하루 사이의 변화가 아닙니다. 사실은 매분 매초 찰나 찰나 생각 생각 사이에 멈춘 적이 없이 언제나 변화하고 있습니다. 그러므로 장래에 반드시 쇠잔해져 소멸할 것입니다."

부처님이 물으셨다. "그대는 변화가 멈추지 않고 있음을 보고서 신체생명은 반드시 쇠잔해져서 소멸하리라는 사실을 깨달았습니다. 그러나 변천 소멸해가는 과정 속에서도 불멸하는 자성 존재가 하나 있음을 아십니까?"

왕이 대답했다. "저는 그 영원히 파괴되지 않고 소멸되지 않는 자성 존재를 모릅니다."

부처님이 말씀했다. "내가 이제 그대에게 이 불생불멸하는 자성을 가르쳐 보여 드리겠습니다. 그대에게 묻겠습니다. 그대는 몇 살 때 갠지스 강의 물을 보기 시작했습니까?"

왕이 대답했다. "제가 세 살 때 어머니를 따라서 하늘에 제사지내러 가면서 갠지스 강을 지나갔는데 그 때 갠지스 강임을 알았고 그 강물을 보았습니다."

부처님이 물으셨다. "그대는 조금 전에 말하기를 그대의 몸이 나이의 세월에 따라서 변천하면서 쇠잔해져 가고 있다고 했는데, 그대가 세 살 때 갠지스 강을 보았고 이미 예순 두 살이 되어 다시 갠지스 강을 보니 그 물이 어떻습니까?"

왕이 대답했다. "강물은 제가 세 살 때와 마찬가지입니다. 이미 예순 두 살이 된 지금에도 강물은 여전히 변한 모습이 없습니다."

부처님이 물으셨다. "그대는 이제 늙어서 머리털은 하얗고 얼굴은 주름이 졌으며 용모와 신체는 어린 시절보다 노쇠해졌으니 사람이 완전히 바뀐 것이나 다름없다고 스스로 슬퍼합니다. 그러나 그대가 강물을 보는 시각작용[見精自性]은 예전 어린 시절에 강물을 보았던 그 시각작용과 비교해보면 변동이 있고 노쇠하였습니까?"

왕이 대답했다. "이 시각작용은 결코 변동이 없습니다."

부처님이 말씀했다. "그대의 신체 용모는 비록 쇠잔해졌지만 이 능히 보는 시각작용은 결코 쇠잔해지지 않았습니다. 변천한다면 생멸이 있는 것이니 당연히 변천하여 파괴될 것입니다. 저 변천하지 않고 파괴되지 않는 것은 당연히 생멸하지 않고, 변천하지 않는다면 또 생사가 있을 수 없습니다. 그런데 그대는 어찌하여 일반적인 단멸의 관념을 인용하여 이 몸이 죽은 후에는 곧 일체가 완전히 소멸해버린다고 생각하십니까?"[27]

종소리가 있거나 없거나 상관없이 있는 청각기능 작용

아난이 물었다. "부처님이 말씀하신대로라면, 정각(正覺)을 증득하겠다는 최초의 인지(因地)의 마음이 영원히 항상 있으면서 변하지 않기[常住不變]를 바란다면 반드시 자성정각을 증득한 과지(果地)의 명칭과 상응해야 합니다. …(중략) … 그러한대 무엇으로써 수행증득의 인지(因地)로 삼아 무상정각을 얻기를 구할까요? 부처님은 앞에서 말씀하시기를 자성 본체는 티 없이 맑고 순수하고 밝고 두루 원만하면서 영원히 항상 있다 [湛精圓常] 하셨는데, 우리가 파악할 수 없는 이상 결코 진실한 말씀이 아닌 듯합니다. 마침내 어린애들의 장난 이론 같습니다. 도대체 어떤 것이야말로 부처님의 진실한 도리입니까? 부처님은 다시 자비를 내려 저희들의 우매함을 열어주시기 바랍니다."

---

27) 시력은 변화할 수 있지만 시각기능 작용 자체는 변함이 없음을 말한다. 사람들에게 눈을 감으면 무엇이 보이느냐고 물어 볼 경우 대부분은 아무것도 보이지 않는다고 대답한다. 그러나 깜깜함이 보이지 않는가. 마찬가지로 맹인들에게 물어보면 오직 깜깜함만 보인다고 대답하는데, 이것은 시각기능 작용이 여전히 있으면서 시간적 신체적 변화에도 아무런 변동이 없다는 증거이다. 사람이 죽은 후 아직 다시 태어나기 전 단계의 몸인 중음신일 경우에도 보고 듣는 등 5신통이 있다. 부처님은 시각기능 작용을 통해 불생불멸의 자성을 가르쳐 주고있는 것이다. 다음 단락에서의 청각기능 작용에 대한 대화도 마찬가지이다.

부처님이 말씀하셨다. "네가 비록 박학다문(博學多聞)하더라도 아직 일체의 습루(習漏)[28]를 다 소멸하지 못해서 너는 뒤바뀐[顚倒] 원인이 하나 있다는 것을 단지 마음속으로 알뿐, 진정한 뒤바뀜이 너의 면전에 펼쳐져 있을 때 너는 정말 인식하지 못하고 있다. 나는 네가 비록 정성스런 마음이 있다할지라도 아직 내 말을 믿지 않을까 걱정된다. 나는 이제 잠시 세속적인 사실을 가지고 너의 의혹을 풀어주겠다."

이때에 부처님은 라후라(부처님의 아들)에게 종을 한 번 치라한 다음 아난에게 물으셨다. "너는 지금 들었느냐?"

아난과 대중은 모두 대답했다. "들었습니다."

조금 지난 후 종소리가 멎자 부처님은 또 물으셨다. "너는 지금 들었느냐?"

아난과 대중은 모두 대답했다. "이제는 들리지 않습니다."

이 때 부처님은 라후라에게 또 한 번 종을 치라 하고는 물었다. "너는 지금 들었느냐?"

아난과 대중은 또 대답했다. "모두 들었습니다."

부처님은 또 아난에게 물었다. "너는 어쩌면 들을 수 있는 것이고 어쩌면 들을 수 없는 것이냐?"

아난과 대중은 모두 대답했다. "만약 종을 쳐 소리가 나면 우리가 들을 수 있고, 치고 난지 오래지나 소리가 사라져서 울림까지 모두 없어지면 들을 수 없다고 합니다."

이때에 부처님은 또 라후라에게 종을 한 번 치게 하고는 아난에게 물었다. "지금 소리가 있느냐?"

아난과 대중은 대답했다. "소리가 있습니다."

잠시 지나 소리가 사라지자 부처님은 또 물었다. "지금 소리가 있느냐?"

---

28) 사혹(思惑), 즉 현상[事]에 대한 미혹으로 81품이 있다

아난과 대중은 모두 대답했다. "소리가 없습니다."

다시 잠시 지나자 라후라가 또 종을 쳤다.

부처님이 다시 물었다. "지금 소리가 있느냐?"

아난과 대중은 모두 대답했다. "소리가 있습니다."

부처님이 아난에게 물었다. "너는 어쩌면 소리가 있다고 하고 어쩌면 소리가 없다고 하느냐?"

아난과 대중은 모두 말했다. "종을 쳐서 소리가 나면 소리가 있다 하고, 종을 친지 오래지나 소리가 사라지고 소리와 울림이 모두 없어지면 소리가 없다고 합니다."

부처님이 말씀하셨다. "너희들은 지금 어찌하여 이렇게 말이 이랬다저랬다 하면서 기준이 전혀 없는 것이냐?"

대중과 아난은 부처님이 이렇게 말씀하시는 것을 듣고 물었다. "저희들이 어떻게 말이 이랬다저랬다 하면서 기준이 전혀 없다는 것인지요?"

부처님이 말씀하셨다. "내가 너희들에게 '들었느냐'고 물으면 '들었다'고 말하고, 또 '소리가 있느냐'고 물으면 '소리가 있다'고 말한다. '들었다'고 대답했다가 '소리가 있다'고 대답하는데, 이렇게 하면서 어떻게 말이 이랬다저랬다 하는 것이 아니겠느냐?

소리가 사라지고 울림이 없으면 들을 수 없다고 말하는데, 만약 실제로 들을 수 없다면 능히 들을 수 있는 자성이 이미 소멸해서 마른나무나 마찬가지가 된다. 그렇다면 다시 종을 쳐 소리가 날 때 너는 어찌하여 소리가 있는지 소리가 없는지를 또 아는 것이냐? 소리가 있거나 소리가 없음은 자연히 소리울림의 작용이지만, 소리울림을 능히 듣는 자성은 소리가 있거나 소리가 없거나 또 무슨 관계가 있느냐? 설마 그 능히 듣는 자성이 너의 필요에 따라 있기도 하고 없기도 하는 것이냐? 능히 듣는 자성이 만약 정말 절대로 없다면, 이 절대로 없다는 사실을 아는 그 것은 또 누구이겠느냐? 그러므로 너는 알아야한다. 소리는 능히 듣는 자성의 기능 속에 있으면서 단지 소리가 스스로 생겨났다가 소멸한 것이다. 소리가 생겨나고 소리가 소멸하는 것을 네가 듣는다고 해서, 너의 그 능히 듣는 자성 기능을 그에 따라 있게 하고 없게 하는 것이 아니다. 어느 것이 소리울림이고 어느 것이 능히 듣는 자성인지 네가 아직 모르는 이상, 네가 혼미하여 깨닫지 못해 진실하면서 영원히 항상 있는 자성 [眞常自性]이 장차 단멸할 것으로 여기는 것도 무리는 아니다. 너는 움직임과 멈춤[動靜], 막힘과 통합[通塞]을 떠나면 능히 듣는 자성이 없다고 말해서는 더더욱 안 된다. 왜 그러겠느냐?

예를 들어, 깊이 잠든 사람이 잠을 자고 있는 바로 그 때에 집안에서 어떤 사람이 다듬이질을 하거나 쌀 방아를 찧는다고 하자. 깊이 잠든 그 사람은 꿈속에서 이 쌀 방아 찧는 소리를 듣고서는 다른 물건의 소리로 환각하여, 북치는 것으로 여기거나 혹은 종을 치는 것으로 여겼다. 이 사람은 꿈을 꾸고 있는 중에 이 종소리가 충분히 우렁차지 못하고 나무나 돌의 소리 같다고 스스로 이상하게 여겼다. 그리고 깨어나서야 다듬이 소리인줄 알고 나서는 집안사람에게 이르기를, '내가 방금 꿈을 꾸고 있었는데 이 다듬이 소리를 북 울리는 소리로 여겼다.' 라고 했다.

이 사람은 꿈을 꾸고 있는 중에도 설마 움직임과 멈춤, 열림과 닫힘[開閉], 혹은 막힘과 통합을 기억하고 있겠느냐? 이로써 알 수 있듯이 그의 몸은 비록 잠들어 있지만 그의 능히 듣는 자성은 결코 혼미하지 않는다. 한 걸음 더 나아가 말하면, 설사 너의 형체가 완전히 소멸하여 생명의 빛나는 본능이 변천했다하더라도 이 능히 듣는 자성이 너의 형체를 따라 소멸할 것이라고 어찌 말할 수 있겠느냐?" (남회근 선생 『능엄경 대의 풀이』 등)

제6장 불법의 수행 증득과 그 방법

불학 · 불법 · 불교

불학 · 불법 · 불교의 개념을 구분하여 간단히 살펴보겠습니다.

불학(佛學)이란 원래 불교의 교리를 가리키는 말인 불리(佛理)라고 불러야 마땅합니다. 즉, 모든 부처님이 깨달은 진리이자 우주인생의 진상(眞相)을 가리킵니다. 불교가 담고 있는 내용과 이치는 너무나 넓고 심오하여 일체의 세간[생사에 안주]과 출세간[생사에서 해탈]의 학문을 포함하면서 그 자체가 일반적으로 말하는 학문과 유사하므로 불학이라 합니다.

그 개념을 구분한다면 불교(佛敎)는 신앙을 위주로 하고, 불법(佛法)은 실천수행을 위주로 하며, 불학은 이해를 위주로 한다고 할 수 있습니다. 또 불학은 근거 이론이며, 불법은 실행 방법이며, 불교는 전파 조직이라 할 수 있습니다. 이 세 가지는 한 가지라도 빠져서는 안 됩니다.

불학(佛學)의 중점은 바로 37개의 보리도품(菩提道品)입니다. 대소승의 기초가 되는데, 우리들은 반드시 분명히 알아야 합니다. 갓 시작 단계에서 적어도 그 명사와 숫자를 분명히 기억해야 합니다. 4념처(四念處) · 4정근(四正勤) · 4여의족(四如意足) · 5근(五根) · 5력(五力) · 7각지(七覺支) · 8정도(八正道)입니다.

대소승 불법은 모두 계정혜를 기초로 하고 4선8정을 근본으로 합니다. 우리가 보았듯이 근 백 년 동안에 불법은 갈수록 쇠락해갔습니다. 원인은 수행자들 중에 과위를 증득한 사람이 대단히 적고 빈 입으로 이론을 말한 사람들이 갈수록 많은 데에 있습니다. 진정으로 4선8정까지 닦은 사람은 없습니다. 초선정(初禪定)조차도 얻지 못했습니다. 유마거사는 제시하기를 우리 수행자들은 4선정을 기본 침상과 자리로 삼아야 한다고 합니다. (남회근 선생 저작 등)

불교의 목적 ― 이고득락

"기이하고 기이하구나, 대지의 중생이 모두 여래의 지혜와 공덕[德相]을 갖추고 있건만 망상과 집착 때문에 증득할 수 없구나. 만약 망상을 떠날 수 있다면 일체지(一切智)·자연지(自然智)가 곧 현현할 수 있다."

奇哉, 奇哉, 大地衆生, 皆具如來智慧德相, 但因妄想執著, 不能 證得, 若離妄想, 一切智 自然智, 卽得顯現.

앞서 말했듯이 『화엄경』은 석가모니가 보리수 아래서 정각(正覺)을 이룬 후 첫마디를 위와 같이 말씀했다고 기록하고 있는데, 이 말씀은 부처님의 모든 가르침의 뿌리요 출발점이자 귀결점입니다.

불교의 목적은 이고득락(離苦得樂)에 있습니다. 즉, 생사윤회의 괴로움을 떠나 열반의 즐거움을 얻는 데 있습니다. 위의 첫마디 말씀을 불학의 총강인 고집멸도(苦集滅道) 4성제(四聖諦)로 풀이해 보면, 중생의 생사윤회의 괴로움은 고성제요, 괴로움의 원인인 망상과 집착은 집성제요, 괴로움이 소멸되고 여래의 지혜와 공덕을 성취한 열반의 즐거움은 멸성제요, 괴로움의 원인인 망상과 집착을 떠나기 위한 8만4천 수행 법문은 바로 도성제입니다. 또 그 모든 수행 법문을 총괄 요약하면 8정도(八正道)요, 이를 다시 요약하면 계정혜(戒定慧) 3학(三學)입니다.

불교의 교의 근본 ― 자·비·평등

불교의 교의(敎義: 신봉하고 선양하는 도리와 사상)는 '자(慈)·비(悲)·평등(平等)' 이 세 가지를 근본으로 삼고, "어떤 악행도 하지 말라, 많은 선행을 하라, 스스로 자기의 마음을 정화하라."는 이 세 가지 일을 행지(行持)로 삼습니다. 앞의 세 가지는 체(體)요 뒤의 세 가지는 용(用)입니다.

중생에게 안락을 주는 것을 자(慈)라고 합니다. 중생의 일체의 근심과 고통을 뽑아주는 것을 비(悲)라고 합니다. 그러나 안락을 주고 고통을 뽑아주는 목표는 어떤 부류의 생명에 대해서든 차별하지 않으며 친밀함이나 어떤 연고나 원수를 가리지 않는 것인데, 이런 마음가짐을 평등이라고 합니다. 평등심이 있어야 자비가 원만하게 성취될 수 있습니다.

불법의 대의 ― 칠불통계게(七佛通戒偈)

부처님의 교법(敎法) 전체는 그 대의를 논한다면 역시 세 마디로 포괄할 수 있습니다. "어떤 악행도 하지 말라, 많은 선행을 하라, 스스로 자기의 마음을 정화(淨化)하라 [諸惡莫作, 衆善奉行, 自淨其意]."가 그것인데, 불법의 작용을 말합니다.

'어떤 악행도 하지 말라' 란 중생에게 해를 끼치는 것은 큰일이든 작은 일이든 해서는 안 된다는 것이며, '많은 선행을 하라.' 는 중생에게 이익을 주는 것은 큰일이든 작은 일이든 마땅히 해야 한다는 것을 말합니다. 이 두 마디는 합하면 곧 계학(戒學)에서의 금지와 강요의 의미입니다. '스스로 자기의 마음을 정화하라.'라는 말은 의업(意業)을 청정히 하여 더러움이 없도록 해야 한다는 것입니다. 청정심을 닦는 것입니다. 그런데 선정(禪定)은 바로 의업을 청정하게 하는 공부요, 지혜는 의업이 청정해진 효과입니다. 열반경에, "어떤 악행도 하지 말라, 많은 선행을 하라, 스스로 자기의 마음을 정화하라, 이것이 모든 부처님의 가르침이다." 라고 했습니다. 이를 7불통계게(七佛通戒偈)라고 하는데, 모든 부처님이 공통적으로 행하는 교화임을 알 수 있습니다.

당나라 때 백거이(白居易) 거사가 조과(鳥窠)선사에게 찾아가서 참례(參禮)하고 불법 대의를 묻자 선사는 다음과 같이 대답 했습니다. "어떤 악행도 하지 말고, 많은 선행을 하십시오 [諸惡莫作, 衆善奉行]." 백거이 거사가 웃으면서 말했습니다. "그런 말이야 세 살 먹은 어린애도 할 수 있습니다." 그러자 조과선사가 소리 질러 대답했습니다. "세 살 먹은 어린애도 말할 수 있지만 여든 살 먹은 노인이라도 꼭 행할 수 있는 것은 아니요." 이 말은 불법을 배우는 사람들이 깊이 되새겨야 합니다. (이상은 불타교육기금회 발행 『불학입문』 등)

"세 가지 청정함이 있다. 무엇이 셋인가? 몸의 청정함, 말의 청정함, 마음의 청정함이다. 몸의 청정함이란 무엇인가? 살생하지 않고, 도둑질하지 않고, 삿된 음행을 하지 않는 것이다. 말의 청정함이란 무엇인가? 거짓말하지 않고, 이간질하지 않고, 악담하지 않고, 잡담하지 않는 것이다. 마음의 청정함이란 무엇인가? 탐욕을 부리지 않고, 악한 마음을 품지 않고, 바른 견해를 갖는 것이다." (『아함경』)

수행 증득의 중요성

불법을 배움에 있어서는 수행 증득이 중요합니다. 불법에 포함된 경(經)·율(律)·논(論) 3장(三藏)은 모두 자기를 바로잡아[修正] 어떻게 범부를 뛰어넘어 성인의 경지에 나아갈 것인지 그 이치를 설명하는 것입니다. 지금은 말법시대로서 수행한 사람 중에 진정으로 과위를 증득한 자가 확실히 적습니다. 거의 없다고 할 수 있는데, 혹시 제불보살이 하신 말씀에 잘못이 있어서 그럴까요? 그렇지 않습니다. 부처님은 자신이 몸소 깨달은 실상반야(實相般若)의 참 지혜를 말씀하시는 분[眞語者]이요, 자신이 몸소 깨달은 제법실상(諸法實相)의 이치를 말씀하시는 분[實語者]이요, 시방삼세의 모든 부처님과 똑같이 말씀하시는 분[如語者]이요, 중생을 속이는 말씀을 하시지 않는 분[不誑語者]이요, 궁극적으로는 일체중생이 다 부처가 되도록 이끌기 위한 가르침이지 이와는 다른 말씀을 하지 않는 분[不異語者]이시니, 여실히 믿고 법대로 수행하면 반드시 성과(聖果)를 증득합니다.[29]

수행 증득의 길

수행 증득의 길로는 마땅히 세 가지 일을 분명히 알아야 합니다. 첫째는 발심(發心)입니다. 위로는 불도를 구하고 아래로는 중생을 교화하면서 보리를 증득하지 않고는 맹세코 성불하지 않겠다는 것입니다. 둘째는 성불의 도리[成佛之道]를 알아야 합니다. 먼저 반야(般若)와 유식(唯識: 법상法相), 그리고 중관(中觀)에 대해 분명한 인식이 있어야 합니다. 셋째는 진실하게 수행 증득해야 합니다. 알고 있는 도리에 따라 확실히 수행하고 밝은 스승을 참방 지도받아 곧바로 보리의 묘한 길[菩提妙路]로 나아가야 합니다.

수행의 핵심 이치 ― 제심일처(制心一處)

"마음을 한 곳으로 집중하면 이루지 못할 일이 없다 [制心一處, 無

---

29) 수행 입문에 대해 보다 자세한 내용은 『선정과 지혜 수행입문』을 읽어보기 바란다. 그리고 더 깊은 내용은 『불교수행법 강의』를 읽어보라.

事不辨]."고 부처님은 말씀하셨습니다. 무슨 일을 하거나 배움을 추구해도 성취가 잘 되지 않는 것은 모두 마음을 한 곳으로 집중하지 못하기 때문입니다. '마음을 한 곳으로 집중함'은 현교(顯敎)나 밀교, 외도(外道) 할 것 없이 정(定)을 닦는 데 이용하는 공통된 방법입니다. 마음을 한 곳에 집중할 수 있다면 신통 능력을 갖출 수 있지만 불법의 해탈과는 무관합니다. 염불의 일심불란 법문도 마음을 한 곳에 집중함으로써 증득한 효과입니다.

불법은 대단히 과학적인 실증(實證)입니다. 그러므로 여러분들은 각자 자기의 길을 걸어가되, 개인별로 한 가지 수행법을 정해서 깊이 들어가 죽을 때까지 변치 않아야 합니다. 어떤 분은 염불을 한다면 그대로 닦아가고, 어떤 분은 대비주(大悲呪: 신묘장구대다라니를 말함)를 외는 습관이 있다면 대비주를 수지하십시오. 육자대명주(六字大明呪: 옴마니반메훔)를 외워 일심불란에 도달하는 사람이 있다면 그것을 계속 외우십시오. 어느 법문이든 상관없습니다. 그러나 이리저리 바꾸어서는 안 됩니다. 각자의 길을 가되, 한 가지 수행법을 정하면 됩니다. "저는 어떤 수행법으로도 공부가 되지 않습니다." 하는 분이 있으시다면, 관세음보살을 염하십시오.

불법의 기초

제행(諸行)[30]은 무상하니, 생겨나고 소멸하는 법이라, '생겨나고 소멸하는 법'이 소멸하니, 적멸이 즐거움이다.

諸行無常, 是生滅法, 生滅滅已, 寂滅爲樂.

---

30) 인연 화합으로 형성된 모든 것, 즉 모든 물질적 정신적 현상

생각(思想)·염두(念頭)는 생멸법입니다. 어떻게 함으로써 염두가 일어나지 않게 할 것인가? 그 방법이 바로 청정함의 기초가 됩니다. 염두가 일어나지 않음은, 예컨대 놀라 넘어졌을 때, 억누르는 것이 아니라, 마음을 '텅 비고 밝은 곳[空明處]'에 집중하는 것입니다. 이렇게 마음을 한 곳에 집중하여 공부가 도달하면 자연히 기질이 변화하고 신통(神通) 능력을 갖추게 됩니다. 하지만 불제자가 신통으로 사람들을 미혹시키면 보살계를 범한 것입니다. 신통도 망념이 발생시키는 것이기 때문입니다. 통(通)함은 도(道)의 꽃이지 도의 열매(果)가 아닙니다. 신통은 수행의 자연적인 부속품이지 주체가 아닙니다.

우리의 망념(妄念)은 끊임없이 오고 가고 일어나고 사라지고 하는데, 그것이 일어나고 사라지는 것을 알 수 있는, 그것이 번뇌라는 것을 알 수 있는, '그것' 자체는 결코 번뇌하지 않습니다. 맞지요? '그것'은 역시 생멸 가운데 있지 않습니다. 이 염두가 왔다는 것도 '그것'은 알며, 저 염두가 갔다는 것도 '그것'은 압니다, 바로 '그 물건'입니다! 주의하십시오! 그 물건은 비출[照] 줄 압니다. 예컨대 당신이 밀종을 배우는 사람이라면, 많은 망념을 일으켜 관상(觀想)합니다. 관상이란 망념을 빌려 쓰는 것입니다. 자기가 관상하고 있다는 것을 '알 수 있는 그것', 자기가 관상을 해서 성공하지 못했다는 것을 '알 수 있는 그 물건'은 무엇일까요? 예를 들어 당신이 나무아미타불을 염불하는 사람이라면, 아미타불, 아미타불... 하고 자기가 아미타불 염불을 하고 있더라도 동시에 자기가 아미타불 염불을 하고 있다는 것을 아는데, 자기가 염불하고 있다는 것을 '알 수 있는 그것'은 무엇일까요? '그것'이 바로 정토이며, 더럽지도 않고 깨끗하지도 않습니다. '그것'이 바로 '진조(眞照)'입니다.

열반은 여래자성(如來自性)의 다른 이름입니다. 열반은 생명을 원래로 자리로 회귀시키는 것입니다. 예를 들면 얼음을 녹여서 물로 변화시키는 것과 같습니다. 열반은 또 적멸(寂滅)하다는 뜻입니다. 적멸은 본래 청정하고 본래 적정(寂靜)하다는 뜻입니다. 열반은 사망이 아닙니다. 영원히 존재하는 것입니다. 석가모니 부처님이 정말로 세상을 떠났다고 생각해서는 안 됩니다. 떠나지 않았습니다. 부처님은 온 바가 없고 간 바가 없습니다. (남회근 선생 저작)

모든 수행 방법은 '선호념' 세 글자

"무엇을 수행이라고 할까요? 자기가 지혜 · 학문 · 수양으로써 탐욕 · 성냄 · 어리석음 · 교만 · 의심 · 정확하지 못한 견해를 바르게 고치는 것입니다. 이것이 수행 길입니다. 불보살이나 하느님이나 귀신에게 도움을 구하는 것이 아닙니다. 수행은 자기의 심리상태로부터 닦기 시작해야 하고, 자기의 생각을 바르게 고쳐야 합니다. 자기의 행위(行爲), 즉 심리 행위 · 언어 행위 · 신체 행위를 수정(修正)하지 않는다면 그런 수행은 쓸모가 없습니다."

불가의 일체의 수행 방법은 모두 '선호념(善護念)'이라는 세 글자에 지나지 않습니다. 심지어 유가나 도가, 기타 어느 종교든 인류의 일체의 수양 방법도 마찬가지입니다.

자기 마음의 생각을 잘[善] 보호하고 살펴보는 것입니다. 마음이 일어나고 생각이 움직일 때, 어떤 경우라도 자신의 생각을 잘 살펴보고 보호하는 것입니다. 예를 들어 만약 당신이 나쁜 생각으로 그저 닦아 성공해서 신통을 지녀 손 한번 내밀면 은행지폐가 바로 오기를 바라거나, 어떤 젊은이들이 그렇듯이 곧 불보살님을 뵙고 몸 한번 솟구치면 곧 도달하게 되기에 장래에 달나라에 가더라도 자기자리를 예약할 필요가 없는 그런 신통이나 얻기 바란다든지 하는, 이런 공훈이나 이기주의적 관념으로써 정좌를 배우다면 잘못 된 것입니다.

금강경을 보면 부처님은 얼마나 평범하셨습니까! 옷 입고, 발 씻고, 정좌하고, 정말 평범했습니다. 절대 환상을 하지 않으셨고, 절대 멋대로 하지 않으셨습니다. 종교적인 분위기를 조금도 지니시지 않았습니다. 그리고는 우리들에게 수양의 핵심은 바로 '선호념', 생각을 잘 보호하는 것이라고 가르쳐 주셨습니다. 선(善), 그러니까 자기의 생각, 심념(心念), 의념(意念)을 잘 돌보아야 합니다.

예를 들어, 오늘날 부처님을 배우는 사람들 중에는 염불하는 사람들이 있는데, 나무아미타불 염불해서 일심불란(一心不亂)의 경지에 도달하는 것도 선호념의 한 법문입니다. 우리가 정좌하면서 자신이 허튼 생각을 하지 않도록 돌보는 것도 선호념입니다. 일체의 종교적 수행 수양 방법은 모두 이 세 글자입니다. (남회근 선생 저작)

37조도품

총 설

불교의 목적은 이고득락(離苦得樂), 즉 괴로움을 여의고 행복을 실현하는 것이다. 그러나 괴로움은 그냥 없어지지 않는다. 괴로움은 수행을 통해서 없어진다. 이러한 수행은 초기불전에서 37보리분법으로 정리되어 나타난다.

37조도품은 모두 일곱 개 주제로 분류되는데 이것을 정리하면 다음과 같다.

① 4념처(四念處, 네 가지 마음챙김의 확립)
② 4정근(四精勤, 네 가지 바른 노력)
③ 4여의족(四如意足, 네 가지 성취수단)
④ 5근(五根, 다섯 가지 기능)

⑤ 5력(五力, 다섯 가지 힘)

⑥ 7각지(七覺支, 일곱 가지 깨달음의 구성요소)

⑦ 8정도(八正道, 팔지성도, 성스러운 팔정도)

《까뀌 자루 경》

3. "비구들이여, 나는 알고 보는 자에게 번뇌가 멸진한다고 말하지 알지 못하고 보지 못하는 자에게 [번뇌가 멸진한다고 말하지 않는다].

비구들이여, 그러면 무엇을 알고 무엇을 보는 자에게 번뇌가 멸진하는가? '이것이 물질이다. 이것이 물질의 일어남이다. 이것이 물질의 사라짐이다. 이것이 느낌이다. 이것이 느낌의 일어남이다. 이것이 느낌의 사라짐이다. 이것이 인식이다. 이것이 인식의 일어남이다. 이것이 인식의 사라짐이다. 이것이 심리현상[行]들이다. 이것이 심리현상들의 일어남이다. 이것이 심리현상들의 사라짐이다. 이것이 알음알이다. 이것이 알음알이의 일어남이다. 이것이 알음알이의 사라짐이다.'라고 이와 같이 알고 이와 같이 보는 자에게 번뇌는 멸진한다."

4. "비구들이여, 수행에 몰두하지 않고 머무는 비구에게 '오, 참으로 나의 마음은 취착이 없어져서 번뇌들로부터 마음이 해탈하기를.'이라는 이러한 소망이 일어날지도 모른다. 그러나 그의 마음은 결코 취착 없이 번뇌들로부터 해탈하지 못한다.

그것은 무슨 이유 때문인가? 수행하지 않았기 때문이라는 것이 그 대답이다. 무엇을 수행하지 않았기 때문인가? 네 가지 마음챙김의 확립[四念處], 네 가지 바른 노력[四精勤], 네 가지 성취수단[四如意足], 다섯 가지 기능[五根], 다섯 가지 힘[五力], 일곱 가지 깨달음의 구성요소[七覺支], 여덟 가지 구성요소를 가진 성스러운 도[八正

道]이다.”

5. “비구들이여, 예를 들면 암탉이 여덟 개나 열 개나 열두 개의 계란을 품는다 하자. 그런데 암탉은 계란에 바르게 앉지도 못하고 바르게 온기를 주지도 못하고 바르게 다루지도 못한다. 그러면서도 그 암탉에게 이런 소망이 일어날 것이다. ‘오, 이 병아리들이 발톱 끝이나 부리로 계란의 껍질을 잘 부순 뒤 안전하게 뚫고 나오기를.’이라고. 그렇지만 병아리들은 발톱 끝이나 부리로 계란의 껍질을 잘 부순 뒤 안전하게 뚫고 나올 수 없다.

그것은 무슨 이유 때문인가? 그 암탉이 계란에 바르게 앉지 못했고 바르게 온기를 주지 못했고 바르게 다루지 못했기 때문이다.”

6. “비구들이여, 그와 같이 수행에 몰두하지 않고 머무는 비구에게 이러한 소망이 일어날 것이다. ‘오, 참으로 나는 취착이 없어져서 번뇌들로부터 마음이 해탈하기를.’이라고. 그러나 그는 결코 취착이 없어져서 번뇌들로부터 마음이 해탈하지 못한다.

그것은 무슨 이유 때문인가? 수행하지 않았기 때문이라는 것이 그 대답이다. 무엇을 수행하지 않았기 때문인가? 네 가지 마음챙김의 확립[四念處], 네 가지 바른 노력[四精勤], 네 가지 성취수단[四如意足], 다섯 가지 기능[五根], 다섯 가지 힘[五力], 일곱 가지 깨달음의 구성요소[七覺支], 여덟 가지 구성요소를 가진 성스러운 도[八正道]이다.”

7. “비구들이여, 수행에 몰두하여 머무는 비구에게 이러한 소망은 일어나지 않을 것이다. ‘오, 참으로 나는 취착이 없어져서 번뇌들로부터 마음이 해탈하기를.’이라고. 그러나 그는 취착이 없어져서 번뇌들로부터 마음이 해탈한다.

그것은 무슨 이유 때문인가? 수행하기 때문이라는 것이 그 대답이다. 무엇을 수행하기 때문인가? 네 가지 마음챙김의 확립[四念處], 네 가지 바른 노력[四精勤], 네 가지 성취수단[四如意足], 다섯 가지 기능[五根], 다섯 가지 힘[五力], 일곱 가지 깨달음의 구성요소[七覺支], 여덟 가지 구성요소를 가진 성스러운 도[八正道]이다."

8. "비구들이여, 예를 들면 암탉이 여덟 개나 열 개나 열두 개의 계란을 품는다 하자. 그런데 암탉은 계란에 바르게 앉고 바르게 온기를 주고 바르게 다룬다. 그렇지만 그 암탉에게 이런 소망이 일어나지 않을 것이다. '오, 이 병아리들이 발톱 끝이나 부리로 계란의 껍질을 잘 부순 뒤 안전하게 뚫고 나오기를.'이라고. 그러나 병아리들은 발톱 끝이나 부리로 계란의 껍질을 잘 부순 뒤 안전하게 뚫고 나올 수 있다.
그것은 무슨 이유 때문인가? 그 암탉이 계란에 바르게 앉았고 바르게 온기를 주었고 바르게 다루었기 때문이다."

9. "비구들이여, 그와 같이 수행에 몰두하여 머무는 비구에게 이러한 소망은 일어나지 않을 것이다. '오, 참으로 나는 취착이 없어져서 번뇌들로부터 이 마음이 해탈하기를.'이라고. 그러나 그는 취착이 없어져서 번뇌들로부터 마음이 해탈한다.
그것은 무슨 이유 때문인가? 수행하기 때문이라는 것이 그 대답이다. 무엇을 수행하기 때문인가? 네 가지 마음챙김의 확립[四念處], 네 가지 바른 노력[四精勤], 네 가지 성취수단[四如意足], 다섯 가지 기능[五根], 다섯 가지 힘[五力], 일곱 가지 깨달음의 구성요소[七覺支], 여덟 가지 구성요소를 가진 성스러운 도[八正道]이다."

10. "비구들이여, 예를 들면 목수나 목수의 도제는 까뀌 자루에 생긴 손가락 자국이나 엄지손가락 자국을 보고 '오늘은 나의 까뀌 자루가 이만큼 닳았고 어제는 이만큼 닳았고 그 전에는 이만큼 닳

았다.'라고 알지 못한다. 대신에 다 닳았을 때 닳았다고 안다.

그와 같이 수행에 몰두하여 머무는 비구는 '오늘은 나의 번뇌들이 이만큼 멸진했고 어제는 이만큼 멸진했고 그 전에는 이만큼 멸진했다.'라고 알지 못한다. 대신에 [번뇌가] 멸진했을 때 멸진했다고 안다."

11. "비구들이여, 예를 들면 넝쿨로 된 밧줄로 묶어 만든 배가 바다를 항해하면서 육 개월 동안 바닷물에 떠다니다가 겨울철에 뭍에 닿는다 하자. 그러면 그 밧줄들은 바람과 햇볕에 퇴락할 것이고 다시 우기에 많은 비에 젖으면 쉽게 푸석푸석해질 것이고 썩어버릴 것이다.

그와 같이 수행에 몰두하여 머무는 비구의 [열 가지] 족쇄는 쉽게 푸석푸석해지고 썩어버린다."

사념처 – 네 가지 마음 챙기는 공부

《하나의 법 경》

이와 같이 나는 들었다. 한때 세존께서는 사왓티에서 제따 숲의 아나타삔디까 원림(급고독원)에 머무셨다.

2. 거시서 세존께서는 비구들을 불러서 말씀하셨다.

3. "비구들이여, 하나의 법을 닦고 많이 [공부]지으면 큰 결실이 있고 큰 이익이 있다. 무엇이 하나의 법인가?
들숨날숨에 대한 마음챙김이다.
비구들이여, 그러면 들숨날숨에 대한 마음챙김을 어떻게 닦고 많이 [공부]지으면 큰 결실이 있고 큰 이익이 있는가?"

4. "비구들이여, 여기 비구는 숲 속에 가거나 나무 아래에 가거나 빈방에 가거나 하여 가부좌를 틀고 상체를 곧추세우고 전면에 마음챙김을 확립하여[구체적으로 코끝에나 숨이 닿는 윗입술의 중간부분에 혹은 인중 즉 코의 밑과 윗입술 사이에 오목하게 골이 진 곳에 라는 뜻이라고 함] 앉는다. 그는 오로지 마음챙기면서 숨을 들이쉬고 오로지 마음챙기면서 숨을 내쉰다."

5. "① 길게 들이쉬면서는 '길게 들이쉰다.'고 꿰뚫어 알고, 길게 내쉬면서는 '길게 내쉰다.'고 꿰뚫어 안다. ② 짧게 들이쉬면서는 '짧게 들이쉰다.'고 꿰뚫어 알고, 짧게 내쉬면서는 '짧게 내쉰다.'고 꿰뚫어 안다. ③ '온몸을 경험하면서 들이쉬리라.'라며 공부짓고, '온몸을 경험하면서 내쉬리라.'라며 공부짓는다. ④ '몸의 작용[身行]을 편안히 하면서 들이쉬리라.'라며 공부짓고, '몸의 작용을 편안히 하면서 내쉬리라.'라며 공부짓는다."

6. "⑤ '희열을 경험하면서 들이쉬리라.'며 공부짓고, '희열을 경험하면서 내쉬리라.'며 공부짓는다. ⑥ '행복을 경험하면서 들이쉬리라.'며 공부짓고, '행복을 경험하면서 내쉬리라.'며 공부짓는다. ⑦ '마음의 작용[心行]을 경험하면서 들이쉬리라.'며 공부짓고, '마음의 작용을 경험하면서 내쉬리라.'며 공부짓는다. ⑧ '마음의 작용을 편안히 하면서 들이쉬리라.'며 공부짓고, '마음의 작용을 편안히 하면서 내쉬리라.'며 공부짓는다."

7. "⑨ '마음을 경험하면서 들이쉬리라.'며 공부짓고, '마음을 경험하면서 내쉬리라.'며 공부짓는다. ⑩ '마음을 기쁘게 하면서 들이쉬리라.'며 공부짓고, '마음을 기쁘게 하면서 내쉬리라.'며 공부짓

는다. ⑪ '마음을 집중하면서 들이쉬리라.'며 공부짓고, '마음을 집중하면서 내쉬리라.'며 공부짓는다. ⑫ '마음을 해탈하게 하면서 들이쉬리라.'며 공부짓고, '마음을 해탈하게 하면서 내쉬리라.'며 공부짓는다.

8. "⑬ '무상을 관찰하면서 들이쉬리라.'며 공부짓고, '무상을 관찰하면서 내쉬리라.'며 공부짓는다. ⑭ '탐욕이 빛바램을 관찰하면서 들이쉬리라.'며 공부짓고, '탐욕이 빛바램을 관찰하면서 내쉬리라.'며 공부짓는다. ⑮ '소멸을 관찰하면서 들이쉬리라.'며 공부짓고, '소멸을 관찰하면서 내쉬리라.'며 공부짓는다. ⑯ '놓아버림을 관찰하면서 들이쉬리라.'며 공부짓고, '놓아버림을 관찰하면서 내쉬리라.'며 공부짓는다."

9. "비구들이여, 들숨날숨에 대한 마음챙김을 이와 같이 닦고 이와 같이 많이 [공부]지으면 큰 결실이 있고 큰 이익이 있다."

사정근 - 네 가지 바른 노력

《노력 경》

1. " 비구들이여, 네 가지 노력이 있다. 무엇이 넷인가? 단속의 노력, 버림의 노력, 수행의 노력, 보호의 노력이다."

2. "비구들이여, 그러면 어떤 것이 단속의 노력인가? 비구들이여, 여기 비구는 아직 일어나지 않은 나쁘고 해로운 법[不善法]들을 일어나지 못하게 하기 위해서 열의를 생기게 하고 정진하는 힘을 내고 마음을 다잡고 애를 쓴다. 비구들이여, 이를 일러 단속의 노

력이라 한다."

3. "비구들이여, 그러면 어떤 것이 버림의 노력인가? 비구들이여, 여기 비구는 이미 일어난 나쁘고 해로운 법들을 제거하기 위해서 열의를 생기게 하고 정진하는 힘을 내고 마음을 다잡고 애를 쓴다. 비구들이여, 이를 일러 버림의 노력이라 한다."

4. "비구들이여, 그러면 어떤 것이 수행의 노력인가? 비구들이여, 여기 비구는 아직 일어나지 않은 유익한 법[善法]들을 일어나게 하기 위해서 열의를 생기게 하고 정진하고 힘을 내고 마음을 다잡고 애를 쓴다. 비구들이여, 이를 일러 수행의 노력이라 한다."

5. "비구들이여, 그러면 어떤 것이 보호의 노력인가? 비구들이여, 여기 비구는 이미 일어난 유익한 법들을 지속시키고 사라지지 않게 하고 증장시키고 충만하게 하고 닦아서 성취하기 위해서 열의를 생기게 하고 정진하고 힘을 내고 마음을 다잡고 애를 쓴다. 비구들이여, 이를 일러 보호의 노력이라 한다.
비구들이여, 이것이 네 가지 노력이다."

6. "단속과 버림과 수행과 보호
이 네 가지 노력을 태양의 후예께서 가르치셨다.
이것으로 여기 근면하는 비구는 괴로움이 다함을 얻는다."

사여의족 - 네 가지 성취수단

《열의를 주로 한 삼매 경》

3. "비구들이여, 만일 비구가 열의를 의지하여 삼매를 얻고 마음이 한 끝에 집중됨[心一境性]을 얻으면 이를 일러 열의를 주로 한 삼매라 한다.

그는 아직 일어나지 않은 나쁘고 해로운 법[不善法]들을 일어나지 못하게 하기 위해서 열의를 생기게 하고 정진하고 힘을 내고 마음을 다잡고 애를 쓴다. 이미 일어난 나쁘고 해로운 법들을 제거하기 위해서 열의를 생기게 하고 정진하는 힘을 내고 마음을 다잡고 애를 쓴다. 아직 일어나지 않은 유익한 법[善法]들을 일어나게 하기 위해서 열의를 생기게 하고 정진하고 힘을 내고 마음을 다잡고 애를 쓴다. 이미 일어난 유익한 법들을 지속시키고 사라지지 않게 하고 증장시키고 충만하게 하고 닦아서 성취하기 위해서 열의를 생기게 하고 정진하고 힘을 내고 마음을 다잡고 애를 쓴다. 이를 일러 노력의 의도적 행위[行]라 한다.

비구들이여, 이처럼 이러한 열의와 이러한 열의를 주로 한 삼매와 이러한 노력의 의도적 행위라고 해서 열의를 [주로 한] 삼매와 노력의 의도적 행위를 갖춘 성취수단이라 한다."

4. "비구들이여, 만일 비구가 정진을 의지하여 삼매를 얻고 마음이 한 끝에 집중됨[[心一境性]을 얻으면 이를 일러 정진을 주로 한 삼매라 한다.

그는 아직 일어나지 않은 …이미 일어난 유익한 법들을 지속시키고 사라지지 않게 하고 증장시키고 충만하게 하고 닦아서 성취하기 위해서 열의를 생기게 하고 정진하고 힘을 내고 마음을 다잡고 애를 쓴다. 이를 일러 노력의 의도적 행위[行]라 한다.

비구들이여, 이처럼 이러한 정진과 이러한 정진을 주로 한 삼매와 이러한 노력의 의도적 행위라고 해서 정진을 [주로 한] 삼매와 노력의 의도적 행위를 갖춘 성취수단이라 한다."

5. "비구들이여, 만일 비구가 마음을 의지하여 삼매를 얻고 마음이 한 끝에 집중됨[[心一境性]을 얻으면 이를 일러 마음을 주로 한 삼매라 한다.

그는 아직 일어나지 않은 ...이미 일어난 유익한 법들을 지속시키고 사라지지 않게 하고 증장시키고 충만하게 하고 닦아서 성취하기 위해서 열의를 생기게 하고 정진하고 힘을 내고 마음을 다잡고 애를 쓴다. 이를 일러 노력의 의도적 행위[行]라 한다.

비구들이여, 이처럼 이러한 마음과 이러한 마음을 주로 한 삼매와 이러한 노력의 의도적 행위라고 해서 마음을 [주로 한] 삼매와 노력의 의도적 행위를 갖춘 성취수단이라 한다."

6. "비구들이여, 만일 비구가 검증을 의지하여 삼매를 얻고 마음이 한 끝에 집중됨[心一境性]을 얻으면 이를 일러 검증을 주로 한 삼매라 한다.

그는 아직 일어나지 않은 ...이미 일어난 유익한 법들을 지속시키고 사라지지 않게 하고 증장시키고 충만하게 하고 닦아서 성취하기 위해서 열의를 생기게 하고 정진하고 힘을 내고 마음을 다잡고 애를 쓴다. 이를 일러 노력의 의도적 행위[行]라 한다.

비구들이여, 이처럼 이러한 검증과 이러한 검증을 주로 한 삼매와 이러한 노력의 의도적 행위라고 해서 검증을 [주로 한] 삼매와 노력의 의도적 행위를 갖춘 성취수단이라 한다."

오근 - 다섯 가지 기능

《분석 경 2》

3. "비구들이여, 다섯 가지 기능이 있다. 무엇이 다섯인가?

믿음의 기능, 정진의 기능, 마음챙김의 기능, 삼매의 기능, 통찰지의 기능이다."

4. "비구들이여, 그러면 어떤 것이 믿음의 기능인가?

비구들이여, 여기 성스러운 제자는 믿음을 가졌다. 그는 여래의 깨달음을 믿는다. '이런 [이유로] 그분 세존께서는 아라한[응공應供]이시며, 완전히 깨달은 분[정등각正等覺]이시며, 명지와 실천을 구족한 분[명행족明行足]이시며, 피안으로 잘 가신 분[선서善逝]이시며, 세간을 잘 알고 계신 분[세간해世間解]이시며, 가장 높은 분[무상사無上士]이시며, 사람을 잘 길들이는 분[조어장부調御丈夫]이시며, 하늘과 인간의 스승[천인사天人師]이시며, 깨달은 분[불佛]이시며, 세존(世尊)이시다.'라고.

비구들이여, 이를 일러 믿음의 기능이라 한다."

5. "비구들이여, 그러면 어떤 것이 정진의 기능인가?

비구들이여, 여기 성스러운 제자는 열심히 정진하며 머문다. 그는 해로운 법[不善法]들을 버리고 유익한 법[善法]들을 구족하기 위해서 굳세고 크게 분발하며 유익한 법들에 대한 임무를 내팽개치지 않는다. 그는 아직 일어나지 않은 나쁘고 해로운 법들을 일어나지 못하게 하기 위해서 열의를 생기게 하고 정진하고 힘을 내고 마음을 다잡고 애를 쓴다. 이미 일어난 나쁘고 해로운 법들을 제거하기 위하여 열의를 생기게 하고 정진하고 힘을 내고 마음을 다잡고 애를 쓴다. 아직 일어나지 않은 유익한 법들을 일어나게 하기 위해서 열의를 생기게 하고 정진하고 힘을 내고 마음을 다잡고 애를 쓴다. 이미 일어난 유익한 법들을 지속시키고 사라지지 않게 하고 증장시키고 충만하게 하고 닦아서 성취하기 위해서 열의를 생기게 하고 정진하고 힘을 내고 마음을 다잡고 애를 쓴다.

비구들이여, 이를 일러 정진의 기능이라고 한다.

6. "비구들이여, 그러면 어떤 것이 마음챙김의 기능인가?

비구들이여, 여기 성스러운 제자는 마음챙기는 자이다. 그는 최상의 마음챙김과 슬기로움을 구족하여 오래 전에 행하고 오래 전에 말한 것일지라도 모두 기억하고 생각해낸다.

그는 몸에서 몸을 관찰하며 머문다. 세상에 대한 욕심과 싫어하는 마음을 버리면서 근면하게, 분명히 알아차리고 마음챙기며 머문다. 느낌에서 … 마음에서 … 법에서 법을 관찰하며 머문다. 세상에 대한 욕심과 싫어하는 마음을 버리면서 근면하게, 분명히 알아차리고 마음챙기면서 머문다.

비구들이여, 이를 일러 마음챙김의 기능이라 한다."

7. "비구들이여, 그러면 어떤 것이 삼매의 기능인가?

비구들이여, 여기 성스러운 제자는 철저한 버림을 대상으로 삼아 삼매를 얻고 마음이 한 끝에 집중됨[心一境性]을 얻는다.

그는 감각적 욕망들을 완전히 떨쳐버리고 해로운 법[不善法]들을 떨쳐버린 뒤, 일으킨 생각[尋]과 지속적 고찰[伺]이 있고, 떨쳐버렸음에서 생긴 희열[喜]과 행복[樂]이 있는 초선(初禪)에 들어 머문다.

일으킨 생각과 지속적 고찰을 가라앉혔기 때문에 [더이상 존재하지 않으며], 자기 내면의 것이고, 확신이 있으며, 마음의 단일한 상태이고, 일으킨 생각과 지속적 고찰은 없고, 삼매에서 생긴 희열과 행복이 있는 제2선(二禪)에 들어 머문다.

희열이 빛바랬기 때문에 평온하게 머물고, 마음챙기고 알아차리며 몸으로 행복을 경험한다. 이 [禪 때문에] '평온하고 마음챙기며 행복하게 머문다.'고 성자들이 묘사하는 제3선(三禪)에 들어 머문다.

행복도 버리고 괴로움도 버리고, 아울러 그 이전에 이미 기쁨과 슬픔이 소멸되었으므로 괴롭지도 즐겁지도 않으며, 평온으로 인해 마음챙김이 청정한[捨念淸淨] 제4선(四禪)에 들어 머문다.

비구들이여, 이를 일러 삼매의 기능이라 한다."

8. "비구들이여, 그러면 어떤 것이 통찰지의 기능인가?

비구들이여, 여기 성스러운 제자는 통찰지를 가졌다. 그는 성스럽고, 꿰뚫음을 갖추었으며, 괴로움의 멸진으로 바르게 인도하는, 일어나고 사라짐으로 향하는 통찰지를 구족했다.

그는 '이것이 괴로움이다.'라고 있는 그대로 꿰뚫어 안다. '이것이 괴로움의 일어남이다.'라고 있는 그대로 꿰뚫어 안다. '이것이 괴로움의 소멸이다.'라고 있는 그대로 꿰뚫어 안다. '이것이 괴로움의 소멸로 인도하는 도닦음이다.'라고 있는 그대로 꿰뚫어 안다.

비구들이여, 이를 일러 통찰지의 기능이라고 한다."

9. "비구들이여, 이러한 다섯 가지 기능이 있다."

5력 - 다섯 가지 힘

《사께따 경》

1. 이와 같이 나는 들었다. 한때 세존께서는 사께따에서 안자나 숲의 녹야원에서 머무셨다.

2. 거기서 세존께서는 비구들을 불러서 말씀하셨다.

3. "비구들이여, 다섯 가지 기능이 다섯 가지 힘이 되고 다섯 가지 힘이 다섯 가지 기능이 되는 그러한 방법이 있는가?"

"세존이시여, 저희들의 법은 세존을 근원으로 하며, 세존을 길잡이로 하며, 세존을 귀의처로 합니다. 세존이시여, 세존께서 방금 말씀하신 이 뜻을 [친히] 밝혀주신다면 참으로 감사하겠습니다. 세존으로부터 듣고 비구들은 그것을 잘 호지할 것입니다."

"비구들이여, 그렇다면 이제 그것을 들어라. 듣고 마음에 잘 새겨라. 나는 설할 것이다."

"그렇게 하겠습니다. 세존이시여."라고 비구들은 세존께 응답했다.

4. "비구들이여, 다섯 가지 기능이 다섯 가지 힘이 되고 다섯 가지 힘이 다섯 가지 기능이 되는 그러한 방법이 있다. 그러면 무엇이 다섯 가지 기능이 다섯 가지 힘이 되고 다섯 가지 힘이 다섯 가지 기능이 되는 그러한 방법인가?

5. "비구들이여, 믿음의 기능이 곧 믿음의 힘이고 믿음의 힘이 곧 믿음의 기능이다. 정진의 기능이 곧 정진의 힘이고 정진의 힘이 곧 정진의 기능이다. 마음챙김의 기능이 곧 마음챙김의 힘이고 마음챙김의 힘이 곧 마음챙김의 기능이다. 삼매의 기능이 곧 삼매의 힘이고 삼매의 힘이 곧 삼매의 기능이다. 통찰지의 기능이 곧 통찰지의 힘이고 통찰지의 힘이 곧 통찰지의 기능이다."

6. "비구들이여, 예를 들면 강이 동쪽으로 흐르고 동쪽으로 향하고 동쪽으로 들어가는데 그 가운데 섬이 있다 하자. 비구들이여, 그러면 그 강을 하나의 흐름이라고 헤아리는 방법도 있고, 그 강을 두 개의 흐름이라고 헤아리는 방법도 있다."

7. "비구들이여, 그러면 어떤 것이 그 강을 하나의 흐름이라고 헤아리는 방법인가? 비구들이여, 그 섬의 동쪽의 물과 서쪽의 물을 고려하면 이것은 그 강을 하나의 흐름이라고 헤아리는 방법이 된다.

비구들이여, 그러면 어떤 것이 그 강을 두 개의 흐름이라고 헤아리는 방법인가? 비구들이여, 그 섬의 북쪽 물과 남쪽 물을 고려하면 이것은 그 강을 두 개의 흐름이라고 헤아리는 방법이 된다."

8. "비구들이여, 그와 같이 믿음의 기능이 곧 믿음의 힘이고 믿음의 힘이 곧 믿음의 기능이다. … 통찰지의 기능이 곧 통찰지의 힘이고 통찰지의 힘이 곧 통찰지의 기능이다."

9. "비구들이여, 다섯 가지 기능을 닦고 많이 [공부]지으면 비구는 모든 번뇌가 다하여 아무 번뇌가 없는 마음의 해탈[심해탈心解脫]과 통찰지를 통한 해탈[혜해탈慧解脫]을 바로 지금 여기에서 스스로 최상의 지혜로 알고 실현하고 구족하여 머문다."

7각지 - 일곱 가지 깨달음의 구성요소

《계(戒) 경》

1. 이와 같이 나는 들었다. 한때 세존께서는 사왓티에서 제따숲의 아나타삔디까 원림(급독원)에 머무셨다.

2. 그곳에서 세존께서는 "비구들이여."라고 비구들을 부르셨다. "세존이시여."라고 비구들은 세존께 응답했다. 세존께서는 이렇게 말씀하셨다.

3. "비구들이여, 비구가 계를 구족하고, 삼매를 구족하고, 통찰지를 구족하고, 해탈을 구족하고, 해탈지견을 구족한 비구들을 만나는 것은 많은 도움이 된다고 나는 말한다."

4. "비구들이여, 그러한 비구들의 말을 듣는 것도 ... 가까이 하는 것도 ... 섬기는 것도 ... 계속해서 생각하는 것도 ... 따라서 출가하는 것도 많은 도움이 된다고 나는 말한다."

5. "그것은 무슨 이유 때문인가? 비구들이여, 그러한 비구들로부터 법을 배워서 그는 몸이 멀리 떠남과 마음이 멀리 떠남이라는 두 가지 멀리 떠남을 갖추어 머물기 때문이다. 그는 이처럼 멀리 떠남을 갖추어 머물면서 그 법을 계속해서 생각하고 계속해서 고찰한다."

6. "비구들이여, 비구가 이처럼 멀리 떠남을 갖추어 머물면서 그 법을 계속해서 생각하고 계속해서 고찰하면 비구에게는 마음챙김의 깨달음의 구성요소가 자리 잡기 시작한다. 그래서 비구는 마음챙김의 깨달음의 구성요소를 [꾸준히] 닦는다. 그러면 비구의 마음챙김의 깨달음의 구성요소는 이러한 닦음을 통해서 성취된다. 그는 이처럼 마음챙겨 머물면서 법을 통찰지로 조사하고 고찰하고 철저하게 검증한다."

7. "비구들이여, 비구는 이처럼 마음챙겨 머물면서 그런 법을 통찰지로 조사하고 고찰하고 철저하게 검증하면 비구에게는 법을 간택하는 깨달음의 구성요소가 자리 잡기 시작한다. 그래서 비구는 법을 간택하는 깨달음의 구성요소를 [꾸준히] 닦는다. 그러면 비구의 법을 간택하는 깨달음의 구성요소는 이러한 닦음을 통해서 성취된다. 그가 이처럼 법을 통찰지로 조사하고 고찰하고 철저하게 검증할 때 불굴의 정진이 일어난다."

8. "비구들이여, 비구가 이처럼 법을 통찰지로 조사하고 고찰하고 철저하게 검증하여 불굴의 정진이 일어나면 비구에게는 정진의

깨달음의 요소가 자리 잡기 시작한다. 그래서 비구는 정진의 깨달음의 구성요소를 [꾸준히] 닦는다. 그러면 비구의 정진의 깨달음의 구성요소는 이러한 닦음을 통해서 성취된다. 정진을 시작한 자에게는 비세속적인 희열이 일어난다."

9. "비구들이여, 비구가 이처럼 정진을 시작하여 비세속적인 희열이 일어나면 비구에게는 희열의 깨달음의 구성요소가 자리 잡기 시작한다. 그래서 비구는 희열의 깨달음의 구성요소를 [꾸준히] 닦는다. 그래서 비구의 희열의 깨달음의 구성요소는 이러한 닦음을 통해서 성취된다. 마음이 희열로 가득한 자는 몸도 고요하고 마음도 고요한다."

10. "비구들이여, 비구가 이처럼 마음이 희열로 가득하여 몸도 고요하고 마음도 고요하면 비구에게는 고요함의 깨달음의 구성요소가 자리 잡기 시작한다. 그래서 비구는 고요함의 깨달음의 구성요소를 [꾸준히] 닦는다. 그래서 고요함의 깨달음의 구성요소는 이러한 닦음을 통해서 성취된다. 몸이 고요하고 행복한 자의 마음은 삼매에 든다.

11. "비구들이여, 비구가 이처럼 몸이 고요하고 행복하여 마음이 삼매에 들면 비구에게는 삼매의 깨달음의 구성요소가 자리 잡기 시작한다. 그래서 비구는 삼매의 깨달음의 구성요소를 [꾸준히] 닦는다. 그래서 비구의 삼매의 깨달음의 구성요소는 이런한 닦음을 통해서 성취된다. 그는 이처럼 삼매에 든 마음을 아주 평온하게 한다."

12. "비구들이여, 비구가 이처럼 삼매에 든 마음을 아주 평온하게 하면 비구에게는 평온의 깨달음의 구성요소가 자리 잡기 시작

한다. 그래서 비구는 평온의 깨달음의 구성요소를 [꾸준히] 닦는다. 그래서 비구의 평온의 깨달음의 구성요소는 이러한 닦음을 통해서 성취된다."

13. "비구들이여, 이와 같이 일곱 가지 깨달음의 구성요소를 닦고 이와 같이 일곱 가지 깨달음의 구성요소를 많이 [공부]지으면 일곱 가지 결실과 일곱 가지 이익이 기대된다. 어떤 것이 일곱 가지 결실과 일곱 가지 이익인가?

(1) 지금 · 여기[現法]에서 구경의 지혜를 성취한다.

(2) 만일 지금 · 여기에서 구경의 지혜를 성취하지 못하면, 죽을 때에 구경의 지혜를 성취한다.

(3) 만일 지금 · 여기에서 구경의 지혜를 성취하지 못하고, 죽을 때에도 구경의 지혜를 성취하지 못하면, 그는 다섯 가지 낮은 단계의 족쇄를 완전히 없애고 수명의 중반쯤에 이르러 완전한 열반에 드는 자가 된다.

(4) 만일 지금 · 여기에서 구경의 지혜를 성취하지 못하고, 죽을 때에도 구경의 지혜를 성취하지 못하고, 다섯 가지 낮은 단계의 족쇄를 완전히 없애고 수명의 중반쯤에 이르러 완전한 열반에 드는 자가 되지 못하면, 그는 다섯 가지 낮은 단계의 족쇄를 완전히 없애고 [수명의] 반이 지나서 완전한 열반에 드는 자가 된다.

(5) 만일 지금 · 여기에서 구경의 지혜를 성취하지 못하고, 죽을 때에도 구경의 지혜를 성취하지 못하고, 다섯 가지 낮은 단계의 족쇄를 완전히 없애고 수명의 중반쯤에 이르러 완전한 열반에 드는 자가 되지 못하고, 다섯 가지 낮은 단계의 족쇄를 완전히 없애고 [수명의] 반이 지나서 완전한 열반에 드는 자가 되지 못하면, 그는 다섯 가지 낮은 단계의 족쇄를 완전히 없애고 노력 없이 쉽게 완전한 열반에 드는 자가 된다.

(6) 만일 지금 · 여기에서 구경의 지혜를 성취하지 못하고, 죽을

때에도 구경의 지혜를 성취하지 못하고, 다섯 가지 낮은 단계의 족쇄를 완전히 없애고 수명의 중반쯤에 이르러 완전한 열반에 드는 자가 되지 못하고, 다섯 가지 낮은 단계의 족쇄를 완전히 없애고 [수명의] 반이 지나서 완전한 열반에 드는 자가 되지 못하고, 다섯 가지 낮은 단계의 족쇄를 완전히 없애고 노력 없이 쉽게 완전한 열반에 드는 자가 되지 못한다면, 그는 다섯 가지 낮은 단계의 족쇄를 완전히 없애고 노력하여 어렵게 완전한 열반에 드는 자가 된다.

(7) 만일 지금·여기에서 구경의 지혜를 성취하지 못하고, 죽을 때에도 구경의 지혜를 성취하지 못하고, 다섯 가지 낮은 단계의 족쇄를 완전히 없애고 수명의 중반쯤에 이르러 완전한 열반에 드는 자가 되지 못하고, 다섯 가지 낮은 단계의 족쇄를 완전히 없애고 [수명의] 반이 지나서 완전한 열반에 드는 자가 되지 못하고, 다섯 가지 낮은 단계의 족쇄를 완전히 없애고 노력 없이 쉽게 완전한 열반에 드는 자가 되지 못하고, 다섯 가지 낮은 단계의 족쇄를 완전히 없애고 노력하여 어렵게 완전한 열반에 드는 자가 되지 못하면, 그는 다섯 가지 낮은 단계의 족쇄를 완전히 없애고 더 높은 세계로 재생하여 색구경천에 이르는 자가 된다.

14. "비구들이여, 이와 같이 일곱 가지 깨달음의 구성요소를 닦고 이와 같이 일곱 가지 깨달음의 구성요소를 많이 [공부]지으면 이러한 일곱 가지 결실과 일곱 가지 이익이 기대된다."

팔정도

《분석경》

1. 이와 같이 나는 들었다. 한때 세존께서는 사왓티에서 제따숲

의 아나타삔디까 원림(급고독원)에 머무셨다.

그곳에서 세존께서는 "비구들이여."라고 비구들을 부르셨다. "세존이시여."라고 비구들은 세존께 응답했다. 세존께서는 이렇게 말씀하셨다.

2. "비구들이여, 그대들에게 여덟 가지 구성요소를 가진 성스러운 도[八支聖道]를 설하고 분석하리라. 이제 그것을 들어라. 듣고 마음에 잘 새겨라. 나는 설할 것이다."

"그렇게 하겠습니다. 세존이시여." 라고 비구들은 세존께 응답했다. 세존께서는 이렇게 말씀하셨다.

3. "비구들이여, 어떤 것이 여덟 가지 구성요소를 가진 성스러운 도인가?

그것은 바른 견해, 바른 사유, 바른 말, 바른 행위, 바른 생계, 바른 정진, 바른 마음챙김, 바른 삼매이다."

4. "비구들이여, 그러면 무엇이 바른 견해[정견正見]인가?

비구들이여, 괴로움에 대한 지혜, 괴로움의 일어남에 대한 지혜, 괴로움의 소멸에 대한 지혜, 괴로움의 소멸로 인도하는 도닦음에 대한 지혜 - 이를 일러 바른 견해라 한다."

5. "비구들이여, 그러면 무엇이 바른 사유[정사유正思惟]인가?

비구들이여, 출리(出離)에 대한 사유, 악의 없음에 대한 사유, 해코지 않음[不害]에 대한 사유 - 이를 일러 바른 사유라 한다."

6. "비구들이여, 그러면 무엇이 바른 말[정어正語]인가?

비구들이여, 거짓말을 삼가고 중상모략을 삼가고 욕설을 삼가고 잡담을 삼가는 것 - 이를 일러 바른 말이라 한다."

7. "비구들이여, 그러면 무엇이 바른 행위[정업正業]인가?

비구들이여, 살생을 삼가고 도둑질을 삼가고 삿된 음행을 삼가는 것 - 이를 일러 바른 행위라고 한다."

8. "비구들이여, 그러면 무엇이 바른 생계[정명正命]인가?

비구들이여, 성스러운 제자는 삿된 생계를 제거하고 바른 생계로 생명을 영위한다. 비구들이여, 이를 일러 바른 생계라 한다."

9. "비구들이여, 그러면 무엇이 바른 정진[정정진正精進]인가?

비구들이여, 여기 비구는 아직 일어나지 않은 나쁘고 해로운 법들[不善法]을 일어나지 못하게 하기 위해서 열의를 생기게 하고 정진하고 힘을 내고 마음을 다잡고 애를 쓴다. 이미 일어난 나쁘고 해로운 법들을 제거하기 위하여 열의를 생기게 하고 정진하고 힘을 내고 마음을 다잡고 애를 쓴다. 아직 일어나지 않은 유익한 법[善法]들을 일어나게 하기 위해서 열의를 생기게 하고 정진하고 힘을 내고 마음을 다잡고 애를 쓴다. 이미 일어난 유익한 법들을 지속시키고 사라지지 않게 하고 증장시키고 충만하게 하고 닦아서 성취하기 위해서 열의를 생기게 하고 정진하고 힘을 내고 마음을 다잡고 애를 쓴다.

비구들이여, 이를 일러 바른 정진이라 한다."

10. "비구들이여, 그러면 무엇이 바른 마음챙김[정념正念]인가?

비구들이여, 여기 비구는 몸에서 몸을 관찰하며[身隨觀] 머문다. 세상에 대한 욕심과 싫어하는 마음을 버리면서 근면하게, 분명히 알아차리고 마음챙기면서 머문다. 느낌에서 ... 마음에서 ... 법에서 법을 관찰하며 머문다. 세상에 대한 욕심과 싫어하는 마음을 버리면서 근면하게, 분명히 알아차리고 마음챙기면서 머문다.

비구들이여, 이를 일러 바른 마음챙김이라 한다."

11. "비구들이여, 그러면 무엇이 바른 삼매[정정正定]인가?

비구들이여, 여기 비구는 감각적 욕망들을 완전히 떨쳐버리고 해로운 법[不善法]들을 떨쳐버린 뒤, 일으킨 생각[尋]과 지속적 고찰[伺]이 있고, 떨쳐버렸음에서 생긴 희열[喜]과 행복[樂]이 있는 초선(初禪)에 들어 머문다.

일으킨 생각과 지속적 고찰을 가라앉혔기 때문에 [더이상 존재하지 않으며], 자기 내면의 것이고, 확신이 있으며, 마음의 단일한 상태이고, 일으킨 생각과 지속적 고찰은 없고, 삼매에서 생긴 희열과 행복이 있는 제2선(二禪)에 들어 머문다.

희열이 빛바랬기 때문에 평온하게 머물고, 마음챙기고 알아차리며 몸으로 행복을 경험한다. 이 [禪 때문에] '평온하고 마음챙기며 행복하게 머문다.'고 성자들이 묘사하는 제3선(三禪)에 들어 머문다.

행복도 버리고 괴로움도 버리고, 아울러 그 이전에 이미 기쁨과 슬픔이 소멸되었으므로 괴롭지도 즐겁지도 않으며, 평온으로 인해 마음챙김이 청정한[捨念淸淨]한 제4선(四禪)에 들어 머문다.

비구들이여, 이를 일러 바른 삼매라 한다."

《두 가지 사유 경》

1. 이와 같이 나는 들었다. 한때 세존께서는 사왓티에서 제따숲의 아나타삔디카 원림(급고독원)에 머무셨다. 거기서 세존께서는 "비구들이여."라고 비구들을 부르셨다. "세존이시여."라고 비구들은 세존께 응답했다. 세존께서 이렇게 말씀하셨다.

2. "비구들이여, 내가 전에 바른 깨달음을 성취하지 못한 아직 보살이었을 적에 이런 생각이 들었다. '나는 사유를 둘로 나누어 머물리라.'라고. 비구들이여, 그런 나는 감각적 욕망과 관련된 사

유와 악의와 관련된 사유와 해코지와 관련된 사유를 하나의 부분으로 만들었다. 출리(出離)와 관련된 사유와 악의 없음과 관련된 사유와 해코지 않음과 관련된 사유를 또 하나의 부분으로 만들었다."

3. "비구들이여, 그런 내가 이와 같이 방일하지 않고 열심히, 스스로 독려하며 머물 때에 감각적 욕망과 관련된 사유가 일어났다. 그런 나는 이와 같이 꿰뚫어 알았다.

'내게 이 감각적 욕망과 관련된 사유가 일어났다. 이것은 참으로 나 자신을 고통에 빠트리고, 다른 사람을 고통에 빠트리고, 둘 다를 고통에 빠트린다. 이것은 통찰지를 소멸시키고 곤혹스럽게 하고 열반에 이바지하지 못한다.'

비구들이여, '이것은 참으로 나 자신을 고통에 빠트린다.'다고 사유했을 때 그것은 사라졌다. '이것은 참으로 다른 사람을 고통에 빠트린다.'라고 숙고했을 때 그것은 사라졌다. '이것은 둘 다를 고통에 빠트린다.'라고 숙고했을 때 그것은 사라졌다. '이것은 통찰지를 소멸시키고 곤혹스럽게 하고 열반에 이바지하지 못한다.'라고 숙고했을 때 그것은 사라졌다. 비구들이여, 그런 나는 감각적 욕망과 관련된 사유가 일어날 때 마다 그것을 버렸고 제거했고 없앴다."

4.~5 "비구들이여, 그런 내가 이와 같이 방일하지 않고 열심히, 스스로 독려하며 머물 때에 악의와 관련된 사유가 일어났다. ... 해코지와 관련된 사유가 일어났다. 이것은 참으로 나 자신을 고통에 빠트리고, 다른 사람을 고통에 빠트리고, 둘 다를 고통에 빠트린다. 이것은 통찰지를 소멸시키고 곤혹스럽게 하고 열반에 이바지하지 못한다.'

비구들이여, '이것은 참으로 나 자신을 고통에 빠트린다.'다고 사유했을 때 그것은 사라졌다. '이것은 참으로 다른 사람을 고통에 빠트린다.'라고 숙고했을 때 그것은 사라졌다. '이것은 둘 다를 고통에 빠트린다.'라고 숙고했을 때 그것은 사라졌다. '이것은 통찰지를 소멸시키고 곤혹스럽게 하고 열반에 이바지하지 못한다.'라고 숙고했을 때 그것은 사라졌다. 비구들이여, 그런 나는 해코지와 관련된 사유가 일어날 때 마다 그것을 버렸고 제거했고 없앴다."

6. "비구들이여, 비구가 어떤 것에 대해 사유를 거듭해서 일으키고 고찰을 거듭하다보면 그대로 마음의 성향이 된다. 비구들이여, 만일 비구가 감각적 욕망과 관련된 사유를 거듭해서 일으키고 고찰을 거듭하다보면 출리와 관련된 사유가 없어져 버리고 감각적 욕망과 관련된 사유를 거듭하여 그의 마음은 감각적 욕망과 관련된 사유로 기울어진다. 악의와 관련된 사유를 거듭해서 일으키고 고찰을 거듭하다보면 악의 없음과 관련된 사유가 없어져버리고 악의와 관련된 사유를 거듭하여 그의 마음은 악의와 관련된 사유로 기울어진다. 해코지와 관련된 사유를 거듭해서 일으키고 고찰을 거듭하다보면 해코지 않음과 관련된 사유가 없어져 버리고 해코지와 관련된 사유를 거듭하여 그의 마음은 해코지와 관련된 사유로 기울어진다."

7. "비구들이여, 예를 들면 우기철의 마지막 달인 가을에 곡식이 여물어 풍성해지면 소치는 사람이 소떼를 보호하는 것과 같다. 그는 소떼를 여기저기서 회초리로 때리고 제지하고 묶고 잘 단속해야 한다. 그것은 무슨 까닭인가? 비구들이여, 그 소치는 사람은 그 때문에 매를 맞거나 구속되거나 몰수를 당하거나 비난을 받기 때문이다. 비구들이여, 그와 같이 나는 해로운 법들의 재난과 비천함과 더러움을 보았고 유익한 법들의 출리와 공덕과 깨끗함을 보았다."

8. "비구들이여, 그런 내가 이와 같이 방일하지 않고 열심히, 스스로 독려하며 머물 때에 출리와 관련된 사유가 일어났다. 그런 나는 이와 같이 꿰뚫어 알았다.

'내게 이런 출리와 관련된 사유가 일어났다. 이것은 참으로 나 자신을 고통에 빠트리지 않고, 다른 사람을 고통에 빠트리지 않고,

둘 다를 고통에 빠트리지 않는다. 이것은 통찰지를 증장시키고 곤혹스럽게 하지 않고 열반에 이바지한다.'

비구들이여, 나는 온 밤을 그것을 거듭 생각하고 거듭 고찰해도 그로 인해 어떤 두려움도 보지 못했다. 비구들이여, 나는 온 낮을 그것을 거듭 생각하고 거듭 고찰해도 그로 인해 어떤 두려움도 보지 못했다. 비구들이여, 나는 낮과 밤을 온통 그것을 거듭 생각하고 거듭 고찰해도 그로 인해 어떤 두려움도 보지 못했다.

그러나 '내가 너무 오래 생각하고 고찰하면 몸이 피로울 것이고, 몸이 피로하면 마음이 혼란스러울 것이고, 마음이 혼란스러우면 삼매에서 멀어질 것이다.'라고 [꿰뚫어 알았다]. 비구들이여, 그런 나는 안으로 마음을 확고하게 하고 가라앉히고 통일하여 삼매에 들었다. 그것은 무슨 까닭인가? 나의 마음이 들뜨지 않게 하기 위해서였다."

9~10. "비구들이여, 그런 내가 이와 같이 방일하지 않고 열심히, 스스로 독려하며 머물 때에 악의 없음과 관련된 사유가 일어났다. … 비구들이여, 그런 내가 이와 같이 방일하지 않고 열심히, 스스로 독려하며 머물 때에 해코지 않음과 관련된 사유가 일어났다. 그런 나는 이와 같이 꿰뚫어 알았다.

'내게 이런 해코지 않음과 관련된 사유가 일어났다. 이것은 참으로 나 자신을 고통에 빠트리지 않고, 다른 사람을 고통에 빠트리지 않고, 둘 다를 고통에 빠트리지 않는다. 이것은 통찰지를 증장시키고 곤혹스럽게 하지 않고 열반에 이바지한다.'

비구들이여, 나는 온 밤을 그것을 거듭 생각하고 거듭 고찰해도 그로 인해 어떤 두려움도 보지 못했다. 비구들이여, 나는 온 낮을 그것을 거듭 생각하고 거듭 고찰해도 그로 인해 어떤 두려움도 보지 못했다. 비구들이여, 나는 낮과 밤을 온통 그것을 거듭 생각하고 거듭 고찰해도 그로 인해 어떤 두려움도 보지 못했다.

그러나 '내가 너무 오래 생각하고 고찰하면 몸이 피로울 것이고,

몸이 피로하면 마음이 혼란스러울 것이고, 마음이 혼란스러우면 삼매에서 멀어질 것이다.'라고 [꿰뚫어 알았다]. 비구들이여, 그런 나는 안으로 마음을 확고하게 하고 가라앉히고 통일하여 삼매에 들었다. 그것은 무슨 까닭인가? 나의 마음이 들뜨지 않게 하기 위해서였다."

11. "비구들이여, 비구가 어떤 것에 대해 사유를 거듭해서 일으키고 고찰을 거듭하다보면 그대로 마음의 성향이 된다. 비구들이여, 만일 비구가 출리와 관련된 사유를 거듭해서 일으키고 고찰을 거듭하다보면 감각적 욕망과 관련된 사유가 없어져 버리고 출리와 관련된 사유를 거듭하여 그의 마음은 출리와 관련된 사유로 기울어진다. 악의 없음과 관련된 사유를 거듭해서 일으키고 고찰을 거듭하다보면 악의와 관련된 사유가 없어져버리고 악의 없음과 관련된 사유를 거듭하여 그의 마음은 악의 없음과 관련된 사유로 기울어진다. 해코지 없음과 관련된 사유를 거듭해서 일으키고 고찰을 거듭하다보면 해코지와 관련된 사유가 없어져 버리고 해코지 않음과 관련된 사유를 거듭하여 그의 마음은 해코지 않음과 관련된 사유로 기울어진다."

12. "비구들이여, 예를 들면 더운 여름의 마지막 달에 모든 곡식들을 마을 안으로 다 거둬들였을 때 소치는 사람이 소떼를 보호한다고 하자. 그는 나무 아래로 가거나 노지에 가서 '여기 소떼가 있구나.'라고 마음챙김만 잘 하면 된다. 비구들이여, 그와 같이 '이런 마음의 현상들[法]이 있구나.'라고 나는 마음챙김만 하면 되었다."

13. "비구들이여, 내게는 불굴의 정진이 생겼고, 마음챙김이 확립되어 잊어버림이 없었고, 몸이 경안하여 교란하지 않았고, 마음이 집중되어 일념이 되었다."

14~24. "비구들이여, 그런 나는 감각적 욕망을 완전히 떨쳐버리고 해로운 법들을 떨쳐버린 뒤 일으킨 생각과 지속적 고찰이 있고, 떨쳐버렸음에서 생긴 희열과 행복이 있는 초선을 구족하여 머물렀

다. ... 제2선을   ... 제3선을 ... 제4선을 구족하여 머물렀다.

그런 나는 이와 같이 마음이 집중되고, 청정하고, 깨끗하고, 흠이 없고, 오염원이 사라지고, 부드럽고, 활발발하고, 안정되고, 흔들림이 없는 상태에 이르렀을 때 전생을 기억하는 지혜[宿命通]로 마음을 향하게 했다. ... 중생들의 죽음과 다시 태어남을 [아는] 지혜[天眼通]로 마음을 향하게 했다. ... 모든 번뇌를 소멸하는 지혜[漏盡通]로 마음을 향하게 했다. ... 비구들이여, 이것이 내가 밤의 삼경(三更)에 증득한 세 번째 명지(明知)이다. 마치 방일하지 않고 열심히, 스스로 독려하며 머무는 자에게 무명이 제거되고 명지가 일어나고 어둠이 제거되고 광명이 일어나듯이, 내게도 무명이 제거되고 명지가 일어났고 어둠이 제거되고 광명이 일어났다."

25. "비구들이여, 예를 들면 깊은 숲 속에 큰 호수가 있는데, 그 부근에 큰 사슴의 무리가 산다고 하자. 그들의 이로움을 바라지 않고 복리를 바라지 않고 안전을 바라지 않는 어떤 사람이 나타나서 그 평화롭고 안전하고 기쁨을 주는 길을 막아버리고 나쁜 길을 열어 그들을 유인하기 위한 미끼를 놓아두고 꼭두각시를 설치하면, 큰 사슴의 무리는 나중에 재난과 참화에 처하고 점점 줄게 될 것이다.

비구들이여, 그러나 그들의 이로움을 바라고 복리를 바라고 안전을 바라는 어떤 사람이 나타나서 그 평화롭고 안전하고 기쁨을 주는 길을 열고 나쁜 길을 막아버리며 그들을 유인하기 위한 미끼를 없애고 꼭두각시를 제거해버리면, 큰 사슴의 무리는 나중에 번창하고 증가하여 아주 많아질 것이다."

26. "비구들이여, 내가 이 비유를 설한 것은 뜻을 전달하기 위해서이다. 그 뜻은 이러하다.

비구들이여, 깊은 숲 속의 큰 호수는 감각적 욕망들을 두고 한 말이다. 비구들이여, 큰 사슴의 무리는 중생들을 두고 한 말이다. 비구들이여, 그들의 이로움을 바라지 않고 복리를 바라지 않고 안전을 바라지 않는 어떤 사람이란 마라를 두고 한 말이다. 비구들이여, 나쁜 길이란 여덟 가지 그릇된 길을 두고 한 말이니 즉 그릇된 견해, 그릇된 사유, 그릇된 말, 그릇된 행위, 그릇된 생계, 그릇된 정진, 그릇된 마음챙김, 그릇된 삼매이다. 비구들이여, 유인하기 위한 미끼란 향락과 탐욕을 두고 한 말이다. 비구들이여, 꼭두각시란 무명을 두고 한 말이다.

비구들이여, 그들의 이로움을 바라고 복리를 바라고 안전을 바라는 어떤 사람이란 여래 · 아라한 · 정등각자를 두고 한 말이다. 비구들이여, 평화롭고 안전하고 기쁨을 주는 길은 성스러운 팔정도를 두고 한 말이니 즉 바른 견해, 바른 사유, 바른 말, 바른 행위, 바른 생계, 바른 정진, 바른 마음챙김, 바른 삼매이다. 비구들이여, 이와 같이 나는 평화롭고 안전하고 기쁨을 주는 길을 열었고 나쁜 길을 막아버렸고 미끼를 없앴고 꼭두각시를 제거했다."

27. "비구들이여, 항상 제자들의 이익을 기원하며 제자들을 연민하는 스승이 마땅히 해야 할 바를 나는 연민으로 했다. 비구들이여, 여기 나무 밑이 있다. 여기 빈집이 있다. 참선을 하라. 비구들이여, 방일하지 마라. 나중에 후회하지 마라. 이것이 그대들에게 주는 간곡한 당부이다."

세존께서는 이와 같이 설하셨다. 그 비구들은 흡족한 마음으로 세존의 말씀을 크게 기뻐했다.

(이상 37조도품 관련 경전들은 각묵 스님과 대림 스님 옮김, 초기불전연구원 출판 『니까야 강독 II』에서 전재하였다. 보다 자세한 주석 등은 해당 책을 보기 바란다)

제7장 대장치병약 (大藏治病藥)

백병백약 (百病百藥)

당(唐) 석영철(釋靈澈) 편집
남회근 선생 강해
송찬문 한글 번역

왜 사람의 몸은 병이 많기 쉬운가

불법의 입장에서 말하면 모든 사람의 생리상의 병은 대부분 심리로부터 옵니다. 이른바 마음이 바르지 않고 마음이 깨끗하지 않아서 사람 몸에는 병이 많습니다. 무엇을 깨끗한 마음[淨心]이라고 부를까요? 평소에 망상이 없고 잡념이 없어서 절대적으로 청정해야 비로소 깨끗한 마음입니다. 망상이 있고 잡념이 있고 번뇌가 있는 것은, 희노애락(喜怒哀樂)과 인아시비(人我是非)로부터 오는 것입니다. 이 「대장치병약」 안에서 많은 병을 언급하고 있는데, 한 조목 한 조목마다 모두 우리들의 심리 행위의 병폐에 관한 것입니다.

"희노편집시일병(喜怒偏執是一病)", 크게 기뻐하거나 크게 성내거나 자기의 주관적인 견해를 편집(偏執)하거나 편견을 심히 고집하는 것이 모두 한 가지 병입니다. 특히 크게 기뻐하면 심장이 상처를 받습니다. 크게 화를 내면 간(肝)이 제일 먼저 영향을 받아서 장래에 모두 문제가 됩니다.
"망의취리시일병(亡義取利是一病)", 사람됨이나 일처리에 있어서 인의(仁義)를 중요시 하지 않고, 친구에 대하여 의기(義氣)를 중요시 하지 않고, 오로지 이해만 도모하는 것, 이것이 하나의 큰 병입니다.

"호색괴덕시일병(好色壞德是一病)", 호색하기 때문에 인륜의 도덕을 돌아보지 않습니다. 이런 병들은 사람의 병 뿌리의 소재를 말하는 것입니다. 심리행위는 심리학 범위에 속하는데, 심리학은 오늘날의 새로운 과학입니다.

우리가 알듯이 오늘날 세계의 모든 지도자들은, 정치계나 상공업계나 혹은 사단의 지도자이건 간에, 가장 중요한 일로서 반드시 심리 행위를 연구해야 합니다. 심리행위는 오늘날 지도자들이 반드시 공부해야할 과정입니다. 진정으로 심리를 말하자면, 지도자는 한 걸음 더 나아가 불학의 유식(唯識)과 부처님이 말씀하신 이러한 심리 병폐를 연구해야 합니다. 그리고 이것은 이미 최신 과학으로 변했습니다. 사실 세상에는 새로운 학문은 한 가지도 없습니다. 모두다 옛것입니다. 단지 새로운 명사들을 창조하고 새로운 이론들을 썼을 뿐입니다. 적어도 제가 보면 우습다고 느껴집니다. 단지 명사만 하나 바꿔서 현대인들을 기만하고 있습니다. 만약 불법이 말하는 이러한 병태를 가지고 사람의 심리행위를 연구한다면, 특히 지도자의 심리학을 연구하는 사람은 반드시 알아야 합니다. 사람됨의 수행에 관하여 얘기한다면, 여기서 말하는 매 한 조목마다 모두 계율 조목이니 마땅히 날마다 읽어야 합니다. 지금 이 자리에 있는 여러분 젊은이들은 오십 세 이하는 대부분 잘 모를 것인데, 중국 문화를 말할 것 같으면, 과거에 우리가 어려서 글 공부 할 때에 가장 일찍 외웠던 것이 『석시현문(昔時賢文)』[31]입니다. 우리가 7~8 살 때에 상당히 줄 줄 줄 외웠고, 일생동안 사람 노릇하는 데 내내 활용할 수 있었습니다.

---

31) 역자가 『증광석시현문(增廣昔時賢文)』을 번역하여 『역사와 인생을 말한다』(부록)에 실어놓았으니 참고하기 바란다.

그 다음으로 우리가 어린 시절 글공부할 때 먼저 『주자치가격언(朱子治家格言)』[32]을 외웠습니다. 외울 줄 알았을 뿐만 아니라 저 같은 경우 받았던 가정교육은 부모의 단속이 엄했습니다. 아무리 추운 날이라도 일어나서 바닥을 쓸고 눈을 쓸어 라고 하였습니다. 손이 동상을 입어 부어올라도 하지 않으면 안 되었습니다. 이른바 '여명즉기, 쇄소정제(黎明即起, 灑掃庭除)', '이른 아침에 일찍 일어나서 뜰과 계단에 물을 뿌리고 쓸어라.' 이런 것을 반드시 애를 써서 해야 했습니다.

또 한 권의 책이 있는데 역시 중요합니다. 글공부 하는 사람마다 책상머리에 『태상감응편(太上感應篇)』[33]이라는 책 한 권이 있었습니다. 바꾸어 말하면, 우리가 예전에 이러한 책들을 읽을 때는 마치 여러분들이 지금 읽는 공민도덕(公民道德) 과목과 같아서 모두 반드시 읽어야만 했습니다.

제가 몇 사람의 오랜 친구와 노 교수님들과 얘기를 하면서, 우리들이 예전에 받았던 이러한 교육들은 일생동안 잊을 길이 없다고 말했습니다. 우리들 그 시절에는 아무리 못한 사람이라도 그래도 기준이 하나 있었는데, 이 기준이 바로 이러한 기초에 있었습니다. 부처님을 배우면서 사람됨 입장에서 말한다면 이런 것들이 바로 기준입니다. 만약 대승경전에서 찾아본다면, 솔직히 말해서 저는 단번에 생각이 나지 않았는데, 이것은 여러분들의 기회 인연[機緣]입니다. 왜냐하면 각 서점마다 새 책이 나오면 다들 통지서를 저에게 부쳐오곤 합니다. 어떤 서점은 아주 재미있게도, 책이 나오면 한 권 한 권씩 저에게 부쳐오면서, 그 위에 이렇게 메모가 되어 있습니다, '당신이 원하면 가지고 계십시오. 편리한대로 돈을

---

32) 남회근 지음 신원봉 옮김 『중국 문화 만담』「2부 국학과 중국 문화에 대해 말한다」중 '3강' 속에 남회근 선생의 강해가 있으니 참고하기 바란다.
33) 『생과 사 그 비밀을 말한다』와 『나무아미타불이 팔만대장경이다』의 (부록)에 각각 실어놓았으니 참고하기 바란다.

주셔도 됩니다. 원하지 않으시면 반환해 주십시오.' 기왕 부쳐온 바에 놓아두지 뭐! 마침내 제가 펼쳐서 한 번 보니 첫 번째 책에서 이 자료가 있는 것을 발견했습니다. 제가 너무 좋다고 했습니다. 내가 찾지 않아도 되니까요. 그래서 오늘 복사하여 여러분들에게 드립니다. 여러분이 진정으로 부처님을 배우고 싶다면 사람됨과 일처리에 있어서 여기서부터 시작하십시오.

강의 자료가 있는 사람은 또 가지지 마십시오. 다음에 가지고 올 것을 꼭 기억하십시오. 떨어뜨리고 또 갖지 마시기 바랍니다. 이것도 한 가지 병입니다. 첫째, 쉽게 잊어버리는 것은 바로 두뇌에 병이 난 것입니다. 불학에서는 그것을 '실념(失念)'이라고 합니다. 둘째, 한 부 더 가지고 싶어 하는 것은 '탐심(貪心)'인데, 이것도 병입니다. 종이 한 장이 뭐 대단하다고 말하는 것이 아닙니다. 우리가 실제로 보면 상당히 곤란합니다. 한 장 복사하는 것도 몇 십 원이 필요합니다. 그러므로 복을 아끼고 소중히 여길 줄 알아야 합니다.

다음으로 치병약을 얘기하겠습니다.

"동정유례시일약(動靜有禮是一藥)", 이 한 조목은 너무나 어렵습니다. 동정 속에는 많은 것이 포함됩니다. 사람됨과 일처리에 있어서 가는 곳 마다 예의가 있어야 합니다. 예의는 또 그 속에 도리에 부합함을 포함 하고 있는데, 이것이 한 가지 약입니다.

"기어유도시일약(起居有度是一藥)", 바로 생활에 규율이 있는 것입니다.

"추분인의시일약(推分引義是一藥)", '추분(推分)'이란 사람이 본분을 지켜야 한다는 것을 말하는데, 무엇을 본분이라고 할까요? 사람은 사람으로서 범위가 있습니다. 남자는 남자로서 범위가 있습니다. 친구가 서로 지내면서 말하거나, 사람됨이나 태도에 있어서 각 각 범위가 있습니다. 범위를 초과한 것이 바로 과분한 것입니다. 과분하면 바로 잘못이 나오기 쉽습니다. 지나친 일, 과분한 일을 하지 마십시오. 과분한 말을 하지 마십시오, 과분한 행위를 하지 마십시오. 사람됨이나 일처리에서 자기의 본분을 알아야 합니다. 본분은 바로 입장입니다. 말하기, 사람됨, 일처리는 모두 입장이 있어야 합니다. 자기 성질대로 말을 함부로 해서는 안 됩니다. 한 마디 말을 잘못했다면 고칠 방법이 없습니다.

'인의(引義)'는 의리를 끌어다 쓰는 것입니다. 특히 글공부하는 사람은 합리적이어야 합니다. 즉 도덕적인 의리(義理)를 말합니다. 오늘날 중국 문화를 연구하면 중문(中文)의 기초가 좋지 않기 때문에 보면 이해한 듯합니다. 중국 글자니까요! 왜 모르겠습니까? 그러나, 당신을 한 번 시험치루어보기만 하면 끝장납니다. 만약 불경을 본다면 이 조목을 보고 이해하지 못했을 것입니다. 당신이 보다시피, 외국어는 말할 필요도 없고, 중국어도 잘 못하면서 불경을 외국어로 번역하려고 하니, 그게 세상 사람들의 웃음꺼리가 되는 것이 아닙니까?

"수증유애시일병(雖憎猶愛是一藥)", 비록 내가 화가 나고 미워 죽을 정도지만 그래도 사랑하는 것이 한 가지 약입니다. 내가 아무래도 그 역시 한 인간이라고 생각하고는, 그를 마땅히 고쳐주어야 하고 그에게 자비를 베풀어야 하고, 그를 사랑하고 보호해야 합니다. 이것이 마음의 병을 다스리는 한 첩의 약입니다. 만약 그렇게 할 수 있다면 사람마다 도덕이 있고 장수를 얻습니다. 제가 보면, 세상의 남녀 사이에 감정이 오래되었거나 부부인 사람은 모두 이 병 가운데 있는데, 반드시 이 약을 먹어야 합니다. 극도로 밉고 싫더라도 오래도록 돌아오지 않으면 걱정됩니다. 떠나고 나면 또 아쉽습니다. 모두 '비록 밉더라도 오히려 사랑하는 가운데 있는 것'입니다. 만약 남녀 부부사이의 심리를 확충하여 모든 사람들을 사랑한다면, 그것이 바로 큰 약이 됩니다.

"교화우완시일약(教化愚頑是一藥)", 여기서 말하는 '한 가지 약'
이란 하나의 공덕의 일이라는 것입니다. 공덕은 행위입니다. 공덕
이 성취되어야 도를 증득할 수 있고 도를 깨달을 수 있습니다. 여
러분들은 평소에 선종의 깨달음을 말하기 좋아하는데, 깨닫는 게
그렇게 쉬울까요? 공덕이 성취되지 않고 사람됨조차도 안 돼 있다
면 깨달아서 뭐 할 겁니까? 당신도 깨달을 수 없습니다. 설사 깨달
았다고 할지라도 뭐 할 거예요? 깨닫고 난 뒤에 다시 사람들을 그
르치니[誤] 그야말로 큰 일 입니다!

그래서 이번 기회에 『대장치병약(大藏治病藥)』이 한 편을 복사
하여 여러분들에게 나누어 드렸으니, 마땅히 자기가 다시 한 번
베껴 써서 사람됨의 품성의 기준으로 삼아야 합니다. 이것도 부처
님을 배우는 기본입니다. 또 출가 학우들은 절대 빠뜨려서는 안
되고, 초하룻날, 보름날 계율을 암송할 때에 모두 지니고 와야 합
니다. 이것은 계행과 밀접한 관계가 있습니다. 『(약사경 강의)』

대장치병약(大藏治病藥)

당(唐) 석영철(釋靈澈) 편집
송찬문 번역

대장경에서 말하기를, "재난(災難)은 닥친 뒤에 구제하고 벗어나는
것 보다, 평소에 미리 방지하는 것이 쉽다. 질병은 발생한 뒤에 치료하

는 것보다, 평소에 적극적으로 예방하는 것이 좋다." 고 하였다.

지금 사람들은 한쪽만 보아서, 재난을 방지하는 데는 힘쓰지 않고, 그것을 구제하는 데만 힘쓴다. 질병을 피하는 데는 힘쓰지 않고, 약물로 치료하는 데만 힘쓰고 있다. 비유컨대 어떤 국가 지도자가 힘써 다스릴 것을 생각하지 않으면서 나라가 태평하고 백성이 편안하기를 구하는 것과 같고, 몸이 있는 사람이 자신을 아끼고 양생하지 않으면서 수명을 온전히 하려는 것과 같다.

이런 까닭에 성인은 그 조짐이 나타나기 전에 복(福)을 구하고, 그 화(禍)가 싹트기 전에 끊는다. 재난은 사소한 곳에서부터 일어나고, 질병은 미미한 것으로부터 생긴다. 사람들은 작은 선(善)을 이익이 없다 여겨 행하지 않고, 또 조그만 악(惡)을 손해가 없다 여겨 고치지 않는다. 작은 선을 일으키지 않으면 재난이 곧 이루어지며, 작은 악을 고치지 않으면 큰 재난이 곧 닥친다는 것을 어찌 알리오!

그러므로 태상(太上)께서 특히 마음의 병 백 가지 항목을 지적하여 병자의 거울로 삼게 하였다. 사람이 고요히 앉아 이를 가지고 비추어 보고 병이 있는지 없는지를 살펴볼 수 있다면, 마음의 병은 마음이 다스리고 마음의 약으로 다스릴 수 있다. 어찌 옛날 유명한 의사 편작의 처방약을 엿봄으로써 그 질병을 치료하겠는가! 병이 자기 마음 가운데 쌓이지 않게 하라. 기울어 무너지면 막을 수 없고 내면에서 화(禍)가 일어나면, 금석(金石)과 초목(草木)의 약물로도 치료할 수 없을까 걱정된다. 수명이 장수하는 것은 병이 없기 때문이니, 지혜로운 사람은 이에 힘 쓸 지어다.

大藏經曰：救災解難，不如防之為易。療疾治病，不如避之為吉。

今人見左，不務防之而務救之，不務避之而務藥之。譬之有君者，不思勵治以求安。有身者，不惜保養以全壽。

是以聖人求福于未兆，絶禍於未萌。蓋災生於稍稍，病起於微微。人以小善為無益而不為，以小惡為無損而不改。孰知小善不起，災難立成：小惡不止，大禍立至。

故太上特指心病要目百行，以為病者之鑒。人能靜坐持照察病有無，心病心醫，治以心藥。奚伺盧扁，以療厥疾。無使病積於中。傾潰莫遏，蕭牆禍起，恐非金石草木可攻。所為長年，因無病故，智者勉焉。

크게 기뻐하거나 성내거나 편견을 고집함이 한 가지 병이요.
인의를 잃고 사적인 이익을 취함이 한 가지 병이요.
호색하여 인륜도덕을 파괴함이 한 가지 병이요.
오로지 마음이 애정에 묶여 있음이 한 가지 병이요.

喜怒偏執是一病。亡義取利是一病。
好色壞德是一病。專心係愛是一病。

욕망에 방종하여 무리함이 한 가지 병이요.
탐욕에 방종하며 자기의 허물을 은폐함이 한 가지 병이요.
남을 비난하고 자기를 칭찬함이 한 가지 병이요.
대중의 결정을 멋대로 바꾸고 자기가 옳다함이 한 가지 병이요.

縱欲無理是一病。縱貪蔽過是一病。
毀人自譽是一病。擅變自可是一病。

입을 가볍게 놀려 말하기 좋아함이 한 가지 병이요.
시비에 참여하여 쫓기를 좋아함이 한 가지 병이요.
자기가 지혜롭다고 남을 가볍게 봄이 한 가지 병이요.
권세를 타고 멋대로 휘두름이 한 가지 병이요.

輕口喜言是一病。快意逐非是一病。
以智輕人是一病。乘權縱橫是一病。

남은 틀렸고 자기가 옳다함이 한 가지 병이요.
고아나 과부를 업신여김이 한 가지 병이요.
힘으로써 남을 이기려고 함이 한 가지 병이요.
위세 협박에 두려워 스스로 복종함이 한 가지 병이요.
非人自是是一病。侮易孤寡是一病。
以力勝人是一病。威勢自脅是一病。

말로 남을 이기려함이 한 가지 병이요.
재물을 빌릴 때 갚을 능력을 생각지 않음이 한 가지 병이요.
남을 곡해하고 자기는 정직하다함이 한 가지 병이요.
스스로 정직하다 여기고 남에게 상처 줌이 한 가지 병이요.
語欲勝人是一病。貨不念償是一病。
曲人自直是一病。以直傷人是一病。

나쁜 사람과 사귐이 한 가지 병이요.
크게 기뻐하거나 성내어 자기를 손상함이 한 가지 병이요.
남을 우롱하고 자기는 재능이 있다함이 한 가지 병이요.
공로가 있다고 자기를 자랑함이 한 가지 병이요.
與惡人交是一病。喜怒自伐是一病。
愚人自賢是一病。以功自矜是一病。

훌륭한 현인을 헐뜯고 책잡음이 한 가지 병이요.
자기만 수고한다고 느껴 원망심을 품음이 한 가지 병이요.
거짓을 진실로 여김이 한 가지 병이요.
남의 허물을 말하기 좋아함이 한 가지 병이요.
誹議名賢是一病。以勞自怨是一病。
以虛為實是一病。喜說人過是一病。

자기가 부유하다고 남에게 교만함이 한 가지 병이요.

자기 신분이 낮다고 남의 신분 높음을 헐뜯음이 한 가지 병이요.

남에게 아첨하여 귀염 총애 받으려함이 한 가지 병이요.

자기의 덕을 스스로 드러냄이 한 가지 병이요.

以富驕人是一病。以賤訕貴是一病。

讒人求媚是一病。以德自顯是一病。

자기의 신분이 높다고 남을 깔봄이 한 가지 병이요.

자기가 가난하다고 부자를 질투함이 한 가지 병이요.

남이 성공하는 것을 실패하게 함이 한 가지 병이요.

사익을 위하여 공익을 어지럽히고 손해함이 한 가지 병이요.

以貴輕人是一病。以貧妬富是一病。

敗人成功是一病。以私亂公是一病。

자기의 의도를 가리고 꾸미기를 좋아함이 한 가지 병이요.

남을 위태롭게 하고 자기를 안전하게 함이 한 가지 병이요.

겉으로도 속으로도 남을 질투함이 한 가지 병이요.

남의 바르지 못함이나 잘못을 격렬하게 비난함이 한 가지 병이요.

好自掩飾是一病。危人自安是一病。

陰陽嫉妒是一病。激厲旁悖是一病。

남에게 증오심이 많고 자애연민심이 적음이 한 가지 병이요.

굳게 고집하며 끝까지 다투려함이 한 가지 병이요.

책임을 남이 짊어지도록 미룸이 한 가지 병이요.

글을 쓸 때 진지한 검토 없이 대충 끝냄이 한 가지 병이요.

多憎少愛是一病。堅執爭鬥是一病。

推負著人是一病。文拒鉤剔是一病。

남의 장단점을 항상 마음속에 지니고 있음이 한 가지 병이요.
남의 명성을 이용해 자기를 믿게 함이 한 가지 병이요.
남에게 베풀고 보답을 바람이 한 가지 병이요.
베푼 일이 없으면서 오히려 남을 꾸짖음이 한 가지 병이요.
持人長短是一病。假人自信是一病。
施人望報是一病。無施責人是一病。

남에게 주고 난 뒤에 후회함이 한 가지 병이요.
자기를 원망하고 미워하기를 좋아함이 한 가지 병이요.
벌레나 가축을 죽이기 좋아함이 한 가지 병이요.
사악한 주술로 남을 제압함이 한 가지 병이요.
與人追悔是一病。好自怨憎是一病。
好殺蟲畜是一病。蠱道厭人是一病。

재능이 뛰어난 사람을 헐뜯음이 한 가지 병이요.
남이 나보다 잘 함을 미워함이 한 가지 병이요.
독약인줄 알면서도 마시기를 탐함이 한 가지 병이요.
누구에게나 마음이 평등하지 못함이 한 가지 병이요.
毀訾高才是一病。憎人勝己是一病。
毒藥耽飲是一病。心不平等是一病。

재능과 도덕을 겸비했다고 우쭐대고 남을 깔봄이 한 가지 병이요.
과거의 악감정 원한 등을 잊지 않음이 한 가지 병이요.
남의 충고와 깨우쳐줌을 받아들이지 않음이 한 가지 병이요.
자기 가족은 소원히 하고 남의 가족을 친근히 함이 한 가지 병이요.
以賢貢犒是一病。追念舊惡是一病。
不受諫諭是一病。內疏外親是一病。

투서로 남을 망치게 함이 한 가지 병이요.
어리석은 사람을 비웃음이 한 가지 병이요.
짜증내고 가혹하고 경박하고 조급함이 한 가지 병이요.
억지를 부리며 매질함이 한 가지 병이요.
投書敗人是一病。笑愚癡人是一病。
煩苛輕躁是一病。撾捶無理是一病。

스스로 정의파로 표방하기를 좋아함이 한 가지 병이요.
남이나 사물에 대해 의심이 많고 믿음이 적음이 한 가지 병이요.
미친 사람을 보고 비웃음이 한 가지 병이요.
쭈그려 앉는 등 자세에 예의가 없음이 한 가지 병이요.
好自作正是一病。多疑少信是一病。
笑顚狂人是一病。蹲踞無禮是一病。

더럽고 듣기 거북한 말을 함이 한 가지 병이요.
노인이나 어린이를 가볍게 여김이 한 가지 병이요.
나쁜 태도와 듣기 싫은 말로 대답함이 한 가지 병이요.
옹고집을 부리며 자기만 옳다고 함이 한 가지 병이요.
醜言惡語是一病。輕慢老少是一病。
惡態醜對是一病。了戾自用是一病。

마음이 쉽게 들떠 크게 웃기 좋아함이 한 가지 병이요.
권력을 잡았다고 멋대로 함이 한 가지 병이요.
괴변과 간사함·아첨·비천한 태도가 한 가지 병이요.
이득을 좋아하여 속임수를 품음이 한 가지 병이요.
好喜嗜笑是一病。當權任性是一病。
詭譎諛諂是一病。嗜得懷詐是一病。

한 입으로 두 말하여 신의가 없음이 한 가지 병이요.
술에 편승하여 흉포하고 멋대로 함이 한 가지 병이요.
자연 현상에 대하여 욕설을 함이 한 가지 병이요.
악한 말로 죽이기 좋아함이 한 가지 병이요.
　　兩舌無信是一病。乘酒兇橫是一病。
　　罵詈風雨是一病。惡言好殺是一病。

임신한 사람을 죽임이 한 가지 병이요.
남의 일을 간섭함이 한 가지 병이요.
남의 비밀이나 사생활을 엿봄이 한 가지 병이요.
빌려주지 않는다고 원망함이 한 가지 병이요.
　　殺人墮胎是一病。干預人事是一病。
　　鑽穴窺人是一病。不借懷怨是一病。

빚을 지고 도망감이 한 가지 병이요.
면전과 등 뒤에서 말이 다름이 한 가지 병이요.
남과 맞서고 흉악난폭하기를 좋아함이 한 가지 병이요.
남을 희롱하고 내가 옳다고 고집 부림이 한 가지 병이요.
　　負債逃走是一病。背向異詞是一病。
　　喜抵捍戾是一病。調戲必固是一病。

고의로 미혹시켜 남을 잘못되게 함이 한 가지 병이요.
둥지를 더듬어서 동물의 알을 깨뜨림이 한 가지 병이요.
태아를 놀라게 해서 몸을 손상시킴이 한 가지 병이요.
물이나 불로써 남을 망치고 해침이 한 가지 병이요.
　　故迷誤人是一病。探巢破卵是一病。
　　驚胎損形是一病。水火敗傷是一病。

맹인, 귀머거리, 벙어리 등 장애자를 비웃음이 한 가지 병이요.
남의 혼사를 간섭하고 어지럽힘이 한 가지 병이요.
다른 사람을 시켜 폭행함이 한 가지 병이요.
남에게 악행을 하도록 교사함이 한 가지 병이요.
笑盲聾啞是一病。亂人嫁娶是一病。
放人捶撾是一病。教人作惡是一病。

앙심을 품고 남의 사랑을 이간질함이 한 가지 병이요.
재난의 일을 크게 떠벌려 무리한 의론을 일으킴이 한 가지 병이요.
재물을 보고 얻고 싶어 함이 한 가지 병이요.
남의 물건을 강탈함이 한 가지 병이다.
含禍離愛是一病。唱禍道非是一病。
見貨欲得是一病。強奪人物是一病。

이상이 백 가지 병이다. 사람이 한 생각에 이러한 백 가지 병을 제거
하고, 날마다 이에 따라 점검하고 한 가지 병도 일어나지 않도록 할 수
있다면, 결정코 재해·고통·번뇌·흉악이 없으며, 자기가 목숨을 보
존하고 수명을 연장할 수 있을 뿐만 아니라 자손들도 백세토록 영원히
그 복을 받을 것이다.

此爲百病也。人能一念, 除此百病。日逐檢點, 使一病不作,
決無災害痛苦, 煩惱凶危。不惟自己保命延年, 子孫百世, 永受
其福矣。

대장경에서 말하기를, "옛날의 성인은 선(善)을 행함에 대해서는
높이 받들어 우러러보지 않음이 없었고, 악(惡)에 대해서는 아주 작더
라도 고치지 아니함이 없었다." 고 하였다. 악을 고치고 선을 높이 받

들어 우러러봄은 바로 약을 먹는 것이다. 이른바 백 가지 약을 기록하
니 병을 치료하라.

大藏經曰：古之聖人，其爲善也，無小而不崇。其於惡也，無
微而不改。改惡崇善，是藥餌也。錄所謂百藥以治之：

생각에 바르지 않음이 없음이 한 가지 약이요.
행위가 너그럽고 마음이 온화함이 한 가지 약이요.
행동거지에 예의가 있음이 한 가지 약이요.
일상생활에 규칙이 있음이 한 가지 약이요.
思無邪辟是一藥。行寬心和是一藥。
動靜有禮是一藥。起居有度是一藥。

도덕을 가까이하고 색정을 멀리함이 한 가지 약이요.
마음을 맑게 하고 욕심을 적게 함이 한 가지 약이요.
본분을 헤아려 지키고 도의를 끌어다 씀이 한 가지 약이요.
분수가 아닌 것을 취하지 않음이 한 가지 약이요.
近德遠色是一藥。淸心寡欲是一藥。
推分引義是一藥。不取非分是一藥。

싫거나 미운 사람일지라도 오히려 사랑함이 한 가지 약이요.
마음에 질투가 없음이 한 가지 약이요.
우매하고 완고한 사람을 가르쳐 변화시킴이 한 가지 약이요.
사악하고 소란스러운 일을 충고해 바로 잡아줌이 한 가지 약이요.
雖憎猶愛是一藥。心無嫉妒是一藥。
教化愚頑是一藥。諫正邪亂是一藥。

성질이 나쁘고 못된 하인을 타이름이 한 가지 약이요.
미혹한 사람을 깨우쳐 줌이 한 가지 약이요.
노약자나 어린이를 부축해줌이 한 가지 약이요.
마음에 교활한 속임수가 없음이 한 가지 약이요.
戒救惡僕是一藥。開導迷誤是一藥。
扶接老幼是一藥。心無狡詐是一藥。

화를 뽑아주고 어려운 처지를 도와줌이 한 가지 약이요.
항상 알맞는 방편을 행함이 한 가지 약이요.
고아나 과부를 가련히 여기고 동정함이 한 가지 약이요.
빈궁한 사람을 불쌍히 여기고 고난에서 구해줌이 한 가지 약이요.
拔禍濟難是一藥。常行方便是一藥。
憐孤恤寡是一藥。矜貧救厄是一藥。

지위가 높더라도 낮은 사람에게 자기를 낮춤이 한 가지 약이요.
말이 겸손함이 한 가지 약이요.
묵은 빚을 오래 끌지 않고 갚음이 한 가지 약이요.
불쌍히 여겨 위로하고 진심으로 믿음이 한 가지 약이요.
位高下士是一藥。語言謙遜是一藥。
不負宿債是一藥。愍慰篤信是一藥。

미천하고 보잘 것 없는 사람도 공경 사랑함이 한 가지 약이요.
말이 단정하고 정성스러움이 한 가지 약이요.
직선적 말을 피하고 곡선적인 말로 인도함이 한 가지 약이요.
시비를 다투지 않음이 한 가지 약이요.
敬愛卑微是一藥。語言端愨是一藥。
推直引曲是一藥。不爭是非是一藥。

남이 거칠고 무례해도 그를 깔보지 않음이 한 가지 약이요.
굴욕을 당해도 참을 수 있음이 한 가지 약이요.
선행은 널리 알리고 악행은 감춰줌이 한 가지 약이요.
좋은 것은 양보하고 좋지 않은 것은 자기가 취함이 한 가지 약이요.
逢侵不鄙是一藥。受辱能忍是一藥。
揚善隱惡是一藥。推好取醜是一藥。

남에게 많이 주고 자기는 적게 취함이 한 가지 약이요.
덕행과 재능이 있는 사람을 칭찬함이 한 가지 약이요.
학문과 도덕이 있는 사람을 보고 안으로 반성함이 한 가지 약이요.
자기를 과장하고 뽐내지 않음이 한 가지 약이요.
與多取少是一藥。稱歎賢良是一藥。
見賢內省是一藥。不自誇彰是一藥。

공을 추켜세워 선(善)으로 이끌어줌이 한 가지 약이요.
스스로 선행을 자랑하지 않음이 한 가지 약이요.
남의 공로를 덮어버리지 않음이 한 가지 약이요.
힘든 수고를 원망하지 않음이 한 가지 약이요.
推功引善是一藥。不自伐善是一藥。
不掩人功是一藥。勞苦不恨是一藥。

마음에 정성과 신용을 품음이 한 가지 약이요.
숨은 악을 덮어 가려줌이 한 가지 약이요.
자기보다 나은 사람을 추천하고 높임이 한 가지 약이요.
가난을 편히 여기고 스스로 즐거워함이 한 가지 약이요.
懷誠抱信是一藥。覆蔽陰惡是一藥。
崇尙勝己是一藥。安貧自樂是一藥。

자기를 높이며 뽐내지 않음이 한 가지 약이요.
남이 공로를 이루도록 도와줌이 한 가지 약이요.
음모를 좋아하지 않음이 한 가지 약이요.
이해득실에 상관하지 않음이 한 가지 약이요.
不自尊大是一藥。好成人功是一藥。
不好陰謀是一藥。得失不形是一藥。

선행으로 복덕을 쌓고 은혜를 심음이 한 가지 약이요.
살면서 남을 꾸짖거나 욕하지 않음이 한 가지 약이요.
남을 이러쿵저러쿵 평론하지 않음이 한 가지 약이요.
상대방에게 말을 부드럽게 함이 한 가지 약이요.
積德樹恩是一藥。生不罵詈是一藥。
不評論人是一藥。甜言美語是一藥。

재난이나 병의 원인을 자신에서 찾음이 한 가지 약이요.
악을 남의 탓으로 돌리지 않음이 한 가지 약이요.
베풀어주고 보답을 바라지 않음이 한 가지 약이요.
생명을 죽이지 않음이 한 가지 약이요.
災病自咎是一藥。惡不歸人是一藥。
施不望報是一藥。不殺生命是一藥。

마음이 차분하고 태도가 온화함이 한 가지 약이요.
남의 아름다움을 시기하지 않음이 한 가지 약이요.
마음이 고요하고 기맥이 안정됨이 한 가지 약이요.
과거의 악감정 원한 등을 생각하지 않음이 한 가지 약이요.
心平氣和是一藥。不忌人美是一藥。
心靜氣定是一藥。不念舊惡是一藥。

비뚤어진 것을 바로잡아주고 나쁜 자도 도와줌이 한 가지 약이요.
가르침에 따르고 선에 복종함이 한 가지 약이요.
분노를 자제할 수 있음이 한 가지 약이요.
남에게 요구하지 않음이 한 가지 약이요.
匡邪弼惡是一藥。聽敎伏善是一藥。
忿怒能制是一藥。不干求人是一藥。

쓸데없는 생각이 없음이 한 가지 약이요.
나이 많은 사람을 높이고 받들어줌이 한 가지 약이요.
남에게 공손하고 엄숙함이 한 가지 약이요.
집안에서 효도와 우애를 닦음이 한 가지 약이요.
無思無慮是一藥。尊奉高年是一藥。
對人恭肅是一藥。內修孝悌是一藥。

편안히 자기의 분수를 지킴이 한 가지 약이요.
처와 자식에게 화기애애함이 한 가지 약이요.
남에게 음식을 대접함이 한 가지 약이요.
착한 일 닦기에 힘씀이 한 가지 약이요.
恬靜守分是一藥。和悅妻孥是一藥。
以食飮人是一藥。勗修善事是一藥。

자신의 운명을 달갑게 여김이 한 가지 약이요.
혐의 받을 일을 멀리하고 피함이 한 가지 약이요.
도량이 관대하고 시원스러움이 한 가지 약이요.
경전을 공경하고 신앙함이 한 가지 약이요.
樂天知命是一藥。遠嫌避疑是一藥。
寬舒大度是一藥。敬信經典是一藥。

속세의 잡다한 마음을 쉬고 도를 품어 안음이 한 가지 약이요.
착한 일 하기에 지칠 줄 모름이 한 가지 약이요.
빈궁한 사람을 구제함이 한 가지 약이요.
약을 베풀어 질병에서 구제해줌이 한 가지 약이요.
息心抱道是一藥。為善不倦是一藥。
濟度貧窮是一藥。捨藥救疾是一藥。

신이나 부처님을 신앙하고 예배함이 한 가지 약이요.
하늘의 뜻을 알고 만족할 줄 앎이 한 가지 약이요.
마음이 맑고 한가하며 욕심이 없음이 한 가지 약이요.
인자하고 겸손하며 박애함이 한 가지 약이요.
信禮神佛是一藥。知機知足是一藥。
清閒無欲是一藥。仁慈謙愛是一藥。

살려주기를 좋아하고 죽이기를 싫어함이 한 가지 약이요.
재물을 잔뜩 쌓아두지 않음이 한 가지 약이요.
금기사항을 범하지 않음이 한 가지 약이요.
절약하고 검소하면서 항상 적당함을 지킴이 한 가지 약이요.
好生惡殺是一藥。不寶厚藏是一藥。
不犯禁忌是一藥。節儉守中是一藥。

자기는 겸허하고 남에게 낮춤이 한 가지 약이요.
어떤 일이 있으면 태만히 여기지 않음이 한 가지 약이요.
남의 덕을 잘 말함이 한 가지 약이요.
거짓말을 만들지 않음 한 가지 약이요.
謙己下人是一藥。隨事不慢是一藥。
善談人德是一藥。不造妄語是一藥。

신분이 높으면서 남을 도와줌이 한 가지 약이요.

부유하면서 남을 구해줌이 한 가지 약이요.

다투는 것을 숭상하지 않음이 한 가지 약이요.

창녀에게도 음란하지 않음이 한 가지 약이요.

貴能援人是一藥。富能救人是一藥。

不尙爭鬪是一藥。不淫妓靑是一藥。

간음과 도둑질 마음을 일으키지 않음이 한 가지 약이요.

남을 제압하는 주문 술법을 품지 않음이 한 가지 약이요.

송사하기를 좋아하지 않음이 한 가지 약이요.

노인은 부축해주고 어린 아이는 이끌어 줌이 한 가지 약이다.

不生奸盜是一藥。不懷咒厭是一藥。

不樂詞訟是一藥。扶老挈幼是一藥。

이상이 백 가지 약이다. 사람이 질병이 있음은, 모두 허물과 악(惡)이 숨어서 드러나지 않다가, 질병으로 반응하여 음식, 바람, 추위, 더위 기운에 인연하여 일어난 것이다. 사람이 성인의 가르침을 범하였기에 혼백이 상실되어 형체와 용모에 있지 않고, 신체가 허약해지고 정기를 지키지 않았기 때문에, 바람, 추위, 나쁜 기운에 맞아버린 것이다.

그러므로 도덕이 있는 사람은 어두운 곳에 있더라도 감히 그릇된 일을 하지 않는다. 영화를 누리고 복록을 누리더라도 악(惡)을 감히 행하지 않는다. 몸을 헤아려서 옷을 입고, 분수에 따라서 음식을 먹는다. 비록 부유하고 신분이 높더라도 감히 욕망을 멋대로 행하지 않는다. 가난하고 신분이 낮더라도 감히 나쁜 일을 하지 않는다. 이런 까닭에 밖으로는 잔인하고 포악함이 없고, 안으로는 질병이 없다.

그러한데 우리가 스스로 사유하고 연구해서, 이러한 백 가지 약으로 자기를 치료하여 나의 천화(天和)34)를 기르며, 나의 마음속을 전일(專一)하게 함으로써 장수의 경지를 기약하지 않아서야 되겠는가?

此爲百藥也。人有疾病，皆有過惡陰掩不見，故應以疾病，因緣飮食風寒溫氣而起。由人犯聖敎以致魂迷魄喪，不在形容，肌體空虛，精氣不守，故風寒惡氣，得以中之。

是以有德者，雖處幽暗，不敢爲非。雖居榮祿，不敢爲惡。量身而衣，隨分而食。雖富且貴，不敢恣欲。雖貧且賤，不敢爲非。是以外無殘暴，內無疾病。

然吾人可不以自維自究，以百藥自治，養吾天和，一吾胸臆，以期長壽之地也哉。

---

34) 원기. 자연의 화기(和氣). 화기란 천지간의 음기와 양기가 교합하여 이루어
　　지는 기를 말한다.

제 2 편

대승광오온론 강의

대승광오온론 강의
(大乘廣五蘊論)

大乘廣五蘊論一卷安慧菩薩造
大唐中天竺國三藏地婆訶羅奉詔譯

안혜(安慧)보살 지음
대당 중천죽 삼장 지바하라(地婆訶羅) 한역
남회근 선생 강의
송찬문 번역35)

출처 : 『현대학불자 수증대화(하집)』
노고출판 2004년 3월 대만 2판 1쇄

보드리(William Bodri 미국인) 선생이 발동을 걸어 (1996년 봄에) 시작한 이 수업은 지금까지 1~2십일 동안 강의했습니다. 이제 결론을 지어야 하겠습니다. 하지만 결론을 지으려면 먼저 5온의 도리를 이해해야 합니다. 그래서 안혜 보살의 『대승광오온론(大乘廣五蘊論)』을 뽑아서 토론하겠습니다.

불학 경전에 경(經)이 있고 논(論)이 있습니다. '논'은 보살들이 부처님의 교법을 확장하고 연역하여 지은 저작입니다. 최초에는 세친(世親) 보살이 『대승오온론(大乘五蘊論)』을 제시하였고, 안혜(安慧) 보살이 이를 확충하여 『대승광오온론』을 써서 5온의 도리를 자세히 분석하였습니다.

---

35) 남회근 선생이 오온법상(五蘊法相)의 중요 부분에 대해서만 강의했다. 강의가 없는 원문에 대해서는 인순(印順)법사의 《대승광오온론강기(大乘廣五蘊論講記)》를 주로 참고하여 풀이했다.

수행은 5온을 기초로 한다

불법에서 가장 중요한 것이 바로 오온론입니다. 우리가 수행하고 불법을 배우고 익히거나, 불법 이외의 어떠한 방문좌도(旁門左道) 내지는 마도(魔道) 등 일체의 수지(修持)는 모두 5온을 떠나지 않습니다. 불법의 귀납에 의하면 생명은 바로 하나의 5온입니다. 당신이 대승의 6바라밀인 보시·지계·인욕·정진·선정·반야를 수지하든, 아니면 소승의 계·정·혜·해탈·해탈지견을 수지하든 모두 5온을 기초로 합니다.

여기서 먼저 여러분을 위하여 몇 개의 명사에 대해 정의하겠습니다. 5온은 바로 다섯 개의 범위로서, 색온(色蘊)·수온(受蘊)·상온(想蘊)·행온(行蘊)·식온(識蘊)입니다. 6근(六根)이 가리키는 것은 5온에 근거하여 분석해낸 것이며, 안근(眼根)·이근(耳根)·비근(鼻根)·설근(舌根)·신근(身根)·의근(意根)을 가리킵니다. 6식(六識)은 안식(眼識)·이식(耳識)·비식(鼻識)·설식(舌識)·신식(身識)과 의식(意識)을 가리킵니다. 6근과 서로 대응하는 외부 세계는 6진(六塵)인데, 색(色)·성(聲)·향(香)·미(味)·촉(觸)·법(法)입니다. 6근이 6진과 대응하고 그 중간은 6식에 의지하여 분별작용이 일어납니다.

6근·6진·6식을 더하면 모두 18이며, 18계(十八界)라고 부릅니다. '계(界)'라고 부르는 까닭은 6근·6진·6식이 각각 저마다의 범위와 한계를 가지고 있기 때문입니다. 눈(眼)과 서로 대응하는 것은 색(色)이고, 귀(耳)와 서로 대응하는 것은 소리(聲), 코(鼻)와 서로 대응하는 것은 냄새(香臭), 혀(舌)와 서로 대응하는 것은 맛(味), 신체(身)와 서로 대응하는 것은 배부르고 배고프고 차갑고 따뜻함 등이고, 의식(識)과 서로 대응하는 것은 각양 각종의 생각 정서[思想情緒]입니다. 그것들은 각각 저마다의 한계를 가지고 있습니다. 예를 들어 귀는 색을 볼 수 없으며, 코는 소리를 듣지 못합니다. 그러므로 18계는 바로 우리의 이 육체 생명이 외부 물질세계와 발생하는 작용입니다. 6근·6진을 한데 합하여 12근진(十二根塵)이라고도 합니다.

'온(蘊)'은 신역(新譯)이며 범어 명칭으로는 색건타(塞建陀)로서 쌓아 모으다[積集]는 뜻이며, 안에 간직하다[蘊藏]·함장(含藏)하다는 뜻입니다. 오음(五陰)으로 번역한 사람도 있었고, 이는 구역(舊譯)이며, 덮고 있다는 뜻입니다. 마치 중생의 청정 광명의 불성이 덮여있음이 양면(陽面)이 아니라 어둠[黑暗], 무명 이 일면임을 말하는 것 같습니다. 이 두 가지 번역은 모두 맞습니다.

농축 귀납하여 말하면 6근·6진·6식의 18계의 작용은 모두 5온의 범위에 속합니다. 『마하반야바라밀다심경』은 말하기를, "관자재보살, 행심반야바라밀다시, 조견오온개공 (觀自在菩薩, 行深般若波羅蜜多時, 照見五蘊皆空)."이라고 하는데, 누구나 다 외울 줄 알지만 누구도 5온을 비워버릴[空] 방법은 없습니다. 그래서 반야가 있기는 지극히 어렵다고 말합니다.

우리는 이제 이 '공부함[做功夫]'에 관한 과제를 연구하면서 허다한 비밀을 폭로할 것입니다! 왜냐하면 불교의 형식을 중시하지 않고 마치 마음대로인 듯 비밀을 여러분에게 말할 것인데, 여러분은 이 때문에 소중한 줄 몰라서는 안 됩니다! 여러분은 불법을 들을 만한 큰 인연과 복덕이 얼마 없으면서 지금 들었으니 세상에 보답할 줄 알아서, 중문과 영문으로 정리해 낼 발심을 해야 합니다. 정리해 내지 못한다면 죄과가 끝이 없습니다! 여기서 엄중하게 여러분에게 말하니 가볍게 듣고 지나가지 말기 바랍니다.

색온을 말한다

우리는 먼저 색온(色蘊)을 소개하겠습니다. 오늘날 말로 해석하면 색온은 물질 물리인데, 지수화풍(地水火風) 4대(四大)를 포괄합니다. 이른바 4대란 4대 종류의 뜻입니다. 지(地)는 단단한 성질인 견고성(堅固性)이며, 수(水)는 젖는 성질인 습성(濕性)이며, 화(火)는 열에너지, 풍(風)은 바로 기(氣)로서 움직이는 성질인 동성(動性)입니다. 2천여 년 전에 과학이 아직 발달하지 않았기에 부처님은 색온을 간단히 4대로 귀납하였습니다. 엄격하게 말하면 또 여기에다 공대(空大)를 하나 더해서 모두 5대이어야 합니다. 그러나 일반적으로 4대만 말합니다.

5대 전체는 물질 면에 속합니다. 4대는 물질이며, 공대는 이미 물리에 접근하여 있습니다. 주의하십시오, 우리가 볼 수 있는 천공(天空)의 공은 모습이 있는[有相] 공으로서 색법(색온)에 속하지, 반야의 공이 아닙니다. 우리 신체의 기(氣)·맥(脈)·혈(血)·열에너지, 심지어 졸화(拙火)는 모두 색온의 범위에 속합니다.

여기에서 저는 특별히 한 가지 점을 강조하겠습니다. 일반인들은 오직 마음만 불생불멸(不生不滅) 하는 것으로 생각하는데, 사실은 물질도 생겨나지도 않고 소멸하지도 않는 것입니다. 마음과 물질은 동등한 기능입니다! 일반인들은 모두 이 점을 소홀히 하거나 아예 모릅니다. 제불 보살도 이 점을 직접 말씀하지 않았는데, 지금 제가 직접 명백하게 여러분에게 일러드립니다. 물질의 기능도 대단히 위대합니다.

비록 물질의 기능이 위대할지라도, 수행하는 입장에서 중요시하는 것은 역시 유심(唯心) 면입니다. 그러나 이렇게 말하는 것은 마음과 물질이 대립한다고 말하는 것이 아니라, 마음과 물질은 그 뿌리가 동일한 것으로 일체 양면입니다. 중국 철학 관념으로 말하면 바로 심물일원(心物一元)입니다. 그러나 세상의 범부는 물질 면에 갇혀있어 벗어나지 못하고 모두 물질에 좌우되고 물질에 굴려져 움직입니다. 『원각경』에서 이렇게 말한 꼭 그대로입니다, "일체 중생은 4대의 인연화합인 몸을 자기 몸의 모습으로 잘못 인식하고 있으며, 6진과 6근이 상호작용하여 일어난 분별의식인 영상[六塵緣影]을 자기 마음의 모습으로 잘못 인식하고 있다 [一切衆生妄認四大爲自身相, 妄認六塵緣影爲自心相]." 그래서 대승 불법이든 아니면 소승 불법이든 첫걸음은 모두 물리적 곤혹에서 해탈하여 마음이라는 일면으로 진입하고, 그런 다음 다시 마음으로써 물질을 전환변화[用心轉物]시키는 것입니다.

일반인들은 수행 정좌하면서 불법을 수지(修持)하든 아니면 방문좌도나 혹은 마도(魔道)를 수지하든, 한참 동안 했어도 모두 거기서 색온의 변화를 가지고 놀고 있어서 무슨 대단함이 없습니다! 불법의 가장자리조차도 만지지 못했습니다! 예컨대, 당신이 거기 앉아서 다리를 틀고 정좌하면 당신이 무슨 법문을 닦든, 현교(顯教)를 닦든 아니면 밀종(密宗)을 닦든, 내지는 어떤 무엇을 관상(觀想)하든, 어쨌든 당신은 4대 이 한 무더기가 거기에 쌓여있습니다. 그렇지요? 당신은 말하기를, "내가 정좌해보니 몸 여기가 편안하고 저기가 상쾌하다. 오늘은 좋은 경계가 있고 청정하다."라고 합니다. 그리고 내일은 경계가 좋지 않고 청정하지 않은 것, 이 모두는 색온의 범위에 있는 것입니다. 모든 이런 현상들은 색온이 변화를 일으키고 있다는 것을 설명하는 것일 뿐입니다. 만약 당신이 이게 바로 불법이라고 여긴다면, 당신 자신이 또렷이 인식하지 못하고 자기가 함부로 주해를 달고 자아에 도취한 것입니다.

모든 범부가 해탈할 수 없는 까닭은 무엇보다 먼저 바로 색온에 갇혀있기 때문입니다. 불법은 말할 필요도 없고, 3계 밖으로 벗어나고자 하면서 당신 자신의 신체인 색온조차도 벗어나지 못합니다. 예컨대, 남녀의 성적 충동의 문제는 색온과 관계가 있습니다. 성적 충동이 완전히 색온의 관계라는 말이 아니라, 색온은 굉장해서 당신의 심리로 하여금 작용을 일으키도록 유발한다는 말입니다. 우리의 신체를 가지고 말해보면, 발로부터 횡격막까지 구간은 욕계(欲界)에 속하며 남녀 성관계는 모두 여기서부터 유발됩니다.

횡격막부터 눈까지는 색계(色界)에 속합니다. 눈부터 허공까지는 무색계(無色界)입니다.

색신 전환변화의 수행 순서

어떻게 색신을 전환변화시킬까요? 밀종은 당신에게 말해주기를, 먼저 기(氣)를 수련하고, 다시 맥(脈)을 수련하고, 셋째 단계에서 명점(明點)과 졸화(拙火)를 수련하라고 합니다. 우리는 앞에서 그렇게 많은 보고를 연구했는데, 모두 이 범위 안에서 맴돌고 있는 것입니다. 보드리가 찾아 가지고 온 그런 미국인들의 자료는 더더욱 졸화의 그림자조차도 없습니다. 그들은 '기'를 수련하고 '맥'을 수련하는 색온에서 발생하는 느낌[感受]을 졸화로 여기는데, 그것은 완전히 틀린 것입니다.

신체 4대는 전환변화시키기가 어렵습니다. 지대의 전환변화가 가장 어렵습니다. 그래서 맨 먼저 풍대를 수련해야 합니다('기'의 수련). 안나반나를 수련하는 것입니다. 풍대가 전환변화되고 난 뒤에 다시 수대를 전환변화시킵니다('맥' 수련). '맥'은 혈관과 모든 미세 신경, 심지어 세포와 유전자까지 포함합니다. 풍대와 수대가 모두 전환변화하게 되거든, 비로소 열에너지를 일으킬 수 있고 비로소 화대를 전환변화시키기 시작하고 졸화를 수련합니다. 이 세 가지가 전환변화되고 난 뒤에야 지대를 전환변화시킵니다. 지대가 전환변화되고 나서야 색온의 공대를 전환변화시킬 수 있습니다. 그러므로 이런 전환변화는 일정한 순서가 있으며, 이런 전환변화에 도달하고, 최후의 성취까지 도달하려면 갖가지 공덕, 지혜와 가지(加持)를 수지(修持)해야 합니다.36)

---

36) 풍대의 수련, 안나반나의 수련에 관한 자세한 내용은 『선과 생명의 인지 강의』·『호흡법문 핵심 강의』를 읽어보기 바란다.

이런 수행 순서는 도가(道家)가 명백히 말해놓았는데, 일반인들은 제대로 알지 못하고 그저 거기서 마구 떠들어대고 있습니다. 도가의 『제가기법 원기론(諸家氣法 元氣論)』 제56권은 말합니다 :

1년째는 기(氣)를 바꾸고, 2년째는 혈(血)을 바꾸고, 3년째는 맥(脈)을 바꾸고, 4년째는 육(肉)을 바꾸고, 5년째는 수(髓)를 바꾸고, 6년째는 근(筋)을 바꾸고, 8년째는 모발(毛髮)을 바꾸고, 9년째는 형모(形貌)를 바꾼다. 이후로 수명을 만세로 늘리는 것을 선인(仙人)이라고 한다.

一年易氣 , 二年易血 , 三年易脈 , 四年易肉 , 五年易髓 , 六年易筋 , 七年易骨 , 八年易髮 , 九年易形 , 從此延數萬歲 , 名曰仙人。

제58권은 말합니다 :

무릇 기(氣)를 복용하고 오곡을 끊기를 수련하는 자는
1순(旬) 때는 정기(正氣)가 미약해지고 안색이 시들어 누렇게 마른다.
2순 때는 사지 관절이 괴롭고 굳어진다. 대변이 먼저 굳어지고 나오지 않다가 이어서 묽은 물처럼 나온다.
3순 때는 신체가 수척해지고 약해진다. 심하면 걷기가 어렵다(이전에 파리해지고 약해지는 징후는 기가 처음으로 팽창하기 시작해서 그렇다. 만약 약물로 도운다면 그 정도에 이르지 않는다).
4순 때는 얼굴색이 점점 좋아지고 마음은 잡념 망상이 사라지고 전일(專一)하여 편안하다.
5순 때는 오장이 조화롭고 정기가 안으로 길러진다.
6순 때는 신체가 다시 예전처럼 회복되고, 관절이 부드럽고 자유롭게 움직일 수 있다.
7순 때는 마음이 세속의 시끄럽고 번거로움을 싫어하고 의지가 높이 날기를 원한다.

8순 때는 세상 물욕이 없고 적멸하며 지혜가 열려 각종 방술에 밝다.

9순 때는 피부와 인당이 빛이 나고 반짝이며 얼굴과 모발이 촉촉하다. 음성은 우렁차고 듣기 좋다.

10순 때는 우주의 기(氣)와 소통하고 천지의 정기(正氣)와 하나로 합하여 포만하며, 그 효험이 극히 왕성하다. 이를 쉬지 않고 닦아가면 수명이 늘어난다.

3년 뒤에는 흉터가 없어지고 안색에 빛이 있다.

6년 때는 골수가 채워지고 장(腸)이 근육으로 바뀌며 자기의 생사를 미리 알 수 있다.

9년이 지나면 귀신이 지휘를 따르며 천인 옥녀가 곁에서 시중든다. 뇌와 옆구리에 기가 완전히 충실하며 다시 손상할 수 없다. 이를 진인(眞人)이라고 한다.

凡服氣斷穀者，一旬之時，精氣弱微，顔色萎黃；二旬之時，動作瞑眩，肢節悵恨，大便苦難，小便赤黃，或時下痢，前剛後溏；三旬之時，身體消瘦，重難以行；（已前羸弱之候，是專氣初脹所致，若以諸藥，不至於此也）四旬之時，顔色漸悅，心獨安康；五旬之時，五腸調和，精氣內養；六旬之時，體復如故，機關調暢；七旬之時，心惡諠煩，志願高翔；八旬之時，恬淡寂寞，信明術方；九旬之時，榮華潤澤，聲音洪彰；十旬之時，正氣皆至，其效極昌，修之不止，年命延長。三年之後，瘢痕滅除，顔色有光。六年髓塡，腸化爲筋，預知存亡。經歷九年，役使鬼神，玉女侍旁，腦實脅胼，不可復傷，號曰眞人也。

1순(一旬)은 10일간입니다. 기(氣)를 먹고 곡기(穀氣)를 끊는 복기단곡(服氣斷穀)을 수습하는 사람은 처음 시작 단계가 어렵습니다. 1순 때까지 수습하면 사람의 정기(精氣)가 변해 약해지고 얼굴

색이 누렇게 말라집니다. 2순 때까지 수습하면, 사지 관절이 모두 괴롭고 모두 굳어질 것입니다. 대변이 먼저 굳어지고 나오지 않다가, 이어서 묽은 물처럼 나옵니다. 3순 때까지 수습하면 신체가 수척하고 약해지는데, 이것은 기가 변화하기 시작하여 일어난 것입니다. 두려워할 필요가 없습니다. 만약 약물로 도울 줄 안다면 그렇게 엄중한 정도에는 이르지 않을 것입니다. 4순에 이르렀을 때는, 얼굴색이 점점 호전되고, 생각이 전일하여 마음속은 어떤 잡념 망상도 사라졌습니다. 이렇게 계속 수습해 가서 8순 때에 이르면, 지혜가 열리고 각종의 방술을 다 알고, 작은 신통도 있고, 무슨 약이 무슨 병을 치료하는지도 다 알게 됩니다. 9순에 이르면 사람이 아름다워졌습니다. 10순 때가 되면, 우주의 기(氣)와 소통하고 천지의 정기(正氣)와 하나로 합합니다.

6년간 닦았을 때는, 기가 충만해지고 신체는 갓난애보다 더욱 갓난애입니다. 창자 속은 깨끗하고 근육으로 변해있습니다. 그러나 창자 중간은 여전히 구멍이 있어 배설할 수 있습니다. 만약 이때 그의 머리를 베어보면, 흘러나오는 것이 피가 아니라 흰 미음[白漿]입니다. 이 정도에 도달했다면 자기가 생사를 미리 알 수 있습니다. 하지만 생사를 벗어나고자 한다면 아직은 계속 수행해야 합니다.

이렇게 계율을 청정하게 지켜가며 9년간 닦았을 때는, 귀신이 당신의 지휘를 따르고 천인들이 좌우에서 시중을 듭니다. 만약 남자라면 여천인(女天人) 공행녀(空行女)가 오기에 당신은 첩을 둘 필요가 없습니다(대중이 웃다). 만약 여자라면 남성의 천인이 와서 당신의 시중을 듭니다. 이때 기는 완전히 충실해서, 무공을 연마하는 당신들 몇 사람이 양 옆구리가 아직 허약하여 잡자마자 끝장나 버리듯이 그렇지 않습니다. 최후에 수도가 성공하여 진인(眞人) 경계에 도달합니다.

이런 복기단곡(服氣斷穀)의 경험은 모두 색온의 범위에 속하며,

헛되지 않고 진실한 것입니다. 일반인들은 이를 도가의 경험으로만 여기고는 소홀히 하고 주의를 기울이지 않습니다.

단곡을 수행하는 기간에는 때로는 음식 먹기가 싫어질 수 있는데, 걱정할 필요는 없습니다. 그 과정 중간에 물을 마셔도 좋으며, 가끔은 과일을 한두 입 먹어도 됩니다. 하지만 많이 먹으면 독약으로 변하여 수도에 장애가 될 것입니다.

기(氣)를 수련할 때, 땀이 나고·가렵고·여드름이 나고·고름이 날 수 있는데, 그것은 바람이 물을 만나서 흩어져 신체 속의 습기를 모두 몰아내기 때문입니다. 『주역(周易)』 괘상(卦象)으로 표시하면 (풍수風水) 환괘(渙卦)(☴☵)입니다. 반대로 하면 (수풍水風) 정괘(井卦)(☵☴)로서 몸에 수분이 너무 많아서, 기가 잘 조절이 되지 않고 몸 안에 갇혀있기에 병통이 나타날 수 있음을 표시합니다.

'기'를 수련할 때 불을 만나면 바로 (풍수風火) 가인괘(家人卦)(☴☲)입니다. 보드리가 최근에 코가 새빨간 게 바로 이런 상황입니다. 반대로는 화풍(火風) 정괘(鼎卦)(☲☴)입니다. 그러므로 단전에서 열이 나는 경우는 모두 평범한 일로서 별로 대단할 것이 없으며, 그것은 졸화가 아닙니다. 다시 예를 들어 말하면, (풍지風地) 관괘(觀卦☴☷), 지풍(地風) 승괘(升卦)(☷☴)는 '기'가 아래로부터 위로 상승하는 것인데, 이것은 단지 글자 상으로만 간단히 해석한 것이며, 정말로 얘기하자면 내용이 많습니다. 또 예컨대 (풍산風山) 점괘(漸卦 ☴☶)는 산이 바로 등이며, 이 괘상은 기가 독맥에서 천천히 상승하고 있음을 상징하고, 만약 뚫고 나가지 못하면 등 부위에 바람이 있음을 설명합니다. 독맥에 바람이 있으면 몰아낼 수 없습니다. 반대로는 (산풍山風) 고괘(蠱卦☶☴)로서, 벌레가 생겨서 사람이 통쾌하지 않고 답답합니다. 이상은 보충한 것입니다. 현재는 여전히 전주곡일 뿐, 아직 5온 자체를 얘기하지 않았습니다.37)

---

37) 남회근 선생은 기맥과 의약의 원리를 알지 못하면 수행하기 어렵다고 말한다. 『중의학 이론과 도가 역경』·『도가 밀종과 동방신비학』은 수행

부처님이 오온을 설하시다

다음에서 우리는 대승광오온론의 첫 단락을 보겠습니다.

부처님께서 5온(蘊)을 설하셨으니, 색온(色蘊)·수온(受蘊)·상온(想蘊)·행온(行蘊)·식온(識蘊)이다.

무엇을 색온이라고 하는가? (능조색能造色인) 4대종(大種)과, 4대종이 조성한 색(다시 말해 이 네 가지 물질의 가장 미세한 기본 요소가 질량의 변화를 통해서 구성한 물질과 에너지인 소조색所造色)이다. 무엇을 4대종이라고 하는가? 지계(地界)·수계(水界)·화계(火界)·풍계(風界)이다. 이는 다시 무엇을 말하는가? (고체) 지(地)는 견고성, (액체) 수(水)는 습윤성, (열에너지) 화(火)는 온난성, (기체) 풍(風)은 경동성이다. 계(界)란 (각자의 범위와 특성 기능인) 자성을 지니며 소조색법의 연속을 유지할 수 있기 때문이다.

佛說五蘊, 謂色蘊、受蘊、想蘊、行蘊、識蘊。云何色蘊? 謂四大種及大種所造色。云何四大種? 謂地界、水界、火界、風界。此復云何? 謂地堅性、水濕性、火煖性、風輕性。界者, 能持自性所造色故。

"무엇을 색온이라고 하는가? 4대종(大種)과, 4대종이 조성한 색이다 [云何色蘊? 謂四大種及大種所造色]." 주의하십시오, 산스크리트어 어법은 중문과는 서로 반대로서 영문처럼 모두 도치구(倒置句)입니다. 중문 어법대로라면 마땅히 "색온운하(色蘊云何)?"라야 맞습니다. 색온은 무엇일까요? 색온은 바로 4대종과, 그리고 질량의 상호변화를 통해서 4대종이 변화하여 구성한 색, 즉 물질과 에

자가 몸의 이치를 이해하는 입문서이기도 하니 읽어보기 바란다.

너지입니다. 이 색에 대해서는 뒤에서도 해석이 있습니다.

"무엇을 4대종이라고 하는가? 지계(地界)·수계(水界)·화계(火界)·풍계(風界)이다. 이는 다시 무엇을 말하는가? '지'는 견고성, '수'는 습윤성, '화'는 온난성, '풍'은 경동성이다.'계(界)'란 자성을 지니며 소조색법의 연속을 유지할 수 있기 때문이다 [云何四大種？謂地界、水界、火界、風界. 此復云何？謂地堅性、水濕性、火煖性、風輕性. 界者, 能持自性所造色故]." 4대종은 지계·수계·화계·풍계를 포괄합니다. 여기서의 '지계'는 지방의 한계를 말하는 것이 아니라, 지대의 범위를 가리킵니다. '수계'는 액체의 범위를 가리킵니다. '풍계'는 풍대의 범위를 가리킵니다. '지'는 고체에 속하며 견고성(堅固性)을 갖추고 있습니다. '수'는 습윤성(濕潤性)을 갖추고 있고, '화'는 온난성(溫暖性)을 갖추고 있으며 '풍'은 경동성(輕動性)을 갖추고 있습니다. 4대는 각각 그 범위가 있으며, 각각의 특성과 기능이 있습니다.

세계의 모든 물질은 지수화풍 4대종성을 다 간직하고[含藏] 있습니다. 예컨대 이 녹음기는 사람이 만든 화학 공산품인데, 그것은 불에 타는 기능이 있기 때문에 화대의 종성(種性)이 있습니다. 온도가 높아지면 부드러운 액체로 변할 수 있으니 수대의 종성도 있습니다. 차례대로 유추해보면 그것은 지대와 풍대의 종성도 있습니다. 설사 수박 같은 과일도 태울 수 있으며 4대종성도 함유하고 있습니다. 실제로는 유전자 자체가 지수화풍 4대종성을 갖추고 있습니다.

이것을 연구해보면 매우 세밀하며 과학적입니다. 그러나 과학은 최후에 반드시 철학적 높이로 귀납하여야 합니다. 그러므로 오늘날 세계의 과학은 철학과 한 차례 회합이 필요합니다. 하지만 현재는 아직 이 점을 하지 않았습니다.

능엄경이 말하는 4대

4대에 관하여는 『능엄경』 해석이 가장 분명합니다. '풍'을 예로 들어 능엄경은 말합니다, "자성 본체의 기능 중에는 풍성(風性)의 유동을 생겨나게 할 수 있는 본능을 갖추고 있으며 그 본체는 원래 공한 것이다. 바꾸어 말하면 자성 본체의 진공 기능이야말로 풍성의 유동(流動)을 생겨나게 할 수 있다. 자성 본체는 원래부터 청정하고 우주 사이에 충만하여 두루 있으면서 온갖 중생의 마음의 작용을 따르고 지식학문의 아는 양을 일으킨다. 풍성은 온 세간에 충만한데 어찌 고정된 방향과 처소가 있겠느냐? 단지 심신 개성의 업력에 따라서 작용을 발생할 뿐이다 [性風眞空, 性空眞風, 淸淨本然, 同遍法界, 隨衆生心, 應所知量, 寧有方所, 循業發現]." 다시 말해 4대의 본체인 그 성(性)은 본래 공한 것이며, 오직 진정으로 공해져야 비로소 묘유(妙有)를 생겨나게 할 수 있으며, 공(空)과 유(有)가 나누어질 수 없는 것입니다. 4대는 본래 청정하고 스스로 그렇게 청정하면서 법계에 충만하여 있지 않은 곳이 없습니다. 그리고 당신이 알 수 있는 그 양은, 당신의 지혜의 크기에 달려있으며 그 업의 힘에 따르고, 그것은 시간과 공간을 초월하였습니다. 그러므로 물질의 기능은 위대합니다. 이것이 능엄경의 비밀 중의 비밀인데, 여러 차례 능엄경을 강의했지만 우리는 전혀 이런 것들을 말하지 않았습니다. 왜냐하면 일반들은 지혜가 부족하여 들어도 이해하지 못하기 때문입니다. 그들이 『능엄경』을 연구하면서는 그저 칠처징심(七處徵心)[38]만 중시하고 심성 방면에서의 공부만 알지, 물질 면은 잘 모릅니다.

여기서 다시 한번 보충 설명하겠습니다. 무엇을 '지식학문의 아는 양을 일으킨다[應所知量]'라고 할까요? 예를 들어 당신의 공부

---

38) 칠처징심에 대해서는 『능엄경 대의 풀이』 제1권 「제1장 심성본체론」 을 읽어보기 바란다.

가 좋고 선정의 힘이 높으면, 당신의 기능은 강하고 아는 양도 큼니다. 다시 예를 들겠습니다. 당신이 거기서 소리치기를, "아이고, 내 몸이 몹시 아프구나!" 하면 곁의 사람이 당신에게 좀 참으라고 소리치기를 "당신 좀 참으세요. 좀 살살 소리쳐요."라고 합니다. 그 곁의 사람은 당신이 아픈 정도를 모릅니다. 당신의 아는 양이 당신 자신의 아픈 정도를 알고, 그의 아는 양은 알지 못합니다. 다시 예컨대, 소승 나한이 수행하여 도달하는 최고 성취는 공(空)을 증득할 수 있고 해탈할 수 있습니다. 그는 그것이 바로 궁극적인 성취라고 여기는데, 이게 그의 아는 양이며 그는 이 정도에만 도달했습니다. 보살 경계의 아는 양은 달라서, 이를 뛰어넘습니다. 진정으로 대철대오하고 성불하여 아뇩다라삼먁삼보리를 얻었을 때에 이르면, "공이 그대로 유이며, 공도 아니고 유도 아니다 [即空即有, 非空非有]."조차도 모두 희론(戲論)이 되어버리고, 그 아는 양은 또 달라졌습니다. 여러분의 경우 지금 수업을 듣고 있는데, 동일한 이론을 듣고 동일한 말을 들어도 사람마다 이해하는 깊이도 모두 다른 것이 '응소지량(應所知量)'의 다름입니다.

'어찌 고정된 방향과 처소가 있겠느냐 [寧有方所]?'의 의미는, 이것은 결코 판에 박은 듯 융통성이 없는 것이 아니라, '심신 개성의 업력에 따라서 작용을 발생한다 [循業發現].', 사람 저마다의 업력이 다르고 지혜가 다르므로 이해하는 것도 다르다는 것입니다. 기백이 크고 지혜가 높은 사람은 이해하는 게 많습니다.

사대로 조성된 색

4대로 조성된 색이란 무엇인가? 안근(眼根)·이근(耳根)·비근(鼻根)·설근(舌根)·신근(身根)과, 색·성·향·미 및 촉의 일부분, 그리고 (그 작용을 표현할 방법이 없는) 무표색(無表色) 등이다.

조성한다는 것은 원인이란 뜻이다. 근(根)이란 (묘하여 불가사의하고 가장 고명하고 가장 위대한 힘이요 저 최초의 제1 원인의 기능으로서) 가장 수승하여 (모든 것을) 자재하(게 변화해낼 수 있)다는 뜻이고, 주인이란 (특수한 주요작용이 있다는) 뜻이며, 도와주는 증상연의 뜻이다. 이 (세 가지) 것이 (합하여) 근의 뜻이다. 여기서 말한 주인이란 뜻은 무엇에 대하여 주인이 된다는 것인가? 즉, 안근이 안식(眼識)에 대하여 주인이 된다는 것인데, 안식을 생겨나게 하기 때문이다. 이와 같이 나머지에서도 마찬가지이니, 신근(身根)은 신식에 대하여 주인이 된다. 신식을 생겨나게 하기 때문이다.

云何四大所造色? 謂眼根、耳根、鼻根、舌根、身根、色、聲、香、味及觸一分、無表色等。造者因義。根者最勝自在義、主義、增上義, 是爲根義。所言主義, 與誰爲主? 謂卽眼根與眼識爲主, 生眼識故。如是乃至身根與身識爲主, 生身識故。

4대로 조성되어 나온 것은, 지구상으로 말하면 바로 물질세계이며, 우리 사람으로 말하면 바로 우리의 이 신체입니다. 우리는 저마다의 업보가 다르기 때문에 우리는 저마다의 신체인 이 색도 다릅니다.

"4대로 조성된 색이란 무엇인가? 안근(眼根)·이근(耳根)·비근(鼻根)·설근(舌根)·신근(身根)과, 색·성·향·미 및 촉의 일부분, 그리고 무표색(無表色) 등이다 [云何四大所造色? 謂眼根、耳根、鼻根、舌根、身根、色、聲、香、味及觸一分、無表色等].", 그렇다면 우리 사람의 입장에서 4대로 조성된 색은 무엇일까요? 바로 우리의 눈(안근)·귀(이근)·코(비근)·혀(설근)과 신체(신근), 그리고 눈이 보는 색·귀가 듣는 소리·코가 맡는 냄새·혀가 맛보는 맛 그리고 신체의 감촉입니다. 주의하십시오, 입은 신근에 속하지 혀인 설근이 아닙니다. 색성향미촉은 우리가 감각할 수 있고 알 수 있는 것입니다. 그러나 그 작용을 표현할 방법이 없는 것이 또 하나가 있는데, 그것을 무표색(無表色)이라고 합니다. 이 점에 관하여는 다음에 또 토론할 것입니다.

지수화풍 4대는 각각 그 한계와 기능이 있습니다. 각자 독립적이어서, '수'와 '화'는 서로 융화하지 않고 '풍'과 '지'는 서로 융화하지 않습니다. 『원각경』에서 말하는 '사대성리(四大性離)', 지수화풍 4대의 작용은 저마다 각자의 성향 범위를 가지고 있다함은 바로 그런 의미입니다. 그러나 4대는 또 한데 혼합하여 우리 이 사람의 몸을 조성해낼 수 있으며, 우주간의 만물을 조성해낼 수 있습니다. 이를 처음 들어보면 이상하고 기묘하기 때문에 '불가사의(不可思議)'라고 합니다. 이것의 후면은 도대체 무엇이 작용을 일으키고 있을까요? 다음에서 이어 해석합니다.

"'조성한다는 것'은 원인이란 뜻이다.'근(根)'이란 가장 수승하여 자재하다는 뜻이고, 주인이란 뜻이며, 도와주는 증상연의 뜻이다. 이 것이 '근'의 뜻이다 [造者因義. 根者最勝自在義、主義、增上義, 是爲根義]." 여기의 번역은 고명하지는 않지만, 이 정도로도 좋습니다. 그 의미는, 4대가 우리의 안이비설신 5근과 색성향미 그리고 촉일분(觸一分) 무표색을 조성해낼 수 있는 까닭은 "최승자재의·주의·증상의(最勝自在義、主義、增上義)" 세 개의 요소 때문이라는 것입니다.

이른바 "최승자재의(最勝自在義)"는 바로, 저 묘하여 불가사의하고 가장 고명하고 가장 위대한 그 힘이요, 저 최초의 제1 원인의 기능입니다. 종교가는 이것을 이름 지을 길이 없어서 이 힘을 신(神)·하느님[上帝]·불보살(佛菩薩)이라고 부를 수밖에 없었습니다. 일반 범부들에 대하여는 그것을 업력(業力)이라고 부를 수 있습니다. 그것은 모든 것을 자재하게 변화해 낼 수 있습니다.

"여기서 말한'주인'이란 뜻은 무엇에 대하여 주인이 된다는 것인가? 즉, 안근이 안식에 대하여 주인이 된다는 것인데, 안식을 생겨나게 하기 때문이다. 이와 같이 나머지에서도 마찬가지이니, 신근은 신식에 대하여 주인이 된다. 신식을 생겨나게 하기 때문이다[所言主義, 與誰為主? 謂即眼根與眼識為主 , 生眼識故. 如是乃至身根與身識為主, 生身識故]." 이 제1원인의 기능이 움직이고 난 뒤에는 주인이 되는 또 하나의 요소가 있는데, "주의(主義)"라고 부릅니다. 예컨대 방금 죽은 사람은 비록 눈이 아직 냉각되지 않았지만, 눈(안근)이 파괴되었기 때문에 저 안식도 작용을 일으키지 못합니다. 우리 살아있는 사람의 눈이 볼 수 있는 것은, 안근이 온전하여야 안식이 비로소 구별하여 아는[了別] 작용이 있게 되기 때문입니다. 그러므로 말하기를 "안근이 안식에 대하여 주인이 된다"라고 합니다. 마찬가지의 도리로 "신근은 신식에 대하여 주인이 된다.", 신체는 지수화풍으로 조성된 한덩어리 고기인데, 사람이 살아있을 때는 신식이 작용을 일으키면 신체가 감각이 있을 수 있지만, 사람이 죽은 뒤에는 촉의 감각을 잃어버립니다.

  무엇이 신식일까요? 예컨대 당신이 잠들었는데 모기가 당신을 물어서 당신이 탁! 때려서 죽였다면, 이때 당신의 의식은 모르고 신식이 작용을 일으킨 것입니다. 또 예컨대 여러분이 현재 수업을 듣고 있으면서 마음을 몰두하여 의식이 완전히 선생님 한테 집중되어 있지만, 몸은 여전히 감각이 있습니다. 이런 감각은 제6의식을 통과하지 않는데, 이것이 신식입니다. 정좌할 때 어떤 사람은 또렷이 인식하지 못하고 그것이 마장(魔障)이거나 혹은 보살의 가피 혹은 특이한(초) 능력으로 아는데, 모두 틀린 것입니다.

  "증상의(增上義)"는 바로 증상연(增上緣) · 조연(助緣)으로서, '도와주다' '따로 더하다'는 의미가 있습니다. 예컨대 어떤 사람의 눈은 예쁘면서 근시가 아닌 것은, 바로 증상연이 좋은 것이며 유전은 증상연의 범위에 속합니다. 요컨대 눈을 예로 들면, 눈이 여러 가지 형형색색을 분별할 수 있는 작용은 그 안근 "최승자재의"입니다. "주의"의 기능이 근시가 아니고 예쁜 것은, 증상의의 기능입니다. 이 세 개의 "의(義)"가 합하여서 "시위근의(是爲根義)", 비로소 안근의 기능을 "조(造)", 만들어 냅니다.

안이비설신(眼耳鼻舌身)

넓은 의미의 마음과 물질은 포괄 범위가 넓습니다. 오온론은 이 범위를 축소하여 주로 사람의 생리와 심리의 관계를 토론합니다. 여러분이 이해하기 편리하도록, 무엇보다 먼저 여러분에게 불학 유식학의 하나의 명사인 정색근(淨色根)을 소개하겠습니다. '정(淨)'은 깨끗함이 극점에 도달했다는 뜻이며, 정색근은 색법의 그 뿌리입니다. 우리는 또 하나의 어휘를 찾아서 그것의 의미를 해석하기는 어렵습니다. 옛날에 이런 경전들을 번역할 때 현장(玄奘) 법사는 1천여 명을 이끌고 젖 먹던 힘까지 쓰고서야 이 어휘를 찾아냈습니다. 현대 과학은 진보하여 우리는 생명을 부단히 세분해서, 유전자가 우리의 유전을 결정하며 생명의 근본임을 발견했습니다. 장래에 이르면 과학이 진일보 발전하여, 인류는 또 유전자보다 더욱 미세한 그 생명의 근본을 찾아낼 수 있을 것입니다. 현시점에서는 여러분은 잠시 유전자를 정색근으로 가정적으로 보아도 좋습니다. 이렇게 하면 이해하기가 비교적 쉽습니다. 여러분은 주의하십시오, 밀종에서 말하는 홍백(紅白) 보살도 역시 정색근은 아닙니다.

무엇을 안근이라고 하는가? (눈으로 볼 수 있는 청황적백흑淸黃赤白 黑**의) 색상을 감각 대상으로 하고, (비유컨대 신경 섬유나 유전자 같은 지극히 청정한 물질인) 정색(**淨色**)을 특성으로 한다(**정색근**). 눈 속에 마치 깨끗한 제호와 같은 정색(시각 신경)은 일부분에 퍼져있으며, 이 특성 기능이 있으므로 안식이 생겨날 수 있고, 이 특성 기**

능이 없다면 생겨나지 않는다.

云何眼根？謂以色爲境，淨色爲性。謂於眼中一分淨色如淨醍醐，此性有故眼識得生，無即不生。

무엇을 이근이라고 하는가? 소리를 감각 대상으로 하고, 정색을 특성으로 한다. 귀 속에 정색(청각 신경)은 일부분에 퍼져있으며, 이 특성 기능이 있으므로 이식이 생겨날 수 있고, 없다면 생겨나지 않는 것이다.

云何耳根？謂以聲爲境，淨色爲性。謂於耳中一分淨色，此性有故耳識得生，無即不生。

무엇을 비근이라고 하는가? 냄새를 감각 대상으로 하고, 정색을 특성으로 한다. 코 속에 정색(후각 신경)은 일부분에 퍼져있으며, 이 특성 기능이 있으므로 비식이 생겨날 수 있고, 없다면 생겨나지 않는다.

云何鼻根？謂以香爲境，淨色爲性。謂於鼻中一分淨色，此性有故鼻識得生，無即不生。

무엇을 설근이라고 하는가? 맛을 감각 대상으로 하고, 정색을 특성으로 한다. 혀에 정색(미각 신경)은 두루 퍼져있다. 어떤 설명에는 혀에 두루 퍼져있지 않고 마치 하나의 털끝처럼 조금만 있다고 한다. 이 특성 기능이 있으므로 설식이 생겨날 수 있고, 없다면 생겨나지 않는다.

云何舌根？謂以味爲境，淨色爲性。謂於舌上周遍淨色、有說此於舌上有少不遍如一毛端，此性有故舌識得生，無即不生。

무엇을 신근이라고 하는가? 접촉을 감각 대상으로 하고, 정색을 특성으로 한다. 몸 가운데 정색(촉각 신경)은 두루 퍼져있으며, 이 특성 기능이 있으므로 신식이 생겨날 수 있고, 없다면 생겨나지 않는다.

云何身根? 謂以觸為境, 淨色為性。謂於身中周遍淨色, 此性有故身識得生, 無即不生。

우리의 눈이라는 생리조직이 대응하는 외부 경계는 색상(色相)인데, 눈의 체성(體性)39)이 '정색'입니다. 정색은 해석하기 어렵고 형용하기 어려워서 고대에 비유할 수 있는 다른 물질이 없었기에, 그것을 '깨끗한 제호[淨醍醐]'라고 비유하였습니다. 마치 우유를 제련하여 얻은 그 우유의 정화(精華)와 마찬가지였습니다.

'정색'이라는 체성이 기능이 있기 때문에 눈은 안식과 배합하여 사물을 볼 수 있습니다. 여러분은 마지못해 눈의 정색근을 눈 신경으로 이해해도 좋습니다. 만약 눈 신경이나 혹은 눈 신경을 조성하는 그 세포가 파괴되면, 안식은 작용을 생겨내지 못하게 되고 눈은 사물을 볼 수 없습니다. 그러므로 말하기를 "이 특성 기능이 있으므로 안식이 생겨날 수 있고, 이 특성 기능이 없다면 생겨나지 않는다 [此性有故眼識得生, 無即不生]."라고 합니다.

만약 눈이 멀어져 안근이 나빠졌다면 안식은 그래도 존재합니다. 이점을 능엄경은 분명히 말하고 있습니다. 부처님이 아난에 질문을 하십니다, "눈이 멀어진 사람은 볼 수 있느냐 없느냐?" 아난이 대답합니다, "눈이 멀어진 사람은 눈이 보지 못할 것입니다."

---

39) 체성은 사물의 본질이나 본성을 가리킨다.

부처님이 대답하십니다, "너는 틀렸다, 봉사도 볼 수 있다. 단지 그가 보는 것은 깜깜함이다. 그것이 안식의 작용이다. 안식이 여전히 존재한다." 이로써 유추해보면 이비설신의(耳鼻舌身意)도 마찬가지입니다. 예컨대 어떤 사람이 병에 걸려 뭘 조금 먹어도 맛이 전혀 없다는 것은, 그의 혀의 정색근에 문제가 있다는 것을 설명합니다. 또 예를 들어, 나이가 많은 데다 병이 있는 사람은 신체 일부분의 '정색'이 죽어버렸기에 신체 감각 반응이 그렇게 빠르지 않을 것입니다.

여러분에게 이런 것들을 얘기하는 것은, 이것이 여러분이 정좌하고 공부하는 것과 관계가 있기에 이런 것들을 이해하고 있어야, 정좌 중에 각종 경계가 나타날 때 당신이 도대체 어느 부분에서 병통이 나왔는지를 알 수 있기 때문입니다. 많은 사람이 말하기를 자기 기맥이 움직였고 이런저런 경계가 있다고 하는데, 사실은 그것은 단지 신식이 일으키는 작용일 뿐 아직은 참 공부나 참 반야는 아닙니다. 여기서는 주로 여러분에게 공부할 때 어떤 것들은 물리적 생리적 변화이며, 어떤 것들은 심리적 변화라는 것을 일러주는 것입니다. 많은 사람이 정좌하면서 이런 것들을 모르고 모두 분명히 가리지 못해 가짜를 진짜로 여기는데, 그러면은 마장魔障) 마경계(魔境界)를 이룹니다. 『금강경』이 말하기를 "무릇 모든 상(相 : 정신적 물질적 현상. —역주)은 다 허망하다 [凡所有相皆是虛妄]."라고 한 것도 이런 층면의 뜻이 있으며, 단지 비교적 간단하게 말했을 뿐입니다.

색성향미촉(色聲香味觸)

무엇을 (일체 사물의 모습인) 색상(色; 色相)이라고 하는가? 눈의 감각 대상으로서, 현색(顯色)·형색(形色)·표색(表色) 등이다.

현색이란 네 종류가 있으니, 푸른색·노란색·붉은색·흰색이다. 형색이란 길고 짧고 (네모·둥긂·굵음·가늚·높음·낮음·바름·바르지 않음·빛·그림자·밝음·어둠·구름·연기·먼지·안개) 등이다. (표색이란 유정중생의 신체 자태상에서 표시되어 나온, 가고·멈추고·눕고·펴고·굽히고·취하고·버리는 등 모든 동작이나 행동이다).

云何色？謂眼之境, 顯色、形色及表色等。顯色有四種, 謂青、黃、赤、白。形色謂長短等。

여기서 "운하색(云何色)？"의 '색'은 4대 색법의 색이 아니라 눈이 볼 수 있는 대상 경계로서, 그것이 가리키는 것은 각종의 색깔[현색顯色]·길고 짧고 네모지고 둥그런 것[형색形色]과, 색상(色相)이 있어 표시할 수 있는 "표색(表色)"입니다. 유식학에는 또 '법처소섭색(法處所攝色)'이라는 것이 하나 있는데, 즉 의식 안에서 생겨나는 색입니다. 예컨대 당신이 정좌하거나 꿈을 꾸면 자기의 의식 깊은 곳에서 갖가지 색깔이 나타나지만, 사실은 외부에는 그런 색깔들이 없습니다. 다시 예컨대 당신이 입정하였을 때, 자기가 마음이 움직이지 않음을 느끼지만 아름다운 자연경관과 꽃들을 볼 수 있는데, 그게 바로 법처소섭색입니다. 사람이 죽은 뒤에 중음 영혼 경계에 이르면 그 의식도 갖가지 색깔도 볼 수 있는데, 그것도 법처소섭색이며, 이것은 한층 더 깊은 도리입니다.

무엇을 소리[聲]라고 하는가? 귀의 감각 대상으로서, (지수화풍) 4대종을 집수(執受)한 것으로 인한 소리와, 4대종을 집수하지 않은 것으로 인한 소리와, 4대종을 집수하는 것과 집수하지 않은 것이 함께 하여서 된 소리가 있다. (집수란 밖의 대상을 있다고 인정하고 감각하여 집착하는 습기(習氣)인데) 심식(心)과 심소[心法]는 집수할 수 (있는 기능이) 있고, (영성이 있고) 움직일 수 있는 (생명이 있는) 중생의 무리가 집수한다. 4대종을 집수할 수 있는 기능이 있는 중생이 내는 소리는 (예컨대 인체가 내는 소리로서) 박수치고, 말하는 등의 소리이다. 4대종을 집수할 수 있는 기능이 없는 물질이 내는 소리는 (자연계가 내는 소리로서) 숲에서 부는 바람이나 물이 빨리 흐르는 등의 소리이다. 4대종을 집수할 수 있는 기능이 있는 중생과 집수할 수 있는 기능이 없는 물질이 함께 내는 소리는 (중생과 자연계가 화합하여 내는 소리로서) 손으로 북을 두드리는 등의 소리이다.

云何聲？謂耳之境, 執受大種因聲、非執受大種因聲、俱大種因聲。諸心心法是能執受, 蠢動之類是所執受。執受大種因聲者, 如手相擊、語言等聲。非執受大種因聲者, 如風林駛水等聲。俱大種因聲者, 如手擊鼓等聲。

이제는 소리에 대해서 얘기합니다. 무엇이 성(聲)일까요? '성'과 이근은 서로 대응하는 외부 경계입니다. 여기에서 특별히 '집수(執受)'라는 두 글자에 주의해야 합니다. 집수는 바로 우리의 저 무엇이든 붙들어 쥐는 습기(習氣)입니다. 예컨대 귀가 소리를 들으면 의식은 곧바로 분별이 있고 곧바로 집착합니다. 그럴 뿐만 아니라 단단히 붙들어 쥡니다. 젊은이들이 연애할 때 애인이 '오빠(누이)' 하고 부르면 당신의 마음에 파도가 일렁거리게 합니다. 다시 예컨대 어떤 사람이 부모에 대한 감정이 좋으면, 자신이 이미 노인이 되어서 때로는 여전히 부모의 그 음성을 그리워하면서 "아! 내 어머니가 당시에 이렇게 분부하셨다"라고 합니다. 비록 소리는 붙잡아 쥘 수 없지만 중생은 의식에서 모두 집착합니다. 이것을 '집수'라고 합니다.
그렇다면 저 집수하는 주체[能執受]는 무엇일까요? "제심심법, 시능집수(諸心心法, 是能執受)", '제심심법'에서 첫 번째 '심'은 의식의 뿌리인 제7식입니다. '심법'은 제6식입니다. 여기는 당신의 의식에 집수의 기능이 있음을 말합니다. 그 집수되는 대상[所執受]은 또 무엇일까요? "준동지류, 시소집수(蠢動之類, 是所執受)", 무엇을 '준동지류'라고 할까요? 저 영성이 있고 움직일 수 있것으로서, 각종의 벌레나 우리 사람을 포함합니다. 영성이 있고 생명이 있는 중생이 소리를 들으면 의식이 곧 붙들어 쥐는 것이 '집수'입니다.

그는 여기서 자세히 얘기하여 소리를 세 가지 큰 종류로 나눕니다. "집수대종인성(執受大種因聲)"은 집수 기능이 있는 중생이 내는 소리입니다. 예컨대 박수나 언어 같은 것들입니다. "비집수대종인성(非執受大種因聲)"은 집수 기능이 없는 물질이 내는 소리입니다. 예컨대 바람이 불어 나무가 내는 소리입니다. "구대종인성(俱大種因聲)"은 예컨대 손으로 북을 두드리는 소리입니다.

무엇을 냄새[香]라고 하는가? 코의 감각 대상으로서, 좋은 냄새·나쁜 냄새·평등한 냄새가 있다. 좋은 냄새란 코가 맡았을 때 5온(蘊)이 상속(相續)하는 데에 (즉, 심신의 필요에) 부합하고 이익을 주는 냄새를 말한다. 나쁜 냄새란 코가 맡았을 때 5온이 상속하는 데에 어긋나고 손해를 끼치는 냄새를 말한다. 평등한 냄새란 코가 맡았을 때 손해를 끼치지도 이익을 주지도 않는 냄새를 말한다.

云何香？謂鼻之境, 好香、惡香、平等香。好香者, 謂與鼻合時於蘊相續有所順益。惡香者, 謂與鼻合時於蘊相續有所違損。平等香者, 謂與鼻合時無所損益。

냄새(香)는 코가 서로 대응하는 경계로서 세 종류로 나눕니다. 맡아서 편안하게 느껴지는 것은 좋은 냄새인 "호향(好香)"라고 합니다. 맡아서 생리적 심리적으로 모두 편안하지 않게 느껴는 것은 나쁜 냄새인 "악향(惡香)"이라고 합니다. 예컨대 맡아보니 5온이 상속하는 데에 손해도 없고 이익도 없는 것은 "평등향(平等香)"이라고 합니다.

무엇을 맛[味]이라고 하는가? 혀의 감각 대상으로서, 달고·시고·짜고·맵고·쓰고·싱거운 맛 등이다.

云何味?謂舌之境, 甘、醋、醎、辛、苦、淡等。

맛은 혀와 서로 대응하는 경계로서, 달고 시고 쓰고 매운 등등의 맛입니다.

무엇을 접촉의 일부분[觸一分]이라고 하는가? 몸의 감각 대상으로서, 4대종을 제외한, (4대종에 의하여 조성된) 이른바 매끄러운 성질·껄끄러운 성질·무거운 성질·가벼운 성질·차가움·배고픔·목마름 등이다. 매끄러움은 미세하고 부드러운 것을 말한다. 껄끄러움은 거칠고 강한 것을 말한다. 무거움은 무게 등으로 달 수 있는 것을 말하며, 가벼움은 이와 반대를 말한다. 따뜻하기를 바라는 것은 차갑기 때문인데, 접촉이 차가움의 원인이다. 이것은 원인에서 그 결과를 세워 일컫는 것이다. 예컨대 모든 부처님께서 세상에 출현하시는 즐거움, 바른 가르침을 연설하시는 즐거움, 모든 승가가 화합하는 즐거움, 함께 수행 정진하는 즐거움의 경우, 부지런히 힘써 정진함이 비록 그 즐거움의 원인이더라도, 곧 그 결과인 즐거움이라고 말하는 것도 이와 같다. 음식을 먹고자 함은 배고픔 때문이며, 마실 것을 먹고 싶어 하는 것은 목마름 때문이라고 말하는 것도 그렇다. 이상으로 7종류의 조성된 접촉과 앞의 4대종을 합해서 11종류를 말하였다.

云何觸一分？謂身之境, 除大種, 謂滑性、澁性、重性、輕性、冷、飢、渴等。滑謂細軟, 澁謂麁强, 重謂可稱, 輕謂反是。煖欲為冷, 觸是冷因, 此卽於因立其果稱。如說諸佛出世樂、演說正法樂、衆僧和合樂、同修精進樂。精進勤苦雖是樂因, 卽說為樂。此亦如是, 欲食為飢、欲[3]飲為渴, 說亦如是。已說七種造觸及前四大十一種等。

"촉(觸)"에 포함되는 범위는 넓습니다. 여기에는 4대는 배제하고 촉의 일부분만을 얘기하면서 "촉일분(觸一分)"이라고 합니다. 4대 이외에도 '촉'은 매끄럽고 껄끄럽고 무겁고 가볍고 차갑고 목마른 등 많은 면을 포함합니다. 신체가 더위를 감각할 때 우리는 곧 좀 서늘하기를 바랍니다. 배고픔을 감각할 때 우리는 밥을 먹고 싶습니다. 갈증을 감각할 때 우리는 물을 마시고 싶습니다. 서늘해졌고 배불리 먹었고 물을 마셨다면, 사람은 쾌활하고 편안합니다. 이것은 원인과 결과의 각도에서 '촉'의 개념을 토론한 것입니다. 이렇게 우리는 모두 '촉일분'의 7곱 가지(매끄러운 성질 · 껄끄러운 성질 · 무거운 성질 · 가벼운 성질 · 차가움 · 배고픔 · 목마름), 게다가 4대종을 더해 모두 11종을 얘기했습니다. 다시 예컨대 모든 부처님들이 가장 하시기 좋아하는 일은 바로 정법(正法)을 풀이하고 말씀하시는 것이며, 가장 기뻐하시는 일은 바로 승가 도우(道友)들이 서로 융합하여 지내면서 법을 닦고 정진하는 것입니다. 이런 것들이 모든 부처님이 안락을 얻는 원인[樂因]이며, 모든 부처님들은 이 경계를 즐거움으로 삼습니다.

무엇이 무표색(無表色)인가

앞에서는 표색(表色)을 얘기했고 이제는 방향을 바꾸어 무표색

(無表色)을 얘기하겠습니다. 여기서 여러분에게 주의를 환기하겠습니다. 색법은 불경에서 두 개의 뜻이 있습니다. 하나는 색상(色相)입니다. 예컨대 남녀가 예쁜 것을 좋아하는 것을 호색(好色)이라고 하는데, 이는 색상의 색입니다. 색법의 또 다른 뜻은 물리 물질입니다. 우리 사람으로 말하면 우리의 이 4대(혹은 5대)가 구성한 유형의 신체는 바로 색법의 범위에 속합니다. 여러분이 불학 서적을 읽으면서 이 두 글자를 만나게 되었을 때는 자신이 주의를 기울여 그 의미를 가려야 합니다.

무엇을 무표색 등(無表色等)이라고 하는가? 유표업(有表業)과 삼마지(三摩地)에서 생겨난, 눈에 보이지 않고 마주 대할 수 없는 [無見無對] 색 등이다. 유표업이란 신체 동작이나 언어로써 나타내 보이는 업(業)과 그 힘[力]을 말한다. 이 업은 선(善)·불선(不善)·무기(無記)의 성질을 공통점으로 한다(즉, 어떤 행위가 선하거나 악하거나 선하지도 악하지도 않는 성질에 해당한다). 생겨난 색[所生色]이란 저 선과 불선의 업이 나타남으로부터 생겨난 색을 말한다. (예컨대 수명의 장단이나 건강의 좋고 나쁨의 경우) 이는 표시해 낼 수 있는 모습이 없기 때문에 무표색(無表色)이라고 한다.

云何無表色等? 謂有表業、三摩地所生、無見無對色等。有表業者, 謂身、語表, 此通善、不善、無記性。所生色者, 謂即從彼善不善表所生之色。此不可顯示, 故名無表。

여기서 무표색을 "유표업소생색(有表業所生色)"과 "삼마지소생색(三摩地所生色)" 두 종류로 나눕니다. "유표업자, 위신어표(有表業者, 謂身語表)", 이른바 "유표업(有表業)"이란 신체 동작이나 언어로써 표시하여 낸 그 업과 그 힘입니다. 그것에는 "선(善)·불선(不善)·중성(中性: 무기성無記性)" 세 종류가 있습니다. 우리가 어떤 언어나 동작이 있는 까닭은 모두 원인이 있는 것으로서, 모두 우리가 이전에 지은 업과 관계가 있고, 모두 그 업의 부림을 받는 것입니다. 그리고 우리의 언어나 동작은 또 새로운 원인, 새로운 업을 지어내어 원인과 결과가 반복하면서 영원히 멈추지 않을 것입니다. 조금 전에 제가 우리의 통역관에게 말을 좀 느리게 하라고 하자 그녀는 웃으며 말하기를, "이게 저의 업력입니다."라고 했습니다. 이 말은 틀리지 않습니다. 사실 우리가 저마다 수명이 길거나 짧거나 건강이 좋거나 좋지 않거나 하는 것은, 모두 우리의 과거와 현재의 모든 업력의 표현입니다. 이 '유표업'은 표시해 낼 수 있는 상이 없는 색을 산생할 수 있는데, 이를 "유표업소생무표색(有表業所生無表色)"이라고 합니다. 주의하십시오! 비록 우리의 언어나 동작이 제6의식이 발동한 것으로 우리가 시시각각마다 생각이 있고 머리에 떠다닐 수 있지만, 행위로 옮겨지지 않는 생각은 단지 의념(意念)의 범위에 속하고, 표시할 수 있는 가표색(可表色)의 범위에는 속하지 않습니다.

우리 여기 어떤 친구는 관상을 좀 보거나 운명을 좀 점쳐보기를 좋아하는데, 사실은 명(命)과 상(相)은 모두 바꿀 수 있는 것입니다. 그래서 중국인은 관상을 보는 하나의 대원칙이 있습니다, '마음은 있되 상(相)이 없으면, 상은 마음으로 말미암아 변한다. 상은 있되 마음이 없으면, 상은 마음에 따라 바뀐다 [有心無相, 相逐心生 ; 有相無心, 相逐心滅].' 예컨대 어떤 사람의 관상이 좋아도 무슨 문제를 만나게 되면, 갑자기 마음속에서 증오하면서 사람을 죽이려고 할 때 그의 몸의 세포와 그의 얼굴 모습이 모두 변할 것입니다. 또 예컨대, 어떤 사람이 큰 부귀의 관상을 타고 났지만 '유상무심(有相無心)', 도덕행위가 부족하다면, 그의 관상도 서서히 마음을 따라 변할 것입니다. 이상은 '색(色)·상(相)·업력(業力)'이 이끌어낸 한 토막의 말이었습니다.

삼마지에서 생겨난 색이란 4정려(靜慮) 등 (즉, 4선8정(四禪八 定)에서 생겨난 색 등을 말한다.

三摩地所生色者, 謂四靜慮所生色等。

여기서 말하는 "삼마지소생색(三摩地所生色)"은 정(定)을 얻은 이후 '정'의 경계에 생겨나온 색상을 가리킵니다. 수도하며 불법을 학습하고 정좌하여 기공을 수련하다 보면 늘 기묘한 경계들이 있는데, 일반인들은 교리를 알지 못해서 신기하게 여깁니다. 사실은 이런 경계들은 모두 생명에 본래 있는 것입니다. 생명과 우주는 본래 바로 이렇게 현묘(玄妙)합니다.

일반인들이 정좌하면 다들 거기서 '좌치(坐馳)', 앉아서도 마음이 분주(奔走)하고 있습니다. 머릿속에서 생각이 멈추지 않는데, 그것은 허튼 생각 삼마지입니다. 어떤 사람은 앉으면 남자애는 여자애 생각하고 여자애는 남자애 생각하는데, 그것은 상사(相思) 삼마지입니다. 여기서 말하는 '삼마지'는 정수행(正修行)으로서, 4선8정(四禪八定)의 삼마지입니다. 당시의 번역용어는 4선정을 사용하지 않고 4정려(四靜慮)를 사용했는데, 이것은 당나라 현장 법사가 유가의 『대학(大學)』의 다음 말에 근거해서 농축하여 온 것입니다. '마음이 지성[知: 知性, 아는 성품]에 머문[止] 뒤에야 안정[定: 安定]이 있고, 안정이 있는 뒤에야 평정[靜: 平靜]할 수 있고, 평정이 있은 뒤에야 경안[安: 輕安]할 수 있고, 경안이 있은 뒤에야 혜지[慮: 慧智]가 열릴 수 있다 [知止而後有定, 定而後能靜, 靜而後能安, 安而後能慮].'

이 (삼마지에서 생겨난) 무표색은 (다생루세에 계율 지키기에서 누적된 공덕이나 부도덕의 업력에 의하여) 조성된 성질을 갖으며, 계율 지키기를 잘 한 것[善律儀]·계율 지키기를 잘 못한 것[不善律儀] 등

이라 하고, 혹은 업(業)이라고도 하고, 종자(種子)라고도 한다.

此無表色, 是所造性, 名善律儀、不善律儀等, 亦名業, 亦名種子。

왜 삼마지의 '정'의 경계에 진입하면 이런 색들이 생겨날 수 있을까요? 이 모두는 우리가 다생루세(多生累世)에 계율 지키기를 잘하거나 계율 지키기를 잘 못하여 누적된 공덕과 부도덕의 업력이 만들어서 온 것입니다. 이 업은 종자(種子)라고도 합니다. 그러므로 저는 여러분에게 온 마음을 모아 진언을 외우고 염불하라고 하는데, 이 선한 의념이 장래의 종자로 변할 것입니다. 유식학이 말한 대로, 우리 현재의 이 한 생애에 사람으로서 살아가는 처지는 전생의 종자가 이 생애의 현행한[現行] 것이며, 우리의 이 일생의 사람됨의 좋고 나쁨은 또 미래의 종자로 변할 것입니다.

우리의 '정' 중에서 생겨난 색은 무표색으로서, 오직 자기의 '정' 경계에서만 압니다. 그것은 우리의 과거 현재의 저 업력 종자의 발현입니다. 무표색은 과학 기기로 시험할 수 있는 것이 아닙니다. 한 번은 저의 스승인 원(袁) 선생님이 폐관 수행하며 정좌하고 있는데, 이무기가 아래로부터 뚫고 올라오는 것을 보고는 괴로워서 눈물이 날 정도였답니다. 왜냐하면 그것은 그분의 그 성내는 마음의 뿌리가 아직 끊어지지 않았기 때문입니다.

이상과 같이 모든 색은 간략하게 세 종류로 나눌 수 있다. 첫째는 볼 수도 있고 마주 대할 수도 있는 것[可見有對]이고, 둘째는 볼 수는 없으나 마주 대할 수는 있는 것[不可見有對]이고, 셋째는 볼 수도 없고 마주 대할 수도 없는 것[不可見無對]이다. 이 가운데 볼 수도 있고 마주 대할 수도 있는 것은 (색깔이나 장단 등) 나타나는 색[顯色] 등을 말하고, 볼 수는 없고 마주 대할 수 있는 것은 안근(眼根) 등을 말하고, 볼 수도 없고 마주 대할 수도 없는 것은 무표색 등을 말한다.

如是諸色, 略爲三種 : 一者可見有對、二者不可見有對、三者不可見無對。是中可見有對者, 謂顯色等。不可見有對者, 謂眼根等。不可見無對者, 謂無表色等。

"불가견무대색(不可見無對色)"은 눈으로 볼 수 있는 것이 아니어서, 눈과 서로 대응하는 그런 색이 아님을 가리킵니다. 예컨대 우리가 눈이 빨간색 파란색을 보고, 이것은 포도요 저것은 사과라고 알 수 있는데, 이것은 볼 수 있는 것이며 마주 대(對)함이 있고 상대가 있는 것입니다. 물질세계는 봄이 있고 마주 대함이 있는 것이지만, 물리세계는 볼 수 없고 대함이 없는 것입니다. 우리가 현미경 같은 기기를 이용해서 볼 수 있는 것, 세포 같은 것도 모두 육안으로 볼 수 있는 범위로서 역시 볼 수 있고 마주 대함이 있는 것입니다. 그러나 에너지의 것은 볼 수 없는 것이며 마주 대함이 없는 것입니다.

여기에서 여러분에게 종합 결론을 짓겠습니다. 색은 세 종류로 나눕니다. 한 종류는 "볼 수도 있고 마주 대할 수도 있는 것 [可見有對]", 색깔이나 장단 등입니다. 또 한 종류는 "볼 수는 없으나 마주 대할 수는 있는 것 [不可見有對]"입니다. 우리의 안근이 스스로 볼 방법이 없는 것입니다. 나머지 한 종류는 "볼 수도 없고 마주 대할 수도 없는 것 [不可見無對]"입니다. 무표색은 이 범위에 속합니다.

수온과 상온

무엇을 수온(受蘊)이라고 하는가? 느낌[受]에는 세 종류가 있다. 즐거운 느낌[樂受]·괴로운 느낌[苦受]·즐겁지도 않고 괴롭지도 않은 느낌[不苦不樂受]이다. 즐거운 느낌이란 (어떤 일 등이) 지나간 뒤에 (자기가 편안하고 즐겁기에) 다음에 다시 그런 것을 만나기를 또 바라는 것이다. 괴로운 느낌이란 (어떤 일 등이) 생길 때 자기가 피할 수 있고 이후에는 다시는 그런 일을 만나기를 바라지 않는 것이다. 즐겁지도 않고 괴롭지도 않은 느낌이란 (그런 일이 다시 오기를 바라는 것에도 가깝지 않으면서 피하지도 않아서, 상관없는 것으로) 이 두 가지 바람이 없는 것이다. 두 가지 바람이 없다는 것은 만나기를 바람과 피하기를 바람이 없는 것이다. 느낌[受]이란 6식(六識)이 외부 대상을 감각하여 받아들여서 마음에 놓아두는[領納] 것이다.

云何受蘊? 受有三種, 謂樂受、苦受、不苦不樂受。樂受者, 謂此滅時有和合欲。苦受者, 謂此生時有乖離欲。不苦不樂受者, 謂無二欲。無二欲者, 謂無和合及乖離欲。受謂識之領納。

먼저 여러분을 위해 "수(受)"라는 글자를 좀 해석하겠습니다. 요즘 말로 하면 마지못해 그것을 감각이라고 불러도 좋습니다. 왜 마지못해 일까요? 왜냐하면 감각은 우리 4대(四大)의 생리적인 반응이며 기계적이지만, 이 생리적 반응은 우리의 심리에 영향을 미칠 것이며 우리에 고통과 즐거움을 가져오기 때문입니다. 그래서 '수'는 감각일 뿐만 아니라 심리적 반응도 포함합니다. 여기에서 그는 말하기를 "수(受)는 6식(識)의 영납(領納)"이라고 하는데, '영(領)'이 바로 감각의 의미이고, '납(納)'이 바로 귀납 흡수의 뜻입니다. 마음에 영납함은 마음에 놓아두는 것입니다. 예컨대 당산이 젊었을 때 받았던 많은 고통은 지금 생각해보면 모두 여전히 괴로울 것입니다. 사실 그 고통은 벌써 꿈처럼 지나갔지만, 당신은 그것을 당신의 마음속에 영납하였습니다. 이게 바로 '수'의 도리입니다.

우리가 현재 이 세계에 살고 있는 것은 응보를 받아서 온 것인데, 어떤 사람은 응보가 좋아서 일생 동안 병이 없고 아픈 일이 없습니다. 일생 동안 감기란 것이 무엇인지 모릅니다. 이와는 반대로 어떤 사람은 하루 종일 병이 나 있습니다. 우리 같은 경우는 식사를 마치고 나서 여기에 앉아 불학을 연구하는 것을 아주 복이 있는 것으로 느낍니다. 이와는 달리 다른 사람은 무슨 대부호나 디스코 장에 가서 어스름한 조명등 아래서 이리저리 뛰고, 구두는 이러저리 스텝을 밟으며 춤을 추고 있습니다. 비록 우리는 그런 게 고통스럽다고 느끼지만, 그들은 그렇게 하는 게 누리는 향수라고 생각합니다. 이게 바로 저마다의 '수(受)'와 보(報)가 다른 것입니다. 당신은 정좌하여 기맥이 통해서 신체가 편안하다면, 그 삼마지의 경계가 바로 '수'이며, 당신의 선보(善報)로서, 당신이 선업(善業)을 닦아야 비로소 도달할 수 있는 것입니다.

'수'에는 세 종류가 있습니다. 하나는 "낙수(樂受)", 즐거운 느낌입니다. 요컨대 어떤 일 어떤 말 한마디가 지나간 뒤에 자기가 편안하고 즐겁기에 다음에 다시 그런 것을 만나기를 또 바라는 것입니다. 또 하나는 "고수(苦受)", 괴로운 느낌입니다. 어떤 일이 지나간 뒤에 자기가 피할 수 있고 이후에는 다시는 그런 일을 만나기를 바라지 않는 것을 말합니다. 마지막 한 종류는 "불고불락수(不苦不樂受)" 즐겁지도 않고 괴롭지도 않은 느낌입니다. 그게 다시 오기를 바라는 것에도 가깝지 않으면서 피하지도 않아서, 상관없는 것입니다. 『반야심경』 중에 말하기를, "무색무수상행식(無色無受想行識)"이라고 하지만 일반인들은 공부하더라도 여전히 색온과 수온의 범위에 있습니다. 우리가 앞에서 토론한 그 고행을 닦는 사람들, 심지어 방광(放光)하고 땅이 진동하는 경계들도 모두 아직은 색온과 수온 속에 있습니다. 그들의 그런 경계들은 수행 공부 효과가 좋다는 표현이지만 아직은 불법이 아닙니다. 아뇩다라삼먁 삼보리가 아니며 명심견성(明心見性)이 아닙니다.

"수(受)"와 "상(想)"은 무엇이 다를까요? 엄격히 분석해보면 '수'는 영납하여 들어오는 것이지, 생각[思想]이 아니며 염(念)입니다. 이른바 '염'이란 바로 습관적으로 마음에 놓아두는 것으로서 일종의 습관적인 힘입니다. 예컨대 당신이 특별히 어떤 것을 좋아하거나, 혹은 당신이 당신의 애인을 그리워한다면, 당신은 염념(念念)이 잊지 못하는 것이 바로 이 도리입니다.

무엇을 상온(想蘊)이라고 하는가? (상심소想心所)가 증승력(增勝力)으로 (즉, 큰 힘을 갖추고 있어서) 각종의 대상 경계의 모습[相]을 취할 수 있는 것이다(표상表象, 인식). 증승력으로 취한다는 것은 (상심소 기능의) 뛰어난 힘이 외부 경계를 대상으로 취할 수 있음[취상取象]이, 마치 힘이 센 사람을 힘이 뛰어나다고 말하는 것과 같다.

云何想蘊? 謂能增勝取諸境相。增勝取者, 謂勝力能取。如大力者, 說名勝力。

중국 글자는 기묘합니다. '사(思)·상(想)·염(念)' 세 개의 심리 경계는 각각 그 범위가 있습니다. '사'는 비교적 세밀한 것입니다. '상'은 우리가 곧 얘기할 것입니다. 그리고 '염'은 뒤에서 강의할 행온에 속합니다. 여기서는 말하기를 "'상'은 큰 힘을 갖추고 있어서 사물이나 경계를 붙들어 줄 수 있다"라고 합니다. 그래서 말하기를 종교를 신앙하는 사람은 정성심으로 기도하면 흔히들 좋은 결과 있을 것이라 하는데, 그것은 '상'의 "증승력(增勝力)·가강력(加強力)"의 작용 때문입니다. 다시 예컨대 밀종을 닦는 사람은 모두 관상(觀想)하고자 하면 바로 '상'의 힘을 이용합니다. 만약 말하거나 일 할 때도 당신이 관음이나 문수 보살상을 분명하게 관상할 수 있다면 밀종에서는 관상이 성취되었다고 하는데, 그러기는 이미 어려운 일이며 그 정도로도 이미 상당히 높은 공부인 것입니다.

행온에 관하여

"행(行)" 이 글자는 해석하기 어렵습니다. 먼저 '행'은 마음의 상태이기 때문에 수행도 수심(修心)이라고 합니다. 다시 말해서 수행은 자기의 심리 상태로부터 닦기 시작해야 하고, 자기의 생각을 바르게 고쳐야 하며, 수시로 자기의 마음이 일어나고 생각이 움직임에 주의를 기울이고 수정(修正)해야 합니다. 정좌는 수행의 일종에 불과하며, 단지 당신이 한 가지 습관을 양성하고 도와주는 것일 뿐입니다. 만약 자기의 행위를 고치지 않는다면, 그런 수행은 소용이 없습니다. 주의하십시오, 생각은 표현해내지 않은 행위로서 미표(未表)의 색입니다. 행위는 이미 표현해 나온 생각입니다. 그래서 저는 늘 사람들에게 불법을 배우고 익힘에 있어 먼저 「보현행원품(普賢行願品)」을 읽으라고 합니다. 먼저 큰 서원을 일으켜야 할 뿐만 아니라, 그저 생각으로 큰 서원을 일으키는 것만 아니라 또한 행동으로 관철해야 합니다.

'행(行)'에는 또 동력의 의미가 있습니다. 예컨대 태양과 달은 시시각각 언제나 굴러 움직이고 있는데, 이를 '행'이라고 합니다. 어떤 사람이 말하기를, 호적(胡適 1891-1962. 중국 현대 사상가·문학가·철학가—역주)은 중국 문화는 정태적이라고 제시하였다고 하는데, 그런 주장은 결코 정확한 것이 아닙니다. 중국 유불도(儒佛道) 삼가는 지금까지 정태(靜態)를 말하지 않았습니다. 왜냐하면 정태는 동태(動態) 속의 한 현상으로서, 일종의 완만한 움직임이기 때문입니다. 『역경(易經)』 건괘(乾卦)의 첫 마디 말은 바로 천행건(天行健)입니다. '천'은 바로 우주이며, 그 의미는 우주는 영원히 움직이고 있다는 뜻입니다. 만약 '천'이 움직이지 않는다면 우주 생명은 파멸할 것입니다. 사실은 사망도 하나의 동태입니다. 그러므로 우주 생명은 본래 살아 움직이는[活動] 것입니다. 생사윤회는 움직이는 것이며, 생사윤회 하지 않는 것도 움직이는 것입니다. 부처님이 열반에 들어감도 사망이 아니라, 생명 최초의 그 살아 움직이는 능력을 증득한 것입니다.

사실 하나의 진정한 정태는 없습니다. 우주는 둥근 탁자나 탁구 공처럼 둥근 것으로, 영원히 움직이고 있습니다. 우리가 둥근 것을 직선으로 여겨 보는 것은, 우리가 인위적으로 그것을 잘랐기 때문입니다. 작은 범위 안에서는 둥근 선과 직선은 서로 비슷합니다. 그러므로 진정한 정태는 없습니다. 사실 '동(動)'이 바로 '정(靜)'이요 '정'이 바로 '동'이며, '정'도 없고 '동'도 없습니다. 음(陰)도 없고 양(陽)도 없습니다. 이것이 형이상의 법칙으로서 높고 묘한 것입니다. 불법이 진정으로 최고의 경지에 도달하면 '동'도 아니요 '정'도 아니며, '동'을 떠나지 않고 '정'을 떠나지 않는 것입니다. 예컨대 아라한이 선정에 들어가 자기는 움직이지 않는 상태가 되었다고 알지만, 사실은 여전히 움직이고 있습니다. 대보살이나 부처님 경지도 마찬가지로서, '부동(不動)'이 아니라 완만한 '동'입니다.

무엇을 행온(行蘊)이라고 하는가? 수온과 상온을 제외한, 나머지 심소법[心法] 및 (마음, 즉 심식과 상응하지 않는 행인) 심불상응행(心不相應行)을 (포괄하여) 말한다. (이른바 심불상응행이란 우리의 심리가 배합할 방법이 없고 전변시킬 방법이 없는 것을 말한다)

나머지 심소법이란 무엇인가? 심식과 상응하는 모든 행 (즉, 우리

의 모든 심리작용 활동, 의식심리 상태)를 말하는 것이다. (51종의 심
소心所가 있다),

　접촉[觸]·작의(作意)·(감수[受])·(표상,인식[想])·사고의도
[思] (이 5종은 변행遍行 심소이다.),

　욕망[欲]·수승한 이해[勝解]·기억[念]·삼마지(三摩地)·지
혜[慧] (이 5종은 별경別境 심소이다),

　신심[信]·부끄러움[慚]·뉘우침[愧]·탐욕을 없앰[無貪]·성
냄을 없앰[無瞋]·어리석음을 없앰[無癡]·정진(精進)·경안(輕
安)·불방일(不放逸)·행사[捨]·해치지 않음[不害] (이 11종은 선
善 심소이다),

　탐욕[貪]·성냄[瞋]·만심[慢]·어리석음[無明: 치癡]·부정견
[見: 악견惡見 혹은 부정견不正見]·의심[疑] (이 6종은 근본번뇌 심소
이다),

　(분노[忿]·원한[恨]·폭언[惱]·감춤[覆]·질투[嫉]·인색[慳]·속
임[誑]·아첨[諂]·해침[害]·교만[憍])·부끄러움이 없음[無慚]·
뉘우침이 없음[無愧]·혼침(昏沈)·도거(掉擧)·불신(不信)·해
태(懈怠)·방일(放逸)·실념(失念)·산란(散亂)·부정지(不正知)
(이 20종은 수기번뇌 심소이다),

　후회[惡作]·수면(睡眠)·심구(尋)·사찰(伺) (이 4종은 부정不
定 심소이다). 이상의 모든 심소법이다.

　(이상의 51종의 심소 중) 5종은 변행(遍行) 심소이다. 이것은 모든
선·불선·무기심에 두루 미치므로 (보편적 심리작용 활동인) 변행
심소라 한다.

　5종은 (특정 경계의 심리작용 활동인) 별경(別境) 심소이다. 이 5
종은 하나하나가 경계를 대상으로 취할 때 각자에 특정 조건의
차이가 다르고 이리저리 서로 도와주면서 서로 떠나지 않기에 그중
에 하나가 있으면 반드시 나머지 모두가 있다.

　11종은 (선심 수반 심리작용 활동인) 선(善) 심소이고,

6종은 (근본) 번뇌(煩惱) 심소 (심리작용 활동)이고,

나머지 20종은 (근본 번뇌를 뒤따라 일어나는 심리작용 활동인) 수기 번뇌[隨煩惱] 심소이고,

(이상의 심소법에 속하지 않지만 그것들과 결합하여 일어나는 심리작용 활동인) 4종은 부정(不定) 심소이다. 이 부정 심소 4종은 바로 번뇌에 뒤따라 일어나는 것이 아니다. 선 및 무기의 성질에 통하(되 확정적이지 않)기 때문이다.

접촉 등 49개 심소의 특성[體性]과 작용[業]을 응당 해석하겠다.

云何行蘊？謂除受、想，諸餘心法及心不相應行。云何餘心法？謂與心相應諸行：觸、作意、思，欲、勝解、念、三摩地、慧、信、慚、愧、無貪、無瞋、無癡、精進、輕安、不放逸、捨、不害，貪、瞋、慢、無明、見、疑、忿、恨、覆、惱、嫉、慳、誑、諂、憍、害、無慚、無愧、昏沈、掉擧、不信、懈怠、放逸、失念、散亂、不正知、惡作、睡眠、尋、伺。是諸心法，五是遍行。此遍一切善、不善、無記心，故名遍行。五是別境。此五一一於差別境，展轉決定性不相離，是中有一必有一切。十一為善，六為煩惱，餘是隨煩惱，四為不定。此不定四，非正隨煩惱，以通善及無記性故。觸等體性及業，應當解釋。

여기서는 말하기를, "행온은 수온과 상온 이외의, 모든 마음과 상응하는 상태[心相應行]와, 마음과 상응하지 않는 상태[心不相應行]를 포괄한다."고 합니다. 이른바 "마음과 상응하지 않는다는 것"은, 우리의 심리가 배합할 방법이 없고 전변시킬 방법이 없는 것을 말하는 것으로 모두 24종이 있습니다. 예컨대 불법의 법칙·시간·공간 등입니다. 예를 들어 당신이 정좌하여 7일 동안 입정했다면 당신은 시간이 매우 빨리 흘러간 것으로 느끼지만, 우주가 운행하는 시간은 여전히 7일 동안으로서 변경할 방법이 조금도 없

습니다.

"마음과 상응하는 상태"는 많습니다. 우리의 모든 의식심리 상태는 모두 행온의 범위에 속합니다. 행온은 당신이 생각해낸 것이 아닙니다. 예컨대 우리의 많은 생각은 스스로 솟구쳐 나온 것이지, 우리가 의도적으로 그것을 생각하지 않습니다. 그게 바로 행온입니다. 행온은 많은 것을 포괄하고 있는데, 우리는 단지 다음 몇 개의 중요한 것만 골라서 토론하겠습니다.

무엇을 접촉[觸]이라고 하는가? 세 가지가 화합하여 (대상 경계를) 분별(인식)할 수 있는 것이 그 특성이다. 세 가지가 화합한다는 것은 (6근 6경 6식 중에서 예컨대) 안근·색경·안식, 이와 같은 것 등이며, 이 모두가 화합하여 심식과 심소법이 일어나기 때문에 접촉이라 한다. 느낌[受: 감수]은 접촉의 작용에 의해서 일어나는 것이다.

云何觸？謂三和合，分別為性。三和，謂眼、色、識如是等。此諸和合，心心法生，故名為觸。與受所依為業。

넓은 의미에서 말하면 행온 내의 촉(觸) 일부분은 많은 것을 포괄하는데, 우리의 신체는 '촉'의 작용으로 충만해 있습니다. 차갑고 따뜻하고 매끄럽고 껄끄러움이 모두 우리의 '촉'의 감수입니다. 사실 우리의 눈이 사물을 보고 귀가 소리를 듣는 이면에는 모두 '촉'의 작용이 있습니다. 엄격히 말해서 우리의 생명은 시시각각 언제나 바깥 물질, 물리 세계와 교감과 교류를 진행하고, 의식의 작용을 통해 고통과 즐거움을 발생하고 있습니다.[40]
우리의 생명이 바깥의 물질과 물리 세계 그리고 의식이 한데 합

---

40) 제1편 중의 《여섯씩 여섯 경[六·六 경]》을 읽어보라.

하는 것을 3화합(三和合)이라고 합니다. 눈을 예로 들어보겠습니다. 눈이 바깥 물질세계의 색상을 보는 것은 마치 사진을 찍는 것과 차이가 없지만, 의식과 배합한 뒤에 '이것은 빨간 것이요 저것은 파란 것이며, 이것은 예쁘고 저것은 예쁘지 않다'라고 알게 될 것입니다. 그러므로 눈·외부의 색상·의식 이 세 가지 연(緣)이 화합한 뒤에 분별 작용이 있습니다. 이렇게 세 가지 연이 화합한 뒤에 마음에서 각종의 괴로움·즐거움·기쁨·분노 등의 형태가 발생하고, 우리는 이런 심리와 생리 상태를 받아 빨아들여서 일종의 힘인 업력을 발생하게 되는데, 이를 '촉'이라고 합니다.

무엇을 작의(作意)(경각, 주의)라고 하는가? 마음을 격발시켜 (대상 경계로 끌어가) 알아차리게 하는 것이 그 특성이다. 심식과 심소법으로 하여금 즉시 경각하여 움직이게(즉, 주의를 끌게) 한다. 이는 기억[憶念]의 뜻이다. 심식이 대상 경계에 반연하도록 유지하는 것이 그 작용이다.

云何作意? 謂令心發悟爲性。令心心法現前警動, 是憶念義。任持攀緣心爲業。

무엇이 "작의(作意)"일까요? '작의'는 직역하면 바로 '작성의식(作成意識)'입니다. "마음을 격발시켜 알아차리게 하는 것이 그 특성이다 [謂令心發悟爲性]" 다시 말해 작의는 우리의 내심이, "어! 알았다"라고 깨닫게 하는, 그런 하나의 작용입니다.

그 밖에 작의는 "심식과 심소법으로 하여금 즉시 경각하여 움직이게 한다 [令心心法現前警動]." 우리가 마음속에서 놀라 움직이게 하는[警動], 즉 주의를 끌게 하는 작용을 일으키게 할 수 있습니다. 예컨대 남이 예의 바르게 우리에게 차를 한 잔 따라주면 우리는 곧 말하기를 "아이구, 너무 친절하십니다!"라고 하는 것이 바로 놀라 움직이는 것입니다.

작의는 또 셋째 층면의 뜻이 있습니다. "이는 기억의 뜻이다. 심식이 대상 경계에 반연하도록 유지하는 것이 그 특징이다 [是憶念義, 任持攀緣心爲業]." 예컨대 우리가 어떤 곳에 갔는데, 우리가 존경하거나 알지 못하는 사람이 갑자기 예의 바르게 우리를 위해 차를 따라주면, 우리는 곧바로 말하기를 "아이구, 너무 친절하십니다!"라고 하면서 우리의 마음속에서 이에 대한 인상이 깊어 마음속에 기억하는 것을 "억념의(憶念義)"이라고 합니다. 아울러 우리의 마음은 또 반연하기를 "아무개가 나에게 차를 따라주었는데 정말 미안했다. 다음에 기회가 있으면 내가 그에게 차를 대접해야겠다!"라고 하는, 이 반연심이 하나의 업력을 조성할 것입니다. 이게 바로 작의의 셋째 층면의 뜻입니다.

무엇을 사고의도[思: 思考意圖](감찰의식, 의지작용)라고 하는가? (선하거나 좋은 일인) 공덕과 (악하거나 나쁜 일인) 과실 및 그 둘 다 아닌 것에 대하여, 심식으로 하여금 (저절로 감찰하고 그 대응 방법을 취할지의) 의업을 짓게 하는 것이 그 특성이다. 이 특성이 만약 있다면, 심식이 대상 경계를 반연하는 작용이 즉각 일어나는데, 마치 자석이 쇠를 끌어서 움직이게 하는 것과 같다. 능히 심식으로 하여금 선·불선·무기의 업을 짓도록 추동하는 것(일종의 의지작용)이 그 작용이다.

云何思? 謂於功德過失及以俱非, 令心造作。意業為性。此性若有, 識攀緣用即現在前, 猶如磁石引鐵令動, 能推善、不善、無記心為業。

주의하십시오, '사(思)'와 '상(想)'은 다릅니다. '사'는 행온에 속하고 '상'은 상온에 속합니다. '상'에 관하여는 우리가 앞에서 이미 얘기했듯이 중요하여서 5온 중에 하나의 온을 차지하고 있습니다. 그리고 상온은 5온의 중진(重鎭)입니다. 중문에서는 보통 '사'와 '상'을 연결해서 사용하여 '사상'이라고 합니다. 예컨대 국민당이나 공산당이나 항상 말하기를 "아무개의 사상은 문제가 있으니 잡아들여라!"고 합니다. 저는 줄곧 이렇게 하는 것을 반대했습니다. 저는 말합니다, "당신들은 알아야 합니다. 세상 사람들은 저마다 생각이 있습니다. 생각은 문제가 있기 마련입니다. 문제가 있어야 생각이 있을 것입니다. 당신은 설마 천하 사람들을 모두 잡아들이렵니까? 그러므로 말하기를 남의 사상에 문제가 있으면, 남녀 사상에 문제가 있는지, 아니면 정치사상에 문제가 있는지, 아니면 경제 사상에 문제가 있는지, 분명하게 말해야 합니다. 죄를 덮어 씌어서는 안 됩니다." 이상은 '사'를 얘기한 김에 언급한 것입니다.

여기의 '사'는 자기가 한 좋은 일·나쁜 일·좋지도 않고 나쁘지 않은 일에 대해 저절로 일종의 반성하는 힘이 있음을 가리킵니다. 서양 심리학의 분류에 따르면, 이것을 감찰의식(監察意識)이라고 합니다. 다시 말해 우리 마음 가운데 어떤 생각이 있을 때 곁에는 또 하나의 것이 그 생각을 감찰하고 있습니다. 예컨대 우리가 어떤 것을 먹고 싶으면 곧바로 또 생각하기를, "에이, 내가 먹어서는 안 된다. 먹으면 배가 아플지 몰라." 이게 바로 감찰의식의 작용인 '사'의 작용입니다.

여기서는 말하기를, 그 돌이켜 사고하는[反思] 작용은 하나의 힘, 의식의 업력을 구성하고, 게다가 우리 심의식의 반연(攀緣) 작용을 더해 우리의 돌이키는 사고와 반성은 수시로 마음속에 나타난다고 합니다. 예컨대, 당신이 좋지 않은 일을 하나 하거나 당신이 어떤 여자애에게 구애하면서 '잘라도 끊어지지 않고, 다스려도 어지러워 집니다 [剪不斷, 理不亂].', 당신은 수시로 그녀를 생각할 것이며, 그녀는 수시로 당신의 마음속에 있을 것입니다. 마치 자석이 수시로 철을 빨아들이듯이 그럴 것입니다. 이런 '사'의 힘은 크기 때문에 우리의 선한 행위·악한 행위·선하지도 않고 악하지도 않은 행위를 초래할 수 있습니다. 주의하십시오, '상(想)'은 비교적 거친 것으로서 우리는 평소에 언제나 망상 속에 있습니다. '사(思)'는 비교적 미세한 것으로서 '상'의 후면에서 자동적으로 작용을 일으킬 것입니다.

특별히 주의해야 할 점이 하나 있습니다. 우리가 말하는 이런 심리 상태들은 모두 행온의 범위에 속한다는 점입니다. 행온을 언급하면 여러분은 부처님이 『해심밀경(解深密經)』에 말씀한 게송 하나를 이해해야 합니다.

아타나식은 심히 깊고 미세하여
일체의 종자가 폭포처럼 흐르느니라
내가 어리석은 범부에게는 설하지 않았나니
저가 분별하여 나를 집착할까 두려웠기 때문이다

阿陀那識甚深細　一切種子如瀑流
我於凡愚不開演　恐彼分別執爲我

아타나식(阿陀那識)은 바로 우리의 심리생각 작용입니다. 부처님은 여기에서 비유를 하나 하고 있습니다. "우리의 이 생명은 태어나면 그 심의식(心意識) 작용이 마치 장강이나 황하의 흐르는 물처럼 천추만대 영원히 흐르고 있다. 겉으로 보면 한 줄기의 물이 유동하고 있을 뿐이지만, 실제로는 자세히 분석해보면 물 분자는 하나하나마다 모두 각자의 작용과 성능이 있는데, 매우 복잡하고 대단히 세밀하다." 그래서 부처님은 말씀하기를 "내가 지혜가 없는 어리석은 사람들에게는 이 도리를 말하기 원하지 않는다. 왜냐하면 그들이 듣고 나서 생명 기능에 하나의 궁극적인 나의 작용이 있는 것으로 잘못 여기기 때문이다. 하나의 '나'는 아예 없다. 근본적으로 무아(無我)이다." 당신이 진정으로 이 도리를 이해한다면 당신은 행온을 이해했습니다.

수행은 바로 이 종자의 폭류(瀑流)를 굴러 움직이고[轉動] 잘라 끊는 것입니다. 만약 당신이 그저 염불 좀 하고 정좌 좀 하고 기도 좀 하면서, 당신의 생각 폭포의 흐름은 지금까지 맑고 깨끗한 적이 없다면 수행이라 인정할 수 없습니다. 물론 정좌·염불·기도도 쓸모가 있어서 당신으로 하여금 연습하고 연습하도록 도와줍니다.

무엇을 욕망[欲]이라고 하는가? 좋아하고 즐길 만한 일에 대해서 희망하는 것이 그 특성이다. 좋아하고 즐길 만한 일이란 좋아할 만한 것을 보고 듣는 일 등이다. 이것은 원하여 즐기고 희구한다는 뜻이다. 정진(精進)은 그 작용에 의해서 일어나는 것이다.

云何欲？謂於可愛樂事希望為性。愛樂事者，所謂可愛見聞等事，是願樂希求之義。能與精進所依為業。

무엇을 수승한 이해[勝解]라고 하는가? (어떤) 결정된 대상 경계에 대해서 깊이 이해한 도리대로 (의심 없이) 인가(印可) (확정)하는 것이 그 특성이다. 결정된 대상 경계란 5온 (12처·18계) 등 (일체법에서의 것)에 대하여, 석가모니불[日親]이 (잡아함경에서) 말씀하기를, "색온은 마치 물방울과 같고, 수온은 물거품과 같고, 상온은 아지랑이와 같고, 행온은 파초(芭蕉)와 같고, 식온은 마치 환상과 같다" 라고 한 (도리)대로 결정하는 것을 말한다. 또는 모든 법이 머무는 자상(自相) (다시 말해 하나하나의 법마다 하나하나의 특성)이 곧 그와 같다고 결정하는 것을 말한다. 결정이란 말은 곧 인가하고 견지한다는 뜻이다. 다른 것에 끌려가 바뀌는 일이 없는 것이 그 작용이다. 이것(의 힘)이 더욱 강하기 때문에 다른 것에 끌려

갈 수 없다.

云何勝解? 謂於決定境, 如所了知印可爲性。決定境者, 謂於五蘊等, 如日親說: 色如聚沫、受如水泡、想如陽炎、行如芭蕉、識如幻境。如是決定。或如諸法所住自相, 謂即如是而生決定。言決定者, 即印持義。餘無引轉爲業, 此增勝故餘所不能引。

무엇을 기억[念]이라고 하는가? 익힌 일 (접촉, 경험, 학습한 사물이나 도리 등의 경계)에 대해서 마음이 잊어버리지 않고 분명히 기억하는 것이 그 특성이다. 익힌 일이란 종전에 익혔던 행위 등이다. 산란하지 않음은 그 작용에 의해서이다.

云何念? 謂於慣習事心不忘失, 明記爲性。慣習事者, 謂曾所習行。與不散亂所依爲業。

앞에서는 상온을 얘기했고 '사(思)'를 얘기했습니다. 이제는 '염(念)'을 얘기합니다. 일반적인 상황에서는 사(思)·염(念)·상(想)의 의미는 크게 차이가 없습니다. 특히 중국 문화는 비교적 문학화되어서, 때로는 심지어 상념(想念)·사념(思念)처럼 두 글자를 이어서 사용하는데, 그 사용이 정말로 아름답습니다. 옛사람은 시(詩)를 짓거나 대련(對聯)을 지을 때 글자를 중복해서 사용할까 두려워했습니다. 더더욱 세 글자를 바꾸어 사용했습니다. 이것은 중국인의 습관인데, 너무 논리적인 것을 좋아하지 않습니다. 그러나 불학 중에서는 이 세 글자가 대표하는 의미는 다릅니다.

무엇이 "염(念)"일까요? 우리가 앞에서 상(想)·촉(觸)·사(思)를 얘기했는데, '상'이나 '사'나 '촉' 등은 당신의 마음속에서 하나의 영상을 일으키기 때문에, 당신은 영원히 버리지 못하며 영원히 잊을 수 없습니다. "마음이 잊어버리지 않고 분명히 기억하는 것 [心

不忘失, 明記爲性]", 이게 바로 '염'입니다. 상사병(相思病)이 바로 그 하나의 예입니다. 또 예컨대 당신이 어려서부터 받은 교육, 학대 혹은 사랑은, 비록 이미 지나간 지 많은 햇수가 되었지만 당신은 여전히 마음속에 기억하고 잊어버릴 수 없는 것도 '염'입니다.

일반인들이 나무아미타불 염불하거나 아멘[阿門] 기도를 하는 것은, 단지 입으로만 좀 외우는 것일 뿐 근본적으로 마음속에까지 들어가지 않았습니다. 저는 그들을 비웃기를, "이렇게 외우면 당신은 무슨 문(門)이든 다 있지 않을 것입니다!"라고 합니다. '염'은 언제나 마음속에 놓아두고 언제나 기억해야 비로소 진정한 '염'입니다. 예컨대 우리 여기 변호사 친구가 내일 법정에 가서 소송해야 하는데, 만약 오늘 어떤 사람이 그에게 춤추고 식사나 하자고 청한다면, 그는 오늘 저녁 아무리 즐거워도 역시 내일 법정에 가야 한다는 이 '염두'를 버리지 못합니다. 이거야말로 '염'입니다.

수행의 중점은 '염'에 있으니 수행을 하나의 습관으로 변화시켜야 합니다. 풀리고 산란해서는 안 되며, 염념이 청정해야 합니다. 여러분은 정좌하고 선(禪)을 닦는 것을 배움에 있어 반드시 하나의 도리를 알아야 합니다. 정좌는 보통의 일입니다. 그것은 단지 당신의 신체를 좀 휴식하게 하는 것일 뿐입니다. 선정(禪定)의 경계야말로 심념(心念)의 공부입니다. 따지고 보면, '기(氣)가 움직이네 맥(脈)이 움직이네 특이한(초) 능력이네'는, 모두 아무것도 아닙니다. 이는 마치 당신이 촛불을 켜면 곁에 틀림없이 검은 연기가 있는데, 여러분이 만약 그 검은 연기를 빛으로 여긴다면, 그건 틀려도 크게 틀린 것이나 다름없습니다.

무엇을 삼마지(三摩地)라고 하는가? 관찰(觀)하는 일에서 마음이 한 대상 경계에 집중하는 것[心一境性]이다. 관찰하는 일이란 5온 등과 무상·고·공·무아 등을 관찰하는 것이다. 마음이 한 대상 경계에 집중한다는 것은 여기에 오로지 주의를 기울인다는 뜻이다. 지혜는 그 작용에 의해서 일어나는 것이다. 마음이 정(定)의 상태에 있기 때문에 진실 그대로 이해한다.

云何三摩地？謂於所觀事心一境性。所觀事者，謂五蘊等及無常苦空無我等。心一境者，是專注義。與智所依爲業。由心定故，如實了知。

여기서는 "삼마지(三摩地)"의 총원칙을 말합니다. '삼마지'는 정(定)의 경계로서 "관찰하는 일에서 [於所觀事]" 마음속에서 분명하게 이해하려는 일에 대하여(주의하십시오, '관觀'은 눈으로 내려 보는 보는 것이 아닙니다) "심일경성(心一境性)" 할 수 있음이 바로 삼마지의 경계입니다. 무엇이 '심일경성'일까요? 바로 일심불란하여 마음을 집중한다는 뜻입니다. 마치 사격할 때 탄알이 과녁의 중심을 맞혀야 하는 것과 같습니다. 주의하십시오, '정(定)'은 지혜와 배합하는 것으로서, '정'이 있어야 비로소 진정한 지혜가 일어납니다. 게다가 오직 마음이 '정'의 상태이어야, 당신은 비로소 언제나 훤히 알 수 있으며, 당신이 훤히 아는 것도 궁극적이고 철저하며 진실할 것입니다.

그렇다면 수행은 무엇을 관찰하는 것일까요? "관찰하는 일이란 5온 등과 무상·고·공·무아 등을 관찰하는 것이다 [所觀事者, 謂五蘊等. 及無常、苦、空、無我等]." 수행자는 '심일경성'으로 자기의 색수상행식 5온의 변화를 안으로 관찰해야 합니다. 기맥의 변화는 4대의 범위에 속하는데, 당신은 또렷이 관찰하는 동시에 마음이 산란하지 않아야 합니다. 오직 '정'의 경계에 도달했어야 당신은 비로소 이 점을 해낼 수 있으며, 그 경계는 마치 투명하게 닦아진 유리컵이 설사 먼지 한 점이나 한 점의 영상(影像)이 움직이고 있더라도 모두 또렷이 볼 수 있음과 같습니다.

우리의 마음은 동시에 또 또렷이 관찰하기를, "이 5온의 생명은 무상한 것이요, 괴로운 것이요, 필경에는 공한 것이다, 일체의 작위(作爲)는 필경에 무아無我)이며, 하나의 진아(眞我)의 존재는 없다, 나는 가아(假我)이며 필경에 무아이다."라는 것을 관찰해야 합니다. '제행무상(諸行無常)·제법무아(諸法無我)·열반적정(涅槃寂靜)'은 바로 소승의 3법인입니다.

　우리가 이번에 5온을 강의하는 목적은 여러분이 공부하는 도리를 연구하는 것과 배합하고자 하는 것입니다. 그래서 지혜·반야·해탈은 자세히 설명하지 않고, 또한 5온의 모든 세부 내용을 전부 해석하려고는 준비하지 않습니다.

　무엇을 지혜[慧]라고 하는가? (관찰하는 일) 그것에 대하여 법을 결택하는[擇法] 것이 그 특성이다. 혹은 이치에 맞게 도출한 것(지혜)이고, 혹은 이치에 맞지 않게 도출한 것이고, 혹은 그 둘 다 아닌 경우로 도출한 것이다. 그것에 대하여란 관찰하는 일을 말한다. 법을 결택하는 것이란 모든 법의 (개별적인 특성인) 자상(自相)과 (공통적인 특성인) 공상(共相)에서 지혜로써 간택하여 결정을 얻기 때문이다. 이치에 맞게 도출한 것이란 부처님 (당시)의 제자들을 (근거로 한 것을) 말한다. 이치에 맞지 않게 도출한 것이란 모든 외도를 말한다. 둘 다 아닌 경우로 도출한 것이란 나머지 중생들을 말한다. 의혹을 끊는 것이 그 작용이다. 왜냐하면 지혜는 간택할 수 있어 모든 법들 가운데서 결정을 얻을 수 있기 때문이다.

　云何慧？謂即於彼擇法爲性, 或如理所引、或不如理所引、或俱非所引。即於彼者, 謂所觀事。擇法者, 謂於諸法自相共相, 由慧簡擇得決定故。如理所引者, 謂佛弟子。不如理所引者, 謂諸外道。俱非所引者, 謂餘衆生。斷疑爲業。慧能簡擇, 於諸法中得決定故。

　무엇을 신심[信]이라고 하는가? 업·과보·모든 진리[諦]·보배

등에 대하여 깊고 바르게 부합하여 따르는 마음의 청정함이 그 특성이다. 업에 대하여란 복(福)·복이 아님(非福)·부동업(不動業)을 말한다. 과보에 대하여란 수다원(須陀洹)·사다함(斯陀含)·아나함(阿那含)·아라한(阿羅漢)의 과보를 말한다. 모든 진리에 대하여란 고제·집제·멸제·도제의 4성제를 말한다. 보배에 대하여란 불보·법보·승보의 3보를 말한다. 이와 같은 업·과보 등에 대하여 지극히 부합하게 따르는 것을 청정(清淨)과 희구의 의미라고도 한다. (희구하는) 욕망은 그 작용에 의해서 일어나는 것이다.

云何信？謂於業、果、諸諦、寶等深正符順, 心淨為性。於業者, 謂福、非福、不動業。於果者, 謂須陀洹、斯陀含、阿那含、阿羅漢果。於諦者, 謂苦、集、滅、道諦。於寶者, 謂佛、法、僧寶。於如是業果等極相符順, 亦名清淨及希求義。與欲所依為業。

무엇을 부끄러워함[慚]이라고 하는가? 자기 존중 면에서나 진리[法] 존중 면에서 지은 죄에 대해서 (자기 마음에서) 수치스러워함이 그 특성이다. 죄는 잘못을 말하는데, 지혜로운 사람이 싫어하고 걱정하는 것이기 때문이다. 수치스러워함[羞恥]이란 갖가지 죄를 짓지 않는 것이다. 악행을 방지하고 그침은 그 작용에 의해서이다.

云何慚？謂自增上及法增上, 於所作罪羞恥為性。罪謂過失, 智者所厭患故。羞恥者, 謂不作眾罪。防息惡行所依為業。

무엇을 뉘우침[愧]이라고 하는가? 타인 존중 (세간의 여론) 면에서 지은 죄에 대해서 수치스러워함이 그 특성이다. 타인 존중이란 (세간의) 꾸지람과 벌 및 의론 등을 두려워함을 말한다. 지은 죄와 잘못이 있으면 다른 사람들에게 수치스럽다. 그 작용은 부끄러워함[慚]에서 말한 것과 같다.

云何愧？謂他增上，於所作罪羞恥為性。他增上者，謂怖畏責罰及譏論等，所有罪失羞恥於他。業如慚說。

무엇을 탐욕을 없앰[無貪]⁴¹⁾이라고 하는가? 탐욕을 대치하여 깊이 싫어하고 근심하게 하여서 집착을 없애는 것이 그 특성이다. 자기의 심신[有] 및 생존용 물자[有資具]들에 대한 집착을 탐욕이라고 한다. 그것을 대치하는 것을 탐욕을 없앰이라고 한다. 자기의 심신 및 생존용 물자들에 대해서 집착을 없앤다는 뜻이다. 생사윤회 중의 모든 고뇌[過失]를 두루 알기 때문에 싫어하고 근심하는 것이라 한다. 악행을 일어나지 않게 하는 것이 그 작용이다.

云何無貪？謂貪對治，令深厭患，無著為性。謂於諸有及有資具染著為貪，彼之對治說為無貪。此即於有及有資具無染著義，遍知生死諸過失故，名為厭患。惡行不起所依為業。

무엇을 성냄을 없앰[無瞋]이라고 하는가? 성냄을 대치하여 자애로움[慈]이 그 특성이다. 중생에 대해서 손해를 끼치지 않는다는 뜻이다. 그 작용은 탐욕을 없앰에서 말한 것과 같다.

云何無瞋？謂瞋對治，以慈為性。謂於眾生不損害義。業如無貪說。

---

41) 인순(印順) 법사는 무탐(無貪)·무진(無瞋)·무치(無癡)의 심소에서 '無' 자를 '없다'는 뜻이 아니라 '없앤다'는 뜻으로 해석한다. '탐욕이 없음'은 소극적으로서 글자만 보고 의미를 해석하는 것이다. 탐욕을 대치한다는 말은 탐심이 일어나지 않게 하여 그를 억누르는 것이며, 심지어는 점점 사라지도록 서서히 해가는 것이야말로 무탐 심소의 뜻이라고 한다. '무진' '무치'도 마찬가지이다. 역자는 그 해석이 일리가 있다고 본다. 부처가 아니고서야 중생이 어찌 탐진치 3독이 없겠는가!

무엇을 어리석음을 없앰[無癡]이라고 하는가? 어리석음을 대치하여 여실(如實)하게 바르게 행하는 것[正行]이 그 특성이다. 여실하게(즉 실상대로)란 간략하게 말하면 4성제(聖諦)이고, 넓게 말하면 12연기(緣起)이다. 이들에 대해서 행을 더하는 것이 바른 앎[正知]의 뜻이다. 그 작용은 탐욕을 없앰[無貪]에서 말한 것과 같다.

云何無癡? 謂癡對治, 如實正行爲性。如實者, 略謂四聖諦, 廣謂十二緣起, 於彼加行是正知義。業亦如無貪說。

무엇을 정진(精進)이라고 하는가? 게으름[懈怠]을 대치하여 (선심과 선행, 선심소의) 선품(善品)이 드러나도록 부지런하고 용맹함이 그 특성이다. 갑옷을 입고, 더욱 힘써 앞으로 나아가고, 겁약하지 않고, 물러서지 않고, 만족하지 않는 것이 정진의 뜻이다. 선법(善法)을 원만히 성취하는 것이 그 작용이다.

云何精進? 謂懈怠對治, 善品現前勤勇爲性。謂若被甲、若加行、若無怯弱、若不退轉、若無喜足, 是如此義。圓滿成就善法爲業。

무엇을 경안(輕安)이라고 하는가? 추중(麤重)을 대치하여 몸과 마음이 조화롭고 쾌적하여 (수행 정진을) 감당할 수 있음이 그 특성이다. 능히 (살殺・도盜・음淫・망어妄語・양설兩舌・악구惡口・기어綺語・탐貪・진瞋・사견邪見의) 10불선행(不善行)을 버리고 장애를 제거함이 그 작용이다. 이 경안의 힘으로 말미암아 모든 장애를 제거하고, 추중을 전변시키고 버린다.

云何輕安? 謂麤重對治, 身心調暢堪能爲性, 謂能棄捨十不善行。除障爲業。由此力故, 除一切障, 轉捨麤重。

무엇을 불방일(不放逸)이라고 하는가? 방일(放逸)을 대치하여 탐욕을 없앰에서부터 정진까지에 의지하여 불선(不善)들을 버리고, 그 불선들을 대치하는 선법들을 닦기 때문이다. 탐욕·성냄·어리석음·게으름을 방일이라 하고, 그것들을 대치하기 때문에 이를 불방일이라 한다. 탐욕을 없앰·성냄을 없앰·어리석음을 없앰·정진의 네 가지 법에 의해서 불선법(不善法)을 대치하고 선법을 닦기 때문이다. 세간(世間)과 출세간(出世間)의 올바른 행위는 그 작용에 의해서 일어난다.

云何不放逸? 謂放逸對治, 依止無貪乃至精進, 捨諸不善, 修彼對治諸善法故。謂貪瞋癡及以懈怠名為放逸, 對治彼故是不放逸。謂依無貪、無瞋、無癡、精進四法, 對治不善[5]法, 修習善法故。世出世間正行所依為業。

무엇을 행사[捨](심평등성·심정직성·심무공용성)라고 하는가? 이와 같은 탐욕을 없앰, 성냄을 없앰에서부터 정진까지에 의해서 마음의 평등성·마음의 정직성·마음의 (습관이 되어 힘쓰지 않아도 자연스러운) 무공용성을 얻는 것이다. 또한 이로 말미암아 (청정하지 않는) 모든 잡염법을 떠나 청정법에 안주하는 것이다. 탐욕을 없앰·성냄을 없앰·어리석음을 없앰·정진의 특성에 의해서이기 때문이다. 어떤 때는 혼침(昏沈)과 도거(掉擧)의 모든 잘못을 멀리 떠나기 때문에 처음에는 마음의 평등성을 얻는다. 어떤 때는 자연스러워져 애씀이 없기 때문에 그 다음에는 마음의 정직성을 얻는다. 어떤 때는 모든 잡염법을 멀리 떠나기 때문에 최후에 마음의 무공용성을 얻는다. 그 작용은 불방일에서 말한 것과 같다.

云何捨? 謂依如是無貪、無瞋乃至精進, 獲得心平等性、心正直性、心無功用性。又復由此, 離諸雜染法、安住清淨法。謂依無貪、無瞋、無癡、精進性故，或時遠離昏沈掉舉諸過失故，初得心平等；或時任運無勉勵故，次得心正直；或時遠離諸雜染故，最後獲得心無功用。業如不放逸說。

무엇을 해치지 않음[不害]이라고 하는가? 해침을 대치하여 중생을 비민(悲愍)(동정)하는 것이 그 특성이다. 중생을 비민하기 때문에 중생들을 해치지 않으니, 이것은 성냄을 없앰의 일부분이다. (남에게) 손해를 가하거나 괴롭히지 않는 것이 그 작용이다.

云何不害？謂害對治，以悲為性。謂由悲故，不害群生，是無瞋分。不損惱為業。

무엇을 탐욕[貪]이라고 하는가? (중생의 심신인) 5취온(五取蘊)에 대하여 물들어 애착하고 욕심부려 집착하는 것이 그 특성이다. 이것이 결박하여 삼계에 윤회하고 괴로운 과보를 낳는 것이 그 작용이다. 애착의 힘으로 말미암기 때문에 5취온이 생겨난다.

云何貪？謂於五取蘊染愛耽著為性。謂此纏縛，輪迴三界。生苦為業。由愛力故，生五取蘊。

무엇을 성냄[瞋]이라고 하는가? 중생들에게 손해를 끼치는 것이 그 특성이다. 안온하지 않음에 머물거나 악행은 그 작용에 의해서 일어난다. 안온하지 않다는 것은 다른 이에게 손해를 끼치고, 스스로 괴로움에 머물기 때문이다.

云何瞋？謂於群生損害為性。住不安隱及惡行所依為業。不安隱者，謂損害他，自住苦故。

무엇을 만심[慢]이라고 하는가? 만심에는 일곱 종류가 있다. 만심[慢] · 과만(過慢) · 과과만(過過慢) · 아만(我慢) · 증상만(增上慢) · 비만(卑慢) · 사만(邪慢)이다.

云何慢? 慢有七種, 謂慢、過慢、過過慢、我慢、增上慢、卑慢、邪慢。

무엇을 (보통의) 만심[慢]이라고 하는가? 자기보다 열등한 자에 대해 자기가 뛰어나다고 생각하거나, 혹은 동등한 자에 대해 자기와 동등하다고 생각하여 마음을 높이 추켜세우는[즉, 오만하고 잘난 체하는] 것이 그 특성이다.

云何慢? 謂於劣計己勝、或於等計己等, 如是心高擧為性。

무엇을 과만(過慢)(과도한 만심)이라고 하는가? 자기와 동등한 자에 대해 자기가 뛰어나다고 생각하거나, 혹은 자기보다 뛰어난 자에 대해 자기와 동등하다고 생각하여 마음을 높이 추켜세우는 것이 그 특성이다.

云何過慢? 謂於等計己勝、或於勝計己等, 如是心高擧為性。

무엇을 과과만(過過慢)(만심을 넘은 만심)이라고 하는가? 자기보다 뛰어난 자에 대해 자기가 더 뛰어나다고 생각하여 마음을 높이 추켜세우는 것이 그 특징이다.

云何過過慢? 謂於勝計己勝, 如是心高擧為性。

무엇을 아만(我慢)(자신에 대한 만심)이라고 하는가? 5취온에 대해 나[我] 또는 나의 것[我所]이라고 여겨서 마음을 높이 추켜세우는 것이 그 특성이다.

云何我慢？謂於五取蘊隨計為我或為我所，如是心高舉為性。

무엇을 증상만(增上慢)(얻지 못했으면서 얻었다고 하는 만심)이라고 하는가? 증득해야 할 수승한 법을 아직 얻지 못했으면서도 '나는 이미 얻었다'라고 여겨 마음을 높이 추켜세우는 것이 그 특성이다. 증득해야 할 수승한 법이란 모든 성인의 과위(果) 및 삼마지·삼마발저(三摩鉢底) 등이다. 이들을 아직 얻지 못했으면서도 '나는 이미 얻었다'고 하는 건방진 오만이다.

云何增上慢？謂未得增上殊勝所證之法，謂我已得，如是心高舉為性。增上殊勝所證法者，謂諸聖果及三摩地、三摩鉢底等。於彼未得，謂我已得，而自矜倨。

무엇을 비만(卑慢)(조금만 열등하다는 만심)이라고 하는가? 월등히 뛰어난 자에 대해 자기가 그보다 조금만 못하다고 생각하여 마음을 높이 추켜세우는 것이 그 특성이다.

云何卑慢？謂於多分殊勝，計己少分下劣，如是心高舉為性。

무엇을 사만(邪慢)(그릇된 만심)이라고 하는가? 실제로는 (도덕이나 공)덕이 없으면서도 자신이 덕이 있다고 생각하여 마음을 높이 추켜세우는 것이 그 특성이다. 공경 존중하지 않는 것은 그 작용에 의해서이다. 존자(尊者)와 유덕자(有德者)에 대해 건방진 오만을 일으켜서 받들어 존중하지 않는 것을 말한다.

云何邪慢？謂實無德，計己有德，如是心高擧爲性。不生敬重所依
爲業。謂於尊者及有德者而起倨傲，不生崇重。

　무엇을 무명(無明)(우치愚癡)이라고 하는가? (선악 등의) 업·과
보·(사성제의) 진리·삼보에 대해 (이해와) 지혜가 없는 것이 그
특징이다. 이것은 두 종류가 있다. 첫째는 (태어나면서부터 지니고
온) 구생(俱生)무명이고, 둘째는 (분별이 일으키는) 분별(分別)무명
이다. 또한 욕계의 탐욕·성냄·무명은 3불선근(不善根)으로서,
탐욕의 불선근·성냄의 불선근·어리석음의 불선근이라고 한다.
이 (탐진치)는 다시 구생(俱生)의 것, 불구생(不俱生)의 것, 분별
소기(分別所起)의 것이다. 구생의 것이란 새·짐승 등 (일체중생이
공통적으로 가지고 있음)을 말하고, 불구생의 것이란 탐욕과 상응하
는 것 등을 말한다(다시 말해 탐욕과 성냄은 상반되는 것으로 탐욕이 있
을 때는 성냄이 없고, 성냄이 있을 때는 탐욕이 없는 것등을 말한다). 분
별이 일으킨 것이란 (다음의 5종의) 견해[見]들과 상응하는 것을 말
한다. 허망한 결정과 의심 번뇌는 그 작용에 의해서 일어나는 것이
다.

　云何無明？謂於業、果、諦、實，無智爲性。此有二種：一者俱
生、二者分別。又欲界貪瞋及以無明，爲三不善根，謂貪不善根、瞋
不善根、癡不善根。此復俱生、不俱生、分別所起。俱生者，謂禽獸
等。不俱生者，謂貪相應等。分別者，謂諸見相應與虛妄決定。疑煩
惱所依爲業。

　무엇을 견해[見](또는 악견惡見 또는 부정견不正見이)라고 하는가?
견해에 다섯 가지가 있다. 살가야견(薩迦耶見)·변집견(邊執見)·
사견(邪見)·견취견(見取見)·계금취견(戒禁取見)을 말한다.

云何見？見有五種，謂薩迦耶見、邊執見、邪見、見取、戒禁取。

무엇을 살가야견(유신견有身見)이라고 하는가? (중생의 심신인) 5취온에 대해서 그 중 하나의 온을 나 혹은 나의 것이라고 멋대로 집착하는 (틀리고 전도되고 청정하지 않고) 오염된 지혜가 그 특성이다. 살(薩, sat)이란 깨지다·무너지다는 뜻이고, 가야(迦耶, kaya)란 화합하다·쌓여 모이다는 뜻이다. (이 몸은 5온이 화합하여 갖가지 요소가 쌓여 모인 것으로 모두 변화하고 있는 무상한 것인데도) 그 (오취온) 속에 (변화가 없는) 하나[一]가 있다라고 보고 상주한다[常]라고 보거나, 5취온 밖에 나가 있고 5취온이 나의 것이라고 (주장)하는 것이다. 무슨 까닭으로 (몸을) 또 이와 같이 (살가야라고) 말하는가? 살이란 상주한다는 생각을 깨트리고, 가야란 하나가 있다라는 생각을 깨트려버려서, 무상과 적취 속에는 나와 나의 것이 없기 때문이다. 오염된 지혜란 (탐진치 등의) 번뇌와 동시에 있다는 것을 말한다. 온갖 모든 견해의 부류는 근본적으로 그 작용에 의해서 일어난다.

云何薩迦耶見？謂於五取蘊隨執為我或為我所，染慧為性。薩謂敗壞義，迦耶謂和合積聚義。即於此中見一見常，異蘊有我、蘊為我所等。何故復如是說：謂薩者破常想、迦耶破一想？無常積集，是中無我及我所故。染慧者，謂煩惱俱。一切見品所依為業。

무엇을 변집견(邊執見)이라고 하는가? 살가야견의 강한 힘 때문에 5취온에 대하여 혹은 상주[常]한다고 집착하거나, 혹은 단멸[斷]한다고 집착하는 오염된 지혜가 그 특성이다. (상주한다는 극단적 견해인) 상변(常邊)(상견常見)은 나는 자재하고 두루 있으며 상주한다 라고 집착하는 것을 말한다. (단멸한다는 극단적 견해인) 단변(斷邊)(단견斷見)은 (주체적인 나로서) 작자(作者)·장부(丈夫)

등이 있지만, 이들은 죽으면 다시 태어나지 않는다고 집착하는 것을 말한다. 이는 마치 병이 깨져버리면 다시 물을 담아 사용할 수 없는 것과 같다는 것이다. 중도(中道)와 (생사해탈의) 출리(出離)를 가로막는 것은 그 작용에 의해서이다.

云何邊執見？謂薩迦耶見增上力故, 即於所取或執為常、或執為斷, 染慧為性。常邊者, 謂執我自在, 為遍常等。斷邊者, 謂執有作者丈夫等, 彼死已不復生, 如瓶既破更無盛用。障中道出離為業。

무엇을 사견(邪見)이라고 하는가? (삼세) 인과(응보)를 비방하고, 혹은 작용을 비방하고, 혹은 선한 일을 파괴하는 오염된 지혜가 그 특성이다.

인(因)을 비방함이란 무엇인가? (12지인연 중에서) 인(因)은 업·번뇌성을 말하며, 합해서 5지(五支)가 있다. 번뇌에는 무명·애(愛)·취(取)의 3종이 있고, 업에는 행(行) 및 유(有)의 2지가 있다. 유(有)란 아뢰야식에 의지하는 모든 업종자를 말하며, (일반적으로) 이를 업이라고도 한다. 이는 부처님이 이렇게 말씀한 것과 같다. "아난아! 만약 업이 능히 미래의 과보를 제공한다면, 그것은 또한 유(有)라고도 말한다." 이런 것들에 대한 비방이 인(因)을 비방하는 것이다.

과(果)를 비방함이란 무엇인가? 과는 (12지인연 중에서) 식(識)·명색(名色)·6처(處)·촉(觸)·수(受)·생(生)·노사(老死)의 7지(七支)가 있다. 이런 것들에 대한 비방이 과를 비방하는 것이다. 또한 선행(善行)과 악행(惡行)이 없다고 비방함은 인을 비방하는 것이고, 선행과 악행의 과보가 없다고 비방함은 과를 비방하는 것이다.

이 세상(전생)과 저 세상(후생)이 없고, 아버지도 없고, 어머니도 없고, 중음신[化生]의 중생도 없다고 비방한다. 이런 비방은 작용을 비방하는 것인데, 이 세상으로부터 저 세상으로 가서 태어나는 작용, 종자를 지니고 있는 작용, (부모의 화합으로 새로운) 생명을 맺어 상속하는 작용 등을 비방하는 것이다. 세간과 아라한 등이 없다고 비방함은 선한 일을 파괴하는 것이다.

선근을 끊어버리는 것이 그 작용이고, 불선근(不善根)이 견고해지는 것이 그 작용이다. 또한 불선을 낳고, 선을 낳지 않는 것이 그 작용이다.

云何邪見？謂謗因果、或謗作用、或壞善事, 染慧為性。謗因者, 因謂業煩惱性, 合有五支。煩惱有三種, 謂無明、愛、取。業有二種, 謂行及有。有者、謂依阿賴耶識諸業種子, 此亦名業。如世尊說：「阿難！若業能與未來果, 彼亦名有。」如是等, 此謗名為謗因。謗果者, 果有七支, 謂識、名色、六處、觸、受、生、老死, 此謗為謗果。或復謗無善行惡行名為謗因, 謗無善行惡行果報名為謗果。謗無此世他世、無父無母、無化生眾生, 此謗為謗作用。謂從此世往他世作用、種子任持作用、結生相續作用等。謗無世間阿羅漢等, 為壞善事。斷善根為業。不善根堅固所依為業。又生不善、不生善為業。

무엇을 견취견(見取見)이라고 하는가? 위에서 말한 세 종류의 견해 및 의지하는 (즉, 기반이 되는) 5온(蘊)에 대해서 한 부분을 멋대로 생각하여 집착하기를, 이것이 최고이다, 뛰어나다, 수승하다, 지극하다 라고 하는 오염된 지혜가 그 특성이다. 세 종류의 견해란 살가야견・변집견・사견을 말한다. 의지하는 온이란 곧 저 견해들이 의지하는 5온이다. 그 작용은 사견에서 말한 바와 같다.

云何見取？謂於三見及所依蘊, 隨計為最為上為勝為極, 染慧為性。三見者, 謂薩迦耶、邊執、邪見。所依蘊者, 即彼諸見所依之蘊。業如邪見說。

　무엇을 계금취견(戒禁取見)이라고 하는가? (불교 이외의) 계율과
금율(禁律) 및 의지하는 온에 대하여 한 부분을 멋대로 집착하기를
이것이 청정이요. 해탈이요, 출리(出離)이다 라고 하는 오염된 지
혜가 그 특성이다.

　(계금취견에서의) 계(戒)란 (틀리고 전도된 견해인) 악견(惡見)을
그 출발점으로 삼고, (살생·도둑질·음행·거짓말·이간질·악담·
잡담하지 않음의) 7종류의 악을 떠남을 말한다. 금(禁)이란 소·개
등의 살생을 금지하거나, 자기 스스로 머리카락을 다 뽑아버리거
나 삼지(三支) 지팡이를 짚거나 수론학파 외도[僧佉]의 선정과 지
혜 수행 등인데, 이런 것들은 해탈의 원인이 아니다. 또한 (욕계의
제6천의) 대자재천 혹은 (색계 초선3천의) 세주[主](대범천)이라고
집착하거나, 고행으로 (갠즈서 강의) 물(에 들어가 목욕)이나 불에
들어가 (타서 죽음으로써 죄를 없앤다)는 등은 천상세계에 태어나는
원인이 아니다. 이와 같은 것 등은 집착이 그 원인이다.

　의지하는 온이란 계금취견이 의지하는 5온의 몸을 말한다.

　청정이란 그런 무간단의 방편(無間方便)으로써 즉각 청정해질
수 있다고 설하는 것이다.

　해탈이란 그런 방법으로 번뇌를 해탈할 수 있다고 설하는 것이
다.

　출리란 그런 방법으로 삶과 죽음을 벗어날 수 있다고 설하는 것
이다. 계금취견은 이상과 같은 의미이다.

　(의미 있는) 결과가 (조금도) 없이 헛되게 피로하고 고통스러울
수 있음은, 그 작용에 의해서 일어난 것이다. 결과가 없고 헛되게
피로하고 고통스러울 수 있다 함은 그런 것으로는 괴로움에서 벗어
남을 얻을 수 없다는 뜻이다.

云何戒禁取? 謂於戒禁及所依蘊, 隨計為清淨、為解脫、為出離, 染慧為性。戒者, 謂以惡見為先, 離七種惡。禁者, 謂牛狗等禁, 及自拔髮、執三支杖、僧佉定慧等, 此非解脫之因。又計大自在或計世主, 及入水火等, 此非生天之因。如是等, 彼計為因。所依蘊者, 謂即戒禁所依之蘊。清淨者, 謂即說此無間方便以為清淨。解脫者, 謂即以此解脫煩惱。出離者, 謂即以此出離生死。是如此義。能與無果唐勞疲苦所依為業。無果唐勞者, 謂此不能獲出苦義。

무엇을 의심[疑]이라고 하는가? 4성제와 3보 등에 대하여 있을까 없을까 하고 의혹을 품고 주저하는 것이 그 특징이다. 선법이 생겨나지 않음은 그 작용에 의해서이다.

云何疑? 謂於諦、實等, 為有為無? 猶預為性。不生善法所依為業。

(이상의 열 종류의) 모든 번뇌 가운데서 뒤의 (사견·견취견·계금취견) 세 종류의 견해와 의심은 오로지 분별로부터 일어나고, 그 나머지는 태어나면서부터 있음과 분별로부터 일어남, 이 양쪽에 해당한다.

諸煩惱中, 後三見及疑唯分別起, 餘通俱生及分別起。

무엇을 분노[忿]라고 하는가? 눈앞의 이익이 되지 않는 일에 의해서 마음이 (충동적으로) 분노하는 것이 그 특성이다. 포악하고, 채찍이나 몽둥이 등을 들고 휘두르는 행위는 그 작용에 의해서이다.

云何忿? 謂依現前不饒益事, 心憤為性。能與暴惡執持鞭杖所依為業。

　무엇을 원한[恨]이라고 하는가? 이전의 분노로 원한을 품고는 (오랫동안) 버리지 않는 것이 그 특성이다. (기회를 만나면) 참지 못하(고 보복하고자 하)는 것이 그 작용에 의해서이다.

　云何恨？謂忿為先，結怨不捨為性。能與不忍所依為業。

　무엇을 감춤[覆]이라고 하는가? 잘못에 대하여 가리고 숨기는 것이 그 특성이다. 죄를 숨기고 가리기 때문에 다른 사람이 진정으로 가르쳐 주(어 참회하고 청정하게 하)려고 할 때 숨김없이 고백하지 못한다. 이는 어리석음의 일부분이다. 양심이 불안하여 안온하게 지내지 못함이 그 작용에 의해서이다.

　云何覆？謂於過失隱藏為性，謂藏隱罪故。他正教誨時不能發露，是癡之[2]分。能與追悔、不安隱住所依為業。

　무엇을 폭언[惱]이라고 하는가? 포악한 말을 하여 남을 능욕하는 것이 그 특징이다. 이전에 있었던 분노와 원한으로 상대를 해치려는 마음이 일어난다. 포악한 말이란 칼로 자르고 찌르듯이 거칠고 사나운 것을 말한다. 근심 고통으로 안온하게 지내지 못함이 그 작용에 의해서이다. 또한 복이 아닌 것(죄악)을 일으킴이 그 작용에 의해서이며, 나쁜 명성으로 일컬어짐이 그 작용에 의해서이다.

　云何惱？謂發暴惡言，陵犯為性。忿恨為先，心起損害。暴惡言者，謂切害麁獷，能與憂苦、不安隱住所依為業。又能發生非福為業、起惡名稱為業。

무엇을 질투[嫉]라고 하는가? 다른 사람이 잘되는 일에 대해서 마음으로 질투하는 것이 그 특징이다. 자신의 명리(名利)를 바라기 때문에 다른 사람이 잘되는 일에 대해서 참고 견딜 수가 없어 질투 시기하는 마음이 생긴다. 스스로 근심 고통에서 지내는 것이 그 작용에 의해서이다.

云何嫉？謂於他盛事心妒爲性。爲名利故，於他盛事不堪忍耐，妒忌心生。自住憂苦所依爲業。

무엇을 인색[慳]이라고 하는가? 보시와 상반되며 마음이 인색한 것이 그 특징이다. 재물 등에 대해서 돌아보고 아까워하기 때문에 베풀 수가 없다. 이와 같은 것을 인색이라고 한다. 마음이 생명과 생활의 유지에 도움을 주는 갖가지 것들에 편향적으로 집착한다. 이것은 탐욕의 일부분이다. 만족해함이 없는 것이 그 작용에 의해서이다. 만족해함이 없는 것이란 인색하기 때문에 사용하지 않는 재물을 항상 쌓아 모아둠을 말한다.

云何慳？謂施相違，心悋爲性。謂於財等生悋惜故不能惠施，如是爲慳。心遍執著利養衆具，是貪之分。與無厭足所依爲業。無厭足者，由慳悋故，非所用物猶恒積聚。

무엇을 기만[誑]이라고 하는가? 남에게 허세를 부리며 망령되어 실재하지 않는 공덕을 있는 것처럼 속여서 나타내는 것이 그 특성이다. 이는 탐욕의 일부분이다. 정당하지 못한 경제생활이 그 작용에 의해서이다.

云何誑？謂矯妄於他，詐現不實功德爲性。是貪之分。能與邪命所依爲業。

무엇을 아첨[諂]이라고 하는가? 기만적인 방편을 마련해서 자신의 과오를 감추느라 마음이 왜곡된 것이 그 특성이다. 자기의 명예와 이익에 집착함이 있는 것이다. 이는 탐욕과 어리석음의 일부분이다. 바른 가르침과 깨우쳐줌을 가로막는 것이 그 작용에 의해서이다. 또한 죄가 있으면서도 스스로 진실대로 숨김없이 고백하여 참회하지 않기 때문에 가르쳐줌을 감당할 수 없다.

云何諂? 謂矯設方便隱己過惡, 心曲爲性。謂於名利有所計著, 是貪癡分。障正教誨爲業。復由有罪, 不自如實發露歸懺、不任教授。

무엇을 교만[憍]이라고 하는가? (자신의 좋거나) 잘되는 일 등에 대해 집착하고 거만하여 소진할 수 있는 것이 그 특성이다. 잘되는 일 등이란 유루(有漏)의 잘되는 일을 말한다. 집착하고 거만함이란 물들어 애착하는 것에 대하여 자신이 즐거워하고 긍지를 가지는 것을 말한다. 이는 탐욕의 일부분이다. 소진할 수 있다란 이것이 선근 공덕을 다 없애버릴 수 있기 때문이다.

云何憍? 謂於盛事染著倨傲, 能盡爲性。盛事者, 謂有漏盛事。染著倨傲者, 謂於染愛悅豫矜恃, 是貪之分。能盡者, 謂此能盡諸善根故。

무엇을 해침[害]이라고 하는가? 중생에 대하여 손해를 끼치고 괴롭게 하는 것이 그 특성이다. 이는 성냄의 일부분이다. 손해를 끼치고 괴롭게 한다는 것은 채찍과 몽둥이 등으로 폭력을 행사하는 것을 말한다. 바로 이런 것은 그 작용에 의해서 일어난 것이다.

云何害? 謂於衆生損惱爲性, 是瞋之分。損惱者, 謂加鞭杖等。即此所依爲業。

무엇을 부끄러워하지 않음[無慚]이라고 하는가? 지은 죄악에 대하여 자신에게 수치스러워하지 않는 것이 그 특징이다. 모든 번뇌와 수번뇌(隨煩惱)가 일어날 때 (동시에 일어나) 짝이 되는 것이 그 작용이다.

云何無慚？謂所作罪不自羞恥為性。一切煩惱及隨煩惱助伴為業。

무엇을 뉘우치지 않음[無愧]이라 하는가? 지은 죄악에 대하여 다른 사람에게 수치스러워하지 않는 것이 그 특징이다. 그 작용은 부끄러워하지 않음[無愧]에서 말한 것과 같다.

云何無愧？謂所作罪不羞他為性。業如無慚說。

무엇을 혼침(昏沈)이라고 하는가? 마음이 쾌적하도록 잘 조절되지 않아 (수행 정진을) 감당할 수 없으며 몽롱하고 흐릿한[夢昧] 것이 그 특징이다. 이는 어리석음의 일부분이다. 모든 근본번뇌와 수번뇌는 그 작용에 의해서 일어나는 것이다.

云何昏沈？謂心不調暢、無所堪任, 蒙昧為性, 是癡之分。與一切煩惱及隨煩惱所依為業。

무엇을 도거(掉擧)(들뜸)라고 하는가? 기쁘고 즐거웠던 등등의 일을 기억하고 생각함에 따라가서 마음이 고요하지 않은 것이 그 특징이다. 과거의 유희와 기쁨, 웃음 등의 일을 기억하고 생각하는 것으로 마음이 고요하지 않는다는 것을 마땅히 알아야 한다. 이는 어리석음의 일부분이다. 사마타(奢摩他)(정定 혹은 지止)에 장애가 되는 것이 그 작용이다.

云何掉擧？謂隨憶念喜樂等事, 心不寂靜爲性。應知憶念先所遊戲歡笑等事, 心不寂靜, 是貪之分。障奢摩他爲業。

무엇을 불신(不信)이라고 하는가? 믿음의 대치 대상으로서, 업과 과보 등 (삼보·4성제·연기 등의 불법의 도리)에 대해서 바르게 믿고 따르지 않아 마음이 청정하지 않은 것이 그 특징이다. 해태(懈怠)는 그 작용에 의해서 일어난다.

云何不信？謂信所治, 於業果等不正信順, 心不淸淨爲性。能與懈怠所依爲業。

무엇을 해태(懈怠)라고 하는가? 정진의 대치 대상으로서, 모든 선품 (선심·선행·좋은 일)에 대해서 마음이 용감하게 정진하지 않는 것이 그 특성이다. 갖가지 선을 부지런히 닦는 것을 막아버림이 그 작용에 의해서이다.

云何懈怠？謂精進所治, 於諸善品心不勇進爲性。能障勤修衆善爲業。

무엇을 방일(放逸)이라고 하는가? 탐욕·성냄·어리석음·해태에 의해서 모든 번뇌에 대해 마음이 방호하지 않고, 모든 선품에 대해 닦고 익힐 수 없는 것이 그 특징이다. 불선이 증장하고 선법이 물러나는 것이 그 작용에 의해서이다.

云何放逸？謂依貪瞋癡懈怠故, 於諸煩惱心不防護、於諸善品不能修習爲性。不善增長、善法退失所依爲業。

무엇을 실념(失念)이라고 하는가? 오염된 생각으로 모든 선법에 대해 분명하게 기억하지 못하는 것이 그 특성이다. 오염된 생각이란 번뇌와 동시에 일어나는 것을 말한다. 선법에 대해 분명하게 기억하지 못한다는 것은 바른 가르침에 대해 기억하여 지니지 못한다는 뜻이다. 산란이 일어나는 것은 그 작용에 의해서이다.

云何失念？謂染污念, 於諸善法不能明記爲性。染污念者, 謂煩惱俱。於善不明記者, 謂於正教授不能憶持義。能與散亂所依爲業。

무엇을 산란(散亂)이라고 하는가? 탐욕·성냄·어리석음의 각 일부분인 것으로 (다시 말해 탐진치 일부가 서로 혼합하여 일어나는 일종의 심소이며) 심식과 심소로 하여금 (전일하지 못하고) 흩어져 어지럽도록 하는 것이 그 특성이다. 선정을 닦아 5욕을 떠남[離欲]을 가로막는 것이 그 작용에 의해서이다.

云何散亂？謂貪瞋癡分, 令心心法流散爲性。能障離欲爲業。

무엇을 부정지(不正知)라고 하는가? 번뇌와 상응하는 (정확하지 않는 오염된) 지혜가, 바르지 못한 신체·언어·의식의 행위(예천대 살·도·음·기어·망어·양설·악구·탐·진·치의 10종 불선업不善業)를 일으킬 수 있는 것이 그 특성이다. (10종 불선에 대한) 계율을 어기고 범하는 것이 그 작용에 의해서이다. 가고 오는 등 (일상생활 속의 행위 동작 하나하나)에 대해서 바르게 관찰하지 못하기 때문에 마땅히 해야 할 일과 하지 말아야 할 일에 대해 알지 못하여 계율을 어기게 된다.

云何不正知？謂煩惱相應慧, 能起不正身語意行爲性。違犯律行所依爲業。謂於去來等不正觀察故, 而不能知應作不應作, 致犯律儀。

무엇을 오작(惡作)(후회)이라고 하는가? 마음이 변하여 후회하는 것이 그 특성이다. (자신이) 이미 한 어떤 행위를 미워하기 때문에 오작이라고 한다. 이 오작 자체는 행위 당시에 즉각 변하여 후회하는 것이 아니라, 이미 하고 난 행위를 먼저 싫어하고 나중에 (그 행위를 하지 말았어야 했는데 하고) 후회를 일으키는 것이다. 그러므로 이것은 과보에 대해 그 원인의 입장에서 그 이름을 지었기 때문에 오작이라고 한다. 예컨대 (안이비설신의 6근을 6처라고도 하는데, 이 6처에 의지하여 6촉을 일으키는) 6촉처(觸處)를 (과거생 중의 업인) 선업(先業)이라고 말하는 것과 같다 (다시 말해 '마음이 변하여 후회하는 것이 그 특성이다' 를 후회라고 이름 하지 않고 오작이라고 한 까닭이 그러하다). 오작에는 2위(位)가 있으니, 선(善)일 수도 있고 불선(不善)일 수 도 있다. 2위 가운데 다시 각각에 2위가 있다. 만약 선위(善位)의 경우, 먼저 선을 행하지 않고 나중에 (그 선을 행하지 않았던 것에 대해)후회하는 마음을 일으킨다면, 그 원인도 선이고 후회도 선이다. 만약 먼저 악을 행한 뒤에 나중에 (그 악을 행했던 것에 대해) 후회하는 마음을 일으킨다면, 그 원인은 불선이고 후회는 선이다. 만약 불선위(不善位)의 경우, 먼저 악을 행하지 않고 나중에 (그 악을 행하지 않았던 것에 대해) 후회하는 마음을 일으킨다면, 그 원인도 불선이고 후회도 불선이다. 만약 먼저 선을 행하고 나중에 (그 선을 행했던 것에 대해) 후회하는 마음을 일으킨다면, 그 원인은 선이고 후회는 불선이다.

云何惡作？謂心變悔爲性。謂惡所作，故名惡作。此惡作體非即變悔，由先惡所作，後起追悔故。此即以果從因爲目，故名惡作。譬如六觸處說爲先業。此有二位，謂善、不善。於二位中復各有二。若善位中，先不作善，後起悔心，彼因是善，悔亦是善。若先作惡，後起悔心，彼因不善，悔即是善。若不善位，先不作惡，後起悔心，彼因不善，悔亦不善。若先作善，後起悔心，彼因是善，悔是不善。

무엇을 수면(睡眠)이라고 하는가? 자재하게(자기 뜻대로) 운전 [轉](즉, 조절하여 움직이도록) 하지 못하고 (서서히) 흐리멍덩해지는 것이 그 특징이다. 자재하게 운전하지 못함이란 마음(과 몸) 등으로 하여금 자재하게 운전하지 못하게 하는 것을 말한다. 이것은 어리석음의 일부분이다. 또한 이것의 특성[自性]은 자재하지 못하기 때문에 (6식의) 심과 심소법으로 하여금 대단히 흐리멍덩해지게 (하여 자세히 이해할 수 없게 하고 서서히 잠이 들게) 한다. 이것은 선·불선·무기(無記)의 성질을 공통적으로 가지고 있어서 확정적이 아니(라 당시의 상황에 따라 결정된)다. 그 작용에 의해서 여러 가지 잘못이 일어날 수 있다.

云何睡眠? 謂不自在轉, 昧略為性。不自在者, 謂令心等不自在轉, 是癡之分。又此自性不自在故, 令心心法極成昧略。此善、不善及無記性。能與過失所依為業。

수면(睡眠)은 하나의 습기(習氣)입니다. 하나의 생리적인 습관으로서 다생다세(多生多世)의 생리적인 습관이 누적되어서 온 것입니다. 수지(修持)가 최고도에 도달한 사람은 수면을 끊을 수 있기에 잠자야 할 필요가 없습니다. 보통사람은 잠자야 할 때에 이르면 정신이 조금도 없습니다. 당신은 말하기를 "제기랄, 잠을 자지 않겠다."라고 하지만 당신은 그렇게 하지 못합니다. 당신은 조금도 자재하지 못하고 자기 뜻대로 할 수 없고 당신은 흐리멍덩하여 곧 잠이 듭니다. 그러므로 "흐리멍덩해지는 것이 그 특성이다 [昧略爲性]"라고 합니다. 잠이 들고 난 뒤에는 생각조차도 사라져버린, 온통의 무명이 탐진치 가운데 '치'의 범위에 속합니다.

수면은 때로는 악업(惡業)이고, 때로는 선업(善業)이며, 때로는 무기업(無記業)입니다. 예컨대 당신이 오늘 화가 나서 아무개를 죽여 화풀이하고 싶었지만, 생각을 바꾸어 좀 생각해보고는 "그만두

자 우선 한 잠자고 내일 일어나서 다시 얘기하자."라고 했습니다. 하지만 잠자고 난 뒤에 그 살인 심념의 힘이 줄어들었다면, 이게 바로 수면의 선업입니다. 그러나 만약 당신이 말하기를 "오늘은 너무 피곤하다. 휴식하고 나서 내일 그를 죽이러 가자."라고 했다면, 그것은 바로 악업이 됩니다. 우리의 평소의 수면은 무기(無記)여서, 잠을 다 자고난 다음날 무엇이든 다 잊어버립니다. 도를 깨달은 사람이 만약 너무 피곤할 때 그의 마음속에서 자신에게 좀 잠이 필요하다는 것을 안다면, 이것도 과실이라 할 수는 없고 일종의 휴식하는 정(定)의 경계입니다. 그래서 수면에도 많은 학문이 있고 의미도 있으며, 운용의 묘도 어려운 것이라고 말합니다.

우리의 심리 상태는 행온의 힘을 반영하는데, 현재 우리는 단지 개략적인 의미만을 얘기했습니다. 진정으로 자세히 분석해보면 내용이 많습니다. 다음은 우리 이어서 또 다른 두 개의 중요한 심리 상태인, '심(尋)'과 '사(伺)'를 얘기하겠습니다. 이것은 공부와 매우 관계가 있는데, 『유가사지론』 중에 상세한 논술이 있습니다.

무엇을 심구(尋: 尋求)(대략적인 관찰 사고)라고 하는가? 사고의 도[思] 심소와 지혜[慧] 심소 각각의 일부분이 합하여진 것이 그 체이며, 의언(意言)(즉, 의식형태)이 찾아 구해보아[尋求] (제6식인) 마음으로 하여금 대략적인 모습[麁相]을 분별하게 하는 것이 그 특징이다. 의언이란 의식(意識)형태이며, (심尋은) 이 의식형태 중에서 혹은 사고의도 심소에 의지하거나 혹은 지혜 심소에 의지하여 일어나는 분별이다. 대략적인 모습을 분별함이란 (사事와 리理에 대하여 대략적인 사고思考를 하는 것이다. 예컨대) 물병·옷·수레 등의 대략적인 모습을 탐구하고 추측하게 하는 것이다. 즐거운 촉감, 괴로운 촉감 등이 그 작용에 의해서 일어난다.

云何尋? 謂思慧差別, 意言尋求, 令心麁相分別爲性。意言者, 謂

是意識，是中或依思、或依慧而起。分別麁相者，謂尋求瓶衣車乘等
之麁相。樂觸苦觸等所依為業。

"운하심(云何尋)?", 무엇이 '심(尋)'일까요? '심'이라는 이 중국
글자의 의미는 '찾는다'[尋找]는 뜻입니다. 그렇다면 행온 중에서
이 '심'자는 무엇을 가리킬까요? "사고의도[思] 심소와 지혜[慧] 심
소 각각의 일부분이 합하여진 것이 그 체이며, 의언(意言)(즉, 의식
형태)이 찾아 구해보아[尋求] (제6식인) 마음으로 하여금 대략적인
모습[麁相]을 분별하게 하는 것이 그 특징이다 [謂思慧差別, 意言尋
求, 令心麁相分別爲性]." 우리가 어떤 물건을 찾을 때 생각이 움직
이고 마음은 분별 작용을 일으킬 것입니다. "의언이란 의식(意識)
형태이며, (심尋은) 이 의식형태 중에서 혹은 사고의도[思] 심소에
의지하거나 혹은 지혜[慧] 심소에 의지하여 일어나는 분별이다 [意
言者, 謂是意識, 是中或依思或依慧而起]." "의언(意言)"이란 무슨 말
인가 하면 바로 의식형태라는 의미입니다. "시중(是中)", 이 중간
에 '심'은 '사고의도'나 혹은 '지혜'에 의지하여 오는 분별입니다.
  이 '사고의도[思]'의 작용에 관하여 여러분에게 예를 하나 들겠
습니다. 예컨대 어떤 사람이 밀종의 관상 법문을 닦으며 보살의
모습을 관상하기를 바란다면, 이게 '상(想)'의 작용이며 찾는 작용
도 있습니다. 어떤 사람은 불보살의 모습을 찾아내지 못하고는
"선생님, 저의 그 불상은 아무리 관상을 해도 관상이 되지를 않습
니다!"라고 합니다. 제가 그에게 말합니다, "당신은 좀 느긋하세
요. 생각하지[想] 마세요. '사고의도[思]'의 작용을 이용해서 가볍
게 좀 이끌면 좋아요!

  "대략적인 모습을 분별함이란 물병·옷·수레 등의 대략적인 모
습을 탐구하고 추측하게 하는 것이다. 즐거운 촉감, 괴로운 촉감
등이 그 작용에 의해서 일어난다 [分別麁相者, 謂尋求瓶衣車乘等之

粗相. 樂觸苦觸等所依爲業]." 예컨대 내가 탁자나 꽃병 혹은 옷 하나를 사려고 거리에 가서 여기저기 살펴보고 찾아보고자 하는데, 이것을 '분별조상(分別麁相)'이라고 합니다. 또 예컨대 당신이 정좌하면서 엉덩이가 아파서 고촉(苦觸)이 있거나 당신이 정좌하면서 편안하여 자리에서 내려오려 하지 않는 이 사이에도 당신은 역시 찾고 있습니다. 괴로울 때 당신은 즐거움을 찾고자 하고, 즐거움이 많으면 당신은 맛이 없다고 느끼고 또 괴로움을 찾고자 합니다. 찾아내고 나면 당신은 기뻐하고, 찾아내지 못하면 실망감이 있을 것입니다.

우리가 정좌하여 정(定)을 얻고 싶어 하는 것도, 찾고 있는 것입니다. 많은 사람이 공부를 수십 년을 했어도 '정'의 경계조차 본 적이 없습니다. 그래서 말하기를 범부는 모두 '유심유사지(有尋有伺地)'라고 합니다. 수행 정좌하며 지관(止觀)을 닦음은, 닦아서 심리상 '심(尋)'이 없어진 경계에 도달해서야 비로소 옳으며, '사(伺)'의 경계에 도달하였을 때는 또 진일보하게 될 것입니다. 만약 '무심무사(無尋無伺)'에 도달한다면 자기 마음이 청정하고 정의 경계가 나타날 것입니다. 그거야말로 공부입니다.

'심(尋)'과 '사(伺)'의 차이는 미묘합니다. 예컨대 사냥에서 사냥개가 여기저기 도처에서 사냥 목표물을 찾는 것을 '심'이라고 합니다. 만약 사냥개가 거기서 쭈그리고 앉아서 사냥감이 나타나기를 기다리고 있다면, 이것을 '사'라고 합니다. 또 예컨대 우리가 장사를 하러 투자할 경우 때로는 도처에서 항목을 찾으며 투자 기회를 찾습니다. 결국 반나절이나 힘을 들였지만 아무 수확도 없습니다. 이것을 '심'이라고 합니다. 하지만 운이 올 때를 기다리면 그 부자가 될 기회가 당신 앞으로 달려올 것입니다. 그게 '사'입니다. '심'과 '사'는 두 가지 심리 상태인데, 수행 공부에 운용함은 세밀합니다.

무엇을 사찰(伺: 伺察)(미세한 관찰 사고)이라고 하는가? 사고의 도 심소와 지혜 심소의 각각의 일부분이 합하여진 것이 그 체이며, 의언이 미세하게 관찰하여 (제6식인) 마음으로 하여금 미세한 모습[細相]을 분별하게 하는 것이 그 특징이다. 미세한 모습이란 물병·옷 등에 대해서 미세한 모습이 차별이 나는지 않는지 등을 분별한다는 뜻이다.

云何伺？謂思慧差別, 意言伺察, 令心細相分別為性。細相者, 謂於瓶衣等分別細相成不成等差別之義。

그의 이 부분의 해석은 좋지 않습니다. 우리가 앞에서 '심(尋)'을 얘기할 때 사실은 이미 '사(伺)'를 얘기했습니다. 만약 중국 선종의 수법을 이용한다면 해석이 문학화 하여 묘합니다.

한 마리 토끼가 큰 길에 누워 있는데
참매가 이를 보고 산 채로 잡아갔네
그 뒤에 사냥개는 영성이 없어서
헛되이 마른 참죽나무 그곳 향해 찾네

一兔橫身當古路　蒼鷹一見便生擒
後來獵犬無靈性　空向枯椿舊處尋

한 마리의 토끼가 큰길에 누워 있는데, 참매는 공중에서 이미 또렷이 보고는 공중으로부터 돌진하여 내려와 그것을 산 채로 낚아채 가버렸습니다. 가련한 사냥개는 토끼의 냄새를 맡으면서 여전히 그곳에서 찾고 있지만, 하늘에 있는 참매가 이미 토끼를 낚아채 가버린 줄 어찌 알겠습니까! 사냥개는 바로 그 '심'의 경계입니다. 이것은 선종 조사가 이 이야기를 빌려서, 일반인들이 열심히 공부하고 화두 참구하는 것은 사냥개처럼 하나의 경계를 '찾고 있는 것'에 지나지 않음을 설명하는 것입니다.

또 하나의 이야기 있는데 역시 '사'의 도리를 말합니다. 어떤 제자가 스승이 불경을 연구하고 있는 것을 보았습니다. 이 제자는 이미 도를 깨달았기에 밖에서 시를 한 수 읊어 저 파리가 매우 어리석다고 말했습니다. "묵은 종이를 백 년 동안 그렇게 뚫고 있으니, 어느 날이 벗어날 때이겠는가 [百年鑽故紙, 何日出頭時]"42), 이미 백 살이 되었어도 창호지에서 뚫고 있으니 벗어날 날이 어떻게 있겠는가? 스승이 이를 듣고는 곧바로 책을 내려놓고 제자에게 말했습니다. "너는 도를 깨달은 게 틀림없구나. 이전에는 네가 나를 스승으로 불렀지만 이제는 내가 너를 스승이라 부르겠다." 이 제자의 지도를 통해서 이 스승도 도를 얻었습니다. 뒷날 어떤 사람이 시를 한 수 지었습니다.

파리가 빛 찾아 종이 창문 뚫었건만
못 뚫고 나가니 얼마나 어려웠던가
들어왔을 때의 구멍 갑자기 부딪치고야
평생 동안 자기 눈에 속았음 믿게 되었네

蠅乃尋光紙上鑽　不能透過幾多難
忽然撞著一時路　始信平生被眼瞞

파리는 밝은 빛을 찾기 좋아하기 때문에 종이 창문에서 이리저리 뚫었지만, 아무리 해도 종이 창문을 뚫고 창밖으로 날아갈 방법이 없었습니다. 그런데 갑자기 들어왔을 때의 그 구멍을 부딪치

---

42) 열린 문 공간으로 나가려 하지 않고, 닫힌 종이 창문을 부딪치니 크게 어리석네. 묵은 종이를 백년 동안 그렇게 뚫고 있으니, 어느 날이 벗어날 때이겠는가. 空門不肯出, 投窓也大癡. 百年鑽故紙, 何日出頭時.

고서야 비로소 자기가 자기의 눈에 속았으며, 원래 그 구멍은 바로 여기에 있음을 알게 되었습니다. 이게 바로 '사(伺)'의 경계입니다. 그래서 중국 선종은 문학화 하여서 문학적 언어로 표시하니 '심'과 '사'의 경계의 다름이 분명해졌습니다.

　무엇을 심불상응행(心不相應行)이라고 하는가? (물질인) 색법과 (의식심의) 심 (및 심소법) 등에 의거하여 (심 및 심소법 등과 상응하지 않는 행온의 심소를 24) 종류로 나누어 명칭을 사용하여 가리켜 보이는 것[假立]이다. (심불상응행) 이것은 저것(인 색법 및 심법 과 심소법)과 다른 것이라거나 다르지 않은 것이라고 말할 수 없다. 이것으로는 또 무엇이 있는가? 획득(得)・무상정(無想定)・멸진정(滅盡定)・무상천(無想天)・명근(命根)・중동분(衆同分)・생(生)・노(老)・주(住)・무상(無常)・명신(名身)・구신(句身)・문신(文身)・이생성(異生性) 등이다.

　云何心不相應? 謂依色心等分位假立, 謂此與彼不可施設異不異性。此復云何? 謂得、無想定、滅盡定、無想天、命根、眾同分、生、老、住、無常、名身、句身、文身、異生性如是等。

　"심불상응행(心不相應行)"은 유식학 중에서는 심불상응행법(心不相應行法)이라 합니다. 여기서의 '심(心)'은 바로 의식심(意識心)입니다. 이른바 '심불상응행'은 우리의 의식심과는 배합할 방법이 없는 것들을 가리키며, 모두 24종이 있습니다. "색법과 심 등에 의거하여 종류로 나누어 명칭을 사용하여 가리켜 보이는 것[假立]이다 [謂依色心等分位假立]."，우리의 대뇌와 심장은 색법이며 4대로 조성되어 있고, 이 24종의 것은 우리의 현존 생명의 '상(想)'에 의하여 가립(假立)된 것이지 진짜 것이 아닙니다. "이것은 저것과 다른 것이라거나 다르지 않은 것이라고 말할 수 없다 [謂此與彼不可

施設異不異性].", 24종은 우리의 마음과는 다르다[異]고 말할 수 있고 한덩이(一體)의 것[不異]이라고도 말할 수 있습니다. 그러나 우리의 의식심이 전동(轉動)시키거나 영향을 미칠 수 있는 것이 아닙니다. 오직 우리가 성불하여 마음이 물질을 전환변화시킬 수 있는, 심능전물(心能轉物)의 경지에 도달했을 때라야 그렇게 할 수 있습니다. 이 24종에 대해서는 아래에 모두 해석이 있습니다.

"이것으로는 또 무엇이 있는가? 획득(得)·무상정(無想定)·멸진정(滅盡定)·무상천(無想天)·명근(命根)·중동분(衆同分)·생(生)·노(老)·주(住)·무상(無常)·명신(名身)·구신(句身)·문신(文身)·이생성(異生性) 등이다"

무상정이나 멸진정 같은 것은 모두 우리의 의식심과는 상응하지 않아서, 우리의 의식심과는 절대로 두 개의 세계이기에 당신은 의식심으로써 그것을 전동시킬 수 없습니다. 또 우리가 시간과 세(勢)도 굴려 움직일 방법이 없는데, 이점은 여기서 언급하지 않았습니다. 이른바 '세'란 하나의 가로막을 수 없는 힘입니다. 예컨대 태풍의 거대한 바람이 불어올 때 당신은 가로막고 있을 방법이 전혀 없으며, 그것이 지나가고 나서는 아무것도 없습니다.

선종의 방법은 이런 교리 연구와는 다릅니다. 고대에 많은 선사는 모두 너덜너덜한 옷차림에 세수도 하지 않았습니다. 이와는 달리 저 대법사들은 말쑥하게 차려입고 거드름도 크게 피웠습니다. 그런 어떤 선사가 길가의 찻집에 앉아 차를 마시고 있었습니다. 당시에 찻집에는 한 분의 대법사도 있었습니다. 그는 위엄이 대단했고 곁에는 많은 귀의(歸依) 제자들이 앉아 있었는데, 이 궁색한 스님에 대해서는 그리 거들떠보지도 않았습니다. 이 선사 분은 그들을 혼내주려고 그들 앞으로 걸어가 말했습니다. "법사님, 야~, 보아하니 당신은 불법이 틀림없이 고명하겠습니다. 그런데 여러분은 다들 무슨 법을 얘기합니까?" "네, 내가 연구하는 것은 법상유식학(法相唯識學)입니다." 선사가 말했습니다, "와, 대단하십니다. 그럼 당신에게 한 가지 문제를 가르쳐주시기를 청합니다. 유식학은 백법(百法)에 대해 말합니다. 그렇다면 어제는 비가 오고 오늘의 날씨가 맑은 것은 어느 법입니까?" 이번에는 그 법사가 어리둥절해졌습니다. 고수를 만났다는 것을 알았습니다. "아이고, 노 선사님께 가르침을 청합니다." 선사가 회답하기를, "그것은 이륙시 중으로서 심불상응행법입니다 [那是二六時中, 心不相應行法]." 하루는 12개의 시진(時辰)이 있고 날씨는 수시로 변화하고 있지만, 당신의 의식심은 맑은 날을 비오는 날로 변하게 할 방법이 없고, 비오는 날을 맑은 날로 변하게 할 방법도 없습니다. 그러므로 그것은 '심불상응행법'입니다.

행온은 여기까지만 강의했는데 간단히 한 번 개괄한 셈입니다. 정말로 자세히 강의하자면 내용이 여전히 많습니다.

무엇을 획득[得]이라고 하는가? 획득하거나 성취한 것이다. (불법 수행에서의 진보하는 바에 대해 그 현상을 인식하기 위하여 마련한 일종의 형식 개념이지 객관적으로 득이라고 할 것이 없다) 이것은 또 세 가지가 있으니, 종자의 성취[種子成就]·자재함의 성취[自在成就]·현재 발생함의 성취[現起成就]이인데, 이들은 모두 다른 내용에 따라 풀이해야 한다.

云何得? 謂若獲、若成就。此復三種, 謂種子成就、自在成就、現起成就, 如其所應。

무엇을 무상정(無想定)이라고 하는가? (색계천 중 가장 높은 제3선의) 변정천의 번뇌의 더러움을 떠났으나 아직 그 상위 천의 번뇌의 더러움을 떠나지 못한 것이다. 상(想)의 작의(作意)를 벗어남 (다시 말해 작의가 상想을 일으키지 않음)을 우선 (방편)으로 삼아, 일체

의 항상 일어나지는 않는[不恒行] (6식의) 심과 (그 상응하는) 심소
법이 소멸하는 것이 그 특성이다.

云何無想定？謂離遍淨染、未離上染，以出離想作意為先，所有不
恒行心心法滅為性。

무엇을 멸진정(滅盡定)이라고 하는가? 이미 (무색계의) 무소유처
정(無所有處定)의 번뇌의 더러움을 떠나 (다시 말해 여전히 비상비비
상정에 있으며), (3계 생사 가운데서 가장 높은 곳으로서) 첫 번째 세계
[有](인 비상비비상천으)로부터 다시 더욱 정진 향상하되, (거의 무
상정에서처럼) 잠시 상(想)의 작의(作意)를 멈추게 하는 것을 우선
(방편)으로 하고, (무상정보다 훨씬 높은 경지인) 일체의 항상 일어나
지는 않거나, 항상 일어나는 일부분의, 심과 심소법이 소멸하는 것
이 그 특징이다. 항상 일어나지는 않거나란 (안식·이식·비식·설
식·신식·의식) 6종의 식[轉識]을 말한다. 항상 일어나는이란 제8
아뢰야식[攝藏識]과 제7말라식[染汚意]을 말한다. 이 가운데 6종
의 식이 일어나지 않고 제7식이 소멸한다(그러나 제8식은 여전히 활
동하고 있다. 그래서 항상 일어나는 일부분이라고 한다). 이것이 멸진
정이다.

云何滅盡定？謂已離無所有處染，從第一有更起勝進，暫止息想作
意為先，所有不恒行及恒行一分心心法滅為性。不恒行，謂六轉識。
恒行，謂攝藏識及染汚意。是中六轉識品及染汚意滅，是滅盡定。

무엇을 무상천(無想天)이라고 하는가? 무상정으로 얻어지는 과
보로 그 무상천[四禪天]에 태어나서, 일체의 항상 일어나지는 않는
심과 심소법이 소멸한 것이 그 특성이다.

云何無想天? 謂無想定所得之果。生彼天已, 所有不恒行心心法滅為性。

무엇을 명근(命根)(생명기능, 수명)이라고 하는가? (예컨대 인류 같은) 중동분(중생 동류)에 대해서, 이전(과거생)의 업(력)이 이끄는 대로 머물 때 안주할 수 있는 시간만큼 기한이 나누어지는 것이 그 특성이다.

云何命根? 謂於眾同分先業所引住時分限為性。

무엇을 중동분(眾同分)(동류성)이라고 하는가? 모든 중생이 각각 자기 동류끼리 (예컨대 인류·천인류·축생류 등과 같이) 비슷한 것이 그 특성이다.

云何眾同分? 謂諸群生各各自類相似為性。

무엇을 생(生)(생기)이라고 하는가? 중동분 입장에서, 모든 (생멸 변화의) 행(즉, 중생)이 본래 없었으나 현재 생성하는 것이 그 특성이다.

云何生? 謂於眾同分所有諸行本無今有為性。

무엇을 노(老)(노화)라고 하는가? 저 모든 행이 상속(相續)하면서 (즉, 이어지면서) 변화하고 파괴되는 것이 그 특성이다.

云何老? 謂彼諸行相續變壞為性。

무엇을 주(住)(존속)라고 하는가? 저 모든 행이 상속하면서 유지해가는 것이 그 특성이다.

云何住。謂彼諸行相續隨轉為性。

무엇을 무상(無常)이라고 하는가? 저 모든 행이 상속하면서 소멸하는 것이 그 특징이다.

云何無常？謂彼諸行相續謝滅為性。

무엇을 명신(名身)(명사의 집합)이라고 하는가? 모든 법의 자성에 대하여 표시하는 단어가 그 특성이다. 마치 눈(眼) (소리, 안경…)등을 말하는 것과 같다.

云何名身？謂於諸法自性增語為性，如說眼等。

무엇을 구신(句身)(문의 집합)이라고 하는가? 모든 법의 차별에 대하여 표시하는 말(생각이나 감정을 말과 글로 표현할 때 완결된 내용을 나타내는 최소의 단위. 주어와 서술어를 갖추고 있는 것이 원칙이나 때로는 이런 것이 생략될 수도 있다)이 그 특성이다. 마치 제행은 무상하다[諸行無常] 등을 말하는 것과 같다.

云何句身？謂於諸法差別增語為性，如說諸行無常等。

무엇을 문신(文身)(음절의 집합)이라고 하는가? 즉 (범문 등의 자음 모음의) 문자들을 말한다. 이것은 앞의 (명신과 구신) 두 가지의 특성을 표혈할 수 있기 때문에 현(顯)이라고도 한다. 단어와 구절이 그것에 의지하여 뜻을 드러내기 때문이다. 자(字)라고도 하는데, (최소의 단위로서) 다르게 바뀜이 없기 때문이다. 앞의 (명신과 구신) 두 가지의 특성이란 명신은 자체를 설명하는 것이고 구신은 차별을 설명하는 것이며, 현(顯)이란 이해를 드러내 밝히는 것이다.

云何文身？謂即諸字，此能表了前二性故。亦名顯，謂名句所依顯了義故。亦名字，謂無異轉故。前二性者，謂詮自性及以差別。顯謂顯了

무엇을 이생성(異生性)(범부성, 범부로서 범부이게 하는 본성)이라고 하는가? 성자의 법[聖法]에 대하여 얻지 못한 것이 그 특징이다.

云何異生性？謂於聖法不得為性。

식온에 관하여

무엇을 식온(識蘊)이라고 하는가? 대상경계[所緣]에 대하여 (구별) 분별하는 것이 그 특성이다. (때로는) 심(心)이라고도 하는데, 외부의 경계를 채집(적집積集)할 수 있기 때문이다.

(식온을 때로는) 의(意)라고도 하는데, 의(意)(즉, 의처意處)에 포함되기 때문이다. 만약 가장 (작용이 큰) 특수한 심[最勝心]이라면, 바로 제8아뢰야식(阿賴耶識)인데, 이것은 (형상이 없으며) 모든 (심리)행위의 (선악) 종자들을 채집할 수 있기 때문이다. (심의식은 동일한 것의 다른 이름이다. 쌓아 모으는 측면에서는 심, 생각하고 헤아리는 측면에서는 의, 식별하는 측면에서는 식이라고 한다)

또한 이 식온(의 작용)은 그 운행하는 모습[行相]을 (때로는 거의) 분별할 수 없는데, 앞뒤가 일률적으로 연속적인 전동(끊임없는 변화의 흐름)이기 때문이다.

또한 (무상정·무상천의 경우는 6종의 식의 작용이 잠시 소멸하여 일어나지 않고, 멸진정의 경우는 제7식까지 잠시 소멸하여 일어나지 않는다. 그렇게) 멸진정·무상정·무상천으로부터 (시간이 되어 출정하여) 일어나는 경우, 이 아뢰야식으로 말미암아 대상 경계를 분별하는 6전식(6종의 식)의 작용이 다시 발생하는 것이다. (행온의 작용이 시작하고 여기에다 갖가지 인연의) 소연연(所緣緣)의 차별을 기다려 일어나기 때문이다. 6전식은 자주자주 사이사이 끊어졌다가 돌아와 다시 일어나기 때문이다. 또한 생사윤회 속에 맴돌게 하기 때문이다.

아뢰야식이란 (마치 창고와 같아서) 능히 (과거·현재·미래의) 모든 종자를 거두어 저장할 수 있기 때문이며, 또한 아만(我慢)의 종자를 포함하여 간직하기 때문이며, 또한 신체를 대상 경계으로 삼기 때문이다. 또한 이를 아타나식(阿陀那識)이라고도 하는데, 신체를 (단단히 붙들어 쥐어) 집착하기 때문이다.

가장 수승한 의(意)[最勝意]란 (아뢰야식인) 장식(藏識)(의 견분 見分)을 대상 경계로 삼(아 나라고 여기)는 (제7식인 말나)식을 말한다. 항상 (지혜가 없어 나가 있다고 여기는) 아치(我癡)·(나가 있다고 집착하는) 아견(我見)·(나로 인하여 일어나는 높은 오만과 자존심인) 아만(我慢)·(나에 대한 애착인) 아애(我愛)의 네 가지 번뇌와 상응하면서, 앞뒤가 일률적으로 상속하여 (아뢰야식을) 따라 함께 생겨난다. 그러나 대아라한의 성도(聖道: 과위)가 나타났거나, 멸진정이 나타난 경우는 (제7식의 작용이 끊어져서 일어나지 않기에) 제외한다. 이와 같은 (6식인) 6전식 및 (제7식인) 염오의(染汚意), (제8식) 아뢰야식 이 여덟 가지를 식온이라고 한다.

云何識蘊? 謂於所緣了別爲性。亦名心, 能採集故。亦名意, 意所攝故。若最勝心, 即阿賴耶識, 此能採集諸行種子故。又此行相不可分別，前後一類相續轉故。又由此識從滅盡定、無想定、無想天起者，了別境界轉識復生，待所緣緣差別轉故，數數間斷還復生起。又令生死流轉迴還故。阿賴耶識者，謂能攝藏一切種子，又能攝藏我慢相故，又復緣身為境界故。又此亦名阿陀那識，執持身故。最勝意者，謂緣藏識為境之識，恒與我癡、我見、我慢、我愛相應，前後一類相續隨轉，除阿羅漢聖道、滅定現在前位。如是六轉識及染污意、阿賴耶識，此八名識蘊。

무엇을 식온(識蘊)이라고 하는가? 대상경계[所緣]에 대하여 (구별) 분별하는 것이 그 특성이다. (때로는) 심(心)이라고도 하는데, 외부의 경계를 채집(적집積集)할 수 있기 때문이다.

云何識蘊？謂於所緣了別為性。亦名心，能探集故。

무엇이 "식온"일까요? 외부의 일체의 경계[緣]에 대하여 마음속에서 아주 뚜렷이 알아 명료한 것입니다. 식(識)의 작용도 마음이라고 부르는데, 그것은 외부의 경계를 거두어 모을 수 있습니다. 예를 들어 말하면, 우리가 초등하교 중학교에서 배운 중문이나 외국어 문장은 지금도 여전히 기억할 수 있는 것이 바로 이 마음인 식온의 작용입니다.

(식온을 때로는) 의(意)라고도 하는데, 의(意)(즉, 의처意處)에 포함되기 때문이다. 만약 가장 (작용이 큰) 특수한 심[最勝心]이라면, 바로 제8아뢰야식(阿賴耶識)인데, 이것은 (형상이 없으며) 모든 (심리)행위의 (선악) 종자들을 채집할 수 있기 때문이다. (심의식은 동일한 것의 다른 이름이다. 쌓아 모으는 측면에서는 심, 생각하고 헤아리는 측면에서는 의, 식별하는 면에서는 식이라고 한다)

亦名意, 意所攝故。若最勝心, 即阿賴耶識, 此能採集諸行種子
故。

식온을 '의(意)'라고도 합니다. 주의하십시오, 여기의 '심'은 총
체적인 마음이며 그 중간의 작용을 '의'라고 합니다. 왜냐하면 "의
소섭고(意所攝故)", 이 '식은 '의' 안에 포함되기 때문입니다. 제가
늘 큰 바닷물로써 비유하는데, 그 큰 파도는 마음이 일으키는 작
용으로서 제7식(第七識: 말나식末那識)이라고 합니다. 큰 파도 표
면의 파문 변화는 의(意: 제6의식第六意識)입니다. 그리고 우리의
안이비설신 5온은 큰 파도 표면의 물보라로서 미세한 것을 '식'이
라고 부릅니다. 그러므로 이 식온은 '의' 안에 포함되어 있습니다.

그렇다면 '식'은 어디로부터 올까요? 유심에서 일어나는 것 [唯
心所起]입니다. "만약 가장 수승한 마음[最勝心]이라면 바로 아뢰
야식(阿賴耶識)이다. 이는 능히 모든 행위의 종자들을 채집하기 때
문이다 [若最勝心, 即阿賴耶識, 此能採集諸種子故].", 작용이 가
장 큰 것을 아뢰야식(阿賴耶識)이라고 하는데, 그것은 형상(形相)
이 없으며 모든 심리행위를 채집하여 이들을 종자로 변하게 할 수
있습니다. 그러므로 당신이 이 일생의 행위 생각은 내세의 과보
원인입니다. 그리고 당신이 이 한 생애에 만난 과보는 전세에 심
은 원인의 결과입니다. 그러므로 유식에 두 마디 말이 있습니다,
"종자가 현행을 낳고 [種子生現行]", 과거 종성이 지니고 온 사람
마다의 개성이 다르고 운명이 다릅니다. "현행이 종자를 낳습니다
[現行生種子]". 불학은 과거·현재·미래의 관계를 모두 분명하게
말합니다. 우리는 전생·금생·내생으로써 이 도리를 설명한 것입
니다.

**또한 이 식온(의 작용)은 그 운행하는 모습[行相]을 (때로는 거의)
분별할 수 없는데, 앞뒤가 일률적으로 연속적인 전동 (끊임없는 변**

회의 흐름)이기 때문이다.

又此行相不可分別, 前後一類相續轉故。

게다가 이 식온의 작용은 그 움직이는 "행상(行相)"(행은 바로 운동이다) 이 때로는 거의 구분하여 가릴 수 없습니다. 시간이 없고 공간이 없어 앞뒤가 일률적으로 연속적인 전동이기 때문에 윤회라고 합니다. 이것이 둘째 층면의 뜻입니다.

또한 (무상정·무상천의 경우는 6종의 식의 작용이 잠시 소멸하여 일어나지 않고, 멸진정의 경우는 제7식까지 잠시 소멸하여 일어나지 않는다. 그렇게) 멸진정·무상정·무상천으로부터 (시간이 되어 출정하여) 일어나는 경우, 이 아뢰야식으로 말미암아 대상 경계를 분별하는 6전식(6종의 식)의 작용이 다시 발생하는 것이다. (행온의 작용이 시작하고 여기에다 갖가지 인연의) 소연연(所緣緣)의 차별을 기다려 일어나기 때문이다. 6전식은 자주자주 사이사이 끊어졌다가 돌아와 다시 일어나기 때문이다.

又由此識從滅盡定、無想定、無想天起者, 了別境界轉識復生, 待所緣緣差別轉故, 數數間斷還復生起。

그 밖에, 멸진정과 무상정을 얻었거나 무상천(無想天)까지 올라간 사람은 '식'이 잠시 소멸하여서 작용을 일으키지 않은데, 많은 아라한은 이 경계에 있습니다. 그러나 이것은 단지 '식'의 작용이 그곳에 눌려있을 뿐입니다. "이 아뢰야식으로 말미암아 대상 경계를 분별하는 6전식의 작용이 다시 발생하는 것이다. 소연연(所緣緣)의 차별을 기다려 일어나기 때문이다. 6전식은 자주자주 사이사이 끊어졌다가 돌아와 다시 일어나기 때문이다 [了別境界轉識復

生, 待所緣緣差別轉故, 數數間斷還複生起].", 시간이 되어서 다시 출정(出定)할 때는 여래장 속의 행온의 작용이 시작하고, 여기에다 갖가지 인연이 모아져서 '식'의 작용은 또 일어날 것입니다.

비유를 하나 하겠습니다. 가령 우리가 잠자는 것을 멸진정으로 가정해 보면, 우리가 잠잘 때, 어제 오늘 과거 수십 년 동안에 했던 모든 행위는 다 사라지고 사이가 끊어집니다. 그러나 다음날 깨어났을 때는 또 돌아오게 됩니다. 여기에서 말하는 것이 바로 이런 도리입니다.

또한 생사윤회 속에 맴돌게 하기 때문이다.

又令生死流轉迴還故。

'식'의 작용은 우리를 생사윤회 속에 맴돌게 합니다. 주의하십시오, 이렇게 돌아가는 과정에서 우리는 악한 것을 선한 것으로 전환할 수 있습니다. 그러나 때로는 한 생각의 차이로 무명이 작용을 일으켜서 선한 것을 악한 것으로 전환할 수도, 흰 것을 검은 것으로 전환할 수도 있습니다. 모든 중생은 모두 선(善) · 악(惡: 불선不善) · 무기(無記)의 세 가지 종자를 갖추고 있습니다. 성불하기 전에는 모든 종자가 다 갖추어져 있으면서 성문(聲聞; 나한羅漢) · 연각(緣覺: 연각불獨覺佛) · 성불(成佛)이 세 가지가 모자랍니다. 사실은 엄격하게 말하면 모자라는 것이 아니라, 그 종자가 아직 싹트지 않았습니다. 성불한 뒤에는 모든 종자가 다 갖추어집니다. 하지만 모든 종자는 백업(白業)으로 전환되었습니다. 백업이란 바로 순수하게 희고 맑은 것으로, 순수한 선이고 악은 없으며 무기성도 없어진 것입니다.

아뢰야식이란 (마치 창고와 같아서) 능히 (과거 · 현재 · 미래의) 모

든 종자를 거두어 저장할 수 있기 때문이며, 또한 아만(我慢)의 종자를 포함하여 간직하기 때문이며, 또한 신체를 대상 경계로 삼기 때문이다. 또한 이를 아타나식(阿陀那識)이라고도 하는데, 신체를 (단단히 붙들어 쥐어) 집착하기 때문이다.

阿賴耶識者, 謂能攝藏一切種子, 又能攝藏我慢相故, 又復緣身爲境界故。 又此亦名阿陀那識, 執持身故。

아뢰야식은 마치 창고와 같아서 과거 · 현재 · 미래의 모든 종자를 싸서 간직할 수 있습니다. 동시에 더욱 엄중한 것은 아뢰야식은 아만(我慢)의 종자까지도 포함하고 있습니다. 우리가 '대단하다, 총명하고 유능하다, 예쁘다.'라고 생각하는 게 아만입니다. 심지어 아주 멍청한 사람도 '내가 멍청한 게 어때서?'라고 생각하는 것도 아만입니다. 우리의 심의식은 동시에 이 4대가 화합한 육체 생명을 단단히 붙들어 줄 수도 있기 때문에 아타나식이라고도 합니다.

가장 수승한 의(意)[最勝意]란 (아뢰야식인) 장식(藏識)(의 견분 見分)을 대상 경계로 삼(아 나라고 여기)는 (제7식인 말나)식을 말한다. 항상 (지혜가 없어 나가 있다고 여기는) 아치(我癡) · (나가 있다고 집착하는) 아견(我見) · (나로 인하여 일어나는 높은 오만과 자존심인) 아만(我慢) · (나에 대한 애착인) 아애(我愛)의 네 가지 번뇌와 상응하면서, 앞뒤가 일률적으로 상속하여 (아뢰야식을) 따라 함께 생겨난다. 그러나 대아라한의 성도(聖道: 과위)가 나타났거나, 멸진정이 나타난 경우는 (제7식의 작용이 끊어져서 일어나지 않기에) 제외한다. 이와 같은 (6식인) 6전식 및 (제7식인) 염오의(染汚意), (제8식) 아뢰야식 이 여덟 가지를 식온이라고 한다.

最勝意者, 謂緣藏識爲境之識, 恒與我癡、我見、我慢、我愛相應, 前後一類相續隨轉, 除阿羅漢聖道、滅定現在前位。如是六轉識及染汚意、阿賴耶識, 此八名識蘊。

그 장식(藏識) 혹은 제8아뢰야식이라고 하는 것이 작용을 일으킨 뒤에 만약 도(道)를 이루지 못하면, 세세생생 아치(我癡: 지혜가 없음) · 아견(我見: 나의 주관적 선입견) · 아만(我慢: 내가 대단하다) · 아애(我愛: 내가 사랑함)와 상응하여 영원히 생사 윤회합니다. 그러지 않으려면 오직 도를 얻어 대아라한 과위, 멸진정을 얻어서, 이 식온을 비워버리고 행온을 전환시킬 수 있어야 합니다. 그렇지 않으면 윤회를 벗어날 방법이 없습니다. 색수상행식(色受想行識의 전6식 · 제7식 · 제8아뢰야식을 포함한다)은 모두 아뢰야식 안에 포함됩니다. 그것들은 '식'의 8개 층차요 8개 부위입니다. 부처님의 5온 법상(法相)은 여기까지 강의하고 마칩니다.

【문】 온(蘊)이란 무슨 뜻인가?
【답】 쌓여 모임[積聚]이 온의 뜻이다. 세간의 상속(의 색), 종류(의 색), (천인 · 아수라 · 인간 · 아귀 · 축생 · 지옥 6)취처(의 색), 차별의 색(色) 등 (각종 각양의 색)을 요약 총괄하(여 색온이라고 하)기 때문이다. 가령 세존께서 말씀하시기를, "비구들이여, 모든 색은 과거의 것이거나 미래의 것이거나 현재의 것이거나(이상은 상속의 입장에서의 색이다), 내부의 것이거나 외부의 것이거나 (이상은 종류의 입장에서의 색이다), 거친 것이거나 미세한 것이거나, 수승한 것이거나 하열한 것이거나 (이상은 취처의 입장에서의 색이다), 가까운 것이거나 먼 것이거나 (이상은 차별의 입장에서의 색이다), 모두 하나의 색온으로 총괄할 수 있다"고 하신 것과 같다. (나머지 수온 · 상온 · 행온 · 식온도 이와 마찬가지이다)
또한 12처(處)가 있다. 안처(眼處) · 색처(色處) · 이처(耳處) ·

성처(聲處) · 비처(鼻處) · 향처(香處) · 설처(舌處) · 미처(味處)
· 신처(身處) · 촉처(觸處) · 의처(意處) · 법처(法處)를 말한다.
안처 등의 5처 및 색처 · 성처 · 향처 · 미처는 앞에서 이미 해석한
것과 같다. 촉처란 (지수화풍의 4)대종(大種) 및 일부분의 접촉 (매
끄러움 · 껄끄러움 · 무거움 · 가벼움 · 차가움 · 배고픔 · 목마름의 7종)을
모두 합하여 말한다. 의처는 식온이다. 법처는 수온 · 상온 · 행온
· (법처소섭색의) 무표색(無表色) 등과 갖가지 무위를 말한다.

問：蘊為何義？答：積聚是蘊義。謂世間、相續、品類、趣處、差
別色等，總略攝故。如世尊說：「比丘！所有色，若過去、若未來、
若現在，若內若外、若麁若細、若勝若劣、若近若遠，如是總攝為一
色蘊。」
復有十二處，謂眼處、色處，耳處、聲處，鼻處、香處，舌處、味
處，身處、觸處，意處、法處。眼等五處，及色、聲、香、味處，如
前已釋。觸處謂諸大種及一分觸。意處即是識蘊。法處，謂受、想、
行蘊、并無表色等，及諸無為。

무엇을 무위(無爲)라고 하는가? (유위법과는 달리, 무위법은 불생
불멸하고 조작할 수 없으며 무상無常도 없고 찰나의 변화도 없는 것으로
서) 허공무위(虛空無爲) · 비택멸무위(非擇滅無爲) · 택멸무위(擇
滅無爲) 및 진여무위 등을 말한다.
허공무위란 (진여의 이치가 마치 허공처럼) 모든 색법을 수용할 수
있는 것을 말한다.
비택멸무위란 (생멸의) 소멸이 이계가 아닌 것[非離繫]을 말한다
(다시말해 본성은 본래 더러움을 떠나 청정하여 지혜로운 선택 분석을 필
요로 하지 않으므로 비택멸무위라고 한다).
무엇을 '이계가 아닌 것' (즉, 번뇌의 계박을 떠난 것이 아님)이라
고 하는가? 번뇌의 대치를 떠났기에 모든 온(蘊)이 마침내 생기지

않는 것이다.

무엇을 택멸(擇滅)무위라고 하는가? (생멸의) 소멸이 이계(離繫)임을 말한다 (다시 말해 지혜로운 선택 분석을 통하여 모든 더러움을 떠났으므로 택멸무위라고 한다).

무엇을 '이계'라고 하는가? 번뇌의 대치에 의해서 모든 온이 마침내 생기지 않는 것을 말한다.

무엇을 진여(眞如)라고 하는가? 일체법의 법성(法性) (실상)의 (이미 아집과 법집을 떠난) 법무아성(法無我性)이다. (진여는 무위의 본체로서 언어로 표현할 길이 없지만 진여라는 두 글자로 표시한다. 眞은 허망하지 않다는 뜻이요 如는 뒤바뀌지 않음을 뜻한다. 그러나 진여라는 두 글자도 가설적인 이름일 뿐이다).

云何無為？謂虛空無為、非擇滅無為、擇滅無為及真如等。虛空者, 謂容受諸色。非擇滅者, 謂若滅, 非離繫。云何非離繫？謂離煩惱對治, 諸蘊畢竟不生。云何擇滅？謂若滅是離繫。云何離繫？謂煩惱對治, 諸蘊畢竟不生。云何真如？謂諸法法性法無我性。

【문】 처(處)란 무슨 뜻인가?

【답】 모든 식(識)들이 생겨나 자라나는 문이 처의 뜻이다.

또한 18계(界)가 있으니 안계·색계·안식계·이계·성계·이식계·비계·향계·비식계·설계·미계·설식계·신계·촉계·신식계·의계·법계·의식계를 말한다.

안(眼) 등의 모든 계 및 색 등의 모든 계는 12처를 설명한 곳에서 말한 것과 같다.

6식계란 눈 등의 감각기관에 의지하여 색 등을 대상 경계로 하여 분별하는 것이 그 특성이다.

의계란 저 무간멸의[無間滅意] 등인데, (소멸하는 사이가 없는 의意, 즉 무간멸의란 무슨 뜻인가 하면, 8식 중에서 전6식은 찰나찰나 생멸하는 것으로서, 앞 찰나가 소멸한 뒤에 뒤 찰나가 또 일어나는데, 이러한 생멸은 반드시 무간멸의인 의근을 의지해야 한다. 그러나 전5식은 무간멸의를 의지하는 이외에도 각자의 정색근을 의지해야 하지만, 의식은 단지 무간멸의만을 의지해야 한다. 이것이 바로 의근 혹은 의계이다. 의계에는 무간멸의 및 제7식과 8식이 모두 포함된다), 제6식이 그에 의지한다는 것을 나타내고, 넓게 18계를 건립하기 위해서이기 때문이다.

이와 같이 온·처·계 3과 중에서, 색온에는 10처·10계(안이비설신 5근과 색성향미촉 5경) 및 법처·법계의 일부분(무표색)이 포함된다. 식온은 의처 및 7심계(心界: 6식계·의계)이다. 나머지 (수상행) 3온과 색온의 일부분(무표색) 및 무위법들은 모두 법처·법계에 포함된다.

問：處爲何義？答：諸識生長門是處義。復有十八界，謂眼界、色界、眼識界，耳界、聲界、耳識界，鼻界、香界、鼻識界，舌界、味界、舌識界，身界、觸界、身識界，意界、法界、意識界。眼等諸界及色等諸界，如處中說。六識界者，謂依眼等根、緣色等境，了別爲性。意界者，即彼無間滅等，爲顯第六識依止及廣建立十八界故。如是色蘊即十處十界及法處法界一分，識蘊即意處及七心界，餘三蘊及色蘊一分并諸無爲即法處法界。

【문】계(界)란 무슨 뜻인가?

【답】작용(의 실체)성이 없는 (즉, 인연의 화합으로 출현한 어떤 현상은 모종의 작용이 있다고 할 수 있는 것 같지만, 사실 이 작용은 실체가 없고 자성이 없는 것이므로 작용이 없다) 특성을 지니고 있는 것이 계의 뜻이다.

問：界爲何義？答：任持無作用性自相是界義。

【문】 무슨 뜻으로 온·계·처 등을 말하는가?

【답】 세 종류의 아집을 대치하기 위해서다.

이른바 일성아집(一性我執)·수자아집(受者我執)·작자아집(作者我執)이다. 이것이 3과의 차제이다.

(일성아집一性我執 : '나는 하나의 실체적인 중생이다' 라는 집착을 대치하기 위하여 5온 법문을 설하여, 이것은 색수상행식 5온일 뿐 결코 그 실체가 없다고 표명하는 것이다)

(수자아집受者我執 : '내가 받는 자로서 고통을 받고 즐거움을 받고 업보를 받는 등, 무엇을 받는 하나의 실체적 나이다' 라는 집착을 대치하기 위하여 12처를 설하여, 일체법 가운데서 6근 6경에 불과하며 실체적인 받는 자로서 나는 존재하지 않는다고 표명하는 것이다)

(작자아집作者我執 : '업을 짓거나 선악을 행하는 등 무엇을 하는 자는 나이다' 라는 집착을 대치하기 위하여 18계를 설하여, '작자가 누구이냐? 일체는 18계에서 벗어나지 않는다, 18계는 법법마다 작용의 실체성이 없는 특성을 지니고 있는데 어디에 작자가 있느냐?' 라고 표명하는 것이다)

또한 이 18계 중에서 몇 계가 유색(有色)인가? (안이비설신 및 색성향미촉) 10계와 1계(법계)의 일부분(인 법처소섭색, 즉 무표색)이, (5온에서의) 색온 자성이다.

몇 계가 무색(無色)인가? 그 나머지 (수온·상온·행온·식온·무위법)의 계이다.

몇 계가 유견(有見)(눈이 보는 대상)인가? 색계 1계이다.

몇 계가 무견(無見)(눈이 보지 못하는 대상)인가? 나머지 (17) 계이다.

몇 계가 유대(有對)(장애가 있는 것)인가? (안이비설신 및 색성향미촉) 10색계로서 (우리가 보통 말하는 물질)이다. 저것이 이것에 대해서 서로 장애가 되기 때문이다.

몇 계가 무대(無對)(장애가 없는 것)인가? (10색계 이외의) 나머지계이다.

몇 계가 유루(有漏)(번뇌가 있음)인가? (안이비설신, 색성향미촉, 안식·이식·비식·설식·신식) 15계 및 뒤 3계(의계·의식계·법계)의 일부분(즉, 유루인 것인, 불상응행법 번뇌심 심소법의 일부분)이다. 이 처들에서 번뇌가 일어나기 때문이고, 번뇌가 일어나 행하는 경계를 나타내기 때문이다.

몇 계가 무루(無漏)(번뇌가 없음)인가? 뒤 3계(의계·의식계·법계)의 일부분(즉, 무루인 것)이다.

욕계(欲界)에는 몇 가지 (탐욕 등) 번뇌의 계박(繫縛)이 있는가? (18계 중에) 모두이다.

색계(色界)에는 몇 가지 (탐욕 등) 번뇌의 계박이 있는가? 향계·미계 및 비식계·설식계를 제외한 14계이다.

무색계(無色界)에는 몇 가지 (탐욕 등) 번뇌의 계박이 있는가? 뒤의 3계의 일부분인 유루인 것과 통한다. 몇 가지 (탐욕 등) 번뇌의 계박이 없는가? 저 뒤 3계의 일부분의 무루인 것과 통한다.

(18계 중에서) 몇 계가 (아라한 등 성인의) 5온(蘊)에 포함되는가? (법계소섭법 중에서 6)무위를 제외한 나머지 모두이다.

몇 계가 (번뇌가 집취한) 오취온(五取蘊)에 포함되는가? 유루(인 15계와 뒤 3계의 일부분)이다.

(18계 중에서) 몇 계가 선성(善性)이고, 몇 계가 불선성(不善性)이고, 몇 계가 무기성(無記性)인가? 10계는 (선·불선·무기의) 3성을 공통적으로 가지고 있어서 확정적이 아니(라 당시의 상황에 따라 결정되)며, (6식계와 의계인) 7심계·색계·성계 및 법계의 일부분이다. (안이비설신 및 향미촉) 8계는 무기성이다.

(18계 중에서) 몇 계가 내(內)인가? (6근 6식인)12계가 있으며, (6경인) 색계·성계·향계·미계·촉계·법계의 일부분을 제외한다.

몇 계가 외(外)인가? 나머지 (6경인) 6계이다.

(18계 중에서) 몇 계가 유연(有緣)(대상을 사려하는 연려緣慮 작용

이 있는 것)인가? 7심계(의 6식계와 의계) 및 법계의 일부분인 (상응) 심소이다.

몇 계가 무연(無緣)(연려 작용이 없는 것)인가? 나머지 (5근 5경) 10계 및 법계(소섭)의 일부분인 불상응심소이다.

(18계 중에서) 몇 계가 분별이 있는가? 의식계·의계 및 법계의 일부분이다. (전5식은 직각으로 아는 분별[自性分別]이 있을 뿐 진정한 분별이 없기 때문에 제외된다. 그러므로 나머지 15계와 법계의 일부분은 분별이 없다)

(18계 중에서) 몇 계에 (아뢰야식識이 그것을 자기라고 인정하고 그것에 의해 감각하여 괴로움과 즐거움을 낳을 수 있는) 집수(執受)가 있는가? (안이비설신 5근인) 5내계(內界) 및 색·향·미·촉 4계의 일부분이다.

몇 계에 집수가 없는가? 나머지 (6식계·의계·법계·성계) 9계 및 4계의 일부분이다.

(18계 중에서) 몇 계가 동분(同分)(동류)인가? 5내색계(5근)과 (5근의 대상인) 유색계이다. 저 5근 각자의 5식의 대상 경계 등과 함께 하기 때문이다. (다시 말해 근·경·식이 서로 교섭하여 각자 그 자체의 업의 작용을 실현하고 각자 그 임무를 완성하는 것을 동분이라고 한다)

몇 가지가 피동분(彼同分)인가? 저들 각자의 식(識)이 공(空)할 때(즉, 식의 작용이 일어나지 않을 때)를 말한다. (다시 말해 근·경·식이 만약 서로 교섭만 하고 각자의 자기 업을 실현하지 않으면 피동분이라고 한다). 5근 각자는 동분의 그것과 같기 때문이다.(다시 말해 예컨대, 눈을 감고 있으면 안근은 멀쩡하지만 사물을 보지 않아서 안식이 일어나지 않고 작용을 일으키지 않는 것이 피동분이다. 이 경우 안근은 저 동분의 안근과 여전히 동일한 것으로 작용을 일으키지 않았기 때문에 '피' 글자를 더한 것이다).

問：以何義故說蘊界處等？答：對治三種我執故，所謂一性我執、受者我執、作者我執，如其次第。復次此十八界幾有色？謂十界一少分，即色蘊自性。幾無色？謂所餘界。幾有見？謂一色界。幾無見？謂所餘界。幾有對？謂十色界，若彼於此有所礙故。幾無對？謂所餘界。幾有漏？謂十五界及後三少分，謂於是處煩惱起故、現所行處故。幾無漏？謂後三少分。幾欲界繫？謂一切。幾色界繫？謂十四，除香味及鼻舌識。幾無色界繫？謂後三。幾不繫？謂即彼無漏。幾蘊所攝？謂除無為。幾取蘊所攝？謂有漏。幾善、幾不善、幾無記？謂十通三性，七心界、色、聲及法界一分；八無記性。幾是內？謂十二，除色、聲、香、味、觸及法界。幾是外？謂所餘六。幾有緣？謂七心界及法界少分心所法性。幾無緣？謂餘十及法界少分。幾有分別？謂意識界、意界及法界少分。幾有執受？謂五內界，及四界少分，謂色、香、味觸。幾非執受？謂餘九及四少分。幾同分？謂五內有色界，與彼自識等境界故。幾彼同分？謂彼自識空時與自類等故。

색음 경계의 감산(憨山)

보드리 : 이제 5온 강의는 다 마쳤습니다. 우리는 먼저 선생님께 어떻게 5온의 지식을 우리의 수행에 응용할 것인지 가르침을 청하고 싶습니다. 그 밖에 선생님이 5온의 개념으로써, 앞에서 강의하신 사례에 대하여 한번 평가를 해줄 수 있기를 바랍니다. 예컨대, 우리가 길을 에돌아갔는지, 더욱더 잘 할 수 있는지, 그리고 그들의 수행은 어떤 정도에 도달했는지 평가를 부탁드립니다. 마지막으로, 선생님이 5온과 제6, 7, 8식의 상호 감응 관계를 설명하여 주십시오.

남 선생님 : 당신의 이 세 개의 문제는 하나하나마다 1~2십 만

자의 책으로 한 권씩 쓸 수 있습니다. 우리는 먼저 감사(憨山) 대
사의 연보(年譜)에 기술된 예를 가지고 설명하겠습니다.[43]

감산 대사는 28세 때 한 번은 하북성의 반산(盤山)에 왔습니다.
산 위의 어떤 초가에서 수행하는 노스님이 살고 있었습니다. 감산
대사는 그를 만나보려고 찾아갔습니다. 옛날에 수행자가 머무는
초가는 일반적으로 문을 닫지 않았습니다. 저의 경우 과거 농촌에

---

43) 한글 번역본으로는, 대성 번역 2002년 11월 여시아문 출판 『감산자
전(憨山自傳)』이 있다.

감산덕청(憨山德淸:1546-1622])은 중국 명나라 시대의 승려이다. 지
금의 안휘성(安徽省)에 속한 금릉의 전초(全椒)에서 태어났다. 속성(俗姓)
은 채(蔡) 씨이고 이름은 덕청(德淸)이며 자는 징인(澄印)이다. 감산(憨
山)은 호이며 일반적으로 감산대사(憨山大師)라고 존칭된다. 시호는 홍
각선사(弘覺禪師)이다. 그는 염불과 간화선을 함께 닦았으며, 주굉(袾
宏:1536-1615)·진가(眞可:1543-1603)·지욱(智旭:1596-1655)과   더
불어 명나라 시대의 4대고승(四大高僧) 중의 한 명이라 칭해진다. 많은
저서를 남겼는데, 여기에는 불교의 여러 종파에 걸친 저서들뿐만 아니
라 유교·불교·도교의 3교의 조화를 추구한 저서들도 있다.

11세에 출가의 뜻을 품고 불교의 경전과 논서와 유교의 문헌을 가까
이 하였다. 19세때 출가하여 변융(辯融)·소암(笑巖)·운곡(雲谷) 등 기
타 많은 스승을 찾아가 가르침을 받고 선풍(禪風)을 진흥함은 물론 여
산에 초암(草庵)을 짓고 염불을 닦았다.

그의 사상은 선과 화엄과의 융합에 핵심을 두고 있으며 이로써 여러
종파 간의 조화를 이룩하고자 하였다. 저작으로는《관릉가경기(觀楞伽經
記)》·《법화경통의(法華經通義)》·《원각경직해(圓覺經直解)》·《기신론직
해(起信論直解)》·《감산노인몽유집(憨山老人夢遊集)》 등이 있는데 특정한
종파에 구애받지 않고 폭넓다는 특징이 있다.

또한 《중용직지(中庸直指)》·《노자해(老子解)》·《장자내편주(莊子內篇
註)》 등을 저술했는데 이들은 모두 불교사상으로서 유교와 노장사상의
전적(典籍)을 해석한 것으로 유교·불교·도교의 3교의 조화를 추구한
3교 조화사상이 나타나 있다.《관노장영향론(觀老莊影響論)》(《삼교원류이
론론(三敎源流異同論)》이라고도 한다)은 3교를 논한 것으로서 유명하며 3
교의 다른 점과 같은 점에 대한 비교 검토를 통하여 조화점을 찾으려고
노력하였다. (위키백과)

서 살았는데, 그때는 전 가족이 농토에서 일을 하더라도 집안 문을 열어놓았습니다. 문을 지키는 것은 닭이나 개나 고양이가 있었습니다. 우리가 남에게 물건을 보낼 때 멀리서 소리치기를 "모모씨, 집에 계세요? 집에 사람이 있나요?"라고 한참 불렀습니다. 응답하는 사람이 없으면 그 집에 사람이 없다는 걸 알고서, 보내는 물건을 거기에 놓아두면 되었고 메모 쪽지도 남길 필요가 없었습니다. 그러므로 중국 농촌은 당시에 바로 이런 자연 사회였으며 외국도 마찬가지였습니다. 이와 달리 오늘날 우리는 현재 문을 닫을 뿐만 아니라, 두세 개의 자물쇠도 필요합니다. 이것은 초가를 얘기한 김에 언급해 본 것입니다.

그 사부는 감산이 오는 것을 보고 거들떠보지도 않고 계속 수행했습니다. 저녁이 되어 식사를 하는데, 노스님은 스스로 밥을 짓고 혼자 먹었습니다. 감산은 노스님이 식사에 자신을 부르지 않는 것을 보고 자기가 그릇에 밥을 담아 먹었고 노스님도 꾸짖지 않았습니다. 다음날이 되자 감산은 알게 되어서, 저녁 식사 때가 되자 쌀을 씻어 밥을 지었고, 노스님은 돌아와 말하지 않고 먹었고 감산도 함께 먹었습니다.

날마다 저녁에는 노스님이 반산의 정상으로 경행(經行)을 가서, 두 손을 힘차게 뿌리치면서 큰 걸음으로 한 바퀴 한 바퀴 걸었습니다. 감산도 그를 따라서 그렇게 돌며 걸었습니다. 어느 날 저녁 경행을 하고 있는데, 감산은 갑자기 몸과 마음이 공(空)해지는 것 같았고 큰 바다가 보이고 온 세계가 모두 온통 광명 속에 있으면서 편안하고 시원하기 그지없었습니다. 이때 물론 잡념망상이 없었습니다. 노스님은 이미 알고 있었고 일부러 그에게 물었습니다. "어떠한가?" 주의하십시오, 이때서야 그분들은 대화를 시작했습니다. 감산이 "온통 광명 속입니다."라고 말했습니다.

『화엄경』에 의하면 이런 경계를 해인발광삼매(海印發光三昧)라고 합니다. 만약 당신이 원양 증기선을 타고 큰 바다 위에서 깊은 밤에 이르면, 온 하늘에 구름 한 조각 없고 큰 바다는 하늘과 이어져 한덩어리를 이루었는데, 사람은 배 위에 서 있으며 몸과 마음이 다 공해진, 그 정경이 바로 그 삼매의 경계입니다. 노스님은 말했습니다, "흥, 그게 뭐 대단하다고, 내가 산에 산 지 30년인데 밤마다 경행은 모두 이 경계에 있다네." 이런 경계는 『능엄경』에서 말하는 색음(색온) 범위에 속하며, 밀종에서 말하는 기맥에 변화가 일어난 것과 같습니다. 이것도 물론 좋은 경계이지만 '도(道)'와는 관계가 없습니다.

이 여사 : 책에서 말하기를 이 노스님은 "밤마다 경행할 때의 이 경계에 다만 집착하지 않는다면, 그로 인해 본유(本有)를 잊어버리지[昧却] 않는다."라고 했습니다.

남 선생님 : 그 경계를 탐하지 말아야 합니다. 이게 무슨 대단할 게 있겠습니까? 이것은 4대 생리 변화가 반영된 현상에 지나지 않을 뿐입니다. 당신은 그에 집착하지 말아야 합니다. 그렇지 않으면 이런 경계들에 속아 갑니다. 그러므로 이 노스님은 대단합니다. 물론 이 경계에 도달할 수 있기도 쉽지 않으며 대단해진 겁니다. 주의하십시오, 이런 경계는 오직 정좌만이 도달할 수 있는 것이 아닙니다. 서 있거나 경행하거나 잠을 자더라도 그렇게 할 수 있는 것이야말로 수행입니다!

감산이 30세 때 오대산(五台山)에서 정(定)을 익히며 수행했습니다. 그가 사는 곳에 계곡이 하나 있었는데, 그 흐르는 물이 우르릉 콰르릉 하며 몹시 시끄러웠습니다. 만약 우리처럼 지금 이렇게 말을 하면 소리가 너무 작아서 들리지 않아 크게 소리쳐야 했습니다. 감산은 그곳에서 정좌하였는데, 고요해지지 않아 화가 나서 "에라이, 내가 계곡 물가의 다리에 가서, 가장 시끄러운 곳에서 정좌하자. 실컷 시끄러워 보라지." 시작할 때 물소리가 컸는데, 나중에는 아무것도 들리지 않고 일종의 정(定)의 경계에 들어갔습니다. 얼마나 오래되었는지 모르다 '정'에서 나와서야 밥솥 속의 밥이 이미 푸른곰팡이가 자라있음을 발견했습니다. 이렇게 헤아려보니 적어도 십 며칠을 지나 스무날이나 지났었습니다. 이것도 하나의 수행 경계인데, 여러분 같은 정좌 수행에서는 생각조차도 감히 하지 못합니다. 31세 때 성이 호(胡) 씨인 평양(平陽) 태수가 감산을 자기 집에 와서 겨울 동안 지내시라고 청했습니다. 당시 어떤 사람이 태수에게 시(詩)를 지어달라고 청했는데, 그 태수는 소양(素養)이 조금도 없어, 고금의 시집을 차 탁자 위에 올려놓고, 조금 있다가 이따금 뒤적거리면서 영감을 얻을 준비를 했습니다. 감산이 공교롭게도 시서를 한번 넘겨보고는 역시 한 수의 시를 읊을 준비를 했습니다. 갑자기 영감이 떠올라서 단숨에 삼십 몇 수를 썼습니다. 종전에 배웠던 시서사부(詩書詞賦)가 모두 쏟아져 나왔습니다. 온몸이 다 입이라 하더라도 뇌리에 출현하는 시사(詩詞)를 다 쓸 방법이 없었습니다. 당시에 몸의 감각이 없어서, 온몸이 날아오를 것 같았습니다.

이렇게 하루를 지냈습니다. 다음날 그는 자신의 문자 습기가 왔으며 선병(禪病)이라는 것을 이미 알았습니다. "그러나 어떻게 하지? 어쩔 수 없다, 잠을 잘 수밖에 없다." 수면은 과연 효과가 있었습니다. 깨어난 뒤에 곧바로 정좌하니 단번에 신체가 사라짐을 느꼈습니다. 나중에 태수 집의 어린 머슴이 문을 두드렸지만 사람의 반응이 없었습니다. 호 태수는 창문을 열어보고 그가 정좌하고 있음을 발견하였는데, 아무리 소리쳐도 깨어나지 않았습니다. 마침 감산이 이전에 호 태수에게 일러준 적이 있기를, 인경(引磬)을 치면 입정한 사람이 출정할 것이라 했습니다. 이때 감산은 입정한 지 이미 닷새가 지났지만, 감산은 어찌 된 일인지를 이미 기억하지 못했습니다.

이것이 감산 대사의 하나의 수행 공안입니다. 중국 역대 선종 조사들도 이와 유사한 실증적 공부 경험이 있었습니다. 그러나 티베트와 인도처럼 그렇게 공안으로 기록하여 놓지는 않았습니다. 대선사들은 이런 경계들을 모두 작은 놀이로서 무슨 대단함이 없다고 보고, 모두 그리 거들떠보지 않았습니다. 그래서 달마 조사가 중국에는 대승의 기상이 있다고 말했습니다. 물론 제가 현재의 중국인이 대단하다고 말하는 것은 아닙니다. 현재의 중국인은 일어나지 못하고 있습니다.

감산 대사의 수행 경험은 그의 학생이 써 놓은 것입니다. 이전에는 전기(傳記)라고 부르지 않고 연보(年譜)라고 했습니다. 선생님이 1년마다의 경험을 얘기하고, 그런 다음 학생이 기록 정리했습니다. 연보는 명(明)나라 때 와서야 있기 시작했고, 이전의 옛사람들은 자신을 그리 기록하지 않았습니다. 이와는 달리 현재 사람들은 툭 하면 자서전이나 회고록을 써서 자기가 얼마나 대단하다고 말하지만 읽어보고 난 뒤에 당신은 알게 되는데, 사실은 모두 대단하지 않았습니다.

이런 수행 경계들은 궁극적이 아니며 도가 아닙니다. 수행하는 사람은 이런 경계들에 막히기 쉽습니다. 하지만 현대과학 관념으로 말하면 이런 경력들도 응당 기록해서 사람들에게 하나의 참고로 주어야 하는 것도 확실합니다. 그러므로 저는 사람들에게 많이 연구하고 많이 기록하라고 주장합니다. 이것이 첫 번째 점입니다.

두 번째 점입니다. 여러분은 주의하십시오, 감산 대사의 경력은 특별합니다. 그는 천재적인 재능이 있었지만, 수행의 노선을 걸어가기 좋아했기에 부모가 어쩔 수 없이 그의 출가를 동의할 수밖에 없었습니다. 감산에게는 대단한 사조(師祖: 스승의 사부)가 있었는데, 감산에게 천재적인 재능이 있음을 보고는 그가 출가하는 것을 곧바로 동의하지 않고, 선생님을 오라 청하여 그에게 세간의 모든 학문을 가르치게 했습니다. 요즈음 말로 하면 물리나 화학이나 등등 무엇이든지 다 그에게 좀 배우게 했습니다. 감산이 열 몇 살이 되었을 때 학문적으로 이미 성취가 있었습니다. 주의하십시오, 그는 이때도 아직 출가하지 않았습니다! 이때 사조가 그에게 묻기를, "네가 보기에 이 일생에 무엇을 하고자 하느냐?"라고 하자, 감산은 역시 출가를 결정했습니다. 이 결정은 그의 어린 시절의 한 이야기와 관계가 있습니다.

그것은 역시 그가 어렸을 때 모친이 그와 글공부하여 관료가 되는 일을 얘기한 것이었습니다. 그가 모친에게 물었습니다, "과거 시험에 합격해서 뭘 하지?" "관료가 되지." 모친이 회답했습니다. "관료는 뭐가 되어야 가장 커?" 그는 이어서 물었습니다. "재상이야"라고 모친이 회답했습니다. "그럼 재상 다음에는?" "그만이지" 모친의 회답인 '그만이지'는 바로 퇴직의 의미입니다. 감산이 말하기를, "그럼 얼마나 재미없어. 재상이 되어도 그만두어야 하니까, 내가 부처님이 되러 가는 게 낫겠네!" 그래서 사조가 그에게 물었을 때 그는 역시 출가를 결정했습니다.

불법의 규범에 의하면 나이 만18세에 부모가 동의할 뿐만 아니라 자신도 정말로 발원해야 출가할 수 있습니다. 그렇지 않으면 부처님의 계율을 범한 것입니다. 만약 한집안 식구가 있다면 그 사람의 동의도 얻어야 비로소 허락합니다. 그러므로 출가는 정말 아무렇게 하는 일이 아닙니다. 부처님의 계율은 매우 도리가 있습니다.

감산의 모친은 관음보살에게 기도하였는데, 어느 날 그녀의 꿈에 관세음보살이 한 어린애를 안고 있다가 그녀에게 주었습니다. 이어서 그녀는 임신했습니다. 감산이 아홉 살이 되었을 때 한 번은 그가 사원에서 책을 읽다가 들었는데, 스님이 말하기를 관세음보살의 경을 외우면 고난에서 구해줄 수 있다고 했습니다. 그는 스님에게 이 경을 달라고 했습니다. 다 읽고 난 뒤에 엄마에게 들려주었습니다. 엄마는 이상하면서도 기쁘게 느꼈습니다. 아들에게 어떻게 이 경이 있는지 모르겠을 뿐만 아니라, 경을 읽는 게 그럴

싸해서 마치 늙은 스님 같았습니다.

10살 때 감산은 출가하고 싶어 했습니다. 모친이 말했습니다, "그것은 네가 이런 복이 있는지 없는지에 달려있다." 그가 말했습니다, "나는 이 복이 있어요. 엄마가 아쉬워하는지 않은지에 달려 있어요!" 모친이 말했습니다, "네가 이런 결심이 있기만 하면 나는 아쉽지 않단다." 감산은 19살 때 정식으로 출가하여 서하산(棲霞山)의 유명한 운곡(云谷) 선사를 만났습니다.

출가 후에 그는 불경을 읽고 수행하였는데, 28세까지의 4년 동안 중에 그런 경계들이 있었습니다. 특별히 주의해야 할 한 가지 점은, 제가 보기에 그는 그 나이에 아마 욕념이 움직인 적이 없어서 수음(手淫)을 범하지 않았고 연애하지 않았으며 몸을 파괴하지 않았을 것입니다. 이런 사람이 일단 수행을 시작하면 공부 진보가 빠릅니다. 그러므로 불법의 비구계와 소승계는 모두 당신더러 음욕을 범하지 말라고 합니다. 음욕은 남녀 관계만을 가리키는 것이 아니라, 수음과 의음(意淫)도 포함합니다.

또 하나의 관건이 있는데, 다들 아마 주의하지 않았을 것입니다. 31세 이후에 그는 불도를 널리 펴기[弘法] 시작했기에 그의 공부에 관해서는 기록도 적어졌습니다. 그 뒤로 그의 명성은 크고 유불도 삼가를 모두 통했으며 저술도 많았습니다. 명나라 이후 출가자 중에 저술이 가장 많은 사람이라고 말해야 합니다. 그는 한 시대에 영향을 미쳤다고 말할 수 있으며, 명나라 말년에 이르러서는 심지어 황태후조차도 그에게 귀의하여 그의 제자가 되었습니다. 그리고 당시의 황제는 서양 문화의 영향을 받아서 천주교를 믿었기 때문에 모친과 충돌이 있었습니다.

여기서 저는 대만의 광흠(廣欽) 노스님의 이야기가 생각납니다. 광흠 노스님은 일생 동안 밥을 먹지 않고 과일만 먹은 것으로 유명합니다. 그는 복건(福建) 천주(泉州)의 청원산(清源山) 동굴에서 입정했는데, 입정이 수십 일이었습니다. 그는 비록 글자를 몰랐지만 다들 말하기를, 그에게 도가 있으며 일부 영감(신통이라 할 수 없습니다)도 있다고 했습니다.

제가 산에 올라 그를 예방했는데, 그가 사용하는 말은 민남어(閩南話)이었습니다. 저는 민남어를 할 줄 모르고 제가 사용하는 말은 국어(國語)라서 그도 알아들을 줄 몰랐습니다. 그러나 우리는 대담을 할 수 있었습니다. 당시에 곁에는 다른 사람이 없었습니다. 사람이 있으면 제가 물어보기가 좋지 않았기 때문입니다. 제가 말했습니다, "당신이 천주산 동굴에서 입정했었다는 말을 들었는데, 그런 일이 있었습니까?" 그가 말했습니다, "있었지요. 당시에 나는 헛간에서 살았고 입정 이후에 뒷 산꼭대기 절의 스님이 몰라서 죽은 줄로 알고는 나를 매고 내려가 태워버리려고 했지요. 당시에 홍일(弘一) 대사가 그곳에 행각승으로 머물고 있었는데, 스님들에게 무엇을 하느냐고 물었습니다. 스님들이 그에게 산꼭대기의 헛간에서 살던 사람이 죽었다고 말했습니다. 홍일 대사가 말했습니다, 좀 기다려보세요. 보아하니 아마 입정한 것이지 죽은 것이 아닐지 모릅니다. 그래서 홍일 대사가 인경을 쳐서 내가 정에서 나오게 했지요. 그가 나를 구해주신 것입니다. 그렇지 않았으면 아마 벌써 그 스님들이 태워버렸을 것입니다." 제가 이어 그에게 물었습니다, "그때 당신은 아마 30세를 넘지 않았겠지요?" "맞아요. 당신이 어떻게 알지요?" 제가 말하기를, "제 생각이 그렇습니다." 제가 일부러 그를 놀렸고, 그도 그런 줄을 몰랐습니다. 제가 말했습니다, "그 후로 다시는 그런 정의 경계를 경험한 적이 없었겠지요?" "없었습니다. 뒷날 대만으로 왔습니다." 제가 말했습니다. "무엇 때문에요?" 그가 말했습니다, "홍법하기에 너무 바빠서였어요." 저는 한번 웃고는 즉석 담론을 하지 않기로 했습니다.

여러분, 중국 역사상의 한 가지 이야기를 다시 봅시다. 송나라 휘종(徽宗) 치화(致和) 3년의 4월 사천(四川) 가주(嘉州) 지방에 갑자기 한바탕 돌풍이 불어 용연사(龍淵寺) 안의 한 그루 늙은 나무를 쓰러뜨렸습니다. 놀랍게도 나무줄기 속에 입정한 스님이 한 분 있음을 발견했습니다. 황제는 경성으로 맞이하여 들이라고 명령했습니다(시기가 8월에 있었습니다). 노스님은 정에서 나온 후 오히려 물었습니다, "내 형님 혜원(慧遠) 법사는 어디에 계신가요?" 혜원 법사는 동진(東晉) 시대의 사람이었고 여산(廬山)에서 정토종 염불 법문을 창립하였습니다. 사람들이 그에게 말하기를 "현재는 송(宋) 왕조입니다. 수백 년 전의 사람이 어떻게 당신의 형입니까?"(『가태 보등록(嘉泰普燈錄)』 제22권) 알고 보니 이분 노스님은 진(晉)나라 왕 조 때 사천 가주 용연사의 주지 혜지(慧持) 법사였는데, 그는 입정 한지 수백 년이 지나 (『석씨계고략釋氏稽古略』 제2권) 송 왕조에 이 르러서야 출정한 것입니다.

이런 수행 경험의 경우 그 안에는 많은 문제가 있습니다. 우리 는 과학적인 노선을 걸어가며 잘 연구해야 합니다. 사실 불법은 바로 과학입니다. 보세요, 부처님은 5온을 말씀하시고 8식(八識) 을 말씀하셔서 분석이 그렇게 분명합니다. 이제 문제가 나타났습 니다. 왜 그들은 열심히 수행 공부한 이후 이런 정의 경계가 있을 수 있을까요? 그들의 경계는 모두 무슨 정(定)의 경계(삼마지)일까 요? 그들의 정은 모두 같은 경계일까요 아닐까요? 만약 5온의 도 리로 말한다면 그들은 수온의 영향일까요?

내가 많은 문제를 제기했는데 여러분이 연구해야 합니다. 내일 여러분은 얘기해야 합니다. 그렇지 않다면 무슨 소용이 있겠습니 까? 연애를 하거나 싸움을 하려면 상대가 있어야 하니까요. 여러 분이 문제를 제기하지 못한다면 저는 상대가 없으니 재미가 없게 됩니다.

정(定)을 말한다

'정'의 경계도 삼마지라고 합니다. 불경에서는 말하기를 백천삼매(百千三昧)라고 합니다. 다시 말해 수백 수천 개에 달하는 삼마지의 경계가 있어서 각각 다르다는 것입니다. 예컨대, 이제 막 붓글씨를 배운 학우가 진보하여 붓글씨 쓰는 '정'의 경계에 진입해서, 자신을 잊어버리고 바깥의 시간과 공간을 잊어버려서 다른 망상이 없어졌고 일심이 모두 서법에 있다면, 이를 서법 삼매라고 합니다. 그림 그리는 사람이 그림 그리는 삼매에 진입할 수 있으며, 독서하는 사람도 독서삼매에 들어갈 수 있습니다. 이런 것들은 모두 보통의 비교적 작은 '정'의 경계에 속합니다.

이제 우리는 다시 되돌아가 저 수행자들의 '정'의 경계를 살펴봅시다. 광흠 노스님 경우 비록 과일을 드셨고, 아울러 이미 몇 십년을 수행했을 뿐만 아니라 그런 정의 경계들도 있었습니다. 그러나 그의 등은 굽어서 마치 꼽추 같았습니다.

많은 사람이 정좌하면서 다들 이런 곱사등의 문제가 있습니다. 보세요, 중국화에 그려져 있는 그런 노스님들도 모두 허리가 굽고 등이 굽어 있어서, 조각하거나 소조한 보살 한 분이 그렇게 단정한 용모로 바르게 앉아 있는 모습 같은 것이 하나도 없습니다. 만약 이것을 정좌입정이라고 한다면 내가 구태여 이것을 배울 필요가 있을까요? 내가 곱사등을 배우는 게 좋을 것입니다. 보세요, 여러분 자신이 정좌가 좀 좋을 때의 그 모습을(선생님이 혼침의 모습을 연기 동작으로 보여주심). 그것은 작은 혼침이지 아직은 큰 혼침이라고 할 수는 없습니다(선생님이 이어서 허리와 등이 굽고 머리를 끄덕이는 모습을 연기 동작으로 보여주심). 이게 무슨 '정'이라 할 수 있겠습니까?

그리고 달마대사가 중국으로 와서 불법을 전하면서 9년간을 면벽하였는데, 결과적으로 일본인들은 면벽을 배워서 할 줄 알아, 저마다 정좌하는 데는 다들 어느 한 곳을 찾아 면벽하고자 하고 등은 밖을 향한 채 정좌합니다. 저는 그들을 비웃기를 수행은 다리를 닦는 것이 아니며 벽을 바라보는 것도 아니라고 합니다. 수행은 도대체 어떻게 된 일일까요?

그 밖에 여러분은 이미 예세초겔 여성불[移喜磁磋嘉女佛]의 수행 이야기나 또 밀레르빠나 깜뽀빠 등등의 수행 이야기를 들었는데, 이 안에는 모두 연구할 만한 많은 문제가 있습니다. 우리는 지금 문제를 제시만 하고 뒤에가 다시 토론하겠습니다.

감산 대사는 입정 후에 불러도 깨어나지 않고 소리를 쳐도 깨어나지 않아 최후에는 인경에 의지해서야 비로소 출정했는데, 이것은 또 무슨 도리일까요? 여러분은 현재 불법도 조금 배웠으니 인경도 사서 준비를 하나 해야 합니다. 만일 어떤 때에 필요할 것이며 남을 도와줄 수도 있습니다. 그렇지 않으면 남이 당신이 마취시켰고 자신을 자살하도록 인도했다고 당신을 고소하여 당신은 법원에 가야 하고 재난도 소멸시켜야 합니다! 하지만 저는 여러분이 입정하지 않을 것이라고 생각합니다. 여러분의 그 5루(五漏)의 몸[五漏之身]44)은 새어나가 엉망진창인 허름한 집인데 어떻게 진정으로 입정할 리가 있겠습니까?

만약 어떤 사람이 정말로 정좌 입정했다면 절대로 그를 흔들어

---

44) 불교에서 여성은 다섯 가지 정신상의 장애를 갖추고 있다고 보고 이런 장애를 5루(五漏)라고 한다.
　심루(心漏) : 정신적으로 집중할 수 없어서 주의력이 분산되기 쉽다.
　혼루(魂漏) : 영혼이 외부의 간섭을 쉽게 받아서 안정할 수 없다.
　백루(魄漏) : 신체와 영혼의 연계가 비교적 약해서 균형을 잃기 쉽다.
　의루(意漏) : 의지력이 박약해서 외부의 영향을 받기 쉽다.
　지루(志漏) : 확고한 지향과 목표가 부족하다.
　이런 장애들은 신체상의 결함을 가리키는 것이 아니라 정신상의 부족을 가리킨다. 남성에게도 유사한 정신상의 7보(七寶)를 갖추고 있는데, 7보는 정신상의 우월한 점이다. 이와 비교하면 여성은 이런 우수한 점이 부족하기 때문에 '5루지신'이라고 한다.

서는 안 됩니다. 그렇지 않으면 그는 출정 후 신체가 상처를 받을 것입니다. 중국 고대의 『신니전(神尼傳)』에 이런 기록이 많습니다. 예컨대 제자가 스승이 정에 들어가 있는 줄 모르고 스승의 손을 잡아당기면서 일어나 식사하시라고 하였는데, 결과적으로 손이 마치 국수 면발처럼 갈수록 길어졌습니다. 물론 놓은 뒤에는 손도 자연히 원래로 되돌아갔습니다. 그러나 출정한 뒤에 상처를 입었습니다. 하지만 이것은 치료할 수 있어서, 다시 입정한 뒤에 기맥을 다시 돌릴 수 있습니다.

또 하나의 이야기인데 당나라 왕조 때의 일입니다. 어떤 선사가 수관(水觀)을 닦았습니다. 제자가 스승이 정좌하고 있는 것을 보니 사람은 보이지 않고 방안에 한 연못의 물만 보였습니다. 제자가 호기심에서 물속에 작은 돌멩이를 던졌습니다. 스승은 출정 후 몸에 문제가 있었습니다. 그래서 제자에게 물었습니다, "내가 방금 정좌했는데 네가 와서 본 적이 있느냐?" "제가 와서 스승님에게 식사하시라 불렀습니다." "그렇다면 너는 무엇을 했느냐?" 제자가 대답했습니다, "제가 보니 온통 물이기에 작은 돌멩이를 하나 던졌습니다." 스승은 제자에게 분부하여 말했습니다, "너는 그 돌멩이를 주어가면 된다." 이렇게 하고 나자 아무 일 없었습니다.

진 여사 : 선사가 입정하고 있을 때 돌멩이에 대해서 감각이 없는지요?

남 선생님 : 이때 색신의 4대는 기맥이 모두 이미 전환변화 되어 있습니다. 이런 사람들의 수행은 모두 공력이 있습니다. 그 선사가 수관 경계에 진입하여 있을 때는 이미 신견(身見)이 사라져버렸고, 나는 바로 물이요 물이 바로 나입니다. 그러므로 사람이 보이지 않고 물만 있습니다. 그러므로 물질이 마음으로 변 할 수 있으며, 마음도 물질로 변할 수 있다고 말합니다. 『신승니전』 중에 기록된 많은 고승 비구니는 모두 대단합니다. 수나라 양제[隨煬帝]

의 부친 양견(楊堅)은 바로 신승 비구니가 키웠습니다.

수관 이외에도 어떤 사람은 수관(樹觀)을 지어 '수관정(樹觀定)'에 들어간 뒤에 나무로 변했습니다. 그밖에 광명정(光明定)을 닦은 사람은 화관(火觀)을 지어 화관에 들어가 있을 때, 사람은 보이지 않고 한 덩이 밝은 빛만 볼 수 있습니다. 만약 방안에서 정좌하면 방이 타지도 않을 것이며, 단지 방만 보이지 않고 한 덩이 빛만 보입니다. 중국은 옛날 이런 기록이 많은데, 어떤 사람이 불이 난 줄 알고 불을 끄려고 달려갔는데, 그곳에 도착해서야 불이 나지 않았으며 단지 어떤 사람이 입정하고 있음을 알게 되었습니다. 그러나 이 화관의 불도 진짜로 태울 수 있습니다!

또 예컨대, 대아라한은 신통이 있지만 평시에는 일반적으로 사람들에게 시현(示現)하지 않을 것이며, 그가 18변을 당신에게 보여 주게 되었을 때는 그가 곧 죽는다는 것을 설명하는 것입니다. 18변이란 바로, 왼쪽에서 물이 나오고 오른쪽에 불이 나오거나, 혹은 왼쪽에서 불이 나오고 오른쪽에서 물이 나오거나, 신체 아래쪽에서 물이 나오고 위에서 불이 나오거나, 혹은 아래쪽에서 불이 나오고 위쪽에서 물이 나오는 것입니다. 그는 허공을 실체로 변하게 하거나, 실체를 허공으로 변하게 할 수 있으며, 허공중에서 걷고 앉고 비행할 수 있는데, 이런 시현이 끝난 뒤에는 한바탕의 불빛으로 떠나버립니다. 이른바 삼매진화(三昧眞火)란 다시 말해, 정(定) 중에서 그가 화대를 변동하여[調動] 자기를 불태워버리는 것입니다. 만약 그가 변동한 것이 수대라면 그는 곧 물로 변할 것입니다. 만약 기대(氣大)를 변동한다면 바람으로 변할 것입니다. 만약 공대(空大)를 변동한다면 비워져서 없어져버릴 것입니다. 이런 불법들은 모두 실증해야 해야 하는 것으로 그렇게 간단하지 않습니다.

어떤 수행자는 세상을 떠나갈 때 무지개 빛으로 변할 수 있는데, 이런 상황은 위에서 말한 것과 큰 차이가 없습니다. 하지만 도리는 다르고 경계도 다릅니다. 이게 바로 백천삼매(百千三昧)입니다.

어떤 때는 우리 신체는 한쪽은 어름처럼 고통스러운데 다른 한쪽은 열이 나거나, 아래는 차가운데 위는 염증이 발생합니다. 우리의 정서에는 희노애락(喜怒哀樂)이 있고, 우리의 신체는 매분 매초마다 언제나 다르고 변하고 있습니다. 만약 당신이 자기의 정서·생각·심신을 안정시킬 수 있다면, 그것은 큰 정(定)의 힘인데, 해내기 어려운 일입니다! 이 '정'은 앞에서 말한 '정'과는 또 다릅니다. 여러분은 정좌·염불·배불(拜佛)이 바로 수행이라고 여기지 마십시오. 이론을 이해한 것을 수행으로 여기지 마십시오. 그런 것이라면 당신은 수행의 그림자조차도 없습니다! 그래서 제가 늘 말하기를, 오직 두 사람만이 진짜 수행이다. 하나는 죽은 사람이며 또 하나는 아직 투태하지 않은 사람이라고 합니다. 그러므로 교리 연구도 물론 중요하지만, 교리 연구만 하고 수행하지 않는 것도 소용이 없습니다.

유식학 교리에 의하면 다섯 가지 상황이 무심지(無心地)에 속합니다. 수면(睡眠)·민절(悶絕)·무상정(無想定)·무상천(無想天)·대아라한의 멸진정(滅盡定)입니다. 민절은 혼미해진 것입니다. 예컨대 마취·식물인간은 모두 민절에 속합니다. 무심은 의식생각이 없다는 뜻입니다.

예컨대 무상정·무상천·공무변처정·무소유처정 이 네 종류의 '정'과 민절은 무엇이 다를까요? 멸진정과 무상정의 차이는 또 어디에 있을까요? 이런 문제들에 대하여 여러분은 다들 생각하지 않았을 것입니다. 여러분은 그저 편할 대로 정좌 좀 하는 것이야 좋습니다. 그것은 휴식이며 재미가 있습니다. 제가 이전에 말했듯이 세상에서 가장 누리는 것이 바로 정좌입니다. 그러나 정말로 불법을 배우고 익히며 도를 닦으려 한다면 진지하게 연구해야 합니다.

불경은 4선8정의 대원칙을 말했지만, 방광하거나 무지개 빛으

로 변하거나 하는 등등 따위는 말하지 않았습니다. 『능엄경』의 「5
십종음마(五十種陰魔)」에서 이런 경계들을 말한 것 말고는, 다른
불경들에서는 모두 이런 것들을 말하지 않고 신통을 말하지 않습
니다. 왜냐하면 신통은 모두 유물 유심의 변화로서 모두 무상하기
때문입니다. 이 신체가 없다면 당신은 아무것도 통하지 못합니다.
어떤 사람은 말하기를 신체가 없어도 신통이 있을 수 있다며, 예
컨대 귀통(鬼通) 같은 것이라고 하는데, 그렇다면 제가 묻겠습니
다, 당신은 귀(鬼)를 본 적이 있습니까?

조 교수 : 무상정은 하나의 '정'의 경계이고 무상천은 하나의 과
위인데, 왜 두 개를 나란히 한곳에 놓아두는지요?

남 선생님 : 무상정 경계를 얻은 사람은 여전히 육체가 하나 존
재하는데, 당신이 만약 무상천에 들어간다면 당신은 이 육체가 아
니게 됩니다. 차이가 바로 여기에 있습니다. 예컨대 당신이 박사
학위를 받았다면, 그것은 단지 당신이 그 경계에 도달하였다는 것
을 증명하는 것입니다. 만약 당신이 교수가 되었거나 총통이 되었
다면, 그것은 당신이 그 과위에 도달했다는 것을 표시합니다. 교수
와 총통은, 예를 들면 다른 과위와 같습니다.

주의하십시오! 5위무심지(五位無心地)에 멸진정도 포함되어 있
습니다. 멸진정은 결코 단멸상(斷滅相)이 아닙니다. 단멸상은 불학
명사로서 두 층의 의미를 포괄합니다. 하나는 단견(斷見)이요 하나
는 상견(常見)입니다. 무엇이 단견일까요? 예컨대 마르크스 레닌주
의 공산당은 유물 철학을 신앙하여, 그들은 생명은 죽으면 죽은
것이며, 윤회도 없고 3세인과도 없다고 봅니다. 마치 담배 연기와
같아서 다 피우고 나면 사라져버리고 다시는 오지 않을 것이라고
봅니다. 이게 바로 단견입니다. 무엇이 상견일까요? 예를 들어 기
독교와 천주교는 생명은 죽어도 존재하며 세상의 종말일(終末日)

때가 되면 다시 부활하여 하느님의 심판을 받는다고 봅니다. 이것이 상견입니다. 또 예를 들어, 인도의 어떤 학파는 윤회는 하나의 단계이며, 우리에게 윤회가 있는 바에야 이로써 알 수 있듯이 하나의 생명은 태어나지도 않고 죽지도 않는 것으로, 생명은 영원히 존재하는 것이라고 봅니다. 사실 이것도 불법을 잘못 이해한 것으로, 역시 상견에 떨어졌습니다.

단견과 상견은 둘 다 맞지 않습니다. 불법은 지혜의 견해입니다. 일반인들은 단견에 떨어져 있거나 아니면 상견에 떨어져 있습니다. 불법을 배우고 익힘에 있어 가장 두려운 것이 양변에 떨어지는 것입니다. 단견과 상견의 구덩이에 떨어진 것입니다. 예컨대 조금 전에 말했던 멸진정은 한 가지 방법이요 한 가지 공부입니다. 만약 당신이 멸진정을 얻고서 곧 여기기를 일체가 사라졌으니 수도가 성공했다고 한다면, 단견에 떨어졌습니다. 멸진정이나 무상정은 공부이며 증득을 추구할 수 있는 것이지만, 그 단견은 견해의 문제로서 이해·지혜 면에 속합니다.

조 교수 : 왜 단견과 상견은 모두 맞지 않습니까? 만약 윤회가 생명이 항상 존재한다는 것을 설명하지 않는다면, 설마 윤회는 생명이 항상 존재하지 않는다는 것을 설명합니까?

남 선생님 : 윤회는 생명이 항상 존재한다는 것을 결코 설명하지 않습니다. 윤회는 단지 생명의 변화가 최후에 이르러서는 어떤 것 하나가 존재하지 않음을 설명하는 것입니다. 공(空)에 떨어져도 옳지 않고 유(有)에 떨어져도 옳지 않습니다. 무엇이든 옳지 않습니다. 무엇이든 옳지 않다는, 이런 설법조차도 옳지 않습니다.

소승 불교에서 말하는 것인, '단혹증진(斷惑證眞)'은 일체의 미혹, 일체의 망념을 끊어버려서 무엇이든 모두 없어졌다면 바로 도라고 보는데, 이것은 틀린 것으로서 단견입니다. 실제로는 우리의 탐진치만의(貪嗔癡慢疑) 이런 미혹들은 단(斷)도 아니요 상(常)도 아니며, 잘라서 끊어버릴 수 있는 것이 아닙니다. 예컨대 당신이 금년에 50세라면, 당신은 50년 전의 일이 이미 없어졌다고 여기겠지만 모두 끊어졌습니까? 사실은 50년 전의 일은 모두 있으며 모두 여전히 존재하기에, 당신이 회상하자마자 그것이 모두 오지 않았습니까? 당신은 이게 '유'라고 할 수 있을까 없을까라고 하겠지만, 오늘은 어제가 아닙니다. 내일도 오늘이 아닙니다. 그러므로 그것은 '상'이 아니라고 말합니다. 하지만 그것이 없다고 말할까요? 오늘이 바로 어제이기도 하며, 내일이 오늘이기도 합니다. 그래서 말하기를 그것은 '단'도 아니라고 합니다. 이것은 본체론이며, 이거야말로 보리도이며, 이거야말로 불법입니다. 그런 공부들은 모두 무늬 겉모습에 지나지 않을 뿐입니다.

"수행이 단견이나 상견의 구덩이에 떨어질까 두렵네 [修行恐落斷常坑].", 그러므로 당신이 현실을 직시해도 옳지 않고, 현실을 도피해도 옳지 않습니다. 절반은 직시하고 절반은 도피해도 옳지 않습니다. 옳다고 해도 맞지 않습니다. 옳지 않다고 해도 모조리 맞지 않습니다. 불법 보리도는 '사구를 떠나고 백비가 끊어졌습니다 [離四句絶百非].' 어느 것이 사구일까요? 바로 공(空)·유(有)·즉공즉유(即空即有)·비공비유(非空非有)입니다.[45] 이른바 백비란,

---

[45]   공(空)·유(有)·중도(中道)·즉공즉유(即空即有)·비공비유(非空非有)·
진공묘유(眞空妙有)

어떤 사물을 현상과 본체 양면에서 바라보는 것이다. 현상 면에서 바라보면 제법(諸法)은 모두 인연으로 생겨나서 각각 다른 현상을 이루어 우리들의 감각기관 앞에 드러나며 일정한 영향을 발생시킨다. 이것을 '유(有)'라고 한다.

본질 면에서 보면 제법은 인연으로 생겨나기 때문에 인연이 있으면 이루어지고 인연이 사라지면 파괴된다. 그러므로 그것은 본래 무자성(無自性: 독립적으로 존재하는 실체나 자성을 갖추고 있지 않음)이며 그

본성은 공적(空寂)하다. 이것을 '공(空)'이라 한다. 공이란 아무것도 없다는 의미가 아니다. 허깨비[幻]·아지랑이[陽焰]·물속의 달[水中月]·허공(虛空)·메아리[響]·건달바성(揵闥婆城)·꿈[夢]·그림자[影]·거울 속의 영상[鏡中像]·화(化) 등, 경전에서의 이런 비유들은, 공이란 아무것도 없다는 것이 아니며 일체법 밖에 따로 열반이 있다는 것도 아님을 뜻한다. 대승 불교의 중관사상[空宗]과 유식사상[有宗]은 모두 이런 의미 도리[義理]를 이어받은 것이다. 하지만 중관사상은 공(空)을 비교적 강하게 말하고, 유식사상은 유(有)를 비교적 강하게 말한다.

즉공즉유(即空即有)는 공이면서 유이다는 의미이다. 비공비유(非空非有)는 공도 아니요 유도 아니다는 의미이다.

좀더 풀이하면 사구(四句)란 사구분별(四句分別)을 의미하며, 세속의 논리로 제법을 분별할 때 네 가지 경우를 벗어나지 않는다. 이 네 가지 경우는 긍정(是: 긍정함), 부정(非: 부정함), 긍정과 부정을 모두 포함함(俱是: 긍정이면서 부정임), 긍정과 부정을 모두 배제함(俱非: 긍정도 부정도 아님)이다. 예를 들어, "유공사구(有空四句)"는 (유, 공, 또한 유이면서 공, 유도 공도 아님), "유무사구(有無四句)"는 (유, 무, 또한 유이면서 무, 유도 무도 아님)이다. 《성유식론》에서는 외도의 "일이사구(一異四句)"를 (하나, 다름, 하나이면서 다름, 하나도 다름도 아님)으로 들었고, 《법화문구》에서는 "권실사구(權實四句)"를 (방편, 진실, 방편이면서 진실, 방편도 진실도 아님)으로 들었다. 《화엄경》에서는 다음과 같이 설명한다. "어떤 것이 무기법인가? 세간에 끝이 있는가, 세간에 끝이 없는가, 세간에 끝이 있으면서 없기도 한가(亦有邊亦無邊), 세간에 끝이 있지도 않고 없지도 않은가(非有邊非無邊); 세간이 영원한가, 세간이 무상한가, 세간이 영원하기도 하고 무상이기도 한가(亦有常亦無常), 세간이 영원하지도 않고 무상하지도 않은가(非有常非無常); 여래가 열반에 든 후에 존재하는가, 여래가 열반에 든 후에 존재하지 않는가, 여래가 열반에 든 후에 존재하기도 하고 존재하지 않기도 한가, 여래가 열반에 든 후에 존재하지도 않고 존재하지 않지도 않은가; 나와 중생이 있는가, 나와 중생이 없는가, 나와 중생이 있기도 하고 없기도 한가, 나와 중생이 있지도 없지도 않은가." 불교의 진리는 사구(世間言說: 세속의 언어)로 분별할 수 있는 것이 아니다.

중도(中道)란 대립하는 두 극단[二邊]을 버리고 치우침이 없는 바른 도(道)라는 의미이다. 치우침이 없다는 것은 사물의 중간이라는 의미가 아니라, 대립과 집착의 두 극단이 버려진 곳에 스스로 나타나게 되는 사고 방식과 삶의 방식을 말한다. 초기 불교에서는 주로 고행과 쾌락의 두 극단을 떠난, 괴롭지도 않고 즐겁지도 않은 중도가 설해지고 그 구체적 실천방법으로서 팔정도를 제시하고 있다.

용수(龍樹)는 『중론송(中論頌)』에서 연기(緣起)·공(空)·가명(假名)은 중도와 동등하다고 주장한다. 중도는 최고의 진리인 실상(實相)을 가리키기도 한다.

천태종의 지자(智者) 대사는 중도로써 불성을 말하며, 공과 유에 치우쳐 집착해서는 안 되며, '공과 유가 둘이 아님[空有不二]'을 관찰하여야 한다고 한다. '둘 아님의 이치'를 볼 수 있는 것이 곧 중도의 불성이다. 그리고 중도가 또한 불성이다. 그러므로 중도불성(中道佛性) 혹은 불성중도(佛性中道)라는 하나의 복합개념이 있다. 불성에는 상주성(常住性)이 있으며, 이로 인해 견고하고 광대한 비원(悲願)의 기초가 될 수 있다. 또한 불성에는 능동성이 있는데, 불성은 주체적인 마음이라는 의미이다. 그러므로 움직임을 일으킬 수 있으며 자리리타(自利利他)의 공덕작용을 일으키고 세간을 변화시킬 수 있다. 또한 불성은 제법의 성(性: 본체)으로서 본질상 제법을 갖추고 있다. 중도가 불성과 동등한 바에야, 중도에도 위의 세 가지 함의가 있다. 그리고 중도는 진리이므로 진리도 역시 그러한 함의를 갖는다. 중도 혹은 중도불성을 통해서 천태종 지자대사의 진리관을 볼 수 있다.

진공묘유(眞空妙有)에서 진공이란 진리 혹은 진여는 일체의 망상 집착을 멀리 떠나 있으면서 늘어나지도 않고 줄어들지도 않는다는 것을 말한다. 그러나 또 다른 일면으로 진여는 상주불변(常住不變)하며 현상세계의 성립의 근거가 된다. 그러므로 진실의 유(有)라는 의미도 있다는 것이 묘유다. 진공묘유는 진여의 입장에서 말한 것이다.

이상과 관련하여 참고로 남회근 선생의 『유마경 강의』에서 한 단락을 전재한다.

"공(空)을 말하겠습니다. 예컨대 『반야심경』은 '제법공상(諸法空相)'을 말합니다. 『금강경』은 말하기를 '온갖 유위법은, 꿈 허깨비 물거품 그림자와 같고, 이슬 같고 또한 번개와 같나니, 응당 이와 같이 관해야 한다 [一切有爲法, 如夢幻泡影, 如露亦如電, 應作如是觀].'라고 합니다. 부처님을 배우면서 공(空)으로 들어가고 싶은데 얼마나 어렵습니까! 밀종에서, 특히 황교(黃敎) 일파에서는 중관정견(中觀正見)을 얻어야 도를 보고 근본지(根本智)를 얻었다고 할 수 있습니다. 무엇이 중관일까요? 공(空)하지도 않고 유(有)도 아닙니다. 즉공즉유(即空即有)입니다. 중관정견을 맞지 않음도 맞지 않고, 맞지 않음도 맞지 않다는 것, 역시 맞지 않습니다. 다시 말해 1백 개의 맞지 않음[非] 역시 맞지 않습니다 [非]. 무슨 정좌나 4선8정 그 역시 '도'가 아닙니다. 정(定)이 아님도 '도'가 아니지만, 정이거나 정이 아님도 '도'가 아닙니다.

방광(放光)은 '도'가 아니며 방광하지 않음도 '도'가 아닙니다. 만약 방광이 '도'라면 구태여 일생 동안 닦을 필요가 있을까요? 전구가 '도'를 얻었을 것입니다. 당신이 죽어 무지개로 변화해서 또 어쩌겠다는 것입니까? 나와는 또 무슨 관계가 있을까요? 만약 당신의 빛에 의지한다면 그보다는 내가 손전등을 하나 사는 게 낫습

얻는 전제(前提)로는 먼저 공성(空性)을 보아야 합니다. 먼저 공의 일면을 보아야 합니다. 성공(性空)을 본 것이라고도 말할 수 있습니다. 성공, 즉 자성이 본래 공함을 이해하면 부처님을 배우는 첫걸음이 내디뎌진 것입니다. 이론상의 이해가 아니라 몸과 마음이 다 들어가야 합니다. 지금 얘기하는 것을 다 이해하는 것은 이론으로서, 쓸모가 없습니다. 당신이 비록 불경을 거꾸로 줄줄 외울 수 있더라도 불학이야 대단히 좋지만, 생사가 닥쳐왔을 때에는 조금도 소용이 없습니다. 생사는 그만두고 감기만 왔어도 당신은 당해내지 못합니다. 당신은 공공(空空) 해보십시오. 재채기는 여전히 합니다. 배가 고플 때에 당신은 공공 해보십시오. 역시 배가 고파 견딜 수 없습니다. 진정으로 공성을 얻은 사람은 절대 문제가 없습니다. 그러므로 무엇을 오도(悟道)라고 할까요? 무엇을 증도(證道)라고 할까요? 몸과 마음 전체를 던져 들어가는 것입니다. 이 찻잔처럼 맹물을 끓여 차 잎을 우리면 맛이 있습니다. 당신은 단지 빈 얘기만 하면서 아무리 향기롭고 진하게 말할지라도 끓인 맹물은 여전히 끓인 맹물일 뿐입니다.

이 성공(性空)은 증득해야 합니다. 성공을 증득했다 할지라도 불법을 완전히 성취한 것이라 할 수 없습니다. 단지 발걸음을 뗀 것일 뿐입니다. 성공이 되면 또 연기(緣起)를 알아야 합니다. 진공(眞空)은 묘유(妙有)의 작용을 일으켜야 합니다. 그럼 불법이 또 한 걸음 진보한 것입니다. 그러나 이것도 아직 성공(成功)했다 할 수 없습니다. '공(空)이면서 공이 아니요, 유(有)이면서 유가 아니며, 공 그대로가 유이며, 공도 아니요 유도 아니어야 [空非空, 有非有, 即空即有, 非空非有]' 비로소 반야인 성공연기(性空緣起), 연기성공(緣起性空)을 이해했다고 할 수 있습니다. 이 도리가 바로 중관정견입니다."

니다. 만약 무지개가 예쁘다고 말한다면, 내가 텔레비전을 보는 것만 못합니다!

도(道)·보리(菩提)는 도대체 어떠한 것일까요? 이것은 무엇이라고 딱 꼬집어서 진정으로 말하기 어렵습니다! 선종에 공안이 하나있는데, 정식으로 기록되어 있지는 않고 전해져 오는 것입니다. 어떤 사람이 수행을 수십 년을 했는데도 내내 도를 얻지 못했습니다. 그래서 집으로 돌아와 역시 보통사람이 되었습니다. 밤에 마누라를 안고 절반을 했는데 갑자기 도를 깨달았습니다.

조 교수 : 우리는 오도(悟道)의 맛을 느껴본 적이 없으니 오직 '도'를 깨달은 뒤에야 무엇이 '도'인지 알 것입니다.

남 선생님 : "세간의 인연에 따라서 걸림이 없고, 열반과 생사가 평등하여 허공꽃이네 [隨順世緣無掛礙, 涅槃生死等空花]." 이것은 장졸수재(張拙秀才)의 시인데 '도'가 있을까요 없을까요? 그거야말로 '도'입니다. 열심히 수행 공부하는 면에서 『능엄경』에 한마디 말이 있습니다. "미친 마음이 쉬지 않다가, 미친 마음이 일단 스스로 쉬면 곧 보리이다[狂心自歇, 歇即菩提]." 주의하십시오, 이것은 단지 방편적인 설법입니다! 선종의 규범으로는 이 두 마디 말도 방망이로 때려야 합니다. 쉬어도 보리가 아닙니다! 그러나 누가 또 진정으로 미친 마음이 스스로 쉴 수 있을까요?

이런 이야기가 있습니다. 어떤 선사가 도를 깨달았는데, 속바지에 부처 '佛' 자를 하나 썼습니다. 제자가 스승을 모방하여 역시 속바지에다 부처 '佛' 자를 하나 써놓았습니다. 스승이 그에게 말했습니다. 네가 어떻게 그럴 수 있다는 말이냐, 큰일 났구나! 제자가 말했습니다, "스승님 당신이 그렇게 하지 않습니까?" 스승이 대답했습니다, "아이고, 나를 따라 흉내 내면 안 돼!" 결과적으로 제자의 몸은 온통 썩어 문드러졌습니다. 스승은 '도'를 깨달은 사람이라 그렇게 좀 장난해도 되지만 '도'를 깨닫지 못한 사람은 멋대로 그렇게 해서는 안 됩니다.

또 하나의 선종 이야기가 있는데 이렇습니다. 어떤 어린이가 대웅전으로 달려가 불상을 마주 대하고 오줌을 누었습니다. 스님이 몹시 놀라서 말했습니다, "너 어린애가 어떻게 이럴 수 있느냐?" 어린이가 대답했습니다, "불경에 말하기를 시방삼세에 모두 부처가 있다고 했는데 여기에 오줌을 누지 않으면 저더러 어디에다 오줌을 누라는 겁니까?" 맞습니다. 부처님은 있지 않은 곳이 없는데 당신이 그더러 어디에서 오줌을 누라고 하겠습니까? 감산 대사가 걸어간 길은 중국 선종 대승 불법의 노선으로서 먼저 점수(漸修)하고 난 다음에 돈오(頓悟)에 도달하는 것이었습니다. 티베트나 인도의 많은 사람들의 수행 노선과는 달랐습니다. 감산 대사의 그런 경력을, 만약 티베트나 인도에서 한번 띄우고 좀 선양하고 얘기했다면 큰일 났을 겁니다.

(역자 보충) 다음 글은 어느 분이 묻고 황념조 거사께서 답한 것이다. 아뢰야식과 영혼을 이해하는 데에 참고하도록 번역하여 싣는다. (출처 : 황념조 거사 『현밀원통집(顯密圓通集)』 불타교육기금회 2021년 9월 발행)

아뢰야식과 영혼에 관하여

《문》 불교 서적들을 읽어가는 중에 몇 가지 의문이 있습니다. 진여 본성은 아뢰야식이나 영혼과 동일한 것입니까, 아니면 다른 것입니까?

《답》 좋은 질문입니다. 영혼이란 말은 기독교와 이슬람교에서 모두 사용하는 말이며, 중국의 일반 언어에서도 이 말을 사용합니다. 불교는 영혼을 말하지 않기 때문에 영혼은 불교의 언어가 아닙니다. 일반 세간 및 다른 종교의 언어입니다.

세간의 두 가지 견해는 모두 잘못된 견해이며 대립적이며 모순되는 것인데, 하나는 단견(斷見)이며 다른 하나는 상견(常見)입니다. 단견은, '사람의 죽음은 등불이 꺼지는 것과 같으니, 사람이 죽고 나면 또 무엇이 있겠는가? 아무것도 남아 있지 않는다'는 것입니다. 이를 단견이라고 합니다. 또 하나는 상견인데, 사람이 죽으면 영혼이 있다는 것입니다. 예수교는 영혼이 예수님이 와서 심판하기를 기다려야 하며, 심판을 받아 장래에 천국으로 올라갈 사람은 항상 천국으로 올라갈 것이고, 지옥으로 보내지는 사람은 항상 지옥으로 보내진다는 것인데, 이것이 상견입니다. 물론 우리는 단견이 틀린 것이며 상견도 마찬가지로 틀린 것이란 것을 알고 있습니다. 그러므로 불교는 단견 상견에 떨어지지 않습니다. 이 아뢰야식은 단견 상견에 떨어지지 않으며, 그것은 영혼이 아닙니다. 그러나 그 성질은 실제로는 우리가 마음속에서 말하는 영혼에 가깝습니다.

아뢰야식은 '거후래선주주인(去後來先做主人)', 사람이 죽을 때 마지막으로 떠나가는 것입니다. 모든 감각기관인 근(根)이 파괴되는데, 눈, 귀, 코, 혀, 몸 이런 것들은 모두 식(識)으로서 전5식이며, 의(意)는 제6식입니다. 이 모두가 존재하지 않게 되며 모두 생각이 없게 됩니다. 최후 제7식은 아집이며, 그 다음의 최후에는 아뢰야식만 남아있습니다. 마지막으로 아뢰야식이 떠나면, 그 사람은 완전히 죽고 몸은 전체가 차가워집니다. 아뢰야식은, 떠나감은 마지막이고 태(胎)에 들어감은 맨 먼저입니다. 그러므로 보세요, 이것은 우리가 말하는 영혼에 가깝습니다.

그러나 그 점은 서로 비슷하지만, 영혼과는 다른 심오한 함의가 있기 때문에, 우리는 조금 얘기하겠습니다. 오기는 가장 먼저여서 그것은 먼저 옵니다. 아뢰야식은 자기와 인연이 있는 부모를 봅니다. 어떤 분이, 미국의 어느 신도였을 겁니다, 그녀가 저에게 질문하였습니다, "어떻게 사람들이 개[犬] 속으로 달려갔을까요?" 이것은 그 사람이 선택한 개가 아닙니다. 그의 이것은 당신과 인연이 있는 부모입니다. 이 때에 당신과 가장 인연이 있는 것이 개이거나 말[馬]이나 혹은 사람인 것입니다. 당신은 이 두 사람을 보고, 그때 마음을 움직이면 곧 태안으로 들어갑니다. 그래서 그것은 가장 먼저 오는데, 바로 아뢰야식이 정욕(情欲)의 생각을 움직인 것입니다. 그때는 아무리 멀리 떨어져 있어도 그의 업력으로 인해 다른 곳은 보지 못하고 그의 부모 둘이 성교하는 것만 보고는, 곧 흥취를 느껴서 바로 떨어져 들어갑니다.

《문》 즉, 4대가 분리된 뒤 중음신일 때인가요?
《답》 네.
《문》 그 욕념이 일어나자마자 곧...?
《답》 먼저 봅니다. 보자마자 그 의념(意念)이 일어나서 곧 들어갑니다. 태에 들어가기 때문에 이게 오는 것이 가장 먼저입니다. 그렇게 온 뒤로 각종의 신체 부위가 천천히 자라납니다. 태에 들어간 후 무엇이 먼저 자라나는지, 나중에 무엇이 자라나는지, 언제, 얼마나 큰지에 대하여 불교는 설명하고 있는데, 오늘날 과학적 설명과 일치합니다. 이것이 영혼과 서로 유사한 점입니다.
　서로 유사하지 않는 점은 무엇인가 하면, 영혼은 하나의 (변화하지 않는 것인) '상(常)'이지만 아뢰야식은 '상'이 아니라 '상사상속(相似相續)'입니다. '상사'는 상상(相像)인데, 나와 당신이 닮은 것입니다. '사(似)'는 '서로 유사한 것[相似]'입니다. '상속'은 연속적인 것으로서, 아무 관계가 없이 모두 돌연적인 것은 아닙니다. 앞과 뒤가 이어져 있는 한 가닥 곡선으로서, 이쪽으로 가면 이미 앞에 그런 추세가 있어 계속 내려가고, 뒤가 돌면서 그것이 위로 향하고 계속 다시 올라가는 연속적인 것이기도 합니다. 이 선은 연속적이므로 (존재와 연속이 끊어진 것인) '단(斷)'도 아니고 '상'도 아닙니다. 그것은 단지 서로 유사할 뿐이지 '상'이 아닙니다. 그게 바로 그런 것인데, 무엇을 '상사'라고 할까요? 황념조는 황념조이고 찻잔은 찻잔이어서, 늘 그런 모양입니다. 무엇을 서로 비슷하다고 말함은, 고정적으로 그 모양인 것은 아닙니다.

그것은 아니며, 그것은 서로 비슷합니다! 마치 영화 한 편의 촬영처럼 하나의 각각의 작은 토막의 필름 하나 마다는 단지 하나의 단편일 뿐이어서 이 한 단편은 저 한 단편과 다릅니다. 상사(相似)합니다! 손은 이렇게, 이렇게, 이렇게…… 한 단편마다 모두 다르기 때문에 그것은 '상'이 아닙니다. '상'이라면 당신이 어떤 죽어 있는 물건을 보게 되어서, 골문에 들어가는 축구공은 없게 됩니다. 그것의 한 점 한 점마다는 모두 변하고 있기 때문에 '상사'이며 '상(常)'이 아닙니다.

그렇다면 아뢰야식은 어떠냐 하면, 지금 나는 여러분에게 말을 하고 있고 여러분의 아뢰야식은 이미 변해서 여러분이 막 들어왔을 때의 그 아뢰야식과 동일하지 않습니다. 사람 전체도 바뀌었고, 얼마나 많은 세포가 죽었고 또 얼마나 많은 세포가 생겨났으며, 이 지구는 이미 어디로 돌아가 있어서 자전하고 공전하였기에, 시간과 공간이 모두 달라졌습니다. 더 중요한 것은 당신의 생각이 중간에 바뀌었다는 점입니다. 당신은 많은 말들을 들었고, 그 이전은 사라졌지만 아뢰야식은 바로 하나의 파일(file: 檔案)46)이기에 그 모든 것을 수집합니다. 그러므로 내가 한마디를 더 하면 당신은 또 조금전과는 달라졌습니다. 당신이 한마디를 더 해도 방금전과 달라졌습니다. 단지 '상사'하지만 그것은 '상'이 아닙니다.

그러나 그것은 또 상속하여서 이런 것들은 연속적이며 그것은 끊어지지 않습니다. 그러므로 그것은 '단'을 떠나고 '상'을 떠납니

---

46) 분류하여 보관하는 공문서. 정보·통신에서 하나의 단위로서 처리되는 서로 관련 있는 기록의 집합.

다. 일반적인 것은 '단'이거나 아니면 '상'입니다. 사람이 죽는다는 것은 등불이 꺼지는 것과 같아서 '단'이며 '상'이 없습니다. 그리고 죽은 후 당신의 영혼, 죽은 갑돌이의 영혼은 영원히 갑돌이로서 갑돌이는 장래에 예수가 그를 심판하기를 기다리고, 심판 후에는 하늘로 올라가거나 지옥으로 들어가서 영원히 그런 상태입니다. 그게 '상견'입니다. 불교는 그렇지 않고 6도윤회이기에 이리저리 변화해가는 '상사상속'입니다. 이게 아뢰야식입니다.

아뢰야식은 영혼과는 다른 또 하나의 특수한 점이 있습니다. 이 것은 하나의 수승한 점을 말했기 때문에 우리는 그것을 변증법이 라고 말합니다. 이 변증법은 모든 곳에서 일관성이 있으며 불법은 모두 형식 논리가 아닙니다. 당신은 '단'이라면 '상'할 수 없고, '상'하면 '단'할 수 없습니다. 그런데 우리가 '단'과 '상'을 떠난 것 은 바로 불가사의입니다. 그리고 우리의 아뢰야식은 그속에 진여 불성(眞如佛性)을 포함하고 있습니다. 그래서 이점에 관하여 무엇 을 읽는 게 가장 좋을까요? 『대승기신론』을 읽는 것입니다. 이 책 은 여러분이 장래에 돌아가서 읽어보아도 좋습니다. 『대승기신론』 은 이에 관하여 명확하게 말하고 있습니다. 즉, 우리는 이 아뢰야 식의 함의에 관하여 상사상속을 말했는데, 또 하나의 수승한 함의 는 생멸과 불생멸이 서로 화합하여 있다는 점입니다. 이것은 생겨 나서 소멸하고 생겨나서 소멸함이 생멸입니다. 태에 들어가 사람 으로 변하고, 사람이 죽어서 개로 변하고, 개는 죽어서 개미로 변 하고, 개미는 죽어서 천상세계로 올라가 신선으로 변하는 것이 모 두 생이 있고 멸이 있는 것입니다. 또 불생불멸하는 것이 하나 있 습니다! 그러므로 불교의 심오함은, 모든 종교에 없는 것이며 어떤 학문에서도 없는 것으로서 불생불멸(不生不滅)하는 것이 하나 있 다는 것입니다. 불생불멸이 바로 불성이며 바로 진여입니다.

우리 사람마다 모두 여래장(如來藏)이 있습니다. 여래장은 그 안 에 여래를 포함하고 있기에 비록 당신이 이리저리 변하더라도 당신의 이 생멸속에 불생불멸하는 것이 하나 있습니다. 제가 조금전에 말하기를, 당신이 비록 어떻게 변하더라도 그 불성은 손실되지 않으며 감소하지 않는다고 하지 않았습니까? 그것은 생멸하는 것과 처음부터 한결같이 함께 있습니다. 이점은 당신이 생각하기 어려운데, 이것은 찻잔과 찻잔 뚜껑처럼 그렇게 합한 것[合]이 아니고, 물과 시멘트가 섞여 있듯이 그렇게 섞여 있는 것[和]도 아닙니다. 세속의 사물과 법의 사물을 비교하는 것은 쉽지 않습니다. 세속의 사물과 법의 사물로는 비유하기가 쉽지 않아서 불법의 일은 세간의 비유로는 비유할 수가 없습니다. 이른바 (생멸과 불생멸의) 화합에 대하여 우리는 생각하기가 어렵습니다. 그것은 어떻게 합할까요? 뚜껑과 작은 상자처럼 그렇게 합할까요? 물론 아닙니다. 열면 바로 두 개가 되니, 아닙니다. 물과 물처럼 그럴까요? 물과 우유처럼 그럴까요? 모두 뚜껑을 열면 두 개가 있습니다. 물과 시멘트처럼 그럴까요? 물과 우유처럼 그럴까요? 모두 다 아닙니다. 그러나 그것은 바로 동시적입니다. 당신이 지금 비록 생멸하더라도 불생불멸한 것이 하나 있습니다.

《문》 더럽지도 않고 깨끗하지도 않으며, 오지도 않고 가지도 않습니다.

《답》 음! 오지도 않고 가지도 않으며, 생겨나지도 않고 소멸하지도 않으며 진상원명한[眞常圓明] 여래의 지혜와 공덕상(功德相)은 당신의 여래장 안에 있습니다. 그러므로 우리의 생멸심 중에는 여래장이 있습니다. 이는 불법의 종극의 가르침[終敎]에 도달하였습니다. 즉, 사람마다 모두 여래장이 있고 사람마다 모두 불성이 있습니다. 그래서 진여불성도 우리의 아뢰야식 속에 있으며 불생불멸하는 것입니다.

《문》 아뢰야식 안에 있습니까?

《답》이 아뢰야식에 대해 당신은 그것을 하나의 사물로 보는 것은 불가능합니다. 이 개념에서 그것은 아뢰야식이라 부르는, 실제적인 하나의 바구니·하나의 대야·하나의 무슨 주머니가 아닙니다.

《문》불법에서는 많은 언어가 형용하기 어렵습니다.

《답》그렇습니다. 언어는 사용하기에 부족합니다. 실제로 많은 것들이 모두 그렇습니다. TV에서 보내는 것은 단지 하나의 포인트 만 보낼 수 있으며, 보낼 때 스캔해야 합니다. 즉, 동기화해야 합니다. 동기화 후 포인트는 이미지로 합쳐집니다. 전체 이미지를 전송할 수는 없습니다. 이는 과학기술이 충분하지 않지만 우리는 교묘해서, 하나는 튜닝하고 하나는 동기화할 수 있습니다. 그래서 두 국가의 스캔 줄의 숫자가 무엇 무엇이 일치하지 않으면 이미지가 표시되지 않는 것입니다. 스캐너가 할 수 있는 일은 그것 뿐입니다. 그래서 우리가 언어를 이용하여 말하면 언어도 표현할 방법이 없습니다. 아뢰야식은 TV보다 훨씬 더 복잡해서 어떤 상황인지 표현할 방법이 없습니다.

진여실상(眞如實相)이란 용어에서 (~과 같다는) '여(如)'라는 한 글자가 대단히 좋습니다. '여'는 같다는 것도 아니며 다르다는 것도 아닙니다. 그러므로 불교가 재미있는 것은 여기에 있습니다. 이렇게 흥미롭지 않았다면 저는 그렇게 파고들지 않았을 겁니다. 저는 영감(靈感) 때문에 빛을 보았고, 무언가를 보았고, 제가 머리를 싸매고… 그런 것이 아니라, 저는 그 심오함으로부터 그 철학이 절대적으로 정확하다고 느꼈습니다. '여' 한 글자면 충분합니다. '여'라고 말한 바에야 바로 두 개의 일이 되어버리니 '상여(相如)'(서로 같다)라고 말했습니다. 그렇지 않으면 어떻게 '상여'라고 부르겠습니까? '여동(如同)'(마치 ~와 같다)은 물론 두 가지 일이어서 '여' 한 글자를 말하면 하나가 아닙니다. 그것이 이미 '여'해졌다면 그 두 개는 같고 두 가지가 아닙니다. 또 하나가 아니며 또 같지 않는 것도 아닙니다.

'여(如)'에 '진(眞)' 자를 하나 더해서 '진여(眞如)'라고 하면 허망한 것이 아닙니다. 이게 바로 실상이고 실성(實性)이며 불성이라고 불러도 좋습니다. 또 묘명진심(妙明眞心) 등등의 명칭으로 불러도 되며, 동일한 것을 가리킵니다. 그러므로 당신의 이 질문은 불교의 하나의 근본적인 것을 그 안에 포괄하고 있습니다.

전반적으로 말하면 몇 개의 질문이 있나요? 하나씩 말씀해 주실 건지, 아니면 한꺼번에 다 말씀해 주실지에 따라 우리가 한번 고려해보겠습니다. 당신은 여러 가지의 질문이 있나요?

《문》 제가 여기 오기 며칠 전에 『허운(虛雲) 노화상 연보』를 보았는데 한 구절이 말하기를, "진여본성은 허공에 충만하며, 오지도 않고 가지도 않으며, 생겨나지도 않고 소멸하지도 않는다[眞如本性, 充滿虛空, 不來不去, 不生不滅]."라고 했습니다. 제가 이전에 생각한 진여본성은 바로 불성이며, '마음속에 있으며, 마음속에 있는' 이 불성이었지만, '허공에 충만할 뿐만 아니라 또 생겨나지도 않고 소멸하지도 않으며, 오지도 않고 가지도 않는다'라는 구절을 보자마자 저는, '아뢰야식 8의식전(八意識田)·영혼은 진여불성과 일체양면(一體兩面)일까? 아니면 다른 것일까?'라고 연상했습니다. 그래서 저는 이 의문이 일어났고, 이것이 현재 주요 의문입니다.

《답》 우선 진여실상에 대해서는 얘기하지 말고, 먼저 우리의 자기 마음이 허공에 두루 가득한지를 얘기하겠습니다. 범부는 왜 망상 집착을 말할까요? 바로 착오(錯誤)입니다. 우리가 착오로 이런 물건 하나를 우리의 몸으로 삼는 것입니다. 우리는, 이 신체의 뇌 또는 무엇을 자기가 생각할 수 있는 것으로 삼고, 우리 자신의 주인으로 여깁니다. 우리에게는 여기에 심(心)도 있습니다. 이 心은 단순히 혈액 순환 계통만인 것은 아닙니다. 우리가 말하는 心은 바로 당신의 지혜의 원천입니다. 즉, 당신이 생각하고 판단하고 모든 것을 할 수 있는 이 기구가 바로 우리가 말하는 心입니다.

이 두 가지 모두 틀린 것[錯誤]입니다. 6척의 혈육의 물건을 자기의 몸으로 삼고, 이 육단심(肉團心)을 자기의 마음으로 여기는 것입니다. 이에 대해 현재는 설명하기 쉬워졌습니다. 심장을 남에게 이식한 뒤에 당신에게 플라스틱 심장으로 교체하여 주면 아무것도 모르고 아무것도 이해하지 못합니까? 하하하 … 아닙니다. 상관 없습니다. 장씨의 심장으로 교체하는 것은 장씨가 또 살아있는 것도 아니고 내가 살아있는 것이기 때문에, 이것과는 아무 상관이 없습니다. 그래서 그것은 생각할 수 있는 그 계통이 아닙니다. 이점은 이해하기 어렵습니다. 그렇지만 이것은 매우 근본적이고 매우 근본적인 것입니다. 이것은 도적인데, 우리가 착오하여 그 도둑을 아들로 인식하고, 도적을 자기의 아들로 삼고, 그를 우리 자신이나 혹은…으로 삼고 있습니다. 우리 자신의 진심(眞心)은 곁에 비켜 서 있고, 적이 보낸 간첩이 명령을 내리는 것을 자신으로 삼고 있는 것이나 다름없습니다. 그래서 불교에서는 먼저 무아(無我)를 말합니다. 무아란 곧 자아가 없다는 뜻이기 때문입니다. 당신은 이것을 당신의 육신이라고 여기는데, 이것은 한 벌의 옷입니다. 당신은 이런 생각들을 당신의 마음으로 여기고는 이것을 '나'라고 보고 있습니다.

그렇게 하면 오직 이것만이 '나' 자신이고, 이것 밖으로 벗어나지 못하여서 자기 마음의 광대함을 알지 못합니다. 시방의 허공 일체의 불국토가 모두 당신 자신 마음의 안에 있습니다. 그러기에 극락세계 극락국토가 여기에서 가기가 멀지 않습니다. 그 십만억 국토도 멀지 않을까요? 십만억 국토는, 한 개의 국토가 가장 적게 말하더라도 하나의 은하계인데, 당신이 십만억 개의 은하계들을 지나가야 한다면 얼마나 많은 광년이겠습니까? 현재 14만억 광년의 천체가 있다고 합니다. 이것도 충분히 큰 것인데 천문(天門)에서는 이것이 보입니다. 실제의 세계는 그만큼만 큰 게 아니며, 그것은 인류의 과학기술이 볼 수 있는 것일 뿐입니다. 이 모든 것이 우리 마음 속에 있는 것이지만 우리 자신은 인식하지 못합니다. 그래서 말하기를 우리는 서둘러 자신의 본래(本來)를 회복해야 한다고 합니다. 이게 불법을 배우는 가장…입니다.

이 마음도 다른 것이 아닙니다. 진여실상이라고 불러도 되고 불성 등등으로 불러도 좋습니다. 그럴 뿐만 아니라 사람 저마다 갖추고 있는 것입니다. 그래서 제가 시작 첫마디 말이 석가모니의 말씀인 "일체중생은 모두 여래의 지혜와 공덕상을 갖추고 있다[一切眾生皆具如來智慧德相]."는 것이었습니다. 이 모든 진여·실상·법신, 모든 모든 공덕은 당신에게 본래 있는 것이며 당신이 본래 가지고 있는데도 드러나지 않게 되어버렸고, 현재 드러나 있는 것은 무엇일까요? 바로 거울위의 그 붉은 잉크나 푸른 잉크 이런 것들이어서, 보자마자 이게 바로 자기의 마음이라고 여기는 겁니다. 이것은 당신의 마음이 아닙니다. 그 잉크들이 당신의 마음을 가려 덮고 있습니다.

『사십이장경(四十二章經)』은 가장 초기에 번역된 것인데, 거기에는 이런 두 마디의 말이 있습니다. "신물신여의(慎勿信汝意), 여의불가신(汝意不可信)." 당신은 신중해야 합니다. 절대로 당신 자신의 뜻을 믿지 마십시오. 당신의 생각을 믿지 말아야 합니다! 당신의 생각은 믿어서는 안 됩니다. 그래서 불교는 정말 반주관적이며 자신의 견해를 고집하는 것은 절대적으로 잘못된 것입니다. 나를 깨뜨려서, 무아이어야 합니다. 그래야 당신은 정말로 마음을 비울 수 있습니다. 정말로 마음을 비운 뒤라야 당신은 부처님의 이런 도리들로써 이런 잉크들을 씻어버리고 이런 이기심들을 씻어버릴 있습니다. 이런 더러운 것들을 씻어버리면 당신의 광명을 회복할 수 있습니다.

이 거울의 빛은 말할 필요도 없이 우리 세간의 입장에서 보면 비추지 않는 것이 없습니다. 당신에게 어떤 물건이 있다면 거울이 비추지 못할까요? 그렇지 않지요. 당신이 물건을 말할 수 있는 한, 내 거울은 비출 수 있습니다. 만져보면 만질 수 없지만, 어떤 사물을 보아야 거울은 비출 수 있습니다. 거리가 멀어도 마찬가집니다. 아무리 멀어도 아무리 가까워도 거울은 동시에 비춥니다. 그러나 현재는 오염되어 있습니다. 자기의 진여이든 실상이든 불성이든 공간의 입장에서 말하면 모든 곳에 두루 있습니다. 시간의 입장에 말하면, 시간도 하나의 착오입니다. 아인슈타인조차도 공간과 시간은 인간의 착각이며, 물질 또한 착각이라는 것을 이해했습니다!

그래서 현재 가지고 있는, 미래에 대한 한 가지 큰 기대는 바로 장래에 미국이나 유럽 나라들에서 그들이 과학의 입장에서 불법을 받아들이는 것입니다. 중국은 불교를 아주 잘 받아들였습니다. 우리에게는 공자(孔子)와 노자(老子) 이런 학설들이 있어서 개척해주었기 때문에 우리는 불법을 받아들였고 받아들여 왔습니다. 동남아시아의 많은 나라에서는 소승 불교만 받아들였지만, 대승 불교는 바로 중국에 있습니다. 일본인은 중국에서 배웠습니다. 그러나 그들의 불교는 약간 변형되었습니다. 일본의 불교는 좀 변형되었습니다. 대승 불법은 역시 중국에 있으며, 현재는 어쨌든 중국이라고 말해야 합니다. 왜냐하면 노자와 공자를 기초로 하고 있기 때문입니다.

오늘날 과학이 발전함에 따라 최첨단 과학자들도 이 문제를 인식했습니다. 예를 들어 아인슈타인은 친구에게 편지를 썼습니다. "오랜 친구야, 네가 떠나가 먼저 죽으면 한걸음 먼저 떠나간 것이야. 나도 뒤따라갈 거야." 그리고 그는 그 말을 밑에서는 부정했습니다. "시간의 선후는 여전히 인간의 착각이다." 시간의 선후는 없습니다. 시간이 있는 이유는 당신에게 망상이 있기 때문입니다. 이 생각은 지나가버렸고, 현재는 또 생각하는 중이며, 그 다음에는 한 생각이 또 일어날 것입니다. 이렇게 해서 과거, 현재, 미래가 있습니다. 당신의 마음 속에 일체가 없어서 아무것도 없다면, 어디에서 과거·현재·미래를 찾겠습니까? 그러므로 공간도 착각이며 시간도 착각입니다. 물질도 착각입니다. 아인슈타인이 상대성 이론을 내놓은 이후에는 장(場)만 있고 물질이라는 것은 없습니다. 이른바 물질이란 공간의 장(場)이 강한, 특히 강한 곳일 뿐입니다.[47]

그래서 이제 당신은 꼭 이렇게 말할 겁니다."좋습니다. 당신은 색즉시공(色卽是空)이라고 하는데, 그렇다면 이 테이블은 어떻게 하지요? 공(空)합니까 공하지 않습니까?" 그것은 공합니다! 과학은 쉽게 설명할 수 있습니다. 이것은 바로 원소가 몇 개 있느냐의 문제일 뿐이며, 각 원소는 전자·중성자·양성자에 불과합니다. 이런 소립자들은 두 가지 성격입니다. 하나는 파동성입니다. 이 무선전파는 잡을 수 없고 찾을 수 없습니다. 그렇지요? 다른 하나의 성격은 입자성입니다. 입자는 한 알갱이 한 알갱이의 사물이 아니라 에너지의 집중으로서 에너지입니다. 그렇다면 공하지 않습니까? "물질이 곧 공이다"는 현재 물리학자가 말하고 있는 것이지 우리가 말하는 것이 아닙니다. 그들은 크게 외치고 있습니다. 그는 말하기를, 시험중에 무엇인가 멀쩡한 것이 사라져버렸고, 사라졌다가는 또 무엇인가 나온다고 합니다.

《문》 그들은 물질과 에너지는 상호 전환할 수 있다고 말합니다.
《답》 이것도 전환할 수 있습니다. 맞습니다.

---

47) 장(場, 영어: field), 또는 마당이란 공간상의 각 지점마다 다른 값을 갖는 물리량을 일컫는 용어이다. 예를 들어, 온도를 나타내는 함수도 일종의 장이다(단, 온도는 벡터가 아닌 스칼라장이다.) 이러한 장은 흔히 시간과 공간에 대한 함수로 주어진다. 장에는 스칼라장, 벡터장, 스피너장, 텐서장이 있다. 장은 패러데이와 맥스웰에 의해 발전되었으며 아인슈타인 등 많은 과학자에 의해 중력장, 핵력장 등 다양한 장이론이 전자기장을 따라 발전하였다.(위키백과)

《문》 물질은 에너지로 전환할 수 있고, 에너지는 물질로 전환할 수 있습니다.

《답》 원자력이 바로 이런 종류의 전환입니다. 핵폭발은 엄청난 에너지를 방출합니다.

《문》 이 '공(空)'을 영원하지 않다거나 장구하지 않다는 의미로 해석할 수 있나요? "색즉시공"이라고 방금 말했는데, 약간은 과학적인 각도에서 해석이었습니다. 그렇다면 어쨌든 영원한 것이 아님을 공이라고 불러도 되는가요? 예컨대 색수상행식(色受想行識) 이런 것들을…

《답》 아닙니다. 우선 이어서 말씀하지 마십시오. 제가 다시 당신에게 한마디 묻겠습니다. 무엇을 '유(有)'라고 합니까?[48]

《문》 음.

《답》 그렇다면 당신은 반드시 영원히 유(有)이어야 합니다. 이거야말로 유(有)라고 합니다. 그러므로 다시 말해 그런 개념도 가져서는 안 됩니다. 물론 과학자들이 이해하는 것은 얕은 것이지만 이런 종류의 생각을 좀 깨트릴 수 있습니다. 즉, 이 실제로 유(有)라고 여기지만 결코 '유'가 아닙니다. 당신이 향 한 줄기에 불을 붙인 뒤 밤에 전등을 끄고 그 향을 가지고 빙빙 돌려 움직이면 빛 동그라미가 하나를 보는데, 그런 빛 동그라미가 있을까요? 없습니다. 이것은 한 줄기의 향의 한 쪽 끝이며, 그런 동그라미가 없고 꽃불은 없습니다. 그러나 당신이 보는 것은 정말로 그런 것이 있습니다.

---

48) 무(無)·공(空)의 반대말. 존재. 여기에 실유(實有)·가유(假有)·묘유(妙有)가 있다.

제 3 편

반야심경 수행법 강의 1

제1장 반야심경 번역본 들
제2장 반야심경 강의
제3장 반야심경 수증 원통 법문

제1장   반야심경 번역본들

『반야바라밀다심경(般若波羅蜜多心經)』은 중국 당(唐)나라 때 현장(玄奘) 법사가 649년에 종남산(終南山) 취미궁(翠微宮)에서 번역하였는데, 줄여서 『반야심경』·『심경』이라 한다. 반야 공사상(空思想)으로 대표되는 6백 권 『반야경』의 정수를 간추린 것이다.

반야심경의 뜻은 반야바라밀다(반야경)의 심장(心臟)이 되는 핵심을 간추린 경전이라는 뜻이다. 영어로는 The Heart of the Perfection of Wisdom Sutra라고 하고, 줄여서 Heart Sutra라고 한다.

범본으로 전해져 온 『반야심경』은 서분과 유통분이 갖추어져 있는 광본(廣本: 대본)과, 서분과 유통분이 없는 약본(略本: 소본)의 두 가지가 있는데, 내용 면에서는 큰 차이가 없다고 한다. 여러 한역본 가운데 현장이 번역한 것은 약본에 해당하며, 광본은 그 구성이 『불설성불모반야바라밀다경』과 유사하다. 이역본으로

『마하반야바라밀대명주경(摩訶般若波羅蜜大明呪經)』―구마라집역),

『반야바라밀다심경)』―반야(般若)와 이언(利言) 역,

『보편지장반야바라밀다심경(普遍智藏般若波羅蜜多心經)』―법월(法月) 중역,

『불설성불모반야바라밀다경(佛說聖佛母般若波羅密多經)』―시호(施護) 역이 있으며, 고려대장경에 수록되어 있지 않는 이역본으로

당나라 때 지혜륜(智慧輪)이 번역한 『반야바라밀다심경』과

법성(法成)이 번역한 『반야바라밀다심경』, 그 이후의 번역본들이 있다. (이상 위키백과에서 전재)

편역자가 번역본들 중에서 범본의 번역본 등 몇 종을 실으니 반야심경 이해에 참고하기 바란다.

반야바라밀다심경
(범본의 대본)

일본 나까무라 하지메가 산스크리트본에서 일역한 것을
한글 번역한 것이며 번역자는 미상이다.
출처 : 인터넷

Namas Sarvajñāya.(全知者에게 인사)

「이렇게 나는 들었다. 어느 때 세존(世尊)은 많은 수행승, 많은 구도자들과 함께 라자그리하(王舍城)의 그리드라쿠타산(靈鷲山)에 있었다.

그 때 세존은 심원한 깨달음의 명상에 들었다. 그 때 뛰어난 사람, 구도자 성관음(聖觀音: 아랴바로키테스봐라)는 심원한 지혜의 완성을 실천하고 있을 때에 통찰하였다. '존재하는 것에는 5개의 구성요소가 있다'.」라고. 게다가 그는 이들 구성요소가 그 본성으로 말하자면, 실체가 없는 것이라고 꿰뚫어 본 것이다.

그 때 샤리푸트라 장로(長老)는 불력(佛力)을 받고서, 구도자 성관음에게 이렇게 말하였다. "만약 누군가 혹은 훌륭한 젊은이가 심원한 지혜의 완성을 실천하고 싶다고 원하는 때에는 어떻게 배우면 좋겠는가?".

이를 들은 구도자 성관음은 장로 샤리푸트라에게 다음과 같이 말하였다. "샤리푸트라여, 만약 훌륭한 젊은이나 훌륭한 여식(女息)이 심원한 지혜의 완성을 실천하기를 원하는 때에는 다음과 같이 통찰하여야 할 것이다. '존재하는 것에는 5개의 구성요소가 있다' 라고. 거기서 그는 이들 구성요소가 그 본성으로 보자면 실체가 없는 것이라고 꿰뚫어 본 것이었다.

물질적 현상은 실체가 없는 것이며, 실체가 없기 때문에 물질적 현상인(일 수 있는) 것이다. 실체가 없다고 하더라도, 그것은 물질적 현상과 떨어져 있지 않다. 또한 물질적 현상은 실체가 없음과 떨어져서 물질적 현상인 것이 아니다. (이리하여) 일반적으로 물질적 현상이라는 것은, 전부 실체가 없는 것이다. 일반적으로 실체가 없다는 것은 물질적 현상인 것이다. 이와 동일하게 감각(感覺)도, 표상(表象)도, 의지(意志)도, 지식(知識)도, 모두 실체가 없는 것이다.

샤리푸트라여, 이 세상에 있어서 모든 존재하는 것에는 실체가 없다라는 특성이 있다.

생겨난 일도 없으며, 소멸한 일도 없으며, 더럽혀지는 것도 아니며, 더럽혀지는 것에서 떨어지는 것도 아니며, 줄어든(감소) 것도 아니며, 늘어나는(증가) 것도 아니다.

그러므로 샤리푸트라여, 실체가 없다라는 입장에서는 물질적 현상도 없으며, 감각(受)도 없으며, 표상(想)도 없으며, 의지(行)도 없으며, 지식(識)도 없다. 눈도 없으며, 귀도 없으며, 코도 없으며, 혀도 없으며, 신체도 없으며, 마음도 없으며, 형태도 없으며, 소리도 없으며, 향기도 없으며, 맛도 없으며, 만져지는 대상도 없으며, 마음의 대상도 없다. 눈의 영역도 없으며, 또한 의식의 영역도 없으며, 마음의 대상 영역도 없으며, 의식의 식별 영역도 없다.

깨달음도 없으며, 헤매임도 없으며, 깨달음이 사라지는 것도 없으며, 헤매임이 사라지는 것도 없다. 이렇게 늙음도 죽음도 없으며, 늙음과 죽음이 사라지는 일도 없다라는 것에 도달하는 것이다. 괴로움도, 괴로움의 원인도, 괴로움을 없애는 것도, 괴로움을 없애는 길도 없다. 알게 되는 것도 없으며, 얻는 것도 없다. 얻지 않는 것도 없다.

그러므로 샤리푸트라여, 얻는다는 것이 없으므로, 구도자의 지혜의 완성에 의지하여, 사람은 마음이 뒤덮히는 일없이 살고 있다. 마음을 뒤덮는 것이 없으므로, 두려움이 없으며, 거꾸로(보는) 된 마음에서 멀리 떨어져서, 영원한 평안에 들어가 있는 것이다.

과거, 현재, 미래의 3세계에 있는 깨달은 사람들은 모두 지혜의 완성에 의지하여, 더 위가 없는(無上:무상) 바른 깨달음을 얻었다.

그러므로 사람은 알아야 한다. 지혜 완성의 큰 진언(만트라), 큰 깨달음의 만트라, 더 위가 없는 만트라, 비교 대상이 없는 만트라는 모든 괴로움을 진정시키는 것이며, 거짓이 없기 때문에 진실인 것이라고.

그 만트라는 지혜의 완성에 있어서 다음과 같이 설명되었다.

갈 수 있는 자여, 갈 수 있는 자여, 피안에 갈 수 있는 자여, 피안에 완전히 갈 수 있는 자여, 깨달음이여, 행복있으라

샤리푸트라여, 심원한 지혜의 완성을 실천할 때에는 구도자는 이렇게 배워야 할 것이다."

그 때 세존은 그 명상에서 깨어나서 구도자 성관음에게 찬사를 표했다. "그대로다, 그대로다. 훌륭한 젊은이여, 바로 그대로다, 훌륭한 젊은이여. 깊은 지혜의 완성을 실천할 때에는 그렇게 해야 하는 것이다. 그대(성관음)가 설명한 그대로 하여 깨어난 사람들, 존경받을 사람들은 기쁘게 받아들일 것이다." 세존은 기쁨에 가득 찬 마음으로 이렇게 말하였다.

장로 샤리푸트라, 구도자 성관음, 모든 중생 및 신들과 인간과 아수라, 간달바(음악의 신)들을 포함하는 세계의 사람들은 세존의 말에 환희하였다.

여기 지혜의 완성의 마음이라는 경전을 마친다.

반야바라밀다심경

(범본의 소본과 현장 법사 한역본 비교)

일본 나까무라 하지메가 산스크리트본에서 일역한 것을
한글 번역한 것이며, 번역자는 미상이다
출처 : 인터넷

전지자(全知者)인 깨달은 사람(붓다)에게 예를 올립니다.

구도자로서 성스러운 관음(아랴바로키테스봐라)은, 심원한 지혜
의 완성을 실천하고 있을 때에, 존재하는 것에는 5개의 구성요소
가 있다고 통찰하였다. 게다가 그는 이들 구성요소가 그 본성으로
말하자면, 실체가 없다는 것을 꿰뚫어 본 것이다.

觀自在菩薩, 行深般若波羅蜜多時, 照見五蘊皆空,

샤리푸트라여, 이 세상에 있어서 물질적 현상은 실체가 없는 것
이며, 실체가 없기 때문에 물질적 현상인(일 수 있는) 것이다.
　실체가 없다고 하더라도, 그것은 물질적 현상과 떨어져 있지 않
다. 또한 물질적 현상은 실체가 없음과 떨어져서 물질적 현상인
것이 아니다.
　(이리하여) 일반적으로 물질적 현상이라는 것은, 모두 실체가 없
는 것이다. 일반적으로 실체가 없다는 것은 물질적 현상인 것이다.
　이와 동일하게 감각도, 표상도, 의지도, 지식도, 모두 실체가 없
는 것이다.

舍利子! 色不異空, 空不異色 ; 色卽是空, 空卽是色. 受, 想,

行, 識, 亦復如是.

샤리푸트라여, 이 세상에 있어서 모든 존재하는 것에는 실체가 없다 라는 특성이 있다.

(새롭게) 생겨난 일도 없으며, 소멸한 일도 없으며, 더럽혀지는 것도 아니며, 더럽혀지는 것에서 떨어지는 것도 아니며, 줄어든(감소) 것도 아니며, 늘어나는(증가) 것도 아니다.

그러므로 샤리푸트라여, 실체가 없다 라는 입장에서는 물질적 현상도 없으며, 감각[受]도 없으며, 표상[想]도 없으며, 의지[行]도 없으며, 지식[識]도 없다. 눈도 없으며, 귀도 없으며, 코도 없으며, 혀도 없으며, 신체도 없으며, 마음도 없으며, 형태도 없으며, 소리도 없으며, 향기도 없으며, 맛도 없으며, 만져지는 대상도 없으며, 마음의 대상도 없다. 눈의 영역에서부터 의식의 영역에 이르기까지 전부 없는 것이다.

舍利子! 是諸法空相 : 不生不滅, 不垢不淨, 不增不減. 是故空中無色, 無受, 想, 行, 識, 無眼, 耳, 鼻, 舌, 身, 意, 無色, 聲, 香, 味, 觸, 法 ; 無眼界, 乃至無意識界.

(깨달음도 없으며) 헤매는 것(망집)도 없으며, (깨달음이 사라지는 일도 없으며) 망집이 사라지는 일도 없다. 이리하여 마침내 늙음도 죽음도 없으며, 늙음과 죽음이 사라지는 일도 없다 라는 것에 도달하는 것이다. 괴로움도, 괴로움의 원인도, 괴로움을 제압하는 것도, 괴로움을 제압하는 길도 없다. 알게되는 것도 없으며, 얻는 것도 없다.

無無明, 亦無無明盡 ; 乃至無老死, 亦無老死盡. 無苦, 集, 滅, 道. 無智亦無得.

그러므로 얻는다는 것이 없으므로, 모든 구도자의 지혜의 완성에 의지하여, 사람은 마음이 뒤덮히는 일없이 살고 있다. 마음을 뒤덮는 것이 없으므로, 두려움이 없으며, 거꾸로 된 마음에서 멀리 떨어져서, 영원한 평안에 들어가 있는 것이다.

과거, 현재, 미래의 3세계에 있는 깨달은 사람들은 모두 지혜의 완성에 의지하여, 더 위가 없는(無上:무상) 바른 깨달음을 얻었다.

以無所得故. 菩提薩埵, 依般若波羅蜜多故, 心無罣礙；無罣礙故, 無有恐怖；遠離顚倒夢想, 究竟涅槃. 三世諸佛, 依般若波羅蜜多故, 得阿耨多羅三藐三菩提.

그러므로 사람은 이것을 알아야 한다. 지혜 완성의 큰 진언(만트라), 큰 깨달음의 만트라, 더 위가 없는 만트라, 비교 대상이 없는 만트라는 모든 괴로움을 진정시키는 것이며, 거짓이 없기 때문에 진실인 것이다. 그 만트라는 지혜의 완성에 있어서 다음과 같이 설명되었다.

故知般若波羅蜜多, 是大神咒, 是大明咒, 是無上咒, 是無等等咒. 能除一切苦, 眞實不虛. 故說般若波羅蜜多咒, 卽說咒曰,

가테 가테 빠라가테 빠라삼가테 보디 스봐하
(건너)갈 수 있는 자여, 갈 수 있는 자여, 피안에 갈 수 있는 자여, 피안에 완전히 갈 수 있는 자여, 깨달음이여, 행복있으라.

揭帝揭帝, 波羅揭帝, 波羅僧揭帝, 菩提薩婆訶.

여기 지혜 완성의 마음이 끝났다.
[般若波羅蜜多心經]

박가범모지혜도피안심경

《薄伽梵母智慧到彼岸心經》

(티베트어본의 한역본)

근대 꽁까후투커투(近代·貢噶呼圖克圖藏譯) 티베트어본에서 한역

송찬문 한글 번역

이와 같이 나는 들었다. 어느 때 박가범께서 왕사성 영취산에서 대비구 대중 및 대보살 대중과 함께 계셨다. 이때 박가범께서 깊은 광명 법문의 삼매에 들어가셨다. 이때 또한 성관자재보살마하살이 반야바라밀다의 깊고 미묘한 행을 관조하고, 5온이 모두 자성이 공함을 비추어 보았다.

如是我聞。一時, 薄伽梵在王舍城靈鷲山, 與大比丘眾及大菩薩眾俱。爾時, 薄伽梵入深明法門三昧。是時, 複有聖觀自在菩薩摩訶薩, 觀照般若波羅密多深妙之行, 照見五蘊皆自性空。

이에 수명을 구족한 사리자가 부처님의 위신력에 의해 성관자재보살마하살에게 여쭈어 말하였다, "선남자가 만약 반야바라밀다의 깊고 미묘한 행을 닦고자 한다면 어떻게 닦고 익혀야 합니까?"

於是壽命具足舍利子承佛威力, 白聖觀自在菩薩摩訶薩言 : "善男子若有欲修般若波羅密多深妙行者, 作何修習?"

성관자재보살마하살께서 수명을 구족한 사리자에게 말씀하였다, "사리자여, 만약 선남자 선여인이 반야바라밀다의 깊고 미묘한 행을 기꺼이 닦고자 한다면, 응당 이와 같이 관할지니, 5온도 자성공의 진실로부터 나타난다 라고 관하라. 색이 바로 공이요, 공이 바로 색이며, 색은 공과 다르지 않고, 공 또한 색과 다르지 않다. 수상행식도 공임을 알아

야 한다.

　聖觀自在菩薩摩訶薩告壽命具足舍利子言：“舍利子，若善男子善
女人樂修般若波羅密多深妙行者，應作是觀。（應以五蘊亦從自性空
真實現）。色即是空，空即是色；色不異空，空亦不異色。受想行
識，亦知是空。

　사리자여! 이 제법의 자성은 공하여 상(相)이 없기 때문에, 생겨나지
도 않고 소멸하지도 않으며, 더러움도 없고 더러움을 떠남도 없으며,
줄어듦도 없고 늘어남도 없다.

　舍利子，以是諸法性空無相：不生不滅，無垢亦無離垢，無減無
增。

　사리자여, 그러므로 공 가운데에는 색(色)이 없고 수(受)가 없고 상
(想)이 없고 행(行)이 없고 식(識)이 없다. 안(眼)이 없고 이(耳)가 없고
비(鼻)가 없고 설(舌)이 없고 신(身)이 없고 의(意)가 없다. 색(色)이 없고
성(聲)이 없고 향(香)이 없고 미(味)가 없고 촉(觸)이 없고 법(法)이 없다.
안계가 없고 내지 의식계도 없다.
　무명이 없고 무명이 다함도 없으며, 내지 늙고 죽음이 없으며 또한
늙고 죽음이 다함도 없다.
　고집멸도가 없다. 지혜가 없고 얻음이 없으며, 또한 얻지 못함도 없
다.

　舍利子，是故空中無色、無受、無想、無行、無識；無眼、無耳、
無鼻、無舌、無身、無意；無色、無聲、無香、無味、無觸、無法；
無眼界，乃至無意界、無意識界。無無明，亦無無明盡；乃至無老
死，亦無老死盡。是以無苦、集、滅、道；無智無得，亦無不得。

사리자여! 그러므로 보리살타는 얻을 것이 없는 까닭에 반야바라밀다에 의지하고, 마음에 걸림이 없기 때문에 공포가 없고, 전도를 멀리 떠나고 궁극에 열반에 도달한다. 삼세의 안주하는 모든 부처님 또한 반야바라밀다에 의지하여 아뇩다라삼먁삼보리를 얻고 원만히 불도를 성취한다.

舍利子, 是故菩提薩埵以無所得故, 依止般若波羅密多, 心無掛礙故, 無恐怖, 遠離顛倒, 究竟涅槃。三世安住諸佛亦依般若波羅密多, 得於阿耨多羅三藐三菩提, 圓成佛道。

그러므로 응당 자세히 알지니, 반야바라밀다주는 대광명의 주문, 최상의 주문, 이와 동등한 것이 없는 주문이며, 모든 괴로움을 없애는 주문으로서, 진실해서 허망하지 않다. 그러므로 반야바라밀다주를 말한다

故應諦知般若波羅密多咒, 是大明咒, 無上咒、無等等咒, 除一切苦咒, 真實不虛, 故說般若波羅密多咒:

떼야타 옴 가테 가테 파라가테 파라상가테 보디 스바하

爹雅他、嗡、噶德、噶德、巴喇噶德、巴喇桑噶德、菩提娑哈。

(原文於此附有藏文, 此略)

사리자여! 보살마하살은 이와 같이 깊고 미묘한 바라밀다를 닦고 익혀야 한다.

舍利子, 菩薩摩訶薩應如是修習深妙般若波羅密多。"

이에 박가범께서 삼매로부터 일어나 성관자재보살마하살에게 말씀하셨다. "훌륭하고 훌륭하다! 선남자여! 그와 같다! 그와 같다! 그대가 말한 대로 깊고 미묘한 반야바라밀다는 응당 그와 같이 행하여야 하리니, 모든 여래도 함께 기뻐하실 것이다.

於是薄伽梵從三昧起, 告聖觀自在菩薩摩訶薩言：“善哉！”複雲：“善哉, 善男子！如是如是！如汝所說, 深妙般若波羅密多應如是行, 一切如來亦皆隨喜。”

박가범께서 말씀을 마치니 수명을 구족한 사리자와 성관자재보살마하살 및 일체 권속 무리, 그리고 천인과 아수라와 건달바 등 모든 세간이 모두 크게 함께 기뻐하며 부처님의 말씀을 찬탄하였다.

薄伽梵作是語已, 壽命具足舍利子, 聖觀自在菩薩摩訶薩, 暨諸眷屬天人阿修羅乾達婆等, 一切世間, 皆大歡喜, 宣贊佛旨。

반야바라밀다심경
(범본 중 소본의 중역본)
현대 중국 한정걸(韓庭杰) 중문 번역
송찬문 한글 번역

일체를 아시는 자(부처님)께 경의를 표합니다!

向知一切者 (佛) 致敬！

신성한 관자재보살이 깊은 반야바라밀다에서 수행할 때 5온을 비추어 보니 그 자성이 공하였다. 깊은 반야바라밀다에서 수행할 때.

神聖的觀自在菩薩, 於深般若般若波羅蜜多修行的時候, 照見五蘊, 其自性是空的。於深般若波羅蜜多修行的時候”。

여기에서 사리자여! 색은 공성이며 공성은 바로 색이다. 공성은 색과 다르지 않고 색은 공성과 다르지 않다. 무릇 색은 모두 공성이며 무릇 공성은 모두 색이다. 수상행식도 바로 그러하다.

在此, 舍利子! 色是空性, 空性就是色；空性不異於色, 色不異於空性；凡是色, 都是空性；凡是空性, 都是色。受、想、行、識就是這樣。

여기에서, 사리자여! 일체법은 모두 공성을 특징[相]으로 하며, 생겨나지도 않고 소멸하지도 않으며, 더럽지도 않고 깨끗하지도 않으며, 줄어들지도 않고 늘어나지도 않는다.

在此, 舍利子! 一切法都以空性爲相, 不生不滅, 不染不淨, 不滅不增。

그러므로 사리자여! 공성 중에는 색이 없고 수가 없고 상이 없고 행이 없고 식이 없다. 안이비설신의가 없고, 색성향미촉법이 없으며, 안계가 없으며 내지 의식계가 없다.

因此, 舍利子! 在空性當中沒有色, 沒有受, 沒有想, 沒有行, 沒有識。沒有眼、耳、鼻、舌、身、意, 沒有色、聲、香、味、觸、法, 沒有眼界, 乃至於沒有意識界。

무명이 없고, 무명이 다함도 없다. 나아가 노사가 없으며, 노사가 다함도 없다.

沒有無明, 也沒有無明盡。乃至於沒有老死, 也沒有老死盡。

고집멸도가 없으며, 지혜가 없고 얻음도 없다.

沒有苦、集、滅、道, 沒有智, 也沒有得。

소득성이 없기 때문에 보살의 반야바라밀다에 의지해서 안주하여야 마음에 장애가 없다. 마음에서 장애의 불존재성 때문에 공포가 없어 전도몽상을 멀리 떠나 궁극에 열반에 도달한다.

因爲沒有所得性, 所以要依靠菩薩的般若波羅蜜多而安住, 心無阻礙。因爲心阻礙的不存在性, 所以沒有恐怖, 遠離顛倒夢想, 究竟涅槃。

삼세의 모든 부처는 반야바라밀다에 의지하여 아뇩다라삼먁삼보리를 인식한다.

位於三世的一切佛, 依靠般若波羅蜜多, 認識到阿耨多羅三藐三菩提。

그러므로 마땅히 알라, 반야바라밀다는 대신주이며 대명주이며 무등등주로서 일체의 괴로움을 없앨 수 있으며, 불허망성의 진리로부터 오는 것이다. 그래서 반야바라밀다 중에서 주문을 설하겠다.

因此, 應當知道, 般若波羅蜜多是大神咒, 是大明咒, 是無上咒,

是無等等咒, 能除一切苦, 是出自不虛妄性的真理, 所以要於般若波
羅蜜多中說咒。

다음과 같이 주문을 설한다. 가자! 가자! 저 피안으로 가자! 모두 피
안으로 가자! 빨리 보리를 증득하자!

說咒如下 : "去吧 · 去吧 ! 到彼岸去吧 ! 大家都到彼岸去吧 ! 速證
菩提吧 !

반야바라밀다심경은 여기에 이르러 끝났다.

般若波羅蜜多心經　至此結束。

여러 번역본 중에서 대본 반야심경인 「반야 이언 등 역본」을 편
역자가 간단히 풀이해본다. 서분, 정종분, 유통분이 모두 갖추어져
있고, 그 중에 정종본은 현장 역본과 일치한다고 할 수 있기 때문
이다.
　한글 풀이 중의 고딕 글자 부분은 현장 역본과 일치하는 부분이
다. 그중 ( )의 부분은 다른 역본에서 따와 보충한 것이며, 그 출처
역본을 각주에 표시하였다. 그리고 출처가 표시되지 않는 것은 경
문 번역을 비교적 쉽게 이해하도록 역자가 보충한 것이다.

반야바라밀다심경

般若波羅蜜多心經

(심오한 지혜의 완성 수행법 핵심 경)

계빈국(罽賓國) 삼장반야(三藏般若)·이언(利言) 등 역

송찬문 번역

이와 같이 나는 들었다.

어느 때 부처님께서 왕사성(王舍城)의 기사굴산(耆闍崛山)에서 큰 비구 대중과 보살 대중과 함께 계셨다. 이때 부처님 세존께서 곧 광대심심(廣大甚深)이라는 삼매에 들어가셨다. 그때 대중 가운데 **관자재**라는 **보살**(마하살)**이 있어 깊은 반야바라밀다를 수행할 때**[49], (존재를 구성하는 다섯 무더기인 색수상행식) **5온이** (연기적인 현상이기 때문에 고정불변의 실체가 없는 것으로서) (자성이)[50] **모두 공함을** (관찰하여)[51] **비추어 보고**, (5온은 자성이 모두 공함을 철저히 알아서)[52], **모든 고통과 재난을 벗어났다.**[53]

곧바로 사리불이 부처님의 불가사의한 위엄과 신통력에 의해서 합장 공경하고 관자재보살마하살에게 물었다. 선남자가 만약 (심오한 지혜의 완성 실천행인)[54] 매우 깊은 반야바라밀다행을 배우려는 사람이 있다면 어떻게 수행해야 합니까?

如是我聞 : 一時佛在王舍城耆闍崛山中，與大比丘衆及菩薩衆俱。時佛世尊即入三昧，名廣大甚深。爾時衆中有菩薩摩訶

---

49) 於深般若般若波羅蜜多修行的時候 (한정섭 역본).
50) 照見五蘊自性皆空 (법월중역본), 照見五蘊自性皆空 (지혜륜 역본), 觀見五蘊自性皆空 (시호 역본), 照見五蘊皆自性空 (티베트어본의 꽁꺼활불 중역본).
51) 觀察照見五蘊體性, 悉皆是空. (법성 역본).
52) 彼了知五蘊自性皆空 (법월 중역본).
53) 현장 역본에는 度一切苦厄이다.
54) 범어본 대본 (나까무라 하지매 역본).

薩，名觀自在。行深般若波羅蜜多時，照見五蘊皆空，離諸苦厄。即時舍利弗承佛威力，合掌恭敬白觀自在菩薩摩訶薩言：
"善男子若有欲學甚深般若波羅蜜多行者，云何修行？"

그와 같이 묻자, 이때 관자재보살마하살이 장로[具壽] 사리불에게 말했다.

"사리자여! 만약 선남자·선여인이 매우 깊은 반야바라밀다행을 수행할 때 5온은 자성(自性)이 모두 공함을 관찰 (조견照見) 하여(서 모든 고통과 재난을 벗어나)[55]야 한다. (5온은 자성이 공하다는 것은 무엇인가 하면,)[56]

사리자여! 색(色: 신체 등 물질 물리 현상)이 공(성 空性: 고정불변의 실체가 없는 것)과 (서로) 다르지 않고, 공(성)이 색과 다르지 않다. 색이 바로 공(성)이요, 공(성)이 바로 색이다.

(정신 현상인) **수(受: 감수, 느낌)·상(想: 표상, 인식)·행(行: 심리현상들)[57]·식(識: 의식 분별, 알음알이)도 이와 같다.**

---

55) 應照見五蘊自性皆空，離諸苦厄。(지혜륜 역본).
56) 何名五蘊自性空耶 (시호 역본).
57) 참고로 '행(行)'의 해석에 관하여 각묵 스님의 「교리문답 (불교신문 연재)」에서 전재한다.
【문】 한역 경전에서 행(行)은 다양한 의미로 쓰이는 듯합니다. 제행무상에도 나타나고 색수상행식의 5온으로도 나타나기도 합니다. 요즘 한글로는 의도적 행위라고 옮기는 분도 있고 형성력으로 옮기는 경우도 있는 듯 합니다. 초기 경에 준해서 행의 의미를 구체적으로 설명해주십시오.
【답】 옛날 중국에서 역경승들이 행(行)으로 옮긴 범어는 samskara(빠알리: sankhara)입니다. 이 상스까라 혹은 상카라는 sam(함께)+√kr(하다, to do)에서 파생된 명사입니다. 행한다는 의미를 지닌 어근 √kr의 의미를 적극적으로 살려서 중국에서는 행(行)으로 정착시켰습니다. 그러나 행이라는 한역 단어만을 가지고 상카라의 의미를 파악한다는 것은 무리라고 할 수밖에 없습니다. 초기 경들에 나타나는 문맥을 통해서 파악할 수밖에 없는데 상카라는 경들에는 크게 다음의 네 가지 문맥에서 나타납니다.

如是問已。爾時觀自在菩薩摩訶薩告具壽舍利弗言 : "舍利

첫째, 제행무상(諸行無常)과 제행개고(諸行皆苦)의 문맥에서 제행으로 나타나는데, 항상 복수로 쓰입니다. 이 경우의 제행은 유위법(有爲法, sankhata-dhamma)들을 뜻합니다. 즉, 열반을 제외한 물질적이고 정신적인 모든 유위법들을 행이라고 불렀습니다. 이 경우에 행은 '형성된 것들'에 가까운 뜻입니다. 그 외 목숨의 상카라(ayu-sankhara), 존재의 상카라(bhava-sankhara), 생명의 상카라(jivita-sankhaara) 등의 형태로 나타나기도 합니다. 이 경우도 '형성된 것'으로 이해하면 됩니다.

둘째, 5온의 네 번째인 행온(行蘊)으로 나타납니다. 이 경우에도 항상 복수로 쓰입니다. 5온 가운데서 색(色, 물질)은 아비담마의 색법이고 수상행(受想行)은 아비담마의 심소법(心所法)들이고 식(識)은 아비담마의 심법입니다. 그러므로 5온에서의 행은 상좌부 아비담마의 52가지 심소법들 가운데서 수(느낌)와 상(인식)을 제외한 나머지 심소법들 모두를 뜻하는데 감각접촉, 의도, 주의, 집중, 의욕, 유익한(善) 심리현상들, 해로운(不善) 심리현상들을 모두 포함합니다. 그러므로 이 경우의 행은 '심리현상들'로 이해해야 합니다.

셋째, 12연기의 두 번째 구성요소 즉 무명연행(無明緣行)으로 나타납니다. 12연기에서의 행도 항상 복수로 나타나는데 〈청정도론〉에서는 '공덕이 되는 행위(punna-abhisankhara), 공덕이 되지 않는 행위, 흔들림 없는 행위'로 설명이 되듯이 '업지음들' 혹은 '의도적 행위들'로 해석됩니다. 이 경우의 행은 업(karma)과 동의어 입니다. 그래서 서양에서도 kamma-formations (업형성들)로 이해합니다.

넷째, 몸(身)과 말(口)과 마음(意)으로 짓는 세 가지 행위인 신행 구행 의행으로 나타납니다. 〈청정도론〉에서는 이 삼행도 12연기의 행처럼 업형성 즉 의도적 행위로 이해합니다. 그래서 신행 구행 의행은 각각 신업 구업 의업의 삼업(三業)과 일치합니다.

이처럼 행(상카라)은 그 용처에 따라서 그 의미를 각각 다르게 이해해야 합니다. 어떤 분들은 행을 의도적 행위 즉 업형성 하나만으로 이해하려고 하는데 그렇게 되면 제행의 행과 5온의 행온은 제대로 설명이 되지 못합니다. 위의 설명에서 보듯이 제행은 물질적 현상과 정신적 현상을 모두 포함하는 일체 유위법들을 뜻하는 가장 넓은 의미로 사용되었습니다. 그리고 행온은 수(느낌)와 상(인식)과 식(알음알이)을 제외한 다른 모든 심리현상들을 뜻하므로 두 번째로 넓은 의미로 사용되었다 할 수 있습니다. 12연기의 행과 삼행은 의도적 행위들(업)을 뜻하므로 가장 좁은 의미로 사용되었습니다.

子！若善男子、善女人行甚深般若波羅蜜多行時，應觀五蘊性空。舍利子！色不異空，空不異色。色卽是空，空卽是色。受、想、行、識亦復如是。

　사리자여, 이 모든 법은 (이와 같이)58) 공(성)을 특징으로 하여59), (본래부터) 생겨나지도 않고 소멸하지도 않으며, 더럽지도 않고 깨끗하지도 않으며, 늘어나지도 않고 줄어들지도 않는다.
　그러므로 공(성) 중에는 (5온이 없으니) 색이 없고 수·상·행·식이 없다.
　(6근이 없으니) **안**(눈)·**이**(귀)·**비**(코)·**설**(혀)·**신**(몸)·**의**(의근: 마음)**가 없고,**
　(6진이 없으니) **색**(형색)·**성**(소리)·**향**(냄새)·**미**(맛)·**촉**(촉감)·**법**(갖가지 생각과 정서. 즉, 마음으로 생각할 수 있는 모든 것)**이 없으며,**
　(18계가 없으니) **안계**(·색계·안식계)**가 없고, 더 나아가서** (의계·법계·)**의식계까지도 없다.**
　(12연기가 없으니 생사윤회의 주요 원인인) **무명**(無明)**이 없고, 무명이 소멸함도 없으며, 더 나아가서 노사**(老死: 늙음과 죽음)**까지 없고, 노사가 소멸함도 없다.**
　(4성제가 없으니) **고**(苦: 괴로움)·**집**(集: 괴로움의 원인)·**멸**(滅: 괴로움의 소멸)·**도**(道: 괴로움의 소멸에 이르는 길)**가 없으며,**
　지혜가 없고 얻음도 없다.

舍利子！是諸法空相，不生不滅、不垢不淨、不增不減。是故空中無色，無受、想、行、識，無眼、耳、鼻、舌、身、意，無色、聲、香、味、觸、法，無眼界乃至無意識界。無無

---

58) 此一切法如是空相 (시호 역본).
59) 一切法都以空性爲相 (한정걸 역본).

明亦無無明盡，乃至無老死亦無老死盡。無苦、集、滅、道，無智亦無得。

(본래 있는 것을 회복한 것일 뿐) 얻을 바가 없으므로 보리살타는 반야바라밀다에 의지하(여 안주)[60]기 때문에, 마음에 걸림이 없다. 걸림이 없기 때문에 두려움이 없고, (범부의 4전도와 성문 연각의 4전도의) 전도된 몽상(망상)을 멀리 떠나 궁극에 열반에 도달한다.

(과거·현재·미래) 삼세의 모든 부처님도 반야바라밀다에 의지하기 때문에 아뇩다라삼먁삼보리를 얻는다.

그러므로 알지니, 반야바라밀다는 대신주(大神呪: 크게 신묘한 주문)요, 대명주(大明呪: 크게 밝은 주문)요, 무상주(無上呪: 그 이상이 없는 주문)요, 무등등주(無等等呪: 그 어느것과도 견줄 수 없는 주문)이며, 모든 괴로움을 없앨 수 있으며, 진실하여 허망하지 않다.

그래서 반야바라밀다 (중에서)[61]주문을 설하니, 곧 다음과 같다.

얼제 얼제 바라얼제 바라승얼제 보리사바하[62]

以無所得故，菩提薩埵依般若波羅蜜多故，心無罣礙。無罣礙故，無有恐怖，遠離顛倒夢想，究竟涅槃。三世諸佛依般若波羅蜜多故，得阿耨多羅三藐三菩提。故知般若波羅蜜多是大神呪，是大明呪，是無上呪，是無等等呪。能除一切苦，眞實

---

60) 依般若波罗蜜多住 (지혜륜 역본), 依靠菩薩的般若波羅蜜多而安住 (한정걸 역본).

61) 범어본 대본 (나까무라 하지매 역본) 於般若波羅蜜多中說呪.(한정걸 역본)

62) 현장 역본에서는 '揭諦揭諦 波羅揭諦 波羅僧揭諦 菩提娑婆訶'이며, 이를 우리나라에서는 아제아제 바라아제 바라승아제 모지사바하로 읽는다.

不虛。故說般若波羅蜜多呪。”卽說呪曰：蘗諦，蘗諦，波羅
蘗諦，波羅僧蘗諦，菩提娑婆訶。

사리불이여, 이와 같이 모든 보살마하살은 매우 깊은 반야바라
밀다행에 대하여 마땅히 이렇게 수행해야 한다.”

그렇게 말하자, 곧바로 세존께서 광대심심 삼매에서 일어나서
관자재보살마하살을 찬탄하셨다. “훌륭하고 훌륭하다! 선남자여!
그와 같고, 그와 같다. 그대가 말한 것과 같이 매우 깊은 반야바라
밀다행은 마땅히 그와 같이 수행해야 한다. 그와 같이 수행할 때
일체 여래는 모두 함께 기뻐한다.”

如是，舍利弗！諸菩薩摩訶薩於甚深般若波羅蜜多行，應如
是行。”如是說已。卽時，世尊從廣大甚深三摩地起，讚觀自
在菩薩摩訶薩言：“善哉，善哉！善男子！如是，如是！如汝
所說。甚深般若波羅蜜多行，應如是行。如是行時，一切如來
皆悉隨喜。”

그때 세존께서 이 말씀을 하시자, 장로 사리불은 큰 기쁨이 충
만했으며, 관자재보살마하살도 역시 크게 기뻐했다. 당시에 그 대
중에 모였던 천인・인간・아수라(阿修羅)・건달바(乾闥婆) 등도 부
처님의 말씀을 듣고 모두 크게 기뻐하며 믿고 받아서 받들어 행하
였다.

爾時世尊說是語已，具壽舍利弗大喜充遍，觀自在菩薩摩訶
薩亦大歡喜。時彼衆會天、人、阿修羅、乾闥婆等，聞佛所
說，皆大歡喜，信受奉行。

제2장 반야심경 강의

남회근 선생 강의 63)

마하반야바라밀다심경

(마음을 관찰하여 일체법에 자재할 수 있는) 관자재보살이 깊은 반야바라밀다(般若波羅蜜多)를 수행할 때 (반야로써 색·수·상·식) 5온(五蘊)이 모두 (고정불변의 실체가 없는 것이어서) 공함[空]을 관조하여 보고는, (3계화택 생사윤회의) 모든 고통과 재난을 (벗어나) 건넜다.

사리자여, (신체 등 물질 물리 현상과 작용인) 색(色)이, 공(空: 고정불변의 실체가 없는 것)과 다르지 않고, 공이 색과 다르지 않으며, 색이 곧 공이요, 공이 곧 색이다. (정신 현상과 작용인), 수·상·행·식(受想行識: 감수·생각·생명의 동력기능 운행 활동·의식 분별) 또한 다시 이와 같다.

사리자여, 이 모든 (유위·무위) 법들은 (그 실상이) 공상(空相)이며, (본래부터) 생겨나지도 않고 소멸하지도 않으며, 더럽지도 않고 깨끗하지도 않으며, 늘어나지도 않고 줄어들지도 않는다.

그러므로 공상 가운데에는 (5온이 없으니) 색이 없고, 수·상·행·식이 없으며,

(6근이 없으니) 안·이·비·설·신·의(眼耳鼻舌身意: 눈·귀·코·혀·몸·의근) 가 없고,

(6진이 없으니) 색·성·향·미·촉·법(色聲香味觸法: 형색·소

---

63) 중문 원서는 인터넷에서 얻은 남회근 선생의 《심경주해(心經注解)》이며 소제목은 편역자가 더했다.

리 · 냄새 · 맛 · 접촉 · 갖가지 생각과 정서)이 없고,

(18계가 없으니) 안계(眼界) (색계 · 안식계)가 없고, (의계 · 법계) 의식계(意識界)까지도 없으며,

(12인연이 없어서) (범부의) 무명(無明)이 없고 (벽지불의) 무명이 다함도 없으며, 더 나아가서 (범부의) 노사(老死)가 없고 (벽지불도의) 노사가 다함도 없으며,

(아라한도의 4성체인) 고집멸도(苦集滅道)가 없으며,

(보살도의 보시 · 지계 · 인욕 · 정진 · 선정 · 지혜의 6바라밀 만행을 닦는) 지혜가 없고 (그 6바라밀 만행이 무엇을) 얻음도 없다.

(본래 있는 것을 회복하였을 뿐, 얻는 자와) 얻을 바가 없으므로 보리살타는 반야바라밀다를 (증득하고) 의지하기 때문에 마음에 걸림이 없다. 마음에 걸림이 없으므로 (세간 범부의 생사와 출세간 2승인의 공적에 빠지는) 두려움이 없으며, (범부 생사의 4전도와 성문 연각의 열반의 4전도인) 전도몽상(顚倒夢想)을 멀리 떠나, 궁극에 대열반을 증득한다.

(과거 · 현재 · 미래) 삼세의 모든 부처님도 반야바라밀다를 의지하기 때문에 아뇩다라삼먁삼보리를 얻는다.

그러므로 알지니, 반야바라밀다는 (중생을 성불하게 할 수 있는) 대신력(大神力)의 주문이며, (중생의 무명 번뇌를 깨뜨려 없앨 수 있는) 대광명의 주문이며, (그 이상이 없는) 최상의 주문이며, (부처의 어머니로서 어떤 법도 이와 서로) 동등한 것이 없는 주문이며, (3계화택 생사윤회의) 모든 괴로움을 없앨 수 있으며, (마음이 그대로 부처이니) 진실하여 허망하지 않다. 그래서 반야바라밀다주문을 설하니, 그 주문은 다음과 같다.

아제아제 바라아제 바라승아제 모지사바하

(이상은 남회근 선생의 해석을 반영하여 풀이했다)

般若波羅蜜多心經
반야바라밀다심경

觀自在菩薩 行 深般若波羅密多時 照見五蘊皆空 度一切苦厄
관자재보살 행 심반야바라밀다시 조견오온개공 도일체고액

舍利子 色不異空 空不異色 色卽是空 空卽是色 受想行識 亦復如是
사리자 색불이공 공불이색 색즉시공 공즉시색 수상행식 역부여시

舍利子 是諸法空相 不生不滅 不垢不淨 不增不減
사리자 시제법공상 불생불멸 불구부정 부증불감

是故 空中無色 無受想行識
시고 공중무색 무수상행식

無眼耳鼻舌身意 無色聲香味觸法 無眼界 乃至 無意識界
무안이비설신의 무색성향미촉법 무안계 내지 무의식계

無無明 亦無無明盡 乃至 無老死 亦無老死盡
무무명 역무무명진 내지 무노사 역무노사진

無苦集滅道 無智 亦無得
무고집멸도 무지 역무득

以無所得故 菩提薩陀 依 般若波羅密多 故
이무소득고 보리살타 의 반야바라밀다 고

心無罣碍 無罣碍故 無有恐怖 遠離顚倒夢想 究竟涅槃
심무가애 무가애고 무유공포 원리전도몽상 구경열반

三世諸佛 依 般若波羅密多 故得 阿耨多羅三藐三菩提
삼세제불 의 반야바라밀다 고득 아뇩다라삼먁삼보리

故知 般若波羅密多 是大神呪 是大明呪 是無上呪 是無等等呪
고지 반야바라밀다 시대신주 시대명주 시무상주 시무등등주

能除一切苦 眞實不虛 故說 般若波羅密多呪 卽說呪曰
능제일체고 진실불허 고설 반야바라밀다주 즉설주왈

揭諦揭諦 波羅揭諦 波羅僧揭諦 菩提 娑婆訶 (3번)
아제아제 바라아제 바라승아제 모지 사바하 (3번)

반야심경에 숨어있는 신기한 암호

『반야심경』을 언급하면 여러분은 틀림없이 생소하지 않을 것입니다. 그러나 반야심경에 숨어있는 신기한 암호를 언급한다면, 아는 사람이 아마 적을 것이라고 저는 생각합니다. 반야심경에 숨어있는 신기한 암호는 무엇일까요? 반야심경에는 무슨 까닭으로 부처님이 설한 것임을 증명하는, "이와 같이 나는 들었다. 어느 때, 부처님이, 어떤 곳에서…[如是我聞、一時、佛在某處]" 등의 여섯 가지 성취[六種成就]가 없을까요?

(마음을 관찰하여 일체법에 자재할 수 있는) 관자재보살이 깊은

반야바라밀다(般若波羅蜜多)를 수행할 때에 (반야로써 색·수·상·행·식) 5온(五蘊)이 모두 (고정불변의 실체가 없는 것이어서) 공함[空]을 관조하여 보고는,

觀自在菩薩, 行深般若波羅蜜多時, 照見五蘊皆空,

당나라 태종(太宗) 시기에 국사(國師)로서 현장(玄奘) 법사라는 분이 있었습니다. 속가의 성(姓)은 진(陳) 씨였으며 12살 때 형을 따라 출가했습니다. 출가한 뒤에 모든 경전을 읽었는데, 어떤 경전들은 구마라집(鳩摩羅什) 법사의 번역이었고 어떤 경전들은 다른 법사의 번역이었습니다. 그는 일부 어구(語句)들에 대해 의심이 일어나서 몹시 인도로 경전을 구하러 가고 싶었습니다. 뒷날 행각승으로서 사천(四川)의 성도(成都)의 절간에 머무르면서 어떤 스님을 만나게 되었습니다. 그런데 그 스님의 몸에 옴병(疥癩)이 나 있어서 사람들이 감히 접근하려 하지 않았습니다. 오직 젊은 현장 법사만이 동정심에서 그를 시봉하며, 그를 위해 피고름을 씻어주고 약을 발라주었습니다. 얼마 지나지 않아 그 스님의 옴병은 다 나았습니다. 노스님은 그가 조리해준 은혜에 감사하며 보답할 길이 없어서 오직 한 부의 경전을 말로 전해줄 수 있었습니다. 그게 바로 모두 260 글자의 이 반야심경이었는데, 한 번 외우자 현장 법사는 마음속에 기억하고 있다가 뒷날 번역했으며 한 글자도 바꾸지 않았습니다. 구마라집 법사도 이 반야심경을 번역한 게 있는데, 『마하반야바라밀대명주경(摩訶般若波羅蜜大明呪經)』이라고 하며 "나는 이렇게 들었다" 등의 말이 없습니다. 그러나 노스님이 현장 법사에게 말해준 것만큼 간결하면서 유창하고 분명하지는 않습니다. 그 노스님은 어떤 사람이었을까요? 그는 바로 관세음보살이었습니다.

현장 법사는 뒷날 인도로 경전을 구하러 가면서 8백 리의 사막을 지나갔습니다. 위로는 날아다니는 새도 없고 아래로는 달리는 짐승

들이 없으며 중간에는 사람들이 없고 오로지 마귀와 요괴들만 많아서 어떠한 경전을 외워보아도 항복시킬 수가 없었는데, 반야심경을 한 번 외우자 모든 요괴와 마귀들이 숨어버렸고, 이 반야심경의 공덕신력(功德神力)에 의지해서 인도로 경전을 구하러 가는 데 성공했습니다. 그리고 15년 뒤에 중국으로 돌아와 국사가 되어 경전 번역에 전념했습니다.

마음의 신력(神力: 신기하고 비범한 힘)이 관음보살이요, 마음의 지력(智力: 지혜의 힘)이 문수사리보살이요, 마음속의 법력(法力: 불법 수행의 결과 얻은 힘—역주)이 바로 대행보현보살이며, 마음속의 원력(願力)이 바로 지장왕보살입니다. 이게 바로 반야심경에 숨어있는 신기한 암호의 하나입니다.

이 한 부의 반야심경은 관음보살이 우리에게 마음을 밝히라[明心: 자기의 진심眞心을 발견하다. 감각·지각·정서·생각이 어떻게 오는 것인지 찾아내다—역주]고 가르쳐주고 있습니다. 범부는 아직 마음을 밝히지 못하고 번뇌를 일으켜 업(業)을 지어 끝없는 생사의 고통을 받고 있습니다. 그래서 중문은 말하기를, "관자재보살(觀自在菩薩), 행심반야바라밀다시行深般若波羅蜜多時), 조견오온개공(照見五蘊皆空), 도일체고액(度一切苦厄)."이라고 합니다. 시작하자마자 우리에게 자기를 인식하라고 가르치고 있습니다. 자기를 인식하지 못하면 자기를 제도(濟度)할 수 없고, 자기를 인식하면 자기를 제도할 수 있습니다. 그리고 또 중생도 인식해야 합니다. 중생을 인식하면 중생을 제도할 수 있습니다. 모든 부처님은 자기도 인식하고 중생도 인식합니다. 그러므로 모든 부처님은 성불해서 중생을 제도합니다.

『화엄경』은 말합니다. "시방세계의 모든 여래는 동일한 법신이고, 동일한 마음이며 동일한 지혜이며, 무외력도 그러하다 [十方諸如來, 同共一法身, 一心一智慧, 力無畏亦然]." 시방의 여래는 동일한 마음이지 두 개의 마음은 없습니다. 아미타불의 마음과 석가불의 마음이 같고, 석가여래의 마음과 약사유리광여래의 마음도 서로 같습니다. 그러므로 시방세계의 무량한 부처님들은 모두 하나의 마음입니다. 중생의 마음을 돌아보면 저마다 다릅니다. 왜냐하면 중생의 마음은 '망심(妄心)', 허망한 마음이기 때문입니다. 망심이 또 어떻게 서로 같을 리가 있겠습니까? 당신에게는 당신의 '망(妄)'이 있고, 나에게는 나의 '망'이 있습니다. 백 사람에게 백 사람의 '망'이 있습니다. 이른바 '사람들 마음이 다름은 저마다 그 얼굴이 다름과 같다 [人心不同, 各如其面].'는 것입니다.

무엇을 '관자재(觀自在)'라고 하는가

반야심경에 숨어있는 신기한 암호가 우리에게 말해주고 있는데, 무엇을 '관자재(觀自在)'라고 할까요? 근기에 맞추어 법을 설하고 병에 맞추어 약을 쓰는 것 [對機說法, 對病落藥]입니다. 일체중생은 그 시작을 알 수 없는 과거로부터 지금까지[無始劫以來] 자기의 보리심(菩提心)을 등지고 법(法)을 바라봅니다. 보리심을 등진 채 법을 바라보는 것은 대단히 위험합니다. 그러기에 일체법에 자재하지 못하고 법에 속박되어 있습니다. 보리심을 떠나서 색상[色]을 바라보니, 색상에 집착하고 색상에 속박되어 자재할 수 없습니다. 보리심을 떠나서 소리[聲]를 들으니, 소리에 물들어 소리에 속박되어 자재할 수 없습니다. 보리심을 떠나서 냄새[香]를 맡으니, 냄새에 물들어져 냄새에 속박되어 자재할 수 없습니다. 보리심을 떠나서 말을 하니, 언어문자에 집착해서 역시 자재할 수 없습니다. 보리심을 떠나서 접촉(觸)을 감각하니, 접촉에 탐착하여 촉진(觸塵)에 속박되어 자재할 수 없습니다. 그 잘못이 어디에 있을까요? 모두 다 자기의 마음을 등지고 일체법을 바라보고, 일체법에 집착하여 일체법에 자재할 수 없기 때문입니다. 만약 법을 등지고 마음을 바라볼 수 있다면 마음이 밝아지고 법은 공해져서[心明法空] 일체법에 자재할 수 있습니다. 그러므로 '관세음보살'에서의 '관(觀)' 자는 우리더러 법을 바라보라고 하는 것이 아닙니다. 만약 황금을 바라본다면 훔칠 마음이 일어날 수 있습니다. 색상을 바라보면 색상에 집착하고, 명예를 바라보면 명예를 추구할 수 있습니다. 그러므로 대상 경계를 떠나야 합니다. 즉, 욕계·색계·무색계의 3계(三界)의 경계를 떠나고, 6진의 경계를 떠나고, 인간세계와 천상세계의 경계를 떠나고. 목전의 대상 경계를 떠나서 자기의 마음을 바라보아야 합니다. 자기의 마음을 바라보면 무심(無心)이어서, 마음은 공하고 대상 경계는 고요해지며[心空境寂] 일체법이 허깨비 변화와 같아서 일체법에 자재할 수 있습니다.

「대비참(大悲懺)」에서 관음보살은 말합니다,

제가 만일 도산지옥으로 향하면, 도산이 저절로 부러지며
제가 만일 화탕지옥으로 향하면, 화탕이 저절로 말라 버리며
제가 만약 지옥으로 향하면, 지옥이 저절로 사라져 버리며
제가 만일 아귀로 향하면, 아귀가 저절로 배부르며
제가 만일 아수라로 향하면, 악한 마음이 저절로 조복되며
제가 만일 축생으로 향하면, 저절로 큰 지혜 얻게 하옵소서

我若向刀山　刀山自摧折
我若向火湯　火湯自枯竭
我若向地獄　地獄自消滅
我若向餓鬼　餓鬼自飽滿
我若向修羅　惡心自調伏
我若向畜生　自得大智慧

관세음보살은 마음을 관찰하여[觀心] 일체법에 자재할 수 있기 때

문에 이름을 '관자재'라'고 합니다.
『법화경』「보문품(普門品)」은 말합니다,

가령 해치려는 사람에게 떠밀려 큰 불구덩이에 떨어졌더라도, 관음을 염하는 그 힘으로 불구덩이 변하여 연못이 되리라.― 불구덩이에서 자재할 수 있습니다.
假使興害意, 推落大火坑, 念彼觀音力, 火坑變成池.

혹은 큰 바다에 표류하여 용과 귀신·물고기의 난을 만나더라도 관음을 염하는 그 힘으로 파도가 삼킬 수 없으리라.― 물에서 자재할 수 있습니다.
或漂流巨海, 龍魚諸鬼難, 念彼觀音力, 波浪不能沒.

혹은 나라 법을 범해 고난을 당해 형벌 받아 죽게 되었더라도, 관음을 염하는 그 힘으로 칼이 조각조각 끊어지리라.― 국법 처벌[王難]에서 자재할 수 있습니다.
或遭王難苦, 臨刑欲壽終, 念彼觀音力, 刀尋段段壞.

혹은 원한의 도적들이 둘러싸고 저마다 칼 들고 해치려 해도, 관음을 염하는 그 힘으로 그들 마음 돌려 자비하게 하리라.― 원적(怨賊)에서 자재할 수 있습니다.
或値怨賊繞, 各執刀加害, 念彼觀音力, 咸即起慈心.

관음보살은 갖가지 어려움에서 자재할 수 있을 뿐만 아니라, 탐욕·성냄·어리석음[貪嗔癡]의 3독에서도 자재할 수 있으며, 관음보살 성스러운 명호를 수지하는 사람도 자재할 수 있게 합니다.

만일 어떤 여인이 아들 낳기를 원하여 관세음보살을 예배하고 공경하면, 복덕과 지혜가 있는 아들을 낳게 되고, 만일 딸을 낳기 원한다면 단정하고 아름다운 용모를 갖춘 딸을 낳게 되리라.— 아들이나 딸을 구함에서 자재할 수 있습니다.

若有女人, 設欲求男, 禮拜供養觀世音菩薩, 便生福德智慧之男, 設欲求女, 便生端正有相之友.

단지 관음보살에게만 공양해도 갠지스강의 모래알 수만큼 많은 보살의 명호를 수지하고 공양하는 공덕과 서로 같으니라. — 이른바 하나[一]와 많음[多]에서 자재합니다.

但供養觀音菩薩, 與受持供養恒河沙菩薩的功德相同.

어떤 몸으로 제도할 수 있을지에 따라 곧 그 몸을 나타내어 설법하여 주느니라. — 온갖 몸에 자재할 수 있습니다.

應以何身得度, 即現何身而爲說法.

어떤 사람들은 '관자재(觀自在)'를 자기가 있음을 관찰한다는 뜻으로 해석하는데, 그렇다면 자기는 또 무엇일까요? 자기가 자기를 인식해야 합니다. 자기는 중생이라는 것을 인식해야 합니다. 단지 중생이 부처를 미혹하였기 때문이니, 중생을 인식하면 부처를 인식합니다. 부처가 중생을 미혹시킨 것이 아니므로 중생을 제도하면 미혹이 없습니다. 미혹하지 않으면 부처를 봅니다. 부처는 중생이 성취한 것이니, 반드시 중생을 인식해야 합니다. 마치 찐빵이나 만두가 밀가루로 만들어졌으니 반드시 밀가루를 인식해야 함과 같습니다.

어떻게 5온이 모두 공함을 관조하여 보는가

"행심반야바라밀다시(行深般若波羅蜜多時), 조견오온개공(照見五

蘊皆空).”을 독해하겠습니다.

　뒷글인 ‘조견오온개공’에서 5온(五蘊)은 색(色)·수(受)·상(想)·행(行)·식(識)인데, 어떻게 5온이 모두 공함을 관조하여 볼까요? 반야의 힘을 이용해야 합니다. 반야는 밖으로 향하여 구하는 것이 아니라 안으로 향하여 발견하는 것입니다. 자기가 바로 5온인데, 5온이 공해지면 모든 고통과 재난을 건넙니다. 만약 5온에 덮여있다면 자기를 인식할 수 없습니다. 그러므로 사람마다 염불하여도 ‘염불하는 자가 누구인지’를 인식하지 못합니다. 왜냐하면 5온에 덮여있기 때문입니다. 이 때문에 반야의 힘을 더해야 합니다. 이른바 “깊은 반야바라밀다를 수행할 때에 5온이 모두 공함을 관조하여 보는 것”입니다.

　그러나 이 ‘심(深)’자가 중요합니다. 대승을 심반야(深般若)라 하고 소승을 소반야(小般若)라고 하는데, 저는 이 ‘심반야’는 대승의 반야로 봅니다. 반야는 반드시 깊습니다. 우리가 염불하면, 부처가 어디로부터 나올까요?

　보세요! 반야심경에 숨어있는 신기한 암호는 갈수록 깊어집니다. 밑바닥까지 보기가 결코 쉽지 않습니다. 그래서 ‘여래란 어디로부터 옴도 없고 어디로 향하여 감도 없으므로 여래라고 합니다 [如來者, 無所從來, 亦無所去, 故名如來].’ 우리가 ‘염불하는 자가 누구인가?’를 살펴보더라도 오고 가는 곳이 없습니다. 오직 그가 그곳에서 나오는 것만 살펴보니 그곳으로부터 곧장 살펴보아 갈까요? 제법(諸法)은 오는 곳이 없습니다. 그래서 오는 곳을 볼 수 없습니다. 만약 오는 곳이 있다면, 여래는 어디로부터 옴이 없는 것이 아니라, 어디로부터 옴이 있는 것입니다. 여래가 어디로부터 옴이 없는 바에야 부처님의 명호도 어디로부터 옴이 없습니다. 이미 오는 곳이 없음이 바로‘ 깊음[深]’입니다. 이런 까닭에 ‘매우 깊은 반야[甚深般若]’는 밑바닥이 없습니다. 비록 부처님의 명호가 어디로부터 오는 것을 볼 수는 없지만 이미 다른 하나의 세계로 들어갔고, 이 5탁악세(五濁惡世)는 비워졌습니다. 당신이 무엇을 살펴보든, ‘염불하는 자가 누구인가?’를 살펴보든, 부처님께 절하는 것을 살펴보든, 자기가 말하는 것을 살펴보든, '태어남은 어디로부터 오고, 죽으면 어느 곳으로 향해 가는 것일까?'를 살펴보더라도 일체법은 모두 오는 곳이 없으니 매우 깊고 매우 깊습니다! 그러기에 반야를 '깊은 반야'라고 합니다.

선근(善根)이 있는 일부 사람들은 좌선하고 있을 때 신체가 공(空)해지면 놀라 두려워하는데, 결코 놀라 두려워하지 마십시오. 신체가 비록 공해졌더라도 마음은 아직 공해지지 않았으니까요! 신체가 공해졌을 때 마음이 나타납니다. 당신이 이 마음을 살펴보면 마음에는 한량없는 망상(妄想)이 있습니다. 당신은 이런 망상들을 살펴봅니다. 한량없는 망상이 생기지 않으면 그 때에 당신의 열반심(涅槃心)이 나타납니다. 그러므로 깊은 반야 중에서 관세음보살은 말하기를, "5온이 다 공함을 관조하여 본다."라고 합니다.

5온이 바로 중생이며, 5온이 바로 자기이다

5온이 바로 중생이며, 5온이 바로 자기이기도 합니다. 여러분이 자기를 인식하고 싶다면, 당신 자신이 바로 5온입니다. '온(蘊)'이란 덮는다[蓋覆]는 의미입니다. 5온이 불성을 덮고 있으며, 보리심(菩提心)은 5온에 의해 덮여있습니다. 반드시 5온이 공해져야 보리심이 비로소 나타납니다. 우리의 현재의 이 마음은 망상심(妄想心)이라고 하지 보리심이 아닙니다. 도심(道心)이라고도 부르지 않습니다. 인아시비(人我是非)의 마음이요 이익을 탐하는 마음이라고 말할 수 있습니다. 5온이 공할 때 보리심을 보고, 보리심으로부터 수행을 일으켜 곧장 닦아가 성불에 도달합니다.

극락세계에 태어나려면 역시 5온이 공해져야 합니다. 겁탁(劫濁)은 색온, 견탁(見濁)은 수온, 번뇌탁(煩惱濁)은 상온, 중생탁(衆生濁)은 행온, 명탁(命濁)은 식온입니다. 5온이 공해져야 극락세계에 도달해서 자성미타(自性彌陀), 유심정토(唯心淨土)를 볼 수 있습니다.

석가불이 설한 모든 경전은 우리더러 5온을 비우라고[空五蘊] 가르칩니다. 반야심경은 물론 그렇거니와, 『아미타경』이 5탁(五濁)을 떠나라고 하는 것은 바로 5온을 비우라는 것입니다. 『묘법연화경』에 '5백유순(五百由旬)을 지나서 보배 장소에 도착한다'고 하는데, 그 5백유순도 바로 5온입니다. 더 나아가 『해심밀경』에서 '8식(八識)을 비우고, 8식을 4지(四智)[64]로 전환한다'에서의 8식도 5온입니다. 안식·이식·비식·설식·신식은 바로 수온이며, 그 대상 경계인 5진(五塵)은 색온입니다. 제6의식은 상온, 제7식은 행온, 제8아뢰야식은 식온입니다. 그러므로 8식이 바로 5온입니다. 유식학은 우리에게 8식을 4지로 전환하라고 가르치는 것이지, 우리더러 무슨 명상(名

---

64) 전식득지: 전의(轉依) 즉 식(識)이 지(智)로 변화되는 것을 달리 표현하여 전통적인 용어로 전식득지(轉識得智) 또는 전식성지(轉識成智)라고도 한다. 전식득지의 문자 그대로의 뜻은 '식(識)을 바꾸어서 지(智)를 득한다'이다. 전(轉)은 전변(轉變) 또는 능변현(能變現)의 뜻으로 능동적으로 바꾸고 변화시키는 것을 말하고, 득(得)은 심불상응행법 가운데 하나로 획득(獲得)과 성취(成就)를 말한다. 즉, 수행자가 수행이라는 능동적이고 적극적인 실천을 통해 자신의 8식을 지혜로 변화시키는 것을 말한다. 달리 말하면, 자신의 기체(基體, basis), 즉 자신의 존재 기반 자체를 허망한 상태(변계소집성)로부터 진실한 상태(원성실성)로 변화시켜 완전한 깨달음을 성취하는 것을 말한다.

전식득지는 구체적으로는 제8식인 아뢰야식이 대원경지(大圓鏡智)로, 제7식인 말나식이 평등성지(平等性智)로, 제6식인 의식이 묘관찰지(妙觀察智)로, 나머지 전5식이 성소작지(成所作智)로 완전히 변화되는 것을 말한다. 이 가운데 특히 대원경지는 일체종지(一切種智), 즉 우주의 모든 것을 아는 부처의 지혜[佛智], 즉 진여의 무분별지(無分別智)를 말한다. 그리고 평등성지(平等性智)는 모든 것을 알게 됨으로써 자타(自他)가 평등하며 둘이 아니라[不二]는 것을 여실히 아는 지혜로서, 이 지혜에서 발현되는 마음은 평등(平等)과 불이(不二)의 앎에서 조건 없이 일어나는 대자비심(大慈悲心), 즉 무연대비(無緣大悲: 인연이 없어도 자비를 베풂, 즉 유위법이 아닌 무위법으로서의 자비심), 즉 모든 유정의 성불을 염원하고 실천하는 모든 부처와 여래의 대자비(大慈悲)와 대비원(大悲願)의 마음이다. (위키백과)

相)을 분별하라고 가르치는 것은 아닙니다. 8식의 전환이 바로 5온을 비우는 것이며, 4지는 곧 불성이자 보리심이기도 합니다.

　"행심반야바라밀다시(行深般若波羅蜜多時)"에서의 '시(時)' 자도 좀 해석해야겠습니다. 일체법은 유식소변(唯識所變: 아뢰야식이 변하여 나타난 것)이요, 유심소현(唯心所現: 마음이 나타난 것—역주)입니다.[65] '시'는 과거시 · 현재시 · 미래시를 가리킵니다. 과거 현재 미래에 모두 심반야를 행하는 것으로, 이른바 과거를 얻을 수 없다는 것[過去不可得]은 과거에 반야가 있었음이요, 미래를 얻을 수 없다는 것[未來不可得]은 미래에 반야가 있음이며, 현재를 얻을 수 없다는 것[現在不可得]은 현재에 반야가 있음입니다. '시(時)', 즉 과거 현재 미래는 얻을 수 없습니다. 그러므로 이름을 "행심반야바라밀다시"라고 합니다.

반야심경을 한 구절로 농축하면 '조견오온개공', 다시 한 글자로 농축하면 '조(照)!'

　6백 권 『대반야경』을 5천 자(字)로 농축한 것이 『금강경』이요, 5천 자의 『금강경』을 2백여 자로 농축한 것이 반야심경입니다. 이제 제가 다시 반야심경을 한 구절로 농축하면 바로 "조견오온개공"입니다. 관음보살이 5온이 모두 공함을 관조하여 보고, 미래의 보살도 5온이 모두 공함을 관조하여 보며, 과거의 보살도 5온이 모두 공함을 관조하여 보았으며, 현재 불법을 배우는 사람도 5온이 모두 공함을 관조하여 보아야 합니다. 길은 이렇게 걸어가는 것이며, "조견오온개공(照見五蘊皆空)"을 다시 한 글자로 농축하면 무슨 글자일까요?

　"조(照)!" 자입니다. 맞습니다. 이게 바로 반야심경에 숨어있는 신

---

65) 『대승광오온론』은 바로 이를 설명하는 것이다.

기한 암호의 두 번째입니다. '조'는 살펴본다[照顧]는 의미입니다. 사람마다 살펴볼 수 있습니다. 예컨대 아동을 데리고 외출하면 반드시 살펴보아야 합니다. 돌보지 않으면 넘어지거나 행방불명될지 모릅니다. 길을 걸어가면서 살펴보아야 하지, 살펴보지 않으면 오물을 밟거나 구덩이에 떨어질지 모릅니다. 말하는 것도 살펴보아야 하지 살펴보지 않으면 틀리거나 실례되는 말을 할지 모릅니다. 부처님께 절하면서도 살펴보아야 합니다. 살펴볼 때, 예배하는 주체[能禮]와 예배받는 객체[所禮]가 그 본성이 공적(空寂)하고, 감응의 도리가 교차함은 생각으로 헤아리기 어렵기 때문에, 부처님께 절 한 번 하면 갠지스강의 모래알 수만큼의 죄가 소멸한다는 것을 알아가기 시작합니다. 경전을 독송할 때 입은 독송하고 마음은 사유하면서, 경문을 따라 관(觀)에 들어가 그 의미를 살펴본다면, 경문 속의 의미 도리[義理]가 무궁하다는 것을 발견할 수 있으며, 경문 속의 도리를 풀이하여 설명할 수 있을 것입니다. 진언을 외울 때도 살펴보아서, 이 음성이 어느 곳으로부터 나오는 지를 살펴보아야 합니다. 만약 살펴보면서 그것을 따라 들어갈 수 있다면 선정에 들어갈 수 있습니다. 일단 선정에 들어가 이 세계가 공(空)해지면, 생사의 이 언덕으로부터 열반의 저 언덕에 도달하고, 사바세계의 예토(穢土)로부터 비로자나불 체성의 광대한 바다 [毗盧性海]에 도달합니다.

과거에 어떤 스님이 성질이 고약했습니다. 지객사(知客師)를 맡은 스님이 그에게 절을 떠나라고 요구하자, 그는 참회하겠다고 사정했습니다. 그 뒤로는 금언(禁言)하면서 장경루(藏經樓)에서 향등직(香燈職)을 맡고 일심으로 대비주(大悲咒)를 외웠습니다. 밤낮으로 힘써 열심히 3년을 외웠는데, 대비주를 한 글자 한 글자씩 따라가 열반의 저 언덕에 도달했습니다. 진언을 외움[持咒]은 하나의 무분별(無分別) 법문으로서, 만약 한 글자 한 글자씩 따라 걸어 들어가면 이 세상을 떠나 또 다른 세계인 선정(禪定)의 나라, 세속에서 보통 말하는 삼매에 들어갈 수 있습니다.

참선(參禪)은 또 어떠할까요? 참선은 더욱 살펴보아야 합니다. 선당(禪堂) 안에서는 '조고화두(照顧話頭)'라고 부르는데, 시시각각 화두를 살펴보아야 합니다. 그러나 화두를 살펴보면서 나는 알지 못하는데, 바로 '이 알지 못함'을 살펴보아야하는 것입니다. 알지 못함 속에서 더듬어 찾아야 하며, 알지 못함 속에서 참구(參究)해야 합니다. '누가 모르는지[誰不知]'를 일단 알지 못하면, 일체를 다 알지 못합니다. 남이 당신을 욕해도 당신은 모릅니다. 남이 당신을 때려도 당신은 모릅니다. 남이 명예를 구하여도 당신은 모릅니다. 남이 권력과 이익을 다투어도 당신은 모릅니다. 옳고 그름과 남과 자기[是非人我]를 당신은 모릅니다. '염불하는 자가 누구인지?'를 모르면, 바로 그곳에서 1년을 모르고 2년, 3년을 모르더라도 무방합니다. 허운(虛雲)대사66)는 '시체를 끌고 다니는 자가 누구인가[拖死屍是誰]?'라는 화두를 참구했는데, 걸어도 걷는지를 알지 못했습니다. 식사를 해도 식사하는지를 몰랐습니다. 보아도 보이지 않았습니다[視而不見]. 최후에는 그 모르는 의정(疑情)이 끊어지고 깨달았습니다. 5온이 모두 공함을 비추어 보았습니다. 5온이 공함이 바로 반야요, 반야가 바로 불성입니다.

그러므로 반드시 심혈을 기울여 '조(照)' 한 글자를 이용하여 시시각각 자기를 살펴보되, 하나의 염두가 움직이는 것조차도 살펴보아야 합니다. 착한 생각은 간직해도 좋지만, 악한 생각은 소멸시켜야 합니다. 우리가 하나의 염두가 움직이면, 이 염두가 어디로부터 오는지를 살펴보고, 이 염이 어느 곳으로 향하여 가는지를 살펴봅니다. 만약 자기의 심념(心念)을 살펴볼 수 있다면 수상행식(受想行識)이 공합니다. 만약 자기의 색신(色身)을 살펴보면 신체가 공합니다. 그러나 마음은 아직 공하지 않아서 망상이 일어나고 사라지기를 반복하는데, 처음에는 거친 망상[粗妄想]을 보며, 나중에는 거친 망상이

---

66) 남회근 선생이 귀의한 사부였던 허운 대사의 간략한 전기는 『선정과 지혜 수행입문』의 「부록2」를 읽어보라.

사라지고 미세한 망상[細妄想]으로 바뀌는 것을 봅니다. 미세한 망상은 마치 흐르는 물과 같습니다. 옛사람은 이를 유주생멸(流注生滅)이라고 불렀습니다. 조주 스님은 이를 '쏜살같이 흐르는 강물 위에 공을 치는 것과 같다 [急水上打皮球]'라고 일컬었습니다.67) 생각 생각이 머물러있지 않음이 마치 폭포수 같아, 보기에는 생멸이 없지만 사실은 미세한 생멸이 멈추지 않고 있습니다. 다시 살펴보아 '생멸이 사라지고 적멸이 현전하면 [生滅滅已, 寂滅現前]', 마음이 공해져 급제하고 돌아갈 수 있음 [心空及第歸68)]은, 완전히 이 '조(照)' 한 글자에 의지합니다.

그러므로 수행은 많은 것을 사용하지 않고 "조견오온개공"에서 저 '조' 자에 유의합니다. 무엇을 살펴볼까요? 자기를 살펴봅니다. 자기가 바로 5온이니 누가 5온이 없겠습니까! 5온은 본래 공(空)하고 미혹할 때야 있지만 깨달았을 때는 없습니다. 옛사람이 말하기를, "색온은 마치 물거품 덩이[聚沫]와 같다. 수온은 마치 물거품[水泡]과 같으며, 괴로운 느낌이던 즐거운 느낌이던 빨리 지나간다. 상온은 마치 아지랑이[陽焰]와 같으며, 무슨 망상을 하더라도 실재하지 않는다. 행온은 마치 파초와 같으며, 층층이 벗겨내면 최후에는 텅빔[空]을

---

67) 『벽암록(碧巖錄)』 제80칙에 나온다.
   어떤 스님이 조주화상에게 질문했다. "갓 태어난 어린애도 안이비설신의, 6식을 갖추고 있습니까?" 조주화상이 말했다. "쏜살같이 흐르는 강물 위에 공을 치는 것과 같다." 그 스님은 다시 투자화상에게 질문했다. "쏜살같이 급히 흐르는 강물 위에 공을 친다는 뜻은 무엇입니까?" 투자화상이 말했다. "한 생각 한 생각이 한순간도 흐름이 멈추지 않는다." [擧, 僧問趙州, 初生孩子, 還具六識也無. 趙州云, 急水上打毬子. 僧復問投子, 急水上打毬子, 意旨如何].

68) 어느 날 방거사(龐居士)가 마조(馬祖)스님을 참방하고는 물었다. "만법과 짝하지 않는 이가 누구입니까?" "그대가 서강(西江)의 물을 한 입에 다 마셨을 때 그대에게 말해 주겠네." 이에 크게 깨치고는 다음의 오도송을 남겼다" 사방에서 함께 모여들어, 저마다 무위법을 배우네. 여기가 부처 뽑는 시험장이라, 마음이 공해져야 합격하고 돌아가네" [十方同共聚, 箇箇學無爲. 此是選佛場, 心空及第歸].

이룬다. 식온은 마치 허깨비 변화[幻化]와 같다."라고 했습니다.

《이렇게 당신이 반야심경을 '관(觀)'하기 시작합니다. 길을 걸어 가면서도 잠을 자면서도 서 있으면서도 앉아 있으면서도 일을 하 면서도 언제나 이 염두를 '관(觀)'합니다. '행심반야바라밀다시(行 深般若波羅蜜多時)', 서서히 당신의 공력(功力)이 깊어지고 공부가 도달하면, 대지혜가 갑자기 일어나서, '5온이 모두 공함을 비추어 봅니다[照見五蘊皆空]', 허! 그때에는 단번에 직접 돈오합니다. 당 신이 도리를 이해했다고 되는 게 아닙니다. '행'이 깊어지지 않으 면 공력이 도달하지 않습니다. 당신은 염두가 공한 줄 분명히 알 지만, 당신은 비워버리지 못합니다. 이론상으로는 알아도 사실상 으로는 해내지 못합니다. 당신의 공력이 부족해서입니다. 공력은 어디로부터 올까요? 당신이 평소의 하루 24시간 동안 언제나 공 부하고 밤낮으로 1초도 방일하지 않고 해태하지 않음으로부터 오 는 것입니다.

'행심반야바라밀다', 갑자기 실상반야(實相般若)에 도달하고 자 성(自性)의 자기 지혜가 폭발하여 깨닫습니다. 이번에는 '관'이 아 닙니다. '관'은 아직은 힘을 쓰는 것입니다. 제가 방금 손전등으로 그렇게 비추는 것이라고 비유하지 않았습니까? 그 때에 이르면 '관'이 아닙니다. 비유하면 전등이 켜져 있는데 태양이 산 위로 떠 오르면 갑자기 돈오하여 '조견오온개공', 심신 내외가 모조리 공해 지고 자성의 진공(眞空)을 봅니다. 당신은 아직 기맥이 있고 감각 이 있고 고통이 있어서 거기 앉아있으면서 편안하지 않은 것은, 모두 수음과 상음 속에 있는 것입니다! 그래도 무엇을 얘기해요? 비록 당신이 정(定)을 얻어서 호흡이 정지하였지만, 맥박(脈搏)이 아직 정지하지 않았다면 여전히 행음 속에 있는 것입니다. 맥박도 정지하였는데 따뜻함을 느낀다면 식(識)이 여전히 있고 여전히 행 음과 식음 속에 있는 것입니다. 이 모두는 아닙니다. 공성을 증득 하지 못했습니다. 이론관념상의 공(空)은 쓸모가 없습니다.

그러므로 말하기를 '행심반야바라밀다시, 조견오온개공', 그 때에 이르면 갑자기 돈오하여 비추어 보자마자 5온이 모두 공합니다. 무아(無我)·무인(無人)·무법(無法), 이때에는 괴로움을 떠나서 즐거움을 얻는데, 즐거움도 얻음이 없고, 괴로움도 없고 즐거움도 없는 실상반야입니다. '도일체고액(度一切苦厄)'입니다.》

(3계화택 생사윤회의) 모든 고통과 재난을 (벗어나) 건넜다.

度一切苦厄.

반야로써 5온이 모두 공함을 비추어 보고 3계 화택(三界火宅)을 벗어납니다.

《이상이 반야심경에서 바로 한 단락으로서, 사리불에게 수지 방법, 바로 이러한 수지 방법을 말해준 것입니다. 보세요, '관(觀)'으로부터 '조(照)'까지를 '관조(觀照)'라고 합니다. '관'은 '관'이고 '조'는 '조'입니다. '관'은 자성의 마음 광명의 작은 빛이며 초보 수행자는 이로써 입문에 착수합니다. '조'는 다릅니다. 조금도 힘이 들지 않고 닦을 필요도 없습니다. 닦을 필요도 없고, 닦음을 떠나지도 않으면서, 자연히 닦고 있습니다. 조금도 힘을 쓰지 않음이 마치 닦음이 없고 증득이 없는 것 같습니다. '조견오온개공, 도일체고액', 관자재보살은 사리불에게 말씀하기를, "이게 바로 반야 경계 '관'의 법문입니다. 반야의 심법이요 불법의 정수(精髓) 핵심인 수지의 법문을 그대에게 다 일러주었습니다."라고 했습니다.

돈오할 수 없으니 한 걸음 물러나 점수할 수밖에

사리자여, (신체 등 물질 물리 현상과 작용인) 색(色)이, 공(空: 고정불변의 실체가 없는 것)과 다르지 않고, 공이 색과 다르지 않으며, 색이 곧 공이요, 공이 곧 색이다. (정신 현상과 작용인), 수·상·행·식(受想行識: 감수·생각·생명의 동력기능 운행 활동·의식 분별) 또한 다시 이와 같다.69)

舍利子! 色不異空, 空不異色; 色即是空, 空即是色. 受, 想, 行, 識, 亦復如是.70)

관자재보살이 좀 살펴보니 사리자가 아직 이해하지 못했습니다. 물론 여러분처럼 이 경계에 도달하지 못했습니다. 수행 공부가 부족한데 어떻게 도달하겠습니까?! "여보세요! 사리자, 색즉시공(色即是空), 공즉시색(空即是色), 색불이공(色不異空), 공불이색(空不異色)"입니다, 보살은 그에게 5온을 분석해주었습니다. "사리자, 이해하지 못하는군요! 돈오(頓悟)할 수 없으니, 한걸음 물러나서 점수(漸修)할 수밖에 없습니다."

---

69) 5음은 색수상행식(色受想行識)의 다섯 가지 항목입니다. 색음(色陰)은 표시할 수 있는 색깔과 장단(長短), 허공 내지는 표시할 수 없는 추상적 환각(幻覺) 등을 포괄합니다. 요컨대 색음은 물리와 생리 신체의 4대 종성을 포괄합니다. 4대란 바로 지대(견고성의 실질)·수대(유동성의 액체)·화대(열에너지)·풍대(기화)입니다. 수음(受陰)은 생리적인 감각과 심리적인 반응을 가리킵니다. 상음(想陰)은 사유의식의 생각 작용을 가리킵니다. 행음(行陰)은 심신 본능이 운행 활동하는 동력기능[動能]를 가리킵니다. 식음(識陰)은 심령 작용의 정신 본질을 가리킵니다.(남회근 선생)

70) 남회근 선생이 이 단락에 대한 강해는 생략하였기에, 역자가 선생의 다른 강의 자료에서 절취하여 보충한 것이다.

색즉시공　공즉시색

　첫째, 우리의 이 색인 신체는 바로 색법으로서 지수화풍(地水火風)입니다. 여러분은 하루 종일 내내 도를 닦고 있으면서 곤혹스러운 것이 바로 신체요 바로 색입니다. 색법은 사람을 곤혹스럽게 하고있기 때문에 선종에서는 이를 색 껍데기라고 하는데, 일단 투태(投胎)하여 이 색 껍데기로 뚫고 들어가면 기어 나오지 못합니다. 마치 밀랍 환약처럼 어떤 약이나 어떤 것을 밀랍 환(丸)에 집어넣고 봉합하고 나면 벗어날 수 없고 해탈할 수 없어서 봉합되어 있습니다. 이 색법은 이렇게 굉장함이 있습니다. 색 껍데기 안에 있으면서 뛰쳐나올 수가 없습니다. 이 때문에 관세음보살은 당신에게 말해주기를 "색즉시공(色卽是空), 이 4대는 본래 공합니다, 이 지수화풍 4대인 육체는 본래에 공한 것입니다." 사리자가 이해하고 안 하고는 상관 말고 여러분은 듣고 이해합니까 이해하지 못합니까? 이해합니다! "색이 곧 공이다."라는 도리는 이해하지만 당신은 비울 수 있습니까? 당신은 거기 앉아 있는데, 당신은 사람이 여기에 있으면서 당신을 비워버릴 수 있습니까?

　그러므로 부처님의 기본 가르침인 부정관(不淨觀)과 백골관(白骨觀)은 첫째로 당신에게 색온을 비우게 하는 신념처(身念處)입니다. 그래서 평소에 제가 여러분에게 백골관을 닦으라고 하는데, 이게 중요합니다! 당신은 기맥을 잘 닦는 게 무슨 소용이 있을까요? 그렇다면 4대가 흩어지고 난 뒤에 당신의 공부, 도(道)는 어디에 있을까요? 기맥에 있을까요? 기맥은 육체가 있고 신경이 있어야 기맥이 있습니다. 그러나 기맥이 없다고 할까요? 역시 옳지 않습니다. 기맥이 통하지 않으면 당신은 색신(色身)을 비울 수가 없습니다. '색즉시공'을 해내지 못합니다.

　이 때문에 밀종이나 도가(道家)의 많은 법문이 가능한 모두 색신 면에서 닦는 것은 신념처로서, 사념처(四念處)의 시작 수련법입니다. 기맥을 닦아 극점에 도달하는 것은 뭐 하자는 것일까요? 이 색을 마치자는 것입니다. '색즉시공'입니다. 도달하고 증득해야 합니다. 당신은 말합니다, "선생님 당신이 이렇게 말씀하니 제가 이해했습니다." 당신이 알기는 뭘 알아요! 대지혜가 있는 사람은 '색즉시공'을 한번 듣고는 두 다리를 틀고 앉든 틀고 앉지 않든 한 생각에 정(定)이 되어서 신체를 내던져버리고 곧 잊어버려서 '색이 곧 공입니다'. 그게 지혜입니다. 그래서 당신에게 일러주기를 '관'과 '조'는 경계반야(境界般若)이지만, 여기에 이르면 경계반야가 아니라 방편반야(方便般若)라고 합니다. '색즉시공'이라고 한 소리 하자 그 즉시에 신체를 비워버리고 던져버립니다. 범부인 여러분이 어째서 버리지 못할까요? 앉으면 무시이래 이 신체를 아까워 버리지 못하기 때문입니다. 이게 바로 근본의 업력인데, 이 신체를 기꺼이 버리려 하지 않습니다. 선생이 여러분에게 평소에 가르쳐주지 않았다고 하지만, 여러분에 가르쳐주기를 "잘 앉으라, 정(定)을 잘 해라, 허공과 합하여 하나가 되라."라고 했는데, 당신이 그렇게 할 수 있습니까? 그러고도 선생이 당신에게 가르쳐주지 않았다고요? 미련한 사람은 그렇게 하지 못합니다. 지혜가 높은 사람은 '색즉시공', 그 즉시 신체를 내버립니다. 신체가 병이 있든 편안하든 핑! 내던져버립니다.

그러나 관자재보살은 또 사리자에게 분부합니다, "색즉시공에 도달했더라도 당신은 여전히 하나의 공(空)을 붙들어 쥐지 말아요. 당신이 '공'의 경계를 단단히 붙들어 쥐고는, 신체도 내버렸고 4대도 '공'해져서 이 '공'이야말로 도(道)이고 청정이야말로 도라고 여기지 말기 바랍니다. '공즉시색(空卽是色)'입니다!" 소승 아라한은 하나의 '공'을 붙들어 쥐고는 궁극이며 아라한과를 얻었다고 여기는데, 지금 관자재보살은 당신더러 대승 불법으로 진입하여 '공'을 하나 붙들어 쥐지 말고 청정을 하나 붙들어 쥐지 말라고 가르칩니다. 비록 내버려서 '색즉시공'이지만 '공'도 필요하지 않습니다. 이 하나의 '공'을 붙들어 쥐고 있음은 하나의 육체를 붙들어 쥐고 있음과 마찬가지로 색법입니다. 하물며 당신의 그 '공'은 여전히 의식에서 만들어진 것으로, 색법 면에서 만들어진 '공'의 경계로서 한도가 있고 경계가 있는 것임에야 더 말할 나위가 없습니다. 그러므로 소승 경계인 이 '공'은 한도가 있으며 그의 지혜도 한도가 있고 능력도 한계가 있으며 신통도 한계가 있습니다. 이 때문에 한 걸음 더 나아가 그의 법집(法執)을 깨뜨려버리면서 말하기를, "공을 하나 붙들어 쥐지 마십시오, '공즉시색'입니다."

당신이 말하기를 "네, 알겠습니다."하고 '공'도 상관하지 않으면 '공'은 어디로 갈까요? 더욱 '공'할까요? '공'도 상관하지 않습니다. 공도 상관하지 않음이 바로 더욱 공해지는 것이니까요. 여전히 옳지 않습니다. 공만을 알지 연기(緣起)를 모르는, 편견입니다. 편견은 견취견(見取見)에 떨어져 있습니다. '공'에도 집착해서는 안 됩니다. '공'에 떨어져 있으면 작용을 일으킬 수 없습니다! 묘유(妙有)를 일으킬 수 없습니다. 마음을 돌려 대승으로 향하여 보살도인 성공연기(性空緣起)로 전환해야 합니다. 왜냐하면 연기성공(緣起性空)이기 때문입니다. 그래서 그 앞에 두 마디가 있습니다. "사리자(舍利子), 색불이공(色不異空), 공불이색(空不異色)."은 '연기성공'입니다. 다음은 곧바로 방향을 돌려 대승도로 진입합니다. 즉, '성공(性空)'을 '묘유'로 전환하는, '성공연기'입니다. 즉, '색즉시공, 공즉시색'입니다.

이 4대는 내버리나 내버리지 않으나 모두 마찬가지여서 그 자체가 바로 공한 것입니다. 당신이 4대가 당신에게 장애라고 느끼는 것은 당신의 염두가 장애를 일으키고 있는 것이지, 4대는 결코 당신을 장애할 필요가 없습니다. 그것은 본래 공한 것으로 염두와 마찬가지로 본래 공합니다. 당신이 4대에 장애가 있다고 느끼는 것은 당신 자신이 장애 당하고 있는 것입니다. 당신이 이해하고 이 도리를 참구하여 뚫어낸다면 4대가 무엇을 방해하겠습니까? 4

대가 있어야 비로소 일을 할 수 있습니다! '성공연기', 진공(眞空)이 묘유(妙有)를 생겨나게 합니다. '색즉시공', 그것은 그 즉시 공과 둘이 아닙니다. 결코 육체 색법을 떠난 밖에 하나의 '공'이 있지 않습니다. '색불이공' 색 자체가 바로 공입니다. 그러므로 당신은 공을 하나 붙들어 쥐지 마십시오, '공즉시색'입니다.

수즉시공　공즉시수

당시에 관자재보살의 설법이 길었습니다. 우리의 번역이 이렇게 짧은 것과는 달리 두 번째로는 이어서 분석하기를, "사리자(舍利子), 수즉시공(受即是空), 공즉시수(空即是受), 수불이공(受不異空), 공불이수(空不異受)."라고 했습니다. 여러분은 지금 여기 앉아 있는 게 견디기 어렵지요[難受]? 보세요, 어떤 분이 병이 나서 여기 와 정좌를 하는데, 아직 3분도 지나지 않아, 머리를 만지기도 하고 다리를 꼬기도 하고 발가락도 움직이기도 하면서, 거기 앉아 있는 게 몹시 견디기 어렵습니다. 당신이 그에게 '수즉시공' 하라고 하면 비울 수 있을까요? 이 '수(受)', 이 감수는 바로 비우지 못합니다. 대지혜가 있는 사람은 이 말을 언급하자마자 곧 비워버립니다. '수즉시공', 그렇다면 당신이 청정한 경계를 하나 지키고 하나의 '공'을 지키고 있으면 옳을까요? 아! '공즉시수', 그것도 하나의 감수입니다. 당신이 공하다 느끼는 것도 하나의 느낌입니다.

비록 '연기성공'에 진입하여 당신이 또 좀 이해했다고 하지만 역시 소승 경계로서 공(空)을 하나 지키고 있습니다. '공'도 감수입니다. 그럼 한 걸음 더 나아가 당신에게 일러줍니다. '수불이공', 한편으로는 고통스러우면서 한편으로 참고 있습니다. 아프고 괴롭고 저립니다! 당신은 보세요, 당신은 좀 살펴보세요, 당신이 마음을 관찰해보세요, 관자재보살님, 아픔을 알고 감수를 아는데, 그 아픈 감수는 어디에 있을까요? '수불이공'입니다! 그 자체가 바로 '공' 한 것입니다. '공불이수', 그러기에 당신은 '공'을 하나 구하지 말기 바랍니다. 바꾸어 말해서 수음을 가지고 말해보면 '수'도 괜찮습니다. 괴로운 느낌도 괜찮습니다. 다리를 틀고 거기 앉아 있으면서 고통을 받는 것도 괜찮습니다! 제가 어제 여러분에게 말했듯이 고통을 많이 받은 만큼 그만큼 업이 녹습니다. 생사 업장은 무시이래로, 우리가 남의 신체를 해쳐서 그에게 고통 받게 하였고, 중생의 심리에 해를 끼쳐 그들이 고통을 당하도록 한 일을, 우리는 많이 했습니다.

현재 자신이 좀 많이 느껴서 녹이면 "수불이공(受不異空), 공불이수(空不異受).", 당신이 좀 살펴보세요, 다리가 저린데 어디가 괴로운지 당신이 돌이켜 안으로 관찰하고 자기가 한번 비추어 보세요, 그 시리고 아프고 저릴 때 집중하여 당신 스스로 좀 살펴보면 아주 재미있습니다. "에라이, 네가 왜 아파!" 아! 우리는 그에게 말을 해도 좋습니다! "너 좀 얌전하지 않을래," 여봐요! 아픈 게 아주 재미있습니다. 당신의 아픈 줄 아는, '그것'은 아프지 않습니다! 그렇지요? 그 아픔은 바로 수음이 아픈 것이고, 당신의 아픈 줄 아는 '그것'은 아픕니까 아프지 않습니까? (선생님이 크게 소리를 질렀다) 이해합니까 못합니까? 이해하지 못하면 당신은 어리석은 바보입니다. 이해했다면 당신은 반야에 입문했습니다. 자! 여러분의 복에 달려있는데, 이해합니까 이해하지 못합니까? 그렇다면 관자재보살은 또 사리자에게 분석하여 주는, 또 세 번째가 있습니다.

상즉시공 공즉시상

이것은 중간에 있는 가장 꿍장한 하나인, 손오공입니다! "사리자(舍利子呀), 상즉시공(想即是空), 공즉시상(空即是想).", 보세요,

여러분 마음속에 이 망상 염두인 상(想)도 모두 '공'한 것입니다. 당신은 '공'을 하나 죽어라고 붙들어 쥐지 말기 바랍니다! '공'을 하나 붙들어 쥐면 "상즉시공(想即是空).", 맞지요? 당신에게 하나의 청정함이 있고 하나의 '공'이 있습니다. "경계가, 아이구, 나는 아주 좋구나, 진보가 있네, 빛이 있네." 빛은 무슨 개뿔! 당신이 20원(대만 화폐단위임—역주) 주고 손전등 하나 사는 게 당신의 그 빛보다 더 밝습니다. "상즉시공(想即是空)." 당신이 '공'을 하나 붙들어 쥐면 "공즉시상(空即是想)", 하나의 '공'이라는 염두가 있으니 '공'은 생각해낼 수 있는 것 아닌가요? 당신이 잠이 들어있으면서도 '공'합니까 '공'하지 않습니까? 아! 어찌 그리 멍청합니까? "상불이공(想不異空)", 당신은 생각하세요, 상관없습니다. 그래서 당신은 망상을 끊지 못하니, 당신은 그것을 없애려 하지 말고 실컷 생각하세요.

당신이 여기 앉아서 생각을 하는데, 만약 여자 친구가 보고 싶으면 얼마든지 생각하세요. 당신 앞에 여자 친구가 서 있으면서, 아이~, 당신에게 잘해 준다고 당신은 생각하세요. 당신이 생각하다 지치면, 당신은 살펴보세요, 당신이 생각하는지 생각 안 하는지. "상불이공", 생각하다 지치면 생각하지 않기로 합니다. 그것은 본래 '공'한 것이며 가짜의 것입니다. 그래서 망상이라고 하는데, 당신은 그에 속임을 당해서 뭐 하자는 것입니까? "상불이공." 더 나아가 당신이 부처님을 생각하고 보살을 생각하는 것도 당신이 생각하는 것입니다. 밀종을 배우면서 진언을 외우고 관상(觀想)을 한참 동안 하는, 이런 생기차제(生起次第)만으로는 아직 옳지 않습니다. 또 나머지 절반을 얻어야 합니다. 모조리 놓아버리고 아무것도 없는 것을 원만차제(圓滿次第)라고 합니다. "제기랄! 왜 내가 구태여 너를 생각할 필요가 있겠는가?"하고 비워버리니 좋지 않습니까? 내가 그것을 생각할 필요가 어디 있겠습니까? 생각 자체는 본래 '공'한 것이니까요! 하지만 당신은 하나의 청정을 붙들어 쥐고

하나의 '공'을 붙들어 쥐고는 이게 옳은 것으로 여기지 말기 바랍니다.71)

---

71) 생기차제와 원만차제에 대해서 참고로 인터넷상으로부터 얻은, 설오 스님이 쓴 「티베트 불교」에서 전재한다. 한편 밀종에 관해서는 남회근 선생의 『도가 밀종과 동방신비학』을 읽어보기 바란다.

　티베트 불교 수행은 크게 생기차제와 원만차제 두 단계를 구분 짓고 있다. 이 두 차제는 모두 깨달음의 지혜을 얻기 위한 방편이다. 생기차제에서는 본존불 수행의 관상과 진언을 통해서 깨달음을 성취할 수 있는 인(因)을 심게 하고, 원만차제에서는 스승의 가르침을 통해서 그 자리에서 직지인심 견성성불케 해주는 법이다. 원만차제에서는 중생과 부처가 둘인 상대적인 경계를 인정치 않는 일체 유정이 다 본래 부처라는 지견으로 수행하는 것이다. 방편을 빌리지 않고 본연의 절대적 진리로 직접 들어가는 것이다. 근기가 아주 수승한 사람은 생기차제의 수행을 거칠 필요없이 직접 원만차제의 수행을 하게된다. 그러나 대부분의 사람들이 생기차제의 수행을 거쳐서 업장을 정화하고 불보살님을 관상함으로써 부처의 본래면목을 회복하게 된다고 티벳의 스승들은 가르치신다. 그래서 대부분의 티베트 사람들이 자신과 특히 상응하는 본존불을 정하여 관상하고 진언을 모신다.
　티베트 불교 안에는 각파마다 고유한 전승을 가진 수행들이 많이 있다. 그러나 공통적이면서도 보편적인 수행이 본존을 관하는 본존수행, 즉 본존요가이다. 시방에 본래 계시는 불보살님을 본존불인 지혜존으로 모시고 자신의 몸을 수행의 대상으로 정한 불보살님과 똑 같은 모습을 관상하는 것을 삼마야존, 혹은 계율존(계율의 대상인 부처님)이라 부른다. 자신인 삼마야존을 선명히 관상하여, 본존 만트라를 모시고 자신이 진실로 본존불과 똑 같은 부처라는 자만심과 신심이 확고해졌을 때, 지혜존인 본존불과 상응할 수 있게되고 그의 가피를 잘 받아들일 수 있게되는 것이다. 지혜존과 삼마야존이 잘 상응하여 가피가 충만해졌을 때, 자타가 둘이 아닌 불이(不二)의 공성(空性)의 상태에 들어가게 되는 데, 이 단계를 원만차제의 단계라한다. 이를 테면 한 가지 수행 안에 생기차제 원만차제가 다 포함되어있다. 다만 원만차제 수행만을 할 때는 성성적적(惺惺寂寂)한 광명의 상태로 생기차제를 대신한다.
　원만차제 수행을 대표하는 법으로 '마하무드라'라 불리는 까규파의 대수인(大手印) 수행과 '마하무디'라 불리는 닝마파의 대원만(大圓滿) 수행을 들 수 있다. 이 두 수행 안에는 지관(止觀)의 두 수행을 다 포함하고 있으

"공즉시상(空即是想)", 하! 당신이 한쪽에 떨어지면 또 옳지 않

며 한국의 참선법과 흡사한 면도 많이 있다. 그러나 티베트 불교에서는 이러한 원만차제 수행은 스승이 직접 제자에게 자성의 본모습을 보게해주고 가르쳐주어야 한다고 말하고 있다. 제자가 근기가 익지 않았을 때에는 스승이 많은 방편을 빌려서 제자에게 자성의 본모습을 인지할 수 있도록 자상하게 이끌어 주신다.

원만차제의 이론과 밀접한 관련이 있는 모습으로 남녀교합상인 부모불, 즉 쌍신의 모습을 한 불상을 많이 보게된다. 티베트 불교를 처음 접하는 많은 사람들이 이러한 쌍신상을 보고 음란한 성행위나 하는 사교로 여기거나 쾌락주의적인 종교로 오해하는 일이 종종 있다. 티베트 불교에서 보여지는 불상들의 여러 가지 모습과 장엄물은 다 부처의 완전한 경지를 표상화하여 상징적으로 가시화(可視) 한 것이다. 특히 무서운 모습으로 나투시는 분노존의 예를 들면, 이마에 있는 다섯 해골은 탐진치만의(貪瞋痴慢疑)의 5독번뇌가 다 정화되어 법계체성지·대원경지·평등성지·묘관찰지·성소작지등 다섯 지혜를 구족함을 상징하고, 여러 개의 팔은 6바라밀 내지는 37조도품을 상징하며, 세 얼굴은 법신·보신·화신의 삼신을 구족했음을, 세 눈은 시방을 두루 살핌을, 발아래 밟고 있는 마구니는 번뇌마, 죽음의 마, 오온의 마와 천마(天魔)외도의 마구니를 다 조복받았음을 상징한다. 그와 같이 남녀의 교합상인 부모불은 모든 번뇌를 조복받고 일체종지(一切種智)를 성취하여 자비와 방편, 지혜와 공성이 하나가 된 공락불이(空樂不二)의 온전한 존재임을 표현한 것이다. 다시 말해서 방편과 자비는 남성으로 지혜와 공성은 여성으로 표상화한 것이다. 이것은 궁극적인 깨달음의 경지를 표현한 것이며 번뇌를 기초로 하는 성적인 쾌락과는 완전히 차원이 다른 것이다. 온전한 깨달음이란 지혜와 방편이 하나된, 공성과 자비가 둘이 아닌 모습으로, 양날개가 온전한 비행기가 많은 사람들을 수월케 목적지로 실어다줄 수 있는 것과 같은 이치이다.

티벳트 불교가 다른 불교와 다른 점 중의 하나는, 다른 불교는 자비로운 부처님의 상만을 모시는데 비하여 티베트 불교에는 대부분의 불보살님들이 자비존과 분노존의 두가지 모습을 나투신다. 그것은 어머니가 아들을 사랑하고 가르칠 때 자애로운 사랑을 베푸실 때도 있고 때로는 간절한 사랑으로 가슴 아프게 회초리를 들고 엄하게 질책하시는 모습을 보이시듯이, 중생을 성불시키기 위한 대자대비하신 마음으로 나쁜 습기와 불법에 장애가 되는 마장을 없애기 위해 분노하신 무서운 형상을 보이시기도 한다고 한다. 그래서 관음보살은 마하카라라는 온 몸이 검은 분노존을 나투시고, 문수보살은 야만타카를, 대세지보살은 금강수라는 분노존을 나투신다.

습니다. 망상에 떨어져 있는 것은 유변(有邊)이며, 이게 범부의 6도윤회입니다. 공변(空邊)에 떨어져 있음은 바로 소승 경계인 성문 연각으로서 궁극이 아닙니다. 그래서 말하기를 당신이 얼마든지 생각하더라도 그 생각 자체를, 당신은 보세요, 생각 좀 해보세요, 제가 말하고 있고 당신은 생각하고 있는데, 당신은 왜 그것을 비우려고 합니까? (선생님이 크게 소리치다) 그것이 와서 당신을 비워줍니다! 멍청이! 당신이 그것을 비워요? 당신을 그것을 비울 재간이 있습니까? 그것은 당신에게서 머물기조차도 하지 않아서 한 염두가 다가와서는 곧 빠져나가 버립니다. 흩어져버려서, 와도 자취가 없고 가도 그림자가 없습니다. "어디로부터 옴도 없고, 어디로 감도 없습니다 [無所從來, 也無所去]." 그런데 당신에게 그것을 비우라고 요구합니까? 밥을 지어 여러분에게 헛 먹인 것입니다. 바보 같으니! 채식을 여러분에게 헛 먹인 것입니다. 헤헤! 그게 와서 당신을 비워줍니다. "상불이공(想不異空), 공불이상(空不異想)", 당신이 죽어라고 '공'을 하나 지키고 있으면 당신은 망상하고 있는 것이므로 당신은 마땅히 향판을 맞아야 하니 당신을 때려야 합니다. 이해했습니까? 알아들었습니까? 다들 이해 못합니까? 이해하지 못한다면 저는 얘기하지 않겠습니다. 다들 이해 못하는데도 뭘 얘기하겠습니까? 쇠귀에 경 읽기네요. 저 모씨가 입술을 오므리고 웃고 있는데, 그가 좀 아는 것 같습니다. 당신이 이해하니 제가 말하겠습니다. 당신은 전기가 통할 수 있습니까? 좋습니다, 당신에게 말해주겠습니다. 이런 바보들은 웃기조차도 안 하는군요. 이해를 못해요. (선생님이 큰 소리로 말하다) 웃음은 공과 다르지 않고 공은 웃음과 다르지 않습니다 [笑不異空, 空不異笑]! 헤헤! 보세요, 불법은 바로 그렇게 간단합니다. 다음은 정말 쉽지 않습니다.

행즉시공 공즉시행

"행즉시공(行即是空), 공즉시행(空即是行).", 우리 착한 분들, 무엇이 '행(行)'인가요? 당신은 무엇이 '행'인지조차도 모릅니까? '행'과 '식(識)'을 당신은 알아보지 못합니다! 그러기에 당신은 반야심경을 이해한다고, 여러분이 반야심경을 이해한다고 생각하고는 멋대로 반야심경을 강의하는데, 법(法)을 비방하고 업(業)을 짓지 말고 구업(口業)을 짓지 말기 바랍니다. "그럴 리가요. 강의하는 것은 결국은 좋은 일입니다요. 틀리게 강의해도 불법이니까요." 그러니 행온과 식온은 이해하기 얼마나 어렵습니까! 무엇이 행음과 식음인지 이해하려면 색음을 끝마치고 수음을 끝마치고 상음을 끝마치고 천천히 체험해야 비로소 망상이 없음에 도달할 수 있습니다. 비록 망상이 없어졌더라도, 헤헤 헤헤헤! 마치 나는 망상하고 있지 않은 것 같지만 어떤 것이 하나 있는데, 이것은 무엇일까요? 저도 말로 표현할 수가 없는데, 밖에도 있지 않고 안에도 있지 않으며 중간에도 있지 않은 '하나의 것'이 있습니다. '이것'은 도대체 무엇일까요? (선생님이 크게 소리쳤다) 하! 행음입니다. "무명을 조건으로 행이 생겨난다 [無明緣行]." 이게 바로 한 생각 무명인데, 당신은 청정함으로 여기고 이것이 도(道)라고 여깁니다. 당신은 정말 귀신이 곡할 노릇입니다! 행음을 당신은 이렇게 쉽다고 여깁니까? 반야심경은 멋대로가 아닙니다. '행심반야바라밀다시(行深般若波羅蜜多時)'이어야 합니다. 언제나 수행하여 관조(觀照)의 공력이 깊어져야 비로소 '조견오온개공(照見五蘊皆空)'합니다. 그렇지 않으면 제가 지금 앞에서 여러분에게 색음·수음·상음 이 세 개를 강의하는 것은 그래도 이해하기 쉬웠지만, 무엇이 행음인지는 당신이 이해하기 쉽지 않습니다.

식즉시공 공즉시식

"식음(識陰)"은 더욱 이해하기 어렵습니다! 저 '상(想)'은 여전히 '식(識)'이 아닙니다. '상'은 식음이 일으키는 하나의 표층적인 작용입니다. 그러니 유식학에서 그 '식'이 이해하기 그렇게 쉽겠습니까? 여러분이 유식학 강의를 들어도 이해하지 못함은 당연한 것입니다. 영점을 받아도 조금도 희기하지 않습니다. 그 다음의 두 개는 잠시 보류합니다. 여러분은 "색즉시공(色即是空), 공즉시색(空即是色), 색불이공(色不異空), 공불이색(空不異色)." 이것 하나를 이해하고 마땅히 모조리 쭉 한 길로 내려와야 합니다. 그래서 관자재보살은 말합니다, "사리자여 당신은 이해하지 못하는군요. 색즉시공, 공즉시색, 색불이공, 공불이색, 수상행식, 역부여시(亦複如是)이어서, 모두 마찬가지입니다. 당신은 이해하겠지요? 당신이 이해한다면 당신에게 '조견오온개공'을 분석해주겠습니다." 5온은 어떻게 비울까요? 그는 비우지 못했습니다. 도리는 이해했지만 공부가 도달하지 않았기에 또 그에게 이상의 제2단락을 분석하여 들려주었습니다. 에이!

제법공상 불생불멸

이어지는 제3단락은 그에게 결론지어 줍니다. 오직 한마디가 바로 한 단락입니다. "사리자(舍利子)! 시제법공상(是諸法空相)", 신체가 공해야 할 뿐만 아니라 법도 공해야 합니다. 무엇을 반야라고 부를까요? 무엇을 불법이라고 할까요? 불법이 하나 있다면 불법도 공해서 환화(幻化)입니다. 바꾸어 말해서 "법즉시공(法即是空), 공즉시법(空即是法), 법불이공(法不異空), 공불이법(空不異法). 입니다. 무엇이 법일까요? 사리자여 세 마디에서 한 마디를 이해

했는데도 법을 닦아야 할까요? 모두 비워버리세요! 사리자, 시제법공상."》

사리자여, 이 모든 (유위·무위) 법들은 (그 실상이) 공상(空相)이며, (본래부터) 생겨나지도 않고 소멸하지도 않으며, 더럽지도 않고 깨끗하지도 않으며, 늘어나지도 않고 줄어들지도 않는다.

舍利子! 是諸法空相 : 不生不滅, 不垢不淨, 不增不減.

반야의 기능작용이 5온이 모두 공함을 비추어 봅니다. 5온이 공하면 모든 고통과 재난을 건넙니다. 모든 고통과 재난을 다 건넌 뒤라야 제법의 청정상(淸淨相)을 봅니다. 청정은 공(空)의 다른 이름입니다. 그러므로 제법의 공상(空相)이라고 합니다.

제법의 본래면목이 바로 공상이며, 제법의 실상(實相)도 공상입니다. 제법은 공상을 떠나지 않았습니다. 그러므로 "제법공상(諸法空相)"입니다. 예컨대 생사는 하나의 공상으로서, 미혹할 때는 있는 것[有]로 여기지만, 반야로써 관찰하면 생사는 공한 것입니다. 생사를 떠난 뒤에 열반이 있는 것이 아니라, 생사 그대로 그 즉시[當下] 공함이 바로 열반입니다. 반야가 비추어 보면 번뇌가 본래 공입니다. 번뇌가 공함이 바로 보리입니다. 중생도 본래 공이어서 실제로 중생이 열반[滅度]을 얻음이 없습니다. 일체법의 실상은 공입니다. 그러므로 일체법은 본래부터 생겨나지도 않고 소멸하지도 않으며, 더럽지도 않고 깨끗하지도 않으며, 늘어나지도 않고 줄어들지도 않습니다.

"불생불멸(不生不滅)", 일체법은 생겨나지 않습니다. 물속의 달은 생겨남이 있을까요? 없을까요? 생겨남이 없습니다. 물속의 달은 생겨남도 없고 소멸함도 없습니다. 일체법도 생겨남도 없고 소멸함도 없습니다.

"불구부정(不垢不淨)", 또 물속의 달은 더러움과 깨끗함이 있을까요? 없을까요? 없습니다. 더러운 물속에도 물에 비친 달[水月]이 있지만, 더러운 물에 오염되지 않습니다. 깨끗한 물 안에도 달이 있으며, 청정한 물도 더럽히지 않습니다. 그래서 더럽지도 않고 깨끗하지도 않습니다.

"부증불감(不增不減)", 큰 바다는 하루에 두 번의 밀물이 있지만 바닷물은 늘어나지 않을 것이며, 하루에 두 번의 썰물이 있지만 바닷물은 줄어들지도 않을 것입니다. 그러므로 중생이 성불할 때 불성은 늘어나지 않을 것이며, 아직 성불하지 못했을 때도 불성이 줄어들지 않을 것입니다. 정토에 태어나더라도 불성은 청정해지지 않을 것이며, 지옥에 떨어져도 불성은 더러워지지 않을 것입니다. 범부가 윤회하여 생사가 있지만, 불성은 태어남도 없고 죽음도 없습니다. 이는 마치 허공에 밝음이 오고 어둠이 가더라도, 허공성(虛空性)은 생겨남도 없고 소멸함도 없으며, 더러움도 없고 깨끗함도 없으며, 늘어남도 없고 줄어듦도 없음과 같습니다.

5온 · 6근 · 6진 · 6식 · 18계가 없고

그러므로 공상 가운데에는 (5온이 없으니) 색이 없고, 수 · 상 · 행 · 식이 없으며,

是故空中無色, 無受, 想, 行, 識,

제법의 실상인 공상 안에는 색수상행식의 5온이 없습니다. 이 때문에 모든 부처님 여래는 결코 색에 집착하지 않고, 수상행식에 집착하지 않습니다. 제법의 공상 안에는 5온이 없어 얻을 수 없습니다. 이런 까닭에 제법의 공상 안에는 중생이 하나도 없습니다. 『금강경』이 말한, "헤아릴 수 없이 많은 중생을 제도하더라도, 실로 제도를 받은 중생은 하나도 없다 [滅度無量無邊衆生, 實無衆生得滅度者]."는 바로 그런 뜻입니다.

제법의 실상 안에는 색의 상(相)이 없어 얻을 수 없습니다. 색의 성(性)은 바로 제법의 공상이며, 공상 안에는 색의 '상'이 없어 얻을 수 없습니다. 능엄주나 대비주가 없어 얻을 수 없으며, 『금강경』의 글도 없어 얻을 수 없습니다. 이런 까닭에 '공' 속에는 색이 없습니다.

"무색(無色)", 색이 없으니 신체가 '공'합니다. "무수상행식(無受想行識)", 수상행식이 없으니 마음도 공합니다. 이른바 심신이 둘 다 없어 [身心兩亡], 몸이 공하고 마음이 공해지면 부처가 현전합니다. 바로 우리들의 몸이 공해지지 않았기 때문에 생로병사의 고통이 있습니다. 마음이 공해지지 않았기 때문에 생주이멸(生住異滅)72)이 있습니다. 만약 몸이 공해지면 생로병사의 괴로움이 없으며, 마음이 공해지면 생주이멸이 없습니다. 몸과 마음이 없으면 불성이 현전합니다. 그러므로 불법을 배우고 익힘은 간단하며 현실적인 일입니다.

(6근이 없으니) 안 · 이 · 비 · 설 · 신 · 의(眼耳鼻舌身意: 눈 · 귀 · 코 · 혀 · 몸 · 의근)가 없고,

無眼, 耳, 鼻, 舌, 身, 意,

안이비설신의(眼耳鼻舌身意)를 6근(六根)이라고 합니다. '근'은 낳을 수 있다[能生]는 의미입니다. '근'은 번뇌 미혹의 업을 쌓고 중음신의 생(生)을 받게 합니다 [積業潤生]. 예컨대 눈이 색을 보는 경우, 색을 볼 때는 곁눈질하거나 훔쳐봄으로써 업을 짓습니다, 또 눈이 황금을 보면 훔칠 마음을 일으키고, 미녀를 보면 음심을 일으키며, 명예

---

72) 제법의 생멸 변천을 나타내는 4가지 상. 생상(生相) · 주상(住相) · 이상(異相) · 멸상(滅相)을 말한다. 제법이 생기하고, 안주하고, 변화하고, 파멸하는 것이다.

를 보면 명예를 탐하고 음식을 보면 음식을 탐합니다. 그리하여 안근 때문에 업을 쌓습니다. 6근이 '공'해지면 곧 청정합니다. '없다[無]'는 의미로 해석하는 것이 아닙니다. 여래는 안근이 '공'하고, 육안(肉眼)·천안(天眼)·혜안(慧眼)·법안(法眼)·불안(佛眼)을 출생하여 5안(五眼)을 다 갖추었습니다. 그러므로 안근이 '공'해야 합니다. 그렇지 않으면 업을 지을 수 있습니다. 이근도 그와 같아서 만약 이근이 '공'해지지 않으면 온갖 시비와 음사(淫詞; 음란한 말, 지루한 말, 공허하고 과장된 말―역주)나 노래가 사람으로 하여금 업을 짓게 할 것입니다. '비설신의'도 그와 같습니다. 이른바 "6근이 도적으로서 중개자가 되어 스스로 자기 집 보물을 빼앗아 가는 것 [六賊爲媒, 自劫家寶]"입니다. 6근이 6적으로서, 진여 불성의 보배를 강탈해 갑니다. 반야로써 관조하여 제법의 실상이 공상임을 보기 때문에, 공상 속에는 "무안이비설신의(無眼耳鼻舌身意)"입니다. 여기서 '무' 자는 없다는 뜻이 아니라, '공'하고 청정하다는 뜻입니다.

(6진이 없으니) 색·성·향·미·촉·법(色聲香味觸法: 형색·소리·냄새·맛·접촉·갖가지 생각과 정서)**이 없고,**

無色, 聲, 香, 味, 觸, 法;

"색성향미촉법"은 6진(六塵)인데, '진(塵)'은 더러워서 본래 청정한 불성을 덮을 수 있습니다. 예컨대 눈이 색진(色塵)을 보고 탐하는 생각을 일으키면 색진이 불성을 덮어버립니다. 귀가 성진(聲塵)을 듣고 집착을 일으키고, 코가 향진(香塵)을 맡고 취착(取著)을 일으키고, 혀가 미진(味塵)을 맛보고 즐겨 집착하고, 몸이 촉진(觸塵)에 집착하고, 의식이 법진(法塵)을 반연하면, 모두 불성을 덮을 수 있습니다.

　6근이 6진을 대상 경계로 하는데, 6근이 공하면 6진도 따라서 공합니다. 만약 6근이 6진을 취하면 바로 생사입니다. 만약 6근이 회광반조(回光返照)하여 흐름을 돌이켜 온전히 하나가 됨이 바로 열반입니다. 그러므로 관음보살은 문·사·수(聞思修: 소리를 듣고 사유하고 수행함)로부터 삼마지(三摩地)에 들어가는 데에 이근(耳根)을 사용하여 "듣는 작용을 되돌려 자성을 듣고, 진심 자성의 적연한 자체를 밝게 보기만 하면 무상 대도를 완성합니다 [返聞聞自性, 性成無上道]", 이근이 들음은 허튼소리가 죄를 지을 수 있는 것이 아니라, 이근이 돌이켜 들으면 성진을 멀리 떠나고 당신으로 하여금 정각을 이루게 할 수 있습니다.

수행자는 반드시 6진을 떠나야 합니다. 출가는 바로 6진을 떠나는 것입니다. 이른바 출가란 6진의 집을 떠나는 것입니다. 예를 들어 사미계(沙彌戒)는 완전히 6진을 떠나는 것입니다. '살생하지 말라[殺], 도둑질하지 말라[盜], 음행하지 말라[淫], 거짓말하지 말라[妄], 술 마시지 말라[酒]'는 5계(五戒)는 재가불자도 받을 수 있지만, 사미계는 여기에다 다음의 계를 추가합니다.

6. 노래하지 말고 춤추지 말며, 가서 구경하지도 말라 [不唱歌不跳舞, 亦不往觀聽]. 이는 성진과 색진의 집을 떠나는 것입니다.

7. 꽃다발을 갖지 말고 향수를 몸에 바르지 말라[不戴香花蔓, 不香油塗身]. 이는 향진의 집을 떠나는 것입니다.

8. 높고 넓고 큰 평상에 앉거나 눕지 말라 [不坐臥高廣大床]. 이는 촉진의 집을 떠나는 것입니다.

9. 정오가 지나면 먹지 말고 음식의 맛을 탐착하지 말라 [過午不食, 不貪著飮食之味]. 이는 미진의 집을 떠난 것입니다.

10. 손으로 금은 재보를 쥐지 말라 [手不捉金銀財寶]. 이는 법진의 집을 떠나는 것입니다(나에게 얼마의 재보가 있다고 분별함은 법진입니다).

(18계가 없으니) 안계(眼界) (색계·안식계)가 없고, (의계·법계) 의식계(意識界)까지도 없으며,

無眼界, 乃至無意識界.

안식(眼識)·이식(耳識)·비식(鼻識)·설식(舌識)·신식(身識)·의식(意識) 이 여섯을 6식(六識)이라고 합니다. 여기에다 6진과 6근을 더하여 18계(十八界)라고 합니다. 18계가 바로 중생입니다. 6근은 안에 있고, 6진은 밖에 있으며, 중간은 6식입니다. 6진은 인지기능[知]이 없고, 6근은 감각과 지각[覺]이 있으며, 6식은 분별(分別)을 일으킵니다. 그러나 6근은 분별함이 없습니다. 예컨대 눈이 사물을 보면, 길다·짧다·네모지다·둥글다 등은 안식이 분별하는 것입니다. 이근은 소리만 들을 수 있을 뿐, 남자의 소리·여자의 소리·바람 소리·불타는 소리 등등을 이근은 분별할 수 없고 이식이 분별합니다. 중생이 생사를 벗어나려 하지 않음은 모두 자기의 6근·6진·6식을 차마 떠나지 못하고 18계 안에서 빙빙 돌고 있기 때문입니다. 18계를 떠나면 중생이 없습니다. 이른바 이것이 없기 때문에 저것이 없습니다 [此無故彼無]. 18계가 화합하면 중생입니다. 그러므로 이것이 있기 때문에 저것이 있다 [此有故彼有]고 합니다. 중생은 본래 공합니다. 만약 6근·6진·6식이 없다면 어디서 와서 중생이 있을 수 있겠습니까!. 단지 중생이 18계를 내려놓으려 하지 않아서 18계가 불성을 덮고 있는 것입니다. 그러므로 곳곳에서 생로병사하고[受生] 6도에 윤회하면서 끝마칠 기약이 없는 것입니다.

옛날에 어떤 범지(梵志)가 꽃을 가지고 부처님께 공양했는데, 세존은 그에게 "내려놓으라 [放下著]!"고 말씀했습니다. 범지는 왼손의 꽃을 땅바닥에 내려놓았습니다. 그러자 세존은 또 말씀하기를 "내려놓으라!"고 했습니다. 범지는 오른손의 꽃을 또 내려놓았습니다. 그러지 세존은 또 말씀하기를 "내려놓으라!"고 했습니다. 범지가 물었습니다, "저는 양손의 꽃을 모두 내려놓았는데도 세존께서는 저더러 무엇을 내려놓으라고 요구하시는지요?" 세존이 말씀하였습니다, "나는 너에게 안으로는 6근을 내려놓고, 밖으로는 6진을 내려놓으며,

중간으로는 6식을 내려놓아서, 18계를 함께 내려놓으라는 것이다. 내려놓을 수 없는 곳까지 내려놓는 것이 바로 너의 안신입명 할 곳[安身立命處]이다." 범지는 즉시 도를 깨달았습니다.

우리는 현재의 6근ㆍ6진ㆍ6식을 쥐고서 모두 아직 내려놓지 않고 18계에 의해 불성이 덮여있습니다. 불성을 보고자 하면 반드시 18계를 내려놓아야 합니다. 반야로써 관조(觀照)하여 '무안계 내지 무의식계(無眼界乃至無意識界)'까지의 18계가 모두 없어서, 18계가 '공'하고 18계가 청정함이 바로 제법실상이요 바로 불성입니다.

12인연이 없고 4성제가 없고

(12인연이 없어서) (범부의) 무명(無明)이 없고 (벽지불도의) 무명이 다함도 없으며,

無無明, 亦無無明盡 ;

무엇을 무명(無明)이라 할까요? 중생은 18계를 내려놓을 수 없어서 18계가 불성을 덮고 있기 때문에, 불성이 밝지 않음[佛性不明]을 무명이라고 합니다. 경은 말하기를, "진여가 자성을 지키지 않고 한 생각 불각(不覺)으로 무명이 있다 [真如不守自性, 一念不覺, 而有無明]."라고 합니다.73)

---

73) 이것이 근본무명이다. 무명에 대하여 또 참고로 위키백과사전에서의 해설 일부를 전재한다.

　무명(無明)은 어리석음, 어둠, 막힘, 미혹(迷惑), 치(癡), 암(闇), 장(障), 미(迷), 우치(愚癡), 무지(無知), 무지(無智) 또는 무현(無顯)이라고도 한다. 이들 중 미혹(迷惑)의 일반 사전적인 의미는 '무엇에 홀려 정신을 차리지 못함' 또는 '정신이 헷갈리어 갈팡질팡 헤맴'인데, 불교 사전들에서의 정의에 따르면 미(迷)는 사(事)와 이(理)에서 잘못이 있는 것을 진여는 사람마다 있습니다. 그러나 자기의 위치를 지키지 않습니다. 경에 말하기를, "이 (일체)법은 (진여의) 법위에 머무르며, (유정과 무정의) 세간의 현상이 상주한다 [是法住法位, 世間相常住]"74)라고 하

말하고, 혹(惑)은 사(事)와 이(理)에 밝지 못한 것을 말한다.

《잡아함경》제13권 제334경〈유인유연유박법경(有因有緣有縛法經)〉에서, 고타마 붓다는 무명(無明)이란, 근(根)·경(境)·식(識)의 화합이 일어날 때 이전까지 쌓은 염오(染汚)한 업(業)으로 인해 해당 경(境)에 대한 부정 사유(不正思惟, 邪思惟: 바르지 않은 사유, 바르지 않은 생각, 8정도의 정사유의 반대가 일어나며 이 부정사유로 인해 [해당 경(境)과 그 이치에 대한, 즉 사(事)와 이(理)에 대한] 치(癡) 즉 어리석음이 일어나는데 이 어리석음이 곧 무명(無明)이라고 말하고 있다.

부파불교의 설일체유부의 교학을 비판적으로 집대성한 세친의 《구사론》에 따르면, 무명(無明) 또는 치(癡)는 마음(6식, 즉 심왕, 즉 심법)으로 하여금 어리석게 하는 마음작용으로, 우치(愚癡: 어리석음), 무지(無智) 또는 무현(無顯)이라고도 한다. 무지(無智)는 마음이 사(事: 사물, 현상)와 이(理: 이치, 본질)를 밝게 결택(決擇: 옳고 그름을 판단하여 결정함)할 수 없는 상태를 말하고, 무현(無顯)은 사(事: 사물, 현상)와 이(理: 이치, 본질)가 은폐되어 마음에 밝게 드러나 알려지지 않은 상태를 말한다.

대승불교의 유식유가행파와 법상종의 주요 논서인 호법 등의 《성유식론》에 따르면, 무명(無明) 또는 치(癡)는 마음(8식, 즉 심왕, 즉 심법)으로 하여금 온갖 이(理: 이치, 본질)와 사(事: 사물, 현상)에 대해 미혹[迷]하고 어두워[闇]지게 하는 것을 본질적 성질[性]로 하는 마음작용이다. 그리고, 치(癡)의 마음작용은 이러한 본질적 성질을 바탕으로 마음이 무치(無癡: 어리석지 않음, 지혜로움)의 마음작용과 상응하는 것을 장애함으로써 마음으로 하여금 온갖 잡염(雜染: 근본번뇌와 수번뇌, 즉 모든 번뇌)과 상응하게 하는 발동근거[所依]가 되는 것을 그 본질적 작용[業]으로 한다.

현대 학자의 견해들 중 하나에 따르면, 무명(無明)은 산스크리트어 아비드야(avidyā)와 모하(moha)의 번역어로서 명지(明知, vidyā)가 없는 것, 즉 이[理: 진실한 도리]를 깨치지 못하고 사[事: 사물]에 통달하지 못한 상태를 말한다. 무명(無明)이 12연기(十二緣起)의 제1지분을 이루고 있는 것에서 보듯이, 불교의 가르침에 따르면, 무명은 미혹된 존재가 겪는 괴로움[苦]의 근본으로 이해되고 있으며, 추구하는 대상에 대한 채워지지 않은 불만족(不滿足)의 모습으로 나타나기 때문에 갈애(渴愛) 즉 탐욕(貪欲) 또는 집착(執著, 執着)과 표리의 관계를 이루는 것으로 이해되고 있다.

는데, 바로 진여가 자성을 지키는 것입니다. 범부는 진여가 자성을 지키지 않고 한 생각 불각이 허망하게 움직였기 때문에 무명이 있습니다 [一念不覺而妄動, 故有無明]. 무명은 실체가 없습니다. (12인연에서) 무명이 있게 되면 반드시 행(行)이 있기 마련입니다 [무명연행]. 이른바 불각은 무명이요, 망동은 바로 행입니다. 행은 선행(善行)·악행(惡行)·부동행(不動行)으로 나누어지고, 이를 통칭하여 업행(業行)이라고 합니다. 행에는 반드시 식(識)이 있습니다 [행연식]. 선행에는 선식(善識)이 있고, 악행에는 악식(惡識)이 있으며, 부동행에는 부동식(不動識)이 있습니다. 행이 곧 업(業)입니다. 사람의 업은 사람의 식(識)이 있어서, 예컨대 물을 보면 물이지만, 천인의 업에는 천인의 '식'이 있어 물을 보면 유리와 같으며, 아귀의 업은 아귀의 '식'이 있어서 물을 보면 불꽃[火焰]이 됩니다.

식(識)이 있으면 업(業)이 '식'을 이끌고 투태(投胎)하여 '식'과 아버지의 정자와 어머니의 난자 이 세 가지 연이 화합화여 [三緣和合] 태(胎)를 이룹니다 [식연명색]. 이것이 명색(名色)인데, '색'은 아버지의 정자와 어머니의 난자[父精母血]이며, 자기의 '식(識)'은 마음[心]입니다. 마음은 그 이름은 있지만 작용은 없기 때문에 명색(名色)이라고 합니다. 명색은 7일 동안에 한 번씩 변화하여 49일 뒤에는 다섯 개의 포(胞)가 있는데, 머리·두 손·두 발이 그것입니다. 10개월 후에는 6근이 성숙하여 6근이 6진에 들어가는 기능이 있기 때문에 6입(六入)이라고 합니다 [명색연육입]. 소아는 출생한 뒤에 6진과 서로 접촉하는데, 이게 이른바 6입연촉(六入緣觸)입니다. 촉경(觸境)에는 괴로움이 있고 즐거움이 있는데, 수(受)에 속합니다. 그러므로 촉연수(觸緣受)입니다. '수'는 과보인데, 과보를 받을 때 마음에 걸려 있어 내려놓지 못하고 그리워함[係着]이 일어나기 때문에 수연애(受緣愛)

---

74) 『법화경』 「방편품제2」에 나온다. 다시 말해, 일체 사상(事相)이 진여의 자리에 머물러서 진여가 상주하고, 그에 의지하여 일어나는 세간 현상 역시 상주하면서 인연에 따라 변천할 뿐, 모두가 가상(假相)이다는 것이다.

입니다. 만약 즐거운 느낌[樂受]이라면 그것과는 오래도록 합해지기를 사랑하고, 만약 괴로운 느낌[苦受]이라면 그것과는 언제나 분리되기를 사랑하여서, 합해지기를 사랑하고 분리되기를 사랑하여 취함[取]을 낳습니다. 취함은 곧 업을 짓는 것[作業]입니다. 만약 도리에 따라 취하면 선업에 속하고, 만약 도리에 의하지 않고 취하면 악업에 속합니다. 그러므로 취연유(取緣有)입니다. 유(有)는 업(業)입니다. 업이 있기 때문에 생(生)이 있습니다. '생'하기 때문에 노병사우비고뇌(老病死憂悲苦惱)가 있습니다 [유연생로병사우비고뇌].

"무명을 조건으로 행이 생겨나고, 행을 조건으로 식이 생겨나고, 식을 조건으로 명색이 생겨나고, 명색을 조건으로 6입이 생겨나고, 6입을 조건으로 촉이 생겨나고, 촉을 조건으로 수가 생겨나고, 수를 조건으로 애가 생겨나고, 애를 조건으로 취가 생겨나고, 취를 조건으로 유가 생겨나고, 유를 조건으로 생이 생겨나고, 생을 조건으로 노사우비고뇌가 생겨난다."

無明緣行, 行緣識, 識緣名色, 名色緣六入, 六入緣觸, 觸緣受, 受緣愛, 受緣取, 取緣有, 有緣生老病死憂悲苦惱.

이를 12인연이라고 하며, 벽지불과를 증득할 수 있습니다. 만약 반야지(般若智)로써 관찰하면 다음과 같습니다.

"무명이 소멸하면 행이 소멸하고, 행이 소멸하면 식이 소멸하고, 식이 소멸하면 명색이 소멸하고, 명색이 소멸하면 6입이 소멸하고, 6입이 소멸하면 촉이 소멸하고, 촉이 소멸하면 수가 소멸하고, 수가 소멸하면 애가 소멸하고, 애가 소멸하면 취가 소멸하고, 취가 소멸하면 유가 소멸하고, 유가 소멸하면 생이 소멸하고, 생이 소멸하면 노(老)·병(病)·사(死)·우(憂:근심)·비(悲:비애)·고뇌(苦惱)가 소멸한다."

無明滅則行滅, 行滅則識滅, 識滅則名色滅, 名色滅則六入滅, 六入滅則觸滅, 觸滅則受滅, 受滅則愛滅, 愛滅則取滅, 取滅則有滅, 有滅則生滅, 生滅則老病死憂悲苦惱滅.

12인연은 공한 것이어서 벽지불 과위를 증득할 수 있습니다. 만약 반야지혜로써 제법의 실상을 관조하면 무명이 없습니다. 범부의 '무명'도 없고, 벽지불의 '무명이 다함'도 없습니다.

더 나아가서 (범부의) 노사(老死)가 없고 (벽지불도의) 노사가 다함도 없으며,

乃至無老死, 亦無老死盡.

범부의 '늙고 죽음'도 없고 벽지불의 '늙고 죽음이 다함'도 없습니다. 반야로써 일체법을 관조하면 세간법인 '무명'을 초월하고, 출세간법인 '무명이 다함'을 초월할 수 있습니다.

(아라한도의 4성제인) 고집멸도(苦集滅道)가 없으며,

無苦, 集, 滅, 道.

3전12행법륜(三轉十二行法輪)

"고집멸도"를 4성제(四聖諦)라고 하며, '제(諦)'는 진실하다는 뜻입니다. 4성제는 벽지불도(辟支佛道)가 아니라 아라한도(羅漢道)입니다. 세존의 3전12행법륜(三轉十二行法輪)은 2승인에게 4성제 법문을 보여주셨습니다.

1. 시상전(示相轉)

"이것이 고(苦)이며, 핍박하는 것이다 [此是苦, 逼迫性].", 중생의 과보가 온통 괴로운 것임을 가리킵니다. 생로병사에다 가난과 질병이 함께 닥쳐 압박하는 것이 고고(苦苦)입니다. 즐거움이라 할지라도 무상(無常)하여 즐거움이 무너지면 괴로움이 생기니, 괴고(壞苦)라고 합니다. 선정(禪定)의 즐거움을 누리는 것도 무상하여 행고(行苦)에 속합니다. 그러므로 3계(三界) 중에는 고고 · 괴고 · 행고가 있는데, 이를 3고(三苦)라고 합니다. 그 밖에도 8고(八苦)가 있는데, 태어나고 [生] · 늙고[老] · 병 들고[病] · 죽고[死] · 사랑하는 사람과 헤어지고 [愛別離] · 원수나 미워하는 사람과 만나고[怨憎會] · 구하나 얻지 못하고[求不得] · 5음이 치성하는[五陰熾盛] 고통 등이 그것입니다. 중생은 괴로움을 모르기 때문에 여래가 고상(苦相)을 보여주셨습니다.

"이것이 집(集)이며, 초감하는 것이다 [此是集, 招感性].", 괴로움은 어디로부터 올까요? 자기가 부른 것이며, 이를 집성제라고 합니다. 집은 초감(招感), 즉 감응(반응)을 초래한다는 뜻입니다. 사람마다 탐욕 · 성냄 · 어리석음의 번뇌가 있으며, 이 세 가지 번뇌로 말미암아 살생 · 도둑질 · 음행 · 거짓말[殺盜淫妄] 등의 업을 짓고, 그 업으로 말미암아 위에서 말한 괴로움의 감응을 초래한 것입니다. 괴로움은 과보이며 번뇌업이 괴로움의 원인입니다.

"이것이 멸(滅)이며, 증득해야 할 것이다 [此是滅, 可證性].", 괴로움의 원인과 괴로움의 결과를 소멸시키는 것을 멸성제라고 합니다. 괴로움이 다함이 바로 열반입니다.

"이것이 도(道)이며, 닦아야 할 것이다 [此是道, 可修性].", 괴로움의 원인과 괴로움의 결과를 소멸시키려면 도를 닦아야 합니다. 도성제는 무루법(無漏法)이며, 무루법을 닦아서 생사에 빠져 떨어지지 않습니다.

2. 권수전(勸修轉)

"이것이 고(苦)이니, 너는 응당 알아야 한다 [此是苦, 汝應知].", 안다는 것은 깨닫는다는 것입니다. '고'가 생겨나도 생겨남이 없는 것임을 깨닫고, '고'가 머물러도 머무름이 없는 것임을 깨닫고, '고'가 소멸하여도 소멸함이 없는 것임을 깨닫습니다. '고'가 생겨남이 없다는 것을 깨달았는데, '고'가 어디로부터 와서 있겠습니까? 그러므로 말하기를, 이것이 '고'이니, 너는 응당 알아야 한다고 합니다.

"이것이 집(集)이니, 너는 응당 끊어야 한다 [此是集, 汝應斷].", '집'은 번뇌입니다. 번뇌는 끊을 수 있는데, 어떻게 끊을까요? 반드시 깨달아야 합니다. '집'이 '집'이 없음을 깨닫는 것이, '집'을 끊는 것입니다. 그러므로 말하기를, 이것이 '집'이며 너는 응당 끊어야 한다고 합니다.

"이것이 멸(滅)이니, 너는 응당 증득해야 한다 [此是滅, 汝應證].", 어떻게 증득할까요? '고'의 원인과 '고'의 결과가 소멸하는 것인데, 이 소멸은 생겨남으로 인하여 있는 것이니, 생겨남이 없다면 소멸이 없습니다. 생멸이 이미 사라지면 적멸이 현전합니다 [生滅滅已, 寂滅現前]. 이것은 증득을 말합니다.

"이것이 도(道)이니, 너는 응당 닦아야 한다 [此是道. 汝應修].", '도'는 닦을 수 있습니다. 예컨대 계율을 지키면 계율이 있고, 지키지 않으면 없습니다. 선정을 닦으면 선정이 있고, 닦지 않으면 없습니다. 미혹을 끊으면 지혜가 있고, 끊지 않으면 없습니다. 그러므로 당신은 응당 닦아야 한다고 합니다.

이른바 '도를 닦음'은 바로 37조도품인, 4념처(四念處)·4정근(四正勤)·4여의족(四如意足)·5근(五根)·5력(五力)·7각지(七覺支)·8정도(八正道), 그리고 또 3무루학(三無漏學)인 계정혜(戒定慧)를 닦는 것입니다.

(역자보충) 다음은 반야심경 수행법에 중요한 내용이므로 역자가 남회근 선생의 다른 강의 자료에서 전재하여 보충한 것이다.

법문은 모두 8만4천 가지 질병을 대치하는 방편이다

이 생명과학 수업 과정에서 지금까지 50여 강을 강의했는데, 대부분 불가·도가·현교·밀종의 대원칙의 각종 증득 방법을 소개했습니다. 우리가 과학적인 관점에 근거해서 증득을 추구하는 것을 일반인의 불가·도가에서는 '수행'이라고 부릅니다.

실제로 우리가 소개한 것은 대원칙의 일반 원칙일 뿐만 아니라, 불학을 중심으로 하여 4선8정(四禪八定)으로부터 말한 것입니다. 이 정(定)의 방면을 말하면 세상의 모든 공부는 '정'과 관계가 있습니다. 그렇다면 방법은 어떨까요? 불경에서는 말하기를, 이런 방편의 방법을 방편 법문, 방편이라고 합니다. 방편은 불학의 명사로서, 바로 사람에게의 필요, 사람의 상상으로 인하여 발생한 각종의 방법이기 때문에 '방편 법문'이라고 합니다.

방편이라는 두 글자는 불경 번역에서 온 것으로, 중국에서는 현재 유행하는 본토박이 말로 변해서 방편은 '대충대충 당신에게 주고, 그럭저럭 참고 견디겠다'는 그런 뜻으로 변했습니다. 실제로는 원래 방편은, 이런 방법은 궁극적이 아니며 일시적으로 사용하는 것을 방편이라고 합니다. 불학의 관점에서 당신의 수도를 도와주는 조도품(助道品)이라 할 수 있으며 가행(加行)이라고도 말할 수 있습니다.

만약 세상의 갖가지 정식(正式)의 수지(修持) 방법을 말한다면, 불설에는 8만4천 법문이 있는데, 왜 그럴까요? 모든 중생은, 특히 우리의 마음속에 한 생각 사이에 8만4천 번뇌가 있고, 이 번뇌의 뜻은 다른 생각이 자기를 곤혹스럽게 하기 때문에, 치료하기 위해 약을 먹는 것과 같아서 대치(對治)하는 것입니다. 대치도 불학 명사이며 상대적인 치료입니다. 바로 이런 병 상태가 그런 약을 먹어야 할 필요가 있기 때문입니다. 그래서 일체중생은 한 생각 사이에, 말을 다시 중복하면, 8만4천 번뇌가 있어도, 자기가 그렇게 많은 복잡한 생각이 내면에 있고, 그렇게 많은 복잡한 필요가 내면에 있는 줄 모두 느끼지 못하기에 때문에, 8만4천 번뇌를 대치하기 위해서 8만4천 법문 방법이 생겨났습니다. 방법은 모두 방편에 속하지, 결코 도가 아닙니다.

무엇을 불법이라 하고, 무엇을 도라고 하며, 왜 정(定)을 닦아야 하는가

이상의 원리를 이해하고 난 뒤에는, 먼저 한 가지 것을 이해해야 합니다. 이른바 불법을 배우고[學佛] 도를 배운다는 것[學道]은 무엇일까요? 이것이 한 가지 문제입니다. 우리가 보통 생각하고, 첫째로 인식해야 할 것은 불법인데, 불법은 무엇일까요? 둘째는 도(道)란 무엇인가? 인데, 이 문제는 엄중하다고 할 수 있습니다. 이 두 개의 문제는, 실제로는 두 개의 문제가 한 개의 문제입니다. 이는 중국 문화의 이 방면에서 말한 것입니다.

하지만 일반인들은 공부를 수련하고 정좌하거나 예불·염불·진언 염송·관상을 하는 등 이런 많은 공부들을 하는 것을, 자기가 도를 닦고 있는 것으로 여기는데, 이는 틀린 것입니다. 방금 말했듯이 이 많은 공부들은, 당신이 정좌하고 입정하거나 더 나아가 4선8정의 최고 경계를 얻었더라도 일종의 방편 법문이며 조도품입니다.

도는 무엇일까요? 모두 그런 것에 있지 않습니다. 도는 바로 불법입니다. 불법은 보리를 말하는데 보리는 범어이며, 각오(覺悟), 대철대오(大徹大悟)에 속합니다. 그 도를 대철대오 하는 것입니다. 우리가 정좌하고 이 일체의 법문을 공부하는 것은 정(定)을 닦고 있음에 불과합니다. 그렇다면 '정'을 닦는다는 것은 또 하나의 문제입니다.

왜 '정'을 닦아야 할까요? 이게 문제인데, 앞에서는 불법을 배움·도를 배움 이 두 개의 문제가 있습니다. 여러분들더러 저에게 좀 주의를 기울이라고 일깨웁니다. 이제는 세 번째 문제인데, 왜 '정'을 닦아야 할까요? 그럼 '정'을 닦는다는 이 문제에 대한 답은 '도'를 구하기 위해서 '정'이라는 이런 수지 방법을 이용함으로써 대철대오의 '도'를 이해함에 도달하는 것입니다.

그럼 '도'와 '부처'는 무엇일까요? 바로 우리가 강의하기 시작한, 우주만유 생명의 근본이 무엇인지를 추구하는 것입니다. 그게 '도'이며 그게 부처이기도 합니다. 왜 출가해서 그것을 추구할까요? 왜 도를 닦는 데 꼭 출가해야 할까요? 전문적으로 수행하기 위한 방편입니다. 왜냐하면 우리가 가정을 떠나지 않고 세간의 일체의 습관을 떠나지 않으면, 어떻든 간에 그렇게 청정하고 전일하게 그것을 파고들어가 찾는[追尋] 환경이 없기 때문입니다. 그래서 그는 일반 세속 환경 밖으로 벗어나 그 지고무상한 진리를 전문적으로 파고들어가 찾고자 출가했습니다.

이 지고무상한 진리는 '도'라고도 부를 수 있으며 '부처'라고 부를 수도 있는데, 이는 모두 대명사입니다. 더 나아가 다른 종교도 '주재자'라 부를 수도 있고 '하느님'이나 '신'이라고도 불러도 좋습니다. 불교에는 그 밖에도 많은 명사가 있습니다. 그 경계, 그의 현상 경계를 '열반'이라고 말하며, 그것을 대철대오 하여 깨달음을 '보리'라고 합니다. 심지어 그렇게 성공한 사람에 대해서 두 개를 짝을 지어서 '여래'라고 하며, 심지어 중국인들은 '도(道)'라고 부릅니다. 도(道)는 하나의 길입니다. 이런 것임을 우리는 대체로 먼저 이해했습니다.

그러므로 주의하십시오, 우리가 공부하면서 각종의 수련 방법으로 '정'을 닦음에 있어 또 하나의 문제가 발생하는데 무슨 문제일까요? 왜 '정'을 닦아야 할까요? '정'은 일종의 평온[寧靜]입니다. 이 우주의 생명과 우리의 생명의 궁극은 정태적일까요, 아니면 동태적인 것일까요? 이것은 철학적 과학적 문제가 또 대두되는 것인데, 다들 연구하지 않고 사유해보지는 않고 말하기를, 이 사람은 다리를 잘 틀고 수인(手印)을 맺고 거기 앉아 있다고 합니다. 이런 수도 정좌에서 그의 목적은 뭐 하자는 것일까요? 일종의 심신이 평온한 경계를 구하는 것입니다.

생명의 궁극은 무엇일까

그럼 우리가 연구해 보아야겠습니다. 심신이 평온한 경계에 도달했다면 생명의 궁극일까요? 궁극이 아닐까요? 이게 문제입니다. 평온이 생명의 궁극이 아니라고 가정하면, 우리가 한참 동안 바빴고, 심지어 출가해서 일생 이것만 추구해서 뭐 하자는 것일까요? 괜히 헛수고한 것 아닙니까? 만약 생명의 궁극은 반드시 평온해야 옳다고 한다면, 세계의 수천만억 년 동안, 우리의 역사와 인생을 포함하여 일체의 생물은 모두 살아 움직이고 있는데, 그 근본이 틀린 것이어서 태어나면 곧 움직이지 말아야 좋을 것입니다. 이게 바로 과학적 철학적 문제입니다. 그러므로 보통사람은 지혜가 없고 사상이 없어서 연구하지 않습니다. 제가 이렇게 말하는 것은 먼저 문제를 제기하는 것입니다! 정(靜)이 옳다거나 동(動)이 옳다고 말하지 않으며, '동'도 옳지 않고 '정'도 옳지 않다고 말하지 않습니다. 모두 그런 의미를 언급하지 않습니다.

자! 이런 문제들을 우리가 먼저 제기하여 여기에 두면, 장차 아마 이런 문제들로 되돌아오기 좋을 것입니다.

그럼 이제 여러분은 지난 50여 차례에 여러분에게 말했던 것을 이해하게 되었습니다. 물론 여러분은 그저 좀 들었을 뿐 자신이 진정으로 공부해본 적도 없고 배워본 적도 없습니다. 단지 지식

상식을 들었을 뿐입니다.

수도와 5온

우리가 알듯이 이 모든 공부인, 평온 수련 공부는, 제가 재삼 언급하였듯이, 이런 것들은 모두 생리상의 감각 상태입니다. 이런 의미를 다들 이해하셨겠지요! 당신이 정좌하여 '정'을 얻었든, 예컨대 이 사람이 정좌하여 '정'을 얻었거나 완전히 모르거나 혹은 모조리 다 알거나, '정'의 상태로 거기에서 오래 있거나 혹은 편안하고 즐겁거나 등 무슨 경계이든 모두 감각 상태입니다. 그렇지요? 모두 감각 상태에 있는 것인데, 감각은 어디로부터 왔을까요? 신체가 있기 때문인데, 신체는 어떻게 왔을까요? 신체는 생리와 물리의 법칙과 마찬가지로서, 이런 신체 하나를 구성했는데, 이 신체를 부처님은 어떻게 분석할까요? 불법의 분석에 따르면 바로 4대가 구성한 것입니다. 지수화풍공 5대라고도 할 수 있습니다. 다시 불학의 분석에 의하면 이 지수화풍공이 이 생리적인 신체를 구성했으며, 그것을 또 귀납시키면 색법에 속합니다.

색(色), 이 '색'이라는 글자는 여러분이 다 압니다. 불학은 '색'을 말합니다. 예컨대 여러분이 다 외울 줄 아는 반야심경의 '색즉시공, 공즉시색(色即是空, 空即是色)'에서의 '색' 글자의 의미는 물질 물리의 각종 현상, 빛, 모든 광색을 포괄하기 때문에 그것을 색법이라고 부릅니다. 색법은 우리에게는 이 생명이며 현존의 생명은 바로 감수입니다. 예컨대 오늘 날씨가 좀 추워졌는데, 제가 보니 많은 사람이 자기도 모르는 사이에 옷을 더 입을 줄 모르거나 잊어버렸거나 시간이 없었거나 해서, 모두 바람이 좀 들어가 서늘해져 추운 상태가 되었습니다. 이런 변화들은 모두 색법의 변화에 속하고, 그것은 곳곳에서 감수가 있습니다. 그래서 불법은 이 생명을 구성했습니다.

우리가 다시 한번 언급하면 5온이라고 하는데, 5온에서 '온'은, 중국에서 이 글자를 번역한 것을 통해 이해해 보면, 온장(蘊藏)으로서, 바로 '안에 간직하고 있다'는 것입니다. 한 무더기 보이지 않는 것이 안에 싸여져있기 때문에 '온'이라고 부릅니다.

그럼 첫 번째가 색이요, 두 번째는 수온으로 감수·감각입니다. 세 번째가 상온으로 생각입니다. 네 번째가 행온인데, 바로 이 생명의 동력이 전동(轉動)하고 있는 것입니다. 그것은 영원히 부단히 하나의 동적 에너지가 움직여 운행하고 있습니다. 바로 우리가 논리 과학의 입장에서 보면 운행은 운전하고 있으며 전동하고 있는 것인데, 이를 행온이라고 하고, 이것이 네 번째의 행온입니다. 다섯 번째는 바로 식온입니다. 이 식은 앞에서 상(想)이 있었는데 왜 뒤에서 또 식(識)을 하나 더했을까요? 우리의 생각은 심의식(心意識)이며 그 뒤에는 어떤 것이 있고, 이 심식의 변화가 있기 때문입니다. 바꾸어 말하면 이 5온에서 가장 중요한 것이 식온이며, 상온과 행온도 '식'이 일으킨 작용입니다. 이 생각도 식온이 작용을 일으킨 것이며, 심지어 감수인 수온도 식온의 작용입니다. 다시 엄중한 생리적 물리적인 이 색온도 식온의 변화입니다. 이 5온이란 이런 것입니다.

불학에서는 수행이 성취되기 이전에는 아뢰야식이라고 부르고 중생의 망심이라고 하는데, 그것은 음(陰)의 일면입니다. 그리고 수행하여 성불한 뒤로는 아뢰야식이라고 부르지 않고 여래장식(如來藏識)이라고 부르는데, 그것은 바로 양(陽)의 일면입니다.

수행은 결코 무엇을 끊어버린 것이 아니라 본래로 되돌아온 것입니다. 5온은 범부 중생에 대해 말한 것이고, 성불한 뒤에는 5온이라고 하지 않고 5방불(五方佛)이라고 합니다. 이것은 밀종에서 사용하는 비밀인데, 이제 모두 여러분들에게 철저하게 말했습니다.

공(空) 자체가 바로 유(有)입니다. 공은 모든 것을 포함하며 일체 만법을 생성할 수 있습니다. 밀종은 스스로 현교보다 높다고 여기지만, 사실 밀종은 부처님이 열반한 뒤에 불제자들 중의 일파의 수행법으로서 일체유부(一切有部)에 속했습니다. 현교이든 밀종이든 모두 공(空), 반야를 첫째라고 봅니다.

여기에서 특별히 제시하고자 하는 것은 본성은 불생불멸이라는 것입니다 유심적인 그런 작용은 불생불멸하는 것이며, 유물적인 것도 불생불멸하는 것입니다. 이 비밀은 『능엄경』에서 말하고 있습니다.

당신이 식(識)을 지혜[智]로 전화시켜 성불한 뒤에는 색온[금金]은 서방극락세계로 변하며, 아미타불은 서방극락세계에 있습니다. 행온[목木]은 동방유리세계로 전환변화되며, 동방 약사불과 아촉불은 동방유리세계에 있습니다. 상온[화火]은 남방 보생불로 변화합니다. 수온[수水]은 북방 불공불로 변하며, 식온[중앙中央]은 비로자나불로 변합니다.

공부의 경계는 모두 도의 작용이다

방금 우리는 언급하기를, 모든 공부를 함은 모두 수온과 색온의 관계이며, 공부를 함은 방편 법문이지 도가 아니며, 도는 꼭 이런 공부에 있지 않다고 했습니다. 이게 제1층의 도리입니다.

제2층의 도리는 어떨까요? 바꾸어 말해서 공부의 각종 경계·각종 반응·각종 현상도 도의 작용입니다! 비록 도의 중심이 그 위에 있지 않지만 이 허다한, 왜 이런 허다한 감수 지각이 있는 것도 도의 작용입니다. 이를 이해하고 났으니 우리가 알듯이 이 수온, 이 4대를 감각함은 그렇게 많은 특별한 작용을 발생할 수 있으며, 심지어 신통의 발생도 그에 의지한 것으로 우리 세간적인 신통입니다.

예컨대 눈에 대해서, 『능엄경』 속에 분석이 있고 비교적 대부분이 그 속에 있는데 다들 주의를 기울지 않습니다. 능엄경에서 눈에는 얼마의 기능이 있는지를 분석하고 있는 것은, 바로 시각 신경 범위입니다. 귀가 소리를 들음에 있어 이 소리와 이근과의 관계, 귀와 청각의 관계는 얼마의 기능이 있는지, 더 나아가 신체상의 감각에 대해 능엄경에 모두 분석이 있습니다. 이 분석에 주의를 기울이고 이해해야 합니다.75)

그렇게 이해했고 우리가 지금 공부하고 있기 때문에, 이번에도 특별히 여러분에게 제시하여 부처님이 중시한 백골관을 채용합니다. 특히 안나반나는 바로 풍대를 먼저 이용하는 것입니다. 지수화풍 4대 중에서 풍대를 이용하는 것입니다. 우리의 생리상 풍대의 현상이 가장 뚜렷한 것은 코의 호흡입니다. 심지어 전신의 털구멍 안팎은 모두 호흡이 왕래하고 있는데, 먼저 이것을 이용하여 공부함으로써 우리가, 부모로부터 태어난 이 생리 신체가 변화를 일으키도록 하는 것입니다. 그럼 갖가지의 변화는 어떤 것일까요? 한 걸음마다의 변화는 한 걸음마다의 현상이 있습니다. 이를 '정'을 닦는 경계라고 하는데, 이런 것들은 모두 겉으로 표현되는 경계로서 중요합니다. 하지만 우리 사람은 일반적으로 모두 그것에 갇혀 있습니다.

불법은 여기에서 우리더러 '도'의 작용을 파고 들어가 찾으라고 합니다. 생리적 변화·물리적 변화에는 고정된 법칙이 하나 있고, 완전히 과학적이기도 해서 우리가 물리나 화학을 연구하는 것과 다름없습니다. 그것은 1 더하기 2는 필연적으로 3으로 변하고, 3 에다 다시 1을 더하면 필연적으로 4로 변하고, 4 빼기 1은 또 3으로 돌아가며, 3에서 다시 1을 빼면 2로 돌아가듯이, 생리 물리 변화들은 모두 틀에 박은 듯 정해져 있는 것입니다. 이것은 융통성 없이 굳어져 있는 것입니다.

---

75) 이에 대해 보다 자세한 내용은 『능엄경 대의 풀이』 제4권 「제5장 불법을 닦아 익히는 실험 원리」 중 '시간과 공간'에서의 '중생세간과 시공' 편을 읽어보기 바란다.

그렇다면 도를 파고들어가 찾는다는 것은 어떠할까요? 이 '정'으로부터 도를 추심(推尋)한다는 것은 무엇일까요? 다시 말해 우리는 이 변화를 아는 것입니다. 예컨대 우리가 정좌 수도하고 싶어 하고 다리를 틀고 앉아 공부하는 것은 하나의 현상이며, 이것은 하나의 감수의 작용이요 생리적 작용입니다. 당시 그 생각의 동기인 내가 이렇게 하고 싶다는 그 지성(知性)은 어떨까요? 상음과 관계가 있고 생각과 관계가 있는 그것은, 감수 면에 있지 않으며 이런 현상들 면에 있지 않습니다. 예컨대 우리 사람의 경우 일단 사망하면 4대가 조합하지 않게 됩니다. 지수화풍이 조합하지 않고 분리되거나 혹은 하나의 작용이 단절되어버리면 곧 사망할 것이며, 사망하면 그 생각도 곧 떠나버립니다.

진정한 수도는 생명의 근본을 파고 들어가 찾는 데 있다

그럼 이제 도를 추심한다는 것, 도의 추심을 정식으로 말해보겠습니다. 다들 정좌하고 공부하면서 그런 '정'의 경계들은 생리적 변화, 각종의, 심지어 정좌하여 신통도 일어나고 천안통도 있고 천이통 등등이 있는데, 이 모두는 생리적 물리적 작용이요 모두 감수의 작용입니다. 그런데 감수는 당연히 생각과 배합하니 그런 것들은 거들떠보지 않고 돌아와 생각을 추심합니다. 즉, 이 능지지성(能知之性: 인지하는 기능—역주)의 근본이 도대체 유물인가 아니면 유심인가? 아니면 생리상에 있는가 아니면 생리상에 없는가? 이거야말로 도를 배움이요 부처를 배움입니다. 그렇다면 최후까지 캐물어 들어가면 어떠한 것일까요? 최후까지 캐물어 들어가면 이 생명의 근본은 공(空)일까요 아니면 유(有)일까요? 유물일까요 아니면 유심일까요? '공'일까요 아니면 '유'일까요? 동(動)일까요 아니면 정(靜)일까요? 이게 '도'를 닦는 것입니다.

그럼 우리는 대체로 오늘 앞의 것들에 대해 얼마간 토론했고 결론은 이와 같았습니다. 그런 다음 다시 한번 소개하고 돌아와 불법인, 이 지성(知性)의 문제, 이 '도'의 문제를 다시 토론하겠습니다.

공(空) 고(苦) 무상과 무아

우리는 먼저 부처님의 설법을 살펴보겠습니다. 우리 모두 알듯이 소승의 불학에서 부처님은 우리에게 3대 원칙인 3법인(三法印)을 말씀하셨습니다. 무상한 것으로, 제법무상(諸法無常)입니다. 세계의 모든 일과 물리 물질적인 현상은 영원불변하는 현상이 하나도 없고, 모두 붙들어 쥐고 있을 수 없으며 반드시 변해간다는 것입니다. 그래서 제법은 무상합니다. 영원하지 않고 모두 변화하기 마련입니다. 무상의 도리를 저도 늘 말합니다. 이것은 부처님이 우리에게 사상(思想), 그분이 인식한 진리를 일러주신 것입니다.

중국의 도리로는, 시원적 문화의 뿌리인 『역경(易經)』도 우리에게 이 도리를 말해주는데, 마찬가지 것입니다. 일체 우주만유 현상은 언제 어디서나 1분 1초마다 변화하고 있는데, 변화가 바로 무상입니다. 영원은 없으며 고정된 것이 없습니다. 하나의 정점(定點), 즉 고정된 점은 없습니다. 이 정점은 인위적인 것입니다. 제법은 무상합니다.

이 세간은 일체가 모두 괴롭습니다 [一切皆苦]. 모두 고통이요 모두 번뇌여서, 진실한 즐거움이 하나도 없습니다. 심지어 우리가 기분이 좋다고 말할 때, 예컨대 음식을 먹으면 기분이 좋은데, 이제 막 식사를 할 경우 이게 맛있어서 일단 먹은 지 1초도 안 되어서 또 사라져버립니다. 제법은 무상해서 곧 이어서 번뇌와 고통입니다. 많이 먹은 고통, 배고픈 고통 등등으로 공(空)한 것입니다. 무상(無常) · 고(苦) · 공(空)은 소승의 기본입니다.

그렇다면 이 생명은 무아(無我)입니다. '진정한 나'의 존재는 없습니다. 이 '아'에 특별히 주의하십시오. '나'란 우리 자신이 착오한 인식입니다. 지금은 '나'라고 여기지만 이 육체도 '나'가 아닙니다. 4대가 와서 변한 것입니다. 바꾸어 말하면 부친의 정자와 여성 난자의 물리적 변화와, 나의 이 생명이 배합하여, 즉 이 세 가지가 것이 구성하여 현재는 존재하는 것이 마치 이 생명 이 가상(假象)이 있는 것 같습니다. 이 무상한 것은 필경에 괴로운 것이요 공한 것입니다. 그러므로 하나의 '진정한 나'는 없습니다. 그렇다면 그는 다른 방법으로써 표현합니다.

제행무상 시생멸법 생멸멸이 적멸최락

자! 이 '제행무상'에 대해서는 불경에 게송이 하나 있는데, 모든 도리를 종합하여 네 마디로 지은 것입니다. "제행무상(諸行無常), 시생멸법(是生滅法), 생멸멸이(生滅滅已), 적멸최락(寂滅最樂).", 이는 부처님의 소승 설법으로서 중요한 중심입니다.

"제행무상", 일체의 활동 우리 생명의 일체, 그리고 물리 세계의 일체는 무상하여 영원히 모두 변해가기 때문에, 그것은 생멸하는 것이요 약동하는 것으로서, 갑자기 튀어나오면 있는 것 같은데 조금 기다리면 사라져버립니다. 이는 우리의 말소리의 경우, 의식으로써 이 신체의 목구멍과 뇌가 구상하도록 고동(鼓動)쳐 이 말소리가 나오는 것인데, 이것도 법이며, 말하고 나면 곧바로 사라져버리는 것과 다름없습니다. 제행은 무상하여 영원함이 없습니다. 모두 생멸하면서 이리 뛰고 저리 뜁니다. 만약 생겨나지 않는다면, 우리는 그것을 움직이지도 않고 다하지도 않으며 소멸하지 않아서 "생멸멸이(生滅滅已)", 생멸하지 않게 됩니다. 우리가 뛰지 않지 않으면 처음에 움직임이 없으니 본래에 소멸시킬 필요도 없습니다. 세간법은 모두 생멸하고 있어서 한번 약동하고 한번 고요한 사이에 있는데, "생멸멸이", 생겨나지도 않고 사라지지도 않게 된 것입니다. 이 경계를 '적멸'이라고 부릅니다. 보기에는 고요한 것 같습니다. 생멸은 양쪽입니다. 불생과 불멸 이 중간을 적멸이라고 합니다. 때로는 방편적으로 말해서 이런 것을 비워버렸다라고 합니다. "적멸최락(寂滅最樂)", 소승입니다. 사실 불법의 경계는 소승이 대승의 기초로서, 바로 이 요점입니다. 이런 것들은 공부가 아니라, 모두 혜학(慧學)에 속하며 정학(定學)이 아닙니다.

그러므로 불법에는 세 가지 기초가 있습니다. 계학(戒學)은 행위를 말합니다. 정학은 수양·수증 공부를 말합니다. 혜학은 지혜를 말하고 해탈을 말합니다. 즉, 생명 진리의 이치의 증득을 추구하는 것입니다. 그래서 이 몇 마디 말은 모두 불법의 기초입니다.

자! 우리가 만약 이 몇 마디 말을 이해했다면, 우리는 정좌수행을 해야 할까요, 말아야 할까요? 여전히 닦아야 합니다! 정좌를 예로 들어봅시다. 다들 오늘 피곤했고 짜증 났고 의기소침하거나 혹은 의기소침하지 않거나 우리기 정좌해서 편안한 경계를 추구하려고 당신이 기꺼이 마음을 써서 이렇게 하고자 하면, 틀림없이 그런 성과가 있습니다. 그렇지요? 당신아 앉았지만 그렇게 앉아 있기를 1만 년 한 뒤에 일어날까요 일어나지 않을까요? 반드시 일어나기 마련입니다. 일어난 뒤에 이 경계에 놓이지 않으면 그 경계도 사라져버리니 역시 생멸법입니다. 그렇지 않습니까? 그렇습니다! 그러므로 이것조차도 믿을 수 없습니다. 당신이 설사 그 정도에 이르러서 사람이 정좌하면 방광(放光)을 해서 집에 전기 코드를 켜지 않아도 자기가 비출 수 있더라도 당신은 영원히 비출까요? 당신은 때로는 비추고 싶지 않아서 꺼버릴 것입니다. 그것은 생멸법입니다. 그러므로 불법의 도에서 소승이 바로 그렇습니다.

"생멸이 소멸해버리니, 적멸이 가장 즐겁다 [生滅滅已, 寂滅最樂].", 이 도리를 이해하기 때문에 심지(心地) 법문을 걸어간다고 합니다. 이것은 우리가 수십 년 동안 제시한 하나의 명사인데 제가 말하자 지금은 많은 사람들도 사용하기를 좋아합니다. 무엇이 심지 법문인지 그 개념도 분명하게 모르고, 돌아와 자기의 생각을 추구하는 것을 심지 법문이라고 부르는데, 이것도 방편입니다. 바로 자기의 본심을 파고들어가 찾아보는 것입니다. 그러므로 당신이 소승 법문으로 실천하되 계정혜를 그 안에 포함하여 "제행은 무상하니 생멸법이다. 생멸이 이미 소멸해버리니 적멸이 가장 즐겁다 [諸行無常, 爲生滅法, 生滅滅已, 寂滅最樂].", 여기서부터 체험하는 것이 수도입니다. 진짜 불법 수도 공부입니다. 이것은 간단하니 따로 다른 무슨 방법을 찾지 말기 바랍니다.

우리는 잠정적으로 그것을 심지 법문을 걸어가는 것이라고 합시다. 바로 혜학을 사용하는 지혜의 해탈인데, 무엇을 해탈할까요? 반드시 계정혜(戒定慧)일 필요도 없고 번뇌할 필요도 없으며 지식도 필요하지 않습니다. 일체를 놓아버립니다. 이 일체는 모두 생멸법입니다. 그러므로 여러분은 시도해 보아도 좋습니다. 정(定)을 닦음과 혜학을 배합하여 당신이 오늘 다리를 틀고 앉자마자 이 도리를 분명히 생각하면 바로 적멸이 거기에 있고, 그러면 옳습니다. 당신은 초선인 무슨 이생희락(離生喜樂)이나 2선인 정생희락(定生喜樂), 3선인 이희득락(離喜得樂)이나 4선인 사념청정(捨念淸淨)을 상관하면서 당신이 여전히 생각하고 생멸법을 하고 있습니다. 그렇지요? "생멸이 소멸해버리니 적멸이 가장 즐겁다"이면 경지에 도달합니다.

그러므로 불경에 기록되어 있기를, 부처님이 세상에 계실 때 형편대로 이렇게 설법하면 그 아래에는 모두 수백 명의 제자나 혹은 1천여 명의 제자가 곧바로 도를 증득하고 과위를 얻었다고 합니다. 옛사람의 혜력(慧力)은 높았기 때문에 믿자마자 해탈을 얻었고 성취하였습니다.

그런데 우리 오늘날 후세에는 말하기를, 필사적으로 수지하면서 공부해도 과위를 증득하지 못하고 성취하지 못한다고 하는데, 그 원인은 바로 이 도리를 기꺼이 믿으려 하지 않기 때문입니다. 이것은 간단한 소승인, "제행은 무상하니 생멸법이다. 생멸이 이미 소멸해버리니 적멸이 가장 즐겁다."인데, 우리는 한참 동안 각종의 공부를 하지만 모두 자기가 거기서 장난을 치고 있습니다. 그것은 바로 중국인의 문화 속의 한 마디 속담을 사용하면 "천하본무사(天下本無事), 용인자요지(庸人自擾之)", 천하는 본래 일이 없는데 어리석은 사람이 스스로 거기서 자기에게 소란을 피우고 있다는 것입니다. 그 누가 어리석은 사람일까요? 학문이 대단히 훌륭하고 총명한 사람일수록 크게 어리석은 사람입니다. 그런 사람일수록 자기에게 소란을 피울 수 있습니다! 그것은 이런 도리가 아닙니다. 이것은 과학이며, 이것은 철학이며, 이것은 또 무엇일까요? 이것은 의학입니다. 모두 거기서 어지럽게 소란을 피우고 있습니다. 바로 이렇게 간단합니다.

37조도품(三十七菩提道品)

4념처(四念處)

예컨대 4념처는 첫 번째 기초인데, 염(念)은 바로 생각의 문제입니다. 부처님은 당신에게 '염신부정(念身不淨)'이라는 첫 번째 하나의 염처(念處)를 말해줍니다. 진정으로 불법을 배우고 익히려면 간단합니다. 우리의 신체는 본래 좋은 것이 하나도 없을 뿐만 아니라 언제나 늙고 있습니다. 저 같은 경우 늘 느끼는데, 미안하지만 솔직히 말하면, 저 자신은 날마다 노쇠해가고 있으면서 7,8십 세가 되었습니다. 여러분이 보기에 제가 젊어 보이지만 저는 날마다 보고는 걱정합니다. 이게 또 좀 늙었고 저게 늙어서, 말하기 거북스럽지만 곧 파괴될 것입니다. 이 신체는 확실히 깨끗하지 못하기에 몸은 깨끗하지 않다고 사념(思念)합니다. 왜냐하면 제행이 무상하여 신체도 생멸법이기 때문입니다.

두 번째 염, 두 번째 요점은 '염수시고(念受是苦)'입니다. 일반적으로 모든 것이 고통이라고 감각합니다. 예컨대 오늘 우리는 날씨가 추워졌는데 옷을 적게 입었습니다. 혹은 많이 입었다면 땀이 납니다. 적게 입었거나 많이 입었거나 모두 편안하지 않습니다. 그러므로 괴로움은 바로 편치않는 것입니다. 일체의 감각은 편안한 것이 하나도 없습니다. 산다는 것이 번거롭습니다. 피곤하면 잠을 자고 싶고, 많이 자고 일어나면 편안하지 않습니다. 감수는 모두 괴로움임을 사념합니다. 또 무슨 염이 있지요?

세 번째는 '염심무상(念心無常)'입니다. 여기에서의 '심'은 생각을 가리킵니다. 우리의 생각은 머물러 있을 수 있는 것이 하나도 없습니다. 하지만 여러분은 이 도리를 이해하지 못합니다. 자기 자신이 집을 사고 싶고, 재산을 소유하고 싶고, 자녀를 낳아 기르고 싶고, 자기 아들이 잘되기를 바라고, 손주가 더 잘되기를 바라고, 모든 것이 다 잘되기를 원하지만, 결국 하나도 잘 안 됩니다. 이 세상도 움켜줄 수 없는 무상한 것입니다. 마음이 무상하다는 것을 사념합니다.

마지막은 '염법무아(念法無我)'입니다. 여기의 '법'은 일체의 일, 일체의 사물, 일체의 도리입니다. 일체의 것은 무아여서 본래에 어떤 것이 없습니다.

이상을 4념처라고 합니다. 바꾸어 말해, 이 4념처는 바로 불법의 기본인 무상(無常)·고(苦)·공(空)으로서, 당연히 전체가 무아(無我)입니다. 무아인 바에야 내가 또 뭘 닦고 무슨 공부를 하겠습니까! 한참 동안 했어도 최후에는 아무 일 없습니다.

그래서 이게 중국에 와서는 바로 선종이었습니다. 그기에 저 꿀벌 시 한 수가 훌륭합니다. 최후에는 인생이 바로 이렇습니다. "온갖 꽃 채집해 꿀을 빚은 뒤, 누굴 위해 수고하고 바빴는가 [採

得百花釀蜜後, 爲誰辛苦爲誰忙]？" 모두 없습니다. 마치 당신이 정좌하고 공부하면서 수도함은 바로 안마사 이전지(李傳志)가 두 손이 만지기를 잘 연마하여 당신의 목도 잘 만지고 허리도 잘 만져서, 어쨌든 몇 년 동안 사용했지만 당신도 사라져버렸고 그의 그 손도 사라져버렸습니다. 제법무상, 모두 우연한 것입니다. 이전지가 한 번 만지면 편안합니다. 사실은 모두 자기가 속은 것입니다. 이전지의 그 손이 만져주면 아주 아픈데도 자기는 편안하다고 하고, 조금 세게 하면 "좀 살살하세요, 못견디겠어요"라고 합니다. 그러므로 당신에게 안마해주면 편안한데, 안마는 두들겨맞는 것 아닙니까? 당신은 그래도 그에게 감사하고 돈을 주어야 합니다. 좀 세게 맞으면 또 화를 내고 복수하려고 합니다. 사람은 자기에게 속기 쉽습니다.

그러므로 4념처는 불법이요 공부이기도 합니다. 그러기에 진정한 공부는 모두 이 몸에 있지 않고 지혜에 있는 것입니다. 당신이 정말로 이 진리를 또렷이 볼 수 있게 되었다고 가정해보면, 사실은 당신의 그 공부는 바로 이것에 있는 것입니다. 그러므로 이치가 바로 공부이며, 공부가 바로 이치입니다. 이치가 바로 공부인데 일반인들이 공부하여도 공부가 궤도에 오르지 못하는 이유는, 이치에서 하지 않고 모두 어떤 희기한 것이 있고 특이한 능력이 있는 것으로 알기 때문입니다. 특이한 능력은 없습니다. 그래서 제가 불학원에서 지내는 사람들을 비웃기를, 그렇게 오래 지냈으면서 이 모두는 기본 과목인데도 활용할 줄 모른다고 합니다. 우리 같은 경우 예전에 불법을 배우면서, 이게 물건이라고 들어도 그다지 쿵후(工夫: 무기 없이 유연한 동작으로 손과 발을 이용하여 공격하는 중국식 권법—역주)에 주의를 기울지 않았습니다. 사실 우리는 어려서부터 쿵후 연마하는 게 습관이 되어있었는데 불학을 접촉하게 되었습니다. 예컨대 저는 늘 말하지만 12살 때 무공을 연마하면서 신선이 되어 날아다니고 싶었습니다. 육통(六通)76)을 20세 까지 만져보았습니다. 불법을 접촉한 이후로는 모두 버렸습니다. 자신을 피곤하게 하고 속이고, 사람이 피곤해서 죽을 지경인데, 뭐 하자고 하루에 반나절을 뛰고 그런 다음 기공(氣功)을 하겠습니까? 제법 무상(諸法無常)이라, 한참 했어도 역시 기(氣)요 '기'는 역시 믿을 수 없는 것입니다. '생멸멸이(生滅滅已), 적멸최락(寂滅最樂)'인데, 제가 왜 생멸에 속겠습니까? 그리고는 정좌하고 염불하고 공부하고 안나반나 수식을 1천까지 헤아렸는데도 아직 정(定)을 얻지 못했습니다! 당신이 어떻게 '정'을 얻을까요? 당신은 안에서 바빠 죽을 지경입니다. 그리고는 말하기를 "아이고! 허리가 좋지 않네! 내일 이전지 씨더러 만져달라고 해야겠다." '기'가 통하고 나면 "응! 이 '기'가 편안하네!" 편안한 게 조금 있으면 사라져버립니다. 고통도 조금 지나면 사라져버립니다. 그렇지만 사람은 그렇게 하지 않을 것입니다. 다들 편안함을 탐하고 고통을 두려워합니다. 이것은 심리작용입니다. 부처님의 4념처는 다 강의했습니다.

'염신부정', 이것은 바로 공부이자 불법입니다. '염수시고'는 정신상의 누림도 괴로움입니다. 오늘 기쁜 일이 있어 기쁘지만, 중국인들이 늘 말하는 두 마디의 인생 경험을 말합니다, '복무쌍지(福無雙至), 화불단행(禍不單行).' 좋은 일은 두 가지가 함께 오지 않고 재수 없을 때 두세 가지가 함께 옵니다. 이상하게도 좋은 일은 두 가지가 오지 않고, 나쁜 일은 두세 가지가 함께 옵니다. '복무쌍지, 화불단행.' 이 도리를 알고 나면 불법을 배우고 익히든 무엇이든 믿을 수 없습니다. 자! 이상은 4념처였습니다.

---

76) 육통(六通)은 기공(氣功) 술어이다. 『원기론(元氣論)』에 따르면 기공 수련은 응당 다음 여섯 가지를 통해야 한다. 1. 천문(天文) 2. 지리(地理) 3. 인사(人事) 4. 귀신(鬼神) 5. 시기(時機) 6. 술수(朮数)..

4정근(四正勤)

이상의 4념처의 도리를 이해하고 나서 행위에 있어서 사람 노릇은 어떨까요? 내가 오늘 죽지 않았으니 여전히 사람입니다. 그렇다면 사람됨에 있어서 부처님은 여러분에게 4정근을 가르쳐줍니다.

4정근은 자기를 바르게 고치려고[改正] 노력해야 하는 것입니다. 심리상의 착한 생각을 배양함에 있어, 착한 생각이 없다면 배양해야 합니다. 착한 생각이 있다면 그것이 증진 성장하도록 배양해야 합니다. 심리상 악한 생각, 좋지 않은 생각이 일어나지 않았다면 일어나지 않게 해야 합니다. 이미 좋지 않은 생각이 일어났다면 재빨리 없애버려야 합니다. 이것을 4정근이라고 하는데, 행위 면의 것입니다. 왜냐하면 당신은 아직 살아있으니까요. 그러므로 무엇이 계(戒)일까요? 제가 늘 말하는데, 무엇이 소승 계율이고 대승 계율일까요? "어떤 악행도 하지 말라, 많은 선행을 받들어 행하라 [[諸惡莫作, 衆善奉行]." 이 두 마디입니다. 이것이 바로 계율의 근본입니다. 아주 간단합니다.

4무량(四無量)—4여의족(四如意足)

4념처, 4정근 이외에 4무량이 있는데, 4여의족(四如意足)이라고도 합니다. 당신이 악을 버리고 악을 제거하는 것이나, 선심을 배양하는 것은 살아있는 행위입니다. 그런 다음 지식적으로 언제나 이 4념처를 꿰뚫어 보면, 일체는 모두 유심적인 4여의족으로서 마음속이 비로소 천천히 맑아집니다. 천천히 맑아지는데, 무엇이 '여의족(如意足)'일까요? 예컨대 여러분은 다들 공부하느라 정좌하는데, 방금 주(朱) 사장이 말했듯이, 채(蔡) 사장이 다리를 틀고 앉아 있는 모습은 그렇게 좋은데, 자기는 다리가 틀어지지 않는다고 했습니다. 왜냐하면 당신이 '불여의(不如意)', 당신의 뜻대로 할 수 없기 때문입니다. 4여의족은 바로 '욕여의(欲如意)', 즉 그때에 이르면 하고 싶은 대로 하는 것입니다.

5근(五根)과 5력(五力)

그럼 그 뒤에 있는 것은 무엇일까요? 오근과 오력입니다. 이것은 모두 분석하면 무슨 정력(定力), 혜력(慧力), 정근(定根), 혜근(慧根) 등인데, 실제로는 다섯 개의 명사로서 다섯 가지의 설법입니다. 이른바 오근은 당신더러 뿌리를 내리게 하는 것입니다. 심리 행위가 뿌리를 내려가면서 천천히 날이 가고 달이 가면서 그것을 연습하면 발생하는 심리적 힘이 오력으로 변합니다.

7각지(七覺支) 8정도(八正道)

5근(五根) 5력(五力)은 어떻게 오는 것일까요? 지식 면에서 언제나 마음속으로 바로잡아야 하는 것을 7각지(七覺支)라고 합니다. 일곱 개의 각지(覺支)인데, '각'은 바로 사고방식으로서, 언제나 자기를 경각시켜서 자기에게 속지 말라고 하는 것입니다. 즉, 머리가 항상 깨어있고 흐리멍덩하지 않아야 합니다. 7각지로 깨어있게 된 뒤에는 자연히 8정도(八正道)인데, 이 생명이 살아가는 것에 의미가 있습니다. 이 8정도는 인생이 말하는 현실이며, 대단히 현실적인 하나의 인생입니다. 그러므로 37보리도품은 불법의 기초입니다. 즉, 대단히 정확한 하나의 인생 노선입니다.

출세간법의 기본은 4념처에 있다

그렇다면 기본적으로는 4념처에 있습니다. 출세간의 기본으로서, 신체는 깨끗하지 않아서 사랑할 만한 것이 없다고 보는 것입니다. 살아있는 바에야, 몸은 깨끗하지 못하다고 사념하고 [念身不淨], 느낌은 괴로움이라고 사념하고 [念受是苦], 심념은 무상하다고 사념하고 [念心無常], 모든 법은 무아라고 사념합니다 [念法無我].

총결론은 다시 위로 돌아가, "제행무상, 시생멸법, 생멸멸이 적멸최락."입니다. 불법 수행은 바로 그런 것이지, 반드시 당신에게 절이 하나 있어야 하는 것도 아니고, 예배 의자가 있어야 하는 것도 아니며, 무슨 형식에 앉아야 하는 것도 아닙니다. 그런 것은 별개의 일이니 상관이 없습니다.

행위 면에서 인과응보에 주의해야 한다

그렇다면 행위 면에서는 어떻게 할까요? 인생의 행위는 당신에게 인과응보를 중시하게 합니다. 일체 활동은 영원하지 않지만, 그러나 당신이 적멸을 얻지 못했고, 영원히 적멸 가운데서 일단 움직이기만 하면 응보가 있는 이 인과관계가 있습니다. 그러므로 당신더러 4념처를 중시하고 자기의 마음속을 관찰하라고 하는 것입니다. 이 응보는 불법에서 제가 늘 여러분에게 말해주기도 하는 것인데, 모든 계율, 모든 응보, 도덕적 행위는 네 마디로 귀납합니다. 전체 불법인 대소승을 귀납하는데, 지은 업은 무엇이든 사라지지 않습니다. 첫 마디는 "설사 백겁을 지나더라도 [縱使經百劫]"입니다. 인과의 행위는, 생각 행위와 인생 행위는 시간적 공간적 제한이 없이 "지은 업은 없어지지 않아 [所作業不亡]" 당신이 생각을 움직이기만 하면, 심념 작용이나 마음속에서 움직인 일은 그 그림자가 존재할 것입니다. 이것도 물리적인 작용입니다. "인연이 모여 만날 때, 과보가 돌아와 자기가 받는다 [因緣會遇時, 果報還自受]." 이게 바로 인과 행위입니다.

자! 우리는 이해했습니다. 불법은 왜 애를 써서 인연생법(因緣生法)을 말할까요? 이것은 생멸하는 작용은 모두 인연소생임을 말하는 것입니다. 현존의 세계는 인연소생입니다. 다른 사람이, 다른 하나의 힘이 당신에게 주인 노릇한 것은 없습니다. 심지어 우리들 일생의 처지나 운명은 모두 자기의 다생루겁(多生累劫)의 인연소생입니다. 인연소생은 바로 그런 원칙입니다. 그러므로 마음이 일어나고 생각이 움직이는 행위 면에서 특별히 주의를 기울여야 하는 것은, 바로 그런 도리입니다. 그렇다면 인연소생의 것은 생멸법의 하나의 현상으로서, 그 본래의 기능은 적멸한 것이요 공성(空性)의 것이요 성공(性空)의 것으로서 작용이 공한 것입니다. 이런 원리들을 이해하고 나서는 조금도 일부러 마음을 쓰지 않고 조금도 힘을 쓰지 않고 언제 어디서나 머리로 또렷이 봅니다.

부처란 깨달음이요 완전히 깨어있음이다.

부처를 왜 각(覺)이라고 할까요? 불타(佛陀)는 두 개의 번역어가 있습니다. 중국어로는 불(佛)이고 영어로는 Buddha입니다. 원래 중문 번역은 불타 두 글자입니다. 중문의 의미는 각자(覺者)·각오(覺悟)입니다. 부처는 결코 하나의 우상 숭배가 아닙니다. 이른바 당신이 부처를 믿고 부처에게 절한다는 것은 무엇에 절하는 것일까요? 당신 자신에게 절하는 것입니다. 당신의 무엇에게 절을 할까요? 당신의 각성(覺性)에게 하는 것입니다. 자신이 또렷이 앎이 바로 부처입니다. 그러기에 우리가 부처님을 배운다고 말하는데, 자신이 부처님을 배운 뒤로 부처님은 무엇이냐 하면 바로 각성입니다. 두뇌가 흐리멍덩하지 말아야 하고 혼미하지 말아야 하며 언제나 깨어있어야 하는 것입니다.

그래서 여러분이 정좌하고는 거기 앉은 채 49일 동안이든 수 년 간이든 아무것도 모르는 것을 정좌 입정(入定)이라 여기고 말하는데, 그렇다면 우리가 구태여 부처를 배울 필요가 있을까요? 부처란 깨달음으로서, 깨어있는 것입니다. 우리가 말하기를, 잠을 잘 경우 충분히 자고나면 깨기 마련인데, 당신 깨어나지 않고 거기 앉아 정좌하면서 "와! 선생님, 제가 오래 앉아있었습니다. 오래 앉아있을수록 깨어있어서 정을 얻지 못했어요!"라고 한다면, 당신의 '정'의 의미는 아무것도 모르는 것이니 구태여 배울 필요가 있겠습니까? 당신은 가서 나무를 배우거나 흙덩이를 배우는 게 얼마나 좋겠습니까! 그런 것이라면 황 의사에게 가서 수면제 30알을 받아먹으면 당신은 틀림없이 입정할 것이고 '정'에서 또 영원히 일어나지 못할 것입니다. '정'이란 바꾸어 말하면 갈수록 깨어있음입니다.

왜 도가는 "신(神)이 충만하면 수면을 생각하지 않는다 [神滿不思睡]"라고 말할까요? 당신이 정말로 적멸청정하다면, 당신이 정좌하지 않은 것이나 마찬가지이어서 편할 대로 당신이 어느 자세이든, 그 경계에 도달하여 갈수록 깨어있기만 하면, 깨어있어서 몸조차도 잊어버리고 우주간의 어떤 동태조차도 당신이 모두 또렷이 아는 것이야말로 깨달음입니다. 그래서 말하기를 부처는 일체법, 일체중생의 '마음이 일어나고 생각의 움직임' 일체를 모두 또렷이 알 수 있다고 하는데, 왜 또렷이 알까요? 그는 하나의 거대한 유리거울이어서 모조리 비추기 때문입니다. 그게 바로 깨어있는 것입니다.

열반 청정의 경계는 소승과 대승의 기초

정좌하고 깨어있으면서 망상이 없기는 어렵습니다. 왜 망상이 없을까요? 생멸법을 알고 생멸작용이 일어나지 않음이 적멸인데, 이 경계를 열반이라고 합니다. 열반의 의미를 적멸이라고 번역했고, '적멸최락'은 '열반최락'입니다. 무엇을 열반이라고 할까요?

열반은 사망이 아니라, 바로 깨어있는 가운데의 절대적 고요함입니다. 일체 만유의 동작은 모두 절대적 고요함 속에서의 깨어있음입니다. 그러므로 열반은 어디에 있을까요? 열반은 바로 당신한테 있습니다. 우리의 현재에 있습니다. 예컨대 여러분은 말을 현재 다 들었습니다. 왜냐하면 당신은 마음속에서 자신이 수업을 받고 있다고 느끼기 때문에 마음속이 비교적 고요하면서 모조리 알기 때문입니다. 하지만 여전히 하나의 고요한 경계를 자기의 마음 중에 놓아두고 자기의 머릿속에 놓아두었습니다. 그렇지만 알아차리지 못했을 뿐입니다. 이 열반의 깨어있음의 경계는 바로 여기에 있으며, 이것은 소승의 기초입니다.

그렇게 이 기초를 틀어쥐었다면, 이른바 4선8정 이런 '정'의 공부 경계는 무엇일까요? 당신의 심경(心境)에서 '제행은 무상하니 생멸법이다, 생멸이 이미 소멸했다 [諸行無常, 爲生滅法, 生滅滅已]'는 것을 알고서 움직이지 않으면 '적멸이 가장 즐겁다 [寂滅最樂]'인데, 이 적멸 속에서 발생하는 그 경계·그 현상을 무엇이라고 부를까요? 이런 상태에 대해 당신이 명칭을 하나 정해 초선(初禪)이라고 합니다. 이런 것을 무슨 '정'이라고 하고 무슨 경계라고 부르고 하는, 이런 것들은 모두 무늬입니다. 하지만 중생은 무늬에 속아있기를 좋아합니다.

기초를 먼저 잘 붙들어 쥐고 우리를 몇 차례 따라왔으니 결론을 지어도 되겠습니다. 연말에 끝마쳐도 되겠습니다. 여러분이 불법을 배워 이해하였고 여러분 각자는 모두 성불하겠습니다. 불법은 바로 이런 일입니다. 그런지 그렇지 않은지 이전지(李傳志) 씨 당신이 말해보세요, 이 사부님?

이전지 : 선생님 말씀은 반드시 옳습니다.

남 선생님 : 이것은 또 미신입니다. 그러므로 아무 일 없습니다. 그러므로 진정으로 부처님을 배움은 바로 이것을 배우는 것입니다. 이것은 소승의 기초이자 대승의 기초입니다.

그래서 요즘 제가 보기에는 여러분도 재미있습니다. 세상 사람들은 여러분보다 더 재미있습니다. 재미있다는 뜻은 다음 한 글자를 의미합니다. 바보[笨], 하하, 바보라고 말하기 어려워요. 재미있는 것을 하나 얘기해보겠습니다. 보세요, 세상의 중생은 안나반나를 얘기하거나 염불 법문을 얘기하거나, 광명을 얘기하면 그에 속아서 빙빙 맴돕니다, 그럼 이런 대교주, 종교가, 교육가들은 다들 이를 알고는 어떤 것을 하나 만들어 그를 속이지 않으면 안 됩니다. 그래서 황 의사는 도를 얻었습니다.

황 의사 : 견혹(見惑)입니다.

남 선생님 : 견혹이라니 정말 귀신이 곡할 노릇입니다! (대중이 웃다!) 그러므로 선종 조사는 말하기를 "언제인가는 당신이 깨달을 것이고 깨닫고 난 뒤로는 당신은 우스워 죽을 지경일 것이다."라고 했습니다. 그래서 어느 때 도를 깨달으면 어떤 모습일까요? 그는 말합니다, "당신은 깨달았습니까?" "나는 깨달았습니다!" "당신은 무엇을 하나 깨달았습니까?" "콧구멍은 본래 아래로 향하고 있습니다." 콧구멍은 본래 아래로 향하고 있잖아요!

어떤 선종의 조사가 수십 년을 참선 수행했는데, 다들 한 곳에서 수백 명이 정좌하고 있었습니다. 그는 갑자기 뛰면서 "나는 깨달았다!"라고 소리쳤습니다. 그러자 사부가 "너는 무엇을 깨달았느냐?"라고 묻자 그는 "비구니는 본래 여인이 되는 것입니다."라고 답했습니다. 사부가 말했습니다. "너는 깨달았구나, 너는 정말로 깨달았다." 어떤 이는 도를 깨닫고 말하기를 "콧구멍은 본래 아래로 향하여 있다."라고 했습니다.

바로 그런 일입니다. 그렇지만 여러분 모두는 뛰어나서 모두 이해하더라도, 밖에 나가면 그렇게 말해서는 안 됩니다. 당신이 그렇게 말하면 다른 사람을 그르칠[誤] 수 있습니다, 그것은 깨닫는 깨달음[悟]이 아닙니다, 당신이 꼭 모씨의 그런 방법을 써서 그렇게 관리하고, 어떻게 어떻게 하며, 그렇게 해야 비로소 돈을 벌 수 있습니다. 아, 아무개를 보세요, 그 학문이 얼마나 훌륭합니까, 관리학의 조사는 어쨌든 일련의 방법을 말해야 합니다, 정말입니다.

보세요, 부처님이 이렇게 많은 방법을 엮어낸 이유, 석가모니불이 놀라운 이유를 보세요, 그는 자신이 다 말했습니다. 보세요, 그는 『금강경』에서 "나는 49년간 설법했지만 한 글자도 말하지 않았다." 한 글자도 나는 말한 적이 없다고 했습니다. 그는 그렇게 많이 설했으면서 모조리 인정하지 않았습니다.

아무개 : 그는 한 글자 이상을 말했습니다. (대중이 웃다) …여러 글자를…

남 선생님 : 그렇다면 당신은 밴쿠버로 돌아가도 좋습니다.

…… ,

아무개 : 원래 이렇군요, 들으나 듣지 않으나 마찬가지군요!

……

남 선생님 : '제행무상(諸行無常), 시생멸법(是生滅法), 생멸멸이(生滅滅已), 적멸위락(寂滅最樂).' 당신은 맞다고 여기지 마세요! 하지만 당신은 돌아가서 살펴보기 바랍니다. 생멸법이라는 것을 분명히 알면서 '생멸멸이', 내가 그것이 생기(生起)하지 않기를 바라지만 그것을 해내지 못합니다. 이것은 문제가 나타났는데, 다음에 다시 얘기하겠습니다!

3. 득증전(得證轉)

"이것이 '고'이며, 나는 이미 알았으니, 다시 알아야 할 필요가 없다 [此是苦, 我已知, 不用更知].

"이것이 '집'이며, 나는 이미 끊었으니, 다시 끊을 필요가 없다 [此是集, 我已斷, 不用更斷]."

"이것이 '멸'이며, 나는 이미 증득하였으니, 다시 증득할 필요가 없다 [此是滅, 我已證, 不用更證].”

“이것이 ‘도’이며, 나는 이미 닦았으니, 다시 닦을 필요가 없다 [此是道, 我已修, 不用更修].”

왜 다시 알고, 다시 끊고, 다시 증득하고, 다시 닦을 필요가 없을까요? 왜냐하면 여래는 4성제의 진실한 이치를 깨달았기 때문입니다. 예컨대 고(苦)는 유위법(有爲法)이며, 유위(有爲)는 생(生)·주(住)·멸(滅) 3상(三相)을 떠나지 않습니다. 여래는 ‘고’가 생겨나는 모습을 얻을 수 없다는 것을 깨달았고, ‘고’가 머무는 모습을 얻을 수 없다는 것을 깨달았으며, ‘고’가 소멸하는 모습을 얻을 수 없다는 것을 깨달았습니다. ‘고’의 생겨나고 머물고 소멸하는 3상을 얻을 수 없다는 것을 깨달았다면, ‘고’는 그 본질이 공(空)이며, 공은 바로 ‘고’의 진실한 이치입니다. 이를 고제(苦諦)라고 합니다.

집(集)도 유위법으로서 3상을 떠나지 않습니다. 번뇌는 생겨남이 있을까요? 깨달으면 얻을 수 있는 생상(生相)이 없습니다. 번뇌는 머무름이 있을까요? 깨달으면 얻을 주상(住相)이 없습니다. 번뇌는 소멸함이 있을까요? 깨달으면 얻을 멸상(滅相)이 없습니다. 이와 같이 미혹할 때 보면 번뇌가 생겨나고 머물고 소멸함을 얻을 수 있지만, 깨달았을 때는 번뇌가 생겨나고 머물고 소멸하는 3상을 모두 얻을 수 없기에, 번뇌의 그 본질이 바로 공(空)입니다. 이것이 집의 진실상이기 때문에 집제(集諦)라고 합니다.

멸(滅)은 또 어떨까요? 생겨남이 있으면 소멸함이 있습니다. 깨달으면 ‘고’의 생겨남이 없고, 소멸시킬 ‘고’도 없어, 적멸(寂滅)이 현전하는 것이 바로 ‘멸’의 진제(眞諦)입니다. 여래가 ‘멸’을 설한 것은 ‘고’의 소멸로 인하여 진실상을 보기 때문입니다. 진실상을 볼 때 ‘고’도 없고 ‘집’도 없습니다. 그러므로 ‘멸’이 없습니다.

도(道)는 또 어떠할까요? 예컨대 계정혜의 도를 닦을 경우, ‘계’는 생겨남이 있을까요? ‘계’는 생상이 없습니다. ‘계’는 머묾이 있을까요? '계'는 주상이 없습니다. '계'는 소멸함이 있을까요? '계'는 멸상이 없습니다. 계정혜는 얻을 수 있는 생주멸 3상이 없습니다. 생주멸 3상이 없음은 바로 무위법입니다. 계정혜 그 본질은 공이며 도는 바로 공상(空相)이며, 닦음은 닦음이 없습니다. 그러므로 "이것이 도이며 나는 이미 닦아서 다시 닦을 필요가 없다."고 합니다. 육조가 말하기를, "마음 땅에 그릇됨이 없음이 자성의 계(戒)이고, 마음 땅에 산란함이 없음이 자성의 정(定)이며, 마음 땅에 어리석음이 없음이 자성의 혜(慧)이다 [心地無非自性戒, 心地無亂自性定, 心地無癡自性慧]."라고 했는데, 이것이 계정혜의 진리요 '도'의 진제(真諦)입니다.

제법의 공상·실상 안에는 범부의 고집(苦集)의 법도 없고 성현(賢聖)의 멸도(滅道)의 법도 없습니다. 그래서 "고집멸도가 없다"고 말합니다.

보살도의 지혜가 없고 얻음이 없다

(보살도의 보시·지계·인욕·정진·선정·지혜의 6바라밀 만행을 닦는) 지혜가 없고 (그 6바라밀 만행이 무엇을) 얻음도 없다.

無智亦無得.

일체법은 공합니다. 공상은 바로 청정상(清淨相)입니다. 청정상에서는, 6근이 청정기 때문에 '안이비설신의'가 없습니다. 6진이 청정하기 때문에 '색성향미촉법'이 없습니다. 6식도 청정하기 때문에 '안계, 내지의식계'가 없습니다. 무명이 청정하기 때문에 '무명'이 없습니다. 무명이 다함도 청정하기 때문에 '무명이 다함'도 없습니다. 늙고 죽음이 청정하기 때문에 '노사'가 없습니다. 노사가 다함도 청정하기 때문에 '노사가 다함'도 없습니다. 보살이 6바라밀만행[六度萬行]을 닦을 수 있는 지혜가 없어서 지혜도 청정함, 이것이 "지혜도 없다[無智]"입니다. 만행(萬行)이 청정함에 얻을 것이 무엇이 있겠습니까? 그러므로 얻음도 없습니다[無得]. 세간법과 출세간법이 청정함, 이것이 "얻어지는 것이 없다[無所得]"입니다.

이것은 보살 법문입니다. 보살은 6바라밀을 지혜로 삼는데, 모두 번뇌를 끊는 것입니다. 일체법이 적멸함을 아직 증득하기 전에는 지혜로써 번뇌를 끊어야 합니다. 그러나 일체법은 본래 적멸하여 얻는 주체인 지혜가 없고 얻어지는 객체인 법이 없습니다. 또한 능히 닦는 지혜가 없고 닦아지는 법이 없습니다. 만약 주체[能]와 객체[所]가 있음을 본다면 생멸심(生滅心)입니다. 만약 주체와 객체가 있음을 보지 않는다면 적멸심(寂滅心)입니다. 그러므로 "지혜도 없고[無智], 얻음도 없다[無得]"고 말합니다.

반야바라밀다에 의지하여 마침내 열반을 증득

(본래 있는 것을 회복하였을 뿐, 얻는 자와) 얻을 바가 없으므로 보리살타는

以無所得故. 菩提薩埵,

일체의 마음이 공함을 깨닫는 것을, '보리'라고 이름 합니다. 일체법이 공함을 아는 것을, '살타'라고 이름 합니다. 마음과 법이 완전히 하나로서[心法一如], 결코 얻는 주체와 얻어지는 객체가 없습니다. 얻을 바가 없는[無所得] 까닭에 바로 보리살타(菩提薩埵)입니다.

반야바라밀다를 (증득하고) 의지하기 때문에 마음에 걸림이 없

다. 마음에 걸림이 없으므로 (범부의 생사와 2승인의 공적에 빠지는) 두려움이 없으며, (범부 생사의 4전도와 성문 연각의 열반의 4전도인) 전도몽상(顚倒夢想)을 멀리 떠나,

依般若波羅蜜多故, 心無罣礙; 無罣礙故, 無有恐怖; 遠離顚倒夢想,

무엇을 "가애(罣礙)", 걸림이라고 할까요? 예컨대 눈알과 흰자위가 서로 합한 것이 "무가애(無罣礙)", 걸림이 없는 것입니다. 눈과 모래가 서로 합할 수 없는 것이 걸림입니다. 또 가죽과 살이 서로 합한 것이 걸림이 없음이고, 살 속에 가시가 있다면 걸림입니다. 걸림이란 반야심(般若心)과 서로 다르기 때문입니다. 반야심은 공(空)이요 일체법은 유(有)입니다. 만약 일체법이 공하지 않아 '유'와 '공'이 합할 수 없다면 걸림이 있습니다. 만약 일체법이 공하여 법공(法空)과 반야심이 서로 합한다면 걸림이 없습니다. 그러므로 일체법의 '공'이 곧 반야이고, 반야가 곧 일체법의 '공'입니다. 반야와 일체법의 '공'은 한 덩이를 이루면 곧 일체법의 '공'이 반야를 장애하지 않고, 반야가 일체법의 '공'을 장애하지 않습니다. 이는 마치 대비주를 마음 안에 놓아두는 것—공(空)과 같습니다. 그러므로 능엄주를 장애하지 않을 것입니다. 능엄주가 마음속에 있어도 '공'입니다. 이 '공' 저 '공'이, '공'과 '공'이 합하여 걸림이 없습니다. 만약 한 법이라도 '공'하지 않다면 걸림이 있습니다.

육조(六祖) 보살이 세상에 계실 때 법달(法達)이라는 스님이 육조에게 와서 정례(頂禮)하였지만, 머리가 바닥에 닿지 않았습니다. 육조가 말하기를 "그대의 마음속에는 반드시 어떤 것이 하나 있다."라고 했습니다. 법달이 말했습니다. "제가 법화경을 외우기를 이미 3천 부나 했습니다." 스스로 말하기를 법화경을 3천 부나 외웠는데 구태여 바닥까지 머리를 조아려야 할 필요가 있느냐는 것이었습니다. 이

3천 부 법화경이 아직 '공'하지 않고 마음속에 놓여있어 그의 걸림이 되었습니다.

세간법이 '공'하지 않아 반야와 합해질 수 없다면 걸림이 있습니다. 출세간법이 '공'하지 않아 반야와 합할 수 없다면 그 역시 걸림이 있습니다. 만약 세간법이 '공'하고 출세간법도 '공'해서 반야공과 서로 합하면 걸림이 없습니다. 걸림이 없으면 공포가 없습니다. 공포는 우려한다는 뜻입니다. 마치 눈 안에 모래가 있는데, 만약 제거하지 않는다면 눈이 멀어질 것이니 눈이 멀어짐이 바로 공포입니다. 눈 안에 모래가 없다면 눈이 멀어질까 두려워하지 않을 것입니다. 또, 살속에 가시가 있는데, 만약 제거하지 않는다면 짓물러져 부스럼이 될까 공포가 있습니다. 범부에게는 생사의 공포가 있고, 2승인(二乘人)에게는 공적(空寂)에 빠져 정체할까 공포가 있습니다. 만약 한 법이라도 마음속에 두어 '공'할 수 없다면, 이 한 법이 당신을 생사로 끌고 들어갑니다.

옛날에 김벽봉(金碧峰)이란 선사가 공정(空定)에 들어갔습니다. 무상귀(無常鬼)가 그를 찾았으나 찾지 못했습니다. 무상귀는 토지공(土地公)에게 도움을 청했습니다. 토지공은 말했습니다, "김벽봉은 어떤 것이든 다 비울 수 있습니다. 그러나 오직 한 가지, 수정(水晶) 발우만은 그가 가장 사랑합니다. 당신들 둘 중 하나는 쥐로 변해서 그의 수정 발우를 만지작거리며 놀고, 하나는 쇠사슬을 가지고 미리 준비하고 있다가 그가 선정에서 나올 때 채우시오." 무상귀가 떠나간 뒤에 김벽봉은 선정에 들어갈 때 신체를 비워버렸습니다. 그러나 선정 중에서 쥐가 그의 수정 발우를 만지작거리며 노는 소리를 듣고는 즉시 선정에서 나와 크게 꾸짖었습니다, "누가 내 수정 발우를 건드리느냐?" 다른 무상귀가 즉시 그에게 쇠사슬을 채웠습니다. 김벽봉은 수정 발우의 걸림 때문에 자기가 무상귀에게 찾아졌음을 알았습니다. 그래서 그에게 7일을 연기해달라고 사정했습니다. 무상귀가 떠나간 뒤에 김벽봉은 수정 발우를 박살내어버렸습니다. 그런 뒤에 선정에 들어갔는데, 선정에 들어가기에 앞서 벽에 네 구절의 게송을 하나 써 놓았습니다.

나 김벽봉을 찾으러 오고자 함은
쇠사슬로 허공을 채우려는 것과 같네
허공을 만약 그렇게 채울 수 없다면
나 김벽봉을 찾으러 오지 말라

欲來找我金碧峰　猶如鐵鏈鎖虛空
虛空若然鎖不得　莫來找我金碧峰

세간법이 '공'하지 않으면 반야와는 걸림이 있습니다. 이는 눈 속에 모래가 있는 것이나 다름없는 것으로, 생사윤회가 실재라고 여기는 것입니다. 출세간법이 '공'하지 않아도 반야와는 걸림이 있는데, 이는 살 속에 가시가 있는 것이나 다름없는 것으로, 화성(化城)[77]을 보배가 있는 곳으로 여기는 것입니다. 그러므로 범부의 생사와 이승 열반의 전도몽상이 있는 것입니다.

범부의 생사에는 네 종류의 바르지 못한 견해인 4전도(四顛倒)가 있습니다.

---

77) 신통력으로 변화시켜 만든 성(城). 『법화경』「화성유품(化城喩品)」에 나오는데, 부처님이 중생을 제도하는 개권현실(開權顯實)의 법문을 화성의 비유로 설한다. 화성의 비유란 신통력으로 변화시켜 만들어서[化作] 성(城)을 만든다는 이야기이다. 어떤 지도자가 사람들을 이끌고 길을 가다 힘든 길을 지나가게 되자 화작하여 성을 만들어 고달픔을 잊게 한 뒤 진짜 목적지에 도달하였다. 여기서 화작한 성은 방편의 삼승법을 가리키고, 보배성은 일불승의 진실을 말한다. 생사윤회의 업으로 근기가 낮은 중생에게 위대한 일불승의 경지는 참으로 도달하기 어려운 곳이다. 이때 중생의 근기에 맞추어 생사고해를 건너는 방편의 삼승법을 편 후 본래 의도했던 일불승으로 인도한다면, 방편의 화성은 일불승의 보배성에 들어가는 매우 요긴한 관문이라고 할 수 있다.

1. 몸은 깨끗하지 않은데도, 깨끗하다고 잘못 생각하는 것입니다 [身不淨, 計爲淨].

2. 느낌은 고통인데도, 즐거움으로 잘못 생각하는 것입니다 [受是苦, 計爲樂].

3. 마음의 생각은 변화하고 있는데도, 변하지 않는다고 잘못 생각하는 것입니다 [心無常, 計爲常].

4. 일체법에는 나가 없는 데도, 나라고 잘못 생각하는 것입니다 [法無我, 計爲我]. 이상이 범부의 전도상[顚倒相]입니다.

2승인의 열반에도 4전도가 있습니다.

1. 깨끗하지 않음은 보아도, 법신의 깨끗함은 보지 못합니다 [看不淨, 不見法身淨].

2. 괴로움은 보아도, 적멸의 즐거움은 보지 못합니다 [看苦, 不見寂滅樂].

3. 나가 없음은 보아도, 자재한 나는 보지 못합니다 [看無我, 不見自在我].

4. 무상함은 보아도, 불성이 영원히 존재함은 보지 못합니다 [看無常, 不見佛性常]. 이상이 2승인의 전도몽상입니다.

그러므로 반야가 5온이 모두 공함을 비추어 본다면 [照見五蘊皆空], 어찌 모든 고통과 재난[一切苦厄]을 떠나는 데만 그치겠습니까! 모든 고통과 재난을 떠난 뒤에야 제법의 공상[諸法空相]을 봅니다. 5온이 공하여, 색이 공하고, 공도 공해서, 일체법이 공함이 바로 제법의 공상이며 또한 5온의 공상입니다. 그러므로 먼저 모든 고통과 재난을 다 건너는 것을 말하고 난 뒤에 제법의 공상을 설하고 있습니다. 만약 5온이 아직 공하지 않다면, 즉 일체법이 공하지 않다면, 모든 고통과 재난을 다 건널 수 없을 뿐만 아니라, 공포와 전도몽상을 낳을 수 있습니다. 즉, 범부는 생사를 진실(眞實)로 여기고, 성문과 연각 2

승인은 열반을 실유(實有)[78]로 여깁니다. 그러나 도를 깨달은 사람은 '생사와 열반이 허공꽃과 같습니다 [生死涅槃等空花].', 생사가 공하고 열반도 공합니다.

얻어지는 것이 없기 때문에 [以無所得故], 보살은 반야바라밀다를 증득합니다. 만약 얻어지는 것이 있다면 반야바라밀다를 증득할 수 없습니다. 반야바라밀다를 증득하고 일체법을 보면 바로 마음이며, 마음이 바로 일체법입니다. 그래서 마음과 일체법이 걸림이 없습니다. 걸림이 없으면 세간과 출세간의 공포가 없습니다. 세간 범부 생사의 4전도가 없는 바에야, 출세간 2승(二乘) 열반의 4전도도 없는 것, 이것이 전도몽상을 멀리 떠나 구경에 대반열반(大般涅槃)을 증득하는 것입니다.

궁극에 대열반을 증득한다.

究竟涅槃.

마음[心]을 얻을 수 없으며, 법(法)을 얻을 수 없습니다. 마음과 법이 하나여서[一如] 둘 다 얻는 바가 없습니다. 이것이 "구경열반(究竟涅槃)"이며, 대반열반이라고도 합니다. 대열반은 상적광정토(常寂光淨土)입니다. 상적광 정토는 우리들의 고향입니다. 상(常)은 법신덕(法身德)이요, 적(寂)은 해탈덕(解脫德)이며, 광(光)은 반야덕(般若德)입니다. 3덕비장(三德祕藏)이 모든 부처님이 활동하는 범위[行處]입니다. 보살은 반야에 의지하여 수행해서 마음에 걸림이 없고 공포가 없으며, 전도몽상을 멀리 떠나 궁극[究竟]에 대열반을 얻습니다.

---

78) 진실인 것. 실제로 존재하는 것. 세상에 실재하는 것. 실체로서 있는 것. 실재하지 않는 세계를 실재하는 것으로 생각하는 것.

모든 부처님도 의지하는 반야바라밀다

(과거·현재·미래) 삼세의 모든 부처님도 반야바라밀다를 의지하기 때문에 아뇩다라삼먁삼보리를 얻는다.

三世諸佛, 依般若波羅蜜多故, 得阿耨多羅三藐三菩提.

과거에 무명 진로(塵勞) 번뇌 망상이 공함은 과거불이요, 현재에 무명 진로 망상 번뇌가 공함은 현재불이며, 미래에 무명 진로 망상 번뇌가 공함은 미래불입니다. 반야로써 관조하여, 과거에 번뇌가 공하여 과거에 성불했으며, 현재에 번뇌가 공하면 현재 성불하고, 미래에 번뇌가 공하면 미래에 성불합니다.

3세제불은 반야바라밀다를 의지하여 무명 망상 진로 번뇌가 공하여서, 3세의 부처님은 모두 아뇩다라삼먁삼보리(阿耨多羅三藐三菩提)를 얻습니다.

아뇩다라삼먁삼보리는 범어이며, 여기 중국말로는 무상정등정각(無上正等正覺)입니다. 보리는 가장 높고, 보리는 가장 평등하며, 보리는 가장 진실하기에 무상정진의 도[無上正眞之道]라고도 합니다.

위에서 설한 제법공상 안에는, 범부의 5온 18계의 법이 없고, 성문(聲聞)의 고집멸도 4성제의 법이 없으며, 연각(緣覺)의 12인연의 법이 없으며, 또한 보살의 능히 얻는 지혜와 얻어지는 법도 없습니다. 총괄하여 말하면, 바로 2승의 법은 없고 3승(三乘)을 한데 모아서 1불승(一佛乘)으로 돌아가며, 9법계(九法界)를 한데 모아서 1불계(一佛界)로 함께 돌아가는 것입니다.

반야바라밀다가 진정으로 불가사의한 주문

그러므로 알지니, 반야바라밀다는 (중생을 성불하게 할 수 있는) 대신력(大神力)의 주문이며, (중생의 무명 번뇌를 깨뜨려 없앨 수 있는) 대광명의 주문이며, (그 이상이 없는) 최상의 주문이며, (부처의 어머니로서 어떤 법도 이와 서로) 동등한 것이 없는 주문이며, (3계화택 생사윤회의) 모든 괴로움을 없앨 수 있으며, (마음이 그대로 부처이니) 진실하여 허망하지 않다.

故知般若波羅蜜多, 是大神咒, 是大明咒, 是無上咒, 是無等等咒. 能除一切苦, 真實不虛.

반야바라밀다에 의지해서 수행하여, 부처는 보리를 얻고 보살은 대열반을 증득합니다. 그러므로 반야바라밀다는,

신력(神力)이 가장 커서 중생을 제도하여 성불하게 할 수 있는 대신주(大神咒)요,

중생의 무명 번뇌를 깨뜨려 없앨 수 있는 대명주(大明咒)이며,

반야는 최상으로서 다시 그 이상이 없는 무상주(無上咒)요,

반야는 부처의 어머니[佛母]로서 모든 부처님을 낳으며, 어떤 법도 그녀와 서로 대등할 수 없는 무등등주(無等等咒)입니다.

"능제일체고(能除一切苦)", 반야바라밀다에 의지해서 수행하면 3계 화택을 벗어나 생사윤회의 괴로움을 멀리 떠납니다.

"진실불허(真實不虛)", 마음 그대로가 부처이니[即心即佛] 결정코 허망하지 않습니다.

그래서 반야바라밀다주문을 설하니, 그 주문은 다음과 같다.

故說般若波羅蜜多咒, 即說咒曰,

반야심경에는 현설(顯說)도 있고 밀설(密說)도 있는데, 이제 설하

는 것은 밀설입니다. 밀설은 다음과 같이 간단합니다.

아제아제 바라아제 바라승아제 모지사바하 (3번)

揭帝揭帝, 波羅揭帝, 波羅僧揭帝, 菩提薩婆訶.

　밀(密)은 해석할 길이 없으며, 누구나 알 수도 있습니다. 불문(佛門) 중에는 많은 사람이 현교(顯敎)에 의지하여 수행하고, 밀교(密敎)에 의지해서도 수행합니다. 예를 들어 대비주·능엄주 등은 모두 해석해서는 안 됩니다. 만약 해석할 수 있다면 '밀'이라고 부르지 않습니다. '밀'은 사람이 물을 마셔보면 차가운지 따뜻한지 스스로 아는 것처럼, 말할 수 없고 해석할 수 없고 오직 자기만이 압니다. 하지만 오늘 저는 이 주문의 의미를 대략 말하겠습니다.
　"아제아제(揭諦揭諦)", 가자 가자.
　"바라아제(波羅揭諦)", 저 언덕으로 가자.
　"바라승아제(波羅僧揭諦)", 대중들이여 저 언덕으로 가자.
　"모지사바하(菩提薩婆訶).", 신속히 보리 증득을 성취하자.

제3장 반야심경 수증(修證) 원통 법문

반야정관략강(般若正觀略講)

1983년 겨울방학 기간에
시방총림서원(十方叢林書院) 학생들이 만사를 제쳐놓고
선당(禪堂)에 들어가 공부에 정진했다.
남회근 선생께서 친히 감독 지도하시면서
『반야심경』수증원통법문(般若心經修證圓通法門)을 가르쳐 주셨는데
대중들은 제호(醍醐)를 마시는 것 같았다.
많은 사람들이 이 소식을 듣고
그 법미(法味)를 함께 맛보고자 하므로
강의 기록을 모아 동호인에게 공개한다.
― 편자 ―

출처 : 『선정과 지혜 수행입문』

보현행으로부터 삼마지에 들다

여러분들은 선당에 앉아서 공부하고 있는데, 일본불교 관념의 영향을 받은 이 곳 대만 말로는 이를 좌선(坐禪)이라고 합니다. 즉, 보통 말하는 정좌(靜坐)입니다. 한 시간 정좌하면 곧 한 시간 동안 닦는 것인데 도대체 무슨 법을 닦는 것일까요? 선정법(禪定法)을 닦는 것입니다. 그렇지 않다면 여러분들은 멍하니 꼼짝않고 앉아 있으면서 무엇을 하는 것일까요?! 그러나 앉아서 그저 편안함을 탐하고 청정함에 집착한 채 현실을 도피하는 것은 옳지 않은 일입니다.

그러므로 이제 여러분들에게 『보현행원품(普賢行願品)』 수행법을 말씀드리겠습니다. 보현법문을 닦으려면 무엇보다도 먼저 참회를 해야 합니다. 포단에 오를 때마다 다리를 거두어들인 다음 심

신을 잠깐 동안 한 번 청정하게 한 다음 이렇게 관상합니다.

시방삼세 일체제불보살이 동시에 시간과 공간 속에 두루 가득하고 전법(傳法) 스승도 역시 시방삼세에 가득합니다. 그리고 그 불보살 삼보님 한 분 한 분마다의 면전에는 내가 예배 참회하고 있습니다. 참회하는 관념 감정을 모조리 귀납시켜 한 글자 한 글자 스스로 또렷하게 사유합니다. 입으로 외는 것이 아니라 생명 전체를 심념(心念) 속에 몰입시킵니다.

"이전에 지은 모든 악업들은, 모두 그 시작을 알 수 없는 때부터 오랜 세월 동안 탐욕 성냄 어리석음으로 말미암아, 몸과 말과 마음으로부터 일어난 것입니다, 그 일체를 제가 지금 모두 참회합니다 [왕석소조제악업(往昔所造諸惡業), 개유무시탐진치(皆由無始貪嗔癡), 종신어의지소생(從身語意之所生), 일체아금개참회(一切我今皆懺悔)]."

입으로 외웠다고 끝나는 게 아닙니다. 심념으로 외우면서 한편으로는 자기에게 어떤 습기(習氣) 잡념들이 있는지 생각하고, 그 습기를 한 생각 정성과 공경 속으로 몰입시켜 철저하게 참회합니다. 그런 다음 관상(觀想)도 하지 않고 그저 경건한 일념이요 한 생각 깨끗한 참회이면 한 법문이 다 이루어진 것입니다.

둘째로는 발원을 해야 합니다. 내가 여러분을 위해 네 마디의 발원문을 지었는데 매번 포단에 올라앉을 때마다 이렇게 참회하고 발원해야 합니다. 그렇지 않으면 상응(相應)하기 어렵습니다.

"아직 일으키지 못한 선법은 마땅히 일어나게 하겠으며, 아직 다 끊어버리지 못한 악업은 이제 끊어지게 하겠습니다 [미생선법당령생(未生善法當令生), 미진악업령사진(未盡惡業今使盡)]."

"마음속에서 아직 일으키지 못한 선법(善法)79) · 선념(善念)을 이

---

79) 선한 일. 바른 일. 도리에 맞고 자타(自他)를 이익되게 하는 일. 세상의 선법. 5계 10선을 말함. 혹은 출세간의 선법. 계정혜 3학과 6바라밀을 말함.

제 모두 다 일어나게 하고, 동시에 그 시작을 알 수 없는 때부터 오랜 세월동안 심신의 악업과 잡염(雜染),80) 그리고 번뇌를 한 칼에 끊어버려 다시는 짓지 않겠습니다." 하지만 그냥 입으로만 외워서는 안 되고 마음속으로 절실하게 살펴보고 절실하게 실천해야 합니다.

이어서 이렇게 관상해야 합니다. "시방삼세 부처님! 저를 가호하시어 하루빨리 보리심을 일으키게 하소서 [시방삼세불가호(十方三世佛加護), 신속발기보리심(迅速發起菩提心)]." 시방삼세 일체제불보살 삼보 등이 과거·현재·미래 무진법계에 두루 계시면서 자기 자신이 하루빨리 무상(無上)보리도심을 일으킬 수 있도록 자비로 가호하여 주시는 모습을 관상하는 것입니다.

우리는 평소에 「유식(唯識)과 중관(中觀) 연구」라는 과목을 개설했는데, 이제 「반야와 중관 정관(正觀)」에 대해서 말씀드리겠습니다. 『유마경』 「제11 보살행품」에서는 석가모니 부처님과 향적불국(香積佛國)의 대보살들과의 설법을 언급하고 있는데, 이 설법에서 부처님은 그들에게 "여러분 보살들이 반드시 닦아 배워야 할 법문이 있다"고 했는데 무슨 법문일까요? 바로 진무진법문(盡無盡法門)입니다.81)

진무진법문(盡無盡法門)을 배워야 한다

진(盡), 즉 다함이 있음은 시작이 있고 끝이 있는 것입니다. 무진(無盡), 즉 다함이 없음은 시작이 없고 끝이 없는 것으로 무량무변입니다. 부처님은 무엇이 다함이 있다고 했을까요? 바로 유위법(有爲法)입니다. 일체의 유위법은 끝날 때가 있습니다. 무엇이 다

---

80) 일체 유루법의 총명. 선(善)·악(惡)·무기(無記) 세 가지 성질을 겸해있다.
81) 『유마경 강의』를 참고하기 바란다.

함이 없을까요? 바로 무위법(無爲法)입니다. 무량(無量)·무변(無邊)·무궁(無窮)이요, 또한 시작한 곳도 없고 끝나는 곳도 없습니다. 우리는 알아야 합니다, 닦음이 있고 증득함이 있다면, 세간법이든 출세간법이든, 현교나 밀교의 어느 종파이든, 그것은 모두 다유위법이 됩니다. 유위법은 어떤 것들은 불법이지만 어떤 것들은 불법과 외도의 공법(共法)입니다. 무위법은 불법의 정법(正法)입니다. 무위법은 닦음이 없고[無修] 증득함이 없습니다[無證]. 본래 이와 같아서 일체중생이 본래에 부처입니다.

그러나 정말로 법(法)이 없고 닦음[修]이 없고 증득함[證]이 없을까요? 그렇지 않습니다. 무위법이 바로 법이요 닦음이요 증득함입니다. 무위법을 증득함이 열반의 과위를 증득한 성불입니다. 그런데 열반은 필경에 과(果)도 없고 부처도 없습니다. 진정한 대법(大法)인 무상불법(無上佛法)은 바로 무위법이지만, '무위법'이라고 한마디 할 때 벌써 유위에 떨어져버립니다. 말해도 틀리고 말하지 않아도 틀립니다. 긍정해도 틀리고 부정해도 틀립니다. 본래 스스로 무위입니다.

만약 반야지혜를 진정으로 증득하면 '개오(開悟)'라고 합니다. '활연대오(豁然大悟)'란 보리를 깨달음입니다. 원래 일체법은 본래 스스로 무위(無爲)이지만 작용을 일으키면 모두 유위(有爲)가 됩니다. 여러분 주의해야 합니다! 밀교에서 행하는 수법(修法)에서 보면, 이렇게 분명하게 말하는 것도 바로 전법(傳法)입니다. 그러나 일반인들의 습기(習氣)는 일종의 형상(形相)을 좋아하고 신비함을 좋아해서, 이렇게 말하는 것이 바로 대법(大法)을 하나 전한 것임을 이해하지 못합니다. 물론 바보나 어리석은 사람을 만나면 어떤 형식이 없어서는 안 됩니다. 향도 피우고 경도 읽고 공양도 차려놓는 등 시끌벅적 하면서 남더러 이런 법을 전해달라고 청합니다. 그러면 약간의 정수(淨水)와 향주(香酒)를 머리위에 부어 관정(灌頂)을 해줍니다. 물론 그렇게 하는 것도 법인데, 방편이요 조도(助

道)요 가행(加行)이 됩니다.

『반야심경』은 반야법문의 정수

이제 한 걸음 물러나 그 보다 낮은 수준을 구하기로 하고 불법의 반야지혜, 반야정견을 말해보겠습니다. 여러분은 반야를 알고 또 반야심경을 외울 줄 아니 오늘은 「반야바라밀다심경 수증원통(修證圓通)법문」을 전해드리겠습니다. 그러나 경건하고 정성스러운 마음으로 듣고 법(法)에 의지해야지 저를 의지하지 말기 바랍니다. 마음에 얻는 바가 있을 수 있느냐 없느냐는 여러분들의 복덕과 지혜에 달려 있습니다.

언제나 계정혜(戒定慧) 속에 있는 사람은 성취하지 않는 자가 없습니다. 노트를 들고 만년필을 들고 있더라도 입정(入定)할 수 있습니다. 쓸[用] 때는 들어 일으키고[提起] 쓰지 않을 때는 놓아버립니다[放下]. 이렇게 공부하고 수행한다면 얼마나 좋겠습니까! 그런데 사람들은 놓아버리고 쓰지 않을 때는, "소인은 한가하게 지내면 착하지 못한 일을 한다 [小人閒居爲不善]."라고 했듯이 소인이 되면 망상이 어지럽게 들끓게 되는데, 그래서는 옳지 않습니다.

반야심경 반야법문은 6바라밀 대승도에서 최후에 성취하는 대법(大法)입니다. 이른바 '3세의 모든 부처님은 반야바라밀다를 의지하는 까닭에 아뇩다라삼먁삼보리를 얻는다 [삼세제불(三世諸佛), 의반야바라밀다고(依般若波羅密多故), 득아뇩다라삼먁삼보리(得阿耨多羅三貌三菩提)].'는 것입니다. 반야를 닦지 않으면 성취할 길이 없습니다. 부처님을 배운다는 것은 미신 신앙이 아닙니다. 그런 것은 보통의 종교입니다. 부처님을 배움에는 의심을 품고 문제를 가져야 합니다. 예컨대 생사 문제나 자아 문제 등등을 투철하게 관찰함으로써 지혜를 성취하는 것이지 미신을 성취하는 것이 아닙니다. 이렇게 하려면 반야에 의지해야 합니다. 그러므로 반야법문은 불법의 중심점이 됩니다. 그리고 이것이 점차 변천하여 법상유식학으로 발전된 것은 반야를 발휘한 결과입니다. 반야법문은 용수보살이 크게 발전시켜 눈부시게 빛나게 되었습니다. 예컨대 중국의 선종은 때로는 '반야종'이라고도 불리고, 또 다른 이름으로는 '심종(心宗)'이라고도 하는데, 일체제불의 심중심법(心中心法), 다시 말해 마음 가운데 마음 법이라는 뜻입니다. 반야법문 가운데는 『대반야경』 6백 권이 있는데, 그 모두가 일체중생이 어떻게 지혜로써 법신해탈을 성취할 것인지를 말해주는 법문입니다. 그런데 『금강반야바라밀다경』 한 권이 바로 이 6백 권 『대반야경』을 농축한 정수(精髓) 법문입니다. 그리고 반야법문의 정수 중에 정수요 중심 가운데 중심은 우리가 일상적으로 독송하는 경으로 본문이 모두 260자로 번역된 『마하반야바라밀다심경』입니다(제목까지 합하면 모두 270자임).

摩訶般若波羅蜜多心經

觀自在菩薩, 行深般若波羅蜜多時, 照見五蘊皆空, 度一切苦厄. 舍利子! 色不異空, 空不異色 ; 色即是空, 空即是色. 受, 想, 行, 識, 亦復如是. 舍利子! 是諸法空相 : 不生不滅, 不垢不淨, 不增不減. 是故空中無色, 無受, 想, 行, 識, 無眼, 耳, 鼻, 舌, 身, 意, 無色, 聲, 香, 味, 觸, 法 ; 無眼界, 乃至無意識界. 無無明, 亦無無明盡 ; 乃至無老死, 亦無老死盡. 無苦, 集, 滅, 道. 無智亦無得. 以無所得故. 菩提薩埵, 依般若波羅蜜多故, 心無罣礙 ; 無罣礙故, 無有恐怖 ; 遠離顚倒夢想, 究竟涅槃. 三世諸佛, 依般若波羅蜜多故, 得阿耨多羅三藐三菩提. 故知般若波羅蜜多, 是大神咒, 是大明咒, 是無上咒, 是無等等咒. 能除一切苦, 眞實不虛. 故說般若波羅蜜多咒, 即說咒曰, 揭帝揭帝, 波羅揭帝, 波羅僧揭帝, 菩提薩婆訶.

먼저 경의 제목인,『마하반야바라밀다심경(摩訶般若波羅蜜多)』을 읽어보겠습니다. 왜 이 경이 있게 되었을까요? 부처님의 대제자인 사리불이 부처님께 반야법문을 수행 성취하는 방법을 묻자 부처님께서 관자재보살로 하여금 답변하게 했기 때문입니다. 사리불의 질문에 관자재보살이 답하는 내용을 경전으로 기록하여 후세에 전해온 것입니다. 과거에 저는 이 경을 여러 번 강해한 적이 있는데, 이제 또 여러분들에게 반야 관법(觀法)을 행하도록 가르치는 것은 앞서 언급했듯이 하루빨리 보리심을 일으키도록 하기 위해서입니다.

먼저 경의 원문을 이해해야 하겠습니다.

관자재보살(觀自在菩薩), 행심반야바라밀다시(行深般若波羅密多時), 조견오온개공(照見五蘊皆空), 도일체고액(度一切苦厄).

이것이 제1단락인데 마지막 한 구절인 '도일체고액(度一切苦厄)'에 유의하기 바랍니다. 만약 불학 교리적으로 연구해보면 부처님의 일체 설법에는 두 가지 노선이 있습니다. 그 하나는 시종일관 소승의 4성제법인 고집멸도(苦集滅道)를 기초로 하면서 '세간의 일체는 괴로움이다 [世間一切皆苦].'는 것입니다. 번뇌도 괴로움이요 태어나고 죽음은 크나큰 괴로움입니다. 태어남이 있으면 반드시 죽음이 있고 생로병사 등 괴로움 아닌 것이 없습니다. 어떻게 괴로움을 끝마칠까요? 어떻게 벗어날까요? 끝마칠 수 없다면 어떻게 해야 끝마칠 수 있을까요? 도(道)를 얻어 모든 망상 번뇌를 없애고 모든 업력작용을 소멸시켜야 비로소 일체의 고통에서 해탈하게 되어 괴로움을 떠나 즐거움을 얻을 수 있습니다 [離苦得樂]. 그러나 모든 범부 중생은 괴로움을 즐거움으로 여깁니다. 일체의 괴로움을 쌓아 모아가면서 고통스러운 일을 필사적으로 뒤좇아 감으로써 현실의 즐거움으로 삼고 있습니다. 그러기에 부처님은 중생이 전도(顚倒)되었다고 말씀합니다.

어떻게 괴로움을 끝마칠 것인가
먼저 관상(觀想)을 중시하라

반야심경은 고집멸도를 기초로 삼고 있습니다. 그래서 제일 먼저 어떻게 괴로움을 끝마칠 것인지를 알아야 합니다. 관자재보살은 사리불에게 "행(行)하라"고 말하고 있는데, 수행하라는 말입니다. 우리들처럼 정좌하는 것도 수행법문의 하나입니다. 걷거나 머물거나 앉거나 눕고 하는 가운데 언제나 자기를 관리하는 것이야말로 수행입니다. 우리가 알듯이 보살의 명호는 그의 수행법을 나타냅니다. 마치 세상 사람들이 이름에 특별한 의미를 담아 짓듯이 말입니다. "관자재(觀自在)"의 의미 중심은 '관(觀)'자에 있습니다. 언제 어디서나 자기의 '마음이 일어나고 생각이 움직이는 것[起心動念]'을 관찰하고 비추어 보는 것[觀照]입니다. 생각이 일어나고 사라지는 것 하나하나를 비춰보고 관리하는[照管] 것입니다. 그렇지만 육안으로써 살펴보는 것이 아니라 자기의 지혜로써 각찰(覺察)하라는 것입니다. 이게 바로 '행(行)'의 방법입니다.

여러분은 그저 정좌할 줄만 알지 내심으로 자기의 심념(心念)을 관찰하지 않습니다. 관심(觀心), 즉 마음을 관찰하지 않는 것은 멍청히 앉아 있는 것이나 다름없습니다. 의식이 몽롱하면서 흐리멍덩한 채 앉아만 있다면 잠자는 것과 무엇이 다르겠습니까?! 옳지 않습니다. 그렇게 하는 것은 수도(修道)가 아닙니다. 반드시 자기의 마음이 일어나고 생각이 움직이는 것을 관찰해야 합니다. 사지를 움직이지 않고 6근을 쓰지 않으면서 신체를 내버려둔 채 앉아 있는 것은 휴식상태입니다. 이 몸이 휴식에 들어 편안해지고 나면 몸에 대해서는 더이상 상관하지 않아야 합니다.

이때는 마음속으로 관(觀)을 일으켜야 합니다. "관자재보살(觀自在菩薩)"이라, 자기가 홀로 있으면서 마음을 일으키고 생각을 움직이는 것을 관하여 생각 생각에 분명히 알아야 합니다. 예를 들어 저는 지금 강의를 하고 있고 여러분은 듣고 있는데, 하는 말이나 듣는 말 한 마디 한 마디를 자신이 또렷이 관찰합니다. 맞았는지 틀렸는지, 해야 할 말인지 아닌지, 선인지 악인지, 옳은 것인지 그른 것인지, 일일이 각찰하여 놓침이 없다면 초보 수준이 됩니다. 자기 마음이 어디 있는지를 관찰함에 있어, 어떤 사람은 번뇌가 일어날 때 자신의 뜻대로 되지 않아 관찰하려고 해도 관찰이 되지 않으면서 번뇌에 막혀버립니다. 무명(無明)이 일어나고 수면욕이 오게 되면 그 경계를 좇아가버리고 더이상 회광반조(廻光反照)할 줄 모릅니다.

밀종에서는 관상(觀想)을 닦으라고 하는데, 사실 관(觀)은 관이고 상(想)은 상입니다. 초보적인 관(觀)은 바로 상(想)인데 간단하지 않은 일입니다! 관상이란 당신이 상상(想像)해 낼 수 있어서 염두 속에서 생각[想]해야 합니다. 예를 들어 화가가 산과 호수를 하나씩 그리려고 한다면 마음에서 생각[想念]하자마자 산과 호수가 눈앞에 있는 듯 떠오릅니다. 밀종에서 관상을 닦는 것도 대상 주제를 생각해내야 합니다. 관(觀)과 상(想)은 서로 이어져 있습니다. 이것이 입문 방법입니다. 하지만 여러분들이 이제 이 법문을 배우면서 솔직히 말해서 어느 곳에서 관해야 마땅할까요? 먼저 심두(心頭)에서 관을 일으켜야 합니다. 심장의 심으로서, 양 젖꼭지 중간인 명치[心窩] 위아래 부분입니다. 관심(觀心)을 함에는 먼저 심두 부위에서 가만히 관을 지어야 합니다. 물론 생각은 심장으로부터 일어나는 것은 아닙니다. 그러나 심두 부분에서 관찰하는 것이 꼭 알맞습니다. 이렇게 하는 것이 올바른 수행의 길입니다. 머릿속으로 공상(空想)이나 망상을 하지 말고 빛 따위 등도 바라보지 마시기 바랍니다. 초학자가 이 관법을 행할 경우 명치 부분에 통증을 느낄 때가 있는데, 그것은 위(胃)의 식도관(食道管)이 깨끗하지 않기 때문입니다. 심장에 원래 질병이 있는 경우는 다른 방편을 연구해 보아야 합니다.

어떻게 하는 것이야말로 관자재보살이 보살도를 수행하는 관법일까요? 바꾸어 말하면 어떻게 하는 것이 "행심반야바라밀다시(行深般若波羅密多時)", 깊은 반야바라밀다를 행할 때의 관행(觀行: 관심 수행—역주)일까요? 여러분은 이렇게 마음이 일어나고 생각이 움직임으로부터 서서히 닦음을 일으켜 서서히 관상하는 것입니다. 길을 걷든 일을 하든 언제나 마음에서 떠나지 않고 스스로 관조(觀照)합니다. 지혜 공력(功力)이 깊어지면 자기 자성의 실상반야(實相般若)의 지혜가 폭발합니다. 그렇지만 이전에 추구했던, 심념이 일어나 움직일 때의 관상지혜가 아닙니다. 우리가 관상하는 '관'은 망심(妄心)이 망심을 관하고 망상(妄想)이 망상을 관하는 것입니다. 비록 능관(能觀)의 작용은 이성적이지만 여전히 망상입니다. 자기의 심념을 살펴보는 관찰 공부의 힘이 깊어져 인연이 성취되었을 때는 자연히 지혜 덕상(德相)이 드러납니다. 그러나 관자재보살이 우리에게 깊은 반야바라밀을 행하라고 일러주지만 우리는 관하자마자 그렇게 할 수 있는 것이 아닙니다. '관'의 공부가 도달해야 마음이 일어나고 생각이 움직이는 것을 시시로 깨닫고 낱낱이 알게 됩니다. 올 때 환영하지 않으면 염두는 곧 사라져버립니다. 갈때는 뒤쫓지 않아서, 그것이 어느 곳으로 사라지든 내버려둡니다. 관행(觀行)이 점차 깊어져 망심 잡념이 오지도 않고 가지도 않는 경계에 이르면, 바로 한 토막의 공령함[一段空靈]으로, 휴식 경계에 처음으로 머물게 됩니다.

조견오온개공(照見五蘊皆空)

생각 생각마다 모두 버려야 합니다. 그렇다고 버린다는 것이 억지로 눌러 공(空)의 경계를 거짓으로 만든다는 의미는 아닙니다. 단지 일어나고 사라지는 대로 내버려둔다는 의미입니다. 이렇게 줄곧 닦아가다 보면 최후에는 진실한 지혜[眞智]인 실상반야가 반드시 현전합니다. 이때는 조금도 힘이 들지 않아 관을 할 필요가 없어지면서 또 다른 경계, 즉 "조견오온개공(照見五蘊皆空)", 오온이 모두 공함[空]을 비추어보는 경계에 도달합니다. '오온개공'이란 몸도 공해지고 마음도 공해진 것입니다. 정신세계와 물리세계 일체가 다 공해져 심신도 없고 감각도 없습니다. 공해졌고 없어졌지만 결코 죽음은 아닙니다. 공해지면 자기가 자기 몸과 마음의 각수(覺受)를 찾아보아도 찾아낼 수가 없습니다. 허리가 시큰거리고 다리가 마비되는 그런 현상이 없어집니다. 의식심(意識心) 중에 여전히 어떤 감각이 남아 있다면 이것은 수음(受陰)이므로 역시 비워버려야 합니다. 망상은 있을까요 없을까요? 없어졌습니다! 상음(想陰)도 공합니다.

"조견오온개공", 5온을 철저하게 이해하여 끝마치면 모든 것을 철저하게 이해하고 끝마칩니다. 괴로움[苦]도 없고 즐거움[樂]도 없습니다. 기쁨[喜]도 없고 슬픔[悲]도 없습니다. 실상반야가 자연히 드러나면서 자성의 공성(空性)을 보게 되니 다된 것 아닙니까! 비록 이와 같더라도 관(觀)은 역시 초보적인 수행법입니다. 예를 들면 밀종에서 말하는 관상(觀想)이나 천태종에서 말하는 지관(止觀) 공부에서의, 대상경계를 관한다는 '관경(觀境)'의 '관(觀)' 자는 제6식인 의식의 생각 망심이자 분별 망상 망심으로서, 어느 것이나 심(尋)·사(伺), 즉 자세히 살펴보는[審察] 심리상태로부터 공부에 들어가는 것입니다. 하지만 '관'의 작용은 중요합니다. 반야수행법은 마음의 관찰로부터 "관자재(觀自在)"를 닦기 시작합니다.

여러분이 어떤 신통이나 청정함이나 경계를 하나 구한다든지 기맥이 통하기를 구하는 것은, 모두 다 의식망념의 욕구입니다. 이런 관념들을 분명히 하여 생각 생각마다 버려야 합니다. '버린다'는 것은 보시하는 것으로, 염두가 오면 버리는 것을 말합니다. 그것이 무슨 염두이든, 불법에 대한 생각이든 뭐든 다 버립니다. 생각 생각마다 보시할 수 있다면 자연히 지계(持戒)가 됩니다. 마음이 일어나고 생각이 움직이면, 그것이 옳은 것이든 틀린 것이든 선이든 악이든 모두 다 버리니 당연히 지계가 됩니다. 생각 생각마다 보시할 수 있으면 자연히 인욕(忍辱)이 됩니다. 참음[忍]은 곧 염두를 끊어버리는 것으로 법인(法忍)[82]에 들어맞습니다. 생각 생각마다 보시할 수 있으면 자연히 정진(精進)이 됩니다. 생각 생각이 오더라도 버리고, 가더라도 뒤쫓지 않으니 자연히 선정(禪定)이 됩니다. 6바라밀이 모두 관심(觀心) 경계 속에 있습니다. 자성반야가 드러나게 되었을 때 비추어 보면[照見] 몸과 마음 안과 밖, 일체가 다 공합니다. 모두가 공하여 없습니다.

소승불법을 어떻게 선정 수행할 것인가

소승 불법의 수행에는 수행자의 심리현황에 대한 명칭으로서 '유각유관(有覺有觀)'이라는 것이 있습니다. 염불이든 관상(觀想)이든 현교든 밀교든 모두 '유각유관'입니다. 지각(知覺)이 있고 감각(感覺)이 있어서 관상을 하고 있으면서, 마음이 청정한지 않은지, 몸이 편안한지 않은지를 감각할 수 있는 상태가 '유각유관' 수행을 시작하는 경계입니다. 더 나아가 수행이, '각(覺)'이 없어져 육체적인 감수는 사라져 버렸지만 아직 '관(觀)'은 있는 경계인 '무각유관

---

82) 제법이 공하여 무자성(無自性)임을 참고 견디는 심정.

(無覺有觀)'에 도달했다면 비교적 진일보한 수행자입니다. 하지만 관하는 심념은 여전히 있습니다. 진정으로 '무각무관(無覺無觀)'의 경계에 이르면 감각도 존재하지 않고 더욱이 '관'을 일으킬 필요가 없으면서 자연히 청정합니다. 이렇게 되어야 소승 선정 수행법은 그 기초가 갖추어진 셈입니다. 그렇지만 여러분은 알아야 합니다, 이런 청정함은 심의식이 나타내는 청명한 경계라는 것을. 하지만 그 정도도 이미 좋은 편입니다. 이로부터 계속 선정과 지혜를 균등히 닦아 가면 보리를 깨닫지는 못할 지라도 과위를 증득할 수 있습니다. 그러므로 구역(舊譯)에서는 '관' 수행방법을 유각유관(有覺有觀)이라고 번역했습니다. 현장법사는 이 용어를 쓰지 않고 신역(新譯)에서 '유심유사(有尋有伺)'라고 번역했습니다.

'심(尋)'의 심리 현황은 이렇습니다. 한 염두가 가고 또 한 염두가 이어지고, 한 생각이 가고 또 한 생각이 이어짐이 '심'의 현상입니다. '사(伺)'는 망상 염두가 정지한 듯하여서 별로 힘을 쓰지 않아도 고요한[靜]듯하지만 사실은 여전히 생각[念]인 상태입니다. 옛사람은 유각유관(有覺有觀), 무각유관(無覺有觀), 무각무관(無覺無觀)이라고 번역했습니다. 미륵보살은 『유가사지론』에서 심리 수행의 상태를 말하면서 세 가지 단계로 제시했습니다. 현장(玄奘)법사는 그 세 가지 단계를 유심유사(有尋有伺), 무심유사(無尋有伺), 무심무사(無尋無伺)라고 달리 번역했습니다. 이러한 심의식의 심념(心念) 변화 과정의 형태들은 자기 자신이 분명히 살펴보고 알아야 합니다. 이와 같은 수행에서 발생하는 공덕과 망상과의 관계가 결국 어떠한 것인지에 대해서 『유가사지론』은 이렇게 세 가지 경지[三地]로써 그 층차를 분명하게 개괄하고 있는데, 지금은 말씀 드리지 않겠습니다.

반야가 곧 무상의 주문이다

그렇다면 "관자재보살"에서의 '관(觀)'은 그 자체가 반야수행법인데 설마 따로 달리 어떤 법이 있을까요?! 정말로 주문이 하나 있다면 주문을 외워야 옳은데 여러분이 바라는 것은 무엇입니까? 『반야심경』의 끝부분에 주문이 있지 않습니까?

"시대신주(是大神呪), 시대명주(是大明呪), 시무상주(是無上呪), 시무등등주(是無等等呪), 능제일체고(能除一切苦), 진실불허(眞實不虛)."

관자재보살은 말하기를, "여러분은 멋대로 주문을 외워서는 안 된다. 반야가 바로 무상의 주문이다. 이를 뛰어넘는 다른 주문은 없다."라고 합니다. "능제일체고(能除一切苦)", 오직 이 주문만이 사람들이 모든 문제를 해결할 수 있도록 해줍니다. "진실불허(眞實不虛)", 허풍 치는 것이 아닙니다. "즉설주왈(卽說呪曰)", 내 이제 여러분에게 들려주겠다.

"가테가테 파라가테 파라상가테 보디 스바하(揭諦揭諦, 波羅揭諦, 波羅僧揭諦, 菩提薩波訶)".

이게 바로 대 주문입니다. 그러므로 관건은 주문이냐 아니냐는 문제이거나 주문을 외워야 수행이라 할 수 있다거나가 아닙니다. 반야법문이야말로 바로 가장 좋은 주문입니다. "관자재"가 바로 주문이요 "관자재"가 다라니요 총지(總持)법문입니다.

시작 단계에서는 일체를 '관'의 경계 속에서 닦아야 합니다. 즉 관(觀)과 버림[捨]입니다. 이렇게 "반야바라밀다를 깊이 행할 때에" 최후에 이르면 이미 관(觀)이 아닙니다. 관은 그래도 마음을 써야 하지만 최후에는 무각무관(無覺無觀)이 되어버립니다. 몸과 마음이 진공(眞空)에 도달하여서 생각 생각마다 다시 버릴 필요가 없습니다. 자연히 고요해져 즉시에 "5온이 다 공함을 비추어 봅니다 [照見]". 나는 자주 이렇게 비유해서 말합니다. '관(觀)' 법문은 초롱등이나 손전등을 하나 들고서 물건을 찾는 격으로, 그 비추는 빛에는 한계가 있고 범위가 있습니다. 찾고 또 찾고 하면서 천천히 찾아보는 것입니다. '조(照)'는 그런 정도가 아니라 큰 발전소를 온통 켜놓은 것 같습니다. 마치 태양이 만물을 비추고 한 찰나에 대지를 두루 비추는 것과 같습니다. 이를 "부처님의 광명이 두루 비춘다 [佛光普照]."고 합니다. 여러분이 인위적으로 한 관상(觀想)은 결국 한계가 있고 널리 두루 미치는 것[普遍]이 아닙니다. '관'이 완전히 무르익어서 한 번 전환 변화되면 "5온이 모두 공함을 철저하게 비추어 봅니다." "조견(照見)"이란 무엇일까요? 신체 감각이 사라져버린 것입니다. 감각이 없고 온통 비워져버린 것입니다. 이때에는 다리가 아프고 안 아프고 저리고 안 저리고를 전혀 고려하지 않게 되며 아무것도 없습니다. 그러나 아주 또렷이 아는데, 그것은 보리각성(菩提覺性)으로, 5온이 모두 공함을 깨달은 바가 있는 것 같습니다. 여러분 보십시오, 반야 수행법은 이렇게 간단합니다. 하지만 이렇게 해냈습니까? 이렇게 해내지 못했습니다. 여러분이 이렇게 닦는다면 얼마나 좋겠습니까? 이렇게 성취하지 않으면 안 됩니다.

색과 공의 문제

하지만 그렇게 하지 못하는 사람이 있기 때문에 관자재보살은 다시 사리불에게 색(色)과 공(空)의 이치를 설명해줍니다. 부처님이 『능엄경』에서 가르쳐주는 수행법은 점차로 5온을 비우는 것입니다. 첫째, 색음(色陰: 지수화풍)인 이 신체를 어떻게 비워버릴까요? 여러분은 이곳에서 정좌하고 있는 동안 편안하지만 여전히 신체 감각이 있으면서 색음을 비우지 못합니다. 왜 그럴까요? 지수화풍의 연(緣)이 모여 있기 때문에 그렇습니다. 지(地)는 근육이나 뼈입니다. 수(水)는 신체상의 혈액이나 타액 등입니다. 화(火)는 생명 본능의 열에너지[熱力]입니다. 풍(風)은 기맥입니다. 기맥이 왜 없겠습니까? 신체에는 흘러 움직이는 기(氣)가 자연히 있습니다. 기가 없으면 곧 죽게 됩니다. 밀종에서 기맥을 수련하는 것은 먼저 4대를 잘 닦으면 4대를 비워버리기 쉽고 색법을 철저하게 이해하여 끝마쳐버리기 때문입니다. 그런데 기맥을 수련하고 있는 주인공이 누구인가는 기맥 문제에 속하지 않습니다. 기맥을 잘 닦지 않아 우리들의 몸인 4대의 업기(業氣)에 갇혀있는 상태에서는 염두가 비워지지 않음은 말할 것도 없고 감각조차도 비워지지 않습니다. 색법이 공해지지 않고는 수음(受陰)을 없애기 어렵습니다. 여기에서 하루 종일 있는 동안 머리가 아프지 않으면 다리가 저리고, 밥을 적게 먹으면 배가 고프고 많이 먹으면 뱃속이 더부룩하여, 기분이 좋지 않은 등 온통 감각 속에 빠져 있습니다. 심지어는 상대가 나를 깔보면 화가 납니다. 또 상대는 자기 눈에 내가 거슬리면 싫어합니다. 온통 수음 속에 심취되어 있으면서 망상을 비울 수 없습니다. 행음(行陰)은 생명의 본능 활동인데 더더욱 비워지지 않습니다. 생사(生死)를 따라 흘러 다니면서 병이 나려 할 때는 병이 안 날 수 없고 죽으려 할 때는 살 수가 없습니다. 심의식을 다스릴 수 없습니다.

그래서 불보살 선지식들은 우리들을 위해 여러 가지 방법을 생각해냈습니다. 색신으로부터 철저하게 이해하여 끝마치려면 기맥을 닦습니다. 심지(心地) 상으로부터 철저하게 이해하여 끝마치려면 지관(止觀)을 닦습니다. 신앙 상으로 철저하게 이해하여 끝마치려면 불법승 삼보를 염(念)합니다. 8만4천 법문은 모두 반야의 차별지(差別智)로서, 근본 반야에서 발전된 차별 지혜와 방법입니다. 색법 면에서 기맥의 작용이 없을까요? 육체 가운데에서 각종 심신 변화가 없을까요? 육체는 분명 이렇게 있는데 어찌 된 것일까요? 때로는 여러분 자신이 불법에 정통하다고 생각하면서 화를 내서는 안 된다고 알고 있습니다. 그런데 오늘은 간(肝)의 열이 왕성하여 성깔이 나는지라 아무리 화를 다스리려 해도 다스려지지 않습니다. 한 번 발동하면 거두어 드릴 수 없는 까닭은 모두 색음·수음·상음·행음이 당신을 부리고 있는데도 당신은 5음을 주재(主宰)할 수 없기 때문입니다. 5음이 당신을 쓰고 있지만, 당신은 5음을 쓸 수가 없습니다.

그러므로 반야심경 제2단락에서 보살이 자비심으로 사리불에게 일러주고 있는데, 일종의 탄식이기도 합니다.

사리자(舍利子), 색불이공(色不異空), 공불이색(空不異色), 색즉시공(色卽是空), 공즉시색(空卽是色).

보살은 먼저 수행법의 원리를 말하고 있습니다. 5온에서 첫째 겹은 색온입니다. "사리자야, 너는 이렇게 관하고 이렇게 철저하게 이해하여 끝마쳐야 한다."고 합니다. 기맥 수련 노선을 따라가지 않지만 기맥을 철저하게 이해하여 끝마칠 수 있습니다. 소위 기맥 육체는 업기(業氣)입니다. 업기가 존재해서 이 힘이 폐부(肺部)에 이르면 폐부는 작용을 일으키면서 변화가 있거나 병이 납니다. 그렇다면 다른 방법을 쓰지 않고 날마다 교리관념을 지어도 됩니다. 백골관(白骨觀)은 색법을 철저하게 이해하여 끝마치는 근본 방법으로, 신체를 관하여 백골모습을 이루는 것입니다. 백골관, 부정관(不淨觀)은 유위법에 속합니다. 중생들이 색즉시공(色卽是空)이 되지 못하기 때문에 우선 백골관, 부정관을 닦을 수밖에 없습니다. 수행이, 백골에 광명이 흐르고 그 광명도 비워버리는 경지에 이르면 "5온이 모두 공함을 비추어 보고 일체의 고통재난[苦厄]을 건너게 됩니다." 여러분은 백골관이 잘 되지 않겠지만 닦지 않으면 안 됩니다. 부처님이 제자들에게 전해준 초보적인 법문은 대부분 부정관과 백골관을 닦으라는 것이었습니다. 불경에 근거해

통계를 내보면 석가모니부처님이 살아계실 때의 제자들 중에는 백골관을 통해서 과위를 증득한 자들이 많고 많았습니다. 이것은 유위법을 가지고 색법을 철저하게 이해하여 끝마치는 가장 적당한 법문입니다.

이 외에도 많은 다른 수행 길이 있습니다. 예를 들면 밀종에서의 기맥 수련이나 명점(明點) 수련, 졸화(拙火) 수련 등입니다. 졸화 수련에 성공하면 어떻게 할까요? 졸화는 불덩어리가 아닙니다. 만약 불덩이를 이룬다면 이는 화관(火觀)을 성취한 것으로 마침내는 역시 공(空)으로 돌아가야 합니다. 다른 법문들과 길은 다르지만 목적은 같습니다. 기맥 수련은 그 수련이 이루어졌다고 다 끝나는 것이 아닙니다. 기맥은 수도 과정에서 반드시 거쳐야 할 길이지만 결코 궁극은 아닙니다.

색불이공(色不異空) 공불이색(空不異色)

그렇다면 위에서 말한 수행법을 쓰지 않고 곧바로 반야 노선을 걸어간다면 어떻게 색법을 비울까요? '관(觀)'입니다. 안으로 관하여 색법을 관하면 "색(色)이 바로 공(空)입니다 [色卽是空]." 지혜가 있으면 관에 들자마자 색법인 신체를 비워버립니다. 지혜의 힘이 부족하면 유위법인 부정관이나 백골관 등을 닦되 역시 비웁니다. 공(空)에 이르면 궁극적으로 다 철저하게 이해하여 끝마친 것일까요? 기맥을 변화시켜 비워버리기만 하면 될까요? 궁극이 아닙니다!

"사리자야, 공불이색(空不異色), 공이 색과 다르지 않느니라."고 말했습니다. 공한 다음에는 공에도 머무르지 않습니다. 청정한 상태인, 공의 경계가 하나 남아 있다면 이 역시 색법의 변상(變相)으로 색법과 다를 것이 없습니다. 그러므로 첫걸음으로 소승 성문의 경계인 "색불이공(色不異空), 색이 공과 다르지 않다"고 일러주었는데, 공을 증득했다면 어떨까요? 공도 비워버려야 "공불이색(空不異色)"입니다. 공은 여전히 유상(有相)으로 청정하지만, 심의식이 변해서 나타난 것으로 여전히 집착입니다.

그럼 제2단계인 "공불이색(空不異色)"에 도달하여 공마저 비워버렸다면 되는 것 아닐까요? 아직은 철저하게 청정하지 못하고 단지 절반에만 도달하였으므로 아직 멀었습니다.

"색즉시공(色卽是空), 색이 곧 공이요, 공즉시색(空卽是色), 공이 곧 색이다."에서의 색법 자체는 공한 것이므로 그것을 일부러 비워버리려고 할 필요가 없습니다. 색법의 본성은 생각 생각마다 흘러가면서 잠시도 머물지 않습니다. 본래 머물지 않고 있는데 일부러 비워버리려고 해서 뭐하겠습니까? 이 경지는 대승경계입니다. "색즉시공, 공즉시색", 본래에 공하기에 색이 있어, 육체가 있고 물질세계의 작용이 일어남이 있는 것입니다. 따로 하나의 공을 추구하여 그것이 도이고 궁극이라고 여기지 말기 바랍니다. 만약 그렇게 한다면 여전히 아닙니다. 왜냐하면 이 공(空) 역시 유(有)이기 때문입니다. 일체 만유제법, 일체 우주현상은 공하기 때문에 있습니다[有]. 진공(眞空)이 없다면 만유의 연기(緣起)는 없습니다. 예를 들면 방(房)이 비어 있지 않다면 쓸 수 없습니다. 비어 있어야 여러 가지 용도가 있기 때문입니다. 만법은 모두 공으로부터 생기[生起]하고 공으로부터 소멸합니다. 공에서 생기하고 공에서 소멸한다 [空生空滅]고 함은 결코 없다는 의미가 아닙니다. 생기[生]가 있고 소멸[滅]이 있으며 오고 감에 자재하고 생멸에 자유롭습니다. 그러므로 여래(如來)란 어디로부터 오는 곳이 없고 [無所從來], 어디로 향하여 가는 곳이 없어서 [無所從去], 자성이 본래 공합니다 [自性本空]. 그러기에 연기성공(緣起性空)이요 성공연기(性空緣起)라고 말합니다. "색즉시공, 공즉시색"의 경지에 이르면 공과 유 두 법이 털끝만큼도 두 모습이 아닌데 조작하여 일부러 색법을 공하게 하려고 마음을 많이 쓸 필요가 어디 있겠습니까? 하지만 왜 제법(諸法)을 조작하여 일체의 묘용을 일어나게 할 수 없겠습니까! 여기에 이르러야 비로소 대승의 성취 경계가 됩니다.

경문은 시작하자마자 "관자재보살觀自在菩薩, 행심반야바라밀다시(行深般若波羅密多時), 조견오온개공(照見五蘊皆空), 도일체고액(度一切苦厄)."이라고 함으로써 이미 전법(傳法)을 다 마친 것입니다. 하지만 여러분이 비워버리지 못한다는 것을 분명히 알고 있었습니다. 그래서 말하기를 "사리자야! 오온개공(五蘊皆空)이 어찌 말처럼 쉽겠느냐?"고 했습니다. 5온 중 첫 번째인 색법은 대단히 다루기 어렵습니다. 색법은 말할 것도 없고 신견(身見)이라도 비워버릴 수 있을까요? 우리가 정좌를 하면 다리가 저리기 마련인데, 색법인 기맥이 통하지 않아 신견을 비울 수 없기 때문입니다. 만약 기맥이 없다면 1만 년을 앉아 있는 것도 문제없습니다. 모두들 입만 열면 '5온은 모두 공하다'라고 말하지만 그 경계에 도달했습니까? 도달했다면 성취한 것이요 성불한 것으로, 닦을 필요도 없고 무학(無學)의 경지에 도달한 것입니다.

그러므로 이렇게 말합니다. "사리자야, 쉽지 않느니라. 색법을 철저하게 이해하여 끝마쳐야 한다. 색불이공(色不異空)이니라. 알겠느냐?" "알았습니다." "저런! 공(空)을 하나 붙들어 쥐어서는 안 된다. 공불이색(空不異色), 공과 색은 다름이 없느니라." "그럼 색과 공 그 어느 쪽에도 집착하지 않으면 옳습니까?" "역시 옳지 않다. 아직은 참으로 마음을 쓴 것이 아니다. 색즉시공(色卽是空), 색법은 그대로가 공한 것이니 일부러 공하게 하는 쓸데없는 일을 하지 말라. 공에 집착하지 말라. 공즉시색(空卽是色)이니라."

수상행식(受想行識) 역부여시(亦復如是)

"이처럼, 수(受)―감각 상태, 상(想)―생각, 행(行)―생명의 동력 기능, 식(識)―현식(現識)[83]도 역부여시(亦復如是)시니라." 어느 것이나 위에서 말한 색법의 네 구절 말과 같습니다.

선종에서는 "사구를 떠나고 백비를 끊으라 [離四句, 絕百非]."고 합니다. 사구는 '공(空), 유(有), 비공비유(非空非有), 즉공즉유(卽空卽有)'입니다. 여러분들은 여기서부터 자세히 체험해 보아야 합니다. 이 경의 중문 번역은 너무나 고명(高明)합니다. 색온 다음부터는 색온에서처럼 사구 식으로 일일이 중복해서 번거롭게 번역하지 않았습니다. 만약 과학적인 논리방법으로 한다면 수·상·행·식에 대해서도 색법 식으로 한 구절 한 구절 써야 할 겁니다. 하지만 이 경은 이런 식으로 하지 않고 문학적인 수법을 써서 "**수상행식 (受想行識), 역부여시(亦復如是).**"라고 일필로 완전무결하게 설명했습니다. 그렇지만 번거롭게 말하지 않으면 안 됩니다! 반야법문은 최고 지혜의 성취 법문인데, 일반 범부가 어떻게 이해할 수 있겠습니까?

색법에 대해서는 조금 전에 말씀드렸듯이 "색불이공, 공불이색, 색즉시공, 공즉시색."이라고 설명했습니다. 이제는 감각상태인 수(受)를 말합니다.

"**사리자야! 수불이공(受不異空), 공불이수(空不異受), 수즉시공(受卽是空), 공즉시수(空卽是受)니라.**" 여러분 지금 스스로 관조(觀照)해 보십시오. 앉아있는 것은 거의 다 되었습니다. 그런데 원래는 아주 안정[定]되어 있었는데 이제는 그 안정의 반대로서 견디기 어려워 흔들흔들하지 않을 수 없는 사람이 있습니다. 오래 앉아 있으면 편치 않습니다. 심지어 초조하고 불안한데, 이것은 수음

---

83) 인식을 이루는 식(識). 경계에 활동하기 시작한 의지적 작용이 있는 곳에는 그것에 따라 마치 밝고 깨끗한 거울이 거울 표면에 만상을 비추어 나타낼 수 있는 것처럼 모든 우리들의 마음의 경계가 비추어 나타난다. 그 대상 측면을 말한다.

(受陰)이 훼방을 놓고 있기 때문입니다. "수즉시공(受卽是空), 공즉시수(空卽是受)"가 됩니까? 만일 지금 어떤 사람이 당신께 총을 겨누고 움직이면 쏘아 죽인다고 합시다. 당신은 이 두려움으로 자신의 두 다리도 잊어버린 채 의식을 온통 총에만 기울이고 몸이 아프고 시큰거리고 땅기고 저리더라도 상관하지 않아서 마치 비워버린 듯할 겁니다. 이것은 마음의 변상(變相) 작용인 주의력의 전이(轉移)로서, 수음이 두려움으로 변상된 것이지 참으로 이 감수(感受)를 비워버릴 수 있는 것이 아닙니다. 그러므로 관해야 합니다. 마음의 관찰이 중요합니다.

그러나 당신이 마음을 관찰한다는 감각이 바로 염두입니다. 여러분은 단지 생각 작용만이 염두라 한다고 여기지 마십시오! 사람이 앉아 있는 동안 백 천 가지 감정이 마음속에서 들끓고 있는 것은 바로 수음이 아직 비워지지 않았고 수음이 공해지지 않았기 때문입니다. 예를 들면 앉아 있는 동안 기맥이 신체를 자유롭게 요동하는데, 한 번 요동하면 이미 생각[念]이 움직인 것입니다. 왜냐하면 당신의 염두가 몸의 기맥을 따라가면서 수음과 결합되기 때문입니다. 만약 수음이 염두와 결합되지 않으면 일어나는 기맥을 따라서 몸이 요동하지 않게 됩니다. 어떤 사람들은 이런 사실을 잘 모른 채 한사코 말하길, 오로지 기맥만 요동하고 있고 자기는 정말 기맥을 도와주지도 상관하지도 않는답니다. 그러면서 기맥은 자연히 움직이고 있어 자신은 어찌해 볼 수가 없다고 합니다. 심지어는 신기한 것으로 여기면서 도의 미묘한 작용이라고 판단합니다. 이야말로 웃지도 울지도 못하게 하는 어이없는 일로서, 말로 표현할 수가 없습니다. 왜냐하면 현식(現識)의 이치를 알지 못하기 때문입니다. 그런 것은 제8식인 아뢰야식 전체 염두의 이숙등류(異熟等流)가 장난치고 있는 것입니다.

한 가지 주문을 가르쳐 드리지요

몸이 요동하고 있더라도 염두가 없는 것이 아닙니다. 이른바 염두가 없다고 자기가 느끼는 상태는 단지 제6의식의 분별 망상이 없는 듯한 것일 뿐입니다. 사실은 요동 자체가 바로 크나큰 염두입니다. 이런 감수를 비워버려야 옳습니다. 이것을 비워버리지 않으면 소용이 없습니다. 들으셨지요? "수즉시공(受卽是空)", 재빨리 수음을 깨끗이 던져버려야 한다고요. 던져버릴 수 없다면 이렇게 주문을 외우십시오. "수불이공(受不異空), 공불이수(空不異受), 수즉시공(受卽是空), 공즉시수(空卽是受)." 어제 어떤 학우가 몸이 요동하기에 내가 그에게 주문을 하나 가르쳐 주겠다며 다음과 같이 한 번 외웠더니 요동하지 않더군요. "흔들흔들 흔들거려 외할머니 다리[外婆橋]까지 흔들거려라. 외할머니가 나를 부르네, '착한 아가야, 착한 아가야, 흔들거리지 말아라, 흔들거리지 말아라."(하하하 크게 웃다!) 무슨 이치일까요? 염두가 염두를 제압하는 것인데 무슨 어려움이 있으며 무슨 희한한 게 있겠습니까. 요동 자체나 다리가 아프고 저리는 것 모두가 생각[念]입니다. 어렵다고 하면 어렵고 쉽다고 하면 쉽겠지만, 이 한 생각[一念]이 장난하고 있는 줄 뻔히 알면서도 이 생각[念]은 스스로 비워버리기 어려워서 여전히 다리는 저리고 아픕니다. 그러므로 허풍 쳐서는 안 됩니다. 나고 죽음이 닥쳐오고 병나고 늙어 가면 고통스러우면서 더욱 비워버리기 어렵습니다. 생사가 공한 줄 분명히 알면서도 세세생생에 윤회를 벗어나지 못하고 생사의 수레바퀴에 끌려 다닙니다.

그럼 수음은 어디에서 오는 것일까요? 기맥에서 옵니다. 그래서 어떤 수행법에서는 먼저 기맥을 통하게 해야 합니다. 이것은 유위법으로 옳은 것이며 한 가지 커다란 방편이기도 합니다. 기맥이 정말로 통하고 나면 육신은 장애를 받지 않아서, 포단에 앉자마자 신견(身見)이 자연히 공해지고 그런 다음에는 마음을 철저하게 이해하기가 좀 더 쉬워집니다. 우리는 알아야 합니다. 몸과 마음은 각각 절반씩 차지하고 있는데, 이 절반이 신체에 묶여 있어 지수 화풍 4대(四大)에 지배를 당하고 있다는 사실을 말입니다. 철저하게 이해하여 끝마치기가 아주 어렵습니다만 기맥인 4대 색음이라는 이 업기를 먼저 해결하지 않으면 안 됩니다. 그러므로 여러분, 반야심경의 반야수행법이 얼마나 고명합니까? (이때에 남선생께서 현장에서 한 사람을 지적하여 이렇게 말씀하셨다. "이것은 마음을 관하는 것입니다. 바로 명치[心頭] 이 부분에서 관하십시오. 그러나 고개를 숙이지는 마십시오.)

공속에서 공을 얘기하는 것 모두 다 빈 말이다

이어서 관자재보살은 5음 중 상(想), 즉 생각[思想]에 대해서 말하는데, 생각은 철저하게 이해하여 끝마치기가 어렵습니다. 여러분은 유식(唯識) 과목을 수강들 하시는데, 제8아뢰야식에는 5변행(五遍行)이 있지요? (대답 : 있습니다). 5변행 중에 상(想)이 있나요 없나요? (대답 : 있습니다). 상(想)의 작용은 정말 대단합니다.

그렇지만 "**상불이공(想不異空)**"인데, 여러분은 비워버릴 수 있습니까? 관자재보살은 "조견오온개공(照見五蘊皆空)"이라고 말하는데 여러분은 도리어 이 속에서 공의 경계를 하나 추구합니다. 그런데 이게 옳을까요? 옳지 않습니다. 왜냐하면 "**공불이상(空不異想)**"이기 때문입니다. 공은 여러분이 생각해낸 것입니다. 여러분은 한 걸음 더 나아가 관자재보살처럼 "**상즉시공(想卽是空), 공즉시상(空卽是想)**"이라는 대승경계를 비추어 보아야[照見] 옳습니다. 생각은 상관없습니다. 생각이 오고 가더라도 붙들어 둘 수 없습니다. 여러분 지금 생각해보십시오. 어지럽습니다. 천지사방 등 생각하지 않는 곳이 없습니다. 만두나 간식이 생각나면서 먹고 싶고, 설 쇨 생각, 집에 돌아갈 생각, 암자로 돌아갈 생각, 선생님이 꾸짖을까봐 앉아서 감히 꼼작도 못하는 등, 일체의 고액(苦厄)에 들어가 고통의 심연 속에 떨어져 있습니다. 아이구, 이런 허튼 생각들을 어떻게 할까요? 저런! 여러분들이 아무리 생각하더라도 상관없습니다. 생각들을 붙들어 보려 해도 붙들어 둘 수 없습니다. "상불이공(想不異空)"인데 공을 구하려고 할 필요가 어디 있겠습니까? 생각의 자성이 본래 공하여 그 실체를 전혀 얻을 수 없다니까요. 만약 당신이 공의 경계에 도달했다면 "공불이상(空不異想)"입니다. 공은 여전히 망상이 변한 것입니다. 그러기에 대승보살은 망상을 비우고서야 도를 증득하는 것이 아닙니다. 대승보살은 "상즉시공(想卽是空)"임을 반야로써 관조합니다. "사리자야! 상음이 본래 그 자체가 텅 비어 있는 것이니 네가 일부러 하나의 공을 붙들어 쥐지 말아라. 공을 하나 붙들어 쥐어봐야 공즉시상(空卽是想)이다." 즉, 그 공도 바로 망상입니다.

이렇게 말함은 법을 전하고 있는 것이지 경을 강의하고 있는 것이 아닙니다! 한 마디 한 마디 스스로 투철하게 살펴야 합니다. 지금까지 말한 것은 오음 중에서 색음·수음·상음 이 세 가지 음에 대해서였습니다.

그다음은 이렇게 이어집니다.

"사리자야 행불이공(行不異空), 공불이행(空不異行)이니라." 우리들 신체상의 혈액순환이나 생명 가운데에서 오음의 인연이 서로 만남이나, 우주의 운행, 이숙등류(異熟等流)의 생명이 꼬리에 꼬리를 물고 끊임없이 이어지는 것은 모두 행음(行陰)입니다. 예를 들어 우리가 정좌하고서 눈을 감고 생각을 그쳐 아무 것도 생각하지 않으면 깜깜하면서 텅 비어 있는 듯합니다. 여러분은 이를 고요한 상태[靜態]라고 여기고 있지만, 사실 행음은 여전히 움직이고 있습니다. 당신이 그 사실을 모르고 있을 뿐입니다. 왜냐하면 행음은 의식심과는 상응하지 않는 행법(行法)이기 때문입니다. 여러분이 눈을 감은 채 정좌하는데, 포단에 앉은 지 얼마 되지 않은 시작 단계에서는 청정하지만 그 뒤에는 어지러운 상태로 변합니다. 그러다가 또 청정해지곤 하는데, 이는 모두 행음이 흘러 구르고 있기 때문입니다. 이렇게 흘러 구르고 있는 것이 바로 행음입니다. 그렇지만 "행불이공(行不異空), 공불이행(空不異行), 행즉시공(行卽是空), 공즉시행(空卽是行)"입니다. "사리자야! 이 행 가운데에서 있는 게 그대로 곧 공이니 달리 또 하나의 공을 찾아 조작하지 말라. 그렇게 하지 않으면 그 공도 행음의 현상이 되어버린다."

잘 관찰해 보아야 합니다. 그러면 여러분의 한 생각 의식도 이와 같습니다.

"식불이공(識不異空), 공불이식(空不異識), 식즉시공(識卽是空), 공즉시식(空卽是識)."이라, 분별의식은 완전히 공하며 그 이치는 위와 마찬가지입니다.

5온이 공하고 나서는 본성에 의지하여 닦기 시작하다

지금까지 강의한 원문을 소리 내어 읽어 봅시다.

반야바라밀다심경. 관자재보살행심반야바라밀다시, 조견오온개공, 도일체고액. 사리자, 색불이공, 공불이색, 색즉시공, 공즉시색, 수상행식역부여시.

般若波羅密多心經. 觀自在菩薩行深般若波羅密多時, 照見五蘊皆空, 度一切苦厄. 舍利子, 色不異空, 空不異色, 色卽是空, 空卽是色, 受想行識亦復如是.

당신이 진정으로 대지혜가 있다면, 무슨 선종이든 반야심종(般

若心宗)이든 간에, 한 번 비추기만[照] 하면, 관(觀)으로부터 조(照)에 이르기를 즉시에 해냅니다. 마음속에 염두가 공(空)해지고 5온이 공해지면 곧 공부가 높은 수준에 도달합니다. 그렇게 할 수 없다면 유위법을 닦아야 합니다. 5온을 해탈하는 데 활용할 수 있는 법문이 8만4천 가지나 있습니다.

5온을 해탈하고 난 뒤라면 다음과 같다고 관자재보살은 다시 훈계합니다.

"**사리자(舍利子)! 시제법공상(是諸法空相).**" 참으로 해탈하면 일체 법이 다 공해서, 유위법이나 무위법이 모두 공합니다. 일체의 현상(現象)이 모두 공하여 공성반야(空性般若)가 현전하면 그 무엇으로도 견줄 수 없는 해탈이요 최상의 해탈입니다. 지금 여러분들은 정좌하면서도 마음을 관찰하지 않습니다. 하나의 염두조차도 관찰해가지 못합니다. 또렷이 관찰해보면 생각의 본성은 공이예요! 염두는 상(想)인데 "상불이공(想不異空)입니다." 어떤 학우는 하루 종일 경전을 연구하면서 풀이하고 허풍을 떨지만 마치 어미돼지의 배만큼 가득히 온통 망상 속에 빠져 있으면서 "상불이공(想不異空), 공불이상(空不異想)"이 되지 않으니 어쩔 수 없습니다. 그저 이렇게 관조하기만 하면 공해지지 않습니까! 이게 바로 "제법공상(諸法空相)"의 반야해탈입니다. 반야 관조는 5음번뇌를 해탈하기 위한 것이지만, 경계가 공한 중에 있을 때는 조(照)이지 관(觀)이 아님을 알아야 합니다. 이 공의 자성은 불생불멸이니 5음이 오고 가더라도 두려워하지 말기 바랍니다. 생각하든지 생각하지 않든 다 좋습니다. 생각하면서 생각하지 않으며, 생각이 지나가도 붙들지 않으며, 머무름도 없고 집착도 없습니다.

그러므로 **불생불멸(不生不滅), 불구부정(不垢不淨), 부증불감(不增不減).**이라고 합니다. 생기지도 않고 소멸하지도 않으며, 더럽지도 않으며 깨끗하지도 않으며, 늘어나지도 않으며 줄어들지도 않습니다. 과거에 지었던 일체의 업력이나 더러움[染汚]은 지금까지 그 흐름을 멈춘 적이 없습니다. 일체의 청정한 심념도 그 흐름을 멈춘 적이 없습니다. 여러분이 하나의 청정한 심경(心境)을 보호 유지하고 싶어 한다면 틀린 것입니다. 그런 생각은 큰 망상입니다. 그것은 본래 "불구부정(不垢不淨)"하면서 공하니까요! 어디에 하나의 청정함이 있겠습니까?! 청정하다면 이미 공하지 않습니다. 이런 하얀 색이 가장 깨끗하다고 하는데, 실은 흰 색이라고 불리는 색깔이 있다면 이미 색깔에 집착한 것 아닙니까? 공(空)에는 희다는 것도 없고 희지 않다는 것도 없고, 검다는 것도 없고 검지 않다는 것도 없습니다. 이로써 미루어보면 "부증불감(不增不減)"입니다.

무량법문서원학(無量法門誓願學)

여러분이 일체법, 일체의 생각, 일체의 작용, 일체의 느낌이 "불생불멸, 불구부정, 부증불감"이 될 수 있다면 "제법공상"을 이해하게 됩니다. 그렇지만 투철하게 관조해야 합니다. 그렇게 되고 난 다음에도 많은 것들이 남아있고 닦는 법도 있는데, 여러분들은 그것을 깊이 이해하지 못합니다. 중도(中途)에 이르러 일이 다 끝났다고 여겨서는 안 됩니다. 오늘은 여기까지만 말씀드리겠습니다. 다음번에, 아마 내일 아니면 목요일이 될지 모르겠지만 여러분들의 수행 상황을 보고 다시 말씀드리겠습니다.

지금까지는 먼저 여러분들이 어떻게 정좌 수행할 것인지에 대해 가르쳐 드렸습니다. 첫째, 포단에 앉으면 참회해야 합니다. 둘째, 발원해야 합니다. 셋째, 관심법문을 닦아 익히되 반야심경에 따라 반야정관(般若正觀)을 해야 합니다. 어떤 분은 이렇게 물을지 모르겠습니다. "선생님, 당신은 백골관도 가르치고, 염불도 가르치고 또 관음법문도 가르치십니다. 그렇게 많은 것을 가르치시는데 도대체 어느 수행법을 배워야 하는 겁니까? 이제는 또 반야정관을 더하여 주시는데 우리 더러 어떻게 닦으라는 겁니까?" 그런 법문들은 모두 조도품(助道品)이요, 모두다 가행법(加行法)입니다. 궁극적으로는 반야정관과 이어지지 않으면 안 됩니다. 그러므로 어떤 때는 시방의 부처님들만 생각하고, 일이 없을 때는 한가하게 한 마음을 관합니다 [有時但念十方佛, 無事閒觀一片心]. 왜냐하면 "색불이공(色不異空)"이기 때문입니다. 비워지지 않는 바에야 백골관을 닦아 유위공(有爲空)의 청정한 경계에 도달합니다. 과위를 아직 증득하지 못했다면 반야정관 법문은 잠시 거두어 놓았다가 이후 필요시 활용해야 합니다. 또 가피(加被)를 구하기 위해서는 염불법문을 이용합니다. "수즉시공(受卽是空)"인데, 각수(覺受) 경계를 비워버릴 수 없다면 기맥을 통하게 하는 법문 등등의 공부 방법을 이용하여 자성공(自性空)의 경계를 꿰뚫어도 좋습니다.

무릇 이런 갖가지들은 모두 다 방편입니다. 부처님은 『유마경』에서 "다함이 있는 법문이나 다함이 없는 법문이 있으니 보살은 다 배워야 한다."고 했습니다. 유위(有爲)나 무위(無爲)는 궁극적으로는 한 길입니다. 유위는 궁극에는 무위에 도달해야 합니다. 사홍서원 중의, "법문이 한량없지만 맹세코 다 배우겠다 [법문무량서원학(法門無量誓願學)]."는 서원을 기억해 두시기 바랍니다. 자, 자리에서 일어나 좀 쉽시다.

관(觀)과 조(照)는 같은가 다른가

반야정관은 불법의 바른 수행 길이라고 저는 말했습니다. 이제 여러분들에게 묻겠습니다. "관자재보살(觀自在菩薩)"에서의 '관(觀)'과, "조견오온개공(照見五蘊皆空)"에서의 '조(照)', 이 두 가지 사이에 여러분들이 보기에 도대체 차이가 있습니까 없습니까?

진(陳) 학우 답 : 차이가 없습니다.

장(蔣) 학우 답 : '관'은 주체를 가리키고 '조'는 객체를 가리킵니다. 다시 말해 공부할 때 외재(外在)하는 어떤 것을 이해하고자 할 때 마음이 그것에 붙들려가지 않고 그것을 비추어(照) 보고 있어야 합니다. 만일 그와 같이 하지 않으면 우리들 마음속의 변계소집성(遍計所執性)과 의타기성(依他起性)이 자아(自我) 안에서 많은 잘못된 개념을 조성하여 자기를 가로막을 것입니다.

○○법사의 답 : '조'는 지(止)와 정(靜) 방면에 치우쳐 있으면서 근본혜(根本慧)가 되고, '관'은 일종의 결택(抉擇: 결단 간택. 그른 것을 골라내고 바른 것을 취함—역주)으로 분별혜(分別慧)에 속한다고 할 수 있습니다. 두 가지는 일체(一體)로서 같은 가운데 다름이 있고, 다른 가운데 같음이 있습니다.

임(林) 학우 답 : 저는 이 세 분의 견해에 완전히는 동의하지 않습니다. 아마 '관'의 단계는 단지 자성 본체의 기능작용[功用] 상에서 공부하는 것이고, '조'의 단계에 이르고 나면 자성 본체를 통견(洞見)할 수 있게 되었을 것입니다.

○○학승의 답 : 제 생각에는 '관'은 비교적 의식망상 방면에 속하고, '조'는 지혜의 결택에 속합니다.

주(周) 학우 답 : '관'은 반야의 본체요 '조'는 본체가 작용을 일으키는 경계입니다.

좋습니다. 여러분들은 다 잘 말씀하셨습니다. 아주 그럴듯합니다. 하지만 답변에 대해 점수를 준다면 모두 오리 알을 먹었습니다. 영점입니다. 대부분의 학우들은 이론만 말하는 단계에 있습니다. 말만 하고 수련은 하지 않는데, 어떻게 이 법문을 착실하게 심지(心地) 면으로 활용할 것인가가 바로 주제입니다.

여러분 보십시오, 불법이 세존으로부터 제자들인 가섭·아난·목건련 등에게 전해지자 각자 다른 설법이 있게 되었습니다. 마치 공자의 학설이 자하(子夏)·자유(子游)·자장(子張)·자공(子貢) 세대에 이르자 이념의 표현과 사물의 편중이 다르게 되었듯이 말입니다. 저마다 성취가 있고 얻는 바가 있었지만 마침내는 치우침이 있어 결코 원만하지 않았습니다. 여러분들이 방금 말한 내용은 서로 체험이 다르기 때문인데, 대체로 괜찮은 편이지만 문제의 핵심을 바로 맞추지는 못했습니다.

이제 반야심경을 수행공부 법문에 적합하도록 하고 아울러 약간의 교리분석과 융합시킴으로써 여러분이 반야종, 즉 일반적으로 말하는 선종·심종(心宗)·달마종의 요점을 인식하는 데에 도움을 드리고자 합니다. 사실 여러분들 중 많은 사람들이 이 법문에 대해 아직은 진정으로 깊이 들어가 온 마음 온 뜻으로 수행공부하지 않습니다. 여러분은 교리가 수행법이 아니라고 생각하지요?! 사실 진정한 교리는 바로 자신에게 절실한 수행법문인 것이지 꼭 형상이 있는 방식만이 수행법이라고 하겠습니까? 그것은 한 등급 낮은 법입니다. 상등의 법은 이사원융(理事圓融)이요 법계무애(法界無礙)입니다. 이(理)가 곧 사(事)이고 사가 곧 이입니다. 이(理)는 교리 이론이고 사(事)는 행지(行持) 공부입니다. 참으로 교리에 통하면 견지(見地)가 투철한데, 이 견지가 바로 공부입니다.

반야를 바르게 수행하면 사실과 이치가 반드시 원융하다

그러므로 『화엄경』을 보면 4가지 법계가 있습니다. 사법계(事法界)·이법계(理法界)·이사무애법계(理事無礙法界)는 공부가 도달하면 이(理)도 도달합니다. 혹은 이(理)가 도달하면 공부도 도달합니다. 사사무애법계(事事無礙法界)는 아예 이(理)의 존재는 없고 전체가 사(事)입니다. 예를 들면 우리들 일상의 가고 머물고 앉고 눕는 동작 행위들은 모두 하나하나의 사(事)인데, 그 하나하나마다 그 자체의 철학적 과학적 이치가 있습니다. 하지만 우리 범부는 저마다 아주 자연스럽게 화장실에 가고 옷 입고 밥 먹을 줄 압니다. 사사무애(事事無礙)로서 어느 일이나 일상적이기에 아예 그 이치고 뭐고를 상관하지 않습니다. 그러므로 이(理)의 극치가 바로 사(事)로서, '이(理)와 사(事) 둘 다를 잊어버리고, 주체[能]와 객체[所]를 세우지 않아야 [理事雙亡, 能所不立]' 부처를 이룰 수 있습니다.84)

---

84) 무진연기(無盡緣起)하는 법계의 종류 : 우주의 삼라만상은 서로 인(因)이 되고 연(緣)이 되면서 끝없이 연기를 계속하는데, 이러한 무궁무진한 우주 즉 법계를 철학적 내지는 종교적으로 분류한 것이 4종법계설(四種法界說)이다. 이는 법계의 종류를 다음과 같은 네 가지로 나누어 설명하고 있다.
① 사법계
사법계(事法界)란 인연으로 말미암아 있었다, 없었다 하고 나타났다, 사라졌다 하면서 연기하여 나타나는[緣起現前] 차별적인 현상계를 말한다. 이러한 현상계는 천태만상이어서 그 수를 헤아릴 수 수 없지만, 불교에서는 흔히 일체의 모든 현상계를 5온(五蘊: 色, 受, 想, 行, 識), 십이처(十二處: 六根, 六境), 십팔계(十八界: 六根, 六境, 六識)로 분류하기도 하고, 칠십오법(七十五法), 백법(百法), 육백육십법(六百六十法) 등으로 분류하기도 하는데, 그 가운데에서 일체의 유위법(有爲法)이 모두 사법계이다.
② 이법계
이법계(理法界)란 우주만유의 실성(實性)인 본체계를 말한다. 무릇 일체의 제법은 인연으로 말미암아 생기한 거짓된 현상으로서 만일 인연이 다하면 흩어져 없어지고 만다. 그러나 그 이면에 있는 실재(實在)는 무한하고 절대적인 것이어서 생멸이나 증감이 없이 언제나 존재한다. 그리고 그러한 이체(理體)는 모든 차별상을 여의었고 인식을 초월해 있으므로 '일체개공(一切皆空)'이니 '팔부중도(八不中道)'니 하는 말을 쓴다. 또 만물이 무차별이고 절대평등하다는 입장에서 '중생과 부처님이 본래 한 몸'이라고도 한다.
③ 이사무애법계
이사무애법계(理事無礙法界)란 차별적인 현상[事]과 평등한 본체[理]가 서로 붙어서 떨어지지 않는 관계를 말한다. 본래 이·사의 두 법계는 서로 떨어져 존립하는 것이 아니라 상즉(相卽)하는 것이어서 현상은 본체를 떠나 홀로 존재할 수 없으며, 마치 현상인 파도와 본체인 물이 서로

여러분에게 말씀드립니다. 이렇게 하는 것이 바로 참선입니다! 오늘 여러분들에게 한 번 질문을 해보았는데, 여전히 어찌할 줄 모르고 있습니다. 앞서 말했듯이 지금도 여전히 중점이 어디에 있는지 막연하여 알지 못하고 있습니다. 이는 대단히 심각하고 큰 문제입니다.

여러분은 반야정관의 수행노선을 잘 걸어가야 합니다. 단지 자신의 장래 성취만을 위해서가 아닙니다. 자기가 성취하고 나면 남을 가르치고 도와 줄 수도 있습니다. 어떤 학우는 여기서 짧은 기간 동안 배우고는 아직 배움이 이루어지지 않았는데도 떠나버렸습니다. 밖에 나가니 염불 단체에서 그더러 설법해달라고 청했습니다. 아무리 사양해도 사양이 안 되자 비로소 더 공부해야됨을 깨

떠나서 존재할 수 없는 것과 같다. 이것을 가리켜서 '현상이 곧 본체[現象卽本體]이며 본체가 곧 현상[本體卽現象]이라고 한다. 다시 말해 이와 사는 서로 어울려서 걸림이 없는[無碍] 것이다.

④ 사사무애법계

사사무애법계(事事無碍法界)는 본체와 현상이 서로 어우러져서 걸림이 없었듯이 현상과 현상이 서로 상즉하여 걸림이 없는 것을 말하는 것이다. 일체의 현상이 모두 본체계에 상즉하는 것이라면 그 현상들끼리도 또한 서로 상즉할 것은 자연스러운 이치이기 때문이다. 예를 들어 모든 파도가 물이라는 체성을 여의지 않는다면 파도와 파도 역시 서로 걸림이 있을 수 없는 것이다. 이렇게 해서 낱낱의 차별적인 현상들은 모두 본체가 그 모습을 드러낸 것이므로 한 티끌 안에도 전 우주가 담겨 있고, 하나의 사물 안에도 모든 법계가 함축되어 있는 것이다. 다시 말해 하나가 곧 일체[一卽一切]이고, 일체가 곧 하나[一切卽一]이며, 공간적으로는 하나와 전체가 서로 상용(相容)하고, 시간적으로는 십세(十世)가 서로 상즉(相卽)하며, 원융하여 걸림이 없고[圓融無碍], 아무리 거듭하여도 다함이 없다[重重無盡]. 이것이 바로 연기론의 극치인 법계연기론이다.

신라시대의 의상(義湘) 스님은 그의 『법성게(法性偈)』에서 이 소식을 다음과 같이 읊었다.

"하나 속에 일체가 있고 많음 가운데 하나가 있어, 하나가 일체이고 많음이 하나이다. 한 티끌 안에 시방세계(十方世界)가 함축되어 있으며, 일체의 티끌이 모두 그러하다. 한없이 긴 세월이 곧 한 생각이고 한 생각이 곧 무한한 세월이다."

달았습니다. 날마다 언행을 삼가고 전전긍긍하면서 수학일기(修學日記)를 써서 저에게 부쳐왔습니다. 그가 날마다 무슨 일을 했고 무슨 어려움에 부딪쳤는지 저는 알고 있습니다. 얼마 지나지 않아서 다시 저에게 달려와 계속 착실히 배우고 싶어 했습니다.

도처에서 사람이 필요합니다! 앞으로 여러분은 번갈아 나서서 홍법(弘法) 활동을 해야 합니다. 그렇지 않으려면 여기서도 더이상 그렁저렁 지내지 마십시오. 이곳은 결코 양로원이나 탁아소가 아닙니다. 자기도 일어서고 남도 일으켜 세워주며, 자기도 깨닫고 남도 깨닫게 해주어야 합니다. 자기를 희생하여 널리 중생을 구제하는 것이야말로 대승보살이 영원히 물러서지 않는 행원(行願)입니다. 경에 말하길, "자기는 아직 제도를 얻지 못했어도 먼저 남을 제도하는 것이 보살의 발심이다 [自未得度, 先度他人, 菩薩發心]." 라고 했습니다.

여러분에게 불법을 널리 펴라고 했는데 도대체 어디 가서 펼까요? 이것은 여러분들이 어떻게 개척하느냐에 달려 있습니다. 뭐든지 선생님 한테 의존해서는 안 됩니다! 설마 죽은 후에도 선생님더러 당신을 위해 관(棺)을 주문해 달라고 할 겁니까? 그리고 선생님더러 자신을 관 속에 집어넣어 달라고 하고 또 관 속에 누워서는 "선생님 저의 머리 좀 반듯이 놓아주십시오." 할 겁니까? 이렇게 해서 되겠습니까?! 그러기에 이 번 겨울방학 참선수련은 예전보다도 엄격하게 요구하고 있는 겁니다. 떠들고 놀자는 것이 아닙니다. 여러분 심념을 스스로 잘 보호 관조하여 각자 마음으로 얻은 바가 있기를 바랍니다.

어떻게 관(觀)할지, 어떻게 조(照)할지 앞에서 이미 설명했습니다. 이제 다시 한 가지 문제를 물어보겠습니다. '관'과 '조'는 마땅히 어느 반야에 속할까요? (어떤 학우가 망설이면서 답하길, 실상반야 아닙니까? 하였다). 틀렸어요. 여러분들이 이렇게 대답하는 것은 알아맞히기 식이나 마찬가지로서 마음속에 요행을 품고 있는 것입니다. 그래서는 안 됩니다. 선종에 따라 말하면, "생각해내서 알고, 이리저리 생각해서 얻는 것은 곧 귀신 집 살림살이다 [思而知, 慮而得, 此乃鬼家活計]."가 됩니다. 한 번 생각해 보아야 알고 한 번 연구 고려해 본 후에야 아는 것은 모두 본분(本分) 자성반야가 자연스럽게 흘러나와 드러나는 것이 아닙니다. 수도자의 본색(本色)이라 할 수 없습니다. 알아맞히기 재주일 뿐입니다.

불법수행은 유심유사(有尋有伺)부터 시작하라

반야의 내용에는 다섯 가지가 포함되어 있는데 실상(實相)반야, 경계(境界)반야, 문자(文字)반야, 방편(方便)반야, 권속(眷屬)반야(보시 · 지계 · 인욕 · 정진 · 선정)가 그것입니다. "관자재보살"에서의 '관(觀)'과 "조견오온개공"에서의 '조(照)'는 둘 다 경계(境界) 가운데 일(事)로서 모두 경계반야입니다. 우리는 수증의 세 가지 순서, 즉 유각유관(有覺有觀—유심유사有尋有伺), 무각유관(無覺有觀—무심유사無尋有伺), 무각무관(無覺無觀—무심무사無尋無伺)를 통하여 '관'과 '조'의 구분을 체험할 수 있습니다. 관(觀)의 경계가 바로 '심(尋)'인데, 마치 우리가 한 물건을 찾고 있는 것과 같습니다. 예를 들어 바늘 하나를 바닥에 떨어뜨렸을 때 어떻게 해야 할까요? 실내가 온통 깜깜하니 촛불이나 손전등의 빛을 빌려 천천히 찾아보고 더듬어 볼 수밖에 없는데, 이것이 '유심(有尋)'입니다. '사(伺)'는 찾고 또 찾아보아도 찾아낼 수 없으니 더이상 찾아보지 않고 그냥 가만히 앉아서 기다리고 있는 것입니다. 원래 찾기 위해 이리저리 비춰보던 작은 불빛을 한 곳에 고정시켜 놓은 채 오래오래 있다 보면 불빛이 점점 커지는데, 이것이 '사(伺)'의 경계입니다. 최후에는 소경이 문고리를 잡듯이 뜻밖에 갑자기 큰 광명이 발하여 천지를 꿰뚫으면서 "조견오온개공"의 경지에 도달하여 아무런 장애가 없습니다.

범부가 부처님을 배울 때, 밀종을 배우든 현교를 배우든 간에, 시작 단계에서는 모두 '유심유사(有尋有伺)'입니다. 관상(觀想)은 단번에 관이 일으켜지지 않습니다. 설사 '관'이 일으켜지더라도 다시 도망가 버립니다. 그러면 스스로 부끄러워 참회도 하고 괴로워하기도 합니다. 그런 다음 다시 관상을 되찾곤 합니다. 이렇게 씨름하다가 나중에는 억지로 고정[定住]되는데, 이게 바로 '사(伺)'입니다. 그렇지만 이제 '관'이 된다고 여기고 아주 득의만만하게 관상을 고정시켜 놓자마자 아이고 이런! 또 도망가 버립니다. 그래서다시 또 찾을 수밖에 없습니다. 이렇게 반복하면서 심심사사(尋尋伺伺)해 갑니다. 그리하여 마지막에는 마침내 '무심무사'의 경지에 도달하고 착함도 생각하지 않고 악함도 생각하지 않게 되는데, 상당히 훌륭하게 된 겁니다.

마음속에서 수시로 '관'을 일으켜 염두가 어느 곳에서 오고 어느 곳으로 가는지 살펴봅니다. 공부가 비교적 무르익게 되면, 앞생각[前念]이 이미 사라지고 뒷생각[後念]이 아직 일어나지 않는 그 중간의 한 토막 공령[一段空靈]을 어떤 사람은 기를 쓰고 단단히 살펴봅니다. 그렇지요? 이렇게 하는 것은 하품(下品) 수행법으로 전락한 것입니다. 고지식하게 그 공령을 지켜보고 있으면서 뭘 하자는 것입니까? 냄새나는 하수구를 보자는 겁니까?! 저런!『금강경』에서 말하는 "과거의 마음을 얻을 수 없고, 현재의 마음을 얻을 수 없으며, 미래의 마음을 얻을 수 없다 [過去心不可得, 現在心不可得, 未來心不可得]."라는 말을 잊었습니까? 과거의 염두는 이미 지나가 버렸고, 미래의 염두는 아직 오지 않은 상태인 그 중간의 염두는 그 즉시 공(空)한데 그것을 바라보고 있으면서 하나의 공(空)을 집착하여 어쩌자는 겁니까? 이렇게 하는 것은 지혜로써 참구하는 것이 아닙니다. 왜냐하면 그 공도 당신의 심의식(心意識)이 만들어 놓은 것이니 진짜로 여겨서는 안 되기 때문입니다. 그럼 그것을 바라보지도 않는다면 어떻게 할까요? 바라봄과 바라보지 않음 사이에서 어떻게 취하고 버릴까요?

　제가 이렇게 말하니 여러분은 얼떨떨해지는데, 조금만 깊이 들어가면 여러분들이 감당하지 못한다는 것을 저는 알고 있습니다. 수행자가 진정으로 해탈처(解脫處)에 이르렀다면 무슨 마음을 관하고 안 하고가 있겠습니까? 해탈했으면 해탈한 것으로 조금도 너저분하지 않습니다. 그러나 막 시작 단계에서는 일체가 반야관심(般若觀心)으로부터 나와야 합니다. 반야심경은 우리에게 일러줍니다.

　"보리살타(菩提薩埵), 의반야바라밀다고(依般若波羅密多故); 심무가애(心無罣礙), 무가애고(無罣礙故), 무유공포(無有恐怖), 원리전도몽상(遠離顚倒夢想), 구경열반(究竟涅槃)."

　반야는 제법(諸法)의 어머니이니 반야를 닦지 않으면 안 됩니다.

6경 바람이 6식 물결에 불어도 따라 구르지 않는다

　순수한 반야관심 법문이란 자기의 심의식이 끊임없이 생멸하는 현상을 관(觀)하는 것이지, 어느 곳에서 '관'을 일으킬 것인지의 문제는 본래 말할 필요가 없습니다. 그렇지만 노파심에서 이렇게 말씀드립니다. 마음은 안과 밖, 중간에 있지 않습니다. 그렇지만 일반 수행인들이 이 관법을 하면서 주의력을 머리 부분에 집중하여 고혈압 등의 병 증세를 일으키기 쉽습니다. 그래서 여러분들에게 가볍게 심두(心頭)에서 관하는 방법을 말씀드립니다. 그래도 여러분들이 심두 부분을 모를까봐서 특별히 설명 드리겠는데, 명치 부분으로 두 젖꼭지 중간이자 늑골이 연결되는 오목한 곳입니다. 바로 이 부분에서 자연스럽게 '관'을 일으키십시오..

여러분, 제가 얼마나 인내심이 있습니까? 질문이라 할 것도 없는 여러분들의 한 무더기 질문들을 항상 나는 한 글자 한 글자씩 조용히 귀 기울여 듣습니다. 또한 매주 제출하는, 그 흐리멍덩한, 도대체 무슨 말을 하고 있는지 모르겠는, 여러분의 일기를 저는 몇 시간이나 앉아서 차근차근 한 구절 한 구절 자세히 다 읽어봅니다. 이게 바로 인욕바라밀입니다. 그런데 사실 참을 필요도 없습니다. 인내 속성[忍性] 자체가 공하니까요.

관(觀)과 조(照)는 단계가 다릅니다. 여러분 경문에 유의하기 바랍니다. "관자재보살(觀自在菩薩), 행심반야바라밀다시(行深般若波羅密多時)." 했는데 어떻게 수행할까요? 가고 머물고 앉고 눕고 하는 일상 속에서 일어나는 마음과 움직이는 생각을 언제나 관조(觀照)하는 것입니다. 관조가 익숙해져 자재하게 되었다고 합시다. 그럼 당신의 '그 관조 작용을 일으킬 수 있는 것' 자체는 무슨 물건일까요? 관심(觀心)이 어느 정도에 도달하면 개인의 업력의 차이 때문에 여러 가지 경계가 나타나기 마련입니다. 어떤 사람은 그런 경우 둥그런 빛을 보기도 하는데, 그 사람에게 무슨 일이냐고 물어보고, 그가 둥근 광명[圓光] 속에 있는 한, 보자마자 알 수 있습니다. 만일 집착하면 곧 삿된 길로 들어서게 되어서 잘못 됩니다. 공부 중에 나타나는 경계도 진짜요 보이는 산과 물, 사람과 사물도 진짜이지만 반드시 이 일생의 일인 것은 결코 아닙니다. 그럼 이것은 망념일까요? 망념입니다. 6진연영(六塵緣影)[85]입니다. 심

---

85) 6진과 6근이 상호작용하여 일어난 분별의식인 영상. 이해를 돕기 위해 남회근 선생의 『원각경강의』「제1장 문수사리보살」강해 중에서 전재한다.

"무엇이 '6진(六塵)'일까요? 색(色)은 외면의 빛으로 눈이 볼 수 있는 물질입니다. 성(聲)은 소리로 귀가 들을 수 있는 소리입니다. 향(香)은 코가 맡을 수 있는 냄새입니다. 미(味)는 혀가 맛볼 수 있는 맛입니다. 촉(觸)은 몸이 느낄 수 있는 감각입니다. 법(法)은 의식이 생각할 수 있는 사유(思惟)입니다. 4

지어는 제8아뢰야 종자식이 변화하여 나타나는 영상입니다.

그러므로 이 생각[念]을 관해야 합니다. 이 생각이 움직이지 않으면 당신이 어떻게 보겠습니까?! 생각이 움직이지 않은데 어떻게 경계가 일어나겠습니까?! 염두가 움직이면 기(氣)도 움직입니다. 기가 움직이지 않은데도 경계가 나타나겠습니까? 그렇지요?! 일체의 경계는 생각[念]의 움직임입니다. 무릇 모든 정신적 물질적 현상은 모두 허망합니다. 감각이든 생각이든 기맥이든 모두 다 현상입니다. 여러분은 이 도리를 잘 알아야 쉽게 공부 길에 들어서게 되고 착오가 일어나지 않습니다. 여러분은 또렷이 관조해야 하지 어렴풋이 해서는 안 됩니다. 그리고 경계가 보이거든, "퉤[呸: 중국어 발음으로는 '페이'임—역주]!!! 저리 꺼져라!" 하면서 한 번 바로 잡고 한 번 움직이고 나면 귀신 그림자조차도 없는데 무슨 경계고

대가 화합하여 이루어진 육체에는 6근(六根)인, 안(眼)·이(耳)·비(鼻)·설(舌)·신(身)·의(意) 이 여섯 가지 기능이 있습니다. 바깥의 6진, 즉 여섯 가지의 물리현상과 육체의 6근이 상호 작용하여 영상(影像)을 낳는데, 이를 '6진연영(六塵緣影)'이라고 합니다. 예를 들면 사진·영화·텔레비전은 모두 연영(緣影)이요 가상(假像)입니다. 그러나 이러한 연영은 대단합니다! 모두 우리들의 희노애락(喜怒哀樂)을 불러일으킬 수 있기 때문입니다. 고통스러운 연영들을 보고서는 우리들도 고통스러워합니다. 기뻐하는 연영들을 보고서는 우리들도 기뻐합니다. 보세요? 우리 사람들이란 얼마나 전도되었습니까? 뻔히 가짜인줄 알면서도 그 영향을 받으려고 합니다.

생각해보면 우리들의 생각[思想]은 모두 '6진연영' 속에서 전도되어 있습니다. 예를 들면 최근에 유행한 '간디전'이라는 영화를 보고 나서 집에 돌아와서도 간디가 참으로 위대하다고 감탄하고 있습니다. 사실 간디는 죽은 지 오래 되었고, 영화 속에서의 간디도 가짜입니다. 그러나 이 영화는 이렇게 사람을 감동시킵니다. 감동한 나머지 즉석에서 눈물을 흘립니다. 왜 그럴까요? 바로 6진연영의 속임을 당했기 때문입니다. 인생의 일체의 사물은 모두 6진연영입니다. 어제 발생한 일을 붙들어 둘 수 있을까요? 머무르게 할 수 있을까요? 다시 우리들의 눈앞에 늘어놓을 수 있을까요? 그럴 수 없습니다. 어제 일들은 모두 지나갔습니다. 모두 6진연영에 지나지 않습니다. 그러나 우리는 항상 어제의 일을 상기하고 몹시 화를 내거나 괴로워하곤 합니다. 일체중생은 모두 6진연영 속에서 놀면서 6진연영을 자기의 마음으로 삼고 있습니다."

뭐고가 있겠습니까? 이것은 법문입니다. 밀종에는 대수인(大手印)이라는 법문이 있는데, "퉤!"하고 힘껏 토함으로써 단박에 일체의 망상 잡념을 없애고 심경(心境)을 즉시 끝없는 바다 텅 빈 하늘처럼 변하게 합니다.

　예전에 저의 스승이신 원환선 선생님께서 저에게 당신이 예전에 참선하고 화두 참구했던 경험을 들려주셨습니다. 오로지 일념으로 밤낮을 게을리 하지 않고 참구한 나머지 피를 토하면서 까지도 상관하지 않았답니다. 남자 대장부가 죽으면 죽는 거지 하면서 절대 뒤로 물러나거나 후회하지 않았답니다. 그런데 어느 날 아침에 일어나 솜이불을 개우려고 털었더니 그 속에서 태양이 하나 굴러 나오더랍니다. 진짜 태양이 말입니다. 믿기지 않아 다시 털었더니 또 하나의 태양이 나오고 또 다시 두어 번 털었더니 하나씩 하나씩 연이어서 나오더랍니다. 허! 그런데 말입니다. 알고 보니 무슨 검선(劍仙)을 배우느니, 무슨 빛 바라보기[看光]를 배우느니, 무슨 수행을 해서 신통을 얻는다느니 하는 것이 다 이와 같더라는 겁니다. "저리 꺼져라! 네가 와서 나를 속여서 어쩌자는 것이냐?" 하면서 이불도 개우지 않고 침을 뱉고는 정좌하러 갔답니다. 참으로 대 수행자라면 아무리 6경 바람이 6식 물결에 불더라도 [境風吹識浪] 절대 경계를 따라 구르지 않습니다.

　그렇지만 "조견오온개공(照見五蘊개空), 도일체고액(度一切苦厄)"의 경지에 도달하면 궁극이 되는 것일까요? 궁극이 아닙니다. 하물며 여러분들은 아직 "조견오온개공"조차도 못했으니 더 말할 나위가 없습니다. 서서히 관하면서[觀] 언제나 생각 생각마다 회광반조(廻光反照)할 수밖에 없습니다. 그와 같이 행함[行]이 깊어지면[深], 사람이 물을 마셔보면 물이 차가운지 따뜻한지를 스스로 알 수 있듯이 [如人飮水, 冷暖自知] 자연히 깨닫게 됩니다. 여러분이 아침과 저녁 예불에서 독송하는 능엄주의 게송에, "이 심원한 자기 마음의 기능을 한 방울도 남기지 않고 진진찰찰의 일체중생에게 바치겠습니다. 오직 이렇게 해야만 부처님이 오늘 저희들을 가르쳐 깨닫게 하고 제도하신 자비로운 은혜에 보답할 수 있습니다[將此深心奉塵刹, 是則名爲報佛恩]."라는 두 구절이 있는데, 이 역시 행함입니다. 행함이 깊어지면 자연히 "조견오온개공"하게 됩니다.

가만 가만 심두로부터 관을 일으키라

여러분은 지금 이곳에서 앉아 있지만 모두 5온(五蘊)이 공(空)해지지 않았습니다. 때로는 기맥이 움직이는데, 기맥이란 무엇일까요? 모두 4대 색법이 변한 것입니다. 기(氣)는 풍대입니다. 맥(脈)은 수대(水大), 지대(地大), 화대(火大)의 총화(總和)로서 신경이 초보적으로 발기하는 작용입니다. 기맥이 통하지 않으면 색법과 심신이 비워지지 않아 실상반야가 나타날 길이 없습니다. 그러므로 제1단계로는 먼저 "색불이공(色不異空), 공불이색(空不異色), 색즉시공(色卽是空), 공즉시색(空卽是色), 수상행식(受想行識), 역부여시(亦復如是)"에 의거해서 닦기 시작해야 합니다. "조견오온개공, 도일체고액"하게 되면 4성제 중에서 고제(苦諦)가 없게 됩니다. 고제를 소멸시키는 것이 곧 도제(道諦)입니다. 그리고 5온이 바로 집제(集諦)입니다. 하나의 반야관심 법문이 고집멸도(苦集滅道)를 철저히 다 꿰뚫어버립니다. 일체의 '고(苦)'를 떠나려면 먼저 일체의 '집(集)'을 소멸해야 하는데, 어떻게 일체의 '집'을 소멸할까요? '도(道)'를 얻어야 일체의 '집'을 소멸합니다. 이는 그저 이치만 말하고 있는 것이 아닙니다. 모두 다 수행법입니다!

여러분은 관자재보살의 가르침을 잘 수행하여 이 색신 색법과 성공(性空)의 관계를 관조하십시오. 그렇지 않고 눈을 감고 정좌하고 있으면서 속은 온통 깜깜하고 흐리멍덩해서 뭐가 뭔지 모르고 있는데, 정말 가련하고 슬픈 일입니다! 여러분은 지금 이렇게들 관심하고 있는데, 정수리를 향해서 관하지 마시고 머릿속을 향해서도 관해서는 안 됩니다. 아주 평안하고 자연스럽게 가만 가만 심두로부터 관을 일으키면 됩니다. 한사코 육체를 붙들어 쥐고 그렇게 육체를 심각하게 보아서는 절대 안 됩니다. 백골관을 한다면 백골의 빈 골격에서 관의 중심(重心)도 대체로 명치 부분에 있습니다. 알아들으셨습니까? 한마디 한마디를 귀담아 들어야지 겉으로는 집중하면서도 사실은 혼침 속에 빠져 뭐가 뭔지 모른 채 시간만 헛되이 낭비해서는 안 됩니다. 제가 한 말을 기억하지 못하는 것은 무기(無記) 속에 떨어져 있는 것입니다. 한마디 한마디를 아주 또렷이 기억하고 있을 수 있으면서도 마음속에 망념잡상(妄念雜想)이 없다면 이야말로 정(定)의 억념력(憶念力)입니다.

자, 이제 여러분들에게 말씀드립니다. 조금 전 '관(觀)'과 '조(照)'의 차이점을 묻는 질문에 몇 분이 하신 대답은 희미하게나마 좀 알고 있는 것이라 할 수 있습니다. '관'과 '조'는 서로 같으면서 같지 않습니다. 그리고 그 순서 층차가 다릅니다. 수행이 '조(照)'의 경계에 이르렀다면 이무애법계(理無礙法界)에 도달한 것이지만 아직은 이사무애법계(理事無礙法界)까지 도달한 것은 아닙니다. 혹은 이사무애법계에 도달했다고 굳이 말하더라도 완전히는 아니며, 이무애법계와 이사무애법계의 사이의 경계선에 거의 도달한 것입니다.

그렇지만 진정으로 힘써 수행하지 않고 그저 이치만 말하는 것은 '관'이든 '조'이든 모두 이법계변(理法界邊)의 일입니다. 또 무심무사(無尋無伺)의 경계와 무기(無記)는 어떻게 구별하느냐고 묻는 사람이 있는데, 무기는 무기요 무심무사는 무심무사입니다. 이렇게 간단해요! 반야바라밀다의 공부수행[功行]이 깊어질 때 자기 스스로 분별할 수 있을 텐데, 수행은 하지 않고 묘한 이치만 쓸데없이 담론해서 뭐 하겠습니까?(이 때에 어떤 학우가 물었다 : '관'은 수도위修道位이고 '조'는 견도위見道位라 하면 맞습니까? 선생이 답하다 : 공부 입장에 보면 마지못해 그렇다 할 수 있지만 진짜 그러지는 않습니다)

선종에 나오는 한 가지 이야기

이제 여러분에게 선종에 나오는 이야기를 하나 해드리겠는데, 이해할 수 있는 사람이 있는지 한 번 볼까 합니다. 당나라 말 오대(五代) 시기에 있었던 일입니다. 지금의 호북성(湖北省) 무한(武漢)의 삼진(三鎭) 지대에 유명한 황학루(黃鶴樓)가 있었습니다. 그 풍경이 대단히 아름다웠습니다. 당대의 명시인 최호(崔顥)의 다음과 같은 시가 있는 게 그 증거입니다. "맑은 날 강물에 한양의 나무들이 역력히 비치고, 향기로운 풀이 앵무섬에 무성하네 [晴川歷歷漢陽樹, 芳草萋萋鸚鵡洲]." 당시에 어떤 선사(禪師)가 있었는데 스스로 이미 대철대오(大徹大悟)했다고 여기고 있었습니다. 그런데 그가 한 번은 도(道)가 이미 높은 경지에 이른 대 거사(居士)한테 탁발을 나갔더랍니다. 이른바 "사람을 구하려거든 대장부를 구해야 하고, 남을 도와주려거든 급할 때 필요한 것을 도와주어야 한다 [求人須求大丈夫, 濟人須濟急時無]."는 것이었지요. 대 거사는 이 선사를 맞이하고 그가 탁발을 나왔다는 것을 알고 나자 이렇게 말했습니다. "좋습니다. 대 화상님, 저의 물음에 당신이 대답을 하면 모든 것을 공양하고 그렇지 못하면 공양은 없습니다." 그러자 화상은 좋다면서 물으시라고 했습니다. 그래서 거사가 물었습니다. "고경미마시여하(古鏡未磨時如何)?" 아주 오래된 구리거울 하나가 지저분하게 온통 녹이 슬어 있는데, 깨끗이 닦기 전에는 어떠하냐는 질문이었습니다. 화상이 대답했습니다. "흑여칠(黑如漆)." 더럽기가 마치 페인트칠을 해놓은 양 온통 시커멓다고 답했습니다. 그러자 거사가 또 물었습니다. "고경기마후여하(古鏡旣磨後如何)?" 만약 깨끗하게 잘 닦아 놓은 후는 어떻습니까? 하니, 화상 왈, "하늘을 비추고 땅을 비춥니다 [照天照地]." 하고 답했습니다. 그러자 대 거사는 말했습니다. "안됩니다. 미안합니다만 나가 주십시오. 당신께 공양을 올리지 못하겠습니다."

틀리지 않았습니다! 교리대로 말하면 그 선사가 그렇게 대답한 것은 조금도 틀림이 없습니다. 옛 거울을 아직 닦지 않았을 때는, 즉 이 마음이 아직 정(定)을 얻지 못하고 혜(慧)를 발하지 못하였을 때는, 다시 말해 깨닫기 전에는 옻칠처럼 시커멓다는 게 어디가 틀렸습니까? "예, 거울을 닦아 놓은 후에는 어떠한가요?" 하니 "천지를 비춘다."고 대답한 것은 유식학에서 말하는 제8아뢰야식이 대원경지(大圓鏡智)로 전환된 것 아닙니까? 그러나 선종의 조사선 (祖師禪)과 여래선(如來禪)은 다릅니다. 여러분이 만일 탁발하러 나갔다가 이와 똑같은 상황을 만나 찬밥 신세가 되어 문 밖으로 쫓겨났다면 진심으로 굴복하겠습니까? 굴복하지 못합니다. 이 화상 께서도 당연히 굴복할 수 없어서 다시 수행하러 떠나 또 움막집에서 지내면서 수행에 전념했습니다. 그리고 3년이 지나 다시 탁발하러 돌아왔습니다. 대 거사는 그가 다시 온 것을 보고 이렇게 말했습니다. "좋습니다. 앉으십시오. 다시 당신께 옛날 그 질문을 하겠습니다. 옛 거울을 아직 닦지 않았을 때는 어떠합니까?" 선사 답 왈, "여기서 한양까지 멀지 않습니다 [此去漢陽不遠]" 다시 거사 질문 왈, "옛 거울을 이미 닦아 놓은 뒤에는 어떠합니까?" 선사 답 왈, "황학루 앞의 앵무섬입니다 [黃鶴樓前鸚鵡洲]." "허허! 공양 받으십시오."

이게 무슨 도리일까요? 3년 동안의 경험 수련이 결국 헛되지 않았습니다. 그가 3년 전에 했던 대답도 이미 범범한 무리들의 구두선(口頭禪) 놀이 수준이 아니라 정말로 상당한 정도에 이르렀고 상당한 공부도 있었던 것입니다. 하지만 그런 정도로는 여전히 부족했습니다. "조견오온개공"하고 나면 도를 철저하게 이해하여 끝마친 것이라 할 수 있을까요? 그렇지 않습니다. 우리들의 이 대 유마거사께서 틀리면 틀린 것이라고 했는데 당신이 어쩌겠습니까.

　이번 동계공동수련 기간 동안 누구나 다 마음을 잘 관해야 합니다. 명점(明點)을 관하는 공부나 염불·주력 등등의 다른 공부는 하지 마십시오. 명점은 마음이 조작한 것이요 염불이나 주력도 다 마음이 염(念)하고 있는 것입니다. 불보살 관상(觀想)도 마찬가지로 이 마음이 생각하고 있는 것입니다. 무릇 모든 생각은 다 경계입니다. 부처든 마구니든 산수(山水)이든 인물이든 모두 경계입니다. 능히 경계를 일으킬 수 있고 생각할 수 있고 능히 여러 가지를 조작할 수 있는 주인공은 경계가 아닙니다. 관의 대상[所觀]이나 조의 대상[所照]은 심념의 변상(變相)으로서 경계반야입니다. '관'의 주체[能觀]나 '조'의 주체[能照]는 경계반야가 아니라 실상반야입니다. 수행자는 반드시 능히 '관'하고 능히 '조'하는 바로 그 주인공 자체를 찾아내어야 비로소 자기의 본래면목을 발견하기 시작한 셈입니다.

고통은 나로부터 오고 나가 있으면 고통이 있다

　여러분들이 듣고 나서는 알 듯 모를 듯 할까봐서, 노파심에서 반야심경의 반야관법을 처음부터 순서대로 끝까지 설명하기도 하고 다시 거꾸로 설명하기도 하는 등 번거롭게 여기지 않고 여러 번 반복해서 설명하니 여러분들이 잘 체험하고, 제8아뢰야식 밭에 단단히 잘 기억시켜 놓기 바랍니다. 한 번 이근(耳根)에 들어가면 영원히 도의 씨앗이 됩니다.

　여러분 중 몇 사람은 이미 반야관법에 조금 입문한 모습이 있습니다만, 대부분의 사람들은 아직도 어리둥절해 하면서 무슨 말을 하는지 알지 못하고 있습니다. 심지어 어떤 분들은 자기 멋대로 이해하고 스스로 옳다고 여기면서 이론적으로 추리하여 머리 위에 머리를 얹어 놓는 격이 되어 갈수록 실제와는 멀어지고 있는데, 그래서는 안 됩니다. 이 자리에 계시는 여러분은 저마다 적어도 이미 7일간의 참선수행 경험이 있으니 일체의 법을 놓아버리고 일체의 마음을 놓아버리십시오. 그리고 지금 잘 참회하십시오. 매번 포단에 앉을 때는, 조금 전에 말했던 것을 잊지 말고 먼저 지성과 공경을 다하여 참회하십시오. 그런 다음 진심으로 발원하십시오. 그런 다음 반야심경에 따라 마음을 관하면서 닦아 가십시오.

　관자재보살께서는 고집멸도(苦集滅道) 4성제법 가운데서 고성제부터 가리켜 보이기 시작함으로써 통절한 각성을 촉구하고 있습니다. 망망한 고해(苦海)에서 일체중생은 구함이 있기 때문에 모두 괴롭습니다. 세간법의 것을 구하더라도 얻지 못하면 괴롭고, 출세간법의 것을 구하더라도 상응하지 못하면 더욱 괴롭습니다. 부처님을 배우고 싶고 출가하고 싶고 도를 이루고 싶으니 얼마나 괴롭습니까? 세간이나 출세간 그 모두가 다 괴로움입니다. 어떻게 이 괴로움을 끝마치고 벗어날까요? 괴로움은 어디에서 오는 걸까요? '나[我]'로부터 옵니다. '나'가 있으면 괴로움이 있습니다. '나'는 어디에서 오는 걸까요? 몸과 마음이, 염두생각이 4대(四大)와 화합하는 데서 옵니다. 이를 색수상행식(色受想行識), 즉 5온(五蘊)이라고 합니다. 무엇보다 먼저 이 5온을 철저하게 이해하여 끝마쳐야 고해를 뛰어넘을 수 있습니다. 이 고해를 뛰어넘는 것이 바로 "도일체고액(度一切苦厄)"입니다. 마치 배를 타고 이 해안에서 저 해안에 이르듯이 도구 이용이 필요합니다. 반야관행(般若觀行)이 바로 가장 좋고 가장 묘한 이용 도구가 됩니다. 반야관행에 따라 닦아 가면 자성이 자기를 철저하게 이해하고, 자성이 자기를 제도하게 되는데 [自性自了, 自性自度], 그래도 고통의 심연을 뛰어넘지 못하고 "조견오온개공"하지 못할까 걱정하겠습니까?

우리가 만일 백골관을 닦는다면 신체상의 근육·기맥·신경·세포 등을 모두 변화시켜버려서, 또 무슨 기맥이니 뭐니 할 것이 없게 되니 좋지 않겠습니까? 기맥이 있다는 것은 곧 아직은 육체가 있는 것이요, 육체는 수음(受陰)입니다. 수온은 어디에서 올까요? 색온인 4대로부터 옵니다. 4대를 비워버리지 못하면 그 나머지인 수상행식 4온은 말할 것도 없습니다. 그래서 일체의 고액을 건널 길이 없어 오랜 세월 내내 괴로움 속에 있습니다. 그러므로 관자재보살은 사리자에게 관심(觀心)을 통해서 세간의 모든 괴로움을 끝마치라고 일러준 것입니다.

마음을 관할 때는 관심한다는 의도적인 생각을 품거나 애써 힘쓰거나 하지 말고 아주 자연스럽게 관하십시오. 사실 여러분이 어떤 염두를 관하면 그 염두는 이미 사라지고 없습니다. 사라져버린 것을 뒤쫓으려 하지 말고, 미래의 아직 일어나지 않은 것을 맞이하여 취하려 하지 마십시오. 그러면 그 즉시가 바로 공(空)입니다. 그것이 공하든 공하지 않든 한 생각이 청정 자재합니다. 잡념망상이 오면 즉시 버리십시오[捨]. 즉 보시해버리는 것인데, 이게 바로 전통적인 선종에서 말하는 '놓아버린다 [放下]'는 것입니다. 생각 생각마다 버리십시오. 착한 생각이든 악한 생각이든, 세간에 대한 염두이든 불법(佛法)에 대한 염두이든, 일체가 다 허망합니다. 『원각경』에서는 "망념이 허깨비임을 알면 곧 망념이 떠나니 [知幻卽離]"라고 했습니다. 이 염두는 거짓 것이며 요술사가 연출한 것임을 알고 그것이 오더라도 애써 그것을 쫓아낼 필요가 없습니다. 가만 가만 한 번 관해 보면 본래에 공(空)하니까요! "다른 방편을 쓰지 아니하며 [不假方便]", 불보살님더러 도와 달라 할 필요가 없습니다. "허깨비를 떠나면 곧 각성이니 [離幻則覺].", 망상을 떠나면 바로 청정 고요하고 명명백백하면서, "점차도 없느니라 [本無漸次]." 자성반야에는 단계가 없이 그 즉시 현전하니 좋지 않습니까? 그렇지만 어떤 사람들은 아마 『원각경』을 잘못 이해하여 '깨달으면[覺]' 곧 성불이라고 여기고 있을 겁니다. 비록 이와 같더라도 처음 깨달음인 시각(始覺)이지 본각(本覺)이 아님을 모르는 것입니다.

4대가 당신에게 장애가 되지 않는다

반야관행 공부가 참으로 최고도에 이르면 별안간에 돈오(頓悟)하여 "조견오온개공"합니다. 몸과 마음 안팎이 온통 공하면서 자성진공(自性眞空)을 봅니다. 만일 여전히 기맥이 있고 감각이 있고 고통이 있으면서 앉아 있는데 편안하지 않다면, 그건 모두 수음(受陰), 상음(想陰) 속에 있는 것인데 또 무슨 다른 것들을 얘기하겠습니까? 비록 정(定)을 얻어서 호흡이 멈추었더라도 맥이 아직 멈추지 않았다면 여전히 행음(行陰)을 벗어날 수 없습니다. 맥도 멈추었지만 난(暖: 체온)·수(壽: 수명)·식(識: 의식)이 여전히 있다면 역시 식음(識陰)의 지배를 벗어날 길이 없습니다.

그렇다면 "관자재보살행심반야바라밀다시, 조견오온개공"의 수행법에 따라 닦아가서 관(觀)으로부터 조(照)에 도달해야 합니다. 조(照)의 경계에 이르게 되면 조금도 힘들지 않고 또 닦을 필요도 없어지지만 그렇다고 또 닦음을 떠나지도 않습니다. 자연스럽게 닦아져서, 닦으면서도 닦지 않고 힘쓸 곳도 없음이, 마치 닦음도 없고 증득함도 없는 것 같지만 맑고 밝음[淸明]이 자신에게 있어야 비로소 일체의 고액을 건널 수 있습니다.

만일 이런 관심법문을 한동안 공부해도 효험을 얻을 수 없다면, 그다음에 나오는 "색불이공, 공불이색, 색즉시공, 공즉시색, 수상행식, 역부여시."라는 방편 관혜(觀慧)를 이용하여 관심법문과 결합시켜 닦아도 됩니다. 대 지혜가 있는 사람이라면 "색즉시공"이라는 말을 듣고 나서 가부좌나 반가부좌 어느 자세로 앉든 간에 한 생각이 단박에 멈추어[一念頓住] 색신을 내던져버리고 상관하지 않습니다. 범부는 아무리 해도 내버려지지가 않는데, 근본업기(根本業氣)가 한 몸에 모아진 이 육체를 그 시작을 알 수 없는 오랜 세월동안 아까워해 왔기 때문입니다. 선종에서는 이 육신을 '색 껍데기[色殼子]'라고 부르는데, 일단 모태에 들어 그 안으로 뚫고 들어가고 나면 그 후에는 그 속에서 기어 나오지 못합니다. 마치 그 안에 약을 넣어 한 번 봉하고 나면 갇혀서 열고 나오지 못하는 밀납 환약처럼 말입니다. 여러분 보세요, 이 '색 껍데기'란 게 얼마나 귀찮고 얼마나 지독한 것인가요.

그러나 여러분이 참으로 이 색신을 비워버렸더라도 곧바로 하나의 공(空)에 집착해서는 안 됩니다. 성공(性空)의 이치만 알고 연기(緣起)의 이치를 모르면 묘용(妙用)을 일으킬 수 없습니다. 이것은 견취견(見取見)에 떨어져 있는 것으로, 아직 그것만으로는 안 됩니다. 이때에는 다시 마음을 돌려 대승(大乘)으로 나아가 보살도를 이루어야 합니다. '연기성공, 성공연기(緣起性空, 性空緣起)', 인연으로 일어나는 우주의 모든 현상은 그 본성이 공(空)합니다. 그리고 그 본성이 공하기 때문에 모든 세간의 사사물물(事事物物)을 연기(緣起)시킬 수 있습니다. 그러므로 앞부분 두 마디인 "색불이공, 공불이색"은 '연기성공'을 말하는 것입니다. 그리고 그 뒷부분 두 마디는 곧바로 방향을 바꿔 대승보살도인 '성공연기'라는 묘유(妙有)경계, 즉 "색즉시공, 공즉시색"으로 들어가는 것입니다.

이 4대는 내던져버리거나 내던져버리지 않거나 다 마찬가지로서 그 자체는 자연히 공한 것입니다. 당신은 이 4대에 의해 장애를 받고 있다고 느끼겠지만 사실은 당신 자신의 염두가 장애를 일으키고 있는 것입니다. 자기 스스로 구속하고 있는 것이지 4대가 결코 당신에게 장애를 일으키고 있는 것은 아닙니다. 4대는 염두와 마찬가지로 본래 공합니다. 여러분이 이 이치를 깊이 이해한다면 4대의 존재가 무슨 방해가 되겠습니까?! 4대가 있기에 여러 가지 사업을 창조할 수 있고 중생제도의 갖가지 공덕행을 성취할 수 있으니 얼마나 대단한 것입니까!

수온(受蘊)의 상황도 마찬가지로서, "수불이공, 공불이수, 수즉시공, 공즉시수"입니다. 여러분이 여기에 앉아 있으면서 감수 작용을 비워버렸다 할지라도 그 공의 경계에 줄곧 탐착할 필요는 없습니다. 바꾸어 말하면 수음경계 속에 빠져 고통을 받더라도 좋습니다! 두 다리를 꼬고 오래 앉아 있다 보면 "아이고머니나!" 하는데, 인생에서 이런 경험이 있을 수 있다면 어찌 재미있지 않겠습니까!(한 번 웃음)

고통을 받은 만큼 업장이 녹는다

저는 어제 여러분들에게 고통을 받은 만큼 업(業)도 그만큼 녹는다고 말씀드렸습니다. 그 시작을 알 수 없는 오랜 세월 동안 우리들은 남의 좋은 일을 망치고 다른 중생들을 해침으로써 그들의 심신이 큰 고통을 당하게 했습니다. 이런 짓들을 우리는 너무나 많이 했는데, 이제 스스로도 그 맛을 좀 보면서 참고 견뎌보아야지 구태여 이렇게 달갑게 여기지 않는 모습으로 우물쭈물하면서 싹수가 아주 노래서야 되겠습니까? "수즉시공(受卽是空), 공즉시수(空卽是受)", 여러분 다리가 저려서 견디기 어려우면 스스로 안으로 돌이켜 관조해 보세요. 시큰거리고 아프고 땅기고 저리는 바로 그때에 스스로 자세히 살펴보면 아주 재미있습니다. 자신의 다리에게 이렇게 말을 해도 됩니다. "에이, 뭐가 아프다고 지랄이냐? 좀 얌전하지 않을래?! 허!" 이러면 아픈 게 통쾌하지 않습니까! 당신이 아픈 줄 또렷이 아는 주인공 그 자체는 결코 아프지 않습니다. 그렇지요? 이해합니까? 당신이 정말로 이해했다면 반야수행법의 요령을 터득한 것입니다.(한 번 웃음)

그다음으로는 상(想)의 차례가 되었습니다. "상불이공(想不異

空)", 생각이란 것은 본래 허망한 것이요, 거짓인 것이요, 참된 것이라고 인정할 수 없는 것입니다. 그래서 망상(妄想)이라고 하는데, 그렇게 고지식하게도 꾐에 걸려 들어가 속임을 당하려고 합니까? 마음껏 생각하고 실컷 생각해서 생각으로 지쳐버리고 나서도 생각하고 싶은가 보세요. 한 염두가 오더라도 그 염두를 당신한테 머물도록 하게 할 수 없습니다. 한 찰나에 뺑소니쳐버립니다. 와도 그림자가 없고 가도 자취가 없습니다. 어디로부터 오는 곳도 없고 가는 곳도 없어서, 원래 염두가 오더라도 당신에게서 비워지는[空] 것인데 설마 당신이 정말로 그것을 비울 재간이 있습니까?

그렇지만 당신의 감수가 청정한 상태에 진입하였을 때에도 그 청정함을 꽉 붙들어 쥐고 공에 집착하면서 스스로 고명하다고 생각하지 마십시오. "공불이상(空不異想)", 공의 경계는 본래 망상의 변상(變相)인데 희한할 게 뭐 있겠습니까? 일반적으로 범부는 유변(有邊) 망상에 떨어져 있어서 세세생생에 6도윤회를 떠나지 못합니다. 그리고 소승의 성문과 연각은 공변(空邊)에 떨어져 있어, 여러 가지 묘용(妙用)을 일으킴으로써 중생을 널리 구제하는 일을 하지 못하므로 아직 궁극[究竟]이 아닙니다. "상즉시공(想卽是空), 공즉시상(空卽是想)", '상'과 '공'은 둘이 아니어서[想空不二] 원래 무슨 '상'이니 아니니 '공'이니 아니니 할 문제가 없습니다. 당신이 하나의 '공'을 굳게 지키면서 스스로 옳다고 여기는 것 자체가 사실은 해서는 안 되는 대 망상이므로 향판(香板)86)을 맞아야 합니다.

수음과 상음이 해결되고 나면 곧바로 행음(行陰)과 식음(識陰)의 문제인, "행불이공, 공불이행, 식불이공, 공불이식"이 나옵니다. 행(行)과 식(識)에 대해서 일반인들은 알 길이 없습니다. 이해하기 몹시 어렵습니다. 여러분 중에 어떤 분은 반야심경을 이해한다고

---

86) 중국에서 불교 승단의 규범과 질서를 유지하기 위해 사용하는 목판으로 보검 모양이다.

생각하고 입에서 나오는 대로 함부로 말하는데, 법을 비방하고 장래에 과보를 받을 나쁜 짓 하지 말기 바랍니다! 여러분이 색음과 수음을 철저하게 이해하고 끝마치고, 상음도 철저하게 이해하고 끝마쳤다면 망상이 없음을 서서히 체험하게 됩니다. 비록 망상이 없는 것 같지만 한 가지 것이 있습니다. 그게 무엇인지 아무리 말로 하려고 해도 말로 할 수가 없습니다. 밖에도 있지 않고 안에도 있지 않고 그렇다고 중간에도 있지 않습니다. 그런데도 무엇인가가 하나 있는데, 이게 바로 행음입니다. 무명을 조건으로 행이 일어나고[無明緣行], 바로 이 한 생각 무명이 장난을 하고 있는데도 여러분들은 그것을 청정함으로 여기고 도(道)라고 생각하고 있는데, 참으로 뚱딴지같은 일입니다.

게다가 '수·상·행·식'에서의 '상'과 '식'은 서로 다릅니다. '상(想)'은 식음이 일으키는 표층(表層)작용일 뿐이라 할 수 있습니다. 유식에서의 '식(識)'은 매우 심오해서 정말 간단하지 않습니다. 여러분이 『성유식론(成唯識論)』 강의를 듣지만 이해하지 못하는 것은 당연한 일로서 조금도 이상한 일이 아닙니다. 그러나 만일 "색불이공(色不異空), 공불이색(空不異色), 색즉시공(色卽是空), 공즉시색(空卽是色)"의 경지에 이를 수 있다면 계속 수행해 가 바로 그다음 단계의 몇 가지 음(陰)의 경계인 수·상·행·식을 이해하고 해탈할 수 있습니다.

착한 생각 악한 생각 모두 달라붙지 못한다

관자재보살은 5온의 진상(眞相)을 다 말하고 난 다음 이어서 한 걸음 더 나아가 사리불에게 결론을 지어줍니다.

"**사리자(舍利子), 시제법공상(是諸法空相),**" 몸도 공해지고 나[我]도 공해져야 할 뿐만 아니라 법(法) 조차도 공해져야 합니다.

반야든 불법이든 유위이든 무위이든 어느 한 가지도 환화가명(幻化假名) 아님이 없습니다. "**법불이공(法不異空), 공불이법(空不異法), 법즉시공(法即是空), 공즉시법(空即是法)**", 무슨 법이든 내버려서 비워버려야 합니다. 일체의 법은 공합니다. 소승법·대승법·현교·밀교 등등 무릇 모든 법이 너저분한 게 모조리 없습니다. 하지만 하나의 공(空)에 연연하지 않습니다. 그렇다면 옳습니다. 그러고 나면 이제 "제법공상" 가운데서 당신이 스스로 수행하기에 딱 좋습니다.

"이 제법공상은 **불생불멸(不生不滅), 불구부정(不垢不淨), 부증불감(不增不減)**입니다." 실상반야는 자성이 진공(眞空)입니다. 이 경계에서는 자연스럽게 닦음이 없이 닦고 증득함이 없이 증득합니다. 이게 바로 "행심(行深)"입니다. 그런데 "불생(不生)"이란 무엇일까요? 무생법인(無生法忍)입니다. 하루 24시간 가운데서 밥 먹고 옷 입더라도, 농담하면서 하하 웃더라도 내지는 바쁘게 뛰어다닐지라도, 또 기뻐하고 성내고 슬퍼하고 즐거워할지라도, 그 어떤 경우에도 움직이면서 움직이지 않고 [動而不動], 생기(生起)하면서 생기하지 않습니다 [生而不生]. 매 생각마다 쓰고 나면 즉시 버려서 공이요 [即捨即空] 쓰면 곧 유입니다 [即用即有]. "불생"인 바에야 당연히 "불멸"입니다. 불생불멸이요 원만무애(圓滿無碍)입니다. 뿐만 아니라 이 "제법공상" 가운데에서는 무슨 "더럽고 안 더럽고, 깨끗하고 깨끗하지 않고가 없습니다 [不垢不淨]." 착한 생각 악한 생각이 모두 달라붙지 못합니다. 마치 우주 허공이 향기 나는 것, 악취 나는 것, 좋은 것, 나쁜 것 등을 온통 포용하면서도 전혀 자기의 본래면목을 잃지 않듯이 그렇습니다. 이 "제법공상" 가운데에서는 당신이 닦는다 하더라도 그것은 "늘어나지도 않고", 당신이 닦지 않는다 하더라도 조금도 "줄어들지도 않습니다." '공'은 어디까지나 '공'이어서 크고 작고, 많고 적고, 증가하고 감소하고가 모두 상관없습니다. 여러분들이 공부가 도달하지 못해 도를 깨닫지 못했으며 5온을 비워버리지 못했다고 해서 설마 도가 줄어들까요? 줄어들지 않았어요 [不增不減]!

관자재보살은 한 단계 한 단계씩 수준을 높여가면서 사리자에게 가르쳐 줍니다.

시고(是故) **공중무색**(空中無色), **무수상행식**(無受想行識), 여러분이 이렇게 심신을 비우면서[空靈] 닦아가면 무슨 장애든 다 없어집니다. 여러분이 다리가 아프다면 다리가 아프다는 그 염두는 아픈지 아프지 않는지 한 번 살펴보십시오. 다리를 살펴보지 마십시오. 아픔을 아는 주인공은 사실 아프지 않습니다. 아무렇지도 않아요!

무안이비설신의(無眼耳鼻舌身意), 눈이 없습니다. 여러분은 정좌하고 있으면서도 눈이 있는데, 여러분이 눈을 잊어버리지 못하기 때문입니다. 참으로 육체를 내버려 둘 수 있다면 또 무슨 눈·귀·코·혀·신체·의념(意念) 등등 같은 것들이 있겠습니까?

무색성향미촉법(無色聲香味觸法), 이미 6근(六根)이 없는데 6진(六塵)이 어디서 오겠습니까? 6근 6진이 모조리 공해져서[空] 철저하게 없습니다. 있어도 무방합니다. 왜냐하면 "제법공상"이니까요. 있더라도[有] 공하다니까요! 우리는 출가 수행하면서 날마다 경을 읽는데 도대체 무슨 경을 읽는 걸까요?! 정좌하고 있는 동안 눈 아니면 귀를 항상 단단히 붙들어 잡고서는, "아이고 내 눈이 편치 않네, 귀가 괴롭네." 하는데, 에끼 여보시오! 어째서 반야심경의 "무안이비설신의, 무색성향미촉법"이란 말을 잘 이해하지 않습니까? 단번에 다 비워버리면 조금도 지저분하지 않습니다. 무슨 백골관이니 명점(明點)이니 기맥이니 등 이런 요란한 장난감들은 거들떠보지도 않고 곧바로 6진 6근을 비워버립니다.

생사가 본래 공하니 두려워할 게 없다

6근 6진이 공해졌다고 그것으로 다 된 것이 아닙니다. 경문은 또 이렇게 말합니다.

무안계(無眼界), 내지무의식계(乃至無意識界). 안계(眼界)도 없고 이계(耳)도 없고… 이렇게 한 계(界) 한 계씩 셈을 해 나아가 의식계(意識界)까지 없어서, 이 18계(十八界)가 모두 공하다 합니다. 4성제도 공하기에 고집멸도라 할 것이 없다고 합니다. 무명연행(無明緣行), 행연식行緣識)…으로 이어지는 12인연(十二因緣)의 고리 고리마다 다 공하다고 합니다.

그러기에 **무무명(無無明), 역무무명진(亦無無明盡), 내지무노사(乃至無老死), 역무노사진(亦無老死盡).** 이라고 합니다. 그럼 당신이 말하기를 "나는 무명(無明)을 비워버렸으니 다 끝났습니다."고 한다면 옳을까요? 그렇지 않습니다. 공(空)에 도달했으니 모든 일이 끝난 것이라고 여긴다면 어리벙벙한 것입니다. 사실 무명도 무슨 다하고 다하지 않고가 없습니다! 12연기에서 가장 끝자리인 생사(生死)도 마찬가지로 무슨 해탈하였느니 해탈하지 못 하였느니가 없습니다. 왜 생사를 끝마치려고 합니까? 끝마쳐서 뭐 하자는 겁니까? 생사가 본래 공한데 두려워할 게 뭐 있겠습니까?

그러므로 "내지무노사(乃至無老死), 역무노사진(亦無老死盡)"이라고 말합니다. 생사를 끝마친 사람은 그 사람이 어디로 가버렸을까요? 여전히 생사 속에 있습니다! 주의해야 합니다! 여러분 주의해서 들으십시오. 잘못 이해해서 스스로 골칫거리를 만들지 마십시오.[87)]

관자재보살이 이처럼 여러 가지로 자세히 관심법문을 설하시면서 흥미진진하게 말씀하셨는데, 어느 것 하나도 일체중생이 진정

---

87) 12연기에 대한 자세한 풀이는 남회근 선생이 강의한 『생과 사 그 비밀을 말한다』와 『선과 생명의 인지 강의』속에 있으니 참고하기 바란다.

으로 놓아버리고 참으로 해탈하며 참으로 자재하도록 하기 위한 것 아님이 없습니다. 보살은 처음에는 4성제법에서부터 설하기 시작하더니 이제는 다시 그 4성제법으로 귀결시키고 있습니다.

무고집멸도(無苦集滅道), 무지역무득(無智亦無得), 생로병사(生老病死)의 고뇌가 다 사라져버렸는데 또 무슨 지혜니 뭐니 하는 법약(法藥)으로 치료할 필요가 있겠습니까? 또 무슨 성패득실(成敗得失)이 있겠습니까?

"무지역무득(無智亦無得)", 무엇을 하나 얻을까요? 도(道)를 얻을까요? 얻을 도가 있다면 그것은 틀린 겁니다. 본래에 얻을 바가 없는데 [無所得], 뭐 이런 것으로 놀라고 얻으려고 걱정하고 잃을까 걱정하면서 긁어 부스럼을 만들 필요가 있겠습니까!

이무소득고(以無所得故), 보리살타(菩提薩埵), 의반야바라밀다고(依般若波羅密多故), 심무가애(心無罣礙), 수행이 이 경지에 이르면 "무지역무득"이어서 반야를 증득한 셈입니다. 관(觀)부터 닦기 시작하여 마침내 조(照)의 경지에 이르렀지만 여전히 철저하게 해탈하지 못해서 아직 완전히는 명심견성(明心見性)하지 못했습니다. 하지만 반야지혜는 이미 깊어져서 "심무가애(心無罣礙)"입니다. 휴식을 하든 일을 하든 재가이든 출가이든 일체의 마음 일체의 법이 방애(妨碍)가 되지 않습니다.

그리하여 **무가애고(無罣礙故), 무유공포(無有恐怖), 원리전도몽상(遠離顚倒夢想), 구경열반(究竟涅槃).** 이 되는데, 이때에는 어떠한 경계에서도 놀라고 두려운 마음이 없어져 생사를 두려워하지 않고 윤회가 두렵지 않습니다. 자성반야의 대 지혜를 깨달았기 때문에 한 층 더 올라 어떠한 전도몽상도 없으면서 구경열반으로서 불과를 성취합니다. 대승보살의 경계는 몽상이 없는 것이 아닙니다. 중생을 널리 제도하여 중생들을 깨닫게 하는 것이 바로 대승 수행인의 몽상입니다. 여러분이 아침저녁 예불시 독송하는 능엄주의 게송에는 이런 두 마디 말이 있습니다. "이 지극한 이치인 진정한 요의(了義)를 깨닫고 나니 우리들의 그 시작을 알 수 없는 겁의 세월 동안 찾아 왔던 우주와 인생, 심령과 물리에 대한 갖가지 생각들이 이로 인해 모두 소멸되고 이제는 이미 도리에 어긋나지 않아 마음이 편안해졌다 [소아억겁전도상(銷我億劫顚倒想)].”이고, 또 하나는 “우리 대중은 비록 자성청정의 본체와 작용의 원칙을 이해했지만 여전히 아직 없애지 못한 미세한 곁가지의 의혹들이 많이 있습니다. 바라옵건대 부처님은 더 열어 보여 우리들의 의혹을 없애주십시오 [희경심제미세혹(希更審除微細惑)].”인데, 이 미세한 혹업(惑業)을 녹이고자 하면 참으로 어렵습니다. 저의 수십 년 경험을 통해서, 노년 세대들이나 젊은 세대들 중에는 길을 잘못 들었으면서도 그 자신이 그 사실을 모르는 사람들이 많았고 공덕이 원만한 사람도 적었습니다. 지극히 미세하여 검토해내기 쉽지 않은 이 업혹(業惑)은 최후로 닦아 갈수록 파악하기 힘듭니다. 그리하여 결과적으로 뭐가 뭔지 모르고 곳곳마다 의심하여 이리저리 찾아보지만 결말이 없습니다.

견성 해탈하여 주관과 객관이 둘 다 사라지다

그러므로 아주 가느다랗고 조금 밖에 되지 않는, 허무하면서도 어렴풋한 이 혹업조차도 모두 반야바라밀다에 의지해서 철저하게 끊어 없애야 합니다. “공을 떠나지 않고 유를 떠나지 않으며, 공이 아니고 유가 아니다 [卽空卽有, 非空非有].”는 반야정관(般若正觀)이 앞에 나타나야 비로소 큰 공(功)이 다 이루어지고 구경열반에 도달합니다. 이때에는 진정한 깨달음으로서 관(觀)도 아니요 조(照)도 아닙니다. 견성해탈로서 주관과 객관이 둘 다 사라지고 [能所雙泯], 대원만(大圓滿)하고 대자재(大自在)합니다.

경의 앞부분인 “관자재”부터 “조견오온개공”까지는 유위법에 속합니다. 즉, 『유마경』에서 말하는 '다함이 있는 법문'입니다. 경의 뒷부분인, "이무소득고, 보리살타, 의반야바라밀다고, 심무가애"에서부터 "구경열반"까지의 단락은 무위법에 속합니다. 즉, 『유마경』에서 말하는 '다함이 없는 법문'입니다. 이어서 관자재보살은 또 아주 신중하게 사리자에게 분부합니다.

삼세제불(三世諸佛), **의반야바라밀다고**(依般若波羅密多故), **득아뇩다라삼먁삼보리**(得阿耨多羅三藐三菩提). 삼세제불인 과거불, 현재불, 미래불이 진정으로 대철대오하여 정등정각(正等正覺)의 원만한 과위를 성취할 수 있으려면 자성반야 지혜의 해탈에 의지하지 않으면 안 됩니다. 여러분들은 멍하니 미혹해서 주문 하나를 외우면 성불할 수 있다고 생각하는데, 관자재보살은 이렇게 분부하고 있습니다.

고지(故知) **반야바라밀다**(般若波羅密多), **시대신주**(是大神咒), **시대명주**(是大明咒), **시무상주**(是無上咒), **시무등등주**(是無等等咒), **능제일체고**(能除一切苦), **진실불허**(眞實不虛). 반야바라밀다야말로 바로 진정으로 불가사의한 주문으로서 일체중생이 자성광명보장(自性光明寶藏)을 증득하게 할 수 있습니다. 이를 초월하는 또 다른 주문은 더이상 없으며 이와 필적할 수 있는 주문도 없습니다. 모든 주문들이 반야바라밀다를 한번 만나고 나서도 외울 재미가 있을까요? 여러분은 왜 외우지 않습니까? 그저 입으로만 외워서는 안 되고, 마음의 눈으로 관조해서 확실히 증득해야 합니다. 그렇지 않으면 여러분은 그 효능을 영감(靈感)의 극치의 경지까지 발휘할 수 없습니다. 반야바라밀다는 여러분들의 그 영문을 모르고 있는 미신 사상을 참으로 깨트릴 수 있으며, 3계의 일체의 번뇌 고통을 참으로 단박에 소멸시킬 수 있습니다. 멋대로 말하면서 장난하고 있는 게 아닙니다.

반야심경을 여기까지 설하고 난 다음, 관자재보살은 여러분들이 신비한 것을 좋아하고 중얼중얼하면서 주문을 가지고 놀기 좋아하는 줄 아시고, 중생들의 바램을 채워주기 위하여 아예 이 반야바라밀다의 무상(無上)대주문을 이렇게 전해줍니다.

고설반야바라밀다주(故說般若波羅密多呪), 즉설주왈(卽說呪曰), 아제아제(揭諦揭諦), 바라아제(波羅揭諦), 바라승아제(波羅僧揭諦), 모지사바하(菩提薩波訶). 이제 여러분 함께 외워보시기 바랍니다.

자기를 제도하라 빨리 빨리 자기를 제도하라

그런데 이 주문의 뜻은 무엇일까요? "가테가테, 파라가테"는 '자기를 제도하라, 빨리 빨리 자기를 제도하라.'는 뜻입니다. "파라상가테"는 '모두들 빨리 자기를 제도하면서 모두를 제도하라.'는 뜻입니다. 보살이 이 법을 전해주는 것은, 바로 당신 스스로가 떠맡아야지 더이상 자기를 속이고 남을 속이지 말라는 뜻입니다. 사람은 자립(自立)이 중요합니다. 스스로 도우면 하늘이 돕습니다. 오직 자기 제도만이 정법(正法)입니다. 그저 뻔뻔스럽게 생떼만 쓰면서 불보살을 향해서 이것저것 바라는 것은 결국에는 방법이 아닙니다. 각자의 생사는 각자가 마치고 자기의 업장은 자기가 소멸시켜야 합니다. 어떠한 법문도 수행하여 최후에 이르면 모두 반야바라밀다에 의지해야 비로소 자성여래대광명장(自性如來大光明藏)으로 깨달아 들어갈 수 있습니다. 더이상 흐리멍덩하고 야무지지 못해서는 안 됩니다. 하늘을 떠받치고 땅에 우뚝 선 대장부가 되십시오! "보디(菩提)", '깨달으라[覺悟]! 머리가 깨어 있어라!'는 의미입니다. "사바하(薩波訶)." '빨리 빨리 깨달으라. 꿈꾸지 말고 흐릿하지 말라.'는 의미입니다.

여러분 보세요, 반야정관 수행의 길은 얼마나 시원스럽고 얼마나 단도직입적입니까! 그러므로 이번 겨울방학 참선수련에서는 여러분 모두 밀교나 정토 등 각종 수행법을 모조리 잠시 한번 접어 두시기 바랍니다. 거드름 피우거나 일부러 자태 부리지 말고 함부로 이것저것 의심하지 말기 바랍니다. 그래야 선종을 배운다는 말에 비로소 좀 어울립니다. 이해하셨지요? 여러분이 하루 중 내내 이렇게 관조해 가다보면 반드시 조리가 서면서 물이 모이는 곳에 도랑이 이루어지듯이 자연스럽게 "도일체고액"하는 "관자재보살"의 마음속의 마음으로 진입하게 됩니다.

자리에서 일어나십시오. 자기가 자신의 자리 앞에서 불법승 삼보를 향하여 삼배하십시오. 구함이 없는 마음으로 오로지 경건하게 정성스럽게 공경하십시오. 불법승 삼보에 대해 경의를 품고 존중하여야 자신이 이익을 얻을 수 있습니다. 자, 이제 휴식하기 바랍니다.

제 4 편

반야심경 수행법 강의 2

제1장 반야심경을 어떻게 읽을 것인가

황념조(黃念祖) 거사 강의 88)

1. 반야심경의 중요한 의의

오늘 여러분에게 우리가 늘 외우는 한 권의 경을 강의하겠는데, 글자 수가 가장 적은 한 권의 경이기도 합니다. 그것은 바로『반야바라밀다심경』인데, 간단히『반야심경』이라고 합니다. 우리가 학습하는 목표는 "생활 속의 지혜 ―『반야심경』읽기 안내"라고 합니다.

『반야심경』은 (한자) 글자 수가 모두 268자인데, 본문이 260자이며 제목이 8자입니다. 이 268자는 우주와 인생의 진리를 지극히 투철하게 말하고 있습니다.『반야심경』은 불법의 대문을 여는 열쇠이며, 우리가 불법을 학습하는 강령이자, 우리가 우주와 인생을 관조하는 대지혜이기도 합니다.『반야심경』의 268자는 불교의 핵심 내용을 포괄하고 있습니다. 그것은 주로 우리가 자신이 처한 현재 정신생활 상황과 물질생활 상황을 어떻게 관조(觀照)할지를 가르쳐 이끌어주고 있으며, 우리가 범부의 미혹과 성인의 깨달음 사이에서 수행자가 마주 대하고 있는 진리의 세계와 세속세계를 어떻게 처리할지를 가르쳐 이끌어 줍니다.『반야심경』은 '공(空)'이라는 글자를 돌출적으로 말하고 있고, 이 '공' 자는 범부가 가지고 있는 생각 관념 집착[凡情], 그리고 성인에 대한 견해[聖解]를 쓸어 없애버립니다. 또한 '무(無)'라는 글자를 돌출적으로 말하고 있는데, 이 '무' 자는 불교의

---

88) 제1장 강의의 중문 원서는 인터넷상에서 얻은 것이다. 그다음의 제 2,3,4장의 원서는 대만 불타교육기금 발행『경초집(莖草集)(四)』에서 얻은 것이다.

불이법문(不二法門)을 뚜렷하게 보여주고 있습니다. 『반야심경』에는 그 밖에도 두 마디 말이 있습니다. 한 마디는 '진실불허(眞實不虛)'이 며, 또 한 마디는 '구경열반(究竟涅槃)'입니다. 이 여덟 글자는 인생의 궁극적인 목표를 세워놓았습니다.

그러므로 말하기를, 『반야심경』은 글자 수는 아주 적지만 내용은 깊고 도리도 투철하다고 합니다. 『반야심경』을 투철하게 배우려면, 우리 불법을 학습하는 사람은 저마다 그 내용을 날마다 훈련해야 하고, 날마다 사고해야 하며, 날마다 체험해야 하고, 날마다 관조해야 합니다.

이렇게 말씀드릴 수 있습니다, 불학은 철저하게 · 완전하게 · 정밀하게 우주 생명의 진상(眞相)과 비밀을 드러내어 보여주는 학문이라고 말입니다. 우주의 정화(精華)는 생명이며, 생명의 정화는 사람입니다. 사람의 정화는 반야지혜(般若智慧)입니다. 불학의 핵심은 바로 인생의 대지혜를 말해주고 있으며, 『반야심경』의 핵심은 바로 인생의 대지혜를 말해줍니다. 불법의 대지혜는 우리에게 내심의 번뇌 · 생명의 깊은 곳의 번뇌 · 생활 속의 번뇌를 어떻게 처리할지를 알려주며, 사람 저마다의 생명에 잠재하는 에너지를 어떻게 개발할지를 알려줍니다. 잠재하는 이 에너지가 바로 대지혜이며, 바로 우리 사람 저마다 갖추고 있는 진여불성(眞如佛性)입니다.

사람들은 저마다 생업에 종사하면서, 처세하고 남과 교제하면서 흔히들 곤혹스러운 일과 매우 난처한 일, 번뇌와 고통이 있습니다. 인생길에는 갖가지 순탄하지 못한 일이나 갖가지 넘기 어려운 곤란이 있습니다. 이런 것들이 생명의 현실이요 생활의 현실입니다. 이런 현실에 직면하여 우리는 어떻게 처리해야 할까요? 겨우 268자로 써진 최상의 불교 경전 『반야심경』이 우리를 위하여 생활의 대지혜를 제공해 놓았습니다.

『반야심경』은 첫 부분에서 경의 목적과 주요 주제를 우리에게 말해주기를, "관자재보살, 행심반야바라밀다시, 조견오온개공, 도일체고액 (觀自在菩薩, 行深般若波羅蜜多時, 照見五蘊皆空, 度一切苦厄)." 이라고 합니다. 오직 시시각각 매우 깊은 반야로써 관조를 진행해야, 비로소 우리의 심신과 세계인 "5온이 모두 공하다"가 나타내어 보이는 진리를 볼 수 있습니다. 진리를 보았고 지혜를 개발하고서야 비로소 모든 고통과 재난을 건널 수 있습니다. 『반야심경』의 시작 첫 구절은 바로 이 경의 총강(總綱)입니다.

반야는 운용해야 하고 관조(觀照)해야 비로소 자재함이 있습니다. 반야는 수행해서, 깊은 반야를 수행해야 5온이 인연으로 생겨난 것이어서[緣生] 그 자성이 없다는[無自性] 공의 진리를 비추어 볼 수 있습니다. 반야는 깊이 관조하고 깊이 수행해야 진리의 지도하에서 모든 고통과 재난을 건넙니다. 반야지혜는 고요히 멈추어 있는 것[靜止] 아니라, 수행자 저마다에 대해서 말할 것 같으면, 반야는 관조 중에서 부단히 심화하고 부단히 승화하는 것입니다.

5온은 다섯 가지 일이 아니라 사실은 한 가지 일입니다. 색수상행식(色受想行識)은 바로 우리의 생명의 지금 여기이며, 생명의 현실이요, 생활의 현실입니다.

『반야심경』이 맨 처음에 의의를 밝히는 이 한마디는 이 경의 강요(綱要)이자 전체 불법의 강요입니다. 불법이 해결하고자 하는 문제는, 인생이 어떻게 미혹(迷惑) 속으로부터 각성(覺醒)하여 모든 고통과 재난을 건너 해탈할 것인가 입니다. 이 한마디 말은 반야 수행의 임무가 무엇인지, 실천이 무엇인지, 얻는 효과가 무엇인지를 지적했습니다. "관자재보살"은 수행하는 사람이요 "행심반야바라밀다"는 닦아지는 반야행이요, "조견오온개공"은 반야 수행의 경지와 임무이며, "도일체고액"은 반야 수행의 효과입니다.

전체 불법 수행의 과정은 경(境) · 행(行) · 과(果)에서 벗어나지 않습니다. 『반야심경』 첫마디 말은 불법을 배우는 임무(경) · 실천(행)과 효과(과) 이 세 가지를 빠짐없이 포괄하고 있습니다. 그러므로 말하기를, 이 한마디가 바로 『반야심경』의 총강이자, 우리 불법을 배우는 사람마다 수행하는 총강이며, 불법의 총강이라고 합니다.

여러분! 『반야심경』을 펴 보기 바랍니다. 읽기 안내인 바에야 여러
분이 한 번 읽어 보기 바랍니다. 읽는 과정에서 우리는 『반야심경』의
단락을 나눌 수 있습니다.

般若波羅蜜多心經
반야바라밀다심경

觀自在菩薩 行 深般若波羅密多時 照見五蘊皆空 度一切苦厄
관자재보살 행 심반야바라밀다시 조견오온개공 도일체고액

舍利子 色不異空 空不異色 色卽是空 空卽是色 受想行識 亦復如是
사리자 색불이공 공불이색 색즉시공 공즉시색 수상행식 역부여시

舍利子 是諸法空相 不生不滅 不垢不淨 不增不減
사리자 시제법공상 불생불멸 불구부정 부증불감

是故 空中無色 無受想行識
시고 공중무색 무수상행식

無眼耳鼻舌身意 無色聲香味觸法 無眼界 乃至 無意識界
무안이비설신의 무색성향미촉법 무안계 내지 무의식계

無無明 亦無無明盡 乃至 無老死 亦無老死盡
무무명 역무무명진 내지 무노사 역무노사진

無苦集滅道 無智 亦無得
무고집멸도 무지 역무득

以無所得故 菩提薩陁 依 般若波羅密多 故
이무소득고 보리살타 의 반야바라밀다 고

心無罣碍 無罣碍故 無有恐怖 遠離顚倒夢想 究竟涅槃
심무가애 무가애고 무유공포 원리전도몽상 구경열반

三世諸佛 依 般若波羅密多 故得 阿耨多羅三藐三菩提
삼세제불 의 반야바라밀다 고득 아뇩다라삼막삼보리

故知 般若波羅密多 是大神呪 是大明呪 是無上呪 是無等等呪
고지 반야바라밀다 시대신주 시대명주 시무상주 시무등등주

能除一切苦 眞實不虛 故說 般若波羅密多呪 卽說呪曰
능제일체고 진실불허 고설 반야바라밀다주 즉설주왈

揭諦揭諦 波羅揭諦 波羅僧揭諦 菩提 娑婆訶 (3번)
아제아제 바라아제 바라승아제 모지 사바하 (3번)

2. 경문의 단락과 대의

제목 ; "반야바라밀다심경(般若波羅蜜多心經)"

전체 경문은 양대 부분으로 나눕니다. 제1부분은 현설반야(顯說般

若)로서 "관자재보살(觀自在菩薩)"에서부터 "진실불허(真實不虛)"까지입니다. 제2부분은 밀설반야(密說般若)로서 "고설반야바라밀주(故說般若波羅蜜多咒)"에서부터 "모지사바하(菩提薩婆訶)"까지입니다. 이를 다시 다섯 부분으로 세분할 수 있습니다.

제1부분은 바로 『반야심경』의 총강입니다: "관자재보살(觀自在菩薩), 행심반야바리밀다시(行深般若波羅蜜多時), 조견오온개공(照見五蘊皆空), 도일체고액(度一切苦厄)."

제2부분은 "사리자(舍利子)"에서부터 "무지역무득(無智亦無得)"까지인데, 반야의 묘의(妙義: 미묘한 의미도리―역주)를 말하고 있습니다. 우리 이 단락의 문자를 보겠습니다

"사리자(舍利子) 색불이공(色不異空), 공불이색(空不異色), 색즉시공(色即是空), 공즉시색(空即是色), 수상행식(受想行識), 역부여시(亦複如是)." 이 단락은 우리 범부의 심신(心身) 세계의 기본 조성 요소인 5온을 말하고 있습니다.

"사리자(舍利子)! 시제법공상(是諸法空相), 불생불멸(不生不滅)·불구부정(不垢不淨)·부증불감(不增不減), 시고공중무색(是故空中無色), 무수상행식(無受、想、行、識)." 이는 한 걸음 더 나아가 말하기를, 진공(真空) 가운데에는 5온의 상(相)이 없고 합니다.

"무안이비설신의(無眼、耳、鼻、舌、身、意),무색성향미촉법(無色、聲、香、味、觸、法)", 이는 우리 범부의 생활 현실을 말하고 있는데, 6근(六根)이 6진(六塵)(12처十二處)을 마주 대하고 있다는 것입니다. 안이비설신의(眼、耳、鼻、舌、身、意)는 6근이고, 색성향미촉법(色、聲、香、味、觸、法)은 6진입니다. 다시 말해 이 진공 가운데에서 인연으로 생

겨나서 자성이 없으며 [緣生無自性], 이 6근과 6진은 모두 상이 없다 [無相]는 것입니다.

"무안계(無眼界), 내지무의식계(乃至無意識界).", 이는 18계(十八界)를 말합니다. 안계(眼界)는 바로 눈입니다. 눈은 그 자체의 일정한 한계가 있으므로 안계라고 합니다. 그 다음은 이계(耳界)·비계(鼻界)·설계(舌界)·신계(身界)·의계(意界)"입니다, 다시 그 다음은 "색계(色界: 물질)·성계(聲界: 소리)·향계(香界: 냄새)·미계(味界: 음식물)·촉계(觸界: 촉각을 일으키는 물질)·법계(法界: 의식의 대상 경계) 입니다. 그 다음은 안식계(眼識界: 시각)·이식계(耳識界: 청각)·비식계(鼻識界: 후각)·설식계(舌識界: 미각)·신식계(身識界: 촉각)·의식계(意識界: 사유 인지) 입니다. 6근·6진·6식을 합하여 18계라고 합니다. 즉, 18개 부분입니다. 이 18개 부분은 물질적인 부분이 있고 정신적인 부분이 있습니다. 물질에 속하는 부분에는 11종이 있습니다. 정신에 속하는 부분에는 6종에 조금 더 있습니다. 왜냐하면 그 중의 법계(法界)는 비록 큰 일부분이 순수한 정신적 활동이지만 법진(法塵)에 속하는 일부분도 있기 때문입니다. 즉, 의식 가운데 드러나는 물상(物象)인데 법처소섭색(法處所攝色)이라고 합니다.

"무무명(無無明), 역무명진(亦無無明盡) ; 내지(乃至無老死), 역무노사진(亦無老死盡)"은 12인연(十二因緣)을 말합니다. "무고집멸도(無苦集滅道)"는 4성제를 말하고, "무지**역 무득(**無智亦無得**)**"은 보살이 매우 깊은 지혜로 얻은 수행의 성과를 말합니다. '지(智)'는 지혜(智慧: 보리菩提) 이며 '득(得)'은 열반을 얻음입니다.

진공 가운데에는 5온이 없는 바에야 6근·6진·6식의 18계도 없습니다. 이것은 범부의 생활 경지입니다. "무무명(無無明), 역무명진

(亦無無明盡) ; 내지(乃至無老死), 역무노사진(亦無老死盡)"은 연각의 생활 경지를 말합니다. "무고집멸도(無苦集滅道)"는 성문의 생활 경지를 말합니다. "무지역무득(無智亦無得)"은 보살의 생활 경지를 말합니다.

이상의 이 단락은 반야의 묘의(妙義)를 말합니다. 왜냐하면 우리 범부가 보기에는 이런 것들이 모두 생활의 현실이기 때문입니다. 그러나 그것을 매우 깊은 반야의 경지로 끌어올리는 관조 하에서는, 범부의 생활 환경 경지이든 성문이나 연각이나 보살의 생활 경지이든 실질적으로는 모두 인연소생으로서 그 자성이 본래 공하기 때문입니다.

그러므로 말하기를, 진공 가운데는 5온·6근·6진의 상이 없는 바에야, 12인연·4성제·보살의 지혜와 얻음의 모습도 없다 라고 합니다. 무상(無相)이라 말하고 공(空)이라 말한 목적은, 우리에게 범부의 집착을 깨뜨리고, 2승의 집착을 깨뜨리고, 대승의 수행 과정 중에서의 모든 집착을 깨뜨리라고 요구하는 것입니다. 일체에 모두 구하는 마음이 없고 머무는 마음이 없이 범부와 성자의 생활 경계를 마주 대하여야 합니다. 그러므로 이 단락은 바로 반야의 묘의를 말하는 것입니다.

제3부분은 반야의 묘행(妙行)을 말합니다. "이무소득고(以無所得故), 보리살타(菩提薩埵), 의반야바라밀다고(依般若波羅蜜多故), 심무가애(心無罣礙). 무가애고(無罣礙故), 무유공포(無有恐怖), 원리전도몽상(遠離顛倒夢想), 구경열반(究竟涅槃)." 이것은 보살이 얻는 바가 없는 매우 깊은 반야 관조 하에서 얻은 수행 성과을 말합니다. 수행 성과는 무엇일까요? '심무가애(心無罣礙). 무가애고(無罣礙故), 무유공포(無有恐怖), 원리전도몽상(遠離顛倒夢想), 구경열반(究竟涅槃).'이 바로 수행이 취득한 성과입니다. 보살이 매우 깊은 반야를 행

할 때 얻은 궁극적인 성과는 바로 무상대열반(無上大涅槃)입니다. "삼세제불(三世諸佛), 의반야바라밀다고(依般若波羅蜜多故), 득아뇩다라삼먁삼보리(得阿耨多羅三藐三菩提).", 삼세제불도 반야에 의지하여 성취하고 반야에 의지하여 무상정등정각을 증득합니다. 반야가 부처의 어머니[佛母]인 것은 바로 이 도리입니다.

깊은 반야를 행하기 때문에 구경열반을 얻을 수 있고, 매우 깊은 반야를 행할 수 있기 때문에 무상정등정각을 얻을 수 있습니다.

제4부분은 비밀 반야로써 반야를 칭찬하여 드러냈습니다. "고지반야바라밀다(故知般若波羅蜜多), 시대신주(是大神咒), 시대명주(是大明咒), 시무상주(是無上咒), 시무등등주(是無等等咒). 능제일체고(能除一切苦), 진실불허(眞實不虛)."

제5부분은 비밀 반야의 가지(加持)로써 반야를 드러냈습니다. "고설반야바라밀다주(故說般若波羅蜜多咒). 즉설주왈(卽說咒曰) : 아제아제(揭諦揭諦), 바라아제(波羅揭諦), 바라승아제(波羅僧揭諦), 모지사바하(菩提薩婆訶)."

이 경 268자는 이상의 다섯 부분으로 나누어지니 이 다섯 개 부분을 잘 구분하여 잘 기억하고 우리가 『반야심경』을 다시 읽어보면, 경문을 따라 관(觀)에 들어갈 수 있습니다. 관조 중에 한 걸음 한 걸음 5온이 다 공함을 비추어 봅니다. 6근·6진이 다 공함을 비추어 봅니다. 18계가 공함을 비추어 봅니다. 12인연과 4성제가 공함을 비추어 봅니다. 보살의 지혜와 얻음이 다 공함을 비추어 봅니다. 구하는 마음이 없고, 집착하는 마음이 없고, 분별하는 마음이 없는 매우 깊은 반야의 지도 아래서, "심무가애(心無罣礙). 무가애고(無罣礙故), 무유공포(無有恐怖), 원리전도몽상(遠離顚倒夢想)."합니다.

3. 경의 제목 해석

위에서는 『반야심경』의 단락 대의를 전체적으로 여러분에 한 번 제시하였고, 다음에서는 좀 구체적으로 강의하겠습니다. 그러나 두 시간 이내에 이 260자를 쉽게 명백하게 강의하려는 것도 쉽지 않습니다.

우리는 먼저 경의 제목을 강의하겠습니다. 경의 제목은 네 부분으로 구성되어 있습니다.

(1) 반야(般若)

범어인 "반야"를 중문으로 번역하면 혜(慧)·지혜(智慧)·정혜(淨慧)입니다. 무엇으로 번역하든 모두 반야라는 단어의 범문의 함의(含義)를 완전하게는 표현할 수 없습니다. '지혜' 두 글자로 반야라는 명칭을 국한하지 않도록 범음 그대로 보존했습니다. 일반적으로 말하기를 반야에는 문자반야(文字般若)·관조반야(觀照般若)·실상반야(實相般若) 이 세 가지가 있다고 말합니다.

경전의 가르침[經教]이 나타내 보이는 도리로부터 얻는, 예컨대 "조견오곤개공도(照見五蘊皆空), 도일체고액(度一切苦厄)."으로부터 얻는 지혜가 문자반야입니다.

문자반야의 기초에서 문자에 따라 관조에 들어가고, 문자에 따라 해석하고, 문자에 따라 수행을 일으켜서 정사유(正思惟)를 진행하여 얻은 지혜가 관조반야입니다. 경문 중의 "행심반야바라밀다시, 조견오온개공"이 바로 관조반야를 말하는 것입니다. 이른바 반야를 관조함은, 문자가 나타내 보이는 반야를 수행 생활 속에서 구체적으로 운용하는 것입니다.

세 번째는 실상반야입니다. 우리는 무엇을 관조할까요? 제법의 실상을 관조합니다. 제법의 실상은 무엇일까요? "오온개공"입니다. 공의 도리가 바로 실상이며, 실상은 무상(無相)입니다. 현실로부터 증오한 지혜가 실상반야입니다.

규기(窺基) 법사는 현장 법사의 제자인데 그는 말하기를, "실상반야는 진리(眞理)이고, 관조반야는 진혜(眞慧)이며, 문자반야는 진교(眞敎)이다."라고 했습니다. 진교·진혜·진리가 바로 세 가지 반야입니다. 진교로부터 진혜가 산생하고, 진혜로부터 진리를 증득하는 것이 세 가지 반야의 상호관계입니다.

앞에서 반야가 불모라고 말했습니다. 모든 부처님은 반야로부터 태어난다는 말로 보면 바로 모든 부처님의 어머니입니다. 『인왕호국경(仁王護國經)』은 말합니다, "반야바라밀다는 모든 부처의 어머니요, 모든 보살의 어머니이다 [般若波羅蜜多是諸佛母、諸菩薩母]." 또 말합니다, "반야는 일체 불법과 일체 보살의 해탈법, 일체 국왕의 무상법(無上法), 일체 유정의 출리법을 낳을 수 있다 [般若能出生一切佛法、一切菩薩解脫法、一切國王無上法、一切有情出離法].", 모든 부처님이 성불한 까닭은 반야로부터 생겨나옵니다. 모든 보살이 성불하려면 반드시 반야에 의지하여 성취하고 해탈해야 합니다. 모든 세간의 사업, 좋은 사업이나 선한 일이나 중생에게 이익을 주는 일은 모두 반야로부터 생겨나옵니다. 모든 유정중생은 반드시 반야바라밀다에 의지해야 비로소 생사고해를 벗어나 열반의 저 언덕에 도달할 수 있습니다.

(2) 바라밀다(波羅蜜多)

"바라(波羅)"란 저 언덕입니다. 경전의 작자는 말하기를 "저 언덕에는 두 가지가 있다. 하나는 보리이고, 또 하나는 열반이다." 보리는 깨달음[覺悟]이며 지혜입니다. 열반은 구경원만(究竟圓滿)·구경적멸(究竟寂滅)입니다. 보리열반이 저 언덕입니다.

"밀다(蜜多)"란 도달한다·떠난다는 뜻입니다. 반야를 행함으로써 모든 장염(障染: 악업에 오염되었기 때문에 발생한 번뇌—역주)을 떠나기 때문에 저 언덕에 도달합니다. "바라밀다"는 합하면 바로 "도피안(到

彼岸)"입니다. 저 언덕에 도달하려면 발심해서 보살행을 닦아야 하며, 저 언덕에 도달하는 공덕을 닦으려면 무엇보다 먼저 일곱 가지 방편을 갖추어야 합니다. 이 일곱 가지 가장 수승한 방편을 갖추어야 저 언덕에 도달한다고 할 수 있습니다. 다음이 그 일곱 가지 가장 수승한 방편입니다.

1. 보살종성(菩薩種姓)에 머물러야 한다 [住菩薩種姓].
보살도를 닦고 보살도를 닦으려면 반드시 보살종성을 갖추어야 합니다. 이런 선근이 있어야 하고 이런 복덕 인연이 있어야 합니다. 보살의 선근이 없고 복덕 인연이 없으면 보살행을 닦고 보살도를 행하겠다는 대도심(大道心)을 일으킬 수 없습니다.

2. 대보리심(大菩提心)에 의지해야 한다 [依大菩提心].
보살행을 닦고 보살도를 행하는 동력은 바로 대보리심입니다.

3. 중생에게 자비와 연민의 마음을 가져야 한다 [悲愍有情].
보살도를 행하는 목적은, 위로는 불도를 구하고 아래로는 중생을 교화하는 것 [上求佛道, 下化衆生]입니다. 아래로 중생을 교화하려면 반드시 유정중생에 대한 비민심이 있어야 합니다.

4. 사업을 갖추어 행해야 한다 [具行事業].
발심이 있고 보리심이 있지만 그저 발심만 하고 실천에 옮기지 않는다면, 그런 발심은 영원히 현실이 될 수 없습니다. 그러므로 사업을 갖추고 실행해야 합니다. 바로 6도만행을 행하여야 합니다. 이런 복덕 사업으로써 보리심과 보살도를 장엄합니다.

5. 무상지혜에 포괄되어야 한다 [無相智所攝].
모든 선법을 닦고 6도만행을 닦음은 모두 무상지(無相智)로써 출발점을 삼아야 하고, 집착을 일으키지 말고, 명성을 날리고 그로 인한 물질적인 이익을 얻기 위해서 닦지 말아야 합니다. 유상법(有相法)을 닦지 말고 무상법(無相法)을 닦아야 합니다. 이른바 무상(無相)은 집착을 깨뜨려야 하는 것입니다.

6. 보리로 회향해야 한다 [回向菩提].

모든 선법을 닦은 공덕을 인간세계와 천상세계의 작은 과보로 회향하지 말고 반드시 무상보리(無上菩提)로 회향해야 합니다.

7. 번뇌장과 소지장이 사이에 섞이지 않아야 한다 [不爲二障間雜]. 2장은 번뇌장(煩惱障)과 소지장(所知障)입니다. 만행을 닦고 모든 공덕을 닦을 때 번뇌장과 소지장에서 출발하지 말아야 하고, 2장을 깨뜨려 없애야 합니다. 2장이 수행 과정에서, 신심이 전일하지 않고 서원이 전일하지 않게 하는 결과를 초래하지 않도록 해야 합니다.

"바라밀다" 행을 닦으려면 반드시 이상 일곱 가지 가장 뛰어난 방편을 갖추어야 합니다.

(3) 심(心)

'심'은 그 글자를 보면 의미가 생각나는데, 여기서의 '심' 자는 두 개의 의미가 있습니다. 그 본래의 의미에서 말하면 이 268자는 반야의 심장이요 반야의 강요, 반야의 요령이며 반야의 근본입니다. 인체에서 가장 중요한 기관(器官)인 심장과 같습니다. 마음은 인생에서 모든 것을 결정하고 지휘하는 작용을 일으킵니다. 이 경은 바로 6백 권 반야경의 핵심 내용이기 때문에 심경(心經)이라고 합니다. 일체 불법은 모두 반야를 중심으로 하고 근본으로 삼습니다.

두 번째의 의미는, 이 268자는 바로 범부의 마음, 성자의 마음, 성불의 마음을 말하고 있는 것입니다. 범부의 마음으로부터 어떻게 닦아 성자의 마음을 이루고 부처의 마음을 이루는지를 말하고 있습니다.

이른바 '심'은 일반적인 의미에서 말하면 네 종류의 마음이 있습니다.

1. 육단심(肉團心)

육단심은 신체의 기관입니다. 비록 물질적인 것이지만 우리의 정신의 의탁이요 사유의 의탁이기 때문에, 그것을 마음이라고 부릅니다.

2. 연려심(緣慮心)

갖가지 인연을 만나거나, 갖가지 광경이나 갖가지 경계를 만나면 마음에 사려(思慮)하는 바가 있는 것을 연려심이라고 합니다. '연(緣)'은 대상이며 '려(慮)'는 주관의 사유 활동입니다. 주관이 접촉을 거치자마자 사유 활동이 있습니다.

3. 집기심(集起心)

제8식 심왕인 아뢰야식(阿賴耶識)을 가리킵니다. '집'은 8식종자를 가리키며 원인을 가리킵니다. 제7식 · 제6식 · 전5식의 작용을 통해서 부단히 접촉하는 외부 경계의 모든 정보를 8식전(八識田) 중으로 되돌아오게 하여 종자가 저장됩니다. 제8아뢰야식은 제7식을 교량으로 삼고 부단히 반복해서 되돌아오고 실어냅니다. 되돌아 들어오면 종자가 되고 내보내면 현행(現行)이 됩니다. 현행이 종자를 낳고[集], 종자가 현행을 낳습니다[起]. 이러한 마음을 우리는 집기심이라고 부릅니다.

4. 진실심(眞實心)

우리의 진여불성을 가리킵니다. 진여불성은 매우 깊은 반야의 훈습(薰習) · 개발 · 발굴을 통해 무궁한 작용을 일으킬 수 있으므로 그것도 마음이라고 부릅니다.

(4) 경(經)

경에는 다섯 가지 의미가 있습니다.

1. 출생의(出生義)

일체의 의미 도리[義理]를 낳을 수 있습니다. 왜냐하면 불법의 일체의 의미 도리는 모두 경전의 기록 속에 있기 때문입니다. 우리는 불법을 이해하고 부처님이나 조사들과 소통 교류하려면 오직 경서를 통해서 시작합니다. 경서는 무궁한 묘의(妙義)를 낳을 수 있습니다.

2. 용천의(湧泉義)

모든 경전이 말하는 도리는 그 의미가 무궁무진합니다. 반복해서 깊이 음미하고 반복해서 연구하면, 옛날부터 지금까지 영원히 낡아지지 않고 영원히 새로운 의미가 있습니다.

3. 현시의(顯示義)

경서의 문자 내용은 불법의 심오하고 미묘한 의미를 나타내어 보일 수 있습니다.

4. 승묵의(繩墨義)

경서 속에서 말하는 모든 도리는, 우리에게 어떻게 삿된 견해를 없애고 바른 도리를 드러내며 악(惡)을 고치고 선(善)을 닦을지를 가르쳐 주는 것으로, 우리 인생의 모든 언행 실천의 표준이 될 수 있습니다.

5. 결만의(結縵義)

세간 사람은 노끈으로 많은 꽃을 꿰어 화환을 만들면 꽃이 떨어지지 않을 것입니다. 경서도 한 줄의 노끈처럼 불교의 법문들을 꿰어서 하나의 전체를 이룹니다. 이는 비유하여 이름을 세운 것입니다.

범어 수다라(修多羅)를 법본(法本)이라고 번역하였습니다. 교(敎)는 이치[理]의 뿌리[本]이고, 이치는 교의 뿌리입니다. 교와 이치가 서로 드러내면서 아울러 모두 뿌리입니다.

『반야심경』은 현재의 자료로 보면 옛날부터 지금까지 한문으로 번역된 것이 10개의 번역본이 있습니다. 이 열 개의 번역본은 자세한 것도 있고 간략한 것도 있습니다. 가장 이른 시기의 번역본은 구마라집(鳩摩羅什)의 것이고, 가장 늦은 것은 누오나 활불[諾那活佛]이 티베트어로부터 번역한 것입니다. 한문 번역 이외에도 『반야심경』은 일어·한국어·독어·영어·불어·베트남어·티베트어·몽골어 등 많은 종류의 언어 번역본이 있습니다. 우리가 지금 읽고 있는 『반야심경』은 중국 역사상 가장 위대한 번역가이며 불학가로서 대사급이었던 고승 현장(玄奘) 삼장법사(三藏法師)가 번역한 것입니다. 이분은 국제적으로 옛날부터 지금까지 명성이 높은 대사급의 고승입니다. 『반야심경』의 경문에 관해서는 간단히 소개할 수 있을 뿐입니다.

4. 경의 의미를 해석함에는 모두 다섯 부분이 있습니다

제1부분 경 전체의 총강

"**관자재보살**(觀自在菩薩)"에서의 '관' 자는 관찰이며, '자재'는 행이 걸림이 없는 것입니다. 장애가 없어야 자재라고 합니다. 자재는 무엇으로부터 올까요? '관'으로부터 옵니다. 무엇을 관찰할까요? "5온개공"을 관조하는 것입니다. 무엇으로써 관조할까요? "**행심반야바라밀다**(行深般若波羅蜜多)"로써 입니다. 그러므로 "관자재"는 반야를 닦는 사람입니다. "바라밀다"는 닦아지는 반야의 법입니다. "**조견오온개공**(照見五蘊皆空)"은 수행 과정 중에서 부단히 반야를 운용하여 우리의 심신 생명을 관조하는 것입니다. '관'의 결과는 무엇일까요? '공'입니다. 공해진 뒤로는 어떠할까요? "**도일체고액**(度一切苦厄)"합니다. 5온이 다 공함을 관조하여 마지막에는 모든 고통과 재난을 건너는 무상(無上)의 묘용(妙用), 무상의 묘과(妙果), 무상의 묘법(妙法)을 얻습니다.

불법을 배우는 사람마다 만약 시시각각 매우 깊은 반야를 수행할 수 있고 모두 5온이 다 공함을 관조할 수 있다면, 일체의 고통과 재난을 건널 수 있습니다. 사람마다 모두 관자재요, 사람마다 모두 관세음이요, 사람마다 모두 위로는 보리를 구하고 아래로는 중생을 교화하는 [上求菩提, 下化衆生] 보살이 됩니다.

'보살' 두 글자는 부를 때 간소화한 것이고, 온전한 명칭은 '보리살타'입니다. '보리'란 깨달음[覺悟]의 뜻입니다. '살타'는 유정(有情)의 뜻입니다. 보살은 깨달음이 있기 때문에 위로는 불도를 구할 수 있습니다. 보살은 자비가 있기 때문에 아래로는 유정중생을 교화할 수 있습니다. 보살은 '상구보리 하화중생'을 목표로 삼기 때문에 깨달은 중생이라고 부릅니다. 우리가 보살도를 행할 수 있으면 관자재 할 수 있으며 유정중생을 깨닫게 할 수 있습니다. 우리 불법을 배우는 사람마다 모두 이 대원력 앞에서 뒤로 물러나는 퇴전의 마음을 내지 말고, 용감하게 나아가서 이 '상구보리 하화중생'의 중임을 맡아야 합니다. 불법을 배우려면 반드시 이 중임을 맡아야 합니다. 이 중임을 맡고 싶지 않으면서도 자기는 불법을 배우고 있다고 말한다면, 그것은 궁극적인 것이 아닙니다.

보살도를 닦고 보살행을 실천하겠다고 발심하려면, 반드시 다음의 열 가지 수승한 덕을 갖추어야 합니다.

착한 벗을 친밀하게 사귀고 [親近善友],
모든 부처님께 공양하고 [供養諸佛],
선근을 닦아 모으고 [修集善根],
수승한 법을 스스로 구하고 [自求勝法],
마음이 항상 온유하고 [心常柔和],
고난을 만나도 능히 참고 [遭苦能忍],
자비롭고 인정이 순박하며 두텁고 [慈悲淳厚],
심성이 평등하고 [心性平等],
대승을 신앙하며 좋아 하고 [信樂大乘],
부처님의 지혜를 구한다 [求佛智慧].

관조로부터 얻은 10가지 자재함이 있습니다.

수명에 자재하고 [壽命自在],
마음에 자재하고 [心自在],
재물에 자재하고 [財自在],
업에 자재하고 [業自在],
몸에 자재하고 [身自在],
수승한 이해에 자재하고 [勝解自在],
원력에 자재하고 [願力自在],

신력이 자재하고 [神力自在],
지혜에 자재하고 [智慧自在],
법에 자재하다 [法自在].

   '법에 자재하다'는 의미는 무엇일까요? 자기가 진리를 장악하고 생활이 진리 속에 있기 때문에 법에 자재합니다. 이런 법에 자재함이 있으면 경장(經藏)에 깊이 들어갈 수 있어서 지혜가 바다와 같습니다. 이상 열 가지 자재함은 근거 없이 오는 것이 아니라 모두 보시(布施)·지계(持戒)·인욕(忍辱)·정진(精進)·선정(禪定)·지혜(智慧)의 6바라밀을 닦고 익혔기 때문에 얻은 것입니다.
   관자재보살은 우리 사바세계의 중생과 지극히 인연이 있습니다. 불교를 신앙하는 사람이든 신앙하지 않은 사람이든 모두 관세음보살을 모셔놓고 관세음보살을 염송하면서 관세음보살에게 기구합니다. 우리에게 가장 중요한 것은 역시 관세음보살의 법문에 따라 깊은 반야바라밀다를 수행하여 5온이 모두 공함을 비추어 보아야 비로소 모든 고통과 재난을 건너 벗어날 수 있습니다.
   여러분이 『반야심경』의 총강을 파악할 수 있다면, 다음의 이런 구체적인 내용들은 파악하기 쉽습니다. 오늘 나눈 다섯 부분에 따라 『반야심경』의 구성이, 어느 것들은 범부법(凡夫法)이고, 어느 것들은 연각법(緣覺法)이며, 어느 것들은 성문법(聲聞法)·보살법·불법인지를 이해하고 난 다음에 『반야심경』을 염송하면, 맹목성이 줄어들고 자각성이 강화될 것이며, 『반야심경』의 도리를 더욱 잘 운용하여 우리의 일상생활을 지도할 수 있습니다. 그리하여 우리가 생활 속에서 대지혜와 대자비를 갖추고, 인생을 깨닫고 인생을 봉헌하며, 그 마음을 잘 쓰고 일체를 소중하게 대하도록 할 것입니다.

제2부분 반야의 묘의

이제 제2 부분 반야의 묘의를 얘기하겠습니다. 반야의 묘의는 공(空)의 의미로서, 바로 이 "공"자를 말하는 것입니다. 우리가 현재 보면 세간의 일체 만법은 완연히 존재합니다, 그러나 『반야심경』에서는 '일체가 모두 공하다 [一切皆空]'고 말합니다.

저의 기억에, 선종에 이런 공안이 하나 있습니다. 한 어린 스님이 막 출가했는데, 출가한 뒤로 『반야심경』을 배웠습니다. 그가 『반야심경』을 읽을 때 한 가지 의문이 생겼습니다. 『반야심경』에 말하기를, "안이비설신의가 없다 [無眼、耳、鼻、舌、身、意]"라고 했는데 자기가 몸에 있는 안이비설신의를 좀 만져보니 모두 완연히 존재했습니다. 그래서 그는 사부에 물었습니다, "사부님! 저의 안이비설신의는 다 멀쩡한 것 아닌가요? 왜 『반야심경』에서는 '안이비설신의가 없다'고 말하는지, 이것은 무슨 도리인지요?"

늙은 사부는 어린 제자가 이렇게 질문을 하는 것을 보고는, 이 어린 제자가 장래에 틀림없이 큰 법그릇[法器]이 되어 인간과 천인의 사표가 되어 불법을 널리 전파하고 중생에게 이익을 줄 것이라고 느꼈습니다. 왜 그랬을까요? 그가 불법을 접촉하자마자 관조하고 있었고 사고하고 있어서, 바로 인생에 대해 갖가지 의혹이 일어났기 때문입니다. 그래서 늙은 사부는 어린 제자에게 어느 고승을 소개하고, 그분한테 가서 불법을 학습하고 정좌하고 참선하게 하여 그가 안이비설신의가 없는 도리가 무엇인지를 진정으로 깨달을 수 있게 했습니다.

우리 일반인들은 공(空)을 언급하면 흔히들 갖가지 공포가 있습니다. '일체가 모두 공해지면, 우리는 어떻게 생활하고 어떻게 생존할까? 우리가 불법을 수학하고 온갖 선한 일을 하면 또 무슨 결과가 있을까?' 만약 이렇게 공을 이해하여, 공의 도리를 '아무것도 없는 것'으로 이해한다면, 공의 의미를 잘 이해한 것이 아닙니다. 공의 의미를 잘 이해하는 사람은 반드시 "진실불허(眞實不虛)"의 각도에서 공의 의미를 이해하고, "색불이공(色不異空), 공불이색(空不異色), 색즉시공(色即是空), 공즉시색(空即是色)"의 각도에서 공의 의미를 이해할 것입니다.

"**사리자(舍利子)**"는 우리가 익히 아는 사리불 존자입니다. 부처님의 10대 제자 중에서 사리불은 지혜 제일이었습니다. 매우 깊은 공의 의미의 경전을 해석 강연하는 것은 오직 큰 지혜가 있는 사람에게만 말할 수 있으며, 오직 큰 지혜가 있는 사람이라야만 "**색불이공(色不異空), 공불이색(空不異色), 색즉시공(色即是空), 공즉시색(空即是色)**"의 매우 깊은 공의 의미를 이해할 수 있습니다. 여기서 말하는 '공(空)'은 절대적인 공이지, 공과 유(有)가 대립하는 공이 아닙니다. 있다[有]와 없다[無]가 대립하는 공이 아니며, 허공의 공은 더더욱 아닙니다. 이 공은 '유'와 '무'를 초월하고 일체의 대립을 초월한 공의 도리인 진공(眞空)입니다. 진공은 하나도 아니요, 둘도 아닙니다. 그것은 하나의 총체이며, 그것은 진리이며, 그것은 모든 사물의 실상입니다.

제가 누누이 말했듯이 불교가 공을 말하는 것은 연기성공(緣起性空)의 각도에서 모든 일과 사물의 실상(實相)을 관찰하는 것입니다. 모든 일과 사물은 독립적인 존재가 아니며 아무런 까닭 없는 존재가 아닙니다. 모두 조건적으로 존재하며, 모두 인(因)이 있고 연(緣)이 있는 존재입니다. 이것이 '공'의 제1층의 의미입니다.

제2층의 의미는, 모든 인연도 고립적인 것이 아니라, 모두 공간상으로 서로 의지하며 공존하며, 시간상으로 서로 이어지며 끊어지지 않습니다. 자신 이외의 모든 사물을 조건으로 해야, 비로소 어떤 사물이 존재할 가능성이 있습니다. 모든 사물은 고립적인 것이 아니기 때문에 '공'이라고 말합니다.

제3층의 의미는, 모든 사물은 영원히 불변하는 것이 아니라는 것입니다. 영원히 불변하는 사물이 있을까요? 비록 우리가 현재 보는 유정(有情)의 생명과 무정(無情)의 물질은 일종의 상대적인 안정성이 있지만, 우리가 전자현미경으로 관찰하여 보면, 눈 깜작할 사이에 만변(萬變)하지 않는 사물은 하나도 없으며, 원래의 상태로 1초라도 머무르고 있는 사물은 하나도 없다는 것을 발견할 것입니다. 어떠한 사물이든 모두 쉬지 않고 흘러가면서 순간순간 만변하고 있는 것입니다. 이런 의미에서 말하기를 5온은 모두 공하며 만법이 다 공하다고 합니다. 공이란 무상(無常)하다는 의미요 변화한다는 의미입니다.

제4층의 의미는, 모든 사물이 서로 의지하면서 공존하고, 조건적인 존재일 뿐만 아니라 부단히 흘러가면서 변화하는 바에야, 일체법은 모두 주재하는 것이 없고, 무아(無我)인 것입니다. 불교의 의의에서 '나'란 주재한다는 의미입니다. '주재한다'는 의미는 무엇일까요? '나'가 있는 이상 '나'는 어떠한 조건이 필요 없이 독립적으로 존재할 수 있으며, '나'는 어떠한 인연을 의지할 필요 없이 존재합니다. 현재 보면 세간에는 그러한 사물은 하나도 없습니다.

이상의 이런 도리와 관점들에서 사물 하나하나마다 보면, 색수상행식, 6근·6진·6식은 모두 '공'만 있고 실체가 없습니다.

진공 중에서는 또 묘유(妙有)를 드러내어 보입니다. 비록 일체가 공이지만 모든 사물은 또 완연히 존재합니다. 이런 존재는 공의 형식으로써 존재하며 공의 성질로써 존재합니다. 그러므로 그것은 묘유입니다. 이른바 묘유란 존재에서의 그 자체의 본질[當體]이 일체의 분별을 떠나있고, 일체의 집착을 떠나있으며, 일체의 사견(邪見)을 떠나있는 것입니다. 사견이란, '유'라고 집착하거나 '무'라고 집착하거나, '단멸'이라고 집착하거나 '상주'라고 집착하는 등등입니다. 이런 것들은 모두 사견이며 모두 중도(中道)가 아닙니다. 중도의 의미는 '유'도 아니요 '무'도 아니며, '상주'도 아니요 '단멸'도 아닙니다[非有非無、非常非斷]. 중도가 바로 진공이요, 중도가 바로 묘유입니다.

일체의 색법은 안의 5근 밖의 6진을 포함하여 모두 11종의 색법입니다. 그 중의 법진은 일부분은 심법이고 일부분은 색법입니다. 이것이 색입니다. 공은 바로 진공묘유(眞空妙有)의 공입니다.

진공묘유 중에서는 일체의 편견과 집착을 배제하기 때문에 "색불이공(色不異空), 공불이색(空不異色)"입니다. 색과 공은 무슨 서로 다른 곳이 없습니다. 공과 색도 무슨 서로 다른 곳이 없습니다. 여기서 색과 공은 마치 두 개의 것 같지만, 단지 다를 뿐입니다. 그다음의 두 구절은 강조하기를 "색즉시공(色即是空), 공즉시색(空即是色)"이라고 합니다. 그 의미는 색의 그 즉시 그대로가 바로 공이요, 공의 그 즉시 그대로가 바로 색이라는 것입니다. 이런 도리는 우리 일반인이 들으면 하늘의 신선이 쓴 책이나 편지처럼 난해한 문장[天書]을 듣는 것이나 다름없습니다. 상당한 사회철학 사상을 기초로 하고, 상당한 세간의 철학사상을 기초로 해야 비로소 "색즉시공, 공즉시색"의 이런 반야지혜를 이해할 수 있습니다.

5온 가운데 색법이 그러하고, **"수상행식(受想行識), 역부여시(亦復如是)"**, 수상행식도 그러합니다. 수불이공(受不異空), 공불이수(空不異受), 수즉시공(受即是空), 공즉시수(空即是受)… 이른바 "역부여시(亦復如是)"란 수상행식 4법도 진공 중에서 그 실체를 전혀 얻을 수 없으며, 묘유 중에서 완연히 존재한다는 것을 말합니다.

5온은 바로 우리 심신의 다섯 개의 조성 부문입니다. 색은 물질인 5근과 6진입니다. 수상행식은 우리의 정신 현상입니다. 색은 생명의 물질 조성 부분입니다. 우리의 생명은 바로 색수상행식 다섯 부분이 함께 조합한 가아(假我)입니다. 이 '가아'인 심신 생명도 시시각각으로 변화하고 있습니다. 어제의 정혜(淨慧)는 길을 걸어가는 게 좀 빨랐지만, 오늘의 정혜는 길을 걸어가려면 지팡이를 짚어야 하는데, 이는 무엇을 설명하는 것일까요? '정혜는 공이요, 정혜는 공과 다르지 않고, 공은 정혜와 다르지 않으며 정혜가 바로 공이요 공이 바로 정혜이다'라는 것을 설명합니다.

왜냐하면 그것은 무상의 법칙의 작용 아래서 시시각각 항상 변화하고 있기 때문입니다. 어제까지도 말하고 웃었지만 잠에 들어서 일어나지 못하게 되어버린, 이런 일은 우리 신변에서 여러 번 일어났습니다. 여러분이 알듯이 삼자선다원(三字禪茶苑)에 조해파(趙海波)라는 차 마시는 친구이자 불교 친구가 있었습니다. 젊은 거사로서 장사할 줄 아는 사람이자 설계 일을 할 줄 아는 사람이었습니다. 체중이 3백 근에 가까웠는데, 어느 날 점심 먹고 나서 침상에 누워 일어나지 못하게 되었습니다. 조금의 고통도 없었지만, 너무 일찍 세상을 떠났습니다.

　이는 다시 말해, 우리의 생명은 언제나 쉬지 않고 흘러가며 변화한다는 것입니다. 그러나 우리는 절대로 잘못 이해한 나머지 조해파가 떠나갔기 때문에 조해파는 없다고 말해서는 안 됩니다. 그렇지 않습니다. 조해파는 떠나가기 전에 조해파는 없었습니다. 왜냐하면 처음부터 끝까지 한결같이 불변하는[常一不變] 조해파는 원래 없었기 때문입니다. 우리 이 자리에 있는 사람은 저마다 모두 그래서 존재하면서도 존재하지 않습니다.

　이른바 존재함이란 일체의 집착을 배제한 기초 위에서 그런 하나의 가아적[假我] 존재가 있음을 가리키는 것입니다. 이른바 존재하지 않음이란 집착된 진실한 아(我)가 존재하지 않음을 가리키는 것입니다. 하나의 진아(眞我)가 있다고 집착하기만 하면, 상견(常見)에 떨어지거나 그렇지 않으면 단견(斷見)에 떨어집니다. '공'의 의미는 그렇게 이해해야 합니다.

　그렇게 공의 의미를 이해하면, 공의 의미는 대단히 적극적인 이념입니다. 무상(無常)·무아(無我)·공(空)을 말했는데, 바로 무상하기 때문에 일체의 일이 무상하고 모두 고정되어 있지 않습니다. 그러므로 그것은 바뀔 수 있으며 발전할 수 있습니다. 사물의 변화는 두 개의 방향이 있습니다. 적극적인 방향과 소극적인 방향인데, 사람이 어떻게 장악하느냐에 달려 있습니다. 잘 장악하면 무상의 도리 지도하에서 당신에게는 무한한 발전의 공간이 있습니다. 잘 장악하지 못하면 변하고 발전하고 있더라도 그것은 부정적인 방향으로 발전하는 것이며 소극적인 타락으로 향하여 걸어가고, 최후에는 막다른 골목에 이른 사람이 되어버립니다. 그것도 무상의 법칙, 인연법의 법칙이므로 사람마다 모두 이 법칙을 피하는 게 불가능합니다. 이 법칙은 객관적으로 존재하는 것으로서, 이 법칙은 시시각각 작용을 일으키고 있습니다.

"색수상행식(色受想行識)"의 의의

'온(蘊)'이란 쌓여 모이다[積聚]의 의미입니다. "색(色)"은 질애(質礙)[89]가 그 의미입니다. 이 벽은 색법인데 사람이 여기로 걸어가면 벽의 성질은 비록 공하지만, 그 작용은 공하지 않습니다. 그 작용은 무엇일까요? 그 작용은 바로 질애이기 때문에 사람이 통과할 수 없습니다. 질이 있으면 장애가 있습니다. 이를 통해서 우리는 마땅히 알아야 하기를, 불교가 말하는 '공'은 물질을 태워버리고 없어지고 파괴된 공을 말하는 것이 아니라, 물질 자체가 바로 '공'이라는 것을 말한다는 것입니다. 색 뒤가 공이 아니라 그 본체가 공입니다.

"수(受)"는 영납(領納)이 그 의미입니다. 즉, 감수(感受)입니다. 6근이 6진을 마주 대하고 그 중간에 6식이 있는데, 6진 경계가 위(違)인지 순(順)인지 아니면 불위불순(不違不順)인지를 감수하는 것입니다. '위'란 자기의 요구에 부합하지 않는 것입니다. '순'이란 자기의 요구에 부합하는 것입니다. '중(中)'이란 부합하든 부합하지 않든 상관없는 것입니다. "수(受)"는 안과 밖 경계의 괴로운 느낌 · 즐거운 느낌 · 괴롭지도 즐겁지도 않은 느낌을 '영납(領納)', 받아들이는 것입니다.

---

89) 동일 시간에 동일 장소를 차지할 수 없는 것. 물체가 특정한 장소를 차지하고 다른 물건을 넣지 않는 것. 하나의 물건이 다른 물건을 방해하는 것. 물질적인 장벽이 있는 것.

괴로운 느낌과 즐거운 느낌은 생활 속의 특수한 현상이고, 괴롭지도 즐겁지도 않는 느낌만이야 말로 생활 속에서 늘 있는 현상입니다.

"상(想)"은 생각입니다. 느낌이 있으면 생각이 있습니다. 어떻게 생각할까요? 내가 접수한 이 환경이 괴로운지 즐거운지 혹은 괴롭지도 즐겁지도 않은 것인지를 생각에서 분별을 일으켜 구상합니다. 생각 상에 분별이 있으면 생각의 지도 아래서 갖가지의 조작이 있을 것입니다.

"행(行)"이란 조작하다가 그 의미입니다. 어떻게 조작할까요? 갖가지의 조치로써 괴로운 느낌 · 즐거운 느낌 · 괴롭지도 즐겁지도 않는 느낌에 대처하는 것이 바로 조작입니다. 외부의 좋은 경계를 접수하거나 외부의 좋지 않은 경계를 배제하거나 외부의 괴롭지도 즐겁지도 않은 경계를 용인하는 것이 바로 행의 작용입니다.

"식(識)"이란 요별(了別)하다가 그 의미입니다. '요별'의 의미는 외부의 갖가지 경계에 대해서 우리가 그것이 위(違)인지 순(順)인지 아니면 중간인지를 어떻게 분별하는 것은 모두 '식'의 작용입니다.

여러분은 기억두기 바랍니다. 우리가 어떤 일을 말할 때 색수상행식 5온은 앞뒤 차례가 있는 듯하지만, 실제로 외부 경계를 접촉할 때 5온은 모두 한 생각 사이에 있으며 모두 그 즉시입니다. 불교는 정신 활동을 미세하게 분석하지만 실제로는 수상행식은 한 생각 사이에 완성되는 사유 과정입니다.

"수상행식(受, 想, 行, 識), 역부여시(亦複如是)."란 '수상행식은' 모두 다 '공'과 다르지 않고, '공'은 '수상행식'과 다르지 않으며, '수상행식'이 곧 '공'이요 '공'이 곧 '수상행식'이다는 말입니다. 이것은 언어상의 생략입니다.

"사리자(舍利子)! 시제법공상(是諸法空相), 불생 · 불멸 · 불구 ·

부정·부증·불감(不生、不滅、不垢、不淨、不增、不減).", 일체
법의 공상(空相)은 일체법의 실체를 얻을 수 없다는 말입니다. 일체
모든 상(相)의 불가득성(不可得性)은 여섯 방면에 체현되어 있는데,
'6상(六相)'이라고 합니다. "불생·불멸·불구·부정·부증·불감
(不生、不滅、不垢、不淨、不增、不減)."이 바로 일체 제법의 6상입니다.
진공묘유의 일체제법은 생겨남과 소멸을 떠나있고, 더럼움과 깨끗함
을 떠나있으며, 늘어남과 줄어듦을 떠나있습니다. 그것은 하나의 진
리이며, 하나의 법칙입니다. 그것은 우리 유정(有情)과 무정(無情) 세
계에서 지배 작용을 일으키는 영원하고 보편적인 법칙입니다. 그러
므로 그것은 생겨남도 소멸함도 없고, 더러움도 깨끗함도 없으며, 늘
어남도 줄어듦도 없습니다. 진리이기에 생겨남과 소멸함, 더러움과
깨끗함, 늘어남과 줄어듦이 없습니다. 진리가 아니라야 생겨남과 소
멸함, 더러움과 깨끗함, 늘어남과 줄어듦이 있을 것입니다. 그러므로
말합니다.

"시고공중무색(是故空中無色),무수상행식(無受、想、行、識)."

"무안이비설신의(無眼、耳、鼻、舌、身、意),무색성향미촉법
(無色、聲、香、味、觸、法).무안계(無眼界),내지무의식계(乃至
無意識界)."

이 단락은 6근·6진·6식을 말하고 있습니다.

"불생불멸·불구부정·부증불감(不生不滅、不垢不淨、不增不減)"
의 제법실상의 대법칙 가운데서 일체법은 모두 이 법칙의 지배를 받
습니다. 이미 '안이비설신의'가 없으면, '색성향미촉법'도 없으며
'18계'도 없습니다. 공성의 지배를 받지 않는 법은 하나도 없습니다.
고·공·무상·무아(苦、空、無常、無我)의 도리에서 나타나 보이지 않
는 법은 하나도 없습니다.

5온·12처·18계가 없어 공한 것은 범부법으로서, 범부의 생명
경계입니다. 범부의 6근·6진·6식은 이 법칙의 지배하에 있기 때문

에 공성 이외에 또 6근 · 6진 · 6식이 있을 리가 없습니다. 그래서 "무(無)" 자 하나로써 6근 · 6진 · 6식이 공하다는 본질적 규정성을 표현 서술하고 있습니다. 6근 · 6진 · 6식 본질성은 바로 "무"입니다.

"공(空)"자와 "무(無)"자는 의미상 구별이 크지 않습니다. 그러나 표현상 '무' 자가 더욱 철저하며 더 궁극적입니다. 이 '무'는, '유'와 상대적인 '무'가 아닙니다. '있다 없다'가 없는 '무'입니다. 일체의 대립을 초월하는 절대적인 진리입니다.

범부의 정신 경계와 생활 경계는 본질상 '공'이자 '무'입니다.

"**무무명(無無明), 역무무명진(亦無無明盡) ; 내지무로사(乃至無老死), 역무로사진(亦無老死盡).**" 이 몇 마디 말은 12인연을 말합니다. 12인연은 연각(緣覺)의 정신 경계, 생명 경계와 수행 과정입니다. 연각의 수행 과정도 진공묘유라는 이 하나의 진리의 규칙 하에서의 실행입니다. "무"라는 최고 진리의 규칙 하에서 12인연은 그 자성이 본래 공합니다. 만약 12인연이 공하지 않다면 연각의 법도 궁극적이 아니며, 끌어올릴 수 없으며, 일체의 고통과 재난을 건널 수 없습니다. 왜냐하면 여전히 집착이 있기 때문입니다.

연각과 성문은 아집(我執)은 끊었으나 아직은 법집(法執)을 끊지 않았기 때문에 비궁극적인 일면이 있습니다. 오직 "무"의 원칙이 끌어올리는 가운데서, 한 걸음 더 나아가 법집을 깨뜨려 없애야 비로소 더욱 높은 수행 층차로 진입할 수 있습니다.

"**무고집멸도(無苦集滅道)**"는 4성제 법문을 말합니다. 4성제 법문은 불교의 기본 법문이며, 성문이 닦는 법문이며 성문의 정신 경계 · 생활 경계입니다.

"고(苦)"는 우리 생명의 괴로운 과보입니다. "집(集)"은 괴로운 과보를 초래한 원인입니다. "고"와 "집"은 세간의 인과(因果), 즉 범부의 인과입니다. "멸(滅)"은 괴로운 과보가 영원히 소멸하고 괴로운 원인이 영원히 소멸한 정신 경계이며 생활 경계인 열반입니다. "도(道)"는 열반에 도달하는 방법입니다. "멸"은 성자의 출세간의 성과(聖果)이고, "도"는 성자의 출세간의 원인입니다. 괴로운 과보를 소멸하려면 먼저 괴로운 원인을 소멸시켜야 합니다. 즐거운 과보를 성취하려면 즐거운 원인을 닦아야 합니다. "'고'를 알고, '집'을 끊고, '멸'을 흠모하고, '도'를 닦으면 [知苦、斷集、慕滅、修道]", 성문의 성과를 성취할 수 있습니다. 마찬가지로 진공계(真空界)에서는 4성제법도 그 실체를 얻을 수 없어서 역시 "무"입니다.

"**무지역무득(**無智亦無得**)**"은 보살의 정신 경계 · 생활 경계를 말합니다. "지(智)"는 보리이며, "득(得)"은 열반입니다. 지혜로써 열반을 얻음이 "지"와 "득"입니다. 여기서는 "무지역무득"이라고 말하고 있습니다. 비록 보살이 수행 과정 중에서 지혜로써 열반을 얻을 수 있지만 집착해서는 안 됩니다. 집착하자마자 유위법(有爲法) · 유루법(有漏法)이 되어버립니다. 오직 집착하지 않아야 무위법(無爲法) · 무루법(無漏法)입니다.

제3부분 반야의 묘행

"**이무소득고(**以無所得故**)**", 이 한마디는 총괄적으로 말하기를, 범부와 성인의 모든 정신 경계 · 생활 경계는 진공묘유 중에서 모두 그 실체를 얻을 수 없는 것이라고 합니다. 바로 그 실체를 얻을 수 없기 때문에 "**보리살타(**菩提薩埵**), 의반야바라밀다고(**依般若波羅蜜多故**), 심무가애(**心無罣礙**). 무가애고(**無罣礙故**), 무유공포(**無有恐怖**), 원리전도몽상(**遠離顛倒夢想**), 구경열반(**究竟涅槃**)."**입니다.

『반야심경』은 관자재보살의 법문을 말하고 있습니다. 관자재보살의 법문은 바로 보살행을 수행하는 모든 사람의 법문입니다. 일체의 수행은, "무소득(無所得)"의 진리 지도하에 우리를 피안으로 도달하게 할 수 있는"반야바라밀다"라는 대지혜에 의지해야 비로소 "심무가애"할 수 있습니다.

"봄에는 온갖 꽃이 있고 가을에는 달이 있으며, 여름에는 서늘한 바람이 있고 겨울에는 눈이 있네. 쓸데없는 일이 마음에 걸려 있음 없다면, 바로 인간 세상의 좋은 시절이라네 [春有百花秋有月, 夏有涼風冬有雪. 若無閑事掛心頭, 便是人間好時節]." 이른바 "가애"란 이 시 가운데서 말하는 '한사(閑事)'입니다. 이런 한사들은 우리의 생활 속의 자질구레한 일을 말하는 것도 아니요, 하늘을 놀라게 하고 땅을 뒤흔드는 큰일을 말하는 것이 아닙니다. 큰일도 아니고 작은 일도 아니며, 일체의 일입니다. 일체의 일을 들어 올릴 수도 있고 내려놓을 수도 있으면, 마음은 걸림이 없습니다. 일체의 일을 들어 올릴 수도 없고 내려놓을 수도 없다면, 마음은 걸림이 있습니다. 일체의 일을 상에 집착하는 가운데서 추구하고 집착 가운데서 닦으면, 마음은 걸림이 있습니다. 불법의 수학은 유상행(有相行)을 닦지 말아야 합니다. 상(相)이 있다면 유루이며, 상이 없으면 무루입니다. "심무가애"는 바로 무상행(無相行)을 닦는 것입니다.

"심무가애고(心無掛礙故), 무유공포(無有恐怖)", 이 공포는 사망·천재지변·천마외도 등등을 포함합니다. 자연과 사회로부터 오는 일체의 갖가지 고난은 모두 공포이며, 모두 생명에 대한 위협입니다. 오직 우리가 마음에 걸림이 없고 마음에 구하는 바가 없을 때라야, 진정으로 공포가 없고 진정으로 자유롭게 생활하고 시원스럽게 생활합니다.

"무유공포(無有恐怖), 원리전도몽상(遠離顛倒夢想)", 공포가 없으면 일체의 전도몽상을 멀리 떠날 수 있습니다. 머리가 아래에 있고 발이 위에 있음이 "전도(顛倒)"입니다. 없는 것을 있는 것으로 여기고, 있는 것을 없는 것으로 여기는 것이 '전도'입니다. 공(空)을 유(有)로 여기고 유를 공으로 여기는 것도 '전도'입니다. 진리에 따르지 않고 불법의 공의 도리에 따르지 않는 일체의 관념과 행위는 모두 '전도'입니다. '전도'가 있으면 '몽상'이 있습니다. 오직 '전도몽상'을 멀리 떠나야 대자유를 얻고 일체의 고통과 재난을 건너서 비로소 "구경열반(究竟涅槃)"을 얻을 수 있습니다.

이른바 열반이란 바로 불법을 배우는 사람이 도달하기를 희구하는, 고통이 없고 걸림이 없으며 전도몽상을 멀리 떠난 정신 경계요 해탈 경계입니다.

열반은 범어 '마하반열반나(摩訶般涅槃那)'의 약칭이며, 중국어로 번역하면 대멸도(大滅度) · 대원적(大圓寂) · 대원만(大圓滿)입니다. 열반의 함의는 온갖 고통이 영원히 소멸했고 온갖 덕이 갖추어졌기 때문에 '원적(圓寂)'이라고 합니다. '대(大)'란 열반의 법신덕(法身德)입니다. '멸(滅)'이란 열반의 해탈덕(解脫德)입니다. '도(度)'란 열반의 반야덕(般若德)입니다. 열반은 법신 · 해탈 · 반야 이 세 가지 덕성 · 세 가지 에너지 · 세 가지 본질을 갖추고 있습니다. 이로써 열반은 우리 불법을 배우는 사람들이 도달해야 할 청량지(淸涼地)요 구경지(究竟地)입니다.

법신 · 해탈 · 반야 이 3덕은 결코 따로 있지 않고 세 가지 장애인 3장(三障)을 끊어 없애면 3덕이 있습니다. 잃어버리면 3장이요 깨달으면 바로 3덕입니다. "생사가 곧 법신이요, 번뇌가 곧 반야이며, 결업이 곧 해탈입니다 [生死即法身, 煩惱即般若, 結業即解脫]." 일체의 일, 일체의 수행 과정이, 만약 선종의 돈오 정신으로 지도한다면 모두 그 즉시 한 생각[當下一念]의 일입니다. 그러므로 모든 보살은 반야바라밀다를 지도자로 삼은 뒤에 구경열반을 얻습니다.

"삼세제불(三世諸佛), 의반야바라밀다고(依般若波羅蜜多故), 득아뇩다라삼먁삼보리(得阿耨多羅三藐三菩提)." 시방삼세 일체제불은 모두 반야로부터 출생합니다. 부처님의 무상정등정각은 바로 반야로부터 산생합니다. 범어를 번역하면 '아(阿)'는 무(無), '뇩다라(耨

多羅)'는 상(上), '삼(三)'은 정(正), '먁(藐)'은 등(等)이나 편(遍), '보리(菩提)'는 각(覺)이나 지(知)로 번역됩니다. 범어 아뇩다라삼먁삼보리(阿耨多羅三藐三菩提)는 바로 무상정등정각(無上正等正覺)입니다. 부처님의 깨달음은 그 누구도 뛰어넘을 수 없기 때문에 '무상'입니다. '정등'은 이런 깨달음은 인지(因地)에서 닦은 보살행과 바르고 평등[正等]하여 다름이 없음을 표시합니다. '정각'은 오직 부처님만이 갖추고 있는 무상의 정각이요 정등의 정각이지, 보살은 갖추고 있지 않습니다. '정각'의 위에다 '무상정등'을 더함으로써 제불이 얻은 바는 가장 탁월하다는 것을 표시합니다. 이 보리를 얻으면 일체의 고통과 재난을 다 건너서 무상의 자유자재를 얻습니다.

어떻게 해야 무상정등정각을 얻을 수 있을까요? 반야바라밀다에 의지해야 합니다. 오직 저 언덕에 도달할 수 있는 지혜를 지도자로 삼아야 무상정등정각을 얻을 수 있습니다.

제4부분 비밀반야로써 반야를 찬양하고 나타내다

"고지 반야바라밀다(故知般若波羅蜜多), 시대신주(是大神咒), 시대명주(是大明咒), 시무상주(是無上咒), 시무등등주(是無等等咒)." 깊은 반야바라밀다를 표명한 뒤에 또 '신주'로써 반야를 위대하고 숭고한 에너지에 비유하고 있습니다. 반야바라밀다는 대신주(大神咒)·대명주(大明咒)·무상주(無上咒)·무등등주(無等等咒) 이 네 가지 기능을 갖추고 있습니다.

"대신주"는 반야가 번뇌를 깨뜨림이 헤아릴 수 없이 신묘함을 말하는 것으로 성문행(聲聞行)을 닦아 얻은 공덕을 상징합니다. "대명주"는 반야가 무명을 깨뜨릴 수 있음을 말하는데, 무명의 어둠을 비추어 깨뜨리는 것은 연각이 12인연을 관(觀)하여 닦아 얻은 공덕을 상징합니다. "무상주"는 반야가 만행(萬行)을 원만해지게 하여, 일체의 기능이 모두 반야의 지도하에서 원만히 실현되게 할 수 있음을 말하는 것으로, 대승보살이 6도만행을 닦아 얻은 공덕을 상징합니다. "무등등주"는 반야가 수행자에게 과덕(果德)을 원만하게 하고, 묘각(妙覺)과 견줄만한 것이 없게[無等] 하는 것을 말하는데, 부처님의 공덕을 상징하며 '비방을 떠난 진실한 말[離謗眞言]'이라고 일컫습니다.

이 네 마디의 말을 『반야심경』의 맨 마지막에 두어 총결론으로 삼고서, 『반야심경』이 설한 매우 깊은 반야는 관자재보살이 그 성불 위덕으로써 열어 보인 가장 승묘한 법문이라고 표시합니다. 이 법문은 "능제일체고(能除一切苦), 진실불허(真實不虛).", 반야의 체(體)는 일체의 고통을 없앨 수 있고, 반야의 용(用)은 일체의 고통과 재난을 건널 수 있습니다.

반야를 운용하여 5온이 다 공함을 비추어 보는 수행 생활 속에서 일체의 고난에서 해탈하고 일체의 공덕을 얻을 수 있습니다. 수행자 입장으로 보면, 반야를 닦는 공덕과 가지력(加持力)은 모두 실제에 적용하고 이행할 수 있기에, 그것은 '진실불허'한 것이라고 말합니다. 이는 비밀진언의 방식으로써 총결론을 지음으로써 반야를 드러내고자 하는 것입니다.

제5부분 비밀반야로써 반야를 가지하고 나타내다

"고설반야바라밀다주(故說般若波羅蜜多咒)." 『반야심경』의 맨 마지막의 이 진언은 '반야바라밀다주'라고 하는데, 반야선(般若船)을 타고 저 언덕에 도달하는 진언이며, 반야의 묘의(妙義)를 총지하고, 반야의 묘용을 나타내 보이며, 반야의 묘행을 성취하며, 반야의 묘과를 증득하는 비밀진언입니다.

"즉설주왈(卽說咒曰): 아제(揭諦), 아제(揭諦), 바라아제(波羅揭諦), 바라승아제(波羅僧揭諦), 모지사바하(菩提薩婆訶)."

반야바라밀다주는 반야의 총지이고 반야의 심장이며, 반야의 기능과 작용을 고도로 개괄한 것입니다. 부처님의 설법은 늘 비밀 진언으로써 가지합니다. 반야의 묘의와 묘용은 앞글에서 비록 이미 모두 설했지만 말하기 어려운 사상, 비밀의 사상이 아직 있고, 고도의 가지력을 지닌 밀어밀의(密語密意)가 아직 있기에, 부득이 진언을 추가해서 호위[攝持]하고, 진언의 힘을 빌려 행자가 반야를 수행하는 신심을 더욱 깊어지게 할 수밖에 없습니다.

앞글은 모두 현설반야였고, 제5부분에 이르러서야 밀설반야입니다. 앞글 현설은 수행자로 하여금 의미에 의지해서 지혜를 내도록 했습니다. 이곳의 밀설은 행자로 하여금 밝은 진언을 지님으로써 선정이 일어나게 합니다. 선정과 지혜가 균등해야[定慧均等] 수행이 비로소 원만할 수 있습니다.

이 비밀진언 중 첫 번째 "아제"는 성문의 수행 성과이며, 두 번째 "아제"는 연각의 수행 성과[行果]이며, "바라아제"는 대승의 수행 성과입니다. "바라승아제"는 진언을 닦는 행자의 수행 성과입니다. "모지사바하"는 이상의 4승의 모든 수행자가 가장 마지막에 구경열반을 증득하여 들어가는 수행 성과입니다.

진언은 원래 번역하지 않는 것인데 여러분이 좀 이해하도록 전적(典籍) 기록에 근거하여 간략히 좀 설명하겠습니다. "아제"는 가다 · 건너다의 의미입니다. 다시 말해 "아제아제"는 반야의 기능에 의지하여 생사의 고해를 건너 벗어난다는 의미입니다. "바라"는 저 언덕인데, "바라아제"는 저 언덕에 도달한다는 뜻입니다. "바라승아제"는 대중이 모두 반야행을 닦아 저 언덕에 도달해야 한다는 뜻입니다. "모지(보리)"는 깨닫다 뜻이요, "사바하"는 빨리 · 신속히 · 비약의 뜻입니다. "모지사바하"는 전체를 책임지는 정신과 비약적인 형식으로써, 적극적으로 수행하고 적극적으로 중생을 성취시키며, 아주 빠르게 정등 보리(正等菩提)를 성취한다는 것입니다.

오늘 두 시간을 이용하여 여러분에게 『반야심경』의 내용을 간단히 소개하였는데, 독서 지도라 할 수 있습니다. 첫 부분에서 제가 말하기를, 『반야심경』은 불교에 가장 간단하고 긴요한 경전이자 수지자(受持者)가 가장 많은 경전이며, 번역도 가장 많고 주해도 가장 많은 한 권의 경전이라고 했습니다.[90] 여러분이 모두 깊은 반야의 지도 아래서 5온이 다 공함을 비추어 보고 모든 고통과 재난을 건너서 무상정등정각을 빨리 성취하기 바랍니다.

---

90) 주지암(周止菴) 거사의 저술인 『반야바라밀다심경전주(般若波羅蜜多心經詮注)』「고금구해요목(古今注解要目)」에 따르면, 당송명청 근대까지 1백종이 나열되어 있다. 주지암 거사가 40년간 반야심경만 연구하여 이룩한 저작이다. 누군가가 이 책을 한글 번역하기를 기대한다.

제2장 반야심경 필기 강의

하련거 거사 지음
황념조 거사 강설

(하련거 거사)

1. 반야심경 제목에 대한 하련거 선생님 법문의 연역

다음은 하 선생님이 해방(1949년 중화인민공화국 수립—역주) 이후 저의 집에 오셔서 여러분에게 말씀하신 법문[開示]입니다. 당시에 때로는 잠시 오셨기 때문에 우리는 그때마다 통지할 수 있었던 사람이 여(余) 씨 댁과 제(齊) 씨 댁이었습니다. 그분들은 저의 집에서 거리가 가까웠기 때문입니다. 하 선생님이 오시자마자 저는 자전거를 타고 이 두 분의 집으로 돌았습니다. 그래서 그분들은 때로는 참가하였는데, 한 번만 참가한 데 그치지 않았습니다. 오늘 우리는 먼저 하 선생님이 강의한 반야심경을 위주로 하겠다는 것이, 하나의 내용입니다. 하 선생님의 반야심경 강의는 화룡점정(畵龍點睛) 식이었고 전체 반야심경을 강의하지는 않았습니다. 최후에는 또 반야심경에 대해 화룡점정 하기를, 정토 법문에 점을 찍어 마무리하였습니다. 그러므로 하 선생님의 이 법문을 여러분에게 모아서 보고 하겠습니다.91)

저의 이 필기는 무엇을 기록함에 한 가지 특징이 있는데, 대부분이 선생님 말씀 그대로인 원래의 말씀이라는 점입니다. 저는 또 속기를 못 하는데, 어떻게 원래의 말씀을 확실히 기억할 수 있을까요? 바로 하 선생님이 여러 마디 말씀을 하면, 제가 그중 한 마

---

91) 하련거(夏蓮居) 거사(1884—1965), 20세기 걸출한 불교학자이며 정토종 수행자로서 그는 유의민(劉遺民) · 양무위(楊無爲) · 왕룡서(王龍舒) · 원굉도(袁宏道) · 주안사(周安士) · 팽제청(彭際清)을 이은 또 한 분의 정토종 재가 대덕이었다. 1946년 꽁꺼활불(貢噶活佛)이 말하기를, "여기서 무상밀법 금강아사리위(金剛阿闍黎位)를 감당할 수 있는 자는 오직 하공(夏公) 한 사람뿐이다."라고 했다. 1952년 중국 선종 태두 허운(虛雲) 대사는 북경에서 하련거 거사를 만나보고 칭찬하기를, "북방에서 이와 같은 대선지식을 만나볼 수 있으리라고는 생각하지도 못했다[不意爲北方能會晤如是之大善知識]."라고 했다. 1965년12월14일 하련거 거사는 향년 82세로 북경에서 왕생하였다. 보다 자세한 소개는 부록 저자 소개를 읽어보기 바란다.

디를 기록했던 것입니다. 그러므로 기록된 것은 원래의 말씀입니다. 그러나 그저 이렇게 기록만 했는데도 한 마디 한 마디 뽑아서 되돌아보니 좋은 한 편의 문장입니다! 그리고 모두 하 선생님의 정화(精華)입니다. 그러므로 오늘 여러분이 이 필기를 듣는 것도, 선생님이 직접 강의하고 있는 것을 듣는 것과 같습니다. 왜냐하면 대부분이 원래의 말씀이기 때문입니다. 특히 중요한 곳은 절대로 원래의 말씀입니다! 그러기에 이 인연은 특별합니다.

부처님께서 아함부 경전들을 12년간 설하시고, 이어서 방등부 경전들을 8년간 설하셨으며, 그런 뒤에 반야부 경전들을 22년간 설하셨다.

佛說阿含十二年, 繼說方等八年, 然後說般若廿二年.

무엇보다 먼저 하 선생님은 말씀하기를, 부처님이 이 경을 설하실 때 부처님은 그전에 이미 아함부 경전들을 12년간 설하셨다고 합니다. 왜냐하면 화엄부 경전들을 설하셨어도 다들 이해하지 못해서, 부처님은 반열반(般涅槃)에 들고 싶어 하셨고, 그러자 범천이 부처님께 법륜을 굴리시기를 청하니, 부처님이 약속하시고는 아함부 경전을 설하셨기 때문입니다. 여러분, 하 선생님의 이 몇 마디 말씀을 읽어봅시다.
"부처님께서 아함부 경전들을 12년간 설하시고, 이어서 방등부 경전들을 8년간 설하셨으며, 그런 뒤에 반야부 경전들을 22년간 설하셨다." 이것은 하 선생님의 말씀인데, 이에 대해 제가 약간의 해석을 하겠습니다. 이를 통해서 우리가 알 수 있듯이 반야를 설하신 시간이 길었습니다. 부처님이 아함부 경전들을 설하신 것은 소승, 소학(小學)을 위해 설하신 것으로 가장 기본적인 것들을 설하셨던 것입니다. 방등부 경전들을 설하시어 전환하고자 한 것은, 바로 소승을 꾸짖어 배척하고 대승을 찬탄하시는 것이었습니다.

이것이 방등부의 정신입니다. 뒷날 설하신 대승이 바로 반야부 경전들을 설하시는 것이었고, 최후에 원돈교(圓頓敎)를 설하셨습니다. 그래서 반야부 경전들은 대단히 중요하고 설하신 시간도 길었습니다. 여기서부터는 제가 하 선생님이 한 말씀을 다시 한 단락을 읽어서 구별하겠으니, 제가 해석하고자 하는 것과 한 데 뒤섞지 말기 바랍니다.

반야심경 3백자는 《대반야경》 전부를 포괄한다. 반야심경의 번역본은 청나라 이전에 고증할 수 있는 것으로는 7종이 있다. 일반적으로 독송하는 것은 현장 대사의 번역본이다.

《心經》三百字, 包括《大般若經》全部. 《心經》譯本在淸以前可考者有七種. 常讀是玄奘大師所譯.

이 단락을 보면 말씀하기를, 반야심경은 단지 3백여 자에 가까울 뿐이지만 대반야경 전부의 내용을 포괄하고 있다고 합니다. 대반야경은 6백 권이고, 화엄경은 단지 80권입니다. 80화엄이 가장 많고, 이 밖에 60화엄과 40화엄이 있습니다. 화엄경은 80권에 불과했지만, 뒷날 보현행원품이 더해져 81권이 되었습니다. 그러나 반야부 경전은 6백 권입니다. 즉, 22년간 설하신 것입니다. 그렇다면 반야심경 3백 자가 반야부 경전 전체를 포괄하고 있다는 이 말씀은 매우 중요합니다. 그러므로 우리가 반야심경을 연구한다면, 반야부 경전 전체를 연구한 것 아니겠습니까? 22년간 부처님이 설하신 법문을 말입니다.

반야심경의 번역본은 청나라 이전에 고증할 수 있는 것이 7종이 있습니다. 이 중에 현장 대사가 번역한 것이 가장 간단합니다. 이 모든 번역본 원본을 제가 다 보았는데, 대부분은 보통 경전처럼 "여시아문(如是我聞)"으로 시작하고 있습니다. 이와 같이 나는 들었다. 부처님께서는 어떻고 법회에 얼마의 사람들이 함께 있었으며, 그들은 누구누구이고, 그런 뒤에 관세음보살이 나오고 그런 다음 사리불이 질문합니다. 이때가 되어서야 비로소 관세음이 나서서 사리불에게 말하게 되는데, 이런 단락이 중간입니다. 그리고 최후에는 이런 단락도 있습니다, "모두 크게 환희하며, 믿고 받아들이고 받들어 행하고, 예배하고 물러갔다 [皆大歡喜, 信受奉行, 作禮而去]."입니다. 그래서 경의 머리와 꼬리가 역시 있습니다. 그런데 현장 대사의 것은 가운데 단락만 번역하였고, 구마라즙 대사의 것도 그렇습니다. 현재 일반적으로 다들 경전 염송은 모두 구마라즙 번역본을 염송하기를 좋아합니다. 그러나 반야심경의 염송은 현장 대사가 번역한 것을 염송하기 좋아합니다. 이것은 하 선생님이 말씀한 한 단락인데, 우리가 이를 좀 해석했습니다. 이어서 우리가 다시 한 단락을 읽어 보겠습니다.

현장 대사가 인도에 가서 경전을 구하여 오려고, 옥문관(玉門關)을 나섰을 때는 3백여 명이 있었으나 돌아올 때는 겨우 한두 명이었다. 현장 대사가 옥문관을 나선 이후 곤란은 첩첩이어서 전진할 수 없었다. 어떤 노인이 이 경을 말로 전해주고 나서야 곤란을 극복하고 인도에 도달하였다.

玄奘大師取經時從玉門關出, 有三百餘人. 歸時僅一二人. 玄奘出玉門後, 困難重重, 無法前進. 有老人口授此經, 乃克服困難, 到達印度.

여기서는 현장 대사의 번역본과 현장이 이 경을 얻은 인연을 설명하고 있습니다. 출국할 때는 수백 명이었으나, 돌아오는 길에서는 모두 살아있지 못하고 다들 떠나갔으니 그 어려움은 극심했습니다. 그가 옥문관을 통과한 뒤 곤란에 처해 있을 때 어떤 노인을 만나게 되어 이 경을 얻었습니다. 훗날 어떤 책에 기록되어 있기를, 현장 대사가 그곳에 또 가보고 싶어서 그 사원이나 그 노인을 찾아보았지만, 그곳을 찾지 못했으며 그 사원조차도 없었다고 합니다. 그러기에 이 경의 유래는 대단히 수승(殊勝)합니다. 그러므로 선생님의 이 말씀을 보면, 현장 대사는 곤란을 극복하였고 나머지 사람들은 그렇게 많이 죽었는데도, 그 자신이 살아 돌아올 수 있었던 것은 이 경에서 힘을 얻었기 때문이었습니다. 다음은 하 선생님의 원문입니다.

현장 대사의 번역이 가장 완벽하며, 문자는 적지만 포함하고 있는 뜻은 많다.

玄奘大師所譯最完善, 文字少而攝義多.

이것도 다들 염송하는 원인이기도 합니다.

오늘 이 경을 강해 서술하는 눈앞의 법회는 정말로 대단히 희유하다.

今日講述是經, 當前之法會, 實甚希有啊.

하 선생님이, 당시에 저의 집에서 이 경을 강의한 모임이 정말로 희유하다고 찬탄하고 있습니다. 다음에서는 경의 제목을 강의합니다.

반야바라밀다심경, 경전 제목 이 몇 글자는 전체 대장경의 교법을 포괄할 수 있다. 만약 이를 깨달을 수 있다면, 불교의 위대한 가르침을 깨달을 수 있다.

般若波羅密多心經, 經題這幾個字, 可包括一大藏教. 若能明得, 即明得大教.

이 몇 마디 말씀은 중요합니다. 『반야바라밀다심경』은 경의 제목 몇 글자가(몇 글자 안 됩니다), 일대장교(一大藏教: 석가모니불이 설한 경률론 삼장의 교법, 즉 전체 불교의 교설—역주)를 포괄합니다. 반야부 경전 6백 권만을 포괄할 뿐만 아니라, 일대시교(一代時教: 석가모니불이 성도에서부터 열반하기까지 일생에 걸쳐 설한 교법—역주) 전부를 포괄하여 넣습니다.

"약능명득(若能明得)", 이 경의 제목을 깨달을 수 있다면 당신은 불교의 위대한 가르침[大教]을 깨달을 수 있습니다. 이런 말은 투탈한[透脫] 사람이 아니고서는, 교법에 따라 실제 수행증득을 통해서 종지에 통달한[宗通] 사람이 아니고서는, 말해낼 수 없습니다. 당신이 문자로부터 연구하여 최후에 최고봉에 오른다면 한낱 불교학자 노릇을 합니다. 이것은 지극히 수승한 말씀이기 때문에, 다음에서 하 선생님이 경의 제목은 중시하여 강의하지만, 경문은 별로 강의하지 않은 것도 큰 특징입니다.

이 특징은 저에게 옛날의 양무제(梁武帝)를 생각나게 합니다. 양무제는 당시 지공(誌公) 화상을 청하였는데, 지공 화상은 대신통이 있는 사람으로서, 그 신통변화[神變]가 불가사의했습니다. 양무제는 그의 신통변화 때문에 말하기를 "그는 요사스러운 사람이다." 하고 그를 감옥에 가두어버렸습니다. 하지만 그는 감옥에서 그대로 나왔고 여전히 여기저기 가는 곳마다 공덕을 행하였습니다. 양무제가 그를 가두어도 소용이 없었습니다. 그래서 나중에는 그를 매우 존경하였습니다. 나중에 양무제가 지공 화상에게 반야심경을 강의해 달라 청하자, 지공 화상은 말하기를 "나는 강의할 수 없습니다. 여러분 나라 안에 강의할 수 있는 한 사람이 있습니다."라고 했습니다. "누구입니까?" "부대사(傅大士)가 강의할 수 있습니다." 부대사는 거사였습니다. 양무제가 부대사를 청해 왔습니다. 부대사는 법좌에 올라 자[尺]를 하나 들어서 한번 휘두르고는 법좌에서 내려왔습니다. 지공 화상이 말했습니다, "대사강경경(大士講經竟)", 대사가 경전 강의를 마쳤습니다! 그러므로 양무제는 달마 대사를 만나 보기 전에 부대사를 만나 보았는데, 그는 모두 감당할 수 없었습니다. 양무제는 그 자신이 경전 강의를 하늘에서 꽃비가 내릴 정도로 잘했지만, 그는 이런 대덕(大德)들을 여전히 감당할 수 없었습니다. 그러므로 하 선생님도 요즘 선생님들이 국어를 한 구절 한 글자마다 일일이 강의하듯이 그렇게 강의한 것은 아니었습니다. 하지만 제가 되돌아보며, 사족(蛇足)을 달듯이 그분을 보충하고 있습니다. 하하하….

다음에서 강술하기를 반야는 체(體)라고 말합니다. 반야바라밀경을 강의하기 때문에, 반야는 이 경의 본체입니다. 본체는 작용이 있어야 합니다. 우리 먼저 원문을 읽어보겠습니다. 그렇지 않으면 헷갈리게 됩니다.

반야는 체(體)이고 바라밀은 용(用)이다. 만약 바라밀이 아니면 반야를 어디에 쓰겠는가?

般若是體, 波羅密是用. 若非波羅密, 則般若何用.

반야바라밀다심경에서 '반야'는 체입니다. 체(體)는 반드시 용을 (用) 일으켜야 하고 작용이 있어야 하는데, 바라밀이 바로 '용'입니다. '바라밀'을 번역하면 '피안도(彼岸到)'입니다. 외국의 문법은 중국 문법과는 늘 거꾸로입니다. 우리는 '도피안'이라고 말하면, 그것은 '피안도'로서, '저 언덕에 도달하다.'입니다. 만약 반야가 '바라밀', 저 언덕에 도달할 수 없다면 문제를 해결할 수 없는 것입니다. 즉, 이 언덕으로부터 번뇌를 건너 지나서 저 언덕에 도달할 수 없다는 것인데, 그렇다면 이 반야가 무슨 소용이 있을까요? 다음에 해석이 있습니다. 하 선생님이 말합니다.

반야는 세 가지가 있으니, 첫째 문자반야·둘째 관조반야·셋째 실상반야이다. 바라밀에는 여섯 가지가 있으니, 보시·지계·인욕·정진·선정 및 반야이다.

般若有三：一文字般若、二观照般若、三实相般若. "所以有三般若, 波罗蜜有六, 曰：布施、持戒、忍辱、精进、禅定及般若.

반야에는 세 가지가 있으니, 첫째는 문자반야(文字般若), 둘째는 관조반야(觀照般若), 셋째는 실상반야(實相般若)입니다. 그래서 3반야가 있는데, 이는 대단히 중요한 것입니다. 바라밀에는 여섯 개가 있습니다. 만행(萬行)을 이 여섯으로 귀납하였지만, 실제로는 한량없는 행이며 수승한 수행입니다. 이 6개의 바라밀은 바로 보시(布施)·지계(持戒)·정진(精進)·인욕(忍辱)·선정(禪定)·반야(般若)입니다. 이어서 다시 원문을 읽겠습니다.

반야는 수승하고 미묘한 지혜라고 번역하고, 사람마다 본래 갖추고 있으며 밖으로부터 오는 것이 아니다. 그 이름을 자성·진여·보리·원각·방편이라 하여도 모두 좋다. 반야의 배를 타야 비로소 생사의 바다를 건너갈 수 있다.

般若譯爲勝妙智慧, 人人本有, 不從外來, 名爲自性、真如、菩提、圓覺、方便均可. 乘般若船才能度生死海.

이 단락에서는 3반야와 6바라밀을 말했습니다. 반야바라밀다심에서 머리 두 글자가 "반야"인데, 이에는 문자반야·관조반야·실상반야가 있습니다. "바라밀"에는 여섯 가지가 있어 저 언덕에 도달합니다. (계율을 지켜야 하는) 지계·(남에게 베풀어야 하는) 보시·정진·인욕·선정 게다가 반야를 더한 것이 6도(六度)입니다.

　반야는 무슨 뜻일까요? 과거에, 그 뜻이 매우 많아 중국의 언어는 이를 잘 표현할 수 없어서 번역하지 않았습니다. 그래서 반야는 번역어가 없고 음만 있습니다. 음은 당시의 발음으로 읽어야 하지, '빤루어(班募:bānruò)'으로 읽으면 틀립니다. 般若는 '뽀러(bōrě)'로 읽습니다. 예컨대 절을 일컫는 말인 蘭若(난야)도 이 若자인데, 옛날에는 '러'로 읽었습니다. 반야를 번역하고자 하면 '승묘지혜(勝妙智慧)'로 번역할 수는 있습니다. 우리가 지혜를 번역하기를, 흔히들 우리 자신이 체험한 지혜와 뒤섞어 동일시하는데, 그건 큰 잘못입니다. 또한 범부의 작은 총명으로 시비를 변론한다는 뜻인 세지변총(世智辯聰)을 반야와 동일시해버리면, 그건 더더욱 얼마나 틀린 것인지 모를 정도입니다. 그런 세지변총은 불법을 배우고 익히는 입장에서 보면, 좋은 일이 아니라 나쁜 일입니다. 대단히 나쁜 일입니다. 세지변총을 가진 사람과 정신병자가 불법을 배우기 곤란함은 같은 정도입니다. 그래서 팔난(八難)이라고 일컫습니다. 청각장애인, 언어장애인, 시각장애인, 정신병, 게다가 세지변총, 이 모두는 팔난에 속합니다. 청각장애인에게는 불법을 말해도 들리지 않고, 언어장애인은 질문을 하거나 말을 할 수 없으며, 시각장애인은 경전을 보아도 보이지 않고, 정신병은 정신 착란이 일어나는데, 이런 것들은 세지변총과 곤란하기는 마찬가지입니다. 그러므로 반야는 전혀 그러한 일이 아닙니다. 반야를 승묘반야(勝妙般若)라고 굳이 번역할 수 있으며, 수승하고 미묘한 지혜가 반야입니다.

　여기서부터가 중요한 내용입니다. 반야는 사람마다 본래 갖추고 있는 것입니다. 여러분은 자신이 지식과 견문이 매우 넓으면[博學多聞], 자신에게 반야가 있다고 여기는데, 이것은 딱 완전히 틀렸습니다. 반야는 본래 있는 것이지, 밖으로부터 들어오거나 얻어오는 것이 아닙니다. 그래서 선종에서 말하기를 "문으로 들어온 것은 집 안의 보배가 아니다 [從門入者, 不是家珍]."라고 했습니다. 무엇이 문일까요? 눈과 귀가 문인데, 여기로부터 들어오는 것은 당신 집안의 보배가 아닙니다. 당신에게 본래 있습니다. 이 말이 바로 반야인데, 이것은 어떠한 다른 종교에도 어떠한 학술계에도 이런 내용은 없습니다.

반야는 그 이름을 자성이나, 진여나 보리라고 해도 되고, 원각이나 방편이라고 해도 모두 좋습니다. 당신이 반야의 배를 타야 생사의 큰 바다를 건너갈 수 있습니다. 생사는 큰 바다와 같은데 당신은 어떻게 해야 큰 바다를 건널 수 있을까요? 당신에게 수승한 반야가 있고 배를 타야 비로소 이 바다를 건너 저 언덕에 도달할 수 있습니다. 바라밀의 뜻은 바로 방금 말한 '도피안'입니다. 제가 하 선생님의 말씀을 읽고 나서 설명하고 구분하겠습니다. 이것은 원래의 말씀입니다.

바라밀이란 저 언덕에 도달하는 것이다. 이 언덕은 생사이고, 저 언덕은 열반이며, 그 중간 흐름은 번뇌이다.

波羅密是到彼岸. 此岸是生死, 彼岸是涅槃, 中流是煩惱.

비유하면 이 언덕은 무엇일까요? 이 언덕은 바로 생사윤회입니다. 한 호흡이 오지 않으면 내생은 무엇으로 변할지 당신은 모릅니다. 당신은 윤회하며 영원히 쉬지 않을 것입니다. 저 6도 중에서 인간세계는 이미 다들 느끼기를 신맛, 단맛, 쓴맛, 매운맛 등 세상의 온갖 고초 풍상이 맛이 아닙니다. 인간 세상은 그래도 선도(善道)입니다. 당신이 축생으로 변하면 인간보다도 더 괴롭습니다. 가장 흔히 보는 것이 돼지인데, 돼지는 그 자신이 살해당할 뿐만 아니라, 자자손손 모두 목이 잘려 죽고 고기는 다 먹히도록 운명이 정해져 있습니다. 축생 아래에는 또 아귀가 있습니다. 배가 고프지 않은 아귀는 없으며, 무엇을 먹자마자 먹은 것은 곧 불로 변합니다. 왜 아귀에게 시식하여 천도를 돕는 일인 방염구(放焰口)를 해야 할까요? 염구(焰口)라는 두 글자는 어떻게 오게 되었을까요? 아귀는 입에서 불이 뿜어져 나오기에 염구(焰口)라고 부릅니다. 이것은 한 가지 밀법인데, 이 시식법을 닦는 것은 바로 그의 불을 꺼서 없앰으로써 아귀들에게 음식을 먹게 하는 것입니다. 그러므로 사람이 죽으면 방염구를 하고자 하는 것은, 바로 그런 효용 때문입니다. 아귀 아래는 또 지옥이 있습니다. 그러므로 이상과 같이 생사의 괴로움이 수레바퀴처럼 쉬지 않고 돌고 있는 것, 이것이 이 언덕[此岸]입니다.

피안(彼岸)은 바로 열반입니다. 열반은 바로 적멸(寂滅)이요 원적(圓寂)입니다. '원적'에서 '원'은 공덕이 갖추어져 있지 않은 것 없이 원만하기에 원(圓)이라고 합니다. '적(寂)'은, 장애가 남아 있지 않고 제거되지 않은 장애가 없어, 모든 장애가 없어졌습니다. 그래서 고요해졌습니다. 그것이 피안이며, 청정해졌습니다. 생멸이 이미 소멸하여서 적멸이 즐거움이 되었습니다 [生滅滅已, 寂滅爲樂]. 이 언덕과 저 언덕 사이인 중간 흐름은 바로 번뇌입니다. 다음은 또 하 선생님의 원문입니다.

반야의 반면은 무명·어리석음이다. 반야가 본래 있는 것인 바에야, 왜 현재 당신은 무명인가?

般若的反面是無明、愚癡. 般若既是本有, 爲什麼當前是無明？

이 질문은 잘 물었습니다. 그것이 언어로 성립되자마자 그것과 상대적으로 대립하는 면이 있습니다. 반야와 상반되는 것은 바로 무명(無明)이요 어리석음[愚痴]인데, 무명은 바로 생사의 근본입니다. 그렇게 반야가 이미 본래 있는 것인 바에야, 왜 현재 당신은 무명입니까?

그런 까닭은, 깨달음을 등지고 6진에 합하면 무명이고, 식(識)을 전환하여 지혜를 이루면 반야이기 때문이다.

這是由于 : 背覺合塵卽無明, 轉識成智卽般若.

이것은 하 선생님 원래의 말씀인데, 매우 정련(精鍊)되어 있습니다. 당신은 깨달음[覺悟]을 등진 채 이 '진(塵)'을 따라갑니다. '진'은 무엇일까요? 흙먼지라는 뜻이 아닙니다. 불교 명사로서, 색·성·향·미·촉·법이 모두 '진'입니다. 그래서 6진이라 합니다. 일체 보이는 색상들, 구별되는 음성, 맛보는 맛, 신체상의 감촉, 코가 맡는 냄새 등등, 의식이 생각하여 분별하는 갖가지 옳고 그름, 이 모두를 '진'이라 합니다. 당신이 본래 있는 반야를 위배하고, 아름다운 색·아름다운 소리·아름다운 맛을 좇고 그것을 향해 추구하고 애착하면, 이것을 배각합진(背覺合塵)이라 합니다. 6진과 서로 합하고 깨달음과는 서로 등지니, 이것이 바로 무명입니다.

그렇다면 왜 본래 반야인데 현재는 무명일까요? 그것은 바로 지금 당신이 곳곳에서 깨달음을 등지고 6진에 합하고 있기 때문입니다. 그렇다면 이미 이렇게 되어버렸는데 어떻게 본래를 회복할 수 있을까요? '전식성지(轉識成智)', 식(識)을 지혜로 전환하는 겁니다. 우리에게는 8식이 있는데, 안·이·비·설·신·의는 모두 전6식이고, 제7식은 말나식이며, 제8식은 아뢰야식입니다. 이 8식을 전변(轉變)하여 4지(四智)를 이룸이 바로 반야입니다. 그러므로 반야가 있어야, 이 8식으로 하여금 전변을 얻게 할 수 있습니다.

이 전변이 바로 반야입니다. 다음은 또 하 선생님의 말씀입니다.

오늘 도량에 참가할 수 있음은 모두 다생의 인연이다. 선근·복덕·인연 중 하나라도 부족하면 모두 이 도량에 참가할 수 없다. 이는 진실로 백천만겁에 만나기 어려운 것이다.

能參加今日道場皆多生因緣. 善根、福德、因緣缺一皆不能參加此道場. 此眞百千萬劫難遭遇者也.

오늘 도량에 참가할 수 있음은 모두 여러 생의 인연입니다! 선근·복덕·인연 중 하나라도 부족하면 참가할 수 없습니다. 이 도량은 정말 백천만겁에도 만나기 어려운 것입니다. 그래서 이 마디 말씀은 오늘 우리의 이 모임에도 적용됩니다. 이 도량에 참가할 수 있음은 모두 다생의 인연입니다. 그러니까 아마 어떤 사람은 단지 여기 일을 좀 도와주러 와서 약간의 일을 하는 것이지, 불교도가 아닐 것입니다. 그러나 귀로 한두 마디를 들을 수 있는 것조차도 간단한 일이 아니어서, 선근·복덕·인연 중 하나라도 부족하면 모두 참가하지 못합니다. 이러한 일들에는 장애가 있습니다. 보세요, 오늘 이 자동차가 장애가 될 뻔했습니다. 그러므로 이런 일은 하기 어렵고, 다른 일은 모두 하기 쉬운 줄 알아야 합니다. 그러므로 당신이 도량 하나를 창립해서 불법을 좀 선양하고 발전시키고자[弘揚] 하는, 이런 일을 하기는 대단히 어렵고도 어렵습니다. 당신이 하나라도 부족하면 당신은 전혀 참가하지 못합니다. 그것은 언제 장애를 일으킬지 모릅니다. 자기 자신이나 아니면 무엇이……. 그래서 이 도량에 참가할 수 있는 것은 정말 백 겁, 천 겁, 만 겁에도 만나기 어려운 것입니다.

'겁(劫)'은 시간의 단위로 시간을 대표합니다. 1겁의 시간이 얼마나 긴지, 그 '수(數)'를 말하기 어렵고, 명확하게 말할 수 없으며,

다 말할 수도 없습니다. 당신이 만(萬)을 말하고 억(億)을 말하려면, 당신은 몇 억 동안을 말해야 해서, 당신은 말을 해도 해도 다 말하지 못합니다. 단지 이런 비유를 할 수 있을 뿐입니다. 사방의 길이가 40 리인 긴 돌덩이 하나를, 천인이 지극히 가볍고 얇은 천을 입고 5백 년에 한 번씩 내려와 그 천으로 돌덩이를 이렇게 한 번 가볍게 문질러서, 마침내 그 돌덩이가 문질려 완전히 없어지기까지의 그 많은 시간을 '1겁'이라 합니다. 그러기에 이렇게 말하는 겁니다, "삼악도에 한 번 업보를 받으면 5천 겁 동안이다 [三途一報五千劫]." 여러분이 이 말을 들으면 그저 소홀히 하고 당신은 모르는데, 당신이 삼악도에 들어간 뒤에 일단 이 과보를 받고 이 과보를 벗어나고자 하면 당신은 얼마나 걸릴까요? 당신은 5천겁을 지나야 합니다! 겁이 얼마나 긴 시간입니까! 대수롭지 않게 여겨서는 안 됩니다!

그래서 이것은 백천만겁에도 만나기 어렵습니다 [百千萬劫難遭遇]. 여러분은 만나기 어려운 것을 만날 수 있었으니, 반드시 이 기회를 잡아 금생에 문제를 해결해야 합니다! 오늘 만날 수 있음은 당신이 과거 다생 다겁 동안에 걸쳐 닦았기 때문입니다. 하지만 한참 동안 닦았어도 금생이 여전히 그저 이 모양인데, 당신이 다시 이렇게 굴러가면 어느 날까지 굴러가서야 비로소 벗어날 수 있겠습니까! 그러니 결심해서 이 일생에 문제를 해결해야 합니다.

2. 관자재 처음 착수 방법

일체의 시간 속에서 정념(正念)을 잃지 않고 불법을 떠나지 않는다

관자재가 곧 관세음이다. 관은 자관·비관·지혜관이고, 세음은 범

음 · 묘음 · 해조음이다. 관음찬(觀音贊)(하련거 선생님이 지음)을 체험
터득할 수 있으면 매우 좋을 것이다.

觀自在即觀世音. 慈觀、悲觀、智慧觀；梵音、妙音、海潮音. 觀
音贊（蓮公所撰）如能體會很好.

이어서 경문을 강의하겠습니다. 관자재는 바로 관세음입니다. 한
분의 보살이 명호가 두 개입니다. 불보살에게는 모두 무량한 명호가
있습니다. 관자재는 능엄경 내의 이근원통(耳根圓通) 법문에 부합합
니다. 그분이 바로 관자재인데, '반문문자성(反聞聞自性)'[92], 자기의
능히 듣는 기능으로 되돌아가, 듣는 작용을 되돌려 자성을 듣습니
다. 법화경에서, 자신의 명호를 부르는 소리를 찾아 고통에서 구제하
여 주는 [尋聲救苦] 분은 바로 관세음입니다. 어디에서든 관세음보살
을 한 번 부르거나 염하면 관세음보살은 곧 오셔서 당신을 구해주십

---

92) 관세음보살은 우리들에게 이근원통법문을 전해주면서 '반문문자성, 성
    성무상도(反聞聞自性, 性成無上道)'하라고 합니다. 이 법문을 닦을 때는
    귀가 밖으로 향하여 듣지 않습니다. 청각작용을 되돌려서 '자기 마음의
    소리[心聲]'를 들어서 도를 이루는데, 무엇을 들을까요? 자기 생각[思想]
    을 듣습니다. 생각이란 아직 목소리로 표현하지 않은 말입니다. 말이란
    목소리로 표현한 생각입니다. 물론 어떤 사람은 정좌하고 있으면서 남
    이 자기에게 말을 하고 있음을 듣는 경우가 있는데, 그것은 마구니 경
    계입니다. 음성은 현상인데, 당신은 자기가 말하지 않고 있는 상태, 염
    두가 오기 이전의 청정한 마음[淨心]을 들어야 합니다. 예컨대 당신이
    마음속으로 염불하고 있다고 합시다. 나무아미타불을 외워도 좋은데,
    나-무-아-미-타-불 이렇게 한 글자씩 한 글자씩 천천히 외면서 귀는
    밖을 듣지 말고 되돌려서 자기의 염불소리를 듣습니다. (남회근 선생
    유마경 강의에서)
    이근원통 법문에 대한 보다 자세한 풀이는 역자 번역 『능엄경 대의
    풀이』 「제5장 불법을 닦아 익히는 실험 원리」 중의 '스물다섯 분의 실
    제수행 실험방법의 자술' 제25번 관음이근원통이나, 『선정과 지혜 수행
    입문』의 「제7강 관음법문 강의」를 읽어보기 바란다.

니다. 그러므로 '관'은 바로 (중생에게 즐거움을 주는) 자관(慈觀)·(중생의 괴로움을 없애는) 비관(悲觀)·(넓고 큰 지혜로 살피는) 지혜관(智慧觀)이고, '성음'은 바로 (소리에 집착함이 없는) 범음(梵音)·(설법하는 데 장애가 없는) 묘음(妙音)·(때를 놓치지 않고 응하는) 해조음(海潮音)으로서, 모두 경전에 나오는 말입니다. 하 선생님이 말씀한 관음찬(觀音讚)[93]은 아주 좋습니다. 『정어(淨語)』에 「관음찬」이 실려 있으니 여러분이 체득할 수 있기를 바랍니다. 그래서 우리는 관음에 대하여 더욱 이해해야 합니다.

가장 중요한 것은 반야이다. 어떻게 착수할까? 실상은 체(體)이고, 문자는 상(相)이며, 관조는 용(用)이다. 문자로부터 관조하여 실상에 도달한다.

---

[93] 관세음보살찬(觀世音菩薩贊)

> 성인 중에 존귀하신 관세음보살은
> 대비원력 크고 깊어 널리 중생 제도하여
> 생사윤회 고통 벗어나게 하네
> 이근원통 증득하고 다시 소리 들어 훈습하니
> 명호 부르면 몸 나투지 않는 찰토 없이
> 소리 따라 미묘하게 응하는 보문이네
> 항상 염하면 죄업 녹고 탐진치 소멸하니
> 완전히 믿음에 기대어 염이 진실해야
> 연못 맑고 바람 자고 달이 비쳐서
> 영묘하고 신령한 감응 자기 마음에 있네

> 觀世音 聖中尊 大悲願力宏深 廣度群生出苦輪
> 證圓通 伏聞熏 稱名無刹不現身 循聲妙應普門
> 常念消罪減貪瞋 全憑信念眞 潭淸風定月始臨
> 靈感在自心
> (伏자는 復의 오자로 보인다. 왜냐하면 능엄경 해당 원문은 "世尊! 我復以此, 聞薰聞修, 金剛三昧, 無作妙力, 與諸十方三世, 六道 一切眾生, 同悲仰故. 令諸眾生, 於我身心, 獲十四種 無畏功德."이기 때문이다.)

最要注意者是般若. 如何下手？實相是體, 文字是相, 觀照是用. 由文字而觀照而實相.

반야가 이렇게 중요한 이상 우리는 어떻게 착수해야 할지 물어야 합니다. 착수는, 실상반야·문자반야·관조반야 의 3종 반야를 말하지 않았습니까? 즉, 실상반야는 본체이고, 관조반야는 작용이며, 문자반야는 드러나는 상(相)입니다. 문자는 상이므로 다들 문자를 볼 수 있으니, 문자반야로부터 착수합니다. 그러므로 문자반야를 떠나면 안 됩니다. 우리는 문자 속의 의미로부터 관조합니다. 이 관조(觀照)는 예리한 근기도 있고, 둔한 근기도 있습니다. 일반적인 근기에 대해서는, 당신에게 최소한 한마디 색즉시공(色卽是空)을 말해주겠습니다. 이 한 마디 말을 당신은 늘 관조하고 관조해도 좋습니다. 당신이 애착하는 것들, 세간의 이런 좋은 것들은 모두 색이 아닌가요? 어디서 가구를 전시 판매하고 있다는 정보를 들으면, 가구를 빨리 바꾸러 가고 싶지만, 당신은 그런 경우마다 5온이 모두 공하다[五蘊皆空]고 할 수 있다면, 천천히 실상(實相)에 깨달아 들어갈[證入] 수 있습니다. 바로 그것입니다.

6바라밀 중 어느 바라밀이나 모두 저 언덕에 도달할 수 있지만, 어느 바라밀이나 모두 반야를 떠날 수 없다.

六度皆能到彼岸, 但均不能離般若.

보살은 6바라밀을 닦습니다. 이 6바라밀은 바라밀 하나마다 모두 저 언덕에 도달할 수 있습니다. 그렇지만 바라밀 하나마다 반야를 떠나면 저 언덕에 도달할 수 없습니다. 그러므로 앞의 다섯 바라밀은 눈이 먼 봉사나 마찬가지입니다. 현재 일부 사람들이 선정을 닦고 있고 많은 사람이 좋은 작용을 얻었습니다. 여기에 이틀 전에 한 사람이 왔는데, 그는 나를 만나 본 뒤로 자신의 선정이 또 깊어졌다고 말했습니다. 그는 바로 엄(嚴) 씨의 병을 치료해 준 사람입니다. 엄 씨는 지난 며칠 동안 병이 나서 발광했습니다. 마구 춤을 추고 소동을 벌였으며, 손발로 마구 찼고, 밥을 먹지 못하고, 허튼소리를 하고 손발을 다다쳤습니다. 그렇게 사흘 동안 소동을 벌였습니다. 그를 청해 갔습니다. 그가 가서 주문을 몇 번 외우면 좋아졌다가, 이틀이 지나면 또 좋지 않았습니다. 혼수상태에서 먹지도 않았고 마시지도 않았으며, 말을 하지 않았습니다. 그가 문에 들어가자마자 엄 씨는 일어나 앉았습니다. 엄 씨는 그를 단속하여 소리쳤습니다, "송 선생님, 좀 살살하세요." 이게 다 선정 때문이니, 선정을 닦다 보면 이런 일들이 생길 수 있습니다. 그러나 엄 씨는 반야가 없으니 봉사이며, 이래서 아침·저녁으로 이성을 잃고 마구니 경계에 빠져 들어간 것[入魔]입니다. 그러므로 옛날부터 선정 좌선을 하는 사람은 주화(走火: 도가 지나치다. 무언가에 미쳐 이성을 잃을 지경이다—역주) 증세로 정신병이 일어난 사람이 많고 많았습니다. 다른 것은 다시 예를 들겠습니다. 다음은 하 선생님이 드는 예입니다.

예컨대 보시로 아이에 칼을 주거나 독균이 있는 음식을 주어서는 안 된다. 보시가 삼륜체공(三輪體空)과 같다면 저 언덕에 도달할 수 있다. 나머지 바라밀도 이에 따라 행한다.

例如布施, 施小孩以刀, 以有毒菌食物則不可. 布施如三輪體空, 則可到彼岸. 餘度例此.

"예컨대 보시로 아이에게 칼을 주거나," 이것은 한 가지 예입니다, "독균이 있는 음식을 주어서는 안 된다.", 그렇지요? 이것은 매우 좋은 예가 아닌가요? 당신이 물건을 남에게 주는 것은 좋지만, 당신이 자신의 잘 드는 칼을 아이에게 주었는데, 그 아이가 자기 손가락을 자르거나 아니면 다른 아이를 찌르고 다른 아이의 눈을 찌른다면, 어떻게 줄 수 있겠습니까? 당신이 독균이 있는 음식을 아이에게 주면 되겠습니까? 어른은 저항력이 조금 강하지만, 이 독균이 있는 음식물을 어린이가 먹으면 안 됩니다. 그러기에 보시는 반야가 없으면 안 됩니다.

보시가 만약 삼륜체공(三輪體空)이면 저 언덕에 도달할 수 있습니다. 보시에 지혜가 없으면 안 됩니다. 어떻게 하는 것을 지혜가 있는 보시라고 할까요? "삼륜체공"입니다, '삼륜'은, 예를 들면 내가 십만 원을 가지고 곤란에 처한 병자를 구제하려고 주는 경우, 안으로는 돈을 줄 수 있는 나를 보지 않고, 밖으로는 나의 돈을 받는 병자가 생각 속에 없으며, 중간에도 내가 보시한 십만 원도 없습니다. 그렇지만 나의 돈을 그에게 주었습니다. 이것을 '삼륜체공'이라고 합니다. 이러한 보시이어야 비로소 저 언덕에 도달할 수 있습니다. 만약 내가 좋은 일을 한다는 생각이 하나 있고, 내가 그에게 십만 원을 주었다면, 이것을 상에 머무는 보시[住相布施]라고 합니다. 그것은 단지 인간계와 천상계의 복보를 얻을 수 있을 뿐으로, 머리를 쳐들고 허공에 화살을 쏘는 것과 같습니다. 화살 하나를 천상을 향해 쏘면 조금 있다가 툭 다시 떨어지듯이, 위로 올라갔다면 또 내려와야 합니다. 6바라밀도 모두 이와 같습니다. 다음은 또 하 선생님의 말씀입니다.

어떻게 한 법문으로 깊이 들어가 피안(彼岸)에 도달할 수 있는가? 반야가 아니면 안 된다. 어떠한 것이 반야인가? 관자재(觀自在)이다. 불법은 적은 문자를 듣고서도 많은 해석을 얻을 수 있다. 무엇을 관찰하는가? 자기[自]를 관찰한다. 무엇이 자기인가? 신체가 자기인가? 그것은 임시로 화합한 것[假]이다. 중요한 점은 자기가 있는지 있지 않은지를 관찰하는 것이다. 어느 때나 정념(正念)을 잃지 않고 불법을 떠나지 않으면 있음[在]이다. 당신의 자기가 있는지 있지 않은지를 관찰하는 것이 처음 착수하는 방법이다. 언제나 있으면[在] 하나의 근(根)이 근원으로 돌아가 6근이 해탈한다.

怎麼能一門深入到彼岸？非般若不可. 云何般若？曰, 觀自在. 佛法可以少聞而得多解. 觀什麼？曰觀自. 什麼是自？身體是自否？那是假的. 要緊的是觀自己在不在？一切時中不失正念不離佛法則在. 觀汝自己在不在是初下手方法. 常常在則一根還原, 六根解脫.

여기에 큰 단락이 하나 있습니다. 어째서 반야일까요? 경문의 첫 구절인 "관자재보살(觀自在菩薩)"이 바로 관자재입니다. 불법은 적은 문자를 사용하여 많은 해석을 얻을 수 있어서 무량한 함의(含義)가 있습니다. '관자재(觀自在)'에서는 무엇을 관할까요? 자기[自]를 관합니다. 그렇다면 무엇이 자기일까요? 이 질문은 긴박합니다. 한 질문이 한 질문을 잇따르는데, 무엇이 자기일까요? 신체일까요? 이게 자기일까요? 나일까요? 물론 아닙니다. 이전의 나는 일찍이 죽어버렸습니다. 하하하…, 현재의 이 나도 어디로부터 온 것인지를 모릅니다. 여러분도 이와 같습니다. 방금 누군가가 말했듯이 예전의 나는 아이를 안고 왔습니다. 복민이라고 합시다. 현재 그녀의 아이는 벌써 성장했습니다. 그녀도 예전의 그녀가 아닙니다. 일체 모든 것은 변화하고 있습니다. 찰나 찰나에 생멸하고 있습니다. 우리가 여기서 잠깐 머무르는 동안 우리는 또 얼마나 많은 세포가 죽었고, 얼마나 많은 세포가 자라나서, 크나큰 변화가 일어났습니다. 몸은 자기가 아니라, 조만간에 화장터로 가서 태워져 한 더미의 재가 되어야 하는 것인데 어떻게 자기이겠습니까? 이 몸은 (4대가 화합하여 이루어진) 가짜입니다.

이 부분에서는 답안을 작성해 놓지는 않았습니다. 도대체 무엇이 자기인지를 설파(說破)해 주지 않았습니다. 그래서 어떤 사람은 늘 느끼기를, 하 선생님의 강설은 항상 반 마디를 남겨놓는다고 합니다. 그렇게 남겨놓는 것은 대단히 필요합니다. 선종에서는 이른바 "말은

10할을 금기한다 [語忌十成].", 당신이 100% 다 말해버리는 것은 금기를 범하는 것[犯諱]이라고 합니다. 당신이 황제의 휘(諱; 이름)를 범하면 목이 베이게 됩니다. 그래서 문자로써 당신에게 무엇을 주는 것이 아닙니다. 마치 명사를 해석하듯이 곳곳마다 당신에게 무엇이라 말해주는 것이 아니라, 역시 당신 자신이 터득하라고 요구하는 것입니다.

이어서 당신에게 매우 구체적으로 말해줍니다, "자기가 있는지 있지 않은지를 관찰하라 [觀自己在不在]." 자기[自]에 대해서는, 현재 당신이 알 길이 없지만, "당신이 있는지 있지 않은지"는 그래도 관찰(觀)할 수 있습니다. 이것은 구체적이고 착수하기도 쉽습니다. 어떻게 있을까요? 어느 때나 항상 당신이 '정념을 잃지 않고 불법을 떠나지 않는 것'이 바로 '있다'입니다. 당신은 우선 '자기가 무엇인지'를 상관하지 말고, 먼저 자기가 '있는지 있지 않은지만 상관합니다. 이것이 처음에 착수하는 방법입니다. 그러므로 자기에게 돌아가고 [消歸自己],94) 자기를 돌이켜보고 [返觀], 돌이켜 비추어 보는 [返照] 것이 모두 이 일입니다. 당신이 항상 있고 늘 있으면, 당신의 6근(六根) 중 하나의 근(根)이 근원으로 되돌아가고 6근이 모두 해탈합니다. 그래서 이 단락은 중요합니다. 이어서 또 하 선생님의 말씀입니다.

만약 자기를 관찰할 줄 모르고, 자기가 있는지 있지 않은지를 모른다면, 불법의 문에 들어섰다고 할 수 없다.

如不知觀自己, 不知自己在不在, 則不能算入門.

오랜 수행자는 좀 들어보십시오. 만약 당신이 자기를 관찰할 수 없

---

94) 소귀자기(消歸自己)란, 법을 배우고 수행하는 중점을 완전히 자기 내심의 깊은 곳으로 변화시켜 자기에서 출발하고 남의 일에는 상관하지 않으며 지행합일을 실현하여 마음과 말이 상응하는 것이다.

고, 당신이 자기가 있는지 있지 않는지를 모른다면, 당신은 불법의 문에 들어섰다고 인정되지 않습니다. 하 선생님 말씀이 이어집니다.

수행자는 얼마나 많은지 모를 곤란과 실패를 겪어보고 눈물을 흘려야 비로소 불법의 문에 들어갈 수 있다. 예외로 육조대사는 단번에 뛰어넘어 불법의 문에 들어갔다.

修行人須經過多少困難, 失敗, 流淚, 才能入門. 六祖是一超便入門.

수행자가 진정으로 불법의 문 안으로 들어갈 수 있기까지는, 얼마나 많은 곤란을 겪고, 얼마나 많은 눈물을 흘리고, 얼마나 많은 좌절을 해야 할지 모릅니다. 예외인 사람은 육조 대사로서, 그가 단번에 뛰어넘어 불법의 문에 들어간 것은 하나의 특별한 예외였습니다. 이어서 하 선생님이 말씀합니다.

행자의 첫 걸음은 관자재로써 착수하여, 자기의 염두가 있는지 있지 않은지, 어떤 병통들과 습기(習氣)가 있는지를 관찰하는 것이다. 가장 중요한 점은 아집을 깨뜨리는 것이다. 근본 문제는 자기를 개조하여 자기를 성취하는 것이다. 아픈 곳을 보호하지 말고, 어디가 아프면 그 아픈 곳에 침을 놓아야 한다.

行者第一步以觀自在入手, 觀自己念頭在不在, 有哪些毛病和習. 最要緊是破我執, 根本問題是改造自己, 成就自己. 不能護疼, 哪裡疼, 哪裡下針.

첫걸음은 바로 자기의 염두를 관찰하는 것입니다. 보살은 이른바 '자기의 생각을 잘 보호한다 [善護己念].'는 것입니다. 비구의 계율은 당신이 (신체나 언어의) 행동이 있어야 파계(破戒)입니다. 그러나 당신이 만약 보살계를 받았다면, (의식) 생각 속에서 움직였다면 바로 파계입니다. 그래서 현재는 여러분이 개의치 않고 이렇게 좋을 대로 계를 받고, 이런 중요한 일들을 여러분에게 분명하게 말하여 주지 않습니다. 그렇다면 계를 받은 그 사람은 시시각각 내내 파계하고 있는 것입니다. 당신이 나쁜 일을 해야 파계라고 하는 것이 아니라, 당신이 생각이 움직이자마자 파계입니다. 아름다운 미색을 보거나 나체 여인을 보고 마음속이 움직이자마자 색계(色戒)를 깨뜨렸고 음계(淫戒)를 깨뜨렸습니다. 그러므로 자기를 관찰해야 함은, 염두 상에서 열심히 노력해서 자기의 생각을 잘 지켜야 합니다.

자기에게 병통들과 습기(習氣)가 있는지, 자기를 정확히 인식하고 자기의 장점과 단점을 아는 능력이 있어야 [自知之明] 합니다. 그래서 가장 중요하고 급한 일은 바로 아집(我執)을 깨뜨려 없애는 것입니다. 모든 병통 중에서 가장 주요한 것은 아집입니다. 가장 큰 병통은 바로 '나[我]'가 있다는 것입니다. 이 '아(我)' 자는 제거하기 정말 쉽지 않습니다.

"근본 문제는 자기를 개조하는 것이다.", 사람이 자기를 개조하고 싶어 하지 않는다면 성취는 없습니다. 자기 개조는 바로 자기 성취입니다. 그래서 제가 큰 누이동생에게 "너는 한결같이 정확하다."라고 비꼬면서, "너는 한결같이 진보가 없다."라고 말합니다. 그렇지 않음에도 늘 당신의 그게 정확한 것이라 여긴다면, 당신에게 개조는 없습니다. 개조하지 않기 때문에, 당신은 여전히 "내 것이 한결같이 모두 옳다."는 것입니다.

"아픈 곳을 보호해서는 안 된다 [不能護疼].", 아픈 곳은 바로 병통들이 있는 곳입니다. 최근에 미국에서 사는 사람이 왔었는데, 그녀는 미국에서나 대만 지역에서 모두 리더 급입니다. 한 여성이 『능엄경』, 『유마경』, 『육조단경』을 강의합니다. 중국에 가서 며칠간 있었고, 남방(장강 이남 지역—역주)에서도 그녀에게 강의를 요청했습니다. 그녀는 정협(政協: 중국인민정치협상회의는 중국공산당 지도하의 통일전선 조직이다—역주)과 이곳 법원사(法源寺)의 동의 비준을 거쳤기에 교무처의 한 당원이 달려와서 저에게 연락하기를, 그녀가 오겠다고 해서 제가 오시게 하라고 했습니다. 두 차례 담론했는데, 첫 차례에는 그녀 자신이 어떠어떠한지를 담론했습니다, 두 번째 차례에 와서 질문할 때 제가 캐묻자, 그녀는 잘못 풀이했습니다. 그녀는 가장 근본적인 부분에서 잘못 풀이했습니다. 그녀에게 바로 이 점을 지적해 주었습니다. 그녀는 능엄경에 나오는 '입류망소(入流亡所)'에서 '입류(入流)'를 소리의 흐름으로 들어간다는 뜻으로 해석하였습니다. 제가 말했습니다, "당신은 틀렸습니다. 그것은 듣는 성품(性稟)의 흐름으로 들어간다 [入聞性之流]는 것입니다." 그녀는 자기가 옳다고 저와 대립하며 논쟁을 벌였습니다. 그 뒤에 그녀가 말하기를, 주해(註解)는 저의 설법과 다 같다고 했습니다. 제가 말했습니다. "그렇다면 맞지 않습니까? 당신 혼자서만 그렇게 말하는 겁니다." 그녀가 이렇게 하는 것은 바로 그녀가 아픈 곳을 보호해서는 안 된다는 것을 모르고 있는 것입니다. 다른 주해들을 그녀는 모두 본적이 있지만, 그 주해들을 가지고 그녀는 자신을 바르게 고칠 수 없었고, 그녀는 아픈 곳을 보호했습니다. 그런데 그것은 아픈 곳을 보호만 한 것입니다. 당신은 아픈 곳에 미련이 없어야 합니다. 어디가 아프면 그곳에 침을 놓아야 합니다. 하지만 이런 과정 중에서 일단 병통을 발견하면 오히려 그것을 보호하고 있어 그게 그대로 있게 합니다. 그러므로 이 단락의 말씀은 진실한 반야입니다. 그래서 하 선생님이 "과거의 습기를 살펴보고 자기를 속이지 말라 [察過去習毋自欺]."라고 말씀한 것은 바로 이런 것들을 지적한 것입니다. 다음은 또 하 선생님의 말씀입니다.

번뇌를 건너 벗어나는 데는 반야이어야 한다. 모든 시간 속에서 자기가 장악하고 있는지 여부를 관찰하여야 한다. 보살이 마음을 단련하는 것은 마치 광석 기사가 광석을 제련하는 것과 같다. 광석이 금이 된 뒤로는 다시는 광석이 되지 않는다.

度煩惱必須般若. 觀自己在一切時中有無把握. 菩薩鍊心如礦師鍊礦, 礦石成金後, 不復成礦.

우리는 항상 자기가 모든 시간 속에서 장악하고 있는지 그렇지 않은지를 살펴보아야 합니다. 보살이 마음을 단련하는 것은, 마치 연금사나 광산 기사가 광석을 제련하는 것과 같습니다. 철을 녹여 쇳물로 만들고, 철광석을 철로 제련하고, 금광석을 금으로 제련하면, 그것은 다시는 광석이 될 리가 없습니다. 다음은 또 하 선생님의 말씀입니다.

보살은 온전한 명칭이 보리살타이며, 유정 중생을 깨닫게 한다는 의미이다. 자기를 관찰할 수 없고, 자기가 깨달을 수 없으면, 다른 사람을 깨닫게 할 수 없으니, 보살이라 부르지 않는다.

菩薩, 具名菩提薩埵, 覺有情義. 不能觀自己, 不能自覺, 則不能覺他, 則不名菩薩.

보살은 온전한 명칭이 보리살타이며, 이를 번역하면 각유정(覺有情)입니다. 하 선생님은 말씀합니다, "자기를 관찰할 수 없고, 자기가 깨달을 수 없으면, 다른 사람을 깨닫게 할 수 없으니, 보살이라 부르지 않는다." 이점은 제가 몇 년간 주장해 온 것인데, 하 선생님의 이 법문과 일치합니다. 오늘날 많은 사람이 다른 사람한테 가서 강의하고 싶어 하고, 선양 발전시키려 하고, 이런 것 저런 것을 하고 싶어 합니다. 보세요, 하 선생님의 이 말씀은 분명합니다. 당신은 자신을 관찰할 수 없고, 자기가 깨달을 수 없으면, 다른 사람을 깨닫게 할 수 없습니다! 그래서 미국에 사는 어떤 분도 무언가 급했습니다. 저는 그에게 말하기를 "당신은 현재 중생을 인도할 수 없습니다. 당신은 조급해서는 안 됩니다."라고 했습니다. 당신이 다른 사람에게 길을 안

내하고 싶은데, 당신 손전등에 전지(電池)가 없으면 당신이 그 사람에게 길을 비추어 주어도 여전히 서로 눈 가리고 하는 술래잡기로서 어둠 속을 더듬거리고 있지 않겠습니까? 당신의 그 손전등에 전지가 있고, 빛이 있어야 하고, 길을 또렷이 비추어야 합니다. 그렇지 않으면 바로 한 봉사가 많은 봉사를 이끌고 가는 것입니다. 오늘날 한 봉사가 많은 봉사를 이끌고 가는 일이 많습니다. 모두 남에게 말하기를 좋아하면서 그것을 설법으로 알고 있습니다. 사실은 불법을 비방하고 있는 것입니다. 당신 자신이 깨닫지 못했다면, 하 선생님의 원래 말씀이 여기에 있으니 다들 기억해 두십시오. "자기를 관찰할 수 없고 자기가 깨달을 수 없으면 다른 사람을 깨닫게 할 수 없으니, 보살이라 부르지 않는다." 당신은 다른 사람을 깨닫게 할 수 없습니다! 그러므로 우리는 다른 사람을 깨닫게 하기 위해서는 자신이 깨달아야 합니다. 바로 그런 뜻입니다.

그래서 저의 『곡향집(谷響集)』 제1편의 글은 바로 이것입니다. 우리의 발심은 바로 다른 사람을 이롭게 하여야 합니다. 가장 큰 이익은 다른 사람을 깨닫도록 하는 것입니다. 다른 사람을 깨닫도록 하려면 당신 자신이 먼저 깨달아야만 합니다. 이미 깨달음이 가장 큰 이익인 바에야, 당신 자신이 깨달으면 당신도 이익을 얻습니다. 그러나 문제는 자기의 출발점이 무엇을 위한 것인가에 있습니다. 당신이 다른 사람을 이롭게 하고, 다른 사람을 깨닫게 해주기 위하여 출발한 것입니다. 이것은 소승과는 다릅니다. 소승은 자기를 이롭게 하고 자기가 깨달으면 끝입니다. 당신의 이것은 남을 이롭게 하고 깨닫게 해주기 위한 것입니다. 당신이라는 의사가 의술이 깊지 않은데, 다른 사람에게 처방전을 써주고자 한다면 돌팔이 의사가 사람을 죽이는 것입니다! 당신은 혹시 사람을 죽이지는 않아도 먹고 나서 후유증이 있어서, 이 병은 치료되었지만, 저 병이 찾아올지 모릅니다.

심반야(深般若)의 심(深) 자에 주의해야 한다. 중생은 얕게 사유한다.

깊지 않으면 불법의 문에 들어갈 수 없다. 세 가지 마음을 원만히 일으키지 않으면 불교도가 아니다.

深般若的深字應注意. 衆生淺思. 不深則不能入門. 不圓發三心則不是佛敎徒.

이것은 하 선생님의 말씀인데 제가 좀 해석하겠습니다, 그러므로 불교도는 되기가 쉽지 않아서 엄격한 요구가 있어야 합니다. 당신이 세 가지 마음을 원만히 일으켜야 비로소 불교도입니다. 세 가지 마음을 원만히 일으키지 않으면 입문했다고 할 수 없어서, 당신은 불교도가 아닙니다. 조직상으로는 정당에 가입하였으나 사상적으로는 입당하지 않은 것이나 마찬가지입니다. 당신은 조직상으로는 불교에 참가하였으나 사상적으로는 불교도가 아닙니다.
세 가지 마음이란 직심(直心)·심심(深心)·대비심(大悲心)인데, 다음의 하 선생님의 말씀을 이용하겠습니다.

세 가지 마음이란 첫째는 직심(直心)이다. 곧음(直) 속에도 방편이 있고, 그 곧음을 얻지 못하여도 업을 짓는다. 반야가 없어도 안 된다. 둘째는 심심(深心)이다. 표면상에 그쳐서는 안 된다. 깊은 마음도 반야를 떠날 수 없다. 셋째는 대비심(大悲心)이다. (중생을 제도할 때) 반야가 없으면 문제를 해결할 수 없다.

三心者 : (一)、直心. 直中也有方便, 不得其直也造業. 無般若也不行. (二)、深心. 不能停在表面, 深心也離不開般若. (三)、大悲心. 無般若不能解決問題.

해석하겠습니다. 세 가지 마음이란 무엇일까요? 첫째는 직심(直心)입니다. 마음을 곧게 일으키고 곧게 써서 정념과 진여법이 (상응하여) 하나입니다[直起直用, 正念眞如法一]. 하 선생님은 말하기를, 곧음[直] 속에서도 방편이 있어야 한다고 합니다. 당신은 마음을 곧게 일으켜 곧게 써서, 무엇을 하고 싶으면 그것을 단도직입적으로 하지, 이리저리 구불구불하게 하지 않습니다. 당신은 이 속에서도 때로는 실수하는 등 많은 장애가 있습니다. 둘째는 심심(深心)입니다. 표면상에 멈추어 있어서는 안 되고, 깊이 들어가야 합니다. 이상은 모두 간단한 해석인데, 이 또한 반야를 떠나서는 안 됩니다. 반야가 없으면 깊이 들어갈 수가 없습니다. 셋째는 대비심입니다. 일체중생을 널리 제도해야 하지만, 반야가 없으면 역시 문제를 해결할 수 없습니다. 여기의 '원만히 세 가지 마음을 일으킨다'에 대해서는 다시 상세한 해석을 하지 않았습니다.

세 가지 마음을 원만히 일으키는 것이 바로 보리심(菩提心)을 일으키는 것입니다. 보리심을 일으킴에 대해서도 우리는 마땅히 잘 주의해야 합니다. 『무량수경』에서는 말씀하기를, 왕생하는 사람은 모두 "발보리심(發菩提心), 일향전념(一向專念).",95) 보리심을 일으키고, 줄곧 집중하여 염불한다고 합니다. 어떤 사람은 자신이 어떻게 잘 염불했는지에만 주의하고, 보리심을 일으켰는지 않았는지, 보리심을 충분히 일으켰는지 않았는지는 오히려 점검하지 않습니다. 결과는 두 가지 주제에서, 한 가지 주제는 점수가 없고, 다른 한 가지 주제가 설사 만점을 받았어도 시험에 합격하지 못하는 격입니다. 이어서 하 선생님이 말씀합니다.

---

95) 이에 대해 황념조 거사는 다른 저작에서 이렇게 설명한다, "'일향(一向)'이란 무엇일까요? 바로 한쪽으로 향하여 있고 한 쪽으로 치우쳐 있는 것입니다. 이 일정한 시간 내내 그런 상태가 일향입니다. 일향전념의 뜻은 여러분이 늘 그렇듯이 자기가 치중하여 염불하기를 아미타불을 집중적으로 외우는 것입니다. 아미타불 명호를 전념하는 것입니다. 이를 일향전념이라고 합니다. 일향전념은 당신에게 일심불란(一心不亂)하기를 요구하지 않습니다. 당신더러 치중하여 시간적으로 연속해 갈 수 있으며 생각상에서 중시하고 편중하기를 요구하는 것입니다."

세 가지 마음을 아직 일으키지 않았다면 믿음이 깊은 것이 아니다. 그러므로 불교도라 부를 수 없다. 세 가지 마음은 모두 반야를 떠날 수 없다. 깊은 반야를 행할 수 있다면 5온이 모두 공함을 비추어 본다. 마땅히 알지니, 이는 비춤[照]을 사용하는 것이지, 생각[想]을 사용해서는 안 된다. 비춤은 지혜이니, 거울처럼 분별을 일으키지 않는다.

「三心未發信非深」, 故不能稱爲佛教徒. 三心都不能離開般若. 能行深般若, 則照見五蘊皆空. 應知是用「照」, 不能用「想」. 照是智慧, 不起分別如鏡.

"삼심피발신비심(三心未發信非深)", 이 세 가지 마음을 당신이 일으키지 않았다면 당신의 믿음은 깊은 믿음이 아닙니다. "고불능칭위불교도(故不能稱爲佛教徒)", 당신은 믿음이 깊지 않기 때문에 불교도라고 부를 수 없습니다. 이어서 하 선생님이 말씀합니다, "세 가지 마음은 모두 반야를 떠날 수 없다. 깊은 반야를 행할 수 있다면 5온이 모두 공함을 비추어 본다. 마땅히 알지니, 이는 비춤[照]을 사용하는 것이지, 생각[想]을 사용해서는 안 된다. 비춤은 지혜이니, 거울처럼 분별을 일으키지 않는다." 우리가 깊은 반야를 행하고자 하는 것은 "깊은 반야바라밀다를 행할 때, 5온이 모두 공함을 비추어 보는 것 [行深般若波羅密多時, 照見五蘊皆空]" 아닙니까? 만약 깊은 반야를 행하는 것이 아니라면 당신은 5온이 모두 공함을 비추어 볼 수 없습니다. 이 비출 "조(照)" 자를 사용하는 것이 중요합니다. 그것은 비춤[照]이지, 생각[想]이 아닙니다. 우리는 반야심경에 대해 구구절절이 조리 정연하게 강의할 수 있지만, 왜 일체의 고통과 재난을 건너 벗어나지 [度一切苦厄] 못할까요? 왜냐하면 바로 우리의 이것은 '생각'이지, '비춤'이 아니기 때문입니다. '비춤'은 지혜입니다.

예를 하나 들어 설명하겠습니다, 이 분별하지 않음[不分別]이, 어떤 것을 비추어봄은 마치 거울과 같습니다. 이것은 저 우리의 카메라의 필름과는 동일한 일이 아닙니다. 카메라의 필름은 한 번 찍히면 다시 찍을 수 없습니다. 그것은 필름에 흔적을 남깁니다. 거울은 누가 와도 비출 수 있습니다. 세 명이 오면 세 사람이 나타나고(비추어지고), 다섯 사람이 오면 다섯 명이 나타나며, 장 씨가 가고 이 씨가 오면 이 씨가 나타나고, 이 씨가 가고 장 씨가 다시 돌아오면 장 씨가 또 나타납니다. 분별을 일으키지 않고 흔적을 남기지 않습니다. 그리고 또렷합니다. 곰보는 그대로 곰보요 뚱보는 그대로 뚱보입니다. 수염이 있으면 그대로 수염이 있어서, 수염 털이 하나 많아져도 많아지지 않고, 하나 적어져도 적어질 리가 없습니다. 그러므로 이 비출 '조' 자는 거울이 흔히 하나의 좋은 비유입니다. 우리는 모든 일에 대해서 거울과 같으면 좋습니다.

어떻게 비춤을 사용할 것인가?

如何用照?

이미 이와 같은 이상, 어떻게 비춤(照)을 사용해야 할까요? 하 선생님이 다음에서 말합니다.

미세한 세균[太末蟲]은 어느 곳에서나 머물 수 있으나, 오직 불꽃만은 제외된다. 망상은 들어가지 못하는 구멍이 없으나 오직 반야에는 머물 수 없다. 마음을 일으키면 즉시 틀리고, 생각을 움직이면 즉시 어긋난다. 그러므로 생각을 사용해서는 안 된다.

太末蟲能緣一切, 唯除火焰. 妄想無孔不入, 獨不能緣般若. 起心卽錯, 動念卽乖, 故不能用想.

"태말충(太末蟲)"에서 '말(末)'은 미세한 것[微末]이고, 태말(太末)

은 지극히 미세한 것인 극미말(極微末)입니다. 지극히 미세한 벌레를 우리는 오늘날 세균이라고 부르는데, 세균은 극미말 아닌가요? 이 세균은 어디서나 머물 수 있으니, 어디에 세균이 없겠습니까? 곳곳마다 세균이 있고, 갖가지 세균은 오로지 불꽃에서는 머물 수가 없습니다. 우리 여기에 의사들이 있는데, 의사들이 침을 찌를 때 과거의 가장 원시적인 소독 방법은, 누군가에게 침을 찔러 사용했다면 그 침을 불 위에서 좀 태운 뒤에 다른 사람에게 찔러도 되었습니다. 이게 바로 소독이었습니다. 왜냐하면 그 침을 찔러 사용했다면 세균들이 묻어있으니, 불에 태우자마자 세균들이 소멸했습니다. 불에서는 생존할 수 없기 때문입니다. 그러므로 태말충은 어디에서나 머물 수 있으나, 불꽃에서만은 머물 수 없습니다. 중생의 망상은 들어가지 못하는 구멍이 없고, 머물 수 없는 곳도 없지만, 반야에서만은 머물 수 없습니다. 이 점을 우리가 믿어야 합니다.

어떤 사람은 경전을 좀 보았고, 뭘 좀 보고 나면 자신이 그게 다인 것으로 압니다. 당신이 그게 다인 것은 바로 석가모니불과 대립하며 언쟁하는 것입니다. 당신은 여전히 생각[想]을 사용하고 있는 것이지, 비춤[照]을 사용하고 있는 것은 아닙니다. 진실한 반야에는 당신의 그 '생각'은 영원히 도달할 수 없으니, 당신은 단념하십시오. 당신이 도달하였다고 인정한다면, 그건 당신이 틀렸습니다. 다른 것이 아닙니다. 도달한 것이 아니라 당신이 틀린 것입니다! 왜냐하면 "기심즉착(起心即錯), 동념즉괴(動念即乖)", 마음이 일어나자마자 생각이 움직이자마자 모두 착오이기 때문입니다. 그러므로 생각을 사용해서는 안 됩니다. 이것은 하 선생님의 말씀입니다. 다음에서는 다들 주의하십시오!.

이런 말씀들은 부처님이 설하신 것이나 다름없다.

這些話等于佛說.

지금까지의 그 말씀들은 석가모니불이 여기에서 설하신 것이나 다름없습니다. 다들 기억하여 두십시오. 그 말씀들은 중요합니다. 여기서는 위에서 한 말씀들에 대한 것으로, 그것을 긍정하였습니다.

3. 한 마디 부처님 명호가 바로 진정한 반야이다.

반야심경에서 "생겨나지도 않고 소멸하지도 않으며, 더럽지도 않고 깨끗하지도 않으며, 늘어나지도 않고 줄어들지도 않는다." 라고 함은 모두 반야를 가리킨다.

經中 : 不生不滅, 不垢不淨, 不增不減, 均指般若.

"불생불멸, 불구부정, 부증불감 (不生不滅, 不垢不淨, 不增不減)"은 모두 반야를 가리킵니다. 반야는 사람에게 본래 있는 것입니다. 즉, 자성(自性)입니다. 이 본래 있는 지혜, 본래 있는 본성은 "불생불멸(不生不滅)", 본래에 생겨나지 않으니 소멸하지도 않습니다. 그것은 모든 것에 더럽혀지지 않습니다. 그래서 "불구부정(不垢不淨)"입니다. 또한 "부증불감(不增不減)"이니, 범부일지라도 조금도 줄어들지 않습니다. 그럴 뿐만 아니라 지옥 중에 있는 사람일지라도 이 반야와 불성은 조금도 줄어들지 않습니다. 부처를 이루었더라도 조금도 늘어나지 않습니다. 단지 당신에게 현재 드러나지 않고, 드러나지 못할 뿐이지, 일단 드러나기만 하면 되며, 당신에게 본래 있는 것입니다. 당신에게 지금 갑자기 반야가 생겨서 나오는 것이 아니고, 또한 지금까지 소멸하지도 않았습니다. 또한 더러움도 없어서 내가 그것을 깨끗하게 씻어야 하는 그런 일들도 없습니다. 거울 본체에는 그런 일이 없습니다. 당신이 말하는 것은 거울 표면상의 더러움으로서 당신이 비추는 것을 방해하는 일은 있습니다. 그러나 거울은 본래 더러움이 없기에 "더럽지도 않고 깨끗하지도 않습니다." "부증불감", 거울의 광명은 더해지지도 않고 줄어 약해지지도 않습니다. 이런 해석은 돈교[頓]에 치우친 것입니다.

그래서 동일한 경전임에도 다른 해석이 있습니다. 남매(南梅: 매광희 거사)의 해석조차도 이와는 다릅니다. 그 당시 중국 불교계에서 남방은 매광희(梅光羲) 거사가, 북방은 하련거(夏蓮居) 거사가 뛰어나다고 하여, 남매북하(南梅北夏)라 나란히 일컬었습니다. 나중에 남방의 매광희 거사가 북방의 하련거 거사를 스승으로 삼았습니다. 이 일은 제가 잘 압니다. 다음은 또 관자재로 돌아왔습니다.

관자재는 바로 나무아미타불 이 한 마디가 있는지 있지 않은지를 살펴보는 것이다

觀自在, 就是看這句在不在.

관건은 정토와 관련이 있습니다. 관자재는 바로, 당신이 외우는 이 한마디 아미타불 성호가 있는지 있지 않은지를 살펴보는 것입니다.

시시각각 부처님 명호가 있으면 대자재를 얻는다. 저 부처님은 무슨 까닭에 관자재라 부르는가? 나를 잊어버렸기에 어디서나 걸림이 없기 때문이다.

時時有佛號, 便得大自在. 彼佛何故名觀自在, 以忘我故, 到處無礙.

그러므로 당신이 염불하기만 하면 바로 관자재입니다. 옛날 부처님도 관자재라 불렀습니다. 저 부처님은 무슨 까닭에 이름을 관자재라고 부를까요? 그분은 '나'를 잊어버렸기에 어디서나 걸림이 없기 때문입니다. 다음 구절에 중요한 것이 있으니, 다들 주의하십시오.

나무아미타불, 이 한마디 부처님 명호가 바로 진정한 반야이다. 이것이 가장 깊은 비밀의 핵심이며 파초 잎을 다 벗기고 보는 속마음이다.

這句佛號即是真般若. 這是最秘的核心, 是剝芭蕉所見的心.

이 한 마디 부처님 명호가 바로 진정한 반야입니다. 어떤 사람은 흔히 『금강경』과 『아미타경』은 마치 별개의 경처럼 생각합니다. 이것은 두 경전을 모두 이해하지 못하는 사람이 하는 말입니다. 이 한 마디 부처님 명호가 바로 진정한 반야입니다. 이 말은 대단히 이해하기 어렵습니다. 하 선생님의 몇 마디 시로 해석하겠습니다. "한 소리 부처님 명호가 한 소리 마음이니 [一聲佛號一聲心]." 이 부처님 명호는 무엇일까요? 바로 당신의 마음입니다. 당신은 부처님 명호를 언제 외웁니까? "미혹할 땐 외우지 않고 깨달을 때 외우네 [迷時不念悟時念]." 그래서 부처님 명호를 외울 때가 바로 당신이 깨달을 때 외우고 있는 것입니다. 외우는 것이 무엇일까요? 한 소리 부처님 명호가 바로 한 소리 마음입니다. 이것이 진정한 반야가 아니라면 무엇이겠습니까!

제가 스무 살이었을 때, 저는 불교에 대한 회의(懷疑)로부터 불교에 대한 믿음으로 바뀌었습니다. 저는 원래 불교 집안이었습니다. 그러나 많은 스님과 거사들이 서로 헐뜯고, 명예와 이익을 다투는 모습을 보고서 저는 말하기를 "염불이 소용없다. 한참 동안 외웠어도 이 불법이 무슨 소용이 있는가?"라고 했습니다. 그래서 저는 불법을 잘못 이해하여, 이것은 불법이 영험이 없기 때문으로 알았습니다. 대학교 3학년 때 시험을 마치고 나서, 볼만한 책이 없어 책을 두 권 찾아서 보았는데, 금강경을 보고서야 문득 깨달았습니다. 이번에도 몇 차례의 감로관정(甘露灌頂)이었습니다. 이때 저는 인식하기를, 중생이 '무주생심(無住生心)', 머무는 바가 없이 마음을 냄에 도달하고 싶다면, 바로 염불하는 것이라고 인식하였습니다.96) 이런 인식은 저 스스로 가진 것입니다. 그러나 이런 인식이 당시 일어난 이후로 지금까지 저는 그것이 여전히 정확하다고 판단합니다. 그때 저는 아마 진언을 외우는 것이 좀 더 좋을지도 모른다는 생각도 했습니다. 왜냐하면 나무아미타불, 한마디 부처님 명호 속에는 '불'이란 글자가 여전히 있지만, 이 진언 안에는 어떤 생각도 없기에 그것은 머무는 바가 없이 마음을 내기 때문입니다. 그렇다면 머무는 바가 없이 마음을 내는 것이 반야가 아니고 무엇이겠습니까? 이것이 바로 참 반야입니다.

"저시최비적핵심(這是最祕的核心)", 이것이 불법의 가장 깊은 비밀의 핵심이요 비밀 중의 핵심입니다. 이것은 "파초 잎을 벗겨서 보는 속마음이다 [是剝芭蕉所見的心]." 한결같이 여러분에게 죽순 껍질을 벗겨야 한다고 말씀하지 않는가요? 우리가 수지(修持)하는 것이 바로 죽순을 벗기는 것입니다. 예컨대 겉에 진흙이 많고 무엇무엇 등이 많으므로 한 겹 벗기고 또 한 겹 벗기고, 이리저리 벗겨나가다 보면, 당신은 죽순의 속심을 보게 됩니다. 그래서 우리가 불법을 배움은 이 죽순 껍질을 벗기는 정신이 있어야 합니다. 당신이 벗겨야 하되, 조금 씩 조금 씩 벗겨가는 것은 무엇인가를 버리는 것이지, 무엇인가를 얻는 것은 아닙니다. 어떤 사람은 얻을 생각을 합니다. 반야심경은 '무소득(無所得)'을 말하고 있는데도, 당신이 한사코 얻고자 하는 것은, 당신이 바로 자기가 옳다고 대립적인 언쟁을 하는 것입니다. 벗기는 것이니 벗기고 나면 당신이 보는 마음은 무엇일까요? 바로 "나무아미타불, 이 한마디 부처님 명호 그대로가 참 반야이다. 이것은 가장 깊은 비밀의 핵심이요, 파초를 벗겨서 보는 속마음이다." 입니다. 그러나 이어서 한 가지 조건을 더합니다.

이 한 마디 부처님 명호는 평범하고 온당하게 외워야 염불로 인정하고, 만약 망상과 혼합되면 인정하지 않는다.

---

96) 무주생심(無住生心)이란 어떤 것에도 집착하지 않고 모든 상(相)을 떠남으로써 마음이 청정하고 자유로운 상태를 유지하는 것을 말한다.

這句佛號須平平妥妥才算, 如與妄想混合則不算.

　　"평평타타(平平妥妥)", 이에 대해 해석을 좀 하겠습니다. '평평(平平)'은 평평상상(平平常常: 평범하다, 보통이다, 일반적이다, 수수하다—역주)이고, '타타(妥妥)'은 타타당당(妥妥當當: 온당하다, 타당하다, 알맞춤하다—역주)입니다. 그래서 평상심이 도입니다 [平常心是]. 하 선생님은『정어(淨語)』에서 "평상이 바로 도인데, 그대가 이를 몰라 애석하다 [平常即是道, 惜君未曉此]."라고 하였습니다. 평상이 바로 도인데 안타깝게도 당신은 이를 모릅니다. 사람들은 다들 기괴하고 특별한 것을 좋아하여, 특이한 기능이나 능력을 보자마자 다들 눈이 현란해지는데, 이것이 모두 마구니[魔] 경계인 줄을 모릅니다. 모조리 그렇습니다. 이것은 엄 모씨의 말이지 저의 말이 아닌데, 그 자신이 병이 나서 마구 소리를 치고 법석을 떨었습니다. 그는 왜 그랬을까요? 어떤 사람이 와서 진언을 외우니 그가 눌려서 아프게 느꼈습니다. 모조리 다들 이와 같습니다. 이 한 마디 아미타불은 착실하게 외우는 것입니다. 대단히 착실하고 착실하게 말입니다. 평평타타(平平妥妥)는 바로 착실하고 착실하게 나무아미타불 나무아미타불……하고 외우는 것입니다. 이렇게 느끼지 마십시오, "나는 또 염불이 무슨 한 덩어리를 이루었네, 나는 또 일심불란(一心不亂)해졌네, 나는 또 어떻게 청정해졌네. 나는 또 어떻네" 하면서 한편으로는 염불하면서 한편으로는 또 뭔가를 좀 보고, 무슨 감응을 좀 얻고자 바라지 마십시오. 이것은 바로 망상과 함께 뒤섞여 있는 것입니다. 망상과 함께 뒤섞여 있으면 착실한 염불이라 인정할 수 없습니다. 다음입니다.

　　분별은 업식(業識)이고 식(識)은 번뇌에 물든 것이다. 비춤은 번뇌를 떠난 청정한 것이며, 비추어야 5온이 모두 공함을 알 수 있다.

分別是業識, 識是染. 照是淨, 照才能知五蘊皆空.

색수상행식(色受想行識)에서 식(識)인 업식(業識)은 바로 분별입니다. 우리가 이것을 알고 저것을 아는 까닭과 뇌가 생각할 수 있는 것은, 모두 제6의식의 작용입니다. 제6의식은 분별식(分別識)입니다. 그것은 모두 번뇌에 물든 것입니다. 그러므로 아라한이 아라한과를 증득하여 생사를 벗어난 것은 바로 제6식을 깨뜨린 것입니다. 그는 또 제7식과 제8식이 있는지 모릅니다. 비춤은 바로 청정한 것입니다. 당신이 비추어서야 비로소 5온이 모두 공한 줄 알 수 있습니다. 5온이 무엇일까요? 색수상행식입니다. 하 선생님이 말씀합니다.

5온 중에 색은 색법이고, 수 · 상 · 행 · 식 등은 심법이다.

五蘊中, 色是色法, 受等是心法.

색 · 수 · 상 · 행 · 식 다섯 가지에서 색은 이른바 색법(色法)입니다. 이 법은 형색(形色)에 속하는 것입니다. 뒤의 수 · 상 · 행 · 식은 생각, 마음에 속하는 것으로 심법(心法)이라 합니다. 다음에서 경을 풀이합니다.

'색즉시공(色即是空)'은 범부에 대한 설법이고, '공즉시색(空即是色)'은 2승에 대한 설법이며, '색불이공(色不異空), 공불이색(空不異色)'은 대승보살의 경지이다.

色即是空是對凡夫說. 空即是色是對二乘說. 空不異色, 色不異空是大乘菩薩境界.

"색즉시공(色即是空)"은 범부에게 설한 것입니다. "공즉시색(空即

是色)"은 성문·연각인 2승에게 설한 것입니다. "색불이공(色不異空), 공불이색(空不異色)"은 대승보살에게 설한 대승보살의 경지인데, 즉 권교(權教) 보살[97])에게 설한 것입니다.

이 몇 마디는, 가장 먼저 범부의 집착을 깨트립니다. 왜냐하면 범부는 일체를 실체적 존재[實有]라고 여기기 때문입니다. 사실상 여러분은 자기가 오랜 수행자라 말하지 말기 바랍니다. 당신 자신은 정말로 자신의 생활을 검사해 보아야 합니다. 당신은 일부분은 공(空)으로 볼 수 있지만, 일부분은 실유로서 진짜이며 실재하는 것으로 여겨서, 넘어갈 수 없습니다, 그래서 당신에게 "색즉시공", 그것은 공하다! 고 말해줍니다! 그러면 당신은 말합니다, "이것이 꿈속에 나타나는 것이라니, 꿈속에서 모든 것이 다 있지 않은가요?" 당신이 바로 꿈을 꾸고 있을 때 그것이 공한 줄 어떻게 알겠습니까? 당신도 재미가 있지 않은가요? 그러나 깨어나자마자 아! 이런 일은 없었습니다. 그래서 『증도가(證道歌)』는 노래하기를, "꿈속에서는 분명히 6취가 있더니, 깨달은 뒤에는 텅텅 비어 대천세계가 없구나 [夢裡明明有六趣, 覺後空空無大千]."라고 합니다. 그것은 꿈속의 일일 뿐입니다. 그러기에 금강경은 설하기를, "꿈 같고 허깨비·물거품·그림자 같다[如夢幻泡影]."라고 하여서, 그 첫 번째가 당신에게 꿈같다고 말해줍니다. 당신이 현재 모든 것이 꿈같다고 생각하기만 한다면, 당신은 여전히 무언가 옴니암니 따지고, 여전히 무언가 추구하며, 악을 저지르기까지 하려고 할까요? 그럴 리가 없습니다.

그리고 이러한 것은 현재 과학에서 이미 인정한 사실입니다. 그래서 아인슈타인은 말했습니다, "이 물질은 인류의 착각으로 말미암은 것이다." 불교에서는 망상이라고 말하는데, 아인슈타인은 착각이라고 말합니다. '착(錯)'과 '망(妄)'은 서로 비슷하지 않은가요? '각(覺)'

---

97) 장교·통교·별교 이 삼교의 보살이다. 그들의 공부 수행이 얕아서 실재로는 아직 진실한 보살지에는 도달하지 못했기 때문이다. 일반적으로 삼현십성(三賢十聖) 이전 계위의 보살은 모두 권교보살로 본다.

과 '상(想)'은 큰 차이가 없지 않은가요? 아인슈타인은 "단지 장(場)만 있다."라고 인정했습니다. 이른바 '물질은 장(場)이 특별히 강한 부분'이고 다른 것은 없습니다. 그래서 우리는 흔히 이렇게 말합니다, "이게 어떻게…분명히 여기 있는데, 어째서 공(空)입니까?" 저는 말하기를, (분석을 기다려서 공이 아니라 있는 그대로) 그 자체의 본질[當體]이 바로 공(空)이라고 합니다. 과학적으로도 그것은 공이라 말합니다. 파동과 작용이며 실질적인 것은 없다는 것이 과학의 해석입니다. 당체가 공하다는 것은, 그것이 장래 무너지기 마련이기 때문에 공하다고 말하는 것이 아닙니다. 많은 사람은 말하기를, 장래 이것은 파괴되어 존재하지 않게 되므로 공하다고 합니다. 이는 모두 얕게 말한 것입니다. 그것이 지금 존재하고 있음이 바로 공입니다. 이것을 어떻게 체험하여 터득할까요? 당신의 현재가 꿈이라면, 당신이 꿈속에서 보는 것 중 어느 것이 실재하는 것일까요? 제가 스물두 살 때 당산(唐山)에 있을 때 몸소 이런 경지에 이르렀습니다. 아무것도 없었지만 단멸(斷滅)하지는 않았습니다. 모두 공했습니다! 어떠한 것[一物]도 없었습니다. 정말로 '본래에 어떠한 것도 없다[本來無一物].'이었지만, 그렇다고 단멸(斷滅)은 아니었습니다. 이때의 안락함은 형용할 방법이 없었습니다. 그래서 전도(顚倒)되었고, 그래서 착각이며 망상입니다.

　　"공즉시색(空即是色)"은 성문·연각의 2승(二乘)에게 설하신 것입니다. 2승은 '일체가 다 공하다 [一切皆空]'는 이 '공'을 붙들어 쥐고 있어서 '공'도 그가 집착하는 것이 되었는데, 그 2승의 '공'을 깨트려서 '색'으로 변했습니다.

　　"색불이공, 공불이색"의 색과 공이 둘이 아닌 [色空不二] 도리는 권승(權乘) 보살에게 설하신 것입니다. 이것은 대승보살의 경지입니다. 다시 말해서, 공(空) 그대로의 상태가 바로 색이고, 유(有) 그대로의 상태가 바로 공이어서 완전히 둘이 아니라는 것입니다. 하 선생님은 몇 마디 말에 대해서 그 까닭을 해석하지는 않았습니다. 그러므로 여기서 말한 것은 비교적 좀 높은 것입니다. 다음은 하 선생님의 말씀입니다.

5온이 모두 공함을 비추어 볼 수 있으면, 일체의 괴로움을 제거할 수 있다.

能照見五蘊皆空, 即能除一切苦.

당연합니다. 당신이 5온을 비추어 보아 5온이 다 공해졌다면, 또 무슨 괴로움과 재난이 있겠습니까? 이 안에도 점교[漸]가 있고, 돈교[頓]가 있습니다. 예리한 근기라면 일견에 5온이 모두 공해집니다. 그래서 "지환즉리(知幻即離), 리환즉각(離幻即覺).", 허깨비인 줄 알고 허깨비를 떠나고, 허깨비를 떠나면 곧 깨달음(覺悟)입니다. 이 말씀과 능엄경에 나오는 "미친 마음이 쉬지 않다가, 미친 마음이 일단 스스로 쉬면 곧 보리이다 [狂心不歇, 歇即菩提]."[98]는 모두 최상의 돈교적인[頓] 말입니다. 그러나 어떤 사람은 이렇게 돈교적 근기일 수 없습니다. 그렇다면 당신은 천천히 수행하여 5온이 모두 공하다는 것을 알게 됩니다. 천천히 수행해 가다보면 담담해질 것입니다, 그렇게 담담해져 가서, 모두 당신에 영향을 주지 않는 정도가 된다면, 그 역시 비추어 보는 것이며 역시 괴로움과 재난을 건너 벗어나게 됩니다. 하 선생님이 말씀합니다.

반야심경은 일체중생이 괴로움을 벗어나는 자비의 배이다.

心經是一切衆生出苦慈航.

---

98) 이와 관련 보다 자세한 내용은 『능엄경 대의 풀이』 제4권 중 「자성 진심을 증오하는 법칙과 원리」 부분을 읽어보라.

괴로움에서 벗어나고 싶다면 배에 의지해야 합니다. 이 반야심경이 바로 배입니다. 하 선생님이 말씀합니다.

6백 권 대반야경은 금강경 한 부로 압축할 수 있다. 금강경은 또 반야심경으로 압축할 수 있다. 반야심경 전부는 '관자재보살' 한 마디로 귀납할 수 있다. 이 한마디는 다시 '조(照)' 한 글자로 귀납할 수 있다.

六百卷《大般若經》, 可精鍊爲一部《金剛經》, 《金剛經》又可精鍊爲《心經》, 全部《心經》可歸入一句, 觀自在菩薩. 這一句再歸納爲一個字, 照.

그러므로 "조(照)" 한 글자는 바로 6백 권의 대반야경입니다. 이 6백 권의 대반야경 속의 정밀하고 심오한 의미도리[精義]를, 5천여 자의 금강경도 갖추고 있습니다. 금강경의 5천여 글자를 그 요점만을 뽑아 반야심경 한 부로 압축할[精鍊] 수 있으며, 단지 3백여 자라고 하지만 실제로는 2백여 자입니다. 한 부의 반야심경을 한 마디 말로 귀납시킬 수 있는데, 바로 "관자재보살"입니다. '관자재'는 대지혜이고, 보살은 각유정(覺有情)이며 대비(大悲)라고 합니다. 대지(大智)·대비(大悲)가 모두 그 안에 있으며 귀납하여 '관자재보살'입니다. '관자재'는 바로 자신이 깨닫는 것[自覺]이요, '보리살타'는 유정 중생을 깨닫게 하는 것[覺有情]이니, 자각각타(自覺覺他)가 모두 그 안에 있습니다. 그러므로 다섯 글자입니다. 이 "관자재보살"을 다시 귀납하면 바로 한 글자 "조(照)"입니다. 우리는 다들 현재 "조(照)"를 활용할 줄 모르고, 늘 이 글자를 생각하고만 있으려고 합니다.

중생에게는 두 갈래 길이 있으니, 괴로움으로 들어가거나 아니면 괴로움을 벗어나는 것이다. 즉, 자기를 성취하거나 아니면 자기를 파멸하는 것이다. 두 갈래 길은 매우 분명하니, 어느 길로 가고 어느 것을 따를 것인가?

衆生有兩條路：入苦或出苦，也即是成就自己或毀滅自己. 兩條道路分明甚，何去何從？

여기서 하 선생님은 물음표를 하나 찍습니다. 일체중생에게 바로 두 갈래 길을 말씀합니다. 한 갈래 길은 괴로움 속으로 뚫고 들어가는 "입고(入苦)"이고, 또 한 갈래 길은 괴로움 속에서 벗어나고자 하는 "출고(出苦)"입니다. '출고'는 자기를 성취하는 것입니다. 자기를 성취하지 않으면 괴로움에서 벗어날 길이 없습니다. '입고'는 바로 자신을 파괴 소멸하는 것입니다. 금생에 기회를 놓치게 되면 "차회약착진성착(此回若錯真成錯)", 이번에 또 잘못하면 정말로 큰 잘못입니다! 무엇 때문일까요? 그것은 자기를 파괴하여 소멸하는 것이나 마찬가지이기 때문입니다. 이렇게 좋은 선근·복덕·인연으로 이런 기회를 얻었는데, 이 기회를 잡지 않아 여전히 벗어날 수 없고 또 큰 바다로 빠지러 간다면, 바로 스스로 자신을 훼멸하러 가는 것이 아니겠습니까? 그러기에 이번에 잘못하면 정말로 잘못됩니다. 그러므로 두 갈래 길은 매우 분명합니다. 자기를 성취할까요? 아니면 자기를 파멸할까요? "하거하종(何去何從)", 당신은 '어느 갈래의 길을 선택할까?' 하고 물음표를 하나 찍어야 합니다. 하 선생님은 겸허하시기에 스스로 탄식하여 말씀합니다.

항상 있는 날을 가지고 없을 날을 생각하라, 없는 때가 되어서야 있던 때를 생각하지 말라. 점검해 보니, 자신은 수십 년 세월을 도대체 어디에 소비하였고, 무엇을 얻었는가? 매번 탄식하고 넘긴다.

常將有日思無日，莫待無時想有時. 檢點起來，自己幾十年光陰究竟花到哪裏去了，取得了什麼？每付之一嘆.

진정한 수행인은 자기가 자부하고 흡족하게 느끼는 일이 없고, 언제나 부족하다고 느낍니다. 그래서 "상장유일사무일(常將有日思無

日)", 이것은 『조금구(釣金龜)』의 두 마디 대사(臺詞)인데, 늙은 아낙네 역이 창하는 것을 하 선생님이 불교에 사용하였습니다.

우리가 "유일(有日)", 이 숨이 붙어 있는 날에는 이 숨이 없을 날을 생각해야 합니다. 특히 연세가 많은 분은 그럴 때가 멀지 않았습니다. "막대무시상유시(莫待無時想有時)." 숨이 멎을 때까지 기다리지 마십시오. 숨이 붙어 있고 싶지만, 그때는 더이상 숨이 붙어 있지 않을 것입니다. 다시 숨이 있다면 응당 아기가 되어 있거나 이미 강아지가 되어 있을 것입니다. 축생이 되면 그래도 괜찮습니다. 축생조차도 되지 못해 괴롭기만 할까 두렵습니다. 왜냐하면 당신은 무궁한 업보 가운데 다음 한 편의 생이 무엇일지 모르고, 금생과 이렇게 연속되는 것이 아니기 때문입니다. 무량겁 이래 당신의 행위가 원인이 된, 많은 일들이 모두 잘 정리 배열되어 있습니다. 다음 일생에 당신의 원수나 채권자[冤家債主]가 세상에 태어나 오게 되어 있으면, 당신도 태어나 와서 빚을 갚아야 합니다. 이것이 당신의 운명을 결정짓는 것이지, 완전히 당신 자신만의 일은 아닙니다. 금생의 일이 이렇게 간단한 것이 아닐 뿐 아니라, 다생의 문제입니다. 금생이 끝나는 것으로 다음 생도 없다면 너무나 간단합니다. 그러나 당신의 다음 한 편의 생이 무엇일지 모릅니다. 내생뿐만 아니라, 금생도 오늘 당신은 내일의 일을 모릅니다. 내일 이 한 편의 생이 무엇일지, 펼쳐지지 않았으니 무엇이든 다 가능합니다. 그러므로 항상 있는 날을 가지고 없을 날을 생각하십시오.

게다가 오늘날은 우리에게 불상이 있고, 도량이 있으며, 들을 수 있는 불법이 있는 때이니 언제나 이로써 우리는 최대한으로 노력해야 합니다. 그래서 문화대혁명(文化大革命) 후 저는……, 제 아내를 서방 극락세계에 왕생하라고 제가 다그쳤다고 말할 수 있습니다. 제가 그녀를 죽도록 다그쳤다고 말해도 좋습니다. 하하하……, 그때만해도 당신이 믿을만한 것이 하나도 없다고 진정으로 느꼈습니다. 제가 그녀에게 말했습니다. "아직 깨닫지 못하오? 당신이 숨이 있을 때를 이용하여 뭔가를 잘 하지 않으오……. 나중에 저는 알게 되었는데, 제가 그녀를 잘못 탓했으며, 많은 사람이 그녀보다 훨씬 못했습니다. 그러나 그녀는 좋은 점에 이르도록 다그쳐졌고, 다그쳐져서 왕생했습니다. "항상 있는 날은 없을 날을 생각하라", 오늘날 우리의 경우 이렇게 다들 건강하고, 한가한 몸이 있습니다. 한가하면서 선근·복덕·인연 등 불법 수학의 조건들이 다 갖추어진 원만한 한 몸[暇滿身]은 또 수행할 수 있으니, 우리는 최대한 노력해야 합니다.

지금 이 주인께서 정성스러워서 점심 식사를 준비했으니 우리 식사 후에 다시 이어서 얘기하겠습니다. 다음의 내용은, 하나는 반야심경에 제가 여기서 사족을 붙이고자 한 것입니다. 본래 하 선생님은 이를 강의하지 않기로 하고 이미 잘 마쳤습니다. 그러나 제가 사족을 붙여서 약간의 해석을 조금 더 하겠습니다. 또 하나는, 하 선생님의 또 한 차례의 모임도 저의 집에서였고 염불에 대해서만 말씀하셨는데, 우리는 역시 이를 모아서 정토로 귀결해야 합니다. 왜냐하면 필기에서는 조금 언급만 하여 말씀하기를 "이 한마디 부처님 명호는 바로 참 반야이다. 이는 가장 깊은 비밀의 핵심이고, 파초 잎을 벗겨서 보는 속마음이다."라고 했기 때문입니다. 제가 앞에서 이 구절에 대해 약간 해석도 했지만 그리 충분하지 않았고, 다음에서 또 깊은 내용들이 있고, 그 또 한 차례 하 선생님의 염불 법문을 제가 요점을 골라 보충하고자 합니다. 그러므로 다음에는 두 가지 내용이 있습니다. 하나는 반야심경을 간단히 조리 있게 풀이하는 것입니다. 또 하나는 또 한 차례의 모임에서의 하 선생님 염불 법문의 요점을 골라 보충하여 채우는 것입니다.

제3장 반야심경 초보적 해석

(원나라 조맹부 서 반야심경)

하 선생님의 『반야심경』 강의는 이미 마쳤습니다. 저의 이것은 사
족을 붙이는 것입니다. 그래서 다시 약간의 명상(名相)들에 대해 초
보적인 해석을 하겠습니다.[99]

（진정한 자기를 관찰하는） 관자재보살이 깊은 반야바라밀다를 수
행할 때 （반야의 미묘한 지혜로써） 5온을 관조하여 （5온이） 모두 （인
연으로 생겨나기에 실체적 존재가 아니므로 그 자성이） 진공임을 꿰뚫
어보고 （심신이 분단생사와 변역생사의） 모든 고통과 재난을 （벗어나）

---

99) 본문 중 《 》〈 〉안의 글은 역자가 황념조 거사의 『심경 략설(心經略說)』에
서 뽑아 보충한 것이다.

건넜다

　사리자여,(물질인) 색온이 진공과 다르지 않고, 진공이 색온과 다르지 않으며, 색온이 곧 진공이요, 진공이 곧 색온이다. (감수인) 수온 · (갖가지 생각인) 상온 · (망상이 이어짐인) 행온 · (의식 분별인) 식온도 이와 같다."

　觀自在菩薩, 行深般若波羅密多時. 照見五蘊皆空. 度一切苦厄. 舍利子. 色不異空. 空不異色. 色即是空. 空即是色. 受想行識亦復如是.

　《관자재보살(觀自在菩薩)은 바로 관세음보살인데, 이는 대사(大士)의 두 개의 명호입니다. 법화경의 보문품에서는 관세음보살로서, 관세음보살이, 중생이 부르는 소리를 찾아 괴로움에서 구해주는 것 [尋聲救苦]에 꼭 알맞습니다.
　어제 원자력 발전소의 친구가 왔는데, 그의 모친은 불교 신앙이 경건하면서 항상 관세음보살 명호를 외우십니다. 그가 비행기를 조종하는 중에 갑자기 장애가 발생하여 매우 위험할 때, 누군가가 그에게 당신은 어떻게 다루어야 한다고 일러주는 것을 들었고, 그는 완전히 그대로 하여 결국 무사히 착륙하였습니다. 그러므로 관세음보살은 대자대비하여서 우리 일체 고난 중의 중생을 감싸주고 보호해주십니다. 이 사람의 모친은 관세음보살 명호를 외워서 관세음 대사의 가피를 얻었습니다.
　여러분이 관세음보살 명호를 외우기만 하면 그 공덕이 불가사의합니다. 평소에 염불하지 않은 사람이 위급한 재난 중에 벼락치기로 외우더라도 모두 쓸모가 있습니다. 당신이 기꺼이 외우기만 하면 뚜렷한 감응이 있을 것입니다.
　우리 이 연화정사의 한 학우는 유학생으로 미국에서 귀국한 지 얼마 되지 않아 결혼했습니다. 한 번은 비행기를 탔는데, '오늘 비행기가 불안정하다'고 느꼈습니다. 이윽고 조종사가 조종실 문으로 나오는 것이 보이더니 사람들에게 이렇게 선포하였습니다. "오늘 비행기의 기계에 고장이 발생하여 저는 비행기를 목적지까지 도달하게 할 재간이 없습니다. 그러니 여러분들 각자 결정하십시오! 낙하산으로 뛰어내리고 싶은 분은 낙하산으로 뛰어내리십시오. 하고 싶은 방법대로 하십시오. 어쨌든 저는 방법이 없습니다." 말을 마치고 그는 곧 그의 조종석으로 돌아갔습니다. 전체 객실 사람들은 처음엔 들어보니 뜻밖이라 생각이 돌아가지 않다가, 곧 이윽고 생각이 돌아가게 되자 온통 울음이 터져 나왔고 목숨이 경각에 달려있었습니다.

이 유학생은 말하기를, 당시 첫 번째 생각은 이 일이 위험하다는 것을 알았지만, 마음에서 생각한 것은 오히려 자신이 죽을까 두려워하는 것이 아니었다고 했습니다. 첫 번째로 생각이 난 것은 신혼의 부인과 아이였습니다. '내가 죽으면 그들은 어떻게 하나, 막 결혼했고 아이는 아직 어린데…' 먼저 그런 생각이 들었고, 그리고는 한 생각이 움직였는데 무엇이었을까요? 그는 갑자기 생각 났습니다, '우리 중국에는 보살이 있지 않아?' 당시 그의 생각의 움직임은 바로 이랬습니다. 조종사의 그 말을 듣고는 죽게 되었다는 것을 알자 가장 먼저 아내와 아이가 불쌍하다는 생각이 났고, 그런 다음 중국에는 보살이 있다고 생각하자마자 관음보살을 외우기 시작했습니다. 그는 비록 믿지는 않지만, 이런 사느냐 죽느냐의 절박한 고비에서 하는 염불은 흔히 평상시 불당에서 하는 염불보다 훨씬 간절합니다. 오로지 도움을 바라는 간절한 마음으로 염불하고 염불하자 그는 관세음보살이 몸을 나타내시는 것을 보았고, 그는 큰소리로 외쳐말했습니다, "여러분 울지 마세요. 당신들이 울어도 소용없습니다." 그는 자신이 본 일을 말했습니다, "저는 이미 관세음보살을 보았습니다. 결정코 계십니다. 우리 다들 함께 염불합시다."

이때 다들 생각해보았습니다, '현재 다른 방법도 없다. 다른 길은 없다. 모두 염불하자!' 그래서 객실의 전원이 모두 염불하였습니다. 계속 염불하여 다들 얼마 시간 동안 염불했는지를 몰랐습니다. 모두 일심으로 염불하였고 매우 정성껏 전일하게 염불했습니다. 그리고 자연스럽게 점점, 비행기가 평온해짐을 느꼈습니다. 차분히, 차분히 다들 눈을 감은 채 상황을 모르고 그저 일심으로 염불하고 있는데, 갑자기 비행기를 마중 나온 사람이 객실문을 열고 그들을 마중하였습니다. "도착하였습니다!" 모두들 뜻밖의 기쁨에 어쩔 줄 몰랐습니다. 비행기는 이미 착륙했습니다. 그러나 조종실 문이 열리지 않아 다른 사람이 조종실을 열어보니, 비행기를 조종하던 사람이 기절하여 있었고, 그가 입은 비행복은 온통 땀으로 흠뻑 젖어 있었습니다. 물론 의사가 응급조치를 하였습니다. 그는 눈을 뜨자마자 첫마디로 말했습니다. "당신은 가서 뒤의 객실 사람들이 무엇을 하고 있었는지 물어보십시오. 오늘 나는 비행기를 착륙시킬 방법이 절대로 없었는데 그들이 무엇을 하였는지 모르겠습니다." 공항 관계자는 손님들에게 물었습니다. "여러분들은 뒤에서 무엇을 하셨습니까?" 그들은 말했습니다. "우리는 보살 명호를 외우고 있었습니다."

관세음보살은 중생이 부르는 소리를 찾아 괴로움에서 구해주십니다. 그래서 『대승무량수경(大乘無量壽經)』에서 말합니다, "만약 위급한 재난·공포가 있을 때 단지 스스로 관세음보살에게 귀명하면, 해탈을 얻지 못함이 없다 [若有急難恐怖, 但自皈命觀世音菩薩, 無不得解脫者]." 이에 관해 많고 많은 증명과 허다한 일들이 있어서, 심지어 고대의 『관음영감록(觀音靈感錄)』을 뛰어넘습니다. 저는 많이 알고 있지만 글로 쓸 시간은 없습니다. 왜냐하면 해야 할 더 중요한 일이 있기 때문입니다. 이런 것들을 쓰고자 하면 두툼한 책 한 권을 쓸 수 있습니다. 모두 직접적인 것들이지 이리저리 전해져 주워들은 것들이 아닙니다.

반야심경에서 대사(大士)의 명호는 '관자재(觀自在)'입니다. '관자재'는 관조반야가 이미 자재하여 걸림이 없음을 표시합니다. '관'자는 진정한 자기를 관찰하는 것, 즉 자성을 관찰하는 것입니다. 자기의 주인공이 있는지 있지 않은지, 주인 노릇하고 있는지 않은지, 망심에 가려져 있는지 않은지를 관찰하는 것입니다. '보살'은 보리살타의 약칭입니다. 보리는 깨달음이고 살타는 유정입니다. 합하여 깨달은 유정입니다. 그러므로 이름을 보고서 알 수 있듯이 자기를 이롭게 해야 할 뿐만 아니라 다른 사람도 이롭게 해야 합니다. 자기만 생사 해탈하면 그만인 것이 아닙니다. 보살은 반야바라밀을 행할 수 있는 사람입니다.

　"행심반야바라밀다시(行心般若波羅蜜多時)" "심(深)"은 바로 심천(深淺)의 '심'입니다. '심'자 하나를 더하여 소승도 수습할 수 있는 통반야(通般若; 천태종의 통교는 대승과 소승이 상통하는 도를 가리킴)와 구별하여서, 오직 대승이라야 이해하고 착수할 수 있는 반야입니다. 오직 대승 수행자라야 믿고 수지(受持)하고 받들어 행할수 있습니다. 그러기에 깊은 반야바라밀이라 합니다. 관자재보살이 깊은 반야를 수행할 때,

　"조견오온개공(照見五蘊皆空)", **"조(照)"**는 바로 관조반야의 '조'입니다. **"온(蘊)"**은 쌓아둠(蘊藏), 가림(遮蓋)의 뜻입니다. 사람마다 불성이 있는데, 왜 불성이 드러나지 않을까요? 바로 이 5온이 자리를 잡아서 가리고 있기 때문입니다. 관자재보살이 5온을 관조하여 모두 공함을 꿰뚫어 보았습니다.

　"도일체고액(度一切苦厄)", **"고(苦)"**는 고통이고, **"액(厄)"**은 빈곤·질병·재난입니다. '고'에는 갖가지 괴로움이 있습니다. 기본적인 것으로 인생에는 8고(八苦)가 있는데 모두 괴로움입니다. 관자재보살이 매우 깊은 대지혜로 피안에 도달함을 닦으며 익힐[修習] 때, 반야의 미묘한 지혜로써 5온을 관조하여 5온이 모두 실유

(實有)가 아니며, 그 자체의 본질은 공(空)이며, 또한 허무하다는 공무(空無)가 아니라 제일의공(第一義空)임을 철저하게 이해했습니다[了達].100) 그리하여 "도일체고액", 자신의 몸과 마음으로 하여

---

100) 18공설(十八空說) : 대승의 근본경전인 『대반야경』과 그 주석서인 「대지도론」에는 공의 의미를 다음과 같이 열여덟 차원[十八空]으로 나누어 설명하고 있는데, 일체법이 공함을 공간적 시간적으로 밝히고자 한 것이며 공사상을 더욱 천명하였다.
　　1) 내공(內空) : 내법(內法)은 안·이·비·설·신·의근를 말하는데 이 인식기관은 인연으로 생긴 것이기에 공하여 자성이 없다는 것이다.
　　2) 외공(外空) : 외법(外法)은 색·성·향·미·촉·법경을 말하는데 이 인식대상도 인연으로 생멸하는 것이니 공하여 자성이 없다는 것이다.
　　3) 내외공(內外空) : 위의 내법과 외법을 내(內)와 외(外)를 구분하였으나 내 6근과 외 6경이 따로 따로 실재한다고 하면, 이는 자아가 있다는 허망한 집착[妄執]에서 비롯된 것으로 내(內)라는 것 외(外)라는 것도 함께 공하다고 하는 것이다.
　　4) 공공(空空) : 내외가 다 공하다고 하면 그 공한 것이 따로 있다고 생각하기 쉬우나, 공이란 것이 따로 있는 것이 아니므로 이런 관념을 깨뜨리는 것이다. 즉, 앞의 내공 외공 내외공도 공하다는 것이다. 즉 갖가지 법집을 타파하여 공임을 알지만 이 공이라는 관념에도 집착하지 않아야 한다는 것이다. 공의 일변에 떨어지는 것을 후세에는 흔히 편공(偏空) 악취공(惡取空)이라 하여 금한다.
　　5) 대공(大空) : 동서남북 ·사유(四維) ·상하(上下)의 시방허공이 본래 정해진 방향이 없어 근본적으로 공한 것인데 사람들은 허공이 실제로 있다[實有]는 생각을 가지므로 대공은 이를 타파하는 것이다. 즉, 사람들의 인식속의 방위· 공간· 원근· 크고 작음의 구분도 일종의 연(緣)에 의하여 세운 거짓 이름이므로 공이라 한다. 이는 공간의 자성에 대한 부정이다.
　　6) 제일의공(第一義空) : 승의공(勝義空)· 진실공(眞實空)이라고도 한다. '제일의'란 말은 열반을 말하는 것으로서 열반이란 모든 미혹과 허망한 집착을 떠난 불생불멸의 경계이다. 그러나 우리는 자칫 잘못하면 열반이라 할 진실한 경계가 어디에 따로 있는 것처럼 생각하기 쉬우나 만일 열반이라 하는 경계가 따로 있다고 하면 그것은 이름에 사로잡힌 우리의 인식일 뿐 열반은 어디에 따로 있는 것이 아니라고 하는 것이다. 이는 제일의를 제법실상으로 여기는 집착을 비워 물리친 것이다.
　　7) 유위공(有爲空) : 유위법은 인연의 화합으로 이루어진 모든 현상계의 법을 말하는데 이것은 불변의 자성이 없어 공하다는 것이다. 즉 5온, 12

처, 18계 등은 공하다는 것이다.

8) 무위공(無爲空) : 무위란 곧 제일의, 즉 최고의 진리를 가리키는데, 이 최고의 진리에 대한 집착을 깨뜨리는 것이다. 무위법은 유위법의 본체로서 실재하는 것 같지만 그 자체는 이미 공적한 것이니 실로 있다고 해서는 안 된다는 것을 밝힌 것이다. 『대지도론』은 이를 일러 유위와 무위는 서로 대립된 것이니 만일 유위를 제거하면 무위가 없고 무위를 제거하면 유위가 없다고 하여, 유위와 무위가 우리의 상대적 인식을 초월하여 두 가지가 별개로서 존재하고 있지 않다는 것을 밝혔다.

9) 필경공(畢竟空) : 궁극 절대의 공이다. 모든 것이 공이라고 본 궁극의 공이다. 이 공은 유(有)에 대한 상대적인 공(空)도 아니고, 우리가 생각하는 것과 같은 상대적인 공도 다시 공한 절대 부정의 공이다. 이 일체의 공까지도 공하였다는 것을 필경공이라 한다. 즉, 유위, 무위법이 다 공일진대 필경 다 공이라는 것이다.

10) 무시공(無始空) : 무제공(無際空)· 무전후공(無前後空)이라고도 한다. 이것은 시간적으로 보아 어떤 기원(起源)이 있다는 것을 부정한 것이다. 시간 그 자체는 공한 것이니, 비록 현상계에서 과거· 현재· 미래라는 삼세가 인정되더라도 그것은 우리가 인식 상에서 그렇게 나누어 놓은 것일 뿐, 과거는 무시(無始)이고 미래는 무궁(無窮)할 뿐 이라는 것이다. 연기법의 조건관계에는 정해진 시작이라고 할 것이 없는데 이것을 무시라고 한다. 그러나 실제로 하나의 무시가 있다고 생각하고 무시에 집착해서는 안 된다. 그런 집착을 깨뜨리기 위해 무시도 공하다고 말한다. 무시도 공하다는 것은 결코 유시를 표시하지 않고, 시(始)와 무시를 다 말할 수 없다는 것을 표시한다. 세간과 중생 온갖 법이 다 시작한 때가 없으니 금생은 전세에 의하여 있고 전세는 다시 그 전세에 의하여 있는 것과 같다고 대지도론은 말한다.

11) 산공(散空) : 산무산공(散無散空)이라고도 한다. 일체법은 인연조건이 화합하여 이루어지는 것으로 조건이 흩어지면 공하여 무소유가 된다는 것이다. 무위법의 입장에서 현상계의 존재 상태에 대해서 말한 것으로 유위법은 인연이 다하면 결국 흩어져 소멸함을 말한 것이다.

12) 성공(性空) : 본성공(本性空)이라고도 한다. 일체법은 인연화합으로 그 본성이 공하다는 것이다.

13) 자상공(自相空) : 제법의 개별적인 면[別相]에서는 제법에는 차고 덥고 딱딱하는 등의 저마다 상(相)이 있지만 이 모든 것은 본래 다 공하다는 것이다. 앞의 성공(性空)은 제법의 전체적인 면[總相]에서 공임을 밝힌 것이다.

14) 제법공(諸法空) : 모든 것은 실체가 없고 공임을 말한다. 위에서 말

금 분단(分段)생사와 변역(變易)생사 이 두 가지 생사의 괴로운 원인[苦因]과 괴로운 과보[苦果]를 벗어나게 하였고, 법계 전체 중생이 함께 생사의 괴로운 원인과 괴로운 과보를 벗어나게 하였습니다.》

"5온(五蘊)"은 5음(五陰)이라고도 번역되는데, 바로 색·수·상·행·식입니다. '색(色)'은 당연히 가장 뚜렷한 것으로 일체의 물질은 모두 '색'입니다. 책상, 의자, 나무걸상, 소파, 산하대지 등이 '색'입니다. 이런 것들만 '색'이 아니라, 귀로 듣는 소리, 광선 등 무엇이든 이 일체가, 심지어 자기장, 전기장도 모두 '색'입니다. 이게 이른바 색법(色法)으로서 바깥 경계에 속한 것이며 물질 방면의 법에 속합니다.

"수(受)"는 영납(領納), 영회(領會), 납수(納受)의 뜻입니다. 즉, 감수(感受)한다는 의미입니다. 당신이 어떤 색깔을 보거나, 어떤 소리

한 일체의 제법이 그대로 공하다는 것을 통틀어 말한 것이다.

15) 불가득공(不可得空) : 일체의 법이 공하다면 우리의 주관적으로 무엇을 알았다든지 얻었다든지 하는 관념조차도 공이어야 한다. 그러므로 이 경지에선 우리의 관념조차도 공하므로 번뇌와 보리가 공함은 물론 번뇌를 끊는다든지, 보리를 얻는다든지 하는 것마저도 있을 수 없게 된다.

16) 무법공(無法空) : 앞의 여러 가지 공은 법 그 자체가 공 하다는 것, 또는 공하다는 주관까지도 공하다는 것을 말하였다. 이제부터는 시간적으로 보아 공함을 밝힌 것이니 이는 과거법은 이미 다 인연이 다하여 없어져 버렸으므로 공하다는 것이다.

17) 유법공(有法空) : 인연화합에 의해 생겨난 모든 사물을 유법(有法)이라고 하고, 유법의 실성(實性)이 공하다는 것이다. 현재의 제법도 인연의 가합(假合)으로 시시각각 생멸변화하고 있으니 역시 공하다는 것이다.

18) 무법유법공(無法有法空) : 무물성공(無物性空)이라고도 한다. 무법(無法)도 유법(有法)도 모두 공이다. 무법은 사멸한 법이고, 유법은 생긴 법이다. 또는 무법은 과거·미래의 법이고, 유법은 현재의 법이다. 존재하지 않는 것도 존재 하는 것도 그 자성도 모두 공이라는 것이다. 결국 시간적으로 생기고 멸하는 일체 제법은 다 공하다는 것을 말한다.

를 듣고는 감각하여 받아들이는 것이 바로 '수'입니다. 이것은 바깥의 사물이 당신의 마음속을 부리는 일종의 접촉으로, 맨 먼저가 '수'입니다. 그래서 괴롭거나 ・즐겁거나・괴롭지도 않고 즐겁지도 않은, 이 일체의 경계를 당신이 감수하는 바가 있을 수 있는데, 이게 바로 '수'입니다.

"상(想)"은 생각입니다. 당신이 소리를 듣고 색상을 보면 사유 활동이 있을 것인데, 이게 바로 상온입니다. 〈다시 말해, 바로 갖가지 생각입니다. 안의 마음과 바깥 경계가 접촉할 때 일어나는 이해, 연상, 종합 및 분석과 같은 사유 활동입니다.〉

"행온(行蘊)"은, 당신의 이런 생각들이 지금까지 멈춘 적이 없으므로 한 생각 한 생각 이어지는 것이, 마치 흐르는 물이 앞 물결에 이어 뒤 물결이 이어지는 것과 같습니다. 그래서 망상이 이어지는 것을 '행'이라 하고, 흘러간다는 뜻인 천류(遷流)라고 합니다. 마치 물처럼 앞 물결에 이어 뒤 물결이 이어지듯이 생각 중에서 그것도 바로 이와 같습니다.

"식온(識蘊)"에서 '식(識)'은 분별하는 것[了別]입니다. 이 속은 매우 세밀합니다. 우리는 예를 하나 들 수 있습니다. 소리를 들을 경우, '식'은 이식(耳識)으로부터 줄곧 의식(意識)까지입니다. 소리는 바깥 대상인 외진(外塵)이며, 이를 가장 먼저 받아들이는 것은 이근(耳根)이고, 그다음이 이식(耳識)이며, 그다음이 의식(意識)입니다. 우리가 전화를 하면 수화기에 전해오는 것은 무엇일까요? 이쪽에서 말하는 사람이 없어도 그것은 얇은 조각이 진동하고 있는 것입니다. 그래서 당신의 귀가 받아들이는 것은, 소리가 느슨해졌다 조여졌다 하는 파동입니다. 이 음파가 당신의 귓속으로 전달되면 당신의 고막도 이 소리의 강약(強弱)에 따라 진동합니다. 당신의 고막 진동은 소리의 그것과 같기 때문입니다. 이게 바로 이근의 작용입니다. 그러므로 이 귀는 단지 이 진동을 받아들이는 것일 뿐입니다. 이식은 무슨 작용일까요? 이것이 소리임을 아는 것입니다. 그런데 의식은 이것이 종소리

인지 혹은 무슨 소리인지를 분별합니다. 그러므로 이 부분은 대단히 세밀합니다. 외진이 일단 와서 당신의 귀를 대하면, 먼저 이근이 접수하고, 그런 다음 이식이 일어나고, 다시 곧바로 의식으로 바뀌어, 의식은 무슨 소리인지를 분별합니다. 그런 다음 이것이 좋은지 추한지, 좋아하는지 좋아하지 않은지를 분별하는 것이 전부 의식의 작용입니다. 그리고 이러한 구별하여 아는 마음이 끊임없이 이어지는 것이 '행(行)'과 '식(識)'입니다. 그래서 수·상·행·식 5온의 함의에 의하면 우리는 이 5온 속에 있기에, 당신이 색상을 보거나 소리를 들을 경우, 먼저는 받아들이는 것입니다. 눈도 마찬가지입니다. 눈은 카메라의 렌즈 같습니다. 그래서 모든 사물의 모양인 형상(形象)은 우리의 안근에서는 위아래가 거꾸로[뒤집힌 이미지—역주]이며, 카메라 안에서도 모두 거꾸로입니다. 구식 카메라는 당신이 그 뒤에서 보면 형상이 거꾸로입니다. 진짜로 우리 안근에 나타나는 형상도 모두 거꾸로입니다. 그러나 당신의 안식, 의식의 관계로 인하여 비로소 그것을 바로잡는데, 이것은 마음의 작용입니다. 그러므로 '식(識)'은 심법이고, 이 물상(物相)은 색법입니다.

이 "오온개공(五蘊皆空)"에서 가장 깨뜨리기 어려운 것은 색온입니다. 왜 '색'이 공하다고 말할까요? 왜냐하면 현재 다들 알듯이, 일체 만사 만물은 일백여 종의 원자가 다르게 배합한 것에 지나지 않기 때문입니다. 몇 개의 수소, 몇 개의 산소, 몇 개의 질소, 몇 개의 탄소가 나무를 이루고, 종이를 이루며, 물을 이루고, 무슨 갖가지 것을 이루었으니, 이런 것들이 변화하고 있는 것에 지나지 않습니다. 그리고 일백여 종의 원자는 전자·중성자·양자에 불과합니다. 그러나 현재 전자·중성자·양자도 모두 깨뜨릴 수 있으며, 모두 매우 많은 새로운 것이 나올 수 있습니다. 현재 발견된 중성미자(뉴트리오)는 한 개의 전자의 수억억 분의 1 크기인데, 수만 리 떨어져 있는 강판을 꿰뚫을 수 있으며 모두 막힘없이 통과합니다. 왜 그럴까요? 그것은 너무나 작기 때문입니다. 어떤 것이든 모두 큰 틈새가 있으며, 견실하고 단단한 것은 하나도 없습니다. 모든 물체는 우리의 태양계처럼 모두 얼마의 물질의 기본 구성 요소들이 그 둘레를 돌고 있고, 그 중간은 공간이 매우 많은데 당신은 덩치가 커서 그것을 통행할 수 없습니다.

그날 동창회에서 모회년(毛懷年)이라는 친구가 풍(馮) 선생님의 말씀이 생각나서 말하기를, "새장에는 사람도 들어갈 수 없고, 새도 나올 수 없다. 그 새장에 새를 가두어 놓았지만, 개미는 마음대로 드나든다." 했습니다. 그게 바로 이런 문제입니다. 중간에 절대적인 것은 없습니다. 그래서 이 중성미자는 수만 리 떨어진 강판을 뚫을 수 있고, 게다가 중성미자는 우주에 가득 차 있습니다. 이것은 미진(微塵)에 해당합니다. 현재 과학에서도 증명하기를, 우주가 부서지면 미진이 되고, 미진이 한데 모이면 우주이며, 행성을 형성한다고 합니다. 이것은 성주괴공(成住壞空)이며, 사실 장래에는 이 모두가 무너지기 마련입니다. 장래에 대 핵폭발로 모든 것이 다 붕괴될 것입니다. 지구와 태양 무엇이든 완전히 붕괴됩니다. 그게 바로 파괴 소멸하는 괴겁(壞劫)입니다.

그렇다면 왜 이런 것들을 말할까요? 다시 말해, 이런 입자들은 모두 이른바 '파동성'과 '입자성'이라는 이중성을 가지고 있고, 그것 자체는 다른 것이 없으며 파동에 불과하다는 것입니다. 무선전파에는 어떤 것이 있을까요? 잡을 수 있을까요? 당신이 그것은 없는 것이라 하면 될까요? 일단 방송하기만 하면 당신이 수신해서, 목소리도 나오고, 영상도 나오는데 어떻게 없을 리가 있습니까? 그러나 당신이 그것을 잡아서 살펴보면 없습니다. 물리적인 파(波)에 불과하며 모두 파동이고 모두 에너지입니다. 입자성은 입자 하나하나가 있는 것이 아니라, 단지 에너지의 집중일 뿐입니다. 그래서 우주의 모든 것, 이른바 유(有)라는 것[101]은 약간의 파동, 약간의 작용에 불과할 뿐입니다. 그 진실한 고정된 물질을 잡는다는 사실은 없는 것이며, 사람의 착각입니다. 당신에게 눈병이 있기 때문에, 허공에 이런 꽃 저런 꽃이 있는 것을 보지만, 사실은 꽃이 없기에 눈병이 없는 사람은 볼 수 없습니다.

　또 예컨대 꿈을 꾸면, 전도(顚倒)됩니다. 꿈 중에는 호랑이가 와서 당신을 먹는 것을 보고, 놀라 죽을 지경이지만 사실 호랑이는 없습니다. 그래서 색은 바로 공입니다 [色卽是空]. 당신이 현재 이것이 책상과 걸상, 소파와 의자라 말하지만, 책걸상과 소파·의자는 바로 공입니다. 그것은 몇 가지 원자에 불과하고, 원자는 이들 전자·중성자·양자에 불과합니다. 전자·중성자·양자 그것도 바로 이중성입니다. 당신이 그것이 존재한다 말하지만, 그것은 조금도 붙잡을 수 없고 조금도 만질 수 없는 전파로서 약간의 에너지에 불과합니다. 이것 역시 우리 인류 과학의 일종의 개념인데, 사실은 이런 것들조차도 여전히 꿈을 꾸고 있는 것입니다. 하지만 당신은 그런 실재적인 개념이 아닙니다. 그래서 '색즉시공'으로서, 그 자체의 본질이 공합니다[當體卽空]. 바로 꿈을 꾸고 있는 것이며, 진정으로 깨어나면 곧바로 이런 일들은 없어집니다. 이는 저 자신이 이미 경험해 보니, 정말 이런 일은 없었습니다. 왜냐하면 당신은 술을 마셔 취해있고 꿈을 꾸고 있기 때문입니다. 꿈을 깨어나도록 하고자 저는 '색즉시공', 이 점을 실증한 것이 한 차례에 그치지 않았습니다.

　"색즉시공(色卽是空), 공즉시색(空卽是色)" 이것은 오늘날 이미 증명되었습니다. 현재 고에너지 물리학자들이 모두 이 점을 인정하였습니다. 그들은 실험하는 중에 작은 미립자는 갑자기 없어질 수도 있고, 없어진 상태에서 갑자기 또 나타날 수도 있어서, 그것은 공(空) 속으로부터 나올 수 있습니다. 그러므로 "공(空)"과 유(有)는 두 가지 것이 아니다."라고 과학자가 말했습니다. 따라서 "색즉시공(色卽是空), 공즉시색(空卽是色)"이 성립합니다.

---

101) 유(有)는 무(無)·공(空)의 반대말. 존재. 여기에는 실유(實有)·가유(假有)·묘유(妙有) 세 가지가 있다.

"수상행식역부여시(受想行識亦復如是)", "수(受)" 또한 이와 같고, "상(想)" 또한 이와 같아서 모두 이와 같습니다. "행(行)"과 "식(識)"은 더욱 이와 같습니다. 그래서 모두 이런 것들에 불과하고, 이런 것들 모두 공해졌는데, 당신은 여전히 받아들인다 라고 할 무엇이 있고, 그에 근거해서 일어나는 사유 활동이라고 할 무엇이 있을까요? 모두 없습니다. 이 일체는 모두 (아무리 찾아도 그 실체를) 얻을 수 없습니다. 그러므로 '오온개공(五蘊皆空)'이란 바로 그런 뜻입니다. 당신이 만약 진정으로 '오온개공'임을 안다면 그래도 괴로움이라 부를 만한 무엇이 있겠습니까! 이상은 "색불이공(色不異空)"에서부터 "역부여시(亦復如是)"까지입니다.

사리자여, 이 모든 법들의 진공 실상은 생겨나지도 않고 소멸하지도 않으며, 더럽지도 않고 깨끗하지도 않으며, 늘어나지도 않고 줄어들지도 않는다.

舍利子. 是諸法空相. 不生不滅. 不垢不淨. 不增不減.

그러기에 "이 제법은 공상(空相)"입니다. 그리고 이 '공'은 '없다[無]'는 의미의 공을 말하는 것이 아닙니다. 왕왕 어떤 사람은 '공'을 한번 체험하고 거북이의 털, 토끼의 뿔 같다고 해석하여 말하는데, 그것은 틀린 것입니다. '없다'는 의미가 아니라, 그것은 '진공(眞空)'의 뜻입니다. 진공과 묘유(妙有)는 두 가지 일이 아니라, 하나의 일입니다. 왜냐하면 진공 그것은 묘유이고, 묘유 그것은 바로 진공이기 때문입니다. 그래서 제법은 공상입니다. **"시제법공상(是諸法空相)"**이라는 진공의 경계는 '생겨나지도 않고 소멸하지도 않으며, 더럽지도 않고 깨끗하지도 않으며, 늘어나지도 않고 줄어들지도 않습니다.' 그것은 바로 우리 당사자의 자성이기도 합니다. 당사자의 자성이 바로 진공이요 바로 묘유입니다.

그러므로 진공 가운데에는 (5온이 없으니) 색이 없고 수상행식이 없으며, (6근이 없으니) 안이비설신의가 없으며, (6진이 없으니) 색성향미촉법이 없다.

是故空中無色. 無受想行識. 無眼耳鼻舌身意. 無色聲香味觸法.

이미 이와 같은 이상, 진공에는 색이 없고, 수·상·행·식도 없습니다. 앞에서 이미 5온이 모두 공하다고 말했습니다. 그래서 이것은 진공 어디에서 색·수·상·행·식을 찾겠느냐고 되풀이하는 것입니다.

다음은 "**무안이비설신의(**無眼耳鼻舌身意**), 무색성향미촉법(**無色聲香味觸法**)**"입니다. '안이비설신의'는 6근(六根)이고, '색성향미촉법'은 6진(六塵)입니다. '근(根)'과 '진(塵)'은 상대적인 것으로, 눈은 색상을 상대하고 귀는 소리를 상대하며, 코는 냄새를 맡고 향기를 맡으며, 혀는 맛을 보고, 몸은 접촉하고 감각이 있으며, 의식은 갖가지 법을 분별할 수 있습니다. 〈'법'이란 글자는 일체의 사(事)와 물(物)로서 유형과 무형, 이치와 개념, 추상적인 것과 구체적인 것, 이 모두를 법이라 부를 수 있습니다. 여기에서는, 우리가 보지 못하고, 듣지 못하며, 냄새가 없고, 맛이 없으며, 감촉이 없을 때 자기 속마음에서 대상으로 삼는[所緣] 경계를 가리킵니다. 이러한 경계들은 실제로는 5온이 남긴 그림자입니다. 예를 들면 작년에 태산에 올라 일출을 구경한 적이 있는데, 그때의 광경을 지금 회상하니, 마음속에서 생각나는 것은 그때의 태산 해돋이의 영상일 뿐입니다. 이게 바로 법진(法塵)으로서 바로 의식의 대상입니다.〉

이 6근과 6진은 상대적이며, 이 두 개를 한곳에 두면 "12입(十二入)"이라 합니다. 이것들은 서로 관련되고 서로 영향을 주어서[互入], 능(能: 주체)이 있고 소(所: 객체)가 있게 됩니다. 그래서 이 열두 가지를 12입이라 부릅니다. 그렇게 5온이 이미 "무(無)"라면 12입은 '공(空)'해져서 12입은 깨뜨려집니다. 〈그래서 "무안이비설신의(無眼耳鼻舌身意), 무색성향미촉법(無色聲香味觸法)"이라 했습니다.〉

(18계가 없으니) 안계가 없고, 의식계까지도 없다.

無眼界乃至無意識界.

이어서는 18계(十八界)인 "**무안계내지무의식계(無眼界乃至無意識界)**"를 깨뜨립니다. 이는 지극히 정련(精鍊)된 언어로서, 양쪽을 말했습니다. 자세하게 말하면 6근·6진에 6식을 더해 18이 됩니다. 〈일반적으로 안식에서 신식에 이르기까지를 전5식이라 하고 의식은 제6식입니다. 눈이 색상을 볼 때 안에는 렌즈가 있으며, 바깥에는 비추고자 하는 대상이 있습니다. 사람은 살아있는 생물로서 식(識)의 작용도 있기에 간단한 사진기가 아닙니다. 그게 안식입니다. 귀로 소리를 들음에 있어 귀는 근이고 소리는 진이며 식별하는 것으로 하나의 이식이 있습니다. 그래서 6근·6진·6식을 18계라 합니다.〉 "무안계내지무의식계"는 실제로는 18마디 말의 첫마디와 끝마디입니다. 무안계는 근(根)으로부터 말하면서, 무안계에서 무의계(無意界)까지를 말합니다 (무6근). 그 다음의 색성향미촉법에서 무색계 무성계 이렇게 이어져 무법계까지를 말합니다 (무6진). 다시 그 다음은 무안식계 무이식계 이렇게 이어져 무의식계까지를 말합니다 (무6식). 그래서 첫마디는 안계이고, 가장 마지막 한마디는 무의식계로서 18마디의 말인데, 이를 정련(精鍊)하여 이렇게 간단하게 한 것입니다. 그러기에 현장 대사가 번역한 반야심경은 문자는 적지만 의미가 많다고 말하는 것입니다. 앞서의 것들이 모두 공하기 때문에 18계도 그 실체를 얻을 수 없으니, "무안계에서부터 무의식계까지" 이 18계도 쓸어버렸습니다.

《경문 중에서 지적하기를, "무안이비설신의", 안에는 6근이 없고, "무색성향미촉법", 바깥에는 6진이 없어서, 12입이 모두 없다고 합니다. 왜냐하면 6근 6진이 모두 없는데 6식 또 어디로부터 발생하겠습니까? 그러므로 18계도 공합니다. 바로 인아(人我)와 관계가 있는 5온·12입·18계 이러한 것들이 모두 공하다는 것을 당신에게 이해시켜줍니다. 당신은 안으로 6근이 있고, 바깥으로 6진이 있을 뿐만 아니라 여기에 식(識)의 작용을 더한 것에 지나지 않는데, 요컨대 이 일체가 과거에는 '나'이며 '진실한 것'이라고 여겼는데, 반야심경은 당신에게 이 일체는 모두 없다[無]고 말해줍니다. 진실한 법성 가운데서 이러한 일체는 모두 허망이 드러내는 현상[相]입니다. 물 위의 파도를 예로 들면, 파도가 움직일 때 파도 전체가 물이며 그대로가 진공입니다. 그러기에 모두 없다고 말하여 당신으로 하여금 인아(人我)를 깨뜨리게 합니다.

제6식은 일체를 분별합니다. 무엇이 선이고, 무엇이 악인가? 무엇이 좋고, 무엇이 나쁜가? 무엇이 옳고 무엇이 그른가? 무엇이 아름답고 무엇이 추한가? 등으로 분별합니다. 제7식(말나식)은 아집(我執)인데, 항상 하나의 '나'가 있다고 집착하는 것입니다. 다시 말해서, 우리가 저마다 하나의 '나'가 되어 자기를 지키고 싶어 하고 갖가지 생각이 일어나자마자 모두 하나의 '나'가 있어서 자기도 모르게 모두 '我' 자로부터 출발하는 까닭이 바로 제7식의 작용입니다. 제8식은 장식(藏識)이라 하고, 아뢰야식이라 하는데, 모든 심신의 행위들의 기록 파일은 모두 이 안에 저장됩니다.

눈·귀·코·혀·몸은 비디오카메라의 렌즈에 해당하여, 이를 통해 외부의 것들을 찍어 들여서 제6식·제7식으로부터 제8식, 즉 아뢰야식으로 전달합니다. 이 일체가 모두 저장된 것이 바로 종자입니다. 이것이 한 방면입니다. 다른 방면은 그것은 진정으로 당신을 대표하는 것이기 때문에 최후에 떠나가고 가장 먼저 옵니다. 죽을 때 신체가 모두 무너지면, 눈·귀·코·혀·몸이 모두 작용이 없어지고, 제6식도 작용하지 않으며, 제7식도 작용하지 않게 되어버리고, 또 제8식이 최후에 몸에서 떠나간다면, 이 사람은 정말로 죽습니다.

우리는 영혼을 말하지 않고, 제8식을 말합니다. 불교에는 단견(斷見)도 없고 상견(常見)도 없습니다. 그래서 기타 모든 종교와 과학보다 높습니다. 아뢰야식은 기록 파일 보관실입니다. 여러분은 현재 제가 하는 많은 말을 듣고 두뇌에서는 허다한 새로운 기록 파일이 증가했습니다. 기록 파일에는 새로운 재료가 증가하여 방금 전과는 같지 않습니다. 당신은 방금전과 서로 비슷하지만, 방금전의 그 나는 아닙니다.

날마다 새로운 것이 증가하기 때문에 비슷함[相似]이 연속됩니다[相續]. 그것은 비슷하기 때문에 상(常)이 아닙니다. 즉, 항상 변하지 않는 것이 아닙니다. 그러나 그것은 또 연속되기 때문에 단(斷)이 아닙니다. 즉, 존재와 연속이 끊어진 것도 아닙니다. 끊어지지도 않고[不斷] 변하지 않지도 않으면서[不常], 비슷함이 연속되는 것이 아뢰야식인 제8식입니다. 하지만 지금 경문에서는 단지 전6식만 이야기하고 있습니다.》

이상은 모두 범부에게 설하신 것으로 범부의 경계입니다. 이른바 5온·6근·6진·6식·12입·18계는 모두 범부의 경계입니다. 다음은 성인의 경계입니다.

(12인연이 없으니) 무명이 없고 무명이 다함도 없으며, 더 나아가서 노사가 없고 노사가 다함도 없다.

無無明亦無無明盡. 乃至無老死亦無老死盡.

이어서는 성인의 경계로서 법집(法執)을 깨뜨립니다. 위에서는 인아(人我)를 깨드렸고, 이어서는 법아(法我)를 깨뜨리고 법집(法執)을 깨뜨립니다. "**무무명역무무명진(無無明亦無無明盡). 내지무로사역무로사진(乃至無老死亦無老死盡)**", '무명(無明)'에서 '노사(老死)'까지를 12인연(十二因緣)이라 합니다. 12인연은 성인의 법입니다. 무명 다음은 '행(行)'이고, 행 다음은 '식(識)', 식 다음은 '명색(名色)', 명색 다음은 '6입(六入)', 6입 다음은 '촉(觸)', 촉 다음은 '수(受)', 수 다음은 '애(愛)', 애 다음은 '취(取)', 취 다음은 '유(有)', 유를 조건으로 하여 '생(生)'인데, 생이란 '노사우비고뇌(老死憂悲苦惱)'로, 이 열두 가지를 12지인연(十二支因緣)이라 합니다. 소승은 이 12인연을 닦으며 천천히 간파(看破)하여, 이 몸이 있는 생사를 끊고 열반을 증득하여, 아집을 제거하고 분단생사(分段生死)를 벗어납니다. 12지인연을 관하여 도를 깨닫는 것이 바로 연각(緣覺)입니다. 성문승과 연각 2승(二乘)에서 연각은 아라한보다는 조금 높은 과위입니다. 초과(初果)를 성인(聖人)이라 부르는데, 아라한과 연각은 소승 중의 극과(極果)이기 때문에, 이 모두를 성자라고 부릅니다. 이것은 성자가 닦는 법으로서, 12인연 (무명·행·식·명색·육입·촉·수·애·취·유·생·노사)입니다.

이 12인연에 대해 조금 풀이해 보겠습니다. 여기서 말하는 '무명'은 지말무명(枝末無明)이며, 아직 근본무명(根本無明)[102]에는 이르지 않습니다. '무명'은 사리에 맞지 않게 억지 부리고 집착하는 등등 흐리멍덩한 것을 가리킵니다. 〈이해하기 쉽도록 얕게 말하면, 흐리멍덩한 어리석음이 당신이 진리를 이해하는 것을 가로막는 것입니다. 조금 깊게 말하면, 진여일상(眞如一相)을 철저하게 이해하지[了達] 못하고 분별 집착을 허망하게 일으켜서 무명을 이루었습니다. 무명은 우리가 태어나고 죽는 근본이며, 어리석음은 가장 큰

---

102) 『대승기신론』에서 무명을 근본무명과 지말무명으로 나눈다. 법계의 이치에 미혹한 최초의 망념을 근본무명이라 하고, 근본무명으로 인하여 삼세육추(三細六麤)의 혹업을 일으키는 것을 지말무명이라고 한다. 자세한 내용은 『대승기신론』을 읽어보라.

장애입니다.〉 과거에 무명이 있었기 때문에 전도(顚倒)되어, 어리석고 집착하여 당신의 행동이 있게 되었고 업을 지었습니다. 이것은 과거 전생의 인(因)입니다. 업을 지었다면 어찌 될까요? 당신은 태에 들어가기 마련이고 여전히 윤회하여야 합니다.

처음 두 개의 인연, 즉 '무명'과 '행'은 전생이며, 현재는 이번 일생을 말합니다. 이번 일생은 '식(아뢰야식)'이 태에 들어갔습니다. 그래서 "죽을 때는 맨 마지막에 떠나가고 태어날 때는 맨 먼저 와서 주인공이 된다 [去後來先做主人]."라고 합니다. 먼저 아뢰야식이 태에 진입합니다. 이것은 매우 미묘하고 미묘한데, 요즘 어떤 사람은 묻기를 시험관 아기는 어떻게 된 일이냐고 합니다. 이는 모두 불법과 서로 통할 뿐만 아니라, 대단히 대단히 상통합니다. 현재의 과학은 이미 증명하기를, 어떤 때는 태에 들어갈 때 빛을 보곤 하는데, 이는 정자와 난자가 서로 만날 때 방광을 한다고 합니다. 그러므로 석가모니불께서는 진어자(眞語者)요 실어자(實語者)입니다.

태로 들어가는 첫 번째는 바로 식신(識神)이 태에 들어가는 것입니다. 그다음은 '명색'입니다. '식'이 태에 들어간 뒤 그것은 단지 이런 이름만 있고, 아주 원초적인 약간의 색상과 한 덩이 피와 살 같은 것이 생겨납니다. 그러나 색·수·상·행·식이라는 이런 명사를 여전히 지니고 있는데, 이는 태에 들어간 지 2, 3개월 때의 상황입니다. '6입(六入)'은 '명색'이 생긴 뒤에 천천히 '6근'이 자라나는 것입니다. 왜 태아는 먼저 코가 생겨날까요? 비조(鼻祖)라고 하는데, 코가 먼저 자란 뒤에 귀와 눈이 천천히 조금씩 모두 나와 6근이 자라납니다. 6근이 6진을 접촉하여 받아들일 수 있는 것을 6입이라고 합니다. 그렇게 성장하여 아이가 태 밖으로 나오자마자 외부와 접촉하기 때문에 그 다음이 '촉'입니다. 그러기에 갓난애는 태어나자마자 웁니다. 왜냐하면 바람이 불어와 아이는 아프기 때문입니다. 자궁 안은 따뜻하였는데 갑자기 차가워 매우 고통스럽습니다. 이게 바로 '촉'입니다. 촉 다음은 바로 '수'인데, 접촉이 있으면 감수[領受]가 있습니다. 이상이 현재 받는 과(果)입니다. 이 모든 것은 과거의 '무명'과 '행'으로 말미암아 조성된 것입니다. 그래서 당신은 태에 들어가야 하고, 태에 들어간 뒤에는 필연적으로 이런 것들을 거쳐야 합니다. 태에 들어가서 태아를 이룬 뒤에 6근이 자라나고, 태 밖으로 나오면 접촉하기 마련입니다. 이상이 당신이 현재 얻은 과(果)입니다.

　과(果)를 얻어 당신이 세상에 나온 후에도 인(因)을 짓습니다. 그래서 인과는 끊어지지 않습니다. 현재의 인으로는 '애(愛)'가 있습니다. 그는 접촉하자마자 감수가 있어서 어떤 것은 좋아하고, 어떤 것은 좋아하지 않습니다. 좋아하는 것은 탐내고, 좋아하지 않은 것은 거절하려고 하는데, 이것이 바로 '애'입니다. '애'하면 '취(取)'합니다. 좋아하는 것을 내가 바라는 것이 바로 '취'입니다. '취'한 후에는 '유(有)'가 됩니다. 당신이 취하였다면 그것을 점유하게 됩니다. 이것이 금생에 짓는 인(因)입니다. '인'을 지었으면 당신은 내세에 '애愛'가 있고 '취取'가 있어서, 당신은 소유[有]하게 됩니다. 이것이 금생에 짓는 인(因)입니다. 인(因)을 지었다면 당신은 내세에 어떻게 될까요? 다시 '생'을 받습니다. 그래서 열한 번째는 '생'입니다. 마지막 두 개는 내세인데, 태어난 뒤에는 '노사(老死)', 늙고 죽고 우비고뇌(憂悲苦惱)해야 합니다. 이렇게 윤회의 수레바퀴가 쉬지 않고 굴러갑니다. 벽지불은 12지인연을 관찰하여 도를 깨닫는 자이며, 이것은 성인이 닦는 법입니다. 이것도 전부 없다고 말합니다.

　"**무무명**(無無明)"은 이러한 지말무명은 말할 것도 없고, 근본무명조차도 없다는 것입니다. 열반경에서는 석가모니불이 임종 열반할 때 갖가지 선정에 들어가 갖가지 공간으로 들어가서 이 무명을 찾아보았지만 찾을 수 없었습니다. 〈그러므로 이런 다차원의 공간이 얼마나 많은 차원의 공간인지 인정해야 합니다〉. 이렇게 간단한 것은 아닙니다. 우리 3차원 공간인 이 세계에서 찾아보니 없다면, 그정도로는 안 됩니다. 4차원, 5차원, 무한한 차원에 이르기까지 어떤 공간이든 갖가지 선정에 들어가셔서 모두 찾아보았던 것입니다. 이는 유식학의 차식(借識)의 설법과 같습니다. 천상계가 우리가 사는 이 세계의 상황을 이해하고 싶다면, 동일한 공간이 아니기에 그는 우리의 식(識)을 빌려야 합니다. 우리가 천상계의 공간을 이해하고 싶다면, 천상인의 식(識)을 빌려야 합니다. 이러한 법상(法相)을 차식이라고 합니다. 이러한 것들은 모두 불가사의한데, 이것과 모두 상통합니다. 그래서 석가모니불은 갖가지 선정에 들어간 뒤에 우리에게 한 마디 말씀하시기를 "무명은 얻을 수 없다(無明不可得)."라고 하였습니다. 영명(永明) 대사는 "우리 중생은 응당 피부를 벗겨 종이로 삼고, 뼈를 붓으로 삼으며, 피를 먹물로 삼아 이런 말씀들을 써서 부처님 은혜에 보답해야 하며, 그렇더라도 다 보답할 수 없다."라고 하였습니다. 아예 무명은 없습니다. 〈대승경전에서는 말하기를, 보살이 42품 무명103)을 완전히 끊어 없애야 비로소 궁극에 성불한다고 했는데, 왜 이곳에서 또 무명이 없다고 설하셨을까요? 이는 비유로 설명할 수 있습니다. 물(부처)과 얼음(중생)은 모두 H_2O (두 개의 수소 원자와 하나의 산소 원자가 결합한 물질—역주)로서 조금도 차별이 없습니다. 그러나 물은 걸림이 없기에 어떤 형식의 그릇에 두어도 적응할 수 있지만, 얼음은 걸림이 있어서 곳곳마다 적응할 수 없는데, 그 원인은 물이 이미 얼음으로 응결(凝結)되어버린 데에 있습니다. 문제는 단지 응결에 있기 때문에 걸림이 있게 된 것입니다. 응결의 '결' 자가 교묘한데, 딱 결박(結縛)의 '결'자입니다. 그러나 당신에게 이 응결이 무엇인지 찾아내보라고 하면, 찾을 수 없습니다. 응결은 무명을 비유합니다. 중생은 무명이 있기 때문에 걸림이 있게 되었습니다. 그러나 무명은 그 실체를 찾아보아도 얻을 수 없습니다.〉

---

103) 천태종의 교의에 의하면 원교(圓敎)에서 끊는 무명. 천태종의 원교에 서는 초주(初住)이상의 42계위에 42품의 무명이 있다고 함. 즉, 십주(十住)·십행(十行)·십회향(十迴向)·십지(十地)·등각(等覺)·묘각(妙覺)의 42위에 있어서 각각 일품(一品)의 무명을 끊는다고 함. 이것은 견사혹(見思惑)·진사혹(塵沙惑)·무명혹(無明惑)이라는 3혹 중의 무명혹임.

그러므로 "무무명", 무명이 없는데 모두 꿈을 꾸는 것입니다. 꿈속의 일이 어느 한 가지라도 있습니까? 우리는 꿈에서 깨어나야 합니다. "미친 마음이 쉬지 않다가, 미친 마음이 일단 스스로 쉬면 곧 보리이다 [狂心不歇, 歇卽菩提].”는 바로 그런 일입니다. 이 일체는, 당신이 머리를 잃어버렸다고 하는, 그런 일은 없습니다! 우리는 알아야 합니다, 무엇을 생사윤회라고 할까요? 그런 것은 없습니다. 모두 꿈을 꾸는 것이며, 현재가 바로 이런 문제입니다. 그러므로 무명이 없습니다. 그렇다면 "역무명진", 무명이 다했다고 할 무엇도 없습니다. 이미 무명이 없는 바에야, 무명이 다함도 없습니다. 그렇다면 "노사진", 늙어 죽음이 없고, "역무노사진", 늙어 죽음이 다함도 없습니다. 그래서 이 이 한마디 말로 12인연을 쓸어 없애고, 성인의 이러한 법집들을 깨뜨려 없앴습니다.

(4성제가 없으니) 고집멸도가 없고.

無苦集滅道.

"고집멸도(苦集滅道)”도 그러하며, 이 역시 성인이 닦는 것입니다. 아라한이 닦는 4제법(四諦法)은 '고'를 알아 '집'을 끊고 '멸'을 흠모하여 '도'를 닦습니다. 실제로는 순서가 집고도멸(集苦道滅)이어야 합니다. 그래서 뒷날 어떤 사람이 외도와 변론했는데 외도가 말하기를, "당신은 왜 부처님 말씀을 따르지 않고 그것을 거꾸로 합니까?" 했습니다. 사실은 그가 옳았습니다. 왜냐하면 '집(集)'이 있고서야 '고(苦)'가 있으며, '도(道)'를 닦고 나서야 '멸(滅)'이 있기 때문입니다. 이 네 마디 말은 "'고'를 알고 '집'을 끊고, '멸'을 흠모하여 '도를 닦는다.”입니다.

인생은 여덟 가지 괴로움이 동시에 핍박합니다. 오늘은 시간이 부족하여 8고를 얘기하지 않겠습니다. 당신은 이 괴로움을 알아야 합니다. 어떻게 할까요? '집(集)'은 괴로움의 원인[因]입니다. 갖가지 번뇌는 괴로움을 만듭니다. 그렇다면 당신은 이런 것들을 끊어야 합니다. 그래서 '고'를 알고, '집'을 끊습니다.. 당신은 번뇌를 모두 소멸시키고 난 뒤의 청정하고 안락한 적멸을 흠모하니, 이제 곧 도를 닦아야 합니다. 이 적멸을 흠모하면 도를 닦아야 합니다. 이게 고집멸도 4제법이며, 아라한이 닦는 법인데, "**무고집멸도(無苦集滅道)**", 이 역시 없습니다.

그래서 법화경은 말하기를, 아라한은 화성(化城)이며, 오직 일승법(一乘法)만 있다고 합니다. 사람조차도 공해졌는데 그에게 무슨 인생이 괴로움이겠으며, 괴로움이 어디로부터 오겠습니까? 그래서 고집멸도가 없다고 4제법도 쓸어 없앱니다. 이리하여 2승의 법인 12인연·4제법을 모두 쓸어 없애버려서 법집을 깨뜨립니다. 법집을 깨뜨리는 것은, 이 법이 아예 쓸모가 없다는 말과는 같지 않습니다. 바로 당신은 집착하지 말라는 것입니다. 일체의 나쁨은 바로 집착에서 나빠집니다.

(8식을 전환한 4지의) 지혜가 없고 (열반을) 얻음도 없나니, 얻을 것이 없기 때문이다.

無智亦無得. 以無所得故.

이어서는 대승의 법집을 깨뜨려서 "**무지역무득(無智亦無得)**"이라고 합니다. 이전에 통원(通願) 법사가 오셨습니다. 그날은 손 거사가 있었는데 당신은 기억하는지 모르겠군요. 우리들의 이 법담에서, 제가 말했습니다, "분명히 부처님의 무위(無爲)의 법인데, 많은 사람 손에 이르러서는 유위有爲로 변했습니다." 그녀가 회답하기를, "분명히 무루(無漏)의 법인데 사람들 손에 이르자 유루(有漏)로 변했지요."라고 했습니다. 이야말로 대화라고 합니다. 그러기에 서로 대화를 이어갈 수 있고 말이 통할 수 있어야, 대화라고 합니다. 현재 많은 수행자는 얻을 것이 있기를 생각하고 지혜를 구하고 싶어 하며, 얻는 것이 있기를 바랍니다. 이런 마음이 있으면 영원히 성공할 수 없습니다! 노자(老子)조차 이러한 이치를 알았습니다. 중국의 옛날 성인은 역시 고명했습니다. 그러므로 노자는 말하기를, "절성기지(絶聖棄智)", 성인은 필요하지 않고 지혜를 버려야 한다고 했습니다. 장자(莊子)는 "성인이 죽지 않으면, 큰 도둑이 그치지 않는다 [聖人不死, 大盜不止]."라고 말했습니다. 이것은 모두 대립적인 면인데, 항상 성인이 있으면 항상 도둑이 있어서 구분됩니다. 성인이 필요하지 않고 지혜를 버려야 합니다! 그래서 중국은 대승 불교를 지지하고 지킵니다. 대승 불교는 세계에서 중국이 여전히 진정으로 계승하고 있습니다. 여러 동남아 국가는 모두 소승입니다. 중국에 공자·노자가 있기 때문에 일본은 배워갔으며, 솔직히 말해 그들은 완전히 우리의 제자입니다. 하지만 그들이 잘 배웠습니다.

"무지역무득(無智亦無得)", 여기서의 '지혜[智]'는 보살이 성불하는 법으로서, 8식(八識)을 4지(四智)로 전환하는 것입니다.

《전5식은 성소작지(成所作智)로 전환하고, 제6식인 의식은 묘관찰지(妙觀察智)로 전환합니다. 이는 거울이 물건을 비추듯이 관찰이 매우 또렷하지만, 그러나 영향을 받지 않고 분별이 없으며 흔적이 없습니다. '나'를 집착하는 제7말나식은 평등성지(平等性智)로 변합니다. 나를 집착하기에 자기가 있고 타자가 있으면 평등하지 않습니다. 자타가 모두 같고 일체가 모두 동체이면 평등성지로 전환됩니다. 제8식은 대원경지(大圓鏡智)로 변합니다. 이 역시 하나의 비유인데, 거울은 비추지 않은 것이 없는, 하나의 크고도 둥근 거울입니다. 우리의 거울은 평면적인 것으로 단지 일방만 비춥니다. 만약 거울이 큰 공[圓球]이면 비추지 않은 곳이 없습니다. 이런 지혜가 비추지 않은 것이 없음을 대원경지라 부르고, 성불의 지혜입니다. 그래서 부처님은 바로 8식을 4지로 전환시킨 것입니다..

그런데 여기서는 왜 "무지(無智)"라고 설할까요? 바꾸어 말하면 전식성지(轉識成智)는, 아직은 당신이 성불하기 전의 수행 길에서 일입니다. 석가모니불이 성불했을 때 진정으로 도달한 것은 무엇일까요? 바로 다음 한 마디 말입니다, "일체중생은 본래 여래의 지혜와 공덕상을 갖추고 있다 [一切眾生本具如來智慧德相]." 당신더러 전환시키라고 또 요구하는 것이 아니라, 당신이 본래 일체 여래의 지혜를 갖추고 있습니다. 성소작지·평등성지·묘관찰지·대원경지는 본래 스스로 갖추고 있지, 당신이 수행으로 전환시켜서는 얻은 것이 아닙니다. 그래서 "지혜가 없습니다" 또 지욱(智旭) 대사의 『금강경파공론(金剛經破空論)』은 말합니다, "이런 까닭에 이 마음이 곧 3반야이고, 3반야는 한 마음일 뿐이다 [是故此心即三般若, 三般若祇是一心]." 반야란 수승한 대지혜로서 단지 한마음일 뿐입니다. 지혜는 파도와 같고 마음은 물과 같습니다. 물위에 파도가 일어나면 파도 전부가 물이듯이 단지 한마음일 뿐이다. 그래서 "지혜가 없다"고 말합니다.》

그러므로 이 법집도 깨졌습니다. 그래서 원각경에 이르면 오도(悟道)·수도(修道)·증도(證道)가 전부 아집의 인아상(人我相)입니다. 금강경이 말하는 것은 식(識) 상의 미혹으로서 네 가지 전도[四倒]인 4상(四相)입니다. 식(識) 상에서 미혹하면 이를 4상(아상我相·인상人相·중생상眾生相·수자상壽者相)이라고 합니다. 원각경이 말하는 것은 지혜 상에서 미혹한 4상입니다. 당신이 지혜 상에서 흐리멍덩해져서 당신의 수도·증도가 전부 이런 4상입니다. 그래서 당신이 '식'을 전환하여 지혜를 성취함에 있어, 당신이 이런 생각들을 일으킨다면 모두 4상 안에 있는 것입니다. 금강경도 사실은 법집을 깨뜨리지만, 원각경처럼 이렇게 상세하게 언급하지 않습니다. 금강경에서 부처님께서는 수보리에게 말씀하시길, "그렇다! 그렇다! 수보리여, 실로 아무 법이 없어, 여래는 아뇩다라삼먁삼보리를 얻었다 [如是! 如是! 須菩提, 實無有法, 如來得阿耨多羅三藐三菩提]."라고 하였습니다.104) 실제로 법이 없어 부처님께서 아뇩다라삼먁삼보리를 얻었습니다. 부처님께서도 법을 설하시지 않았습니다. 여래가 설한 법이 있다고 말하면 당신은 부처님을 비방하는 것입니다. 그러므로 "지혜가 없고 얻음도 없다."입니다.

《"무득(無得)", 아뇩다라삼먁삼보리를 얻음은 바로 무상정등보리(無上正等菩提)를 성취함입니다. 이른바 새롭게 성취함은 단지 원래의 본유(本有)를 회복하였을 뿐입니다. 만약 새롭게 얻음이 있다면 늘어남이 있을 것입니다. 원래가 100이고 또 1을 얻는다면 응당 101이어야 합니다. 경문에서는 앞에서 이미 '부증불감(不增不減)'이라고 밝혔습니다. 만약 얻음이 있다면 늘어남이 있어 경문의 뜻과 어긋납니다. 그래서 금강경은 말하기를, "실제로는 여래께서 아뇩다라삼먁삼보리를 얻을 어떤 법도 없기 때문이니라 [實無有法　如來得阿耨多羅三藐三菩提]."라고 했습니다. 이것이 바로

---

104) 이와 관련하여 참고로, 초기불전여구원 번역 「범본 금강경 한글 옮김」 경문 중에서 전재한다.

　"이것을 어떻게 생각하는가, 수보리여. 여래가 연등 여래의 곁에서 무상 정등각을 철저히 깨달았다 할 그 어떤 법이 있는가?"
　이와 같이 말씀하셨을 때 수보리 존자가 세존께 이렇게 말씀드렸다. "세존이시여, 제가 세존께서 말씀하신 것을 깊이 아는 바로는 여래께서 연등 여래 아라한 정등각의 곁에서 무상 정등각을 철저히 깨달았다 할 그 어떤 법도 없습니다."
　이와 같이 말씀드리자 세존께서 수보리 존자에게 이렇게 말씀하셨다. "참으로 그러하다, 수보리여. 참으로 그러하다. 여래가 연등 여래 아라한 정등각의 곁에서 무상 정등각을 철저히 깨달았다 할 그 어떤 법이란 없다. 만일 여래가 철저히 깨달았다 할 그 어떤 법이 있었다면 연등 여래가 나를 인정하지 않았을 것이다. '젊은이여, 그대는 미래세에 석가모니라 이름하는 여래 아라한 정등각이 될 것이다'라고. 참으로 수보리여, 여래가 연등 여래 아라한 정등각의 곁에서 무상 정등각을 철저히 깨달았다 할 그 어떤 법이란 없기 때문에 연등 여래가 나를 인정하기를 '젊은이여, 그대는 미래세에 석가모니라 이름하는 여래 아라한 정등각이 될 것이다'라고 한 것이다."

"이무소득고(以無所得故)"의 함의입니다.》

　사람들은 다들 얻을 것이 있다는 마음을 하나 품고 있습니다. 이 때문에 무위법이 당신한테 이르러서는 유위법이 되어버렸고, 무루법이 당신한테 이르러서는 유루법으로 변해버렸습니다. 이것은 불법이 영험이 없는 것이 아니라, 당신 자신의 문제입니다. 그래서 "지혜가 없고 얻음도 없다."라고 하였습니다. 깨달음이 열린[開悟] 사람은 "얻을 것이 있다는 마음을 완전히 없애버려야, 비로소 수행이 도달할 수 없는 곳까지 수행할 수 있다 [必須除盡了有所得心, 方能行至行不到處]." 하였습니다. 당신이 얻을 것이 있다는 마음을 말끔히 없애버려서 털끝만큼도 없어야 당신은 비로소 저 수행이 도달할 수 없는 곳까지 수행할 수 있습니다. 이런 깨달음과 증득은 수행으로 도달할 수 없는 곳입니다. 수행이 도달할 수 있는 것이 아닙니다. 이런 말들은 모두 대단히 철저합니다. 그다음은 모두 대단히 원융합니다. "이무소득고(以無所得故)", 보세요, "무소득(無所得)"을 특별히 강조하고 있습니다. 그러므로 얻을 것이 있다는 마음을 품으면 바로 제가 통원 법사에게 말한 두 마디 말에 떨어집니다. "멀쩡한 무위법이 당신한테 이르러서는 유위법으로 변하고, 멀쩡한 무루법이 당신한테 이르러서는 유루법으로 변합니다." 그것은 당신 자신만을 탓할 수 있지, 어떤 사람을 탓할 수 없습니다.

　보리살타는 반야바라밀다에 의지하는 까닭에 마음에 걸림이 없다. 걸림이 없기 때문에 공포가 없으며,(범부의 네 가지 전도·아라한의 네 가지 전도·갖가지 전도된 견해의) 전도와 (망상)몽상을 멀리 떠나서, 완전한 열반을 성취한다.

　菩提薩埵. 依般若波羅密多故. 心無罣礙. 無罣礙故. 無有恐怖. 遠離顚倒夢想. 究竟涅槃.

"이무소득고(以無所得故), 보리살타(菩提薩埵)", '보리살타'는 바로 보살입니다. "의반야바라밀다고(依般若波羅密多故)", 이 '얻을 바가 없음(無所得)'은 바로 반야바라밀다입니다.

《보리살타는 얻을 것이 없기 때문에 반야바라밀다에 의지하여 마음에 걸림이 없습니다. 만약 얻을 것이 있다는 마음을 언제나 지닌다면 반야의 길을 걸어갈 수 없습니다. 얻을 것이 있기를 바란다면 구할 것이 있게 되고, 구할 것이 있다면 할 것이 있습니다. 그러면 모두 유위법이 되어버립니다. "일체 유위법은 꿈, 허깨비, 물거품, 그림자 같다 [一切有爲法, 如夢幻泡影]." 유위법이면 반야가 아니게 되어버리기 때문에 반드시 얻을 것이 있다는 마음을 완전히 없애야 비로소 수행이 도달할 수 없는 곳까지 수행할 수 있습니다. 이 반야는 사람들이 수행하여 도달할 수 없는 곳이며, 당신이 수행하려면 얻을 것이 있다는 마음을 반드시 모조리 없애야 비로소 수행할 수 있습니다. 이 부분을 우리가 분명히 알게 되었습니다. 보리살타는 "이무소득고", 얻을 바가 없기 때문에 당신은 구함이 없고 함이 없습니다[無求無爲]. 당신이 구함이 없고 함이 없어야 비로소 반야바라밀다에 의지하여 눈앞에 있는 만사 만물은 그 자체의 본질이 바로 공임을 시시각각 관조할 수 있습니다. 꿈 속의 사물을 예로 들면, 꿈속에서는 호랑이가 진실로 있어 자신을 물려고 하는 것을 보지만, 실제로는 완전히 허망이어서 무서워할 필요가 없는 것처럼, 일체에 대해서도 응당 이렇게 대하여야 합니다. 시시각각 어느 곳에서나 이렇게 관조하여 훈습(熏習)하기를 오래 오래 해가서 완전히 익숙해지게[純熟] 되었을 때는 경계에 대해 무심하고 망념이 일어나지 않을 수 있습니다. 이는 저절로 일어나지 않는 것이지 억지로 없어지게 하는 것이 아닙니다. 만약 망념을 떠난다면 걸리는 장애가 무엇이 있겠습니까?》

그러기에 "심무가애(心無罣礙)", 당신은 본래 갖추고 있어 늘어나지도 않고 줄어들지도 않으니 조금도 모자람이 없습니다. 그래도 당신에게 무슨 걸림이 있겠습니까? 걸림도 사라졌습니다.

그렇다면 "**무유공포(無有恐怖)**", 공포도 사라져버렸으니, 무슨 두려워할 것이 있겠습니까? 본래 모두 갖추고 있습니다. 이 일체의 무명도 본래 공합니다. 이 일체는 모두 허깨비 경계[幻境]입니다. "허깨비인 줄 알고, 허깨비를 떠납니다. 허깨비를 떠나면, 바로 깨달음입니다 [知幻即離, 離幻即覺]."

그래서 "**원리전도몽상(遠離顚倒夢想)**", 전도몽상을 멀리 떠납니다. 〈전도(顚倒)는 이지적이지 못한 모든 생각과 행동입니다. 범부에게 네 가지 전도된 견해[四倒]가 있고, 2승에게도 네 가지 전도된 견해가 있습니다.〉

"**구경열반(究竟涅槃)**". 〈반야심경은 문자반야이니, 그 속의 심오한 묘의(妙義)를 이해하여, 관조(觀照)를 일으켜 5온이 모두 공하고 일체 얻을 수 없음을 반복해서 훈습합니다. 그리하여 점차 무위(無爲)로 들어가 범부의 네 가지 전도·아라한의 네 가지 전도·갖가지 전도된 견해를 멀리 떠날 뿐만 아니라 몽상을 멀리 떠납니다. 몽상은 바로 망상입니다. 관조가 완전히 익숙해져서 망상이 저절로 일어나지 않고, (잡념 집착의) 한 생각도 일어나지 않는 것을 "구경열반"이라 합니다. 아라한이 증득한 것은 단지 인공(人空)이며, 법공(法空)을 증득하지 못해서 유여열반(有餘涅槃)일 뿐입니다. 대승은 인(人)과 법(法)아 모두 공하며, 무여열반(無餘涅槃)을 증득합니다. 열반의 뜻은 적멸(寂滅)이며, 원적(圓寂)이라고도 번역합니다.〉 열반은 3덕의 드러난 것입니다. 3덕은 법신덕(法身德)·반야덕(般若德)·해탈덕(解脫德)입니다. 〈반야에 의지해야 비로소 무량한 번뇌 속으로부터 해탈을 얻을 수 있고, 해탈덕을 성취합니다. 법신덕도 반야덕이라야 자신의 법신을 회복할 수 있습니다. 미혹한 때는 알지 못하고, 지혜의 광명이 비추어야 비로소 현현할 수 있습니다.〉 그러므로 여기는 다들 눈을 갖추어야 합니다. "**이무소득고(以無所得故)**" 다음은 어떠할까요?

삼세의 모든 부처님도 반야바라밀다에 의지해 아뇩다라삼먁삼보리를 얻는다.

三世諸佛依般若波羅密多故. 得阿耨多羅三藐三菩提.

"삼세제불의반야바라밀다고(三世諸佛依般若波羅密多故). 득아뇩다라삼먁삼보리(得阿耨多羅三藐三菩提)." 중에서 당신은 어느 한마디를 집어 줄까요? 어떻게 당신더러 집어 줘어라고 허락할 수 있겠습니까? 방금 '무소득(無所得)'을 말했는데, '얻을 것이 없음'이야말로 그것입니다. 그다음이 이어집니다. 이미 바로 그렇기 때문인 바에야, 삼세제불은 반야바라밀다에 의지하므로 아뇩다라삼먁삼보리를 얻습니다. 〈시방제불은 최초에 보리심을 일으키고 나서부터 중간에 보살도를 행하며 줄곧 최후 성불에 이르기까지 반야를 선도자로 삼지 않음이 없습니다. 그래서 반야를 제불의 어머니라 부릅니다. **아뇩다라**(阿耨多羅)는 무상(無上)이라 번역할 수 있고, **삼먁삼보리**(三藐三菩提)는 정등정각(正等正覺)으로 번역하며, 이를 합하여 무상정등정각이라고 합니다. 이것이 증득된[所證] 최고 무상의 과(果)입니다. 이전까지는 줄곧 "무득(無得)"을 말하였고, 여기서 갑자기 부처가 무상정등정각을 얻음이 출현하는 것은 중도(中道)를 바르게 드러내는 것으로, 얻음이 없는 얻음이라야 진정한 얻음(真得)이라는 것입니다. 얻었으면서 얻음이 없어서 부처는 자기가 아뇩다라삼먁삼보리를 얻었다는 생각을 하지 않습니다.〉

그래서 「상해(上海) 1차 대토론」에서 두 무리의 거사들이 공원에서 공개 토론을 가졌는데, 토론이 꼴사나웠습니다. 이는 벌써 십여 년이 지났습니다.

뒷날 상해 사람이 왔는데, 그들은 우리가 이 일을 알고 있다는 것을 알고는 놀라면서 말했습니다, "당신들도 알고 있군요!" "당신네 일을 우리가 어떻게 모르겠어요." 한 팀은 "닦음도 없고 증득도 없다 [無修

無證].”라고 말하였고, 다른 한 팀은 “닦음도 있고 증득도 있다 [有修有證].”라고 보았습니다. 이 둘은 서로 고집을 부리며 지려고 하지 않았습니다. 그래서 공원에 가서 토론하였습니다. 토론한 뒤에도 아직 안 되겠기에, 다시 2차 토론을 했습니다. 나중에 스님 한 분이 와서 말하기를, “당신들 두 팀은 모두 틀렸소! 이렇게 토론하는 것은 정말 좋지 않습니다!”라며 조정하였습니다. 그의 이것은 무엇인가 하면, 닦음이 없는 닦음[無修之修]으로써 얻음이 없는 얻음[無得之得]을 얻고, 증득이 없는 증득[無證之證]을 증득한다는 것입니다. 일률적으로 닦음이 없고 증득이 없는 것이 아니며, 또한 일률적으로 닦음이 있고 증득이 있다는 것도 아닙니다. 요컨대 “닦으면서 닦음이 없고, 닦음이 없으면서 닦으며, 증득하면서 증득함이 없고, 증득함이 없으면서 증득한다 [修而無修, 無修而修 ; 證而無證, 無證而證].”는 것입니다. 그러므로 반야바라밀다에 의지하여 역시 아뇩다라삼먁삼보리를 얻습니다. 앞에서 ‘얻는 것이 없다’가 있는 까닭에, 이 ‘얻는 것이 없다’를 틀어쥐고 있습니다. 그러므로 이런 것들은 중생의 의식이 도달할 수 있는 곳도 아닙니다. 그러기에 오직 잘 열심히 공부해야만 서서히 자기가 부합할 수 있습니다. 왜냐하면 당신이 본래 갖추고 있는 것이기 때문입니다.

 그러므로 알지니, 반야바라밀다는 (견줄 수 없는 미묘한 작용을 함께 갖추고 있기 때문에) 대신주이며, (지혜광명이 두루 비추는 모습을 함께 갖추고 있기 때문에) 대명주이며, (모두 실상을 본체로 삼기 때문에) 무상주이며, (반야와 주문은 함께 한마음으로서, 어떠한 법도 이 마음과 동등할 수 없으며, 이 마음은 일체 제법과 동등할 수 있어서 그것들이 실상(實相)의 정인(正印)으로 돌아가게 하기 때문에) 무등등주이며 모든 고통을 없앨 수 있으며, 진실하여 허망하지 않다.

 故知般若波羅密多是大神咒. 是大明咒. 是無上咒. 是無等等

咒. 能除一切苦眞實不虛.

　그러므로 "**반야바라밀다**가 대신주(大神咒)이고 대명주(大明咒)이며…진실하여 허망하지 않다."는 것을 압니다. 이런 것들은 모두 무엇을 말하는 것일까요? 주문은 불가사의하기 때문에 이 주문을 이용하여 반야를 찬탄하는 것입니다. 대명(大明)·무상(無上)·무등등(無等等)은 모두 찬탄하는 말입니다. 〈반야심경의 깊은 반야는 견줄 수 없는 미묘한 작용을 함께 갖추고 있기 때문에 대신주입니다. 지혜광명이 두루 비추는 모습을 함께 갖추고 있기 때문에 대명주입니다. 모두 실상을 본체로 삼기 때문에 무상주(無上咒)입니다. 반야와 주문은 함께 한마음으로서, 어떠한 법도 이 마음과 동등할 수 없으며, 이 마음은 일체 제법과 동등할 수 있어서 그것들이 실상(實相)의 정인(正印)으로 돌아가게 하기 때문에 무등등주(無等等咒)입니다.〉 그러므로 이 반야바라밀다는 모든 괴로움을 없앨 수 있고, 진실하여 허위가 아닙니다. "**시대신주, 시대명주, 시무상주, 시무등등주, 능제일체고, 진실불허**".는 반야의 힘입니다.

　　그래서 반야바라밀다주문을 설하니, 그 주문은 다음과 같다.
　　아제아제 바라아제 바라승아제 모지사바하.

　故說般若波羅密多咒. 即說咒曰. 揭諦揭諦. 波羅揭諦. 波羅僧揭諦. 菩提薩婆詞.

　이어서 주문을 말합니다. 어떤 사람이 이 주문을 번역하는 것은 아주 통하지 않는 일입니다. 다른 주문도 번역하고 있는 사람이 있고, 많은 사람이 주문 번역을 염두에 두고 있으나, 이는 정말 황당한 일입니다. 그래서 오늘날은 무슨 일이나 다 벌어지고 있습니다. 반야심경의 좋은 점은 바로 여기에 있습니다. 즉, 현설(顯說)이 있고 밀설(密

說)이 있으며, 현설로부터 밀설로 들어간다는 점입니다. 앞부분에는 언설이 있고, 뒷부분에 이르러서는 언설을 떠나는, 바로 이러한 안배는 대단히 교묘한 것입니다. 당신이 이것을 번역하면 전부 언설로 변해버립니다. 이렇다면 불보살이 원래 중생을 위해 안배한 좋은 의도를 파괴하는 것입니다. 게다가 주문 한 자 한 자마다 모두 무량한 뜻이 있습니다. 당신은 그것의 뜻 하나를 번역할 뿐입니다. 사람들은 말하기를 '괘일루만(掛一漏萬)'이라고 하는데, 가장 중요한 한 가지를 적느라 나머지를 모두 빠뜨린다는 것입니다. 당신의 그게 '괘일루만'입니다. 그러므로 주문은 그 뜻을 상관하지 말고 외워야 합니다. 예전에 제가 스무 살이었을 때 금강경의 '무주생심(無住生心)'을 읽어보고는 중생은 오직 이 염불일 뿐이라고 판단했습니다. 또 생각하기를, "아마도 주문을 읽는 것이 좀 더 좋을지 모른다. 왜냐하면 그것은 당신의 세속적인 이런 생각을 떠나버렸기 때문이다." 라고 생각했습니다.

여기 이곳의 건륭(乾隆) 황제가 써놓은 주문의 발음은 우리 연화정사(蓮花精舍)가 현재 외우는 발음과 가깝고, 티베트어의 발음과도 가깝지만, 원래의 그 발음과는 가깝지 않습니다. 제가 건륭 황제가 써놓은 발음을 외워보면 그가 쓴 반야심경은 '다야타' 라는 이 세 글자가 더 많습니다. 건륭 황제가 쓴 반야심경에서 주문은 다음과 같습니다,

다야타ㄹ tad yathā 答[達鴉][塔阿]
가테가테 gate gate 噶得噶得
파라가테 paragate 巴喇噶得
파라상가테 parasaṃgate 巴喇桑噶得
보디 스와하 bodhi svāhā 玻堤娑訶

이것은 제대(齊大) 사형이 서강(西康)에서 배워 온 발음과 가까워

큰 차이가 없습니다. 그러므로 원래 그 주문 위에 인쇄된 것은 모두 발음이 심하게 벗어났다는 점을 여러분은 알아야겠습니다. 그러나 발음이 벗어났어도 중요하지 않으니 그저 외우기만 하십시오. 모두 불가사의한 공덕입니다. 여래께서 모두 아시고 모두 보시니, 당신의 발음이 벗어나도 여래께서는 당신이 외우는 것이 이 주문인 줄 아십니다. 낮은 호법(護法)은 아마 그리 또렷하게 듣지 않을 것입니다. 낮은 호법은 아마도 그리 또렷이 들리지 않아서 바로 그럴 것입니다.

이상으로 하 선생님이 강의한 반야심경의 함의를 얘기했고, 이 반야심경의 화룡점정의 붓은 지나갔습니다. 그에 이어서 저는 또 뱀을 그리고 발을 더하는 식으로 이 반야심경 전체의 함의를 좀 말했습니다. 앞의 하 선생님의 것도 수승하고 반야심경도 수승하니, 이 둘을 한데 결합할 수 있습니다.

제4장 염불법문 필기 연역

(演繹夏師慈示念佛筆記)

다시 염불 법문입니다. 차가 3시에 올 것이니 우리는 그때까지 45분의 시간이 있습니다. 45분 동안 또 좀 얘기해 보겠습니다. 역시 하선생님의 한 차례의 법문입니다.

하선생님의 법문
을미(乙未)년 정월 13일 저의 집에서 하시다 :

을미년(1955년)의 음력설 이후 보름 이전 13일인가 그날 제가 아마 여러분을 오시라 청했을 것입니다. 제(齊) 씨나 여(余) 씨 여러분은 어렸을 것이고, 어쨌든 여러분의 부친 등이 오셨습니다. 제대 사형은 틀림없이 오셨습니다. 유대 사형은 멀어서 찾기가 쉽지 않았습니다. 그분들은 모두 저의 집 부근에 살았습니다. 그분들은 백탑사(白塔寺)에 계셨고 그는 금(錦) 무슨 거리 길에 살았습니다. 제가 자전거를 타고 한 번 돌아 그분들을 모두 약속해서 오셨습니다. 지금 시간이 아직 충분하니 우리는 좀 자세하게 얘기해도 무방하겠습니다.

오늘은 감회가 남다르다. 과거에는 매주 한 차례였는데, 지금은 도량을 만나기 어렵다. 오늘은 수승하고 또 수승하다. 도량이 하나 있어 향과 꽃을 공양 올리고 수행 도반들이 모였으니, 그 속에는 수승한 인과가 있다. … 이곳을 늘 도량으로 삼고 밀법을 항상 닦으니, 이곳이 이미 금강지(金剛地)가 되었다.

今天感想甚多：過去每週一次, 現在道場難遇, 今天是殊勝又殊勝. 有一道場, 香花供養, 同修聚會, 其中有殊勝因果. ……此處常作道場 常修密法, 此地已成金剛地.

다들 모이자 하 선생님이 말씀하였습니다. "과거에는 매주 한 차례였지만", 저의 집에 오셨고 많은 분이 대부분 참가했습니다. "지금은 도량을 만나기 어렵다." 해방이 되었으니까요. "오늘은 수 승하고 수승하다." 강설할 수 있는 사람이 있고 또 들을 수 있는 사람이 있으며 "도량이 하나 있어 향화(香花)를 장엄하고 도반들이 모여 있으니, 이 속에는 수승한 인연이 있다." 그러므로 하 선생님 은 말씀하기를 저의 "이곳을 항상 도량으로 삼으니, 이곳이 금강 지(金剛地)가 되었다."고 합니다. 이런 말씀은 하 선생님이 한두 번 하신 것이 아니었습니다. 이어서는 부처님 명호를 강의합니다.

한 마디 부처님 명호는 세간법을 버리지 않고 불법을 증득하는 것이다.

一句佛號即是不廢世法而證佛法.

말씀하기를, 이 한 마디 부처님의 명호는 바로 세간법을 버리지 않 고 불법을 증득한다고 합니다. 이는 원래 심선등(沈善登) 거사의 말 씀인데, 그는 특별히 정토법문을 찬탄하였습니다. 그가 말씀한 것은 네 마디인데, 하 선생님이 여기서 그 중에 두 마디를 인용하였습니 다. 심선등 거사는 말하기를, 정토법문은 "불법을 떠나지 않고, 세간 법을 행한다 [不離佛法, 而行世法].", 불법을 떠날 필요 없이 당신은 세간의 일체법을 행할 수 있다고 했습니다. "세간법을 버리지 않고도 불법을 증득한다 [不廢世法, 而證佛法]." 세간법을 모두 버릴 필요 없이 당신은 불법을 증득할 수 있습니다. 그러므로 이것은 재가자가 특별히 닦기 쉬운 하나의 법문으로서 대단히 근기에 잘 맞습니다. 『무량수경(회집본)』은 문수・보현・미륵 등 몇몇 대보살을 나열한 후, 「제2품 덕준보현품(德遵普賢品)」에서 시작하자마자 현호(賢護) 등 16정사(正士)를 나열했습니다. 이 '정사'는 어떠한 사람일까요? 바로 재가자, 재가의 보살입니다. 그리고 16명에만 그치는 것이 아니라 이 16명은 재가보살의 상수(上首)입니다. 현호 대보살은 매우 많은 경전에서 언급되며, 『현호경(賢護經)』에서만은 등각보살로서, 인도에 강생(降生)하여 대부호 상인이 되었습니다. 그리고 다른 정사들은 모두 타방세계로부터 와서 부처님이 널리 교화하시도록 돕고자 거사의 몸으로 나타나신 분입니다.

그래서 이 법문은 특별히 재가불자들에게 적합합니다. 당신이 세간법을 버리지 않고서도 여전히 불법을 증득할 수 있으며, 또한 당신이 불법을 떠나지 않으면서 세간법을 행할 수 있다는 점에서 그렇습니다. 당신이 그림을 그리는 사람이면 그림을 그려도 되고, 당신이 글을 쓰는 사람이라면 글을 써도 되며, 당신이 컴퓨터를 설계하는 사람이라면 컴퓨터를 설계해도 되며, 당신이 외국어를 강의하는 사람이라면 외국어를 가르쳐도 됩니다. 어떤 일이 당신이 수행하는 데에 방해하겠습니까? 당신의 세간의 일은 모두 할 수 있습니다. 당신은 이런 세간법들을 버릴 필요 없이 불법을 증득할 수 있습니다. 이게 바로 정토 법문이 특별하면서도 이 시대에 적합한 이유입니다. 만약 요즘 시대에 어떤 법문을 제창하는데, 사람들이 모두 생산도 할 수 없고, 사회적인 직업 일도 할 수 없으며 모두 문을 닫아걸고 수행해야 한다면, 이러한 불교가 당신이 존재하도록 허락할까요? 그러므로 정토 법문은 근기에 맞습니다. 장래에 시대가 발전하여 어떤 모습이 되든지 간에 지금부터 줄곧 최후까지(여기에는 두 가지 설이 있습니다. 일설은 앞으로 4천 년 동안이라 하고, 일설은 9천 년 동안 불법이 여전히 세상에 머물 것이라고 합니다) 모두 근기에 부합(符合)합니다.

그래서 하 선생님은 말씀하기를, "한 마디 부처님 명호는 세간법을 버리지 않고 불법을 증득하는 것이다."라고 합니다. 보세요, 이 한 마디 부처님 명호만으로 당신은 증득할 수 있습니다. 이 한 마디 부처님 명호는 당신이 무슨 일을 하더라도 외울 수 있습니다. 송나라 시절 황타철(黃打鐵)은 대장장이로 일자무식이었습니다. 누군가 그에게 염불을 가르쳐 준 뒤로는 풀무질을 하면서 나무아미타불 나무아미타불 … 하고, 망치를 가지고 쇠를 두들기면서 나무아미타불 나무아미타불 … 염불하였습니다. 3년 후에 그는 서 있는 채로 왕생했는데, 서 있는 채로 말하기를, "띵땅 띵땅 띵땅, 오랫동안 단련하여 강철이 되었다. 태평이 장차 이를 것이니, 나는 서방극락에 간다 [叮叮噹噹, 久煉成鋼. 太平將至, 我往西方]." 황타철은 망치를 땅에 똑바로 세우고서 서 있는 채로 왕생하였습니다. 그는 불법을 증명하였습니다. 그는 세간법을 버리지 않고 여전히 쇠를 두드렸습니다. 그는 "나는 이제부터는 쇠를 두드리지 않겠다." 말하지 않았고 그는 평소대로 쇠를 두드렸으니, 그렇지 않습니까? 다음은 하 선생님의 말씀입니다.

다만 잊지 않을 수 있다면, 그게 바로 공부이다. 만약 장소가 없어서 닦을 수 없다고 여긴다면, 바로 불법과 세간법을 두 토막으로 나누어버린 것이다. 정토 법문은 부처님께서 제자들이 질문하지 않았음에도 스스로 설하신 것은, 불법을 떠나지 않으면서 세간법을 행할 수 있기 때문이다.

但能不忘, 即是功夫. 如認爲沒有地方不能修, 即是將佛法世法打成兩截. 淨土法門佛不問自說, 就因爲可不離佛法而行世法.

"다만 잊지 않을 수 있으면, 그게 바로 공부이다 [但能不忘, 即是功夫].", 방금 제대(齊大) 형수께서 여전히 망상들이 있다고 말씀하셨지만, 아무 관계가 없습니다. 이 한마디 부처님 명호를 당신이 아예 잊어버리지만 않는다면, 공부가 있는 것입니다. 다만 잊지 않을 수 있으면 그대로가 공부입니다. 때로는 망상이 뚫고 나오면 당신은 곧바로 알아차리고, 그것을 따라 달리지 않고 곧바로 부처님 명호를 이어가는 것은 지장이 없습니다.

하 선생님은 비평하여 말하기를, "장소가 없어서 닦을 수 없다고 여긴다면, 바로 불법과 세간법을 두 토막으로 나누어버린 것이다."라고 하였습니다. 다시 말해 "장소가 있지 않으면 안 된다. 불당(佛堂) 등을 깨끗이 정리하여야 나는 닦을 수 있다. 반드시 또 다른 환경이 있어야 한다." 이게 바로 불법과 세간법을 두 토막으로 나누어버린 것입니다. 어느 장소이든 닦을 수 있고, 무슨 일을 하는 중이든지 모두 닦을 수 있습니다.

"정토 법문은 부처님께서 제자들이 질문하지 않았음에도 스스로 말씀하신 것이다." 그래서 아미타경에는 누군가의 질문이 없습니다. 부처님께서는 크게 자비로우셔서 제자들이 묻기를 기다리지 않고, 사람들에게 말씀하여 주시기를, 서방 극락세계가 있으며 그곳에 아미타불이 계시는데, 어떻게 해야 갈 수 있다고 하였습니다. 왜 부처님께서는 제자들이 묻지 않았음에도 스스로 말씀하셨을까요? 왜냐하면 정토 법문은 불법을 떠나지 않으면서 세간법을 행하기 때문입니다. 불법을 떠날 필요없이 당신은 세간법을 행할 수 있습니다. 다음은 하 선생님의 말씀입니다.

한 마디 부처님 명호는 현교라 불러도 좋고, 밀교라 불러도 좋다.

一句佛號稱爲顯亦, 密亦可.

이 한 마디 부처님 명호를 외우는 것을, 당신이 현교라고 말해도 좋고, 당신이 닦는 것이 밀교라고 해도 좋습니다. 방금 어떤 분이 이 부처님 명호는 바로 비밀 진언이라고 말하지 않았습니까?

정토법문은 밀종을 드러내어 설한 것이다.

淨土法門是密宗顯說.

밀종을 드러내어 설하여 공개한 것이 바로 정토 법문입니다. 다음은 하 선생님이 말씀합니다.

부처님 명호를 중단하지 않고, 번뇌·고통·기쁨이나 즐거움 속에서도 잊지 않기만 하면, 그게 바로 공부이다. 단지 기꺼이 외우기만 하면, 절반을 성불한 것이다. 응급 구조하듯이 해야 하니, 그렇게 한마디를 외운다면 곧 한마디를 외운 것이다.

只要佛號不斷, 在煩惱、苦痛、歡喜中不忘, 即是功夫. 只要肯念, 成佛一半. 要搶救, 救一句是一句.

이 말씀은 모두 대단히 간절합니다. 당신이 기꺼이 외우기만 하면 절반을 성불한 것입니다. 현재 다들 서둘러 구하려면 망상이 있는지 없는지 상관하지 마십시오. 당신은 여전히 망상을 하고 있지 않습니까? 당신은 서둘러서 한 마디를 외운다면, 곧 한 마디를 외운 것입니다. 한 마디에만 그치지 않고 하루에 1천 마디 1만 마디이지요? 이렇다면 옳습니다. 응급 구조한다는 '창구(搶救)'라는 이 두 글자를 체득해야 합니다. 다음은 하 선생님의 말씀인데 중요합니다.

염불이 한덩어리를 이루거나, 일심불란(一心不亂)하여 이일심(理一心)이나 사일심(事一心)에 도달한 것은 모두 증득이다. 일반적으로 말해서 잊지 않음이 곧 증득이다. 괴롭거나 즐겁거나 바쁘거나 한가하거나 항상 이 한 마디 명호가 있으면 곧 증득이요, 증명이자 증거이다. 이것을 증득하지 않으면 정각을 증득할 수 없다.

念到成片, 一心不亂, 理一心, 事一心, 都是證. 一般說來, 不忘就是證. 苦樂忙閑老有這一句就是證. 就是證明, 就是憑據. 不證這個, 不能證正覺.

염불이 한덩어리를 이룰 수 있는 정도까지 도달하면 청정합니다. 다시 진보하면 곧 일심불란(一心不亂)이며, 이일심(理一心)이나 사일심(事一心)입니다. 이에 도달하기는 그리 쉽지 않습니다. '사일심'은 염불이 언제나 이 한 마디 명호가 있게 되어서, 무엇을 할 때나 이 한 마디 명호가 내내 끊어지지 않으며 견혹(見惑) · 사혹(思惑)이 없어진 경지에 도달한 것입니다. 그러므로 이것은 구체적이며, 불법은 가장 과학적인 것입니다. 많은 사람이 어지럽게 염불하는데, 당신이 어지럽게 염불하면 우리는 보자마자 압니다. 당신은 '사일심'이라고 하지만 아직 견혹과 사혹이 있으니, 그건 아닙니다. 염불이 '이일심'의 경지에 도달하면 무명(無明)을 깨뜨립니다. 그러므로 염불은 무명을 깨뜨리는 가장 좋은 방법이며, 이 모두는 증득입니다. 그렇다면 증득이 아닐까요? 물론 증득입니다. 염불이 한덩어리를 이룬 것이 증득입니다. 일반적으로 말하면, 잊지 않는 것이 바로 증득입니다. 당신이 이 일을 늘 기억하고, 언제나 그것을 주요한 한 가지 일로 삼는 것입니다.

제가 늘 말씀드리는데, 당신이 자신에게 불법을 유일한 것으로 삼으라고 저는 요구하지 않습니다. 저는 단지 당신이 그것을 첫 순위의 일로 삼으라고만 요구합니다. 이런 요구는 높은 것이 아닙니다. 만약 당신이 불법이 유일한 것이라고 요구한다면, 다른 것은 모두 마땅히 내려놓아야 전심으로 수행할 수 있다고 저는 생각합니다. 저는 그런 요구를 하지 않으며 시대에도 부합하지 않고 현대인의 근기에도 부합하지 않습니다. 그럴 뿐만 아니라 그렇게 해도 좋을 것 같지 않습니다. 그러나 당신이 그것을 첫 순위의 일로 삼으면 하기 쉽고, 당신이 둘째 순위, 셋째 순위의 일을 돌볼 수 있습니다. 그러나 모순이 있을 때 두 가지를 겸할 수 없으니, 당신이 선택해야 할 때는 당신은 응당 보증하기를 그것이 첫 순위의 일이고 둘째 순위의 일은 포기한다고 해야 합니다. 이렇게는 우리가 해낼 수 있는 것으로, 불법의 일을 첫 순위로 삼는 것입니다. 유일한 것으로 삼으라는 것이 아닙니다. 유일한 것으로 삼으라면 사람들에 대해 요구가 너무 높습니다.

그래서 말하기를 이 한 마디 명호가 늘 있는 것이 바로 증득이라고 합니다. 이것이 바로 증명이요 증거입니다. 이것을 증득하지 않으면 정각을 증득할 수 없습니다. 당신이 '잊지 않는 것[不忘]'조차 해내지 못하고 '염불이 한덩어리를 이루는 것[念成片]'도 해내지 못하면서도 당신이 성불하고 싶다면, 성취할 수 없습니다.다음의 '제 1단계의 증득'은 하 선생님의 말씀입니다.

제 1단계의 증득은 바로 여기서부터 증득하기 시작해야 한다. 일심불란하지 않아도 왕생할 수 있지만, 일향전념하지 않으면 왕생할 수 없다.

第一步證, 就是要從這裏證起. 不一心不亂, 也能往生. 不一向專念, 不能往生.

그래서 우리는 역시 염불이 좀 전일(專一)해지도록 해야 합니다. 수행[修持]은, 마치 이 일도 미련이 남아 버리지 못하고 저 일도 미련이 남아 버리지 못하여, 뭔가가 아직 조금씩 있는 듯이 그렇게 해서는 안 됩니다. 사실은 하나의 법이 바로 만법이기에, 우리가 지금 수행하는 것은 바로 여섯 글자인 "생처숙(生處熟), 숙처생(熟處生).", 낯선 것은 익숙하게 하고, 익숙한 것은 낯설게 하는 것입니다. 탐욕·성냄·어리석음 [貪嗔痴]은 너무나 익숙하니, 우리의 수행은 이를 천천히 낯설어지도록 해야 합니다. 부처님 명호나 왕생 이런 일들은, 우리가 너무나 낯설기에 이를 좀 익숙하도록 변하게 해서 늘 생각나도록 해야 합니다. 익숙한 것을 낯설도록 바꾸고, 낯선 것을 익숙하도록 바꾸어야 합니다. 낯선 것을 익숙하도록 바꾸려면 당신은 늘 이 일을 전일하게 해야[專提] 비로소 익숙하도록 변하기 쉽습니다. 잠깐 이것 하다가 잠깐 저것 하는 식이면, 익숙해지기가 그리 쉽지 않습니다. 그래서 일향전념(一向專念)하지 않으면 왕생할 수 없습니다.

항상 염불해야 하니, 괴로워도 염불하고 즐거워도 염불해야 한다. 한 마디에 이어 한 마디를 긴밀하게 염불할 필요는 없다. 마음속에 언제나 이 한 마디 나무아미타불이 있으면 곧 일향전념(一向專念)이다.

要老念, 苦也念、樂也念. 不必一句頂一句. 心中老有這一句即是一向專念.

응당 "항상 염불해야 하니, 괴로워도 염불하고 즐거워도 염불해야 한다." 여기에 한 가지 중요한 점이 있는데, "불필일구정일구(不必一句頂一句)"입니다. 과거의 그 추정법(追頂法)인데, 한 마디에 곧바로 이어서 한 마디를 틈새 없이 긴밀하게 염불하는 것입니다. 저는 과거 이 방법을 사용해 보았는데, 필수적인 것은 아닙니다. 이 염불법의 좋은 점은 바로 망상에게 머물 틈새를 남겨주지 않는 것입니다. 이는 염불을 느긋하게 하지 않고 조금 긴박하게 하는 쪽으로 치우칩니다. "심중로유저일구(心中老有這一句)", 마음속에 언제나 이 한마디 나무아미타불이 있는 것은 체험하여 터득하기가 그리 쉽지 않습니다. 또한 한 마디에 한 마디를 긴밀하게 이어 염불하는 것이 아니라면 어떻게 나의 마음속에 언제나 이 한 마디가 있겠습니까? 천천히 체험하여 터득하십시오. 당신의 마음속에 언제나 이 한 마디 나무아미타불이 있기만 하면, 그게 바로 일향전념(一向專念)입니다. 그래서 때로는 당시의 많은 대덕들의 말씀을 모두 연결할 수 있습니다.

일향전념은 원인[因]이고 일심불란은 결과[果]이다. 일향전념은 사람마다 할 수 있다.

一向專念是因, 一心不亂果. 一向專念, 人人能辯.

"마음속에 언제나 이 한 마디가 있도록 누가 그렇게 할 수 없겠는가? 단지 그가 하려고 하지 않을 뿐이다."고 말합니다. "나는 천부적인 결함이 있어서 나는 할 수 없다."라고 말하지 않습니다. 그런 사람은 없습니다. 그래서 언제나 이 한마디가 있는 것은 바로 무엇일까요? 바로 다음입니다.

불법이 시시각각 현전하면 번뇌를 어디에서든 해탈한다.

佛法時時現前塵勞處處解脫.

"불법시시현전(佛法時時現前)", 시시각각 마음속에 언제나 불법이 있다면, 하 선생님은 말씀하기를, "진로처처해탈(塵勞處處解脫.)", 당신은 어디에서든 모두 번뇌[塵勞]를 해탈할 수 있다고 합니다.
다음은 이상을 증명하는 말씀입니다. 앞에서 저는 하 선생님이 말씀하기를 "염불은 가장 깊은 반야이다. 이는 최상 비밀의 핵심이고, 파초 잎을 벗겨서 보이는 속마음이다."라고 했다 했는데, 이곳에서 하 선생님은 말씀합니다.

한 마디 부처님 명호가 그 즉시 바로 상적광(常寂光)이다.

一句佛號當下即是常寂光.

이 경지는 가장 수승한 것입니다. 왜 그럴까요?

염불의 정념(正念)이 한 마디 한 마디 이어짐이 곧 상(常)이요, 맑고 또 렷하면서 동요하지 않음이 곧 적(寂)이요, 광명이 두루 비춤을 광(光)이라 한다.

正念相續卽是常, 湛然不動卽是寂, 光明遍照之謂光.

하 선생님이 말씀하기를, "정념상속즉시상(正念相續卽是常)", 염불은 정념(正念)이며 한 번 외움이 한 번 외움으로 이어지는 것이 바로 상(常)입니다. "잠연부동즉시적(湛然不動卽是寂)", 이 부처님 명호가 또렷하며 지극히 맑고 이 속에는 동요가 없는 것이 바로 적(寂)입니다. 대단히 고요하고 맑습니다[寂淨]. "광명변조위지광(光明遍照之謂光)", 광명이 두루 비추는 것을 광(光)이라 합니다. 그러기에 염불인에게는 1유순(一由旬)의 광명이 있습니다. 1유순은 최소한 40화리(華里; 0.5km)라고 우리가 말합니다. 그래서 어떤 사람은 말하기를 당신은 잘 닦아서 당신에게는 1척 남짓의 광명이 있다고 하는데, 사실 이 모두 비방하고 있는 것입니다. 그런데도 어떤 사람은 듣고서 기뻐합니다. 당신이 염불하면 당신에게는 응당 40리의 광명이 있습니다. 어떤 사람은 이런 사람들을 찾아 보여주기를 좋아합니다. 이렇다면 이른바 그 즉시 한 마디 부처님 명호가 바로 상적광입니다. 그러나

마음을 일으키면 곧 틀리고, 생각을 움직이면 곧 어긋난다.

起心卽錯, 動念卽乖.

이는 두 번 말하는 것입니다. 조금 전 오전에 이 두 마디를 말하였는데, 여기에 또 이 두 마디가 있습니다. "마음을 일으키면 곧 틀리고, 생각을 움직이면 곧 어긋난다."

만약 정진하겠다는 마음을 일으키면, 이는 허망이지 정진이 아니다.

若起精進心, 是妄非精進.

"나는 정진하겠다"는 마음을 일으킨다면, 당신의 이 마음은 허망이지 정진이 아닙니다. 그래서 "마음을 일으키면 곧 틀리고, 생각을 움직이면 곧 어긋난다." 하였습니다. 진정한 불법은 당신이 첫걸음을 내디디고 들어갈 곳이 없습니다. 이상의 말씀들은 모두 하 선생님 자신이 한 것이 아니라, 여러 경전에서 모두 이와 같이 말씀했습니다. 이것이 총결론[總結]인데, 당신이 기꺼이 받아들일지 아닐지, 믿을지 믿지 않을지에 달려 있습니다.

언제나 정토가 눈앞에 있다고 생각하고 있으면 일상생활에서 사용함에 갖가지가 부족함이 없다.

常思淨土在目前, 日用頭頭無缺欠.

당신이 정토가 눈앞에 있다고 언제나 생각하고 있으면, 이것이 제가 보기에는, "항상 죽을 死(사) 자를 미간에 걸어 놓는다 [常把死字掛在眉]."는 구절보다는 좀 즐겁습니다. 눈앞이 바로 정토라고 늘 생각하면, 당신이 일상생활에서 사용함에 갖가지가 부족함이 없습니다. 여기가 바로 정토로서, 7보 연못·8공덕수·향광장엄(香光莊嚴)·부처님이 모두 설법하고 있습니다.

마지막으로 하 선생님이 게송 한 수를 말씀했는데, 우리도 이 게송을 오늘 소개한 내용의 최후인 마지막 구절로 삼겠습니다.

정념을 굳게 지키며 끊지 않고 이어간다면

상적광 중에서 시시각각 서로 만나네
만 리나 떨어져 있더라도 얼굴 마주대함과 다름없으니
사람이 물을 마셔보고 자기가 체험하는 것과 같네

堅持正念, 相續不斷. 常寂光中, 時時相見. 雖隔萬里, 無異對面.
如人飮水, 自己體驗.

"견지정념(堅持正念), 상속부단(相續不斷)", 반드시 정념(正念)을 굳게 지키고, 서로 이어가야 합니다. 관건은 서로 이어가는 데에 있습니다. 그러므로 찰나에 법신을 보는 것도 어려운 일이 아닙니다. 서로 이어지는 것이 큰 어려운 일입니다. 정념을 굳게 지키고 서로 이어간다면 "상적광중(常寂光中)"에서 "시시상견(時時相見)", 시시각각 서로 만납니다. 서로가 상적광 속에서 항상 서로 만납니다. 상적광토(常寂光土)는 극락세계의 4토 중에서 가장 높은 하나의 토로서, 법신불과 법신 대사가 거주하는 땅인데, 이를 상적광이라 합니다. 범부가 왕생하면 단지 범성동거토(凡聖同居土)입니다. 견혹과 사혹을 끊었다면 방편유여토(方便有餘土)에 도달합니다. 무명을 깨뜨려야 비로소 실보장엄토(實報莊嚴土)에 도달합니다. 42품의 무명이 있기 때문에, 이 안은 깊고 깊습니다. 무명을 한 층한 층 깨뜨려서, 한층을 깨뜨리면 적광(寂光)을 부분 증득[分證]할 수 있고, 전부를 깨뜨려서 청정해진 것이 바로 부처로서 궁극적인 적광토입니다. 당신이 정념을 굳게 지켜서 서로 이어져 끊어지지 않는다면 상적광 중에서 시시각각 서로 만납니다.

"수격만리(雖隔萬里), 무이대면(無異對面)", 비록 만 리나 서로 떨어져 있더라도 얼굴을 마주 대하는 것이나 다름이 없습니다. 하선생님의 만년 시절에 시인 사방(謝芳)이 찾아왔다가 떠나갈 때 사씨에게 말씀하기를, "우리 상적광 중에서 항상 만납시다."라고 했습니다. 이 말씀을 저는 여러 번 들었으며 저의 마음속에 약간의 의미가 남았습니다. 시간이 흘러 문화대혁명이 일어나기 전날 저녁에 이르러서 하 선생님이 스스로 말씀했습니다, "나는 상적광토 중에서 유 거사를 만나보니 남들처럼 그렇게 초췌하지 않다." 과연 유 거사는 누구보다도 잘 지냈습니다. 하 선생님이 "내가 그를 가지(加持)했기에 그는 남들처럼 그렇게 초췌하지 않다."라고 말씀했습니다. 그래서 한 번 말씀하고는 세상에 머물지 않겠다고 했습니다. 여러분은 알아야 합니다, 한 번 말씀하고는 그분은 세상에 머물러있지 않을 준비를 했습니다. 그날 저는 오고 싶었지만 오지 못했습니다. 제가 오려고 한 뒤에 저 또……, 떠나가신 날과 며칠 차이일 뿐입니다. 10일 차이인 같습니다. 그 중간이 또 한 주일이었고, 만약 제가 또 왔더라면 만날 수 있었습니다. 한 번 말씀하고는 세상에 머물지 않았습니다. 그러므로 불법은 드러내는 것을 허락하지 않는다는 것을, 여러분은 알아야 합니다.

이 상적광을 앞뒤로 결합시켜 보면 이런 말씀들은 하 선생님이 확실히 무명을 깨뜨리고 적광을 부분 증득했다는 것을 증명합니다. 그분은 이 게송에 써 놓기를, "정념을 굳게 지키며 끊지 않고 이어간다면, 상적광 중에서 시시각각 서로 만나네. 만 리나 떨어져 있더라도 얼굴 마주대함과 다름없으니, 사람이 물을 마셔보고 자기가 체험하는 것과 같네." 라고 했는데, 이 일은 마치 사람이 물을 마시는 것처럼 물이 차가운지 뜨거운지를 자기가 당연히 압니다.

하 선생님이 천진에 폐관하고 있을 때의 그 경지도 이일심(理一心)을 증득했습니다. 예전에 하 선생님은 사람들에게 말씀한 적이 없었고 저에게는 자비로우셔서 무슨 일을 때로는 기꺼이 좀 많이 말씀했습니다. 하지만 이런 말씀은 전혀 않했습니다. 제가 어떻게 알겠습니까? 저의 이 기회 인연은 너무나 좋았습니다. 저의 외숙부(매광희)한테서 알게 된 것입니다. 저의 외숙부와 하 선생님은 특수한 인연이었습니다. 왜냐하면 하 선생님이 불교를 믿게 된 데는 저의 외숙부가 권하여 이끈 공이 있기 때문이었습니다. 저의 외숙부가 먼저 믿고, 하 선생님이 뒤에 믿었습니다. 그리고 두 사람은 사이가 지극히 좋았습니다. 당신이 문제가 있으면 나를 찾고, 내가 문제가 있으면 당신을 찾는 사이였습니다. 이는 하 선생님이 저에게 말씀한 것입니다. 그래서 때로는 두 사람이 한데 만나 해결하지 못하는 문제는 좀 부딪쳤습니다. 때로는 해결하지 못했는데, 당신은 어떻게 했는지 추측해 보세요. 두 사람은 만나 함께 울었습니다. 당신이 알듯이 이 사람들, 선배 세대인 사람들은 불법을 소중히 여겼습니다! 요즘 사람들은 모르겠으면 그만두어버립니다. 그렇지만 그는 울었습니다. 그가 왜 울었을까요? "이 문제를 우리 두 사람이 함께 있어도 알 수 없다면 알 방법이 없다. 어떤 사람에게 가서 물어볼 곳이 없다." 어떤 사람에게 가서 물어볼 곳이 없다면, 알지 못하게 될 것입니다. 그러나 뒷날 하 선생님이 역시 알게 되었습니다. 하하하……, 그것은 나중의 일이었습니다. 당시에 이 문제를 해결할 수 없다고 생각하면 괴로워서 울었습니다. 두 사람은 함께 울었습니다. 두 사람은 그런 친분이었습니다.

당시 하 선생님이 천진에서 폐관 수행했는데, 폐관에 들어간 뒤에는 아무도 만나주지 않았습니다. 그땐 정말 아무도 만나주지 않았습니다. 우리 경우처럼 팻말을 걸어놓아도 사람들을 막을 수 없는 것이, 마치 순경이 학생을 막을 수 없듯이 그러지 않았습니다. 진짜 막는 것이 아니라, 일부 사람들이 여전히 뛰어 들어오는 그런 게 아니었습니다. 하 선생님의 그곳은 아무도 들어갈 수 없었습니다. 그래서 제가 외숙부에게 물었습니다, "제가 장래에 북경에 가서 하 선생님을 만날 수 있기를 희망합니다." 외숙부가 웃으며 말씀했습니다, "네가 만나고 싶다고? 내가 너에게 말해주지 않았니? 아무도 만나주지 않고 나만 만나준다고 말이다." 진짜 그랬습니다. 왜 저의 외숙부만은 만나주었을까요? 저의 외숙부는 권하고 이끌어 준 공이 있었기 때문입니다. 게다가 두 사람은 함께 불법을 연구했습니다. 이런 일종의 서로를 잘 아는 피차지기[彼此相

知였습니다. 저의 외숙부도 폐를 끼치지 않았고, 주인을 불편하게 하고 싶지도 않았습니다. 두 분 다 천진의 조계(租界)에서 큼직한 구운 흰 고구마를 하나 사 가지고 가서 먹으면서 질문을 하고 하 선생님의 말씀을 들었습니다. 그는 밥도 먹었고 주인에게 조금도 불편을 끼치지 않으면서 바로 이렇게 와서 하 선생님의 말씀을 들었던 것입니다.

왜 이 한 단락의 말을 끌어냈을까요? 이 단락의 말은 제가 본래 『정어(淨語)』의 서두에 쓰고 싶었지만 하 선생님이 삭제하였습니다. 하 선생님은 드러내고 싶지 않았기 때문입니다. 그러므로 이 단락의 인연은 장래에 기회가 있으면 이를 또 기록해서 다시 한 번 하겠습니다. ……중략……그래서 현재 『정어』의 서문에는 이 단락이 없습니다. 그분이 삭제한 것도 사람들이 알게 하는 것을 원하지 않기 때문입니다.

하 선생님의 전체 상황을 소개하겠습니다. 폐관 수행 중에 어떻게 극락세계에 도달했으며 어떻게 부처님을 뵙고 부처님 설법을 들었는지, 7보 연못의 8공덕수가 어떠했는지 갖가지가 수승했습니다. 부처님의 광명이나 갖가지 타방세계의 얼마나 많은지 모를 사람들이 극락세계에 왔는지, 갖가지가 모두 수승한 상황은 일심불란이라면 대부분 이 경지에 도달할 수 있습니다. 이런 것들은 그래도 다 말할 수 있는 것이만, 그 이후는 더욱 수승해서 말할 방법이 없었습니다. 그게 바로 이일심(理一心)의 일인데, 이일심의 경지는 언어로써 분별하여 알 수 있는 것이 아닙니다. 입을 열자마자 틀립니다. 그러므로 하 선생님이 폐관 수행할 때 이일심으로 증득하여 들어간 것은 확실한 것입니다. 그러나 삼매 경지는 그분이 상응하려고 해도 다라니같지 않았습니다. 다라니는 수승합니다. 당신이 삼매 중에 있다면 이 삼매의 일체는 모두 현전합니다. 당신이 이를 떠나면 그것도 사라져버립니다. 이것이 삼매 중의 경지입니다. 다라니는 상관이 없어서 불상응법(不相應法)이라고 합니다. 삼매는 상응법(相應法)입니다. 당신이 청정하여 어떠어떠하여 이 삼매의 조건에 부합하면 당신은 그 삼매에 들어갑니다. 이 삼매 중의 모든 경계가 현전합니다. 당신의 심경(心境)은 그와 같지 않으면 그런 경계들이 현전하지 않습니다. 다라니는 불상응법인데 왜 불상응이라고 할까요? 다라니를 얻은 뒤에는, 당신이 번뇌하더라도 그저 번뇌하고 당신이 남을 꾸짖고 갖가지 법답지 못한 일을 하더라도 이 다라니는 잃지 않습니다. 이외에도 죽은 뒤에 당신이 무슨 몸으로 바뀌든 잃지 않습니다. 삼매는 당신이 금생에 삼매를 얻었더라도 내생에는 흔히 쇠약해지거나 아니면 없어집니다. 그러나 다라니는 그렇지 않습니다. 그러므로 하 선생님의 이것은 여전히 삼매 경지이었습니다. 그러나 만년에 이르러서 또 나타나거나 아니면 더욱 수승해졌습니다, 헤아리기 어렵기 때문입니다. 어쨌든 만년에 이르러 그것은 이른바 "상적광 중에서 시시각각 만난다"는 것이었습니다. 그러기에 "내가 상적광 중에서 유(劉) 거사를 보니 어떠하고, 저를 보니 어떠하고 무슨 고초를 겪겠다."라는 그런 말씀을 했던 겁니다. 제가 받는 고초는, 제가 늘 말하는데, 제가 받는 것을 몇 개의 몫으로 나누어 몇 사람에게 나누어주었다면, 요 몇 사람들은 아마 모두 살 수 없었을 것입니다.

이것도 오늘 하는 김에 좀 말하겠습니다. 제가 말하기를, "지금 보면 이 모든 일이 갈수록 많아지고 다들 모두 대단히 피동적입니다. 제가 백일신(白日新) 과 황복생(黃福生)을 대신해서 한 가지 질문을 하겠습니다. 그들은 어떻게 해야 지금의 이런 환경 속에서 피동적에서 능동적으로 바뀔 수 있을까요?"라고 하자 하 선생님이 말씀하였습니다, "예전에 장종창(張宗昌)이 내 집을 몰수했다." 첫마디가 "집을 몰수했다"입니다. "지금 장종창은 어디로 가버렸느냐? 나는 아직도 살아있다. 이에 대해서 믿을 수 있다면 너는 무슨 일을 하든지 능동적이지만, 이에 대해 믿을 수 없다면 너는 무엇을 하든지 피동적이다." 당시에 저는 "이 말씀은 너무나 좋습니다.

이것은 황복생과 백일신 이 사람들에게 유용할 뿐만 아니라 저와 이 모 씨조차도 다 필요합니다."라고 말했습니다. 그러므로 믿는 마음이 긴요합니다. 당신에게 이런 신심이 있으면, 보세요, 지극히 미묘하니까요. 이 문화대혁명에서 다들 모두 집을 몰수했습니다. 그러므로 하 선생님은 아무것도 말씀하지 않고 첫 마디로 "내 집을 몰수했다"라고 했습니다. 지금 와서 보니 역시 모두 맞았습니다. 집을 몰수했던 저 사인방(四人幫)은 어디로 갔습니까? 그들은 감옥 속에 있지만 우리는 지금도 염불하고 있으니 이 모두가 맞은 것입니다. 이 때문에 우리는 불법은 헛되지 않다고 말합니다.

그래서 오늘 이런 수승한 모임이 있습니다. 저는 20여 년 동안 여기에 오지 않았습니다. 예전에 이런 질문에 답하던 때에 하 선생님은 바로 이쪽 앉아 계셨고 저는 저 자리에 앉아 있었습니다. 이런 상황에서 말씀하였고, 이 방안에서였습니다. 하 선생님은 처음에 저를 보시면서 말씀하기를, "이번에 나는 절대 만나지 않겠다. 나는 정말로 떠나가겠다."라고 하였는데, 그게 66년 문화대혁명 몇 개월 전이었습니다. "이번에는 정말로 보지 않겠다. 나는 가겠다." 이 말씀도 눈앞에 선합니다. 그렇다면 방금 말하지 않았습니까? 현재 선생님의 법은 크게 홍양되고 있다고 말입니다. 남들이 한참 곳곳에서 다들 이 무량수경(회집본을 말함—역주)을 강의하고 있습니다. 무량수경의 녹음테이프가 얼마나 많습니까! 다들 염송하고 있고 다들 듣고 있습니다. 하지만 (중국) 국내는 좀 못하고 북경은 더욱 그보다 못한, 그저 이런 상황입니다. 그러나 교통이 발달하여 서로의 영향이 크기에 이런 감화는, 요컨대 불가사의합니다.

오늘 저도 부끄럽습니다. 그 주요한 까닭은 하 선생님의 이 두 단락의 법문을 기록한 필기(시간이 그리 충분하지 않아서 감히 전부를 다룰 수 없었습니다) 중에서 중요한 것만 선택해서 공양 삼아 오늘 말했기 때문입니다. 그 밖에 이 반야심경의 해석은 중요한 것은 역시 저의 외숙부의 해석입니다. 그러므로 남방의 매광희 선생님과 북방의 하련거 선생님도 오늘 여기서 만나게 되었고, 이것을 가지고 우리의 오늘 이 모임의 내용으로 삼았습니다.

목전의 이런 형세에서 이런 종류의 모임은 역시 드물게 있는 것이니 마땅히 소중히 여겨야 합니다. 내년에도 이럴 수 있고 이렇게 할 수 있을까요? 아마 그래 보이지는 않습니다. 할 수 없는 것이 아니라 우리는 아무래도 좀 근신하고 역시 근신이 필요합니다. 불법의 일은 대부분 문 걸어 닫고 자기가 닦는 것입니다. 그러나 이러한 도리는 우리가 알아야 합니다. 즉, 무위법을 유위법으로 변하게 하지 말아야 하고 무루법을 유루법으로 변하게 하지 말아야 합니다. 어떻게 열심히 공부하든 다 좋습니다. 절대로 진실하고 헛되지 않습니다.

하 선생님이 바로 성공한 하나의 본보기입니다. 예전에 저도 저의 외숙부께 묻기를, "이런 예가 있었습니까?" 하니 외숙부는 회답했을 뿐만 아니라, 현재 저 자신도 제 눈으로 보았습니다. 이것은 정말입니다. 조금도 틀리지 않은 것입니다. 하 선생님이 이 질문에 먼저 "나는 보지 않겠다."고 말씀했고 첫 마디가 바로 "집을 몰수했다"라고 분명히 말씀했습니다. 우리는 이런 일들에서만이 아니라 선생님의 저 『무량수경』 회집(會集)에서도 알 수 있듯이, 그분이 만약 진정으로 종통(宗通)과 설통(說通)을 함께 갖춘 사람이 아니라면 절대로 불가능합니다. 그래서 현재 다들 이렇게 믿기 때문에 인쇄하고 또 인쇄하고, 강의하고 또 강의하며 듣고 또 듣습니다. 녹음테이프를 만들었는데, 음향 전달과의 책임자에게 청해서 읽은 무량수경을 여러 사람이 싱가포르에 가지고 가서 곧바로 1천 개를 복제하였습니다. 이 모두는 우연이 아니며, 무슨 무슨 관계 때문은 더더욱 아닙니다. 이것은 진실한 일로서, 이런 인위적인 장애들을 바로 이와 같이 제거한 것입니다. 그러므로 우리에게 본보기가 되어준 이런 분이 이 세계에 강생하여 부모가 낳은 분으로서 그렇게 성공했습니다. 전혀 없다면 우리는 그만두겠지만 성공한 사람이 여기 눈앞에 있지 않은가요!

그리고 성공한 인물을, 당신이 그에 가까운 사람일수록 보지 못합니다. 나폴레옹을 다들 영웅이라고 말하지만 두 사람은 나폴레옹을 영웅이라고 말하지 않았습니다. 그 한 사람은 나폴레옹의 마누라이고 또 한 사람은 그의 근위병입니다. 그들은 나폴레옹이 영웅이라고 인정하지 않았습니다. 그래서 뒷날 외국인이 말하기를, 가사도우미 눈에는 영웅이 없다고 했는데, 중국의 속담은 근위병 눈에는 영웅이 없다고 합니다. 무슨 전투의 영웅이라도 근위병 눈에는 모두 아주 평범합니다. 다른 사람들과 마찬가지로 밥 먹는 등 다를 게 없기에 아주 가까운 사람은 흔히 오히려 소홀히 했습니다. 이것도 필연적입니다. 그래서 속담에 '멀리서 온 스님이 경을 잘 독송한다.'고 합니다. 그래서 하 선생님 생일을 지낼 때 제가 생일 축하 찬사를 지었습니다. 하 선생님을 다들 선생님이라고 부르고 다들 공경하는 사람이 얼마나 많습니까! 그러나 그 안에는 명성을 흠모하는 사람이 많습니다. 존경도 존경하는 것이지만 진정으로 선생님을 알 수 있는 사람은 아주 적습니다. 그러나 명성을 흠모하는 것이든 진정으로 존경하는 것이든 지기(知己)이든 간에, 어쨌든 간에 접촉할 수 있기만 하면 누구나 다 얻는 복덕은 무량합니다. 그래서 "소리를 듣거나 그림자만 보아도 만복이 깃든다[聞聲睹影, 萬福攸同]."라는 말이 지나친 찬사가 아닙니다.

그렇다면 오늘 우리 법성(法聖)이 발심하고 다들 한자리에 모여 이곳에 있는 의의가 대단히 깊습니다. 때마침 무량수경이 눈앞에서 방광하고 있습니다. 이런 상황들은 물론 하 선생님이 상적광 중에서 벌써 알고 계시니 우리가 종합하여 보고할 필요는 없습니다. 그분은 잘 아시며, 하 선생님의 가지(加持)를 떠날 수 없기도 합니다. 요컨대 이는 하나의 수승한 열매입니다. 그렇다면 우리는 계승합시다. 그래서 하 선생님이 늘 탄식하여 말씀하기를, "나는 이 광산을 다 파내어서 더이상 파고 내려갈 힘이 없다."라고 하였습니다. 뒷날 제가 한 마디 말했습니다, "우리가 릴레이 달리기를 하지요. 계주봉을 이어받아 뒤에도 계주봉을 이어받을 사람이 있습니다." 하 선생님은 몹시 찬성하여 말씀했습니다, "릴레이 달리기 좋지." 그러므로 오늘은 바로 우리가 다들 힘을 이어받는 것입니다. 하 선생님 불법의 깃발을 이어받아 우리가 각자의 능력을 다하여 할 수 있는 만큼 하는 것입니다. 최대의 릴레이 이어 가기는 무엇일까요? 바로 '염(念)', 외우기입니다. 어떻게 홍양하고자 하는 것이 아닙니다. 당신 자신이 깨닫지 못하면 남을 깨닫게 할 수 없습니다. 그러므로 자기가 깨닫기를 구해야 합니다. 오늘은 이상의 말로써 공양을 삼습니다. 제가 여러분의 적지 않은 시간을 허비하여서 여러분에게 죄송합니다. 우리의 이 녹음은 여기서 멈추어도 좋겠습니다.

제5장 염불이 깊은 반야바라밀다 수행이다

한 마디 부처님 명호가 바로 진정한 반야이다

나무아미타불, 이 한마디 부처님 명호가 바로 진정한 반야이다. 이것이 가장 깊은 비밀의 핵심이며 파초 잎을 다 벗기고 보는 속마음이다.

這句佛號即是真般若. 這是最秘的核心, 是剝芭蕉所見的心.

이 한 마디 부처님 명호가 바로 진정한 반야입니다. 어떤 사람은 흔히 『금강경』과 『아미타경』은 마치 별개의 경처럼 생각합니다. 이것은 두 경전을 모두 이해하지 못하는 사람이 하는 말입니다. 이 한마디 부처님 명호가 바로 진정한 반야입니다. 이 말은 대단히 이해하기 어렵습니다. 하 선생님의 몇 마디 시로 해석하겠습니다. "한 소리 부처님 명호가 한 소리 마음이니 [一聲佛號一聲心]." 이 부처님 명호는 무엇일까요? 바로 당신의 마음입니다. 당신은 부처님 명호를 언제 외웁니까? "미혹할 땐 외우지 않고 깨달을 때 외우네 [迷時不念悟時念]." 그래서 부처님 명호를 외울 때가 바로 당신이 깨달을 때 외우고 있는 것입니다. 외우는 것이 무엇일까요? 한 소리 부처님 명호가 바로 한 소리 마음입니다. 이것이 진정한 반야가 아니라면 무엇이겠습니까!

"아미타불 한 마디는 석가모니불께서 5탁악세(五濁惡世)에서 아뇩다라삼먁삼보리를 증득한 법문과 다름없는 것으로, 이제 이 과위의 각[果覺] 전체인 한 마디 '아미타불' 명호를 5탁악세의 중생들에게 가르쳐 주는 것이다. 이 5탁악세에서 믿기 어려운 이 정토법문을 설하여 사람들로 하여금 믿음을 내고, 왕생하기를 발원하고, 이 한 마디 아미타불 명호를 오로지 수지(修持)함으로써 불도를 원만히 성취하도록 가르치신 것이다. 이는 모든 부처님이 행하는 경계로서 오직 부처님과 부처님만이 그 심오한 뜻을 다 알 수 있지, 9법계(九法界: 보살·연각·성문·천상·아수라·인간·축생·아귀·지옥)의 중생들이 자력(自力)으로는 깊이 믿고 이해할 바가 아니다.'

'그러므로 알라, 아미타불 명호를 수지함은 얼마나 간단한가! 한 번 가르쳐 주면 곧 할 수 있으니 얼마나 쉬운가! 일심으로 수지해 가면 왕생할 수 있으니 얼마나 빠른 지름길인가! 욕계·색계·무색계를 가로질러 뛰어넘고 생사를 단박에 뛰어넘어 일생에 불보살님들과 함께 지내면서 세 가지 불퇴를 원만히 증득하니 얼마나 돈교적이며 원교적인가! 왜 이런 효과가 있는 것일까? 생각 생각마다 곧 부처님이고, 따로 관상을 지을 필요가 없으며, 더더욱 참구할 필요가 없기 때문이다. 한 생각 그 즉시 두렷하고 밝아 무량법문을 갖추고 있으며 모자람도 부족함도 없다. 상상(上上)의 근기도 그 범위를 초월할 수 없으며 하하(下下) 근기의 중생도 극락세계에 왕생할 수 있다.

이 한 마디 나무아미타불에 익숙해지면 3장12부(三藏十二部)의 지극한 교리와 1천7백의 공안(公案), 그리고 3천위의(三千威儀)와 8만세행(八萬細行)까지도 그 속에 전부 들어있다." (우익藕益대사 『아미타경요해』)

염불수행 강령(綱領)

(철오대사)105)

---

105) 철오대사(徹悟大師) (1741—1810) 청나라 시대의 저명한 고승이며 중국 임제종 제36대 조사이자 정토종 제12대 조사이다. 속성은 마(馬)씨, 이름은 제성(際醒), 자는 철오(徹悟), 호는 몽동(夢東)이다. 경동 풍윤(京東豊潤: 지금의 하북성 풍윤현(豊潤縣) 사람이다. 대사는 어릴 때 남

진위생사(眞爲生死) : 참으로 생사해탈을 위해서
발보리심(發菩提心) : 보리심을 일으키고
이심신원(以深信願) : 깊은 믿음과 왕생원으로
지불명호(持佛名號) : 아미타불 명호를 간직하고 외우라

염불의 4대 비결

(황념조 거사)

염불 묘법 중에서 오직 지명염불(持名念佛)만 수행한다.
지명염불인 오직 한 구절 아미타불만 착실하게 칭념해가되,

불구일심(不求一心) : 일심불란하기를 구하지 않는다.
불제망상(不除妄想) ; 망상을 없애려 하지 않는다.
불탐정경(不貪淨境) : 청정한 경계를 탐착하지 않는다,
불참시수(不參是誰) : 염불하는 자가 누구인가 참구하지 않는다,

단지 나무아미타불 한 구절만 이어가는 것이 바로 '무상심묘선
(無上深妙禪)', 최상의 심오하고 현묘한 선(禪)이다. 이것이야말로
석가모니불이 진정으로 전해준 것[眞傳]이다.106)

달리 총명하였으며 성장해서는 독서를 좋아하여 유가의 전적인 사서오
경(四書五經)을 두루 읽지 않은 것이 없었다. 아울러 시사부(詩詞賦) 짓
기를 잘 하여서 심지어는 세인들이 우러러 존경했다. 철오대사는 각생
사(覺生寺)에 나아가서 주지를 맡으며 8년간 대중과 함께 염불 정진했
다. 자신의 선종과 정토의 조예로써, 그의 사상·신념·감오(感悟)·저
작은 일가를 이루고 방편법을 실행하여 중생을 교화했다. 세인들이 대
사를 당시의 정토법문 제1인자라고 일컬었다. 그의 저작 국내 번역서로
는 『철오선사어록』·『철오선사 염불송』이 있다.

염불가타 교의백게

(徹悟大師 念佛伽陀 教義百偈)
철오대사 지음 송찬문 번역

제1게송
한 마디 아미타불 석존 교법 핵심 요체
오시교를 세로 꿰고 팔교 가로 포괄하네
一句彌陀, 我佛心要, 豎徹五時, 橫該八教。

제2게송
한 마디 아미타불 의미 취지 어떠할까
아는 자는 항상 적고 목석 귀들 훨씬 많네
一句彌陀, 意旨如何, 知音常少, 木耳偏多。

제3게송
한 마디 아미타불 주요한 뜻 분명하니
활 그림자 뱀을 낳고 금병에선 약 나오네
一句彌陀, 大意分明, 蛇生弓影, 藥出金瓶。

제4게송
한 마디 아미타불 그 이름이 특별 방편
모든 근기 널리 거둬 따로 한 길 개통했네
一句彌陀, 名異方便, 普攝群機, 旁通一線。

제5게송
한 마디 아미타불 왕생문을 열어주니
복덕이 많음이요 적은 선근 아니라네
一句彌陀, 開往生門, 是多福德, 非少善根。

---

106) 염불법문에 대한 보다 자세한 내용은 역자의 『나무아미타불이 팔만
대장경이다』를 읽어보기 바란다.

제6게송

한 마디 아미타불 임종 시에 부처 현전

석존 몸소 선언하고 육방 제불 찬탄했네

一句彌陀, 臨終佛現, 四辯親宣, 六方共讚。

제7게송

한 마디 아미타불 성불하는 표준이니

염불하는 마음으로 무생인에 들어가네

一句彌陀, 成佛標準, 以念佛心, 入無生忍。

제8게송

한 마디 아미타불 삼불퇴를 증득하니[107]

단지 한번 왕생으로 보불위에 올라가네

一句彌陀, 證三不退, 只此一生, 便補佛位。

제9게송

한 마디 아미타불 십대행원 원만이라

보현보살 회향 극락 어찌 잘못 가르치랴

一句彌陀, 滿十大願, 豈得普賢, 錯敎了辦。

제10게송

한 마디 아미타불 흰 소가 수레 끄는 힘

빠르기는 바람 같고 가는 걸음 반듯하네

一句彌陀, 白牛駕勁, 其疾如風, 行步平正。

제11게송

한 마디 아미타불 그대로가 여래장심

물 떠나 파도 없고 금 그릇 원래 금이로다

一句彌陀, 如來藏心, 水外無浪, 器原是金。

---

107) 3불퇴: 첫째는 위불퇴(位不退)로 성인의 부류에 들어가 범부로 떨어지지
않는다. 둘째는 행불퇴(行不退)로 항상 중생을 제도하여 성문 연각 이승(二
乘)에 떨어지지 않는다. 셋째는 염불퇴(念不退)로 생각 생각마다 살바야의
바다로 흘러들어간다. 살바야의 바다란 부처님의 일체종지이다.

제12게송

한 마디 아미타불 그대로가 묘진여성
꽃가지에 봄이 있고 만상은 옛 거울 머금었네
一句彌陀, 妙眞如性, 春在華枝, 像含古鏡。

제13게송

한 마디 아미타불 그대로가 청정실상
언어 사량 끊어져서 형용하기 어렵도다
一句彌陀, 淸淨實相, 絕議絕思, 難名難狀。

제14게송

한 마디 아미타불 그대로가 원융법계
전체 모두 진실하며 서로 얽혀 걸림 없네
一句彌陀, 圓融法界, 覿體全眞, 交羅無礙。

제15게송

한 마디 아미타불 그대로가 대원경지
정보 의보 영상 겹겹 머금고서 비춰내네
一句彌陀, 大圓智鏡, 身土影含, 重重掩映。

제16게송

한 마디 아미타불 그대로가 공여래장
우주만법 나오기 전 절대 진리 형상 없네
一句彌陀, 空如來藏, 萬法未形, 一眞絕相。

제17게송

한 마디 아미타불 그대로가 원만보리
하늘 보다 더욱 높아 구름들과 같지 않네
一句彌陀, 圓滿菩提, 天更無上, 云不與齊。

제18게송

한 마디 아미타불 그대로가 대반열반
밝고 둥근 달이 만리 창공에 차갑도다
一句彌陀, 大般涅槃, 一輪明月, 萬里空寒。

제19게송

한 마디 아미타불　반야문을 열어주니

시방허공 일체 만법 한 입에 삼키도다

一句彌陀, 開般若門, 十虛萬法, 一口平吞。

제20게송

한 마디 아미타불　화려한 집 문 열어주니

이로부터 들어가네 빨리 나를 따라오라

一句彌陀, 華屋門開, 從這裡入, 快隨我來。

제21게송

한 마디 아미타불　보왕삼매 들어가서

대지처럼 만물 싣고 하늘처럼 덮어주네

一句彌陀, 入王三昧, 似地均擎, 如天普蓋。

제22게송

한 마디 아미타불　대총지를 얻음이라

일체 만물 굴리면서 십이시를 부리도다

一句彌陀, 得大總持, 轉一切物, 使十二時。

제23게송

한 마디 아미타불　자성 본래 공적하니

별은 북두성 에워싸고 강은 바다로 향하네

一句彌陀, 性本自空, 星皆拱北, 水盡朝東。

제24게송

한 마디 아미타불　그대로가 법계연기

정토 왕생 성불 원인 보리 성취 종자라네

一句彌陀, 法界緣起, 淨業正因, 菩提種子。

제25게송

한 마디 아미타불　거울 서로 비춤 같아

회전 하니 서로 겹겹 머금으며 비추도다

一句彌陀, 如鏡照鏡, 宛轉互舍, 重疊交映。

제26게송

한 마디 아미타불   허공 서로 합함 같아
전혀 흔적 없지만은 동방 서방 분명 있네
一句彌陀, 似空合空, 了無痕縫, 卻有西東。

제27게송

한 마디 아미타불   그대로가 일대장경
종횡 문채 의미 심오 공령하며 짝이 없네
一句彌陀, 一大藏經, 縱橫文彩, 絶待幽靈。

제28게송

한 마디 아미타불   그대로가 일대장률
염불 순간 마음 정화 계바라밀 지님이네
一句彌陀, 一大藏律, 瞥爾淨心, 戒波羅蜜。

제29게송

한 마디 아미타불   그대로가 일대장론
염불 즉시 마음 열려 지혜 광명 분출하네
一句彌陀, 一大藏論, 當念心開, 慧光如噴。

제30게송

한 마디 아미타불   일체 교법 비밀진언
본신통을 일으켜서 대위력을 갖추었네
一句彌陀, 一藏秘密, 發本神通, 具大威力。

제31게송

한 마디 아미타불   경률론의 전체 대장
계정혜의 삼학 광명 한량없이 흘러나네
一句彌陀, 渾全大藏, 戒定慧光, 流出無量。

제32송

한 마디 아미타불   노끈 원래 삼이건만
모르고서 뱀이라고 의심하니 어찌하랴
一句彌陀, 繩本是麻, 奈何不會, 翻疑作蛇。

제33게송

한 마디 아미타불 듣고 보기 드물다오

거울숲속 영상이요 우레 소리 메아리네

一句彌陀, 罕聞罕睹, 影現鏡林, 響宣天鼓。

제34게송

한 마디 아미타불 비유할 길 없도다

옛 거울에 영상 뵈고 땅에 수은 떨어지네

一句彌陀, 無可譬喻, 古鏡當台, 水銀墮地。

제35게송

한 마디 아미타불 노파심이 간절하여

만 곡 배를 운전하고 천 균 노를 발사하네

一句彌陀, 老婆心苦, 運萬斛舟, 發千鈞弩。

제36게송

한 마디 아미타불 유인 것이 분명하다

석존 설법 왕생 권유 노파심이 간곡하네

一句彌陀, 明明是有, 四辯八音, 婆心苦口。

제37게송

한 마디 아미타불 무인 것이 확실하다

저 만상을 녹여 내 용광로에 들게 하네

一句彌陀, 的的是無, 鎔他萬像, 入我洪爐。

제38게송

한 마디 아미타불 무이면서 유이기에

꿈속중의 산천이요 거울속의 꽃이로다

一句彌陀, 亦無亦有, 夢裡山川, 鏡中華柳。

제39게송

한 마디 아미타불 유도 무도 아니거니

물위에 뜬 조롱박은 누르면 구르도다

一句彌陀, 非有非無, 捺著便轉, 水上葫蘆。

제40게송

한 마디 아미타불　그대로가 제일의제

백비조차 초월한데 사구엔들 떨어지랴

一句彌陀, 第一義諦, 尚超百非, 豈落四句。

제41게송

한 마디 아미타불　공가중의 묘원삼제

최고 청량 연못이요 활활 타는 불더미네

一句彌陀, 妙圓三諦, 最淸涼池, 大猛火聚。

제42게송

한 마디 아미타불　대자재를 얻게 되니

범부 되고 성자 되고 전변 자재 융통세계

一句彌陀, 得大自在, 轉變聖凡, 融通世界。

제43게송

한 마디 아미타불　유공자에 상을 주니

왕의 음식 차려 받고 육계 명주 손에 있네

一句彌陀, 有功者賞, 王膳盈前, 髻珠在掌。

제44게송

한 마디 아미타불　어진 마을 터 잡아서

거주 정해 돌아가니 기로에서 방황 않네

一句彌陀, 里仁爲美, 居卜來歸, 枯椿非鬼。

제45게송

한 마디 아미타불　어렵지도 쉽지도 않아

왕생극락 구품연화 일생 닦는 심력이네

一句彌陀, 非難非易, 九品蓮華, 一生心力。

제46게송

한 마디 아미타불　고향 길로 가건 만은

안타깝다 우치한 자 금 버리고 삼을 메네

一句彌陀, 就路還家, 可惜癡人, 棄金擔麻。

제47게송

한 마디 아미타불 사바 탈출 첩경인데

네가 나를 안 믿으면 난들 너를 어찌하랴

一句彌陀, 橫出娑婆, 你信不及, 吾末如何。

제48게송

한 마디 아미타불 생사해탈 성불 첩경

요긴한 준비물은 오직 믿음 발원 염불뿐

一句彌陀, 歸元捷徑, 緊要資糧, 唯信願行。

제49게송

한 마디 아미타불 깊은 믿음 중요하니

구품 연화 꽃눈 싹이 신심에서 돋아나네

一句彌陀, 要在信深, 蓮芽九品, 抽自此心。

제50게송

한 마디 아미타불 간절 발원 중요하니

마음속은 불이 타고 두 눈에선 피 흐르네

一句彌陀, 要在願切, 寸心欲焚, 雙目流血。

제51게송

한 마디 아미타불 전일 염불 중요하니

오직 일념 끌고 가며 온갖 인연 베어 끊네

一句彌陀, 要在行專, 單提一念, 斬斷萬緣。

제52게송

한 마디 아미타불 타성일편 맹세하고

이 한 생애 내던져서 쓸모없는 사람 되라

一句彌陀, 誓成片段, 拌此一生, 作個閑漢。

제53게송

한 마디 아미타불 이렇게만 외워가서

백팔 염주 끊어지면 새 끈으로 바꿔 꿰라

一句彌陀, 只恁麽念, 百八輪珠, 線斷重換。

제54게송

한 마디 아미타불   급히 말고 느릿 말고
입과 마음 하나 되어 또렷또렷 굴려가라
一句彌陀, 不急不緩, 心口如一, 歷歷而轉。

제55게송

한 마디 아미타불   많을수록 더욱 좋네
활쏘기를 배워 오래 익힌다면 솜씨 좋듯
一句彌陀, 愈多愈好, 如人學射, 久習則巧。

제56게송

한 마디 아미타불   마음 거둬 외워 가면
물 마신 듯 차고 더움 자신만이 알게 되네
一句彌陀, 攝心密持, 如人飮水, 冷暖自知。

제57게송

한 마디 아미타불   비유컨대 우물 파기
진흙 근처 파내가니 비용 싸고 일은 더내
一句彌陀, 譬猶掘井, 就下近泥, 價廉工省。

제58게송

한 마디 아미타불   나무 비벼 불씨 얻듯
열과 연기 나기 전엔 잠시라도 쉬지 말라
一句彌陀, 類如鑽火, 木暖煙生, 暫停不可。

제59게송

한 마디 아미타불   온몸으로 떠 받들라
사람 목숨 무상하고 세월 다시 오지 않네
一句彌陀, 全身頂戴, 人命無常, 光陰不再。

제60게송

한 마디 아미타불   불붙은 머리 불 끄듯
모든 힘을 다하여서 상품상생 기약하라
一句彌陀, 如救頭然, 盡十分力, 期上品蓮。

제61게송

한 마디 아미타불 미묘 원만 지관이니

고요하고 또렷하며 섞임 없고 틈새 없네

一句彌陀, 妙圓止觀, 寂寂惺惺, 無雜無間。

제62게송

한 마디 아미타불 험한 길이 평탄하여

보배 처소 바로 가고 화성에는 안 머무네

一句彌陀, 險路砥平, 直抵寶所, 不住化城。

제63게송

한 마디 아미타불 물 맑히는 구슬 같아

어지러운 잡념들이 안 끊어도 없어지네

一句彌陀, 如水清珠, 紛紜雜念, 不斷自無。

제64게송

한 마디 아미타불 이 문 바로 들어가면

금시조가 바다 갈라 바로 용 잡아 삼키네

一句彌陀, 頓入此門, 金翅擘海, 直取龍吞。

제65게송

한 마디 아미타불 육진 절로 끊어지니

사자가 걸어가자 하이에나 놀라 흩네

一句彌陀, 塵緣自斷, 師子遊行, 驚散野干。

제66게송

한 마디 아미타불 꼿꼿하게 외워가라

향 코끼리 강 건널 때 바닥 밟듯 할지니라

一句彌陀, 驀直念過, 一踏到底, 香象渡河。

제67게송

한 마디 아미타불 형상 없는 마음 부처

극락 국토 장엄함은 다른 물건 아니로다

一句彌陀, 無相心佛, 國土莊嚴, 更非他物。

제68게송

한 마디 아미타불　그대로가 무위 대법

일상 중에 일념 염불 칼집 나온 보검이네

一句彌陀, 無爲大法, 日用單提, 劍離寶匣。

제69게송

한 마디 아미타불　번뇌 없는 진짜 승려

설산 속의 약 나무요 험한 길의 등불이네

一句彌陀, 無漏眞僧, 雪山藥樹, 險道明燈。

제70게송

한 마디 아미타불　보시도가 원만하니

간탐심을 깨뜨리고 무량 복덕 구족하네

一句彌陀, 滿檀那度, 裂破慳囊, 掀翻寶聚。

제71게송

한 마디 아미타불　지계도가 원만하니

육근 모두 거두어서 삼취정계 원만하네

一句彌陀, 滿尸羅度, 都攝六根, 圓淨三聚。

제72게송

한 마디 아미타불　인욕도가 원만하니

인아 법아 들 다 공해 무생인을 깨달으네

一句彌陀, 滿羼提度, 二我相空, 無生忍悟。

제73게송

한 마디 아미타불　정진도가 원만하니

육진에 물 안 들고 현묘한 길 직진하네

一句彌陀, 滿毗梨度, 不染纖塵, 直踏玄路。

제74게송

한 마디 아미타불　선정도가 원만하니

행주좌와 선정인데 고목처럼 좌선하라

一句彌陀, 滿禪那度, 現諸威儀, 藏甚枯樹。

제75게송

한 마디 아미타불   반야도가 원만하니

경계 마음 공적하여 구름 벗고 달 나오네

一句彌陀, 滿般若度, 境寂心空, 云開月露。

제76게송

한 마디 아미타불   생각 적정 전일하니

사바세계 안 떠난 채 보련화에 앉아있네

一句彌陀, 想寂思專, 未離忍土, 已坐寶蓮。

제77게송

한 마디 아미타불   한 송이의 보배 연꽃

만법 유심 미묘함은 법이 본래 그러하네

一句彌陀, 一朵寶蓮, 唯心之妙, 法爾如然。

제78게송

한 마디 아미타불   한 송이의 보배 연꽃

범부들이 믿지 않음 또한 그게 당연하네

一句彌陀, 一朵寶蓮, 凡情不信, 亦宜其然。

제79게송

한 마디 아미타불   한 송이의 보배 연꽃

왕생 결정 믿지 않음 진정으로 가련해라

一句彌陀, 一朵寶蓮, 決定不信, 真個可憐。

제80게송

한 마디 아미타불   한 송이의 보배 연꽃

비록 믿지 않더라도 이뢰야식 물들이네

一句彌陀, 一朵寶蓮, 直饒不信, 已染識田。

제81게송

한 마디 아미타불   널리 유통 게으르랴

대비실에 들어가서 법공좌에 앉아있네

一句彌陀, 宏通敢惰, 入大悲室, 坐法空座。

제82게송

한 마디 아미타불 다함없는 보배창고
신원염불 열어놓아 널리 함께 공양하네
一句彌陀, 無盡寶藏, 八字打開, 普同供養。

제83게송

한 마디 아미타불 모든 번뇌 끊어버려
전체 온통 불심이라 불도 성취 빠르도다
一句彌陀, 斷諸煩惱, 全佛全心, 一了百了。

제84게송

한 마디 아미타불 받을 업보 소멸하니
아침 해에 얇은 서리 용광로에 눈 조각들
一句彌陀, 滅除定業, 赫日輕霜, 洪爐片雪。

제85게송

한 마디 아미타불 고통 과보 텅 비우니
중생 세계 육근 몸이 거친 대로 승묘하네
一句彌陀, 能空苦報, 世界根身, 即粗而妙。

제86게송

한 마디 아미타불 삼장 원만 전환시켜
혹업고 그대로가 비밀장을 이루도다
一句彌陀, 圓轉三障, 即惑業苦, 成秘密藏。

제87게송

한 마디 아미타불 원결 액난 풀어주어
자비 광명 우러르고 법의 환희 입게 하네
一句彌陀, 解難解冤, 慈光共仰, 法喜均沾。

제88게송

한 마디 아미타불 갚지 못한 은혜 갚아
애욕 그물 찢어내고 해탈문에 들게 하네
一句彌陀, 報未報恩, 裂纏綿網, 入解脫門。

제89게송
한 마디 아미타불　모든 악취 텅 비우니
만덕홍명 그 어디에 사량 언어 용납하랴
一句彌陀, 空諸惡趣, 萬德洪名, 那容思議。

제90게송
한 마디 아미타불　인간 천인 인도하되
근기 따라 삼배 차별 구품 연대 어울리네
一句彌陀, 機逗人天, 參差三輩, 掩映九蓮。

제91게송
한 마디 아미타불　소승들도 교화하여
좁고 졸렬한 마음을 대승으로 전향 하네
一句彌陀, 化兼小聖, 回狹劣心, 向無上乘。

제92게송
한 마디 아미타불　차별 넘어 걸림 없어
문수사리 보현보살 대인 경계 그대로네
一句彌陀, 超然無礙, 文殊普賢, 大人境界。

제93게송
한 마디 아미타불　미묘하여 불가사의
부처와 부처만이 이를 능히 아시도다
一句彌陀, 微妙難思, 唯佛與佛, 乃能知之。

제94게송
한 마디 아미타불　역대조사 봉행 하여
마명보살 논을 짓고 용수보살 왕생했네
一句彌陀, 列祖奉行, 馬鳴造論, 龍樹往生。

제95게송
한 마디 아미타불　인연시절 도래하여
특이 향기 항상 맡고 염불결사 처음 했네
一句彌陀, 因緣時節, 異香常聞, 蓮社創結。

제96게송

한 마디 아미타불　용상대덕 이익 주니
지자대사 권념하고 연수선사 염불 했네
一句彌陀, 利大象龍, 永明禪伯, 智者教宗。

제97게송

한 마디 아미타불　그 감응이 작지 않아
소강법사 화불 뵙고 선도 대사 광명 났네
一句彌陀, 感應非輕, 少康化佛, 善導光明。

제98게송

한 마디 아미타불　차별 없이 가르치니
응준은 지옥 벗고 유공은 죄 멸했네
一句彌陀, 有教無類, 雄俊入冥, 惟恭滅罪。

제99게송

한 마디 아미타불　그대로가 무상심묘선
한번 왕생 불도 성취 광겁 공덕 원만 하네
一句彌陀, 是無上禪, 一生事辨, 曠劫功圓。

제100게송

한 마디 아미타불　이치 알기 어려운데
백 게송을 문득 이룸 삼존 가피 입어서네
一句彌陀, 理非易會, 百偈俄成, 三尊加被。

구행 스님 염불 수행 간략한 전기
(具行禪人修行略傳)

송찬문 번역
중국 인터넷 사이트 「반야문해(般若文海)」의 것을 기초로 하고
기타 관련 자료에 의거
일부 내용을 첨삭 수정 보충하였음을 밝힌다.

저는 중도에 출가했고 일자무식입니다
다만 나무아미타불 염불만 압니다

중화민국(中華民國) 시기에, 비록 낫 놓고 기역 자도 모르는 문맹이지만, 일심으로 염불하며 고행 정진 수행하여 최후에는 떠나갈 시간을 미리 알고 [豫知時至] 자신을 불살라 원적한 승려가 있었다. 이 기이한 일은 운남(雲南)을 뒤흔들었고 당시 언론이 보도한 적이 있으며, 이를 증명하는 사진이 있었다.

이 고승이 바로 구행(具行) 스님(1886-1924)이며, 근대 선종의 태두 허운(虛雲) 대사(1840-1959) 문하의 제자였다. 구행 스님이 그렇게 분화(焚火)한 뒤에 허운 대사는 두 수의 시를 지어 기념했다. 당시에 또 어떤 분이 「구행대사행업자화기(具行大師行業自化記)」를 썼다. 이것은 『허운화상자술연보(虛雲和尙自述年譜)』에 수록되어 있으며, 지금까지 여전히 운남성의 계족산(鷄足山)에 남아있다. 다음 이야기는 이 비문 및 관련 기록을 바탕으로 재구성한 것이다.

(구행 법사)

청(淸)나라 광서(光緒) 33년 (1907년), 남루한 시골 복장을 하고 외모가 수수하고 소박한 한 청년이 계족산(雞足山) 축성사(祝聖寺)에 찾아와 허운 노스님[老和尙](당시 68세)을 만나 뵙기를 요청하자, 주지 축성(祝聖) 스님이 그에게 물었다. "당신은 누구입니까? 무슨 일로 허운 노스님을 만나러 왔는가요?"

시골 청년은 말하기를 "저는 올해 스무 살이며 운남 염원(鹽源) 사람입니다. 어려서부터 부모님이 돌아가셔서 외롭고 처량하며 의지할 데가 없었기에 씨족들이 저를 증(曾) 씨 집에 데릴사위로 호적에 올렸습니다. 그 이후로 증 씨 성을 갖게 되었고 빈천현(賓川縣)으로 호적을 옮겼습니다. 지금 제 고향은 배고프고 수확이 적어서 농사일에 아무도 저를 고용하지 않습니다. 집이 가난한 데다 두 아들이 있는데, 처자식을 부양할 수 없고 아무 대책이 없습니다. 그런데 허운 노스님이 계족산에 축성사를 건설하는데 막노동자를 고용한다고 들었습니다. 저는 갈 곳이 없어 여기 와서 허운 노스님께 간청하여 저를 받아들여 제가 여기서 일을 해 약간의 돈이나마 벌어 식솔을 부양할 수밖에 없습니다."라고 했다.

축성 스님은 가엾게 여기며 말했다, "당신이 만약 우리가 주는 품삯이 박해도 괜찮다면 우리 절에 머물면서 일하시오! 허운 노스님은 아주 자비로워서 이런 작은 일은 당신도 그 어른을 가서 만날 필요가 없소. 그분은 허락하지 않은 일도 없소."라고 말했다.

"대단히 감사합니다, 큰 스님!" 청년은 무릎을 꿇고 절을 했다.

"당신 이름이 무엇이오?"

"가족들은 저를 아변(阿便)이라고 부릅니다!"

"좋아요!" 노승은 말했다, "아변! 당신은 뒤에 있는 나뭇간[柴房]에서 지내시오!"

그리하여 아변은 땔감을 쌓아둔 나뭇간에서 살게 되었다. 그는 대단히 근면했다. 매일 새벽 일찍 일어나 누가 시킬 필요 없이 자기가 발심해서 땅을 일구고, 채소를 가꾸고, 비료와 물을 주며 열심히 일했다. 그는 농업 소작인이었기 때문에 이 모든 농사일을 잘 해냈다. 그는 자발적으로 힘을 내어 흙짐을 지고 돌덩이를 들어서 절 건축일을 도왔다. 이른 아침부터 어두워질 때까지 쉬지 않고 일하며 말을 한 적도 없었고, 남이 그에게 말을 해도 그는 모두 들리지 않았다.

"귀머거리!" 다른 사람들은 그의 이름을 부르는 대신 이렇게 불렀지만, 아변도 이를 거슬린다고 여기지 않았고 지금까지 논쟁한 적도 없었다.

일한 지 한 달 정도 지난 어느 날, 그의 아내가 아이를 안고 그를 찾아왔다. 처제도 함께 왔고 장모와 아들 조카 등 한 무리의 8명이 나뭇간에 꽉 차 있으면서 왁자지껄 떠들썩하게 이야기를 나누었다.

보고를 들은 성공(聖空) 스님은 아변에게 말했다, "아변! 내가 너를 일꾼으로 받아주었는데, 왜 처자식까지 데리고 와서 절에서 살게 하는가? 여기는 절이라 여자 가족은 살아서는 안 돼!".

아변이 말했다, "저는 그들이 오는 것을 원하지 않았지만, 집주인이 토지를 회수하고 그들을 전부 쫓아냈기 때문에 갈 곳이 없습니다."

성공 스님이 말했다, "이 일을 정말 어떻게 하지? 절에서 여성 가족을 받아주는 도리가 어디 있어?"

아변과 말하고 있는데 뜻밖에 허운 노스님이 언제 오셨는지 모르게 이미 채소밭의 나뭇간 문 앞에 와 계셨다.

허운 노화상과 구행 법사

"성공 법사!" 허운 노스님은 말했다, "그들 한 가족은 돌아갈 집이 없고, 고통스럽고 가난하기도 하니 그들 모두를 이 절에서 머물게 해 주시오!"

성공은 황망하게 말했다, "사부님! 어떻게 절에서 여자들을 수용할 수 있습니까?"

허운 노스님은 말했다, "이것은 난민을 수용하는 것이니 상황이
다릅니다! 그들에게 절 뒷산에 오두막집을 하나 따로 지어서 거주
하게 하면 됩니다! 아변이 채소밭 오두막에서 살고 싶다 해도 좋
습니다! 산 뒤편으로 돌아가서 살고 싶어도 괜찮습니다! 그들 온
가족이 이 절에서 일하게 해주세요!"

아변의 가족 여덟 명은 모두 더없이 감격해 연신 감사의 인사를
했다.

허운 노스님이 말했다, "여러분은 나에게 고맙다고 할 필요 없
어요! 이것도 서로 돕는 것입니다. 우리도 일손이 부족하니 여러분
이 여기 절의 생활이 힘들어도 괜찮다면 우리 출가자들과 함께 큰
솥 밥을 먹읍시다! 우리에게 있는 대로, 다들 함께 먹읍시다. 밥이
있으면 밥을 먹고 밥이 없으면 죽을 먹읍시다.

아변은 감격해서 눈물을 흘리고 머리를 조아려 절하며 말했다,
"노스님, 어르신이 우리 가족의 목숨을 구해주셨습니다!"

허운 노스님이 말했다, "아변, 어서 그런 말 하지 마라, 사람은
응당 서로 도와야 하고, 불제자는 더욱더 마땅히 남을 도와야 한
다!"

아변의 가족 여덟 명은 그때부터 모두 축성사에서 잡일을 했다.
저마다 허운 노스님에게 감격했고, 저마다 근면하고 성실했다. 산
뒤쪽을 한 두둑 한 두둑씩 채소밭으로 개간하고 똥똥한 큰 배추와
갖가지 야채, 콩, 과일을 심어 절 전체에 공급했다. 또 절 전체를
티끌 하나 없이 깨끗이 청소했다. 아변은 초가집에서 혼자 지냈고,
아내와 가족과는 함께 지내지 않았다.

2년이 순식간에 지나갔다. 어느 날 허운 노스님이 산에 와 둘러
볼 때를 이용하여 그는 무릎 꿇고 머리 조아려 절하기를 멈추지
않았다.

허운 노스님이 물었다, "아변, 너는 뭘 바라느냐?"

아변이 말했다, "노스님! 제발 어르신이 저에게 염불을 가르쳐 주십시오! 저는 어리석은 데다 낫 놓고 기역 자도 모르고, 염불할 줄 모릅니다!"

"너는 염불해서 뭐 하려고?"

아변이 말했다, "제가 금생에 이렇게 고생하고 이렇게 미련한 것은, 틀림없이 전생에 무슨 죄를 지은 데다 수행할 줄 몰랐기 때문입니다. 그래서 금생에 불법을 배우고 도를 닦아서 내생에는 다시 타락하고 싶지 않습니다!"

허운은 미소 지으며 말했다, "네가 불법을 배우고 도를 닦고 싶다고?

아변이 말했다, "저는 문맹이고 못생긴 데다 미련한 놈입니다! 제가 어떻게 닦아야 하는지를 어찌 알겠습니까? 다만 사부님이 저에게 간편하고 쉬운 방법을 가르쳐 주시길 간청합니다. 저는 사부님이 경전 강의하시는 것을 항상 듣지만, 강의가 심오하여 저는 한 마디도 이해하지 못합니다. 하지만 사부님이 말씀하시길 일심불란(一心不亂)하게 부지런히 부처님 명호만 외워도 서방 극락세계에 태어날 수 있다고 하신 것을 들었습니다, 사부님, 저에게 부처님 명호를 외우도록 가르쳐 주십시오!"

허운 노스님이 말했다, "아변, 너는 이미 일심으로 정성을 다하고 있으니 정말로 기특하구나! 내가 너에게 아미타불과 관음보살을 외우도록 가르치겠다. 이제 너에게 정토 법문을 가르쳐 주겠다!"

아변은 머리 조아려 절하여 감사드렸다. 허운 노스님은 그에게 아미타불과 관세음보살의 성스러운 명호를 부지런히 어떻게 외울지를 가르쳐주었다.

그리하여 아변은 그때부터 여러 인연을 쉬어버리고 일심으로 염불하며[屛息諸緣, 一心念佛] 밤낮을 멈추지 않았다. 설사 낮에 채소가꾸고 김매더라도 마음속에서 염불하기를 그만두지 않았다.

(구행 법사가 출가한 운남 계족산 축성사)

선통(宣統) 원년(元年) (1909년), 허운 노스님(이때 연세는 70세이다—역주)이 용장 대장경[龍藏大經]을 운반하여 계족산(鷄足山)으로 돌아온 뒤에 전계(傳戒) 법회를 거행하였는데, 아변도 계율을 받고 출가하고 싶었다. 그때 그의 나이는 21살이었다.

허운 노스님은 말했다, "네가 출가하여 구족계(具足戒)를 받고 싶어 하는구나! 좋다. 나는 네가 지극히 경건하고 염불에 지극히 정진하고 있다는 것을 안다. 그러나 너는 아직 가족이 있지 않느냐! 너는 가족을 어떻게 할 것이냐?"

아변이 말했다, "저의 일가 여덟 명은 노소(老少) 모두 약속하기를, 오늘 모두 와서 삭발하고 출가 수행하기로 하였으니, 사부님이 은혜롭게 꼭 허락하여 주시면 좋겠습니다."

"아미타불! 기특한 일이다! 기특한 일이다!" 허운 노스님은 말했다, "매우 수승한[殊勝] 인연이다! 좋다! 좋아! 잘했다! 내가 너를 허락한다!"

허운 노스님은 좌석 아래에서 미친 듯이 기뻐하며 연신 머리 조아려 절하는 이 청년을 바라보았다. 아변은 멈추지 않고 조아려 절을 했다. 어디 삼궤구고(三跪九叩: 두 무릎을 땅에 세 차례 꿇고 머리를 세 번씩 모두 아홉 번 조아리는. 가장 공경 존중함을 표시하는 예절—역주)만 하겠는가? 백 번이나 조아려 절하지 못할 까 걱정일 정도였다! 아변은 언변이 서툴러서 감격스러운 나머지 말을 하지 못했다. 감격한 나머지 눈물만 흘렸다! 그저 절만 했다!

"일어나거라!" 허운은 미소지으며 말했다, "그렇게 많이 절할 필요 없다! 네가 나에게 절을 많이 하는 것은 부처님께 절을 많이 하는 것만 못하다!" 이 순박하고 진솔한 청년은 또 여러 번 절을 하고 나서야 일어나려고 했다.

"아변!" 허운 노스님이 말했다, "오늘부터 네 이름을 일변(日辯)으로 바꾸어라! '변'은 너의 원래 이름인 변(便) 자와 같은 발음이다. 네가 구족계(具足戒)를 받거든 다시 따로 너에게 법명(法名)을 지어주겠다."

아변은 무한히 기뻐하며 말했다, "저는 일변입니다!"

"그건 그냥 달리 부르는 이름일 뿐이다!" 허운 노스님이 말했다, "너는 결코 일변도 아니요, 아변도 아니다!"

"스승님! 저는 못 알아듣겠습니다!" 일변이 망연히 허운 노스님을 바라보았다.

"나도 허운이 아니고, 허운도 나가 아니다!" 허운 노스님이 말했다, "너는 이해하느냐?"

"여전히 모르겠습니다!"

허운 노스님은 말했다, "나는 너에게 염불을 가르쳤고, 정좌도 가르쳤다. 이제 나는 네가 알도록 가르치겠다. 너는 네가 아니다!

나는 네가 마음속에서 깨달음을 얻기를 바란다! 나는 나가 아니다. 마음속에는 나가 없다! 아집을 깨버려라! 그리고 구하는 것이 없다면 자연히 얻는다, 이해하느냐?"

"아직도 모르겠습니다!"

"너는 천천히 배우면 점차 체험하여 터득할 수 있다."

허운 노스님이 말했다, "나는 네가 게을리하지 않고 부지런히 염불하면서 일심으로 주의력을 집중하고 있다[一心系念]는 것을 알고 있다! 많은 사람이 너에게 미치지 못한다! 이것도 네가 자질이 순박하고 고지식한 장점이다. 사람이 너무 총명하면 도리어 총명에 의해 잘못된다! 흔히 그들은 부지런히 일심으로 수행할 수 없다! 착한 애야, 네가 이런 게 좋다, 열등감을 가져서 물러나는 마음을 내지 말거라! 총명한 사람을 배우지도 말거라."

"저는 원래 어리석어서 배워도 총명을 배우지 못합니다."

"어리석은 것이야말로 좋다!" 허운 노스님 말했다, "그러면 총명에 의해 잘못되지 않을 것이다!"

일변이 구족계를 받은 뒤에 허운 노스님은 법명을 구행(具行)이라고 지어주었다. 그때부터 그는 구행 스님이 되었다! 구행은 머리를 깎고 승복으로 갈아입고 매일 발심해서 채소를 가꾸고, 비료를 주고, 분뇨를 나르고, 흙을 짊어지고, 청소하는 등, 온갖 노동일을 하면서, 계율을 받기 이전 때처럼 그는 오로지 정성을 다해 부지런히 아미타불과 관세음보살을 외웠다. 어떤 사람과도 말을 하지 않았다. 그는 귀가 먹었기 때문에 일반인들은 다들 그를 '귀머거리 스님'이라고 불렀다.

그렇게 고행하면서 중화민국 4년 (1915년)에 이르자 그는 갈수록 귀가 먹어지고 갈수록 침묵하였다. 채소를 가꾸거나 일을 하든 간에 마음속에서 염불하지 않은 때가 없었으며, 누가 큰 소리로 불러도 그는 들리지 않았다.

허운 노스님은 그날 그를 오라고 불러 말했다, "구행아! 너는 4

년 동안 고행했고 경지도 이미 괜찮다. 그러나 식견(識見)이 너무 적다. 너는 이제 마땅히 하산하여 밖으로 나가서 대덕들을 참방하고 운수행각(雲水行脚)하면서 닦고 배워야[參學] 한다! 너는 천하의 명산과 사원을 참배해야 한다. 장래 네가 돌아오기를 원하면 돌아오거라. 만약 또 다른 좋은 기회 인연이 있으면 인연 따라 가거나 머물러도 좋다!"

구행은 흐느끼며 절했다, "사부님! 제자는 가지 않겠습니다!"

"왜 가지 않으려느냐?"

"제자는 평생 사부님 어르신을 시중들겠습니다!"

허운 노스님은 마음이 쓰렸지만, 일부러 화가 난 표정을 지으며 꾸짖었다, "가거라! 내가 왜 너에게 무아(無我)를 가르쳤고 집착을 깨기를 가르쳤겠느냐? 너는 잊었느냐? 빨리 떠나거라! 나는 너의 시중이 필요하지 않다!"

구행은 감히 명령을 어기지 못해 울면서 행장을 챙겼다. 허운 노스님이 그를 산문 밖까지 전송했을 때 젊은 승려가 떠나기를 꺼려하는 것을 보고 그의 마음도 괴로웠다. 하지만 그는 제자가 어리석은 집착에 빠지지 않도록 하기 위해 결코 드러낼 수 없었다. 그래서 허운 노스님은 담담하게 그에게 말했다, "너는 가거라! 우리는 인연이 있으면 다시 만날 것이다!"

구행은 예전에 허운의 모습 꼭 그대로 삿갓 하나 지팡이 하나를 들고 여러 곳의 명산을 순례하기 위해 떠났다!

중화민국 9년 (1920년) 허운 노스님이 운서사(雲棲寺)를 재건하기 시작했는데, 구행이 갑자기 돌아와 허운 노스님 앞에 엎드려 절을 했다, "사부님! 저 돌아왔습니다!"

허운 노스님 몹시 놀라고도 기뻐했다, "네가 돌아왔다고? 아주 잘되었구나! 너는 참학하러 가서 어떤 명산을 유람했느냐? 그리고 왜 또 돌아왔느냐?"

구행이 말했다, "천하 각지의 명산은 거의 다 가봤지만 역시 거기서 거기입니다! 사부님이 여기에서 화정사(華亭寺)를 재건하신다는 말을 들었고, 사부님께 일손이 부족하다는 것을 알고 돌아왔습니다."

허운 노스님이 말했다, "네가 돌아와서 몹시 좋구나! 돌아왔으니 무슨 일을 할 작정이냐?"

구행이 말했다, "사부님, 저는 어리석은 데다 둔하고 글자도 잘 모르니 무슨 큰일을 할 수 있겠습니까? 아무래도 사부님을 시중들면서 다른 사람들이 하지 못하고 하기를 원하지 않는 고되고 낮은 일을 하는 잡부일 뿐입니다."

허운 노스님이 말했다, "네가 이렇게 고행하기로 발심한 바에야, 좋다! 너는 운서사(雲棲寺)와 승인사(勝因寺) 두 곳을 오가며 지내거라!" 그리고 또 물었다, "이번에 돌아와서 계족산에 가서 너의 가족을 찾아가 보았느냐?"

구행이 말했다, "아니요! 안 가겠습니다!"

"왜?"

구행이 말했다, "모두 출가해서 수행하는데 무슨 미련이 있겠습니까?"

"만나보는 것도 괜찮다!"

구행은 고개를 절레절레 흔들었다, "안 갑니다! 안 갑니다!"

그때부터 구행은 두 절을 오가며 매일 부지런히 일했다. 땅을 파고, 돌을 나르고, 담을 쌓고, 집을 짓고, 채소를 가꾸고, 나무를 심고, 나무를 베고, 땔감을 나르고, 벼를 베고, 밭을 갈고, 잡초를 뽑고, 청소하고, 분뇨를 퍼 나르고, 비료를 주고, 요리하고, 땔감을 쪼개는 등… 열심히 일했다. 아무리 고된 일이라도 그는 발심하여 부지런히 하면서 1분의 한가함도 없었고, 또한 마음속으로는 염불하지 않는 시각이 없었다! 일하면서도 부처님의 이름을 외웠고, 때로는 스승이나 동료의 옷을 수선할 때도 한 땀 한 땀 부처님의 명호를 외우며 수선했다. 저녁이 되면『법화경』,『약사여래경』,『정토경』들에 한 글자마다 한 번 절했다. 아침에는 새벽종이 울리면 항상 가장 먼저 절에 올라가서 예불에 참여했다. 그의 정진과 고행은 정말 절 전체에서 제일이었다! 그러나 그는 귀머거리였고 벙어리였으며 한 마디도 하지 않았다.

허운 노스님은 구행을 관찰하면서 무척이나 흐뭇하게 느꼈다. 그는 이 젊은이의 수행 진보가 어떤 승려보다 열 배, 백 배라는 것을 알았기 때문이다.

해회탑(海會塔: 승려들의 납골탑—역주)을 건축하고 있을 당시, 구행은 돌덩이를 짊어져 날라 벽을 쌓고 있었는데, 허운 노스님이 보이자 그는 갑자기 입을 열어 마치 아이처럼 천진난만하게 말했다, "사부님! 장래에 해회탑이 완성되면 제가 와서 탑을 지켜도 될까요?"

허운 노스님은 구행을 바라보며 즉시 대답하지 않았다. 그는 이 말이 예언이라는 것을 알았다. 그는 구행이 곧 세상을 떠날 것임을 알았다.

"그래도 될까요?" 구행은 계속해서 캐물었다, "사부님! 그래도 될까요?"

허운 노스님은 마음이 슬퍼져서 하마터면 눈물이 쏟아질 뻔했지만 마지못해 고개를 끄덕이며 말했다, "그러려므나!"

"감사합니다, 사부님!"

허운 노스님이 말했다, "모든 것을 인연에 따르고 억지로 구하면 안 된다!"

"알겠습니다!"

그런 뒤에 허운 노스님은 구행에게 그해의 춘계(春戒) 법회의 증명인[尊證]을 맡으라고 특별히 허락했다.

계율을 받은 제자들이 구행에게 법문을 해달라 청했다.

구행은 말했다, "저는 중도에 출가했고 글을 전혀 모릅니다. 다만 한마디 아미타불 염불만 압니다!"

허운은 고개를 끄덕이며 탄식하여 마음에서 말했다, "단지 한마디 아미타불을 외울 줄 알아서, 사람마다 모두 그처럼 이렇게 게을리하지 않고 정진하기만 한다면, 한마디로도 충분히 성취할 수 있다. 만약 스스로 총명만 믿고 심념(心念)이 한결같지 않다면, 설사 만 권의 경전을 읽더라도 무슨 소용이 있겠는가? 뜻밖에 이 아이의 수행 진보가 이렇게 빨라서 그는 누구보다도 먼저 바른 과위를 증득했다!"

지나간 일들이 허운 노스님의 마음속에 다시 나타났다. 그는 구행이 이번에 대중에게 옷을 공양하는 것은 곧 왕생하겠다는 것임을 알았다.

육신이 재가 되었지만 흩어지지 않다

전계 법회를 마친 뒤 구행은 휴가를 신청하고 하원(下院)인 승인사로 돌아왔다.

중화민국 13년 (1924년) 3월 29일 오참(午參) 뒤에 구행은 승인사의 대웅전 후면의 겉곡식을 말리는 양지인 쇄평(曬坪)으로 걸어갔다. 그곳에 몇 단의 볏짚을 쌓아놓고 가사를 입은 채 가부좌를 하고 불을 붙였다. 왼손에는 인경(引磬)을, 오른손은 목탁(木魚)을 들고 얼굴은 서쪽으로 향하고 염불하면서 스스로 원적에 들었다.

당시에 절의 대중 수십 명의 스님들은 이를 아는 사람이 없었다. 절 밖에서 어떤 사람들(마을 사람들)이 절 안에서 큰 불빛이 있는 것을 보고 들어와 조사하게 되었다. 여기저기 찾아보았으나 구행 법사를 찾지 못했다. 얼른 대웅전 뒤에 가서 보니 구행 법사가 잿더미 속에 있었다. 용모는 변하지 않고 단정히 가부좌하고 움직이지 않았다. 의복은 아무런 손상이 없이 온전했다. 신발, 그리고 손안의 목탁과 인경(引磬)의 손잡이[柄]는 이미 타져버려 보이지 않았다. 그러나 이상한 점은 비록 육신이 재가 되었지만 흩어지지 않았다는 사실이다.

스님들이 이 상황을 보고 나서 서둘러 운서사(雲棲寺)에 계시는 허운 장로에게 보고했다. 허운 장로는 초 8일 보살계 법회 때문에 승인사로 내려올 수 없었다. 그래서 당시의 운남성 재정청장 왕죽 촌(王竹村)과 수리(水利)국장 장졸선(張拙仙)에게 편지를 써서 그들에게 대신해서 구행 법사의 후사(後事)를 처리해 달라 부탁했다.

왕 씨와 장 씨 두 사람이 가서 보고는 기이한 일이라고 놀라며 얼른 운남 독군(督軍) 당계요(唐繼堯)에게 알렸다.

당계요는 이를 듣고 전 가족과 수행 관원들을 이끌고 와서 보았다. 보니 구행 법사의 육신은 우뚝한 모습으로 움직이지 않았다.

"이상한 일이다!" 당계요는 말했다, "볏 짚단으로 자신을 불태웠다면 어떻게 전신이 재가 되었는데도 쓰러지지 않을까? 또 어떻게 원래의 모습을 여전히 유지할 수 있을까? 가사는 또 왜 재가 되지 않았을까? 이것은 일반적인 불로 태워진 것이 아님이 분명하다!"

(그래서 일설에는, 구행 법사는 마음속으로부터 삼매진화(三昧眞火)를 일으켜 자신을 불태웠기 때문에 이런 상서로운 현상의 기적이 있는 것이라고 했다.)

당계요가 구행 법사의 손안의 인경을 집어 들려고 가까이 걸어갔다. 막 집어 들자 구행 법사의 육신은 와르르 무너져 잿더미가 되었다.

대중들이 몹시 놀라고 감탄한 나머지 불법에 대해 불가사의(不可思議)하다며 큰 신심이 일어났다.

당계요는 정부에 제의하여 구행 법사를 위하여 3일 동안 추도회를 거행하기로 했다. 곤명일보(昆明日報)도 특집으로 일면 머리기사와 사진을 게재하여 운남성 전체를 뒤흔들었다.

소식을 듣고 온 가족들, 사회의 지도적 인사, 곤명의 출가 재가 불교도 등이 참배하러 왔다. 곤명 전 지역을 뒤흔들어서 수만 명이 산에 올라와 조의를 표하고, 사람마다 감동하고 기묘함을 칭찬했다.

사람들이 말했다, "누가 불법이 없다고 말하는가? 누가 수행하여 불보살이 될 수 없다고 말하는가? 구행 상인(上人)이 바로 가장 좋은 불법의 증거가 아닌가! 보세요! 구행 대사야말로 불법의 가장 좋은 증거가 아닌가요?"

구행 법사를 추도하며

허운 노화상

굶주려 죽겠는 청년은 호소했다 오 하늘이여	枯腸欲斷只呼天
애석해라 불법 수행자 젊은 나이에 떠나다니	痛惜禪人殞少年
수년 동안 전국 명산 두루 돌아 참배하고	數載名山參謁遍
돌아와 괭이 들고 일하면서 염불하며	歸來念佛荷鋤邊
범찰 재건 도와 갖은 고생 함께 했으니	助興梵刹同艱苦
밀행 공덕 원만함은 상품의 연화대요	密行功圓上品蓮
약왕보살 진정한 연비 공양이어라	燃臂藥王真供養
공자가 안회 죽음 슬퍼함 아직도 처연하네	孔悲顏歿尚凄然
지금까지 살면서 마음 더욱 아픈데	活到於今心更寒
오직 법사만이 초탈하여 관계가 없어	惟師超逸不相干
말법 시대 만난 사람 그 많은 얽매임	人當末劫多緣累
그대는 임종에 한 번 불살라 모두 끝냈네	君至臨終一火完
속념은 채소가 익어감을 잊기 어렵건만	世念難忘蔬菜熟
서방극락에 돌아감 또한 석양 쪽이니	西歸且尚夕陽邊

슬픈 마음에 노인의 눈물 끝없이 흐르고　　　傷心老淚揮無盡
인경 하나 소리 남겨 미묘한 인연 보였네　　　一磬留音示妙緣

저자 소개

남회근 (南懷瑾) 선생

1918년 중국 절강성 온주(溫州)에서 태어났다. 어릴 적부터 서당식 교육을 받아 17세까지 사서오경 제자백가를 공부하였다. 절강성성립국술원에 입학하여 2년간 무술을 배웠고 문학·서예·의약·역학·천문학 등도 두루 익혔다. 1937년 국술원을 졸업하였다. 그후 중앙군관학교 교관직을 맡았으며, 금릉(金陵)대학 대학원에서 사회복지학을 연구하였다. 25세 때인 1942년에 스승인 원환선(袁煥仙) 선생이 사천성 성도(成都)에 창립한 유마정사(維摩精舍)에 합류하여 의발제자가 되었다. 1942년부터 1944년까지 3년간 사천성 아미산 중봉에 있는 대평사(大坪寺)에서 폐관 수행하며 대장경을 완독하였다. 28세 때인 1945년 티베트 밀교의 여러 종파의 고승들을 참방하고 밀교 상사로 인가 받았다. 그 후 운남(雲南)대학과 사천(四川)대학에서 한동안 강의하였다. 30세 때인 1947년 고향에 돌아가 『사고전서(四庫全書)』와 『고금도서집성(古今圖書集成)』 등을 읽었다. 1949년 봄에 대만으로 건너가 문화(文化)대학 보인(輔仁)대학 등 여러 대학과 사회단체에서 강의하며 수행과 저술에 몰두하였다. 또 노고문화사업공사(老古文化事業公司)라는 출판사를 설립하고 불교연구단체인 시방(十方)서원을 개설하였다.

2004년 대륙으로 이주한 선생은 중국의 강소성 오강(吳江)에 태호대학당(太湖大學堂)을 창건하여 교육문화 연구 등의 활동을 해오다 세연이 다하여 2012년 9월 29일 향년 95세로 세상을 떠났다. 다비 후 온전한 두개골과 혀 사리, 그리고 1백여 과의 사리자를 거두었다. 『논어별재』 등 저술이 60여종에 이른다. 좀 더 자세한

소개는 마하연 출판 『생과 사 그 비밀을 말한다』와 『중용강의』의
부록을 읽어보기 바란다.

하련거 (夏蓮居) 거사

생졸 연도(1884—1965), 본명은 하계천(夏繼泉), 자(字)는 보재
(溥齋) , 호(號)는 거원(渠園)이다. 중년 이후에 오로지 정업(淨業)을
닦고 련거(蓮居)로 개명하고 호를 일옹(一翁)이라 했다. 산동(山東)
운성(鄆城) 사람이다. 청나라 운남도독(雲南提督) 하신유(夏辛酉)의
장자다. 직례지주(直隷知州)·정해지현(靜海知縣)·강소지부(江蘇知
府)·산동단련부대신(山東團練副大臣)을 역임했다. 신해혁명 때 산
동성 각계 연합회 회장에 공개 추대되어 산동성 독립을 선고하였
다. 신해혁명 후 산동도독부 최고 고문 겸 비서장 참모장 등 직에
초빙되었다. 산동 대북도(岱北道) 관찰사·하남 예서도(豫西道) 관
찰사·하락도(河洛道) 도윤(道尹)·여양도汝陽道) 도윤·총통부 비
서·국회의원·산동 염운사(鹽運使)를 역임했다. 또 제로금석서화
관감독(齊魯金石書畫館監督), 산동불교거사림 림장(山東佛教居士林林
長), 곡부대학 주비(曲阜大學籌備)와 동로중학교(東魯中學校) 교장을
겸했다.
1925년 장종창(張宗昌)에 의해 적화(赤化) 선전죄로 수배되자 일
본으로 건너가 불학연구에 종사하며 불문으로 숨어들었다. 2년 뒤
귀국했다. 20세기 걸출한 불교학자이며 정토종 수행자로서 그는
유의민(劉遺民)·양무위(楊無爲)·왕룡서(王龍舒)·원굉도(袁宏道)·
주안사(周安士)·팽제청(彭際清)을 이은 또 한 분의 정토종 재가 대
덕이었다. 대략 1921년 전후에 불법을 배우는 친한 친구인 매광
희(梅光羲: 당시 산동고등검찰청 검찰장)·공백형(龔伯衡: 당시 산
동재정청 청장) 등의 거사와 함께 안경(安慶) 지장암(地藏庵) 혜명

(慧明) 노법사에게서 귀의계를 받았다. 혜명 법사는 사람들에게 오직 염불하라고만 가르치고 선종의 일을 물으면 말이 없었다.

1932년 그는 『무량수경(無量壽經)』을 회집할 것을 발원하고 최후에 1946년 확정본을 완성하여 간행하였다. 그는 『무량수경』 재인쇄 발문[大經重印跋] 중의 시(詩)에 이르길 "오탁악세에서는 염불이 좋은 것만 못하니, 이번 생애는 오로지 대경을 위해서 왔다네[濁世無如念佛好, 此生端爲《大經》來]"라고 하였다. 1935년 대경회집본 초본이 완성되자, 혜명 법사는 이를 보고 고금 제1본이라고 일컬었으며, 매광희 거사도 중앙방송국에 이 경을 연속적으로 강해 방송하였다. 하계천의 친구 장덕신(張憲臣)은 원래 불교를 믿지 않았는데 뒷날 그가 회집한 대경을 읽어보고 나서는 가족을 이끌고 함께 불교에 귀의했다.

1939년 그는 정종학회(淨宗學會) 설립을 제안했다. 석제한(釋諦閑)·석혜명(釋慧明)·석성원(釋省元) 등 불교 고승들이 모두 그를 존중했다. 일본이 투항한 뒤 하사원(何思源)이 북평 시장을 맡았는데, 그간에 늘 하계천과 학술을 탐구 토론하였다.

1946년 꽁꺼활불(貢噶活佛)이 말하기를, "여기서 무상밀법 금강아사리위(金剛阿闍黎位)를 감당할 수 있는 자는 오직 하공(夏公) 한 사람 뿐이다."라고 했다. 1947년, 그는 공덕성(孔德成)과 함께 보편기도연합회(普遍祈禱聯合會) 성립을 발기하였다. 1952년 중국 선종 5가의 법맥 계승인인 허운(虛雲) 대사는 하련거 거사를 칭찬하기를, "북방에서 이와 같은 대 선지식을 만나볼 수 있으리라 생각하지 못했다[不意爲北方能會晤如是之大善知識]."라고 했다.

1965년 겨울 갑자기 하루는 하련거 거사는 문인들에게 말하기를 "나는 큰 일을 이미 마쳤으니 인간세상을 버리기로 결심했다."라고 했다. 당시 기력이 왕성하고 법요를 말했다. 그리고 수행에서 나타나는 경계는 대부분 평소에는 말하지 않았던 것이다. 수일 뒤에 몸이 약간 편치 않아서 밤중에 집안 사람들이 곁에서 모시고 있으면서 그의 염불 소리가 계속 이어지는 것을 들었는데, 갑자기 고성으로 창을 한 번 하는 것을 듣고는 모두들 놀라서 뵈오니 이미 편안히 세상을 떠났었다. 12월 14일 향년 82세였다. 그가 떠난 뒤에는 얼굴모습이 살아있는 것 같았으며 온 몸이 투명한 듯했다. 화장한 뒤에 사리가 매우 많았다. 아주 반짝이며 투명한 것만 골라 내어 보존했다. 가족들이 그의 뜻에 따라 묘비와 묘지를 쓰지 않고 북경 교외 산 지역에 땅을 선택하여 안장했다.

황념조 (黃念祖) 거사

법호는 용존(龍尊)이며 별호는 노념(老念), 불퇴옹(不退翁)이다. 1913년생으로 어려서 부친을 잃었다. 모친 매(梅) 부인은 독실한 불교 신자였다. 삼보에 예경하고 정행(淨行)이 남다르며 천성이 순수하고 효성스러웠다. 맡아야 할 책임감에 용감했으며 일상의 예절이 마땅하지 않음이 없어서 다들 소년이 어른스럽다고 칭찬했다. 늘 어머니를 모시고 경전과 불법을 들었으며, 정토종의 대덕인 외삼촌 매광희(梅光羲) 노거사로부터 듣고 배우며 훈도 받았다. 지향하는 바가 남달랐다. 과거생에 심은 복덕의 뿌리가 깊고 튼실했다.

20세에 북경공학원(北京工學院)에 입학하였다. 맨 처음 읽은 경전이 금강경이었는데 '머무름 없이 마음을 낸다[無住生心]'는 미묘한 이치를 깊이 이해하고 큰 감동을 받았다. 끝까지 읽어가는 과정에서 제호관정(醍醐灌頂)을 받은 듯 심신이 안팎으로 시원하고 윤택함을 여러 차례 느꼈다. 그리고 범부심으로써 이런 경계에 도달하는 데는 오직 염불이나 진언 수지(修持)가 있을 뿐이라는 생각이 일어났다. 이로부터 불법을 배움에 대해 큰 숭경심(崇敬心)이 일어났다.

22세에 탄광에서 직장생활을 시작했는데, 첫 깨달음이 있었다.

중일(中日) 전쟁기간 중에 불법을 배움에 더욱 정성스러웠으며 당대의 선종 대덕인 허운(虛雲) 노화상께 귀의하고 밀종의 홍교(紅敎) 대덕인 누오나(諾那)조사의 전법제자인 연화정각(蓮花正覺) 왕상사(王上師)와 백교(白敎)의 대덕인 공까(貢嘎)상사에 귀의하였다. 그후 1959년 연화정사의 금강아사리 위(位)를 계승하여 왕상사의 의발과 유촉을 받다. 그는 진실한 수증면에서 이미 큰 성취가 있는 닝마파(寧瑪派) 상사였다.

32세 때 중일전쟁이 끝난 후 매광희 거사를 통하여 선종과 정토종의 대덕인 하련거(夏蓮居) 거사를 만나 깊이 지도받고 그의 입실 제자가 되었다. 하련거 거사는 유교와 불교의 현교, 밀교, 선종, 정토종을 융회관통하고 저작이 많았다. 그는 『무량수경』의 이역본들을 모아 『불설무량수장엄청정평등각경』(佛說無量壽莊嚴淸淨平等覺經 : 이하 '대경'이라고 함)으로 정리하였는데, 황념조 거사는 친히 그의 대경강해를 듣고 자세히 기록하였다. 황념조 거사는 선종과 정토종의 법요를 깊이 얻고 1960년대 초에 「대경현의제강(大經玄義提綱)」을 지어 하련거 거사에게 감수해줄 것을 청했다. 하련거 거사는 그를 깊이 인가했다. 아울러 황념조 거사에게 대경을 널리 홍양할 것을 당부하고 황거사 자신의 견해를 그대로 표시하여 뜻대로 발휘 강해라고 명했다.

40세 때 천진(天津)대학 교수가 되었다. 정성으로 불법을 닦고 경전을 읽었다. 홀연히 어느 날 영감이 떠올라 게송을 지었는데, 하련거 거사에게 보여드리자 진정으로 깨달았다고 인정하고 마음으로 허락하는 유일한 제자라고 불렀다. 왕(王) 상사께도 평해달라고 보여드리니 역시 확실히 깨달았다고 확정해주었다.

문화혁명 동란 중에 시련과 어려움을 겪으면서도 수지를 잠시도 게을리하지 않고 오히려 갈수록 용맹 정진하였다.

황념조 거사는 본디 법등(法燈)을 전할 뜻과 정토법문을 홍양할 원, 그리고 중생구제의 소망을 품고, 또 부처님과 스승의 은혜에 보답하고자 많은 경론을 두루 보고 고심하면서 연구하고 구상을 미리 준비하였다. 1979년부터 두문불출하고 손님을 사절한 채 대경 주석에 온 마음을 다 기울여 1981년에 초고를 완성했다. 1982년 2고를 완성하고 1984년 3고를 완성했다. 6년간에 걸쳐 원고를 완성 1987년 대경해[불설무량수장엄청정평득각경해]가 출판되어 국내외에 유통되었다. 그의 저작으로는 대경해 이외에도 정토자량(淨土資糧), 곡향집(谷響集), 화엄염불삼매론강기, 심성록(心聲錄) 등과 미완의 원고인 대경백화해(大經白話解)가 있다.

1980년 이래 황념조 거사는 여러 가지 질병에 시달려 요양을 해야 마땅했으나 불법 홍양의 큰일을 위해 그 자신을 치지도외 하였다. 1990년부터 더욱 불법을 홍양하기 위해 대경백화해의 저술에 착수하여 늘 침식을 잊는 한편 불자들을 접인하고 가르치느라 종일 피로하였지만, 매일 일과로 정해놓고 염불과 진언을 3~4만 번 씩 외었다. 마침내 1992년 3월 27일 새벽 질병을 보이고 왕생하였다. 임종 전에 말을 하고자 하여도 할 수 없을 때 시원스럽게 한 번 웃어 보임으로써 전혀 근심이 없었다.

거사의 시신이 집에 머물고 있는 동안 모두들 밤낮을 극락왕생기원염불을 했다. 미국의 제자인 섭(葉)부인은 여러 차례 영체(靈體)에서 나는 기이한 향냄새를 맡았다. 또 미국의 주패진(周佩臻) 제자도 여러 차례 기이한 향냄새를 맡았다. 이들 두 제자는 기이한 향을 맡은 후 곧 미국에서 항공편으로 북경에 도착했다. 3월 28일 새벽 북경의 제(齊)거사가 영전에서 극락왕생기원 염불을 하고 있을 때 유체가 있는 곳에서 황념조 노거사가 모든 사람들과 함께 나무아미타불을 외고 있는 소리를 들었다

4월 2일 노인이 왕생한 지 7일째 되는 날 대만의 연화정사의 심(沈)거사가 집의 불당(佛堂)에서 노인을 위해 극락왕생기원 염불을 했는데 염불이 지극히 청정한 경계에 이르렀을 때 갑자기 한 번 마음이 일어나 문득 보니, 노인의 영전에 켜 놓은 기름 등 심지에서 두 알갱이의 원보(元寶)사리가 튀어나왔다. 이 두 알의 사리는 지금 사리

탑에 모셔져 있다. 심거사는 대만에 있는 황념조 거사의 밀교 제자였다.

4월 3일은 거사의 유체를 다비 하는 날이었다. 돌아가신지 이미 8일째 되는 날로 가족들이 유체를 들었을 때 유체가 가볍고 손가락들이 모두 움직일 수 있었다. 그리고 유체가 뚜렷이 가벼워졌음을 느꼈으며 때때로 기이한 향냄새가 났다. 10시 15분부터 10시 50분까지 화장하는데, 화장을 보려는 사람들이 너무 많아 모두 밖으로 나오도록 요청했다. 오직 북경의 통교사 창도(昌圖) 비구니와 성혜(聖慧) 비구니 두 사람만 볼래 화장통제실에 들어갔다. 두 사람은 유체가 화장되는 동안 붉은 광명과 초록 광명이 세 차례 방광하고, 유체 위 허공에 빛으로 이루어진 백련화가 나타나는 것을 목도하였다.

화장 후에 보니 노인이 몸에 지녔던 염주가 큰 불에도 타지 않았으며 유골은 흰 옥과 같았다. 골회(骨灰) 속에서 오색 사리 3백 여과를 수습했다.

편역자 송찬문(宋燦文)

1956년생으로 금융기관에서 20년 근무하였다. 대학에서 중어중문학을 전공했으며 1990년 대만담강대학 어학연수, 1991년 대만경제연구원에서 연구하였다. 1998년 이후 유불도 삼가 관련 서적들을 번역중이다.

번역서로는 남회근 선생의 『논어강의』, 『생과 사 그 비밀을 말한다』, 『불교수행입문강의』, 『원각경 강의』 등이 있으며,

편역 저서로는 『21세기 2천자문』, 『삼자소학』, 『그림으로 배우는 한자 첫걸음』, 『나무아미타불이 팔만대장경이다』가 있다.

다음카페 홍남서원 (http://cafe.daum.net/youmawon)

e-mail : youmasong@naver.com

마하연의 책들

1. 나무아미타불이 팔만대장경이다 송찬문 편역

참선법문과 염불법문은 어떻게 다른가? 나무아미타불의 심오한 의미는 무엇인가? 극락세계는 어떤 곳인가? 왜 염불법문이 뛰어난가? 등 염불법문의 기본교리를 이해하도록 이끌어 준다.

2. 생과 사 그 비밀을 말한다 남회근 지음, 송찬문 번역

생사문제를 해설한 기록으로 사망에 대해서부터 얘기를 시작하여 사람의 출생을 설명한다. 인간의 정상적인 생명의 윤회환생 변화를 기준으로 말한 것으로, 불법의 원리에서 벗어나지 않지만 종교의식에 물들지 않고 순수하게 생명과학의 입장에서 한 상세한 설명이다. 진귀한 자료로서 자세하고 명확하여 독자의 마음속에 있는 적지 않는 미혹의 덩어리를 풀어준다.

3. 원각경 강의 남회근 지음, 송찬문 번역

원각경은 인생의 고통과 번뇌를 철저히 해결해주는 경전으로서, 어떻게 수행하여 성불할 것인가를 가리켜 이끌어 주는 경전이다. 남회근 선생의 강해는 쉽고 평이하면서도 어떻게 견성할 것인가와 수행과정에서의 문제들을 분명히 가려 보여준다. 참선을 하려거나 불교를 연구하고자 하는 사람이 반드시 보아야 할 책이다.

4.. 논어 별재 (상, 하) 남회근 지음, 송찬문 번역

논어로 논어를 풀이함으로써 지난 2천년 동안 잘못된 해석을 바로잡은 저자의 독창적인 견해가 담긴 대표작이다. 동서고금과 유불도 제자백가를 넘나들면서 흥미진진한 강해를 통해 고유문화의 정수를 보여주어 현대인들로 하여금 전통문화를 이해하게 하고 나아가 미래를 창조하게 하는 교량 역할을 한다.

5. 역사와 인생을 말한다 남회근 지음, 송찬문 번역

논어별재(論語別裁), 맹자방통(孟子旁通), 노자타설(老子他說) 등 남회근 선생의 여러 저작들 가운데서 생동적이며 유머가 있고 뛰어난 부분들을 골라 엮

은 책으로 역사와 인생을 담론하고 있다

6. 선(禪)과 생명의 인지 강의   남회근 지음,   송찬문 번역

생명이란 무엇일까요? 당신의 생명은 무엇일까요? 선은 생명 가운데서 또 어떠할까요? 당신은 자신의 지성(知性)을 이해합니까? 당신은 자신의 생명을 장악할 수 있습니까? 범부를 초월하여 성인의 영역으로 들어가고 싶습니까? 그 가장 빠른 길은 무엇일까요? 등, 선과 생명과학과 인지과학에 대한 강의이다.

7. 선정과 지혜 수행입문   원환선 남회근 합저,   송찬문 번역

원환선 선생과 그 문인인 남회근 선생이 지관수정(止觀修定)에 대하여 강의한 기록을 모아 놓은 책이다. 선 수행자나 정토 수행자에게 올바른 지견과 진정한 수행 방법을 보여 주는 것으로 초학자에게 가장 적합하다.

8. 입태경 현대적 해석   남회근 지도,   이숙군 역저,   송찬문 번역

사람이 모태에 들어가기 전에 자기의 부모를 인식할까요? 모태에 있을 때 어떤 과정을 거칠까요? 모태에 있을 때 교육을 받아들일 수 있을까요? 모태에 있을 때 심신은 어떻게 변화할까요? 이런 문제 등을 논술하고 있는 입태경은 인간 본위의 생명형성의 심신과학을 내포하고 있으며 범부를 뛰어넘어 성자가 되는 관건을 언급하고 있음에도 1천여 년 동안 마땅한 중시를 받지 못했습니다. 그래서 저자는 남회근 선생의 치밀한 지도 아래 입태경을 현대의학과 결합하는 동시에 전통 중의학 개념과도 일부 결합하여 풀이합니다. 태교부분에서는 3천여 년 전부터 현대까지를 말하면서 동서의학의 태교와 태양의 정화를 융합하고 있습니다. 그러므로 이 책은 부모 되는 사람은 읽지 않으면 안 되며 심신과학에 흥미가 있는 사람이라면 더욱 읽어야 합니다.

9. 장자 강의(내편) (상, 하)   남회근 강술,   송찬문 번역

장자 내7편에 대한 강해이다. 근대에 많은 학자들이 관련된 주해나 어역(語譯)이나 주석 같은 것들을 참고로 읽어보면 대부분은 문자적인 해석이거나 다른 사람의 주해를 모아 논 것일 뿐 일반 독자들의 입장에서 보면 사실 그 속으로부터 이익을 얻기가 어렵다. 남회근 선생은 청년 시기에 이미 제자백가의 학문을 두루 연구했고 30대에는 경전 도법(道法)에 깊이 들어가 여러 해에 걸쳐서 몸소 힘써 실제 수증하였다. 그러므로 그의 장자강해는 경사자집(經史子集)에서 노닐고 있다. 또 통속적인 말로써 깊은 내용을 쉽게 풀어내서 독자 청중을 위하여 문을 열어주고 있다. 남선생의 강의가 따로 일가의 품격을 갖췄다고 일컫더라도 과분한 칭찬이 되지 않을 것 같다.

10. **능엄경 대의 풀이** 남회근 술저, 송찬문 번역

옛사람이 말하기를 "능엄경을 한 번 읽은 뒤로부터는 인간세상의 찌꺼기 책들을 보지 않는다" 고 했듯이, 이 경은 우주와 인생의 진리를 밝히는 기서(奇書)이며, 공(空)의 이치를 깨달아 들어가는 문이자, 단계적인 수행을 거쳐 최후에 부처의 과위에 이르기까지 거울로 삼아야 할 경전이다. 옛날부터 난해하기로 이름난 이 경전을 현대적 개념으로 대의만 풀이했다.

11. **유마경 강의 (상, 중, 하)** 남회근 강술, 송찬문 번역

어떤 사람은 말하기를, 유마경을 조금 읽고 이해하고 나면 마음의 크기가 자기도 모르는 사이에 확대되어서, 더이상 우리들이 생활하는 이 사바세계에 국한하지 않고, 동경하는 정토세계에도 국한하지 않으며, 무한한 공간에까지 확대될 것이라고 합니다. 또 어떤 사람은 말하기를, 이 경전은 온갖 것을 포함하고 있어서 당신이 부처님을 배우면서 어떻게 해야 할지 모를 때에는 당신에게 줄 해답이 본 경전에 들어있으며, 당신이 사리(事理)를 이해하지 못할 때에는 당신에게 줄 해답도 본 경전에 들어있다고 합니다. 남회근 선생이 1981년에 시방서원에서 출가자와 불교도를 위주로 했던 강의로 수행방면에 중점을 두었기 때문에 일반적인 불경강해와는 다르다. 유마경은 현대인들에게 원전경문이 너무 예스러운데 남선생은 간단명료한 말로써 강해하였기에 독자들이 이해하기 쉽다.

12. **호흡법문 핵심 강의** 남회근 강의, 유우홍 엮음, 송찬문 번역

남회근 선생은 석가모니불이 전한 가장 빠른 수행의 양대 법문이 확실하고 명확함을 얻지 못한 것이 바로 수행자가 성공하기 어려웠던 주요 원인이라고 보고 최근 수년 동안 남선생님은 수업할 때 항상 '달마선경(達磨禪經)' 속의 16특승안나반나(特勝安那般那)법문의 해설과 관련시켰다. 이 책은 남회근 선생님의 각 책과 강의기록 속에 여기저기 흩어져 보이는 안나반나 수행법을 수집 정리하여 책으로 모아 엮어서 학습자가 수행 참고용으로 편리하도록 한

것이다.

13. **중용 강의**   남회근 지음,   송찬문 번역

자사(子思)가 『중용(中庸)』을 지은 것은 증자의 뒤를 이어서 「곤괘문언(坤卦文言)」과 『주역』「계사전(繫辭傳)」으로부터 발휘하여 지은 것입니다. 예컨대 『중용』이 무엇보다 먼저 제시한 '천명지위성(天命之謂性)'으로부터 '중화(中和)'까지는「곤괘문언」에서 온 것입니다. 이런 학술적 주장은 저의 전매특허입니다." 남회근 선생의 강해는 '경문으로써 경문을 주해하고[以經註經]', 더 나아가 '역사로써 경문을 증명하는[以史證經]' 방법으로 『중용』을 융회관통(融會貫通)하고 그 심오한 의미를 발명하여 보여주고 있다.

14. **도가 밀종과 동방신비학**   남회근 지음,   송찬문 번역

본서의 각 편은 비록 남선생님의 40여 년 전의 저술이지만, 오늘날 다시 읽어보면 그 문자가 간략하면서 내용이 풍부하고 조리가 분명하여서 사람들로 하여금 밀종과 각 방면에 대해서 마음이 확 트이는 느낌을 갖게 합니다. 문화를 배우고 밀법(密法)을 배우고 불법을 배우는 독자들에게 이 책은 아마 없어서는 안 될 것으로 여겨도 될 것입니다.

15. **중의학 이론과 도가 역경**   남회근 지음,   송찬문 번역

강의 내용은 중의학의 여러 문제들을 탐구 토론한다. 음양(陰陽)·오행간지(五行干支)·팔괘(八卦) 등은 본래 후인들이 중의학에다 끼워 넣은 것이니, 음양의 보따리를 내버리고 구체적이며 이해하기 쉬운 방식으로 설명하여 중의학의 특수 기능을 발휘하자며, 적극적으로 제시하기를, "만약 사람마다 활자시(活子時)와 기경팔맥(奇經八脈)의 도리를 파악하여 일련의 새로운 침구(針灸) 법칙을 연구해내고, 한 걸음 더 나아가 불교 유식학(唯識學) 중의 '의식(意識)' 연구와 배합할 수 있다면, 병 상태를 판단하고 치료하는 데 대해 진일보하는 돌파가 될 수 있다."고 한다. 모두 14강의 내용 중에서 학술 이론적 탐구 토론 분석이외에도 중의약의 실제 응용, 그리고 양생수양 방면에 대해서 발휘하고 실례를 해설하는 것도 많기에 내용이 극히 풍부하다. 수행자를 위한 의학 입문서이기도 하다.

16. **반야심경 수행법 강의**   남회근, 황념조 지음.   송찬문 편역

6백 권 『대반야경』을 5천 자(漢字)로 농축한 것이 『금강경』이요, 5천 자의 『금강경』을 2백여 자로 농축한 것이 『반야심경』인데, 팔만대장경의 핵심을 포괄하고 있다. 그렇지만 이해하기 쉽지 않으며 더구나 어떻게 수행에 응용해야 할지 알기 어렵다. 이 책은 모두 4편으로 구성되어 있다. 제1편에서는 기본 교리를 이해할 수 있는 강의 등과 경문들을 실었다. 제2편 대승광오온론 강의는 오온이 무엇인지 자세히 말해준다. 제3편과 4편은 반야심경 수행법 강의로서, 교리적 풀이와 함께 그 수행법을 구체적으로 안내하여 준다.